習近平研究

支配体制と指導者の実像

鈴木隆
Takashi SUZUKI

The Politics of
Xi Jinping
The Political Regime and
the Supreme Leader

東京大学出版会

The Politics of Xi Jinping: The Political Regime and the Supreme Leader

Takashi SUZUKI

University of Tokyo Press, 2025
ISBN978-4-13-030194-7

習近平研究——支配体制と指導者の実像

目次

習近平研究——支配体制と指導者の実像

序章　「問題」としての習近平

一　本書の課題――「習近平時代の政治」の全体像の討究（最高指導者、支配体制、社会との関係）

二〇二三年一月、アメリカ合衆国の著名な政治リスク調査会社ユーラシア・グループ（Eurasia Group）は、同年中に世界が直面するであろう「一〇大リスク」を発表した。同社は、毎年年初に、その年の国際政治や世界経済に影響を及ぼす可能性のある重大事案を予測、発表している。上位三つ、すなわち、世界の三大リスクをみれば、第一位は、ウクライナを侵略した「ならず者国家ロシア（Rogue Russia）」、第二位は「絶対的権力者習近平（Maximum Xi）」、第三位には、生成ＡＩ（人工知能）の悪用による民主主義社会の混乱が挙げられた。(1) いまなお終結の兆しがみえないロシア・ウクライナ戦争をはじめ、これら三つの懸念はいずれも、今日（二〇二四年十月の本書執筆時点）まで解消されていない。

このうち、中華人民共和国（以下、中国とも略記）の最高指導者である習近平（Xi Jinping）については、いまや「毛沢東以来の比類のない権力」を手にした習近平に対し、中国国内での権力の抑制メカニズムが機能せず、意思決定の重大な誤りが引き起こされる可能性が指摘された。日本語版の報告書では、「二〇二三年の日本にとって、巨大な存在となった習近平は巨大なリスク」との警告もみられる。(2) しかるに習近平は、党（中国共産党総書記）、国家（中華人民共和国国家主席）、軍（中央軍事委員会主席）の最高職を、少なくともそれらの任期が満了する二〇二七～二〇二八年までは務める見込みである。その後も、名目的な地位のいかんにかかわらず、最高実力者として中国政界に君臨し続ける可能性も否定できない。日本を含む国際社会は、否応なしに、習近平という政治家と中長期的に向き合い続けなければならない。

果たして、核戦力などの大量破壊兵器を含む世界有数の軍事力をもち、第二次世界大戦以来といわれる大規模で苛烈な戦争を遂行しているロシアや、今後の世界の経済と社会を良くも悪くも根本から変えうる可能性を秘めた革新的技術に匹敵するリスクとされ、さらには、日本国家全体にとって脅威となりうる一人の生身の人間――習近平とは、いったいどのような人物なのか。

この問いに答えるため、政治学の概念と分析枠組みに基づき、かつ、地域研究としての中国政治の研究史に連なる日本初の本格的な習近平研究として本書は執筆された。本研究はまた、習近平の個人研究にとどまらず、それを含む三つの側面、すなわち、①最高指導者の政治家像、②習近平時代の支配体制（political regime）の特徴、③それらと中国の政治社会（political society）との関係について考察を加える。これにより「習近平時代の政治」の総合的な理解とともに、その歴史的政治的特質を明瞭かつ体系的に描き出すことを試みる。

二　時代状況と指導者に対する分析の視座

次章以下での本格的な議論に入る前に、まずは、「習近平時代の政治」という言葉から筆者が連想する政治的なラフ・スケッチを示しておく。それは、二〇二〇年代の中国の政治、経済、社会の全体状況と、習近平という人物のそれぞれについて、理解と分析を進めるための基本的な視座でもある。

（1）転換期としての習近平時代——政治、経済、社会における「三つの終焉」

中国政治の歴代指導者とリーダーシップの特徴に着目した場合、一九四九年の建国以来、七〇年以上に及ぶ中華人民共和国の政治史は、「毛沢東時代」、「広義の鄧小平時代」（鄧小平、江沢民、胡錦濤の各執政期）、「習近平時代」の三つの時期に分けられる。

このうち、本書の主題である習近平時代は、二〇一二年から二〇一三年にかけて、習近平が党総書記、国家主席、中央軍事委員会主席に就任して以来、現在までおよそ一〇年余り続いている。とくに広義の鄧小平時代との比較において、習近平時代は、政治外交、経済、社会の各分野で大きな質的転換を経験した、あるいは、それがいままさに進行中である。

第一に、政治面では、指導部内の集団指導体制が実質的に終焉し、習近平の個人集権と長期政権化が進展している。習近平の単独意思決定——個人独裁のいくらか価値中立的な表現——は、二〇二二年の中国共産党第二〇回全国代表大会（以下、二〇回党大会の形式で略記）を経て、政権三期目に入って以降、いっそう顕著になりつつある。習近平の「準終身制」は、二〇三〇年代いっぱいまで続く可能性がある。(3) 外交でも、「韜光養晦《とうこうようかい》」と称する協調主義的外交路線が終わり、中華人民共和国建国百周年にあたる二一世紀半ばまでの「中華民族の偉大な復興」の実現を目指して、「闘争精神」の合言葉のもと、諸外国との対立もいとわない国益と影響力の拡大が積極的に追求されている。

第二に、経済面では、一九八〇年代から二〇〇〇年代まで続いた高度成長が、二〇一〇年代に終わりを迎え、中国経済は中低成長の段階へと移行した。二〇一〇年には国内総生産（GDP）が米国に次ぐ世界第二位となり、二〇一九年には一人当たりGDPも一万ドルの大台を超えた。またこの結果、中国共産党創設百周年の二〇二一年七月には、一九七〇年代末の「改革開放」政策の開始以来、長らく掲げられてきた「小康社会」（いくらかゆとりのある生活を送ることができる社会という意味）の目標が、四〇年余りの努力を経て、ついに全面的な完成を果たした旨が宣言された。

第三に、社会面では、人口増加の局面が終了し、二〇二二年から総人口の減少が始まった。二〇二三年には、総人口でインドに抜かれて世界第二位に転落した。(4) これに伴い、かつての人口ボーナスから人口オーナス、すなわち人口動態を主因とする成長停滞への転換が懸念されている。生産年齢人口（一五～六四歳）の減少と国内市場の縮小、社会保障制度の持続可能性への不安に基づく「未富先老」（豊かになる前に老いるという意味）社会の到来である。こうした状況に対し、二〇一五年には改革開放以来長期にわたって続けられてきた「一人っ子」政策が完全撤廃され、二〇二一年には夫婦一組につき三人の子どもの養育を認めるなど、出産奨励策が実施されている。だが、少子化に歯止めはかからず、近年では、合計特殊出生率も日本を下回っている。二〇一六年から二〇二二年の七年間で、出生数はおよそ半数にまで激減した。中国はすでに「超低出産レベルの段階に全面的に移行した(5)」。

以上の「三つの終焉」のうち、経済と社会の状況を約言すれば、習近平時代の中国は、ポスト高度成長の発展段階に位置づけられる。

（2）習近平の「三つの顔」——官僚政治家、軍人政治家、地方指導者

高坂正堯の筆になる吉田茂論(6)に倣っていえば、国政の最高指導者としての習近平は、「三つの顔」から構成されている。各要素の間に軽重はなく、習近平の政治家像は、これら三つの複合体として理解できる。

保守主義の官僚政治家

習近平は、一九五三年六月に中華人民共和国の首都の北京市で、父親（習仲勲）が革命元勲の一人に数えられる家庭に生まれた。「太子党」や「紅二代」と称される、党や軍の最高幹部の子弟集団の代表的人物とみなされる。「文化

大革命」（一九六六～一九七六年）に際し、陝西省の農村に派遣されるまで、北京の地で恵まれた日々を過ごした。このことは、草莽の士から身を起こし、いくたの戦火をくぐり抜けて、みずからの手で国造りに邁進した毛沢東（一八九三年生、湖南省出身）や鄧小平（一九〇四年生、四川省出身）はもちろん、日中戦争や国共内戦の混乱を経験した江沢民（一九二六年生、江蘇省出身）や胡錦濤（一九四二年生、江蘇省出身）の人生とも大きく違っている。

すなわち、前任の指導者たちとは異なり、習近平は、中華人民共和国の建国後に生を受け、既存の政治体制のもとで、いわば「純粋培養」された初めての最高指導者なのである。文革中はそれなりに苦労の多い青年期――同時代に生きた多くの人びとがそうであった――を過ごしたが、政治的社会化（political socialization）の面で、習近平は、物心ついたときから人民共和国の「出来上がった」秩序のなかで成長した。

それゆえ、習近平は、政治家としての大半の時間を、毛沢東や鄧小平のように既存の社会システムの破壊と新体制の樹立を目指す「革命家（revolutionary）」としてではなく、法と秩序、紀律を重んじる「官僚（bureaucrat）」や「役人（official）」として過ごした。すぐ後でみるように、習近平は、主に地方の任地で実績と経験を積むなかで、ついには国家のトップにまでのぼりつめた。現在では、国政の重要政策を単独で決定しうるほぼ唯一の「政治家（statesman）」となった。

政治信条に関しても、統治における自国の歴史と文化的伝統を重視する点で、習近平はやはり革命家というよりは、保守主義者と呼ぶのがふさわしい。この点をよく象徴するのが、二〇世紀の中国史を揺るがした二つの世界史的事件、すなわち、一九一九年の五・四運動と文化大革命をめぐる習近平の否定的見解である。習近平は、封建倫理の根幹とされた儒教の教えを排斥すべく五・四時期に提唱された「打倒孔家店」のスローガンや、文革推進派による各種伝統文化への攻撃を批判し、「中華の優秀な伝統文化」の保全と発揚こそが、中国政治の発展に寄与するとの確信を表明している。(7)

実戦経験のない軍人政治家

二〇一二年から二〇一三年にかけて、習近平は、党総書記、国家主席、中央軍事委員会主席に就任し、以後今日まで、これら党、国家、軍の最高職を維持している。このうち、中国のすべての武装力を統括する中央軍事委員会主席こそ、中国政治の実質的な最高権力の所在を示す職位であり、そうであるがゆえに、毛沢東、鄧小平、江沢民、胡錦濤もみなこのポストに就いてきた。ただし、中央軍事委員会主席としての習近平は、前任者たちと二つの点で大きな違いがある。

一つは、もともと軍に在籍したことがなく、党総書記になってのち、中央軍事委員会主席を兼務して軍政に本格的に関与するようになった江沢民や胡錦濤と異なり、習近平は、総書記就任以前から軍人としての経歴を有していた。大学卒業後、一九七九年から一九八二年まで、中央軍事委員会の総務部門に国防部長の秘書として勤務し、現役の軍人として軍籍を保持していた。党と政府の幹部の道に転じたのちも、着任したすべての任地で、管轄軍区の党委員会や予備役の政治委員などの役職を務め、軍との緊密な関係を維持してきた。

軍重視の姿勢は、最高指導者になってからも変わらない。例えば、地方視察の際には、過密日程にもかかわらず、党や政府の機関とともに、同地の軍部隊への訪問が通例となっている。一例として、二〇一二年十二月某日、最高指導者となって初めての地方視察において、広東省に赴いた習近平は、党総書記として、同省深圳市で鄧小平の銅像に献花を行い、改革開放の堅持とそのさらなる推進を表明したのち、同日のうちに同じ広東省内の南海艦隊司令部に移動して、中央軍事委員会主席として、南シナ海での「海洋権益保護のため軍事闘争の準備」を強化すべきことを指示した。(8) また、その政治活動の代名詞でもある反腐敗と綱紀粛正について、習近平は、二〇一三年七月の中央軍事委員会の会議で、「〔党の〕中央政治局であれ〔軍の〕中央軍事委員会であれ、わたしの基本的な考えは、〔党と軍のそれぞれ最高幹部である」われわれ自身から重点的に取り組み、業務態度の改善をさまざまな活動の突破口とするということである」[9]と発言している。習近平の立場からすれば、党と軍の間に本質的な政治的区別はない。

このように習近平は、日常業務において行動と思考の両面で、党総書記と中央軍事委員会主席の職責を同時並行的に遂行している。したがって、習近平という自然人の思惟と行動において、党人と軍人の二つの役割認識を明確に切り分けることはできない。

だが同時に、習近平は、毛沢東や鄧小平のように、砲煙弾雨が飛び交う戦場におのが身をさらしたことがない。これが、前任の中央軍事委員会主席経験者たちとのもう一つの違いである。管見の限り、一九七九年の中越戦争に際し、将軍たちの督戦に秘書として随行し、中国南部の海南島に出向いたことが、おそらくは、習近平のほぼ唯一の「従軍」経験である[10]。実戦経験をもたないが、軍歴への強い自負をもつ誇り高き軍人政治家。これが習近平の二つめの顔である。

地方指導者としての長いキャリア

習近平の三つめの顔は、およそ四半世紀の長きにわたる地方指導者としての経歴である。二〇一二年十一月の党総書記就任以来、数多く行った演説や談話のなかで、習近平はしばしば、自身の地方指導者時代の経験を引き合いに出して、重要案件に関する党中央の政策意図や執行の要点などを語っている。例えば、言論統制については浙江省党委員会書記の時期の実施方針に、食品安全では福建省長の時期に行った規制活動の様子に、それぞれ言及したりしている[11]。この背景には、およそ二五年間に及ぶ習近平の地方指導者としての執政経験がある。

改革開放政策が本格化した一九八〇年代初頭以来、二〇〇七年に党中央政治局常務委員として最高指導部入りするまで、習近平は一貫して地方指導者の任にあった。この間、河北省（在勤三年、年単位表記。以下のカッコ内の数字も同じ）を皮切りに、福建省（一七年）、浙江省（五年）、上海市（一年）と、主に中国の沿海地域で党委員会書記を務め、中国の行政級（県→地区→市→省→中央）に応じて、一般の会社員と同じく、官僚機構の出世の階段を一歩一歩上がってきた。

企業組織に喩えるならば、習近平は、営業や製造の第一線に相当する、統治の現場により近い「地方の支所、支社の責任者」のポストを複数務め、いわゆる「地方回り」を通じて幹部としての研鑽を積む一方、北京の「本社」勤務をいちども経験することなく、いきなり経営陣の一人、しかも、次代の経営責任者の筆頭候補に抜擢された。これは、「会社」を創業した毛沢東や鄧小平はもちろん、党や政府のテクノクラートとして、「本社」である中央官庁で政策立案を担当したことのある江沢民や胡錦濤とも違っている。企業経営者でいえば、起業に貢献した者の子女（「太子党」、「紅二代」）とはいえ、会社の中枢部門に所属して、重要な意思決定の過程に参画したり、組織の枢要な管理運営業務を担当したり、さらにはそれらを直接に見聞したりした経験をもたない点で、異色の経歴といってよい。

そうした事情を踏まえると、政治家としての習近平の手腕と知見の基礎、リーダーシップの特徴などは、習近平が三〇代から五〇代にかけて経験した改革開放期の地方統治のなかで形成されたとみることができよう[12]。事実、最高指導者としての習近平の政治論にみられるいくつかの核心的要素、例えば、①政治活動全般における思想工作の重視、②支配における共産党の組織的統制力と法秩序の重視、③指導者個人、及び、支配体制の権力の源泉としての軍の統制の重視、④集合観念としての「人民」への奉仕と質朴の重視、⑤紀律厳守と反腐敗を旨とする党活動の重視などは、いずれも地方指導者時代の言動のなかにすでに現れている。個別の政策分野では、今日、指導部の推進する台湾政策の要諦は、一九八〇年代から二〇〇〇年代初めまで、一七年間を過ごした福建省での習近平の記憶と経験を抜きに語ることはできない[13]。

三　習近平研究の動向、主な先行業績の紹介と批判的検討

（1）習近平像の変遷——凡庸、奸智、独裁

二〇一二年の党総書記就任をきっかけに、習近平個人とその政権運営に関する研究が本格化して以降、研究潮流と人物評価の面では、大きく三つの時期的変化がみられた。

第一の時期は、二〇一二年の第一期政権の発足前後から、一期目途中の二〇一五年までである。この頃、主にジャーナリストらの筆になる伝記類の書物で示された習近平像は、歴代の最高指導者に比べて、政治家としての知見や能力、実績等で見劣りする一方、運とコネクションに恵まれた二流のリーダーというものであった。そこでは、①江沢民派と胡錦濤派の二大派閥の対抗による一種の妥協の産物として、ダークホース的存在であった習近平が胡錦濤の後継者に選ばれた、②青少年期に遭遇した文革の混乱のため、十分な学校教育を受けられなかった習近平は、国政のトップにふさわしい教養や国際感覚に欠け、長期に及んだ地方指導者時代もみるべき成果を残さなかった、③それゆえ、トップに上りつめるまでには、革命元勲である父親の威信や「太子党」、「紅二代」の政治人脈、国民的人気歌手である妻の彭麗媛など、周囲の者たちの支援と協力に依存してきたことが強調された[14]。

第二の時期は、二〇一五年から、第二期政権が終了する二〇二二年までである。この間、指導部は、汚職撲滅や環境保護など、長年の課題に果断な実行力を示すとともに、習近平への個人集権と抑圧的支配の両方を強化した。二〇一八年には国家主席の連任制限も撤廃され、習近平は、最高指導者としての終身在職の可能性も確保した。中国の政治システム全体で、習の個人支配の性質が強まった[15]。こうした状況に対し、筆者を含む多くの研究者は、政治、経済、

社会、外交、安全保障の各方面から習近平の統治について分析を進めた[16]。

その際、研究の主たる関心が、政敵追放と強権支配の確立に成功した習近平の政争勝利の要因に向かった[17]のは、ある意味、自然の成り行きであった。英語圏の学界で、中国政治研究のベテランであるウィリー・ラム（Willy Wo-Lap Lam）は、二〇一五年に発表した著書で、二〇一二年以前には「概して精彩を欠いたキャリア」しかもたなかった習近平が、総書記就任の直後から、強力な指導力を発揮できた要因として、胡錦濤の完全引退で前任者の政治的掣肘を免れたことや、習近平が長年隠し続けてきた「マキアヴェリアン的性格」を指摘した[18]。

第三の時期は、二〇二二年の第二〇回党大会を経て習近平の第三期政権が成立してから、本書執筆時点（二〇二四年十月現在）の現在までである。次項で説明するように、近年、英語圏や台湾の学界では、習近平の個人研究がさらなる発展をみせている。

また、三期目に入って以降、実務家やジャーナリスト[19]をはじめ、多くの専門家が、習近平の個人独裁化と長期政権化を異口同音に指摘している。前出のラムは、二〇二四年刊行の著書で、二〇回党大会を経て習近平が「中国で唯一の意思決定者（the sole decision-maker in China）」となり、「個人単独支配（one-man rule）」が確立されたこと、及び、事実上の終身指導者として、健康状態の許す限り、習近平が「二〇三二年の二二回党大会まで、ナンバーワンの地位にとどまり続けることはほとんど疑いない」ことを断言している[20]。ラムと同様、欧米の研究者の多くは、二〇三二年まで、すなわち、習近平の通算二〇年間の政権続投を予測している（後述）。

台湾の政治学者の呉玉山によれば、二〇一二年以来、一〇年以上に及ぶ習近平の執政は、①習個人と党中央への権力集中、②政治権力による社会経済活動の統制強化、③エリート政治を規律する諸制度の弱体化を特徴とする「習近平現象」と称すべきものであり、「再毛沢東化（ReMaoization）」の過程でもあった[21]。しかもそれは「一時的現象ではなく、個人、世代、国力の基盤を有し、〔同現象の〕再現と持続に注力しているがゆえに長期性も備えている[22]」。

以上のように、先行研究で示された習近平像とその分析の重点は、〈存在感の薄い平凡な指導者〉と同人をとりまく外部環境→〈権謀術数に長けた大胆不敵な実力者〉の政治行動、とくにその権力掌握術とリーダーシップ・スタイル→〈個人支配とその支配体制の長期化を狙う独裁者〉の政治認識や政治心理の内部動因へと変化してきた。

（2）近年の代表的研究の論旨とその批評

二〇二二年の第三期政権の成立以降、日本の学界では、過去一〇年余りの習近平時代の歩みを振り返りつつ、やはり政治、経済、外交、軍事などの各分野から、今後の政権運営を展望した著作物が数多く出版されている。そのなかには、筆者の論考をはじめ、習近平の政治認識やリーダーシップ、権力状況を扱った成果もみられる。[23] 習近平の個人研究についても、以下にみるように、欧米や台湾の学界では、テーマの多様化や内容の深化という新たな段階を迎えている。

ナショナリズム、毛沢東主義、覇権主義

ケリー・ブラウン（Kerry Brown）は、「半永続的指導部（semi-perpetual leadership）」となった習近平の集権化の過程と国政運営の特徴を、習近平自身の資質という個人要因のみに帰するのではなく、毛沢東以来の党と国家の政治発展、とくに歴史的に受け継がれてきた国家目標の実現――共産党の支配体制の維持発展と富強中国の創出――という構造的観点から分析しようと試みている。[24] 著書のなかでは、習近平の地方指導者時代のうち、二〇〇二年から二〇〇七年までの浙江省党委員会書記の時期の活動にもいくらか言及している。

ただし、叙述の大半は、習近平のよく知られた伝記的史実と政策実践の総花的記述で占められ、読後の消化不良感が否めない。とりわけ、習近平を共産党の政治目標に奉仕する人物として繰り返し言及する一方、肝心の擬人化され

た「党（the Party）」の実体への説明がない[25]。集団指導体制の形骸化や定年慣行の廃止など、「党」の枢要な仕組みや原則を習近平が変更している事実を踏まえると、習近平の権力とリーダーシップの源泉が、抽象的存在の「党」に依存しているというブラウンの指摘は、単なる循環論法ではないかという疑問が浮かぶ。

結果的に、ブラウンの提示する習近平像は、「偉大な中国国家」実現のため、揺るぎない信念をもつナショナリストの指導者という素朴な理解にとどまっている[26]。積極的な海洋進出、抑圧的な香港統治、威圧的な台湾政策、「一帯一路」経済圏構想に代表される対外的影響力の拡大もみなすべて、習近平のナショナリズムの発露として説明される。

また、前出のラムによれば、二〇回党大会以降、中国の政治体制は、「毛沢東主義型の強硬な権威主義体制（Maoist-style hard authoritarianism）」へと変化し、「毛沢東時代の規範や基準の回復」という政治的退行が著しい[27]。その象徴として同党大会では、一九四〇年代の延安時期以来の共産党の政治的伝統である内外の敵との「闘争」が強調された。習近平の意図する「闘争」の内容には、二一世紀の国際秩序をめぐる米国との覇権競争も含まれる。ラムいわく、「習近平の究極目標は、国際問題に関する最終決定者として、中国が米国に取って代わること」であり、「中国型のグローバル『覇権主義』（Chinese global "hegemonism"）」の実現にほかならない[28]。

政治的パーソナリティと政治心理

習近平研究の新たな潮流として、政治的パーソナリティ論や政治心理学の研究も現れている。すぐ後でみる寇健文の論文のほか、文革体験に基づく習近平の政治的パーソナリティ形成や、政治心理学の手法を駆使した毛沢東と習近平のリーダーシップ比較などがある[29]。ただし現状では、これらの研究の多くが、要素抽出型の静態的分析にとどまり、習近平の政治的成長に伴う時間的変化の可能性を十分に考慮できていない。

中国政治エリート研究の分野で、台湾の第一人者である寇健文によれば、習近平の個人集権とその政治的台頭によって、政治アクターを拘束する制度や構造を重視してきた従来的な研究のあり方は、抜本的な見直しを余儀なくされている。「行為者による構造変革の可能性とそのメカニズム」の解明を念頭に置きながら、個人と構造の両方の要因が中国政治に及ぼす影響を検討しなければならない[30]。

こうした問題意識に基づき、寇健文は、習近平の言説はもちろん、伝記等に記載された習近平の個人的逸話などを総合的に分析し、習近平の政治的パーソナリティと指導スタイルの特徴として、次の六点を挙げている。すなわち、①質朴質素と政治腐敗の憎悪、②堅忍不抜と強固な自尊心、③友への義理人情と敵の徹底排除、④指導者の強力なリーダーシップの尊崇と旧套墨守への反対、⑤大義追求と小我犠牲の集団主義、⑥民族復興と社会主義発展への使命感である[31]。

国家イデオロギーとしての「習近平思想」

スティーヴ・ツァン（Steve Tsang）とオリヴィア・チュン（Olivia Cheung）は、二〇一七年の一九回党大会で党規約に明記された「新時代の中国の特色ある社会主義に関する習近平の思想」、通称「習近平思想（Xi Jinping Thought）」が、毛沢東思想に匹敵する体制の正統イデオロギーの地位をすでに獲得したとの認識に基づき、その政治思想の内容を綿密に分析している。ツァンらは、習近平が党総書記に就任した二〇一二年後半から二〇二二年夏までに、習近平名義で発表されたすべての発言と文章を読破したうえで[32]、党組織と支配体制の双方の管理運営（ガバナンス）、経済政策、愛国主義、対外政策の個々の政策分野について、習近平の認識と現実の政策展開の双方を照合しながら、「習近平思想」の内実を検討した。

ツァンらによれば、「習近平思想」の中核的要素は、①民主集中制や前衛党の組織理論、幹部管理の実践を柱とするレーニン主義、②毛沢東の世界観と権力論、③古代中国の法家と儒家の思想である。最重要の地位を占めるのは①

のレーニン主義であり、中国共産党史においてその唱道者は劉少奇であったという。それゆえ「習近平思想」の本質は、「党建設に関する劉少奇の思想とストロングマン支配の毛沢東の実践との混合」と理解される。[33]

また、国内統治と対外政策の両面で、社会主義とナショナリズムの同時発展――「党中心のナショナリズム（Party-centric nationalism）」――が追求されるが、[34]社会主義よりもナショナリズムの方が優先される。したがって経済政策では、格差是正を謳う「共同富裕」よりも、対米競争の観点から、技術革新と経済安全保障が重視される。対外政策も「本質的に中国中心」で、その目的は「中国によるグローバルなリーダーシップの確立」にある。[35]習近平の最終目標は、中国中心の世界秩序の構築だが、当面の間は、覇権国の地位に伴う責任や負担を回避すべく多極化の推進に注力する。ただし、覇権交代の段階的実現の一歩として、自国の「周辺地域における最上位者としての地位獲得を躊躇しない」。[36]日本を含む近隣諸国との領土や海洋権益をめぐる紛争には強硬方針を貫く。その最大の焦点が台湾統一／併合であることは多言を要しない。

ただし、レーニン主義、毛沢東思想、中国の伝統思想の混合は、中国共産党の指導者たちの間では、程度の差こそあれ共通の政治信条であり、この点で「習近平思想」の特質が明確にされたとは言い難い。ツァンらはまた、文革期の毛沢東との対照から、習近平の秩序観と組織論の知的源泉を劉少奇に求めているが、それは歴史性を軽視した政治認識の外形的類似にすぎない。劉少奇と同様、毛沢東が党内秩序の正常化と紀律強化を呼びかけた例も枚挙にいとまがない。[37]時期と文脈を特定しない政治家同士の主張の間には、共通点と相違点の両方がいかようにも指摘できる。最大の難点は、「習近平思想」の全容解明を謳いながら、国政の頂点に立つ以前、年齢でいえば五九～六〇歳、還暦近くまでの習近平の言動が一切捨象されている点である。

世界観と対外関係認識、米中対立と台湾有事への懸念

オーストラリアの元首相で、職業外交官の経歴をもつケヴィン・ラッド（Kevin Rudd）も、英語圏における習近平研究の代表的研究者の一人である。二〇二二年刊行の著書『避けられる戦争――米国と習近平の中国との破滅的衝突の危険性』（英語原作本タイトルの日本語直訳、傍点は引用者）で、ラッドは、台湾問題などをめぐり米国と中国の武力紛争の危機が高まっていることを指摘したうえで、その防止策として、一九六二年のキューバ危機の教訓に基づく「管理された競争」と称する米中間での政治合意の締結を提案した。

習近平を「マルクス主義的ナショナリスト」と評するラッドは、「習近平のイデオロギー的・政治的世界観を詳しく探ることで、現代中国を理解する」必要を強調する[38]。ラッドによれば、習近平の政治的関心とその優先順位は、①自身の権力と共産党支配の維持強化、②国家統合の安定、③経済の持続的発展、④環境保護、⑤軍事力の近代化、⑥陸上国境周辺国との関係管理、⑦東アジアと西太平洋の海洋安全保障、⑧「一帯一路」構想、⑨途上国への影響力拡大、⑩ルールに基づく世界秩序の変革、という複数の利害認識の同心円構造で描かれる。同書では、習近平との直接対話をはじめ、豪州の有力政治家にして外交家でもある著者の経験と、中国語の政策文書の堅実な読み込みが組み合わされ、各論点に関する近年の政治的動きが要領よく説明されている。

もっとも、ラッドによる「マルクス主義的ナショナリスト」という習近平評価も、歴代の共産党指導者に対するそれとの違いが不明瞭といえる。「マルクス主義の中国化」の功績を称えられた毛沢東や、「中国の特色ある社会主義」を標榜した鄧小平は、みなマルクス主義者にしてナショナリストであった。加えて、英語原著が出版された二〇二二年以降、現実政治の推移からみて、少なくとも現在までのところ、習近平がラッドのいう「管理された競争」案に応じた蓋然性は低い。米中の軍事衝突回避に向けた、より効果的な施策が改めて検討される必要があろう――ラッド自身、「反対論を唱える人たちには、それなら対案を示してくれと、私は改めて言いたい」と述べている[39]。

総書記就任前の政治的成長の軌跡、回想資料と派閥政治モデルの陥穽

習近平の政治的経歴については、これまで筆者を含む少数の研究者が、一九六〇年代から一九七〇年代の文革時期や、一九八〇年代から二〇〇〇年代にかけての地方指導者時代の事績に注目してきた。だがその多くは、習近平の複数の異動先のうち、取り上げる時期や任地が限定的であり、系統的な調査がなされなかった。[40] あるいは、二〇二〇年に筆者が発表した論文など一部の業績は、総書記就任までのほぼすべての時期を通観しているが、限られた紙幅の都合上、分析の掘り下げにはおのずと限界があった。[41]

こうした状況を打開したのが、二〇二二年にアルフレッド・チャン（Alfred L. Chan）が発表した英文で約七〇〇頁に及ぶ浩瀚な研究書である。二部構成の同書は、文革期の一〇代の少年時代から、第一期習近平政権の終了時点（二〇一八年三月の全人代会議）の六〇代半ばまで、習近平の全生涯にわたり、その政治活動の履歴を網羅的に検討している。[42] 第二部で扱われる政権担当期間は、前述のとおり二〇一八年までに限られているため、第二期政権以降の政治過程の分析は不十分である。しかし第一部では、習近平が総書記に選出されるまでの、政治家としてのいわば前半生を丹念に追跡しており、既存研究のなかでは質量ともに群を抜いている。習近平の政治的評伝として記念碑的作品といってよい。

方法上の特徴として、政治史家であるチャンは、中国の最高指導者の過去を検討するに際し、回想録や回顧談など、後年になって発表された文章や資料の利用にはきわめて慎重である。理由はむろん、これらの回想資料による史実の改ざん、誇張、潤色への懸念である。叙述される政治史的事柄と同時期の史資料を重視すべきとの歴史研究の原則を強調している。[43]

資料へのそうした禁欲的態度は、習近平の個人研究にもしばしばみられる派閥政治モデルの援用、とくに、権力継

承をめぐる因果関係の説明への批判と関係している。チャンは、江沢民派、胡錦濤派、「太子党」グループなどの統治エリート層の恣意的静態的な集団識別では、「中国のエリート政治の複雑性をほとんど説明できない」と述べて[44]、政治過程の変動要因に対する派閥政治の後付け的解釈の適用を繰り返し戒めている[45]。推奨されるべきは、習近平がそのときどきに直面した個別具体的な政治状況とイデオロギー的背景、可変的で一時的な諸要因への丁寧な目配りにほかならない。筆者自身も、本研究の遂行に当たり、チャンのそうした資料選択と解釈の厳密性の立場を共有している。

（3）先行研究の共通理解と本書で追究すべき主な論点
「第二の毛沢東」による個人支配の長期化、米中対立の焦点としての台湾問題

以上を総合すると、習近平個人とそれに関係する中国政治をテーマとする既存研究では、次の三つの点で共通理解が成立している。

第一に、二〇二〇年代に入り、とくに第三期政権の成立以後、習近平の個人支配が強まり、習近平は、中国共産党史上、毛沢東に次ぐ強力なリーダーとして、党、国家、軍の官僚機構に君臨している。指導部内では集団指導体制が実質的に崩壊し、党総書記は、かつての「同輩中の筆頭」の位置づけから「唯一のボス」へと変わった[46]。加えて、政治信条やリーダーシップの面でも、習近平は、独裁者であった毛沢東との類似性を強めている。

第二は、習近平の終身制をも見据えた中国型権威主義体制（＝習近平体制）の長期化予測である。前述のように、英語圏の多くの研究者は、習近平が二〇三〇年代まで、より厳密には、二二回党大会の二〇三二年まで、最高指導者の地位を維持するであろうと予想している。①習近平は次回の二一回党大会が開催される二〇二七年まで権力の座にとどまるか、②習近平は二〇二七年以降も最高指導者であり続けることを欲するか、③習近平の権力は無制限なものへと高められていくかというみずからが提起した三つの問いに対し、ラッドの答えはいずれも「イエス」である[47]。

第三に、対外関係では、習近平は韜光養晦のスローガンで示された鄧小平の協調主義的外交路線を実質的に放棄し、米国との覇権交代と中国中心の国際秩序の構築を目指している。予見しうる近い将来、米中両国による最大規模の軍事衝突の可能性は、習近平による台湾統一／併合の試みに求められる。ラッドは、「台湾をめぐり米国と中国の間で戦争が起こる危険性」を明言している(48)。ラムもまた、習近平が「自分の一生のうちに台湾『解放』を実現することで、みずからを毛沢東主席と並ぶ偉大な人物だと『証明』することを欲し、かつ、それによって権力の座に生涯とどまり続ける正当化を望んでいる」と指摘し、二〇三〇年代における中国と米国（及びその同盟国）との台湾をめぐる「熱戦」化を警告している(49)。

ただし、それらの学問上の暫定的合意については、先述した習近平の「三つの顔」（官僚政治家、軍人政治家、地方指導者）を考慮すると、すぐ後でみるように、さらなる調査研究が必要な問題点や不足が指摘できる。

地方指導者時代の活動実態の解明

チャンや筆者などの一部の研究を除けば、先行研究はもっぱら最高指導者の習近平のみに注目し、それ以前の習近平をほとんど等閑視している。だが、習近平の思想信条や国家イデオロギーとしての「習近平思想」の考察に際し、比較の検討作業を行わずに、習近平の政治認識や政治行動の特徴を、最高指導者の前後の時期で区分する合理的な理由は見当たらない。

毛沢東を例に挙げれば、一八九三年十二月生まれの毛沢東は、一九四九年十月の中華人民共和国建国時には五五歳であった。一九二一年の党創設以来、二八年余りに及ぶ革命闘争時期の毛沢東を顧みずに、建国後の毛沢東を語ることはできない。同じことは、一九五三年六月に誕生し、二〇一二年十一月に党総書記に着任したとき、すでに五九歳になっていた習近平にもいえるであろう。研究の現状は、国政のトップに立つ以前の習近平の活動実態の調査が明らかに不足している。

例えば、地方指導者時代の習近平に関し、チャンの著書では主に、一九九〇年代後半以降、習近平が個々の任地で実施した経済、社会政策や、政治腐敗を含む各種スキャンダルとの関係の有無などが検討されている。換言すれば、時期的には一九九〇年代前半まで、論点としては、①社会主義とナショナリズムの政治信条に緊密に関係している習近平の歴史認識、②一九八〇年代に全国的に盛り上がった政治改革の機運や、一九八九年六月の天安門事件に対する習近平の対応、③一九九〇年代半ばの第三次台湾海峡危機をはじめとする台湾政策への関与、④赴任先の沿海省での海洋政策の意欲と実践、などに関する知見がほとんど空白のまま残されている。しかし、筆者の理解では、これらの記憶や経験こそが、習近平の政治家人生において、いまに至るまで大きな影響をもち続けている。

同時に、そうした研究上の空白の理由として、とくに一九九〇年代前半期までの習近平に関する資料蒐集の困難が挙げられる。一例として、チャンも利用したとみられる中国の代表的な学術論文データベースの「中国学術文献オンラインサービス（CNKI）」でも、おそらくは最高指導者の秘密保持の観点から、一九八八年以前の習近平の発言や文章は未収録であり、一九八九年と一九九〇年も各一篇にすぎない（二〇二三年十一月三日時点）。これに対し本研究では、データベースの収録資料はもちろん、それ以外の地方新聞や書籍を含め、既存研究ではほとんど利用されていない資料を大量に参照している。

習近平の毛沢東理解と台湾認識の再検討

先行研究では、習近平の毛沢東主義への共感、習近平と毛沢東との政治的類似、ならびに、宿願ともいえる台湾統一／併合への思いの強さが強調された。ただし、これらの論点に関する習近平個人の意見や考えは、依然として十分に明らかではない。それらの指摘はあくまでも、公職者の立場での断片的発言や政権運営からの外面的類推にとどまる。実際、「毛沢東」と「台湾」に関し、習近平が、中国当局による従前の公式見解や政策方針から大きく逸脱した独自の見方や私的感情を吐露したり、それが公的記録として外部に表明されたりした事実を、筆者は寡聞にして知らない（詳しくは、本書、第六章を参照）。

それゆえ、習近平に対する毛沢東思想の影響云々を判断するには、いつ、どのような政治、イデオロギー的文脈で示された毛沢東の言説や行動が、いかなる経路で習近平の思想と記憶に伝播し定着したのか、鄧小平や江沢民、胡錦濤における毛沢東思想の影響とどう違うのか、さらには、今日の習近平の国政運営に実際にどのように反映されているのかについて、資料に基づき実証的に確定されなければならない。

同様に、台湾についても、米中対立の争点としての台湾問題をめぐる政策実践とは別に、台湾それ自体に対する習近平の見方を詳らかにした分析が少ない。海峡を挟んで台湾正面に位置する福建省に長年勤務した習近平は、当然にも、毛沢東、鄧小平、江沢民、胡錦濤らとは異なる台湾認識をもつと推測される。筆者のみるところ、それは東アジア近代史、とくに日清戦争や沖縄・琉球史をめぐる習近平の歴史認識とも密接に関係している。だがそれらの論点は、英語圏はもちろん、日本の学界でもほとんど検討されてこなかった。

またこれに関連して、軍事、安全保障の観点に基づく台湾政策や、台湾有事と海洋進出を念頭に置いた海軍力増強など、軍人政治家としての習近平の考えを検討するには、公開資料だけではやはり限界がある。軍の最高統帥者でもある習近平の「本音」を探るため、本研究では、党や軍の組織内でしか流通しない限定配布の内部資料も積極的に利用する。

習近平体制の将来展望と台湾有事をめぐる日本の対応

中国政治の今後のゆくえについて、先行研究は、習近平の個人支配の長期化を予想するにとどまる。これに対し本書では、習近平自身も目撃、体験した中華人民共和国の政治史の前例を参照しつつ、中国の支配体制やエリート政治において、将来ありうるかもしれない政治発展のシナリオとその課題も議論の俎上に載せる。具体的には、筆者がいうところの、①「狭義の習近平時代」（習近平が党主席、党総書記、国家主席、中央軍事委員会主席などの名目上の最高職にとどまる時期）、②「広義の習近平時代」（習近平本人とその政治路線を引き継ぐ後継者の任期を含む）の指導力維持のパターンや、ポスト習近平の権力継承の問題などを検討する。

さらに、これまで紹介してきた関連業績の多くは、主に英語圏の成果であり、その読者層の関心事や直面する政治、外交的現実は、本書の想定する読者のそれとは必ずしも一致しない。本書は、筆者の母語である日本語で執筆される。そうである以上、日本を含む漢字文化圏の社会に暮らす多様な価値観とアイデンティティをもつ生活者をして、期待、不安、憎悪、恐怖といったさまざまな感情を否応なしにかきたてる現実の争点について、より多くの知的応答を目指したい。こうした考えに基づき、習近平体制の長期持続の見通しを前提とした日本の対中国、対台湾政策のあり方にも言及する。

四　本書の特徴と独自性——分析、叙述、資料

（1）想定する主な読者層、分析と叙述の留意点

本書の主な読者層として、筆者と専門を同じくする中国政治の研究者はもちろん、中国の政治と外交、日中関係の動向に関心を寄せるさまざまな人びと、例えば、日本の中央と地方の各レベルの政治家、官僚、ジャーナリスト、ビジネスなどの実務家、さらには、地域や時代を異にする政治学や歴史学の研究者、大学や大学校などの高等教育機関

に所属する学生、その他、広く中国に興味をもつ一般読者などが挙げられる。具体的には、現代中国の政治外交史と政治制度に関する基礎知識をひと通り学んだ者が、政治学や国際政治を専門的に学ぶ学部三年生以上の演習授業（ゼミナール）などに参加した際に、読了可能なレベルを念頭に置いて執筆した。

また、本書の分析と叙述に際し、筆者はとくに、①実証性、②歴史性、③体系性／明晰性、④物語性の四つに留意した。

一つめの実証性について、政治学と中国地域研究を専門とする筆者にとって、研究者としてなすべき本分は、本研究のテーマに関連する一次資料、とくに各種統計を含む文献資料を可能な限り広く蒐集し、文章を丹念に読み込み、データを地道に整理解析して、習近平その人と中国の支配体制の「実像」を、資料に依拠しつつ、独自の解釈に基づいて再構成することである。資料に関して少しく付言すれば、本書では、既存の研究ではほとんど使用されてこなかった、「内部発行」と呼ばれる一般には流通しない限定公開の文献を多数利用している（後述）。これにより、従来語られてきた習近平のイメージを一新するものではないかもしれないが、しかし、先行研究で曖昧にされてきた、あるいは、巷間でいわれているが資料的裏づけに乏しかった、習近平という指導者の政治的輪郭をより明瞭に描き出すことができるであろう。

二つめの歴史性とは、中国政治の歴史的文脈のなかに「習近平時代の政治」を位置づけ、その特質を見極めようとする志向をいう。いうまでもなく、習近平の指導者像、習近平政権下での中国型権威主義の支配、それらと中国の政治社会との関係については、毛沢東、鄧小平、江沢民、胡錦濤の各執政期と比較してこそ、その特色をよりよく理解できる。その際、本書が扱う歴史的文脈とは、主に一九四九年の建国以来、七十有余年の時間を経た中華人民共和国の政治史を意味するが、むろんそれに限定されない。前近代の王朝体制の支配や、一九二一年の創立から百年以上の歴史を有する中国共産党の党史など、議論の必要に応じて参照すべき歴史の時間軸は可変的である。

そうした歴史性の視点は、習近平の政治的内面に迫るうえでも欠かせない。本書で繰り返し強調するように、習近平は、歴史というものを殊のほか重視する政治家である。習近平名義で発表される演説や文章のなかに頻繁に登場する、中国史の史実に関する数多くの言及や引用からは、歴史に対する習近平の思い入れと、みずからの名を正史に残すことへの意欲がはっきりとみてとれる。実際のところ、中国共産党史や中国近現代史の知的コンテクストの素養なしに、習近平の言動や指導スタイルの政治的意味を読み解くのは難しい。それはまた、異なる文化体系間での知的格闘が求められる地域研究の政治学者として、筆者自身の「政治的翻訳」の力量が問われる点でもある。

三つめの体系性／明晰性に関し、今日、日本の言論空間では、SNS（ソーシャル・ネットワーキング・サービス）への短文投稿から、大手ポータルサイトに掲載された時評の文章、テレビや新聞のマスメディアでの時事解説に至るまで、中国の政治、経済、社会に関する多種多様で、玉石混交の情報が日々大量に提供され、しかもそのほとんどが、発言者自身の責任と自省による事後検証のなされぬまま、ただひたすらに忘却の彼方に消え去っていく。それはまさに、資本主義の大量消費社会、高度情報化社会の一つの縮図でもある。

こうして、国際社会における中国の存在感の高まりは、中国に対する人びとの関心を高める一方、膨大な量の断片的分散的な情報の氾濫により、多くの日本人にとっては、中国理解の体系性と明晰性が失われることとなった。中国政治こそ、そうした知的漂流の代価を支払っている代表的分野の一つといってよい。むろんそうした責任の多くは、ほかでもなく専門家集団が負うべきものである。

中国政治研究が直面するこうした社会的状況に対し、本書では、研究者として筆者の力の及ぶ限りにおいて、既知未知を問わず、各種情報を一定の分析枠組みに基づいて整理、解釈し、それらのパーツを論理と多少の想像力によって組み合わせることで、習近平時代の中国政治について明晰かつ統合された理解の見取り図を得ることを目指す。

最後に、四つめの物語性について。前述の期待される読者層のうち、筆者はとくに、これから中国政治の研究に取り組んでみたいと思っている学生や、研究活動をなりわいとしないが中国政治に興味を抱く多くの市民に、本書を読んでもらうことを心より希望している。それゆえ、執筆にあたっては、これらの人びととの問題関心に配慮して、「読んで面白い」、「役に立つ」内容であることを心がけた。例えば、先に言及した「内部発行」の資料に収録された習近平の非公開演説のなかから、習近平の「本音」や「肉声」を多数引用することで、秘密のヴェールに閉ざされた中国共産党の幹部会議での習近平の発言、そこで繰り広げられる権力のドラマや指導者としての習近平の振る舞いの一端を資料に基づいて復元することに努めた。

本書はまた、習近平という特定の政治家を分析対象とする個人研究であり、広義のリーダーシップ論の書物としても読むことができる。例えば、本書の第七章では、企業経営者を含むビジネスパーソンの読者を念頭に置き、中国政治研究の学術書でありながら、経営学のリーダーシップ論の知見も一部紹介している。経営者はもちろん、なんらかの組織や集団の長、あるいは、トップの座を目指す中堅以下の幹部の人びとにとって、リーダーシップ論を解説したビジネス書や歴史上の人物を扱った歴史小説とはひと味異なる、同時代に生きる政治家の思想と行動を題材に、人物評論やルポルタージュ風の文章として読むことができるように工夫した。発言の迫力や会議の雰囲気を再現するため、既述のとおり、一般的な学術書や論文よりもはるかに多くの習近平の言葉を記載している（時間を節約したい読者は、引用文を読み飛ばしても論旨は十分に理解できる）。

（2）本研究が依拠する主な資料群――「内部資料」と「同時代資料」

本書の執筆にあたり、筆者が利用した各種資料のうち、本書の独自性や先行研究との差別化を、主として資料面から担保するもっとも重要な文献資料は、次の二つである。一つは、習近平名義で発表された文章や演説、及び、中国側の世論調査を収録した「内部発行」、「軍内発行」、「内部資料」と呼ばれる一連の資料群である。以下本書では、この範疇に属する文献資料をすべて「内部資料」と記す。いま一つは、地方指導者時代における習近平の政治史的事績と同時期に発表された「同時代資料」である。

これら内部資料と同時代資料を系統的に活用している点で、本研究は、習近平の個人研究をテーマとする既存のすべての研究に対し、少なくとも資料面では優越している。紙幅の都合上、ここでは内部資料のみを説明し、同時代資料は本書の第四章で言及する。

内部資料は、党、政府、軍の各機関の一定ランク以上の幹部（日本の公務員に相当）、または、政策担当者を含む、特定の組織や団体の関係者だけに配布される限定公開の文献であり、街なかの書店など、通常の流通経路では手に入らない。それゆえ、刊本資料とはいえ、研究活動上の資料的価値は大きい。近年では、習近平政権下での情報管理の厳格化を受けて、以前にも増して入手が困難となった。したがって、習近平時代の中国政治を扱った先行研究においても、筆者自身の既発表業績を除き、従来の研究ではほとんど使用されることはなかった。まれに使用の形跡が認められる場合でも、系統的な収集と分析はなされてこなかった。

こうした研究環境と資料状況にかんがみ、ここでは、後学の人びと――まだこの世に生を受けていない未来の研究者を含め――の参考として、(50) 習近平研究に関係する主な内部資料の書誌情報を簡単に記録しておく。それらはみな、筆者が自身の研究活動の過程で取得したもので、本書の執筆にも大いに裨益した。これ以外に、所有してはいるが本研究に直接関係のないもの、出版物の刊行記録などにより、資料の存在を把握しているが現物未見のもの、などは除外した。

習近平の政治的言説に関する内部資料

習近平の政権担当期に刊行された内部資料については、その性質上、正確な出版点数はわからない。ただしその多くは、収録されている文章や図版が無断転載であるといった技術的理由から、一般非公開の指定を受けていると思われる。この類いの内部資料は、他の公開資料と内容の重複が多く、研究上の価値は小さい(51)。

これに対し、以下に挙げる一〇種類の資料集は、習近平が最高指導者として行った演説などを多数収録しており、公開資料にはみられない発言も多く含まれている。したがって習近平の個人研究はもとより、中国政治研究全般にとっても有用と思われる（記載の順序は刊行年順を基本とし、同名シリーズは同じ箇所にまとめて記した）。

①『習近平関於国防和軍隊建設重要論述選編』

a 書誌情報

・中国人民解放軍総政治部編集、出版は解放軍出版社、発行年月は二〇一四年二月第一版
・中表紙に「内部材料　注意保存」、奥付に「軍内発行」とそれぞれ記載
・本文計二三三頁、総文字数一一万八〇〇〇字

b 刊行経緯、収録内容

・二〇一二年十一月から二〇一三年十二月までに習近平が行った講話など、計三九篇を収録

②『習近平国防和軍隊建設重要論述選編（二）』

a 書誌情報

・中国人民解放軍総政治部編集、出版は解放軍出版社、発行年月は二〇一五年四月第一版
・中表紙に「内部材料　列入移交」、奥付に「軍内発行」とそれぞれ記載
・本文計一六九頁、総文字数八万六〇〇〇字

b　刊行経緯、収録内容

・二〇一四年一月から二〇一四年十二月までに習近平が行った講話など、計三一篇を収録

③『習近平関於党在新形勢下的強軍目標重要論述摘編』

a　書誌情報

・中国人民解放軍総政治部編集、出版は解放軍出版社、発行年月は二〇一四年三月第一版

・中表紙に「内部材料　注意保存」と記載

・本文計一二七頁、総文字数六万八〇〇〇字

b　刊行経緯、収録内容

・二〇一二年十一月から二〇一四年二月までに習近平が行った講話など、約三〇篇からの抜粋

④『習近平党校十九講』

a　書誌情報

・奥付なし、出版は中共中央党校出版社、発行年月不明

・「編集説明」によれば、中共中央党校校務委員会が編集を担当し、二〇一四年末か二〇一五年初めに出版されたとみられる（「編集説明」の執筆日付は二〇一四年十二月三十日）

・中表紙に「内部使用」と記載

・本文計三〇一頁、総文字数の記載なし

b　刊行経緯、収録内容

・習近平は、二〇〇七年から二〇一二年まで中央党校校長の職を務めた。同校は、毎年春と秋の二回の学期に分けて、高級幹部を対象とする研修活動を実施している。本書は、その開講式典で習近平が行った講話を集めて書籍化したもの

・中央党校校長時代の二〇〇八年三月から二〇一二年九月までの計一八篇の「開学講話」、及び、党総書記就任後の二〇一三年三月に開かれた中央党校創立八〇周年記念式典での講話を合わせた計一九篇を収録

⑤『習近平総書記重要講話文章選編』

a　書誌情報

・中共中央文献研究室編集、党建読物出版社と中央文献出版社の共同発行、発行年月は二〇一六年四月第一版

・奥付に「内部発行」と記載

・本文計四五〇頁、総文字数三〇万字

b　刊行経緯、収録内容

・二〇一六年に実施された「学党章党規、学系列講話、做合格党員」(党規約と党の紀律、習近平の一連の講話を学び、基準に適った党員になるという意味)の学習教育キャンペーンにあたり、「県と処の各級以上(処級を含む)」の幹部向け教材として編纂されたもの

・二〇一二年十一月から二〇一六年三月までに習近平が行った講話など、計三八篇を収録

⑥『習近平論強軍興軍』

a　書誌情報

・中央軍委政治工作部編集、出版は解放軍出版社、発行年月は二〇一七年五月第一版
・中表紙に「団以上領導幹部使用」と「内部学習　列入移交」、奥付に「軍内発行」とそれぞれ記載
・本文計五八七頁、総文字数三四万三〇〇〇字

b　刊行経緯、収録内容

・「全軍の団以上の領導幹部の内部学習使用」の目的で出版されたもの
・二〇一二年十一月から二〇一七年四月までに習近平が行った講話など、計六七篇を収録

⑦『習近平論強軍興軍（二）』

a　書誌情報

・中央軍委政治工作部編集、出版は解放軍出版社、発行年月は二〇一九年十月第一版
・中表紙に「団以上領導幹部使用」と「内部学習　列入移交」、奥付に「軍内発行」とそれぞれ記載
・本文計二五三頁、総文字数一五万字

b　刊行経緯、収録内容

・「全軍の団以上の領導幹部の内部学習使用」の目的で出版されたもの
・二〇一七年四月から二〇一九年五月までに習近平が行った講話など、計四四篇を収録

⑧『習近平論強軍興軍（三）』

a　書誌情報

・中央軍委政治工作部編集、出版は解放軍出版社、発行年月は二〇二二年六月第一版

・奥付に「中校以上軍官使用」、「軍内発行」と記載
・本文計一七九頁、総文字数一〇万字

b　刊行経緯、収録内容

・「全軍の中校以上の軍官の内部学習使用」の目的で出版されたもの。「中校以上の軍官」とは、中佐相当の佐官級以上の軍幹部を指す
・二〇一七年四月から二〇一九年五月までに習近平が行った講話など、計四四篇を収録

⑨『習近平関於〝不忘初心、牢記使命〟重要論述選編』

a　書誌情報

・中共中央党史和文献研究院と中央〝不忘初心、牢記使命〟主題教育領導小組弁公室の共同編集、党建読物出版社と中央文献出版社の共同出版、発行年月は二〇一九年五月第一版
・奥付に「内部発行」との記載
・本文計三八八頁、総文字数二五万七〇〇〇字

b　刊行経緯、収録内容

・二〇一九年に実施された「不忘初心、牢記使命」（初心を忘れず、使命を心に刻むという意味）の学習教育キャンペーンにあたり、「県と処の各級以上（処級を含む）」の幹部向け教材として編纂されたもの
・二〇一二年十一月から二〇一九年三月までに習近平が行った講話など、計三七篇を収録
・上記キャンペーンでは、次の資料も同時期に出版された。中共中央党史和文献研究院、中央〝不忘初心、牢記使命〟主題教育領導小組弁公室編『中国共産党党内重要法規匯編』（内部発行）、党建読物出版社、二〇一九年六月、

第一版、本文計三九一頁、総文字数二五万六〇〇〇字

⑩『習近平論党的宣伝思想工作』

a 書誌情報

・中共中央宣伝部編集、出版は人民出版社、発行年月は二〇一九年六月第一版

・奥付に「内部発行」と記載

・本文計三七三頁、総文字数二二万字

b 刊行経緯、収録内容

・前記「不忘初心、牢記使命」キャンペーンの実施に合わせて、「宣伝思想戦線の党員幹部が内部学習のために使用」する目的で出版されたもの

・二〇一二年十二月から二〇一九年五月までに習近平が行った講話など、計四七篇を収録

・収録資料の重複状況から判断すると、おそらく本書を下敷きとして、次の一般公開用の書籍が発行されたとみられる。習近平『論党的宣伝思想工作』中央文献出版社、二〇二〇年十一月、第一版、計四二〇頁、二四万五〇〇〇字

中国の世論調査に関する内部資料

本章の冒頭で述べたとおり、「習近平時代の政治」を扱う本研究では、習近平の政治家像と中国型権威主義体制を分析対象としつつも、いくつかの章では、それら二つと中国社会との関係も考察している。その際、政治社会の動向に関し、中国で実施された複数の世論調査の内容にも言及している。

中国側の実施主体による世論調査の信憑性については、むろん、疑問なしとしない。関連する研究で日本と世界の学界をリードする園田茂人は、中国側の調査について、情報開示や発表形態、調査目的などの面で多くの問題点を指摘している。とくに二〇一〇年代に入り、習近平政権が成立して以降、その秘密主義の政治体質や統計データの信頼性への疑問に、いっそう拍車がかけられた。[52]

そうした難点に十分に留意しつつ、筆者の問題関心と本研究の趣旨にかんがみ、本書では、大学や研究所、マスメディアなど、中国の公的機関によるいくつかの世論調査の内容を適宜紹介する。

その一つに、中国の国営テレビ局の中央電視台（China Central Television, CCTV）が、国家統計局や中国郵政集団公司との共同で、二〇〇六年から毎年実施している「CCTV　中国経済生活大調査」と題するアンケート調査がある。元来は、中央電視台の同名タイトルのテレビ番組制作のために始まった大規模世論調査で、国家統計局が標本調査を、中国郵政が調査票の送付と回収を、中央電視台が調査結果に基づく特別番組の制作放映をそれぞれ担当している。当該調査の分析結果をまとめた小冊子が内部資料として発行されており、筆者の手元には、調査実施年度の異なる計四冊（二〇一三～二〇一四年版、二〇一七～二〇一八年版、二〇一九～二〇二〇年版、二〇二一～二〇二二年版）がある。[53]

なお、習近平政権下で実行された中央メディア機関の組織再編により、中央電視台は中央広播電視総台（China Media Group, CMG）に改称され、これに伴い二〇二一年以降、上記調査の名称も「CMG　中国美好生活大調査」に変更された。調査の実施主体も、先の三つに加えて、北京大学国家発展研究院が新たに参加した。[54]二〇二〇～二〇二一年の新型コロナウイルス感染症（COVID-19）の流行期間中は、一部をオンライン調査に切り替えた模様だが、調査活動それ自体は途絶することなく実施された。

二年に一度の隔年で実施される中国社会科学院社会学研究所の「中国社会状況総合調査（Chinese Social Survey, C

SS）」をはじめ、他の代表的な社会調査と比べると、CCTV・CMG調査は、年一回実施の短期的な動向把握と調査対象人数の多さの点で優位性をもち、消費を中心とする民衆の経済行動の理解に有用である。あるいは、主として経済心理の面から、人びとの現状評価と将来の期待可能性を検討するのにも役立つ。二〇一七～二〇一八年調査の場合、調査期間は二〇一七年十二月四日～二〇一八年一月八日の約一ヵ月間で、全国の一〇四都市、三〇〇県に住む計一〇万世帯に対し、ハガキの形式で各戸に一通ずつ、計一〇万通の調査票が送付された[55]。有効回収数は九万一一二通（回収率九〇・一一パーセント）で、調査対象の属性項目は、年齢、性別、常住地、戸籍所在地、職業、個人年収、世帯年収、住居形態、婚姻状況、子どもの有無とその人数などである。

本調査が開始された二〇〇六年以降、毎年一〇万世帯を調査対象として選定し、二〇二一年までに、累計で一六〇万世帯に達したとされる[56]。これほどの大規模な世論調査を継続して実施するのは、外国人はもちろん、中国人の研究者でもきわめて難しい。それゆえ本研究では、前記CSSなどとともに、CCTV・CMGの調査内容も合わせて紹介する。

五　本書の構成と各章の概要

「習近平時代の政治」の全体像の解明を目指す本書は、二部構成を採用し、序章と終章を除いて、計九つの章からなる。第Ⅰ部（第一～三章）では、習近平時代における中国型権威主義の支配体制を、第Ⅱ部（第四～九章）では、最高指導者である習近平の政治認識とリーダーシップを、それぞれ分析の俎上に載せる。

前述の内部資料に関し、習近平の政治的言説のそれは第七、八、九章で、CCTV・CMGの世論調査は第一、九章と終章で、それぞれ比較的多く言及している。一九八〇年代から二〇〇〇年代前半までの習近平の地方指導者時代の同時代資料は、主に、第四章と第九章で取り上げている。

以下にみるように、各章の内容は、互いに緩やかな連関を保ちながら、一つの大きな「物語」を形作るように意図している。けれども各々の章は、単独の「エピソード」としても成立している。読者は、自分の興味関心に基づき、本書の結論部分にあたる終章を含め、どの章から読み始めても、その内容を理解できる。いつの日か、最終的に本書を通読していただければ、著者としてこれに勝る喜びはない。

第Ⅰ部　習近平体制とはなにか

第Ⅰ部においては、第Ⅱ部の議論の土台として、さらに、今日までですでに一〇年以上にわたって続いている習近平政権の中間総括として、習近平時代の政治史の軌跡と支配のメカニズム、支配政党の組織的変化、中国とロシアの権威主義比較、中国の自由と民主主義に対する台湾の位置づけなど、いくつかの側面から習近平時代の政治のありようを論じる。

第一章「習近平時代の支配と中国の自由、民主主義の『現在地』――歴史発展と国際評価」では、中国政治史の歴史的変化と同時代の国際比較の二つの視点から、習近平時代の中国型権威主義体制（＝習近平体制）の特質を明らかにする。毛沢東時代や鄧小平時代との比較に基づき、習近平時代の政治史的位置づけを把握したのち、習近平時代の支配の正統性と「デジタル・レーニン主義」の関係、新型コロナウイルス禍を契機とする国民の政治意識の変化などを考察する。さらに、「グッド・ガバナンス」の国際的視点に基づき、香港を含む「中国的人権」の否定的評価を確認するとともに、それに起因する国際社会の分断を論じる。

第二章「『労働者』と訣別する『前衛』――創立百周年を迎えた支配政党の組織実態」では、中国政治の中核に位置し、世界最大の政党である中国共産党を取り上げる。一九二一年創立の中国共産党は、いわば創業百年を超える老舗企業である。本章では、政党組織論の観点から、この百年企業の「社員」集団の人的資源の実情を分析する。具体的には、新規入党者と在籍党員の量的動態に着目し、胡錦濤時代との比較に基づき、党員リクルートの動向、党員集団の職業、年齢、ジェンダーの構成やその変化を精査する。これにより、二〇二一年の党創立百周年の記念すべき年に、中国共産党が、労農同盟の組織実態と、階級政党としての本来の政治的アイデンティティ、イデオロギー的正統性を実質的に喪失したことを論証する。

第三章「『お仲間』の政治学——ポスト社会主義、比較社会主義の習近平・中国とプーチン・ロシア」は、権威主義体制の国際比較の観点から、ポスト社会主義のプーチン・ロシアと現存する社会主義の習近平・中国との間にみられる、信頼なきパートナー、すなわち「お仲間」の関係を考察する。中国のロシア政治研究に対する知識社会学的分析を通じて、現代の国際社会で二大権威主義国家とされる中国とロシアについて、両者が共有する支配の理念と実践における認識の基盤、中ロ双方にとって彼我の権威主義的支配がもつ地政学的意味合い、今日における中ロの政治的結託の内実を明らかにする。また、二〇二二年に本格化したロシア・ウクライナ戦争をめぐる中国側の政治的学習状況にも言及する。

第Ⅱ部　習近平とはどのようなリーダーか——過去、現在、未来

第Ⅱ部では、過去から現在を経て、未来へと至る時間の流れを意識しつつ、最高指導者である習近平について、公開非公開のさまざまな資料に依拠して全面的な検討を加える。主な論点は、習近平の政治的思惟と政治行動、リーダーシップの特徴、国家目標と主要な政治争点をめぐる習近平の見解、ならびに、それらを手がかりとした中国政治の将来展望である。

第四章「〈支配体制の申し子〉の政治的来歴——最高指導者になるまでの歩み（一九六六〜二〇一二年）」は、二〇一

二年に党総書記に就任する前の習近平を取り上げる。「文化大革命」（一九六六～一九七六年）の時期から話を説き起こし、地方指導者時代（一九八二～二〇〇七年）を経て、次期総書記候補として第二次胡錦濤政権の一員となった中央指導者時代（二〇〇七～二〇一二年）までの約四六年間を扱う。この間、地方の下級党組織の役人から官僚政治家としてのキャリアをスタートさせた習近平が、その政治認識や指導スタイルをどのように変化、発展させてきたのかを、思想と行動の両面から分析する。本書執筆時点（二〇二四年十月現在）で七一歳の習近平について、五九歳の年齢まで、すなわち、人生のおよそ五分の四以上をカバーする。分析対象の時間の長さに応じて、費やした紙幅の量も、本書の各章のなかでもっとも多い。しかし、第四章を読むだけでも、読者は、習近平という政治家の基本的な姿を理解できよう。さらには、習近平が中国のトップに選ばれた謎を解くための重要なヒントも得られるであろう。

第五章「中国共産党『領袖』考——政治文書の用例にみる指導者称号と個人独裁の問題」は、二〇一二年に党総書記に就任して以降、習近平が推進してきた個人集権の意義や狙いを、中国共産党の政治史とイデオロギー史の歴史的文脈のなかで再検討する。具体的には、一九四九年の建国以来、共産党の主要な政治文書に登場した「領袖」や「核心」の指導者称号に着目し、それらが使われている文脈や意味内容、登場回数などについて歴史的、系統的な比較分析を行う。これにより、「領袖」と「習近平をリーダーとする党中央」という尊称への格上げ、及び、党主席制の復活とそれへの習近平自身の就任が、蓋然性の高い将来のシナリオであることを改めて確認する。

第六章「『語録の世界』と『闘争』の人——習近平、毛沢東、文化大革命の政治連関」は、毛沢東の政治思想と文化大革命期の政治思潮が、習近平の政治認識と政治行動にどのような影響をもたらしたのか、さらには、今日の政治にいかに反映されているのかを論じる。『毛沢東語録』をはじめ、文革期の各種出版物や当時の政治宣伝、政治文化のあり方をも考慮しつつ、「習近平時代の政治」における毛沢東思想の表れを検証する。この作業を通じて、習近平が重視する三つの事柄、すなわち、毛沢東時代を特徴づける政治的エートスとしての「闘争」の復活、「和平演変」

の防止、「革命後継者」の育成が、その具体的な表現形態として捉えられる。

第七章「〈最高実力者〉の誕生——事件は会議室でも起こる（二〇一五〜二〇一八年）」は、習近平という現存する政治家をモデルとする「現代中国の君主論」を意識して執筆された。内容的には、次の第八章との対応を想定している。すなわち、第七章は、短期的微視的な視点から、最高指導者としての習近平の指導力強化の発展過程を追跡する。第八章は、中長期的俯瞰的な視点から習近平の政治認識と政治行動を論じる。

第七章では、名目的な「最高指導者」として出発した習近平が、いかにして名実相伴った「最高実力者」へと成長したのかを、その政治手法や政治闘争の態様に着目して分析した。党と軍のサブリーダーに対し、習近平は、「民主生活会」と呼ばれる会議制度などを利用して、リーダー・フォロワー関係の内面化を図った。本章ではまた、「周永康と薄熙来は、前任の胡錦濤指導部のメンバーに対する身体拘束を伴う政変を画策していた」とする旨の習近平自身の注目すべき証言を紹介している。

第八章「〈中華民族の父〉を目指す習近平、あるいは『第二のブレジネフ』か『第二のプーチン』か——権力、理念、リーダーシップ」では、政権三期目途中の現時点において、習近平の政治家像と国政運営に関する総合的な分析を行う。本章では、習近平自身の説明に基づき、「中華民族の偉大な復興」の内実が、中国による米国からの覇権国の地位奪取を意味することが暴露される。また、「個人と家族の時代」が到来した今日の中国社会に対し、習近平のリーダーシップが父権主義的性格を強めている点を指摘する。さらに、二〇二七年に開催予定の二一回党大会を契機とする習近平の出処進退のシナリオ、及び、習近平体制の各種リスクにも言及する。

第九章「台湾有事と『東アジア近代史の総決算』の可能性——台湾統一／併合をめぐる政治論」は、近年、日本をはじめ、国際社会で高まる台湾有事への危機意識に対する筆者なりの応答である。本章では、習近平指導部の台湾政策を、政権の政治構想全体のなかに位置づけるとともに、地方指導者時代の活動にも目配りして、習近平の台湾認識を深く掘り下げて検討した。習近平の台湾認識は、一九世紀の日清戦争や廃琉置県処分（琉球処分、琉球併合）を含む、東アジア近代史の歴史認識と領土観念に密接に関係しており、この意味においてまさしく「日本」の問題でもある。習近平にとって台湾問題とは、習近平個人の過去と現在、中国の近代と現代の二重の意味において、歴史と現在の間を往還する存在といえる。同時に、その政治的帰趨は、東アジアの未来を決定する重要な要素でもある。

終章「習近平時代の中国政治の将来、台湾問題をめぐる日本の政治戦略」では、各章の内容を振り返りつつ、習近平時代の将来展望と若干の政策提言を行う。まず、習近平の指導力強化の要因など、いくつかの重要な論点について、現時点での暫定的な総括を行う。次に、第三期習近平政権（党総書記と国家主席の任期は二〇二七～二〇二八年に満了予定）を含む二〇三〇年代前半まで、すなわち、向こう五～一〇年程度の中長期的な視点から、「伝統への回帰」をキーワードとして、ポスト習近平の権力継承を含め、中国政治のさまざまな変化の可能性、ありうべきシナリオを論じる。最後に、それまでの行論で示された知見を総合して、習近平時代における台湾有事の発生を防ぐため、日本が採るべき政治戦略の要点を説明する。

I　習近平体制とはなにか

第一章　習近平時代の支配と中国の自由、民主主義の「現在地」——歴史発展と国際評価

はじめに

二〇二二年十月、中国共産党第二〇回全国代表大会（以下、二〇回党大会の形式で略記）が挙行された。党大会直後に開かれた第二〇期中央委員会第一回全体会議（以下、二〇期一中全会の形式で略記）で、習近平の中国共産党中央委員会総書記（以下、党総書記と略記）の三期目続投が決定した。二〇一二年の党総書記就任以来、約一〇年の歳月を経て、中華人民共和国（以下、文脈によって中国と表記）の政治史において、「習近平時代」と呼びうる一つの時代区分が確立されたといってよい。本章の目的は、歴史的俯瞰的な視点から、この習近平時代の政党国家体制（party-state system）[1]（以下、文脈によって習近平体制または支配体制と表記）の特質を理解することにある。

ところで、中国政治や習近平体制と聞いて、読者はどのような印象をもつだろうか。例えば、テレビやインターネットニュース、「X」（旧 Twitter）に代表されるソーシャル・ネットワーキング・サービス（SNS）など、日本の各種メディアでは、中国の政治指導者や派閥集団の権力闘争、当局による人権侵害の状況が、毎日のように伝えられている。しかし、日本の場合と違って中国の政局報道、とくに政治家同士の対立や派閥抗争は、大半が伝聞情報で資料的根拠が薄弱である。実証性と反証可能性が十分でないため、日本や欧米の中国政治研究をはじめ、学術研究の場では、これらが単独のテーマとして討究されることはほとんどない。このように中国政治の分析において、日本を含む世界の学界の関心や研究潮流と、日本のメディア報道のあり方、及び、メディアの描き出す中国像に一定の影響を受ける日本の国民世論との間には、相当に大きな齟齬がある。

また、日本の市民団体である「言論NPO」が、二〇二三年九月に行った世論調査によれば、実に九二・九パーセントの日本人回答者が、「中国に良くない印象を持っている／どちらかといえば良くない印象を持っている」と答えた。(2) 否定的印象の理由の第四位（複数回答可）として、四一・二パーセントの者が、「共産党の一党支配という政治体制に違和感を覚えるから」の選択肢を選んだ。前年の二〇二二年の調査では、同じ選択肢は、五一・五パーセントで第二位であった。このように中国政治への理解や印象は、日本人の対中認識の形成に大きく作用している。だがそれらは、中国政治に対する漠然とした、あるいはSNS等の投稿にみられる個人的印象に基づく断片的イメージ——前述の「違和感」の言葉がまさしく言い得て妙である——すなわち、自由民主主義とは異なる価値観に基づき、人権を抑圧する不気味で不可解な存在といった印象にとどまることが多い。

一方、今日の国際社会には、民主主義に関する規範的理解の一つとして、グッド・ガバナンス（good governance）と呼ばれる考え方がある。これは、冷戦が終結した一九九〇年代以降、主に国際連合や欧州連合（EU）でなされた議論に基づくもので、国家の良好な統治を実現するため、①人権の尊重、②民主主義（参加）、③言論の自由（自由化）、④法の支配（rule of law）、⑤少数者の権利保護、を可能にする諸制度の確立と運用を重視する。(3)

むろん中国では、一九五〇年代後半以降、中国共産党の一党支配（教科書的にいえば、中国共産党を支配政党とするヘゲモニー政党システムの権威主義の政治体制）のもと、非民主主義の政治が続いている。日本や米国、台湾とは異なり、中国の市民は、選挙による政権選択はできず、言論や結社の自由などの基本的人権も十分に保障されていない。それゆえ中国では、前記①〜⑤の達成度はもともと低かった。しかし、二〇一二年から二〇一三年にかけて発足した習近平指導部の統治によって、中国のグッド・ガバナンスの各要素は、以前にも増して悪化している。米国に匹敵する世界的な大国として、二一世紀の国際社会に対し、中国はどのような政治的手本を示すのか。疑いもなくそれは、世界の将来にとって無視できない影響力をもつであろう。

以上に述べたいくつかの論点、すなわち、中国政治理解の重点をめぐる学界とマスメディア、一般世論との乖離、日本人の対中認識に対する中国政治イメージの重要性、二〇一〇年代以降より顕著になりつつある世界的な民主主義の退潮とそこでの中国の影響力の大きさを念頭に置きながら[4]、本章では、中国政治史の歴史的変化のタテ軸と同時代の国際比較のヨコ軸という二つの視座に基づき、次章以降で行う分析の前提として、習近平体制に関する初歩的だが総合的な理解を目指す。

議論の流れは次のとおりである。第一節ではまず、習近平時代を含め、一九四九年の中華人民共和国建国以来の政治に一貫してみられる歴史的連続性を確認する。これを前提として第二節では、現代中国政治の歴史発展からみた習近平体制の特徴を分析する。第三節では、習近平時代の支配の正統性と、現段階での支配の到達点である「デジタル・レーニン主義（Digital Leninism）」の政治体制を素描する。第四節では、中国の自由と民主主義について、同時代の国際社会による評価や前出のグッド・ガバナンスの視点から①～⑤の状況を検討する。さらに、「中国的人権」をめぐる国際社会の分断と対立を論じる。最後に、中国の自由と民主主義の課題を記す。

一　政治の思惟と行動にみる歴史的連続性——革命党、被害者意識と欠落感、歴史の復仇

（1）「屈辱の近代」の経験と記憶

次節で説明するように、建国以来今日までの現代中国政治の歴史は、「毛沢東時代」、「広義の鄧小平時代」（鄧小平、江沢民、胡錦濤の三名の政権担当期）、「習近平時代」の三つに区分できる。だが、これらのすべての時期を通底すると

ころの歴史の連続性は無視できない。

中学や高校の歴史の授業でも学んだように、前近代の世界で中華の歴代王朝は栄華を誇っていたが、明朝の後を受けて一七世紀に成立した清朝は、一八四〇年のアヘン戦争を契機として、一九世紀半ば以降、欧州列強や日本の侵略により植民地化の危機に瀕した。アヘン戦争前の一八二〇年には、世界のGDP（国内総生産）の約三分の一を単独で占めていた清朝も弱体化し、最後の王朝となる運命を免れなかった(5)。清王朝の統治システムから近代国家体制に転換する過程では、一九一一年の辛亥革命や中国国民党と中国共産党の内戦など、革命や内戦も経験した。

この結果、アヘン戦争から一九四九年の中華人民共和国建国まで、百年余りにわたって戦争と混乱の歴史が続いた。中国にとっての近代とは、世界史に冠たる精華を残した中華文明の存続さえ危ぶまれるほどのまさしく国難と屈辱の時代であり、それをテコとしたナショナリズムへの凝集の時代であった。この屈辱の記憶と被害者意識は、今日の中国でも、政治指導者のみならず、一般国民にも広く共有されている。

長期に及ぶ戦争と混乱の歴史は、歴史認識だけでなく、政治の思想と行動様式においても、現在まで引き継がれる特色を生み出した。辛亥革命後の政治の舞台で重要な役割を演じた政治家や政治集団として、袁世凱、中国国民党、中国共産党などが挙げられる。これらの政治アクターが共通に取り組んだ主要な政治課題は、①清朝の旧版図を領土観念とする国家の統一と独立、②立法、行政、司法などの統治機関と近代的な官僚制、軍事力の整備、③急速な経済開発、④それらのすべてを通じた国民意識の涵養であった。一言でいえば、国民国家建設（nation-state building）である。ただし実際の政治運営では、国民形成（ネイション・ビルディング）、すなわち、共通の帰属意識をもつ均質な国民集団の育成よりも、領域管理のための支配機構の建設（ステイト・ビルディング）が優先されざるを得なかった。

みずからが理想とする富国強兵の目標を掲げ、独自の軍事力を用いて国政の主導権争いを展開したこれらのアクターの政治的営為には、次のような共通点がみられた。第一に、政治的意思決定における熟議よりも効率の優先、及び、政治エリート（個人または政党）による民主主義の制度的手続きに基づかない「国民意思」の代行。第二に、政治と軍事の密接な関係に由来するところの革命政党の思想的組織的傾向。具体的には、中央集権の重視、「友―敵」の発想に基づく力の対決思考、秘密主義の組織体質、自由民主主義の政治システムへの不信などである。これらは、現在の支配政党である中国共産党とそれによる統治の基本的な特徴でもある。

（2）統治の規模と国家統合をめぐる困難

中華人民共和国の成立により、独立国家の創出という中国民衆の悲願は一応達成された。しかし、広大な版図を有し、公式説明でも漢族を含め計五六もの民族を擁する多民族国家を安定的に統治するのは、容易なことではない。行政の垂直的関係からみれば、どのような国であれ、国内の各地に暮らす人びとには、中央の指導者がいう国益とは異なる利害関心がある。中央集権のもと、省―地区（市）―県―郷、鎮の地方行政区分をもつ中国も例外ではない。強固にみえる集権制の裏側では、外交、財政、人事、治安などの重要権限を掌握する中央政府と、その曖昧な指示や政策方針を利用して独自の経済、社会的利益の追求に走りやすい地方政府との間で、さまざまな駆け引きが日常的に行われている。

また、チベットや新疆ウイグルなどの少数民族統治のほかに、中国の国家統合の問題をより複雑にしているのは、香港、マカオ、台湾の存在である。一九四九年の建国当時、中国の主権はこれらの周縁地域に及んでいなかったが、北京の中央政府は、将来必ず回復すべき領土と位置づけた。その後、香港とマカオは、それぞれ一九九七年と一九九九年に植民地の地位を脱し、中国本土（China Proper）の地方行政とは異なる「一国二制度」の枠組みのもと、北京政府の支配に服することとなった。だが、習近平時代に入り、過去に約束されていた香港の「高度な自治」は無効化された(6)。

一方、台湾では、内戦に負けて大陸を追われた中華民国政府が支配を維持し続けた。一九八〇年代半ば以降は民主化も実現した。だが大陸側は、台湾統一の目標を放棄していない。習近平をはじめ、大陸の指導者からすれば、中国は依然として未完の国家状態に甘んじているのである。台湾という「失地」が祖国中国のもとに帰らない限り、この欠落感が満たされることはない。

（3）不信と変革の対外関係認識

一九世紀後半に始まる列強の帝政中国への接触と侵入は、西欧起源の近代国民国家体系による東アジアの伝統的な中華世界秩序（華夷秩序）の暴力的な解体、それへの中国民衆の抵抗と適応の過程でもあった。抵抗の歴史的到達点が、一九三〇年代以降本格化した日本の対中侵略に対する抗日戦争である。こうした歴史経験は、自国と世界との関係をめぐる中国の政治指導者たちの見方にも、いくつかの特有の傾向を生み出した。それらは、前述した被害者意識や欠落感の感情とも密接に関係している。

一つめは、「屈辱の近代」に対する心理的補償とも呼ぶべきもので、国際社会において名実ともにトップ・クラスの国家――一等国という古めかしい表現がより適当であろう――になりたい、世界史における栄光ある地位を回復したいという執着である。習近平が、演説や文章のなかで好んで用いる「中華民族の偉大な復興」という言葉は、こうした歴史の復仇の心情を端的に示している。また、この強国欲求が、今日の覇権国であるアメリカ合衆国をはじめ、日本や欧州の「先進国クラブ」に対する強いライバル心につながることも容易に想像できる。

二つめに、自国と他国との関係を、競争と力の階層関係で理解する傾向が強い。植民地化の瀬戸際にまで追い込まれた歴史の記憶、そして国是であるマルクス主義の進歩史観の影響のもと、中国のリーダーたちが、国益とパワーを基軸とする現実主義的な国際政治観を信奉するようになったのはきわめて自然なことであった。国力競争を通じて、中国は、厳しい国際環境を抜け目なく生き抜いていかねばならない。それには彼我のパワーバランスの冷静な見極めが必要だ。国際社会の他のアクターに対して、まずは自分にとって敵か味方かを判断したうえで、次に、自国よりも相手の領土が大きいか小さいか、政治、経済、軍事、文化などの総合的な国力が強いか弱いかといった視点から、相手との立ち位置を確認し、しかるべき対外政策を構想する。

もともと伝統的な華夷秩序は、文化文明が先進的か否かの基準で、中華（中国ではない）とそれ以外の地域の優劣を決定した。近代以降、ランキングの測定が、文化文明の曖昧な尺度から、人口、経済、軍事などのより客観的で測定可能なハード・パワーの指標に代わったが、どちらが上でどちらが下かという観点から自他の関係を考えるクセは受け継がれた。この点、現代中国の対外関係認識は、伝統的なそれと親和性が高いといえる。

三つめの特徴として、近代国民国家体系の国際舞台に遅れて参画したため、各国に共有されているさまざまな規則や制度が作られてきた過程では、中国は十分な発言権をもたなかった。それらの多くが、歴史的には欧米先進国の主導によって作られたため、「中国にとって本質的に不利なものだ」という抜き難い不信感を抱いている。それゆえ、既存の国際秩序について、留保なしに「現状肯定」の態度はとらない。実際にはそうした見方が必ずしも妥当といえないケースも多いが、ともかくも、みずからに不利だと感じられる規則や仕組みは積極的に変える必要がある、かつての弱く貧しい時代には我慢もしなければならなかったが、世界第二位の経済大国になった現在の中国は、そうした現状変更の資格と実力、道義的正当性を備えているのだ――このような自信と確信を、指導者だけでなく、中国国民の多くがもつようになっている。

例えば、次の二つの引用文は、中国政府による南シナ海での岩礁埋立てに対し、二〇一六年七月に国連海洋法条約に基づいて設置された仲裁裁判が、中国と対立するフィリピンの主張に沿った判決を下した際、これに反論した中国外交部の高官と中国人学者の言葉である。そのなかにも、欧米主導への反発と既存の国際法秩序への不信の念が明確にみてとれる。

仲裁法廷の五名の仲裁人は、四名が欧州出身者であり、（中略）もう一名の裁判官はガーナ出身だが、（中略）この人物は長期にわたって欧州に暮らしている。（中略）この仲裁法廷の五名の裁判官には、アジア出身者が一人もおらず、むろん中国人はいない。これらの人はアジアを理解しているのか？ アジアの文化を理解しているのか？ 南シナ海の問題を理解しているのか？ アジアの複雑な地政学を理解しているのか？ 南シナ海の歴史を理解しているのか？ 彼らはなにに依拠して公正な判決を出すことができるというのか？（劉振民中国外交部副部長）(7)

中国には、領土問題について歴史的に欧米主導の国際法体系から「被害を受けた」という潜在意識がある。中国は近代史の中で領土や権利を失ってきたが、いずれの場合にも条約があり、「合法的」とされてきた。既存の国際法が形成される過程で、中国の意見はほとんど反映されなかった。中国が批准した国連海洋法条約〔一九八二年採択、一九九四年発効、中国は一九九六年批准〕も、成立過程で自国の主張がどこまで反映されるのか国内では反対も強かった。（帰永濤北京大学国際関係学院副教授）(8)

二　現代中国政治史における習近平体制の位置づけ

次章以降に続く本書全体の理解の前提として、さらには、今後の中国政治の発展の方向性を考えるための出発点として、以下では、一九四九年十月の中華人民共和国の建国から、現在（二〇二四年十月の本書執筆時点）までの約七五年間に及ぶ政治史の軌跡を、「毛沢東時代」、「広義の鄧小平時代」、「習近平時代」の三つに区分して説明する。

その際、①時期区分、②支配の正統性（被治者が治者の支配を正しいものとみなし、受け入れる心理的根拠のこと）の要素と貢献度、③国際環境と指導部の問題意識、主な政策、④政治社会の動きと集団心性の核という四つの側面から、それぞれ時代の特質を理解する。これにより三つの時代を比較しつつ、主要な政治史的要素を抽出、整理する。こうした叙述の仕方は筆者独自のものだが、最高指導者の権力とリーダーシップに着目した政治史の大づかみな理解として、専門家の同意が得られることを期待したい。

また、毛沢東時代（一九五〇～一九七〇年代）、広義の鄧小平時代（一九八〇～二〇〇〇年代）は、どちらも約三〇年間続いた。単純な類推でいえば、政治史としての習近平時代も同じく三〇年間、すなわち、二〇一〇年代を起点として二〇三〇年代まで続く可能性もある。(9)

（1）毛沢東時代（一九五〇～一九七〇年代）

時期区分

一九四九年十月の建国から、一九七六年九月の毛沢東死去を経て、一九八一年六月の中国共産党一一期六中全会まで。この間、毛沢東の死後には、後継者の地位や政治の基本方針をめぐる権力闘争も発生した。そうした政治的過渡期を、本章では「権力と路線をめぐる過渡期」と呼ぶ。(10)

一一期六中全会では、いわゆる「第二の歴史決議」が採択された。この結果、「継続革命」論に代表される、社会主義革命に関する毛沢東独自の考えが公式に否定され、イデオロギー面で「毛沢東思想」との部分的訣別がなされた。実務的な政策レベルの転換はこれより一足早く、一九七八年十二月に開かれた一一期三中全会で、今日まで続く経済改革と対外開放を柱とする「改革開放」の近代化政策が確定された。

正統性の要素と貢献度

[第一位]　国家の自立と統一の確保
[第二位]　中国的民主、人権の拡充
[第三位]　大国化と国際的地位の向上
[第四位]　経済発展、社会生活の近代化

毛沢東時代の正統性の最大の根拠は、抗日戦争と国民党との内戦の勝利、新国家の樹立という世界史的功績である。建国後も共産党は、土地改革、文字の改良、初等教育の普及など、各種の社会改革を断行し、数千年来続いてきたさまざまな圧迫や差別構造の解消に努めた。その功績はきわめて大きい。だが半面では、個人に対する集団の優越や、大衆動員と階級闘争一辺倒の反作用として、基本的人権の抑圧が常態化した。封建制の旧社会からの解放という大義名分のもと、宗教信仰をはじめとする少数民族への弾圧も継続的に実施された。

また、社会主義的工業化による国家の急速発展を目指した毛沢東の思惑にもかかわらず、結果的にみれば、国民の経済生活の向上はなおざりにされた。とくに一九五八年から一九六〇年代初めの「大躍進運動」と呼ばれる野心的な発展プログラムは、数千万人もの餓死者を生み出すという悲惨な結果に終わった。

対外関係では、一九五〇年代には、朝鮮戦争で米国と直接戦火を交える一方、脱植民地化の国際潮流のなかで、インドなどとともに、アジア・アフリカの新興独立国中の有力国の地位を獲得した。一九七〇年代には、中華民国に代わる国連代表権の獲得や日米両国との関係正常化など、地域大国として一定の存在感を示した。

国際環境と指導部の問題意識、主な政策

中国政治の動向は、中国をとりまく国際環境とそれに対する指導部の認識、とりわけ最高指導者の脅威認識と密接に関係している。冷戦下の安全保障対立に直面した毛沢東時代の中国は、資本主義世界システムから離脱し、ソ連を盟主とする社会主義陣営に加わった。だが、中ソ対立の本格化に伴い、一九六〇年代半ばから一九七〇年代初めには国際的に孤立した。朝鮮戦争、中ソ対立、中越戦争、中印国境紛争など、中国が紛争の直接の当事者であったケースのほかにも、日本と韓国への米軍駐留、ベトナム戦争への米軍の介入など、一時は「周囲はみな敵」のプレッシャーに晒された。これに対し毛沢東は、独自の社会主義の理念に基づき、国家の生き残りと急速な発展を志向した。

実のところ、一九五〇年代半ばまでの中国は、政治的にも経済的にも「社会主義の国」ではなかった。社会主義の政治経済システムへの移行は、一九五六年から一九五七年にかけて発生した二つの出来事、すなわち、「反右派闘争」と農業、工業の集団化（土地や工場機械などの個人所有を廃止し、公有制に変えること）をきっかけとする。前者は、建国前からの共産党と他の政治集団との協調関係を破壊して、共産党の一党支配を確立した。後者は、それまで通用していた修正資本主義的な経済運営を、社会主義の計画経済へと転換した。

政治社会の動きと集団心性の核

毛沢東型社会主義では、民衆教化の思想的核として、「民族」と同等、ときにはそれ以上に「階級」が重視された。階級闘争による人心の引き締めと、毛沢東のいう「主観的能動性」の発揮、すなわち、階級意識と社会主義の無私奉仕の精神に基づく個人のヤル気に依拠した大衆動員が繰り返し発動された。

また、毛沢東時代の政治社会では、一党支配を支える非人格的な法や制度を整備、強化していく流れと、それを凌駕しようとする毛沢東個人独裁の力がせめぎあい、最終的には一九六六年から一九七六年までの「プロレタリア文化

大革命」によって、個人崇拝の極に行き着いた。

前者について、中国政治の制度、機構、組織の基礎は、一九五〇年代に移入されたソ連モデルである。一九五四年九月に採択された初の正式憲法で成立した人民代表大会制度は、ソヴィエト制度の中国版である。ほかにも、ソ連の幹部人事管理制度（ノーメンクラトゥーラ）の導入、ソ連の赤軍をモデルとする軍（中国人民解放軍）に対する党の統制などが、その代表例である。これらを通じて今日の中国の政治体制、すなわち、共産党と国家機関、軍隊が一体化した中国の政党国家体制、中国型国家社会主義体制ができあがった。

後者の個人崇拝に関しては、文革期には、毛沢東のカリスマ的支配の状況が生まれた。政治、経済、社会、文化など、あらゆる分野の人間活動が渾然一体となり、それらの真、善、美の価値基準はすべて「毛沢東思想に適っているか否か」に求められた。

思い返してみれば、一九三七年に発表した「矛盾論」において、毛沢東は、事物の弁証法的発展や「矛盾」の遍在、各種の問題状況を根本で規定する「主要矛盾」の見極めの必要などを強調していた。しかし毛沢東は、矛盾の識別や諸利益の統合について、その最終的権利を誰がもつのか――最高指導者＝毛沢東か、政治社会の先進的「部分(party)」＝中国共産党か、またはその「全体」＝人民か――を深く掘り下げて考察しなかった。戦争という生死を賭けた状況のもとでは、個々の政治主体の利害認識の齟齬について十分に自覚されなかったし、その熟慮の可能性も必要性も少なかった。その後、抗日戦争期に定式化された「大衆路線」の指導方式は、結果的には、大衆運動と権力闘争の制度化なき過程のなかで、前記の各アクターの認識と行動を、ときには強制力を用いて収斂させることを正当化した。一九六六年から一〇年余り続いた文化大革命はその極限的な発現であり、ついには「部分」と「全体」の相互破壊をもたらし、それは「最高指導者」が生物的に消滅するまで続いたのである(11)。

（2）広義の鄧小平時代——鄧小平、江沢民、胡錦濤（一九八〇～二〇〇〇年代）

時期区分

広義の鄧小平時代（煩瑣を避けるため、以下単に、鄧小平時代と表記）には、鄧小平本人と、鄧によって後継指名された江沢民と胡錦濤の計三名の政権担当期が含まれる。一九八九年六月の天安門事件ののち、当時の最高実力者であった鄧小平は、将来における権力継承の混乱を回避するため、江沢民と胡錦濤の次代、次々代の二代に及ぶ後継指名を行った。事実、江胡両名の間では比較的に円滑な指導者交代が実現した。こうした特異な事情は、天安門事件後に初めて開かれた党大会である一九九二年の一四回大会以来、総書記を引退する二〇一二年の一八回大会まで、実に二〇年もの長きにわたって、胡錦濤が中央政治局常務委員の座にあったことに反映されている。

鄧小平時代はまた、前期と後期に分けられる。鄧小平時代の前期は、一九八一年から一九八九年の天安門事件までで、主に一九八〇年代を指す。その後、権力と路線をめぐる過渡期を挟んで、一九九二年初めの鄧小平の「南巡講話」で、第二の改革開放がスタートした。南巡講話に始まる鄧小平時代の後期は、一九九〇年代から二〇〇〇年代全体をカバーする。江沢民と胡錦濤は、一九九七年の鄧小平の死去後も、鄧小平の政治路線を基本的に踏襲した。

鄧小平時代の終わりは、世界金融危機と中国の協調主義的外交の見直しがなされた二〇〇八年から二〇〇九年にかけてである。またこの頃から、権力と路線をめぐる新たな過渡期が始まり、それは二〇一二年に、習近平が党総書記に就任するまで続いた。

正統性の要素と貢献度

［第一位］　経済発展、社会生活の近代化
［第二位］　大国化と国際的地位の向上
［第三位］　国家の自立と統一の確保
［第四位］　中国的民主、人権の拡充

鄧小平時代の正統性の中核は、経済成長による豊かさである。改革開放後、三〇年以上にわたる年平均一〇パーセントに近い成長の結果、中国は二〇一〇年にはGDPで米国に次ぐ世界第二位に躍進した。一人当たりGDPも一九八〇年から二〇一〇年までに一〇倍以上に増えた。このように鄧小平時代の経済と社会の近代化は、量的発展の追求に重点が置かれた。

経済力の伸長に伴い、国際的地位も向上した。二〇〇八年の北京夏季五輪と二〇一〇年の上海万博の開催は、その象徴的なイベントであった。一九九七年と一九九九年には香港とマカオの主権も回復し、中国版の「陸上レコンキスタ」、すなわち、国土回復の成果も上げた。だが、一九八九年の天安門事件で民主化運動を弾圧したことは、人権抑圧の国家イメージを国際社会で定着させることとなった。ただし、一九九〇年代以降、江沢民と胡錦濤の両政権期には、放任的自由の部分的拡大もみられた。

国際環境と指導部の問題意識、主な政策

鄧小平時代、指導部の基本的関心は、安全保障をめぐる緊張緩和を前提として、経済発展と支配体制の存続を両立させることであった。そのために鄧小平が定式化した「勝利の方程式」、すなわち、国家の発展を実現し支配の正統

性を調達するための政治戦略とは、①一党支配によって国内安定を維持しつつ、開発に邁進する（開発独裁の政治）、②輸出志向型成長実現のため、協調的な対外政策によって安定的な外部環境を確保する（「韜光養晦」外交）、③高い経済パフォーマンスと国際的地位の向上を通じて共産党支配の正統性を高める、という三つの要素の相互発展の戦略であった。[12]この戦略は成功し、鄧小平亡き後も、江沢民と胡錦濤によって基本的に踏襲された。

実際、対外関係では、一九八〇年代末に長年の懸案であった中ソ和解が成立し、冷戦終結後の一九九〇年代には韓国や東南アジア諸国との国交樹立や関係正常化など、全方位的な改善が進められた。二〇〇一年には世界貿易機関（WTO）にも加盟し、資本主義世界システムへの全面的な参入を果たした。一九九七年に初めて開催されたアセアン・プラス・スリー（ASEAN＋日本、中国、韓国）の首脳会議、二〇〇一年の上海協力機構（SCO）の発足にみられるように、東アジアやユーラシアの地域協力にも積極的に取り組むようになった。

だが、そうした協調主義的外交方針も、二〇〇八～二〇〇九年を境に、周辺国との摩擦や対立も辞さない対外姿勢へと大きく転換した。事実この頃から、東シナ海と南シナ海での海洋進出も活発化していく。二〇〇八年、尖閣諸島（中国名、釣魚群島）沖で中国公船による初の領海侵入事案が発生した。二〇〇九年には、南シナ海の公海上を航行中の米海軍の船に対し、中国側の複数の監視船が妨害行動を行った。以後今日まで、両海域では中国の圧迫行動が常態化している。

内政面では、毛沢東時代の貧困と混乱に対する国民の不満を解消するため、前述のとおり、量の追求を重視した資本主義的発展が目指された。その際、毛沢東時代とは異なり、資本主義の物質的欲求に基づく個人のヤル気が喚起され、一定程度の格差も容認された（「先富論」）。

政治社会の動きと集団心性の核

鄧小平時代の政治社会の最大の注目点は、「上から」の政治改革と「下から」の民主化運動の展開、その相互作用の帰結としての一九八九年六月の天安門事件である。

前者の政治改革は、指導者の専横や共産党への過度な権力集中など、毛沢東時代の反省に基づき、主に一九八〇年代、鄧小平時代の前期に推進された。一九八七年の一三回党大会で示された改革プランの狙いは、経済発展と行政の効率向上に資する統治機構の改善、及び、既存の政治体制を前提とした限定的な政治参加の拡大である。ただし、改革の目玉であった「党政分離」、すなわち、共産党と国家機関の業務と権限の分割案は、党権力の弱体化を招くとして、天安門事件後に放棄された。

後者の民主化運動について、対外開放と経済改革の深化は、個人レベルでの富の蓄積と海外からの多様な思想文化の流入を促した。この結果、上からの改革措置に触発される形で、下からの運動も急進化していった。だが、市民からの改革要求が、三権分立の導入や基本的人権の全面保障、軍隊の国家化など、指導部の思惑を超えて政治体制の根幹に関わるレベルにまで高まると、一九八九年六月、共産党は暴力でこれを封じ込めた。

天安門事件後、現在まで、下からの民主化運動はもちろん、上からの政治改革の機運も低迷している。既述のとおり、鄧小平時代の後期、すなわち、一九九〇~二〇〇〇年代の江沢民と胡錦濤の執政期には、一党支配に明示的に反対しない限り、思想や行動の放任的自由も一定程度容認された。ただし、公的な異議申し立ての制度的保障がないため、民主主義体制のもとでの自由と同一視してはならない。習近平時代には、そうした放任的自由の空間さえも縮小している。

共産党はまた、既存の「政党政治」に対する他集団の新規参入も認めていない。結社の自由の制限に対して、一九九八年六月には、著名な民主活動家らを中心に、一部の知識人や労働者が「中国民主党」の創設を宣言し、同年冬までに、北京や上海を含む全国二〇以上の省や市で、地方支部設立の動きがみられた。しかしその後、新党結成を推進したリーダーが次々に逮捕投獄されるなど、共産党は露骨な弾圧を行った。これらの動きは、台湾における一九八六年の「民主進歩党」の結成と「党禁」（新党結成の禁止の意味）の打破を想起させるものであったが、結果として大陸では時期尚早であった。共産党は、社会経済領域の部分的自由化を容認する一方、政治的多元化については、今日まで断固拒否する姿勢を崩していない。

政治思潮については、一九八〇年代末から一九九〇年代初めに発生した天安門事件とソ連、東欧の社会主義陣営の崩壊は、社会主義の思想的魅力が低下したことを如実に示すものであった。これを補い、さらには、格差による社会的分断をイデオロギー的に糊塗して国民の団結を高めるため、「階級」よりも「民族」がクローズアップされるようになった。一九九〇年代半ばには愛国主義教育キャンペーンが開始されるなど、前近代の中華と近代以降の国家形成を一体視した中国ナショナリズムが強調されるようになった。その基本的性格は、支配体制の護持を主眼とする防御的ナショナリズムであった。

（3）習近平時代（二〇一〇年代〜現在）

時期区分

習近平時代は、二〇一二年十一月の一八回党大会を経て、習近平が党総書記と党中央軍事委員会主席の地位に就いたときに始まり、現在まで続いている。鄧小平時代が二〇〇〇年代までを含むものとすれば、習近平時代は主に二〇一〇年代以降をカバーする。

習近平の政権担当期は、二期一〇年間（第一期二〇一二〜二〇一七年、第二期二〇一七〜二〇二二年）を経過し、すでに三期目（二〇二二年〜現在、任期終了予定は二〇二七年）に入っている。

正統性の要素と貢献度

［第一位］　大国化と国際的地位の向上
［第二位］　経済発展、社会生活の近代化
［第三位］　国家の自立と統一の確保
［第四位］　中国的民主、人権の拡充

習近平時代に入ると、指導部は、それまでに蓄積した経済や軍事のハード・パワーを、国際社会に向けて積極的に誇示するようになった。二〇一三年には「一帯一路」と呼ばれる巨大経済圏構想を提案するなど、グローバル大国としての台頭を、中国の内外の人びとに強く印象づけた。貿易や金融の国際経済をはじめ、気候変動や資源エネルギーなど、グローバル・ガバナンスのさまざまな分野で、中国は大きな発言力と存在感をもつに至った。既存の国際システムの内部にありながら、みずからに有利な秩序形成を目指す変革者としての振る舞いを強めている。

一方、国力の基礎である中国経済は、二〇一〇年代以降も成長を続けている。ただし二〇〇〇年代までの高度成長は終わり、成長率は一桁台に低下した。新型コロナウイルス感染症（COVID-19、以下、新型コロナと略記）拡大前の二〇一九年は六パーセントで、コロナ後は五パーセント台に低下している。それゆえ、経済社会発展の重点は、量から質の追求へと変化している。

習近平時代には、東シナ海や南シナ海の権益獲得の動きも活発化した。それは、先述した既存の国際秩序への不信と現状変更の意欲の表れである。海洋進出に関する中国側の主張のなかには、「歴史的に中華の版図であったこれらの海域を、今日の充実した国力で取り戻す」という、いわば「海洋レコンキスタ」の発想がみてとれる。その最終目標が台湾統一／併合であることは多言を要しない。

対外的な威信の高まりとは裏腹に、国内では、鄧小平時代よりも抑圧が強まった。統制強化の動きは、中国本土を超えて域外にも及び、二〇一〇年代後半以降、香港での人権弾圧が強行されている。一国二制度下での「高度な自治」は、有名無実となった。習近平指導部は「香港政治の中国化」を躊躇なく推し進めている。

国際環境と指導部の問題意識、主な政策

習近平時代の中国は、地域大国からグローバル大国への飛躍、習近平自身の言葉では「強国」化に努めている。中国のこうした動きは、今日の覇権国である米国の警戒心を高め、二〇一〇年代後半以降、両国関係は急速に悪化した。一部の識者は、米中新冷戦の到来を予測している。あるいは後世の歴史家は、朝鮮戦争の勃発がアジア冷戦の幕開けを告げたのと同じように、一九八〇年代末の「第一次冷戦」の終結後、およそ三〇年間の「戦間期」を経て、二〇二二年二月のロシアによるウクライナ侵略をもって、米中間での「第二次冷戦」が始まったと記録するかもしれない。

米国という外部的存在とともに、国内問題に起因する内部的脆弱性も、体制の安定にとって大きなリスクである。鄧小平時代の負の遺産である格差と腐敗は、民衆の主な不満要因である。また、情報化とグローバリゼーションの不可逆的進展に伴い、自由、平等、民主の普遍的価値をめぐる理念の争いは、チベットや新疆ウイグルでの人権侵害とも相俟って、いっそう激しさを増している。

こうした状況に対し、習近平指導部は、成長路線を維持しつつも、二〇一七年十月の一九回党大会で、量より質への発展観の転換を明確に宣言した。外部勢力による体制転換の試みを阻止するため、科学技術を駆使した社会管理の強化にも余念がない。こうした抑圧のあり方を、「デジタル・レーニン主義」と呼ぶ者もいる（後述）。

政治社会の動きと集団心性の核

習近平時代の政治社会に関する詳しい説明は、次節で行う。ここでは集団心性の特徴にのみ、簡単に言及する。

習近平時代における国民共同体のイデオロギー的凝集について、資本主義の物質的欲求とナショナリズムを鼓吹する点は、鄧小平時代と変わらない。ただし、「戦狼外交」と呼ばれる強硬外交の実践や、指導部による「闘争精神の発揚」の呼びかけにみられるとおり、中国の国家的自尊心の喚起と強化が図られている[13]。民主主義や人権に関する中国的理解についても、国連人権理事会での「人類運命共同体」の喧伝など、国際社会に対する強気の対外発信が行われるようになった（後述）。

総じていえば、習近平時代には、鄧小平時代の防御的ナショナリズムから、攻勢的ナショナリズムの対外表明へと政策の重点が変化した。その背景には、経済や軍事のハード・パワーの大きさに比べて、相対的に小さなソフト・パワー、国際的な名誉や威信の小ささに対する官民のフラストレーションがある。

三　習近平時代における支配の正統性と「デジタル・レーニン主義」の支配

（1）正統性認識の三本柱——「豊かさ」、「便利さ」、「偉大さ」

国家と社会の相互作用から統治の安定性を考えるとき、習近平時代の正統性のキーワードは、「豊かさ」（富）、「便利さ」（効率）、「偉大さ」（自尊心）の三つである。

鄧小平時代と同じく、習近平時代がスタートした二〇一〇年代以降も、中国国民の多くは一定の経済利益を引き続き享受しているが、成長は鈍化し、二〇〇〇年代までのような所得、生活水準の急速な改善はもはや見込めない（豊

図1-1　中国と米国のパワーバランスに関する中国市民の評価（2018年実施の中国側世論調査）（単位：%）

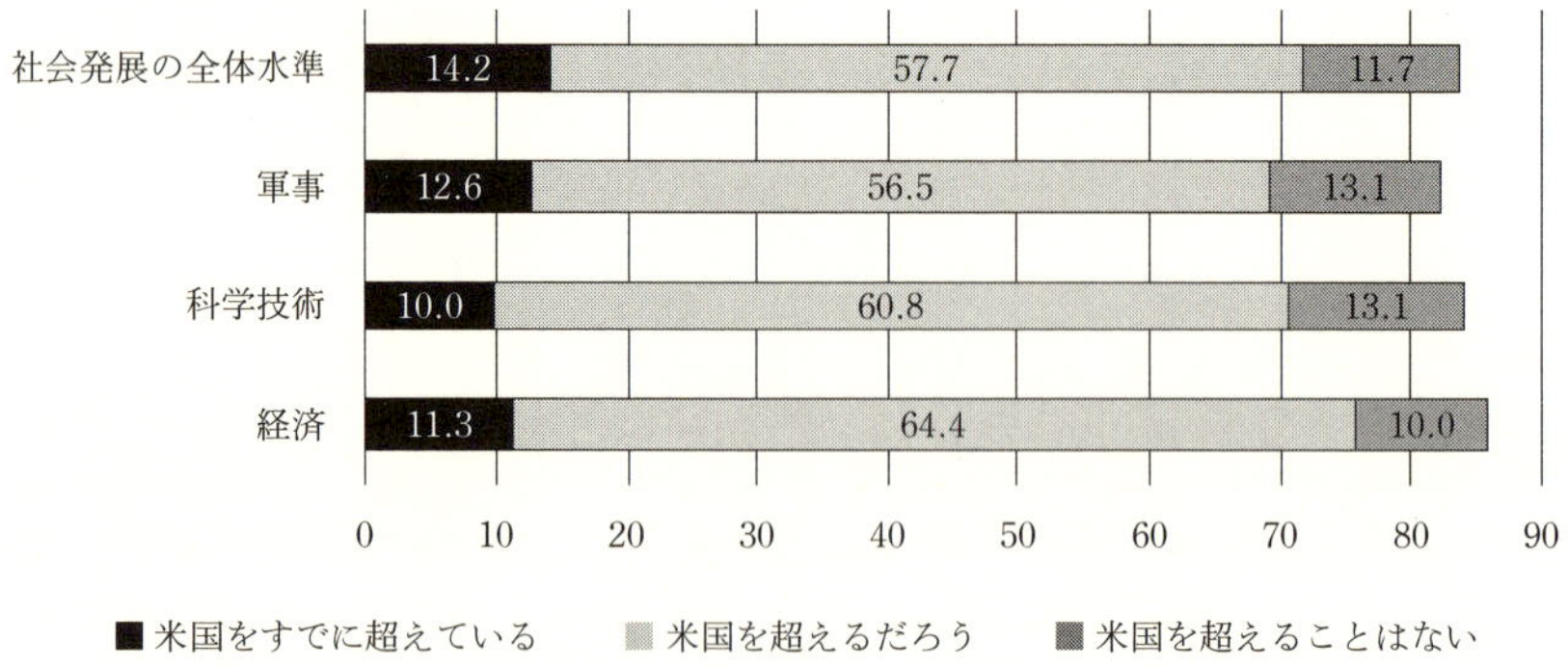

出典：華中科技大学国際伝播戦略研究院「中国公衆的世界観念調査報告（2017-2018）」『学術前沿』2019年第9期、2019年6月、23頁。

かさ）。だが、これを補完するように、社会生活のＩＴ化による生活の質と利便性の向上を通じて、身近な暮らしへの満足感は比較的高い（便利さ）。また、「一帯一路」にみられるとおり、国際社会における中国の存在感は、以前に比べて格段に高まった。このことは、「中華民族の偉大な復興」の政権スローガンにも鼓舞されて、人びとの国家的自尊心を高めている（偉大さ）。

三本柱のうち、鄧小平時代に比べて、豊かさの支えが相対的に弱まる分、残りの便利さと偉大さで補強しなければならない。すぐ後でみるように、便利さは、新型コロナの登場以前、二〇一〇年代を通じ、中低成長時代における正統性認識の有力な支えになりつつあった。偉大さについては、中国国民の一般的な認識において、中国はすでに米国に次ぐ世界第二位のグレートパワーであり、米中二強時代に突入している。新型コロナのパンデミック（爆発的拡大）前の二〇一八年に行われた調査によれば、自国の今後の発展に自信をもち、経済、軍事、科学技術の各分野を含む、中国全体の発展が米国を凌駕することを予想する中国人が、多数派を形成していた（図1-1）。

一方、国家の側に眼を転じると、社会経済生活の利便性向上は、個人レベルの行動と情報の統制を目指す当局の思惑と表裏の関係にある。官民の各組織がもつ膨大な量の個人情報が、治安維持と社会管理に利用され、支配体制の抑圧能力を日々高めている。

かくして今日の中国では、セバスティアン・ハイルマン（Sebastian Heilmann）のいうデジタル・レーニン主義の特徴をもつ権威主義的支配が確立している。[14] すなわち、多数の監視カメラや高度な生体認証システム、各種の情報端末からの個人情報の収集、ビッグデータによる個人レベルでの行動履歴の把握など、先端的な科学技術を用いた社会管理体制の強化である。かつてサミュエル・ハンチントン（Samuel P. Huntington）は、二一世紀の新しいタイプの権威主義体制として、高度な情報統制とコミュニケーション技術を有する「テクノクラシーの電子独裁（electronic dictatorship）」の出現を予言したが、[15] いまやそれが現実のものとなりつつある。

またこれに伴い、①自由やプライバシーを含む人権保障と、②社会経済の近代化との関係が、中国市民の政治意識のなかで重要な論点になりつつある。概していえば、二〇一〇年代には、両者は一種の乖離状態にあり、民衆の多くは①よりも②を優先し、この結果、社会経済生活の利便性、効率性の追求と、支配体制による抑圧能力の強化が同時的に発展していた。だが、二〇二〇年代に入ると、ゼロ・コロナ政策と呼ばれる厳格な感染対策の経験をきっかけとして、①への懸念を深めたり、②に関する以前の楽観的態度を改めたりする人が増えている。

（2）コロナ禍を契機とする政治社会の変化

安定基調の二〇一〇年代——第一期、第二期習近平政権

既述のとおり、二〇一〇年代の中国経済は、かつての高度成長が終わり、成長率は以前の二桁台から五パーセント前後まで低下した。こうした状況に対し、指導部は、量から質の重視へと発展観を転換すると同時に、発展の新たな動力として科学技術イノベーションを重視し、「科学技術強国」と「科学技術の自立、自強」を提唱している。

よく知られるところでは、二〇一五年に国務院が発表した「中国製造二〇二五」が挙げられる。同計画では、工業

化と情報化の融合、第五世代情報通信システム（5G）の情報技術、ロボット、航空宇宙など製造業の重点分野の指定、ビッグデータの産業応用などが指示された。二〇一六年五月には、同じく国務院が「国家イノベーション駆動発展戦略綱要」を発表し、二〇五〇年までに、中国が「世界的な科学技術イノベーション強国」になることが謳われた。社会生活の現場でも、電子決済や食事の宅配、タクシーの配車サービスの普及をはじめ、シェアリングエコノミー、その他の先進的サービスが広く普及している。

見逃せないのは、こうした便利さを通じた身近な暮らしへの満足感が、二〇一〇年代全般を通じて、成長鈍化による豊かさの低減を一定程度補完——ひいては、偉大さのナショナル・プライドをも補強——していた事実である。

例えば、新型コロナの感染拡大の前の二〇一八年に、中国政府の中央メディア機関が発表した全国規模の世論調査（序章で説明したCCTV・CMG調査、以下CCTV・CMG二〇一八年調査の形式で略記）によれば、生活環境や社会、経済活動の安全にかかわる一〇項目（「個人の情報安全」、「食品安全」、「財産の安全」、「治安状況」、「交通状況」、「社会保障」、「消費の便利」、「政府の事務効率」、「政府のサービス意識」、「環境保護」）について、回答者による一〇点満点評価で、平均点（五・五九点）を超えたもののうち、最高点は「消費の便利」（六・一八点）であった[16]。対して平均点未満の項目で、最低点は「食品安全」（五・〇点）、最下位から二番目が「個人の情報安全」（五・一七点）であった。同じく下位の三番目と四番目は、「政府のサービス意識」（五・四八点）、「政府の事務効率」（五・五七点）であった。

住民満足度の第一位を獲得した「消費の便利」について、得点分布の状況をみると、一〇点満点中、七点以上をつけた者が全体の五割を超えている[17]。この高評価の理由を考察した次の文章からは、多くの民衆が、食の安全や個人情報の保護などに漠然とした不安を抱きつつも、消費社会の可視的で現実的な楽しみを享受するとともに、国家的自尊心をも高めていた様子が読み取れる。

出かけるときには財布をもたず、買い物はスキャンするだけでよい。イノベーションの絶えない小売りの新形態は、中国人をして外出せずとも非常に便利な生活を享受させるだけでなく、世界を驚嘆させてもいる。ネット・ショッピングとモバイル決済は、多くの外国の人びとが自分の故郷にもって帰りたいと強く願う「中国の特産品」になっている。「消費を保証し、消費環境を改善し、消費を便利にする」。こうした目にみえて手にとることができる変化は、十分な実際的価値と多くの獲得感をいままさに展開しつつある。（中略）実際、インターネットと携帯端末がもたらした消費モデルのグレードアップは、人びとの生活を変えている。大調査のデータ連盟である美団〔「経済生活大調査」と称する当該調査においてデータ情報を共有している、食事宅配サービスの大手企業「美団」のこと〕の専門的な調査によれば、中国のオンライン出前サービスの顧客は、二〇一七年に三億人に達し、フード・デリバリーの注文一回当たりの平均配送時間は二〇一五年の三八分間から二八分間に短縮された。ますます手軽で便利となった宅配サービスは、残業のビジネスパーソン、単身者、高齢者、料理が得意でないなどの人びとに、いっそう便利な消費体験を提供するようになった(18)。

以上のように、安全性が懸念される食品や医薬品、高止まりする不動産価格、大気汚染による健康被害、老後の生活不安など、個別の不満は数多くあるものの、全体としてみれば、二〇一〇年代を通じて、市民の間では現状肯定の態度が主流であった。しかるに、中低成長時代への移行過程にあって、比較的に安定した中国社会の雰囲気——日常性の政治的無関心こそ、おそらくはもっとも一般的な体制の支持基盤である——を一変させたのが、二〇一〇年代末に世界を襲った新型コロナ禍であった。

二〇二〇年以降本格化した新型コロナの拡大に対し、二〇二二年末までの三年ほどにわたって続けられたゼロ・コロナ政策と称する感染症対策でも、いわば自然な成り行きとして、ビッグデータとデジタル技術、監視システムなどを活用して、個人の行動管理を柱とする厳格な社会管理が実行された。「健康コード（中国語では健康碼）」と称するアプリなどを通じ、スマートフォン所有者の個人情報はもちろん、当人の健康状態から移動場所に至るまでさまざまな記録（例、ワクチン接種履歴、PCR（ポリメラーゼ連鎖反応）検査のデジタル証明書、感染者との接触リスク判定のための位置情報の把握）が網羅的に収集され、それに基づいて感染隔離のための移動制限が実施された。

当局のこうした施策は、「健康コード」等の導入と普及が図られた二〇二〇～二〇二一年全般を通じ、感染拡大に有効に対処できない諸外国へのナショナリズムの優越感情も加わって、多くの民衆の賛同を得ていた。人びとは、移動の自由やプライバシーなどの基本的人権の制限を、安全で安心な暮らしのために必要なコストとして受け入れ、それへの心理的満足度も高まっていた。

前述のCCTV・CMG二〇二一年調査によれば、「安全感覚」をはじめ、生活全体の満足度は、前年の二〇二〇年に比べて大幅に改善していた。すなわち、一〇〇を「適切」とし、九五は不満足、一〇五は非常に満足と解釈される指数で表現した場合、「安全感覚」は九一から九六へ、生活全体の満足度は九六・四一から一〇〇・四八へと上昇した。[19]「健康コードの普及」、「ワクチン接種の便利」、「PCR検査の便利」の三項目はいずれも四五パーセント程度の比較的高い満足度を得ており、翌年の二〇二二年の収入期待の数値も改善していた。[20]同じく新型コロナの流行後に行われた、河南省の約一〇〇〇名の大学生への世論調査では、「安全感」と「民族的自尊心」の質問で、一〇点満点中、回答者平均でそれぞれ、九・四五点と九・七点の高得点を記録した。これは、中国社会主義の制度的優越性と政府の問題対処能力への信頼の表れと解釈された。[21]

変調の二〇二二年――第三期習近平政権の幕開け

新型コロナは世界史上まれにみる大災厄であり、中国政治もその影響を免れなかった。転機は、二〇回党大会を経て、習近平の三期目続投が決定した二〇二二年に訪れた。この年、前述した正統性認識の三要素を毀損する状況が発生した。

一つめに、豊かさについて、コロナ禍の一般的状況に加え、ゼロ・コロナ政策の弊害としての政策不況、とりわけ若年層の雇用不安が深刻化した。二〇二二年の実質GDP成長率は三パーセントに低迷し、政府目標(五・五パーセント)を達成できなかった。この結果、すでに顕在化していた雇用のミスマッチによる若年層の失業問題がさらに深刻化し、中国版の就職氷河期世代が生まれている。むろん中国でも、雇用情勢の悪化は社会不安に直結している。

二つめに、偉大さで特筆されるのは、二〇二二年二月の北京冬季五輪である。北京市は、二〇〇八年の夏季大会と合わせて、史上初の夏冬両方のオリンピック開催という栄誉を得た。しかし、世界的イベントによる社会的高揚感の余韻は、五輪閉幕後のわずか数日後に勃発したロシアによるウクライナ侵攻で雲散霧消した。開戦当初、中国世論は概して反欧米、親ロシアの主張が優勢であったが、戦闘の長期化と被害の拡大に伴い、好戦的雰囲気は勢いを失った。プーチン支持の立場を変えない習近平指導部への国際的非難を受けて、中国国民の間にも懐疑や困惑の念が広がっている。本章の冒頭でも紹介した言論NPOの調査によれば、二〇二二年と二〇二三年の結果を比較すると、二〇二三年では、前年には二九パーセントだった、「ロシアの事情」に配慮すべきとしつつも、侵略というロシアの行動は「間違っている」との回答が、半数近くに増えている(表1-1)。

三つめの便利さに関し、社会生活への配慮を欠いたコロナ対策の結果、市民の不満が蓄積し、ついには怒りが爆発した。二〇二二年三月以降、コロナウイルスの変種オミクロン株の流行に伴い、多くの都市で都市封鎖(ロックダウン)が実施された。二四〇〇万人以上の人口を擁し、経済活動の一大中心地である上海市でも、四月から五月の二カ月間、ロックダウンが強行された。ほかにも全国で、特定の建物や街区、あるいは都市全体で封鎖が繰り返された。市民や学生は、自宅や寮からの度重なる外出禁止、一週間のうちに何度も繰り返される感染検査に疲弊していった。

表1-1 「ロシアのウクライナ侵攻に関して、あなたの考えと最も近いのは次のどれですか」との質問に対する中国市民の回答(単数回答)

	2022年(%)	2023年(%)	2022/2023年比
国連憲章や国際法に反する行動であり、反対すべきである	21.6	16.3	−5.3
ロシアの行為は間違っているが、ロシアの事情も配慮すべきだ	29.0	46.9	+17.9
ロシアの行動はNATOの東方拡大に伴う自衛行動で、間違っていない	39.5	27.2	−12.3
わからない	8.8	6.9	−1.9
無回答	1.1	2.7	+1.6

出典:「第19回日中共同世論調査　日中世論比較結果」『非営利シンクタンク　言論NPO』ウェブサイト、2023年10月10日(https://www.genron-npo.net/world/archives/16585-2.html)、2024年3月30日閲覧。

二〇回党大会終了後の二〇二二年十一月、人びとの疲労と不満が受忍の限度を超えたとき、「白紙運動」とも称されるゼロ・コロナ反対の大規模な抗議活動が、全国各地で発生した。運動の発端は、新疆ウイグル自治区でのマンション火災に際し、感染隔離を理由に消火活動が遅れ、死傷者が出たとのニュースであった。一九八九年の天安門事件以来の抗議の広がりを受けて、三年余り続いたゼロ・コロナ政策も突如解除された。白紙運動は、一部で政権打倒や政治改革の要求が叫ばれたものの、基本的には、従前の感染症対策の撤回を求めた運動であり、本質的には、身体の自由の回復要求であった。

「物極まりて必ず反転す」の格言どおり、コロナ禍をきっかけに民衆は、社会経済活動を改良するはずの科学とそれを利用する政治権力が、移動という人間の基本的な欲求、最低限の便利さをも制限し、ひいては、個人の命を人為的に危殆に晒す事態を目撃した。元来、デジタル・レーニン主義の支配は、テクノロジーによる少数の敵対者の識別とそれへの選択的抑圧を通じて、大規模騒乱の発生を未然に防ぐという一種の「洗練された抑圧」をウリにしていた。民主化要求を含む反体制運動は、大多数の市民にとって他人事であり、日常生活のなかで政治権力の怖さを恒常的に実感することはまれであった。それゆえ、自由やプライバシーなどの人権保障よりも、科学技術の社会実装による社会経済の近代化が優先されがちであった。

だが、隔離を柱とする行動制限と社会管理は、感染拡大防止の目的はともかく、実体的には、身体の自由の拘束を伴う全国民への無差別な強制にほかならなかった。すべての国民は、習近平体制の権力が自分の身近に日常的に存在すること、ならびに、安全と安心の過度な追求が、豊かさと便利さの正統性を損なうだけでなく、個人と家族の生命、財産を脅かすことを改めて認識した。最高指導者への忖度に囚われた党と政府の官僚機構とその没人格的な指示命令の累積が、政治をして市民生活への共感を失わせ、社会との乖離をもたらすことを実感した。

当面の安定と将来への不安——争点としての世代間ギャップと不公正

中国社会においては、二〇一〇年代と同じく、コロナ禍を経験した今日でも、改革開放前の貧しさや不便な暮らし、あるいは、現行秩序の不安定化による将来の不可測性の増大に比べれば、依然として、現状肯定の保守的心理が広く共有されていると思われる。この点、CCTV・CMG二〇二一年調査では、「当面の生活に対する全体的な感覚」について、「非常に幸福」と「比較的幸福」と答えた者が約半数（四八・二四パーセント）を占め、「非常に不幸」と「比較的不幸」は合わせても一割程度にすぎない[22]。「非常に幸福」と「比較的幸福」と答えた者を合算した割合は、二〇一七〜二〇二一年の過去五年の平均値（四六・四三パーセント）より高い。とくに他の年齢層と比べて、六〇歳以上の高齢者の「幸福」感情がもっとも高い[23]。それゆえ、国家と社会の関係において、短中期的な統治の安定性は確保されるであろう。

一方、長期的観点からみた場合、政治的無関心と物質生活の改善、現代社会の各種便宜の享受という既存の政治心理的要素のほかに、持続可能な成長への懸念、将来に対する漠然とした不安、格差と不公正への不満などの社会心理が、若年層を中心に広がっていることに留意が必要である。今後は、世代間ギャップが、中国政治の重要なキーワードの一つになっていくと思われる[24]。

この点に関し、二〇〇〇年代後半には、少数派ながらも潜在的不満層が一貫して拡大し続ける一方、二〇一〇年代以降、今日まで、政治社会心理における部分的な動揺、不安定化の傾向が確認できる。先にみた「幸福」感情について、回答状況の推移が確認できる二〇〇六〜二〇二一年を概観すると、二〇〇六年には五九・一パーセントを占めていた「幸福」の回答比率（「非常に幸福」と「比較的幸福」の合計）は、その後減少を続け、習近平政権の第一期政権がスタートした二〇一二年には四四・七パーセントとなり、実に一四ポイント以上も下がった。二〇一三年以降は、おおむね一、二年ごとに増加と減少を繰り返す不安定な動きとなっている。[25]

逆に、「不幸」（「非常に不幸」と「比較的不幸」の合計）と答えた者は、二〇〇〇年代後半には増え続けたものの、全体の一割未満にとどまっていたが、二〇一〇年代以降は、一貫して一〇パーセント以上を維持している。二〇一六年に一八パーセントを記録したのちは、増減のサイクルがみられる（二〇一七年一四・五二パーセント、二〇一九年一一・九二パーセント、二〇二一年一二・四八パーセント）。

また、中国社会科学院社会学研究所による全国規模の世論調査（序章で言及したCSSの隔年調査）について、中国社会に存在する不公正を尋ねた質問に関し、二〇一七年と二〇二一年の二時点間比較をみると、CSS二〇一七年調査では「家庭背景と社会関係によって過去に差別的待遇を受けたことがある」との回答はわずか九・〇パーセントで、九割以上の者が「ない」と答えていた。[26] 対してCSS二〇二一年調査では、自分の経験に限った質問かどうかは不明ながらも、「家庭背景と社会関係」による不公正が「ない」と答えた者は、二五・二五パーセントにとどまる一方、現にある不公正の度合いが「非常に深刻」と「比較的深刻」の合計が四一・九四パーセントに達している（「非常に深刻」一四・二九パーセント、「比較的深刻」二七・六五パーセント、「あまり深刻ではない」三二・八一パーセント）。[27] 中国社会を少しでも知る者にとっては、もともとの二〇一七年の回答状況に大きな疑問を抱かざるを得ないが、それを措くとしても、コロナ禍を経験した今日、個人の家族環境や有力人脈による機会の不平等への不満を、人びとは露骨に表明するようになっている。

四　習近平時代の自由と民主主義

(1)「不自由」な中国と「自由」な台湾

本節ではまず、国際人権団体のフリーダム・ハウス(Freedom House)が、一九七三年以来発行している年次報告書『世界の自由(Freedom in the World)』の内容に基づき、習近平時代の中国の自由と民主主義に関する経年的な変化を確認する。この報告書には、政治的中立性や客観性の面で疑問が寄せられることも多い。しかし、明示的で比較可能な複数の指標に基づき、五〇年以上の長きにわたり、世界規模で系統的な測定活動を行っていることの意義は決して小さくない。

表1-2には、二〇一二年から二〇二三年までの中国の人権状況について、フリーダム・ハウスが発表した入手可能なデータの関連数値を整理した。この期間は、現在までの習近平の政権担当期におおむね該当する。

『世界の自由』調査では、「政治的権利」(Political Rights: PR)と「市民的自由」(Civil Liberties: CL)の二つの等級(rating)に基づき、評価対象となるすべての国の人権状況(status)を、「自由Free」、「部分的自由Partly Free」、「不自由Not Free」のいずれかに分類している。PRとCLの等級は1~7の数字で示され、1がもっとも自由、7がもっとも不自由を意味する。各等級は、複数の評価項目(①~⑧)の得点(score)に基づいて算定される。PRの配点は表中の①~④の評価項目を合計した計四〇点、同様にCLの配点は⑤~⑧の計六〇点で、両者を足し合わせると百点満点になる。なお、表1-2には記載していないが、①~⑧のそれぞれの得点も、より下位の階層に位置する

表 1-2　習近平政権下での中国の人権状況の悪化（2012〜2023 年）

評価対象年	状態（Status）	等級（Rating）		点数（Score）			PR 点数の評価項目				CL 点数の評価項目			
	自由（Free） 部分的自由（Partly Free） 不自由（Not Free）	政治的権利（Political Rights: PR）	市民的自由（Civil Liberties: CL）	政治的権利（配点40点）	市民的自由（配点60点）	PRとCLの合計点（100点満点）	①選挙過程	②政治的多元主義と参加	③政府の機能	④追加的事項	⑤思想、表現の自由	⑥集会、結社の自由	⑦法の支配	⑧私的自治と個人の権利
2012	Not Free	7	6	2	15	17	0	1	2	−1	4	3	2	6
2013	Not Free	7	6	2	15	17	0	1	2	−1	4	3	2	6
2014	Not Free	7	6	2	15	17	0	1	2	−1	4	3	2	6
2015	Not Free	7	6	1	15	16	0	1	2	−2	4	3	2	6
2016	Not Free	7	6	1	14	15	0	1	2	−2	3	3	2	6
2017	Not Free	7	6	0	14	14	0	0	2	−2	3	3	2	6
2018	Not Free	7	6	−1	12	11	0	0	2	−3	2	2	2	6
2019	Not Free	7	6	−1	11	10	0	0	2	−3	1	2	2	6
2020	Not Free	7	6	−2	11	9	0	0	1	−3	1	2	2	6
2021	Not Free	7	6	−2	11	9	0	0	1	−3	1	2	2	6
2022	Not Free	7	6	−2	11	9	0	0	1	−3	1	2	2	6
2023	Not Free	7	6	−2	11	9	0	0	1	−3	1	2	2	6

註：得点（100 点満点）は、PR（Political Rights 計 40 点）と CL（Civil Liberties 計 60 点）の合計点。表中、「④追加的事項」の内容は、「政府または支配権力が、文化を破壊したり、他集団への便宜によって政治的均衡を覆したりする目的のため、国・地域のエスニック構成を故意に変えようとしているか否か」である。

出典：Freedom House のウェブサイトに掲載されている All Data, FIW 2013-2024（Excel Download）のデータのうち、関連数値を抽出して筆者作成。ただし、表中の評価対象年は、元データでは調査結果の発表年（すなわち、評価対象年の翌年）で記載されている（https://freedomhouse.org/report/freedom-world、2024 年 3 月 28 日閲覧）。

複数の評価項目の点数を合算する仕組みとなっている。

表1-2によれば、二〇二三年時点で、中国の政治的権利と市民的自由の等級は、それぞれ7と6で、国政の総合評価は「不自由」である。実のところ、この「政治的権利7、市民的自由6、不自由」の組み合わせは、一九九八年から二〇二三年まで変わっていない。江沢民から胡錦濤を経て、習近平に至る四半世紀の間、中国国民は一貫して、最低レベルに近い「不自由」な状態に置かれている。

だが、「政治的権利7、市民的自由6、不自由」の長期持続という静態的な指摘では、人権をめぐる時間的変化を十分に理解できない。PRとCLの中身も精査する必要がある。この点に着目すると、表1-2からは、もともと低劣であった人権状況が、習近平政権下、とくに第二期政権がスタートした二〇一七年以降、急速に悪化したことがわかる。PRとCLの合計点について、二〇一二年では百点満点中、一七点であったが、二〇二〇年以降、ほぼ半減して九点となった。その主因は、宗教、民族マイノリティへの迫害、及び、言論、学問、信仰の自由の縮小である（表1-2④、⑤）。

習近平指導部による人権弾圧は、表1-3の香港ではいっそう劇的な形で示された。香港特別行政区の第三代長官であった梁振英の時期（二〇一二～二〇一七年）には、PRの等級は5、CLは2で、総合評価は「部分的自由」の状態であった。

その後、第四代長官（二〇一七～二〇二二年）の林鄭月娥と第五代長官で現職の李家超（二〇二二年～現在、二〇二四年十月時点）の執政のもと、香港の人権状況は悪化の一途をたどった。「部分的自由」の総合評価は変わらないが、PRとCLの等級はそれぞれ6、4に下がった。両者の合計点は、二〇一二年の六七点から二〇二三年の四一点となり、その差は二六ポイント、約四割も減少した。しかもなおお下げ止まっていない。

評価項目別では、私的自治の保障以外、すべての査定内容で減点された。表1-3中、二〇二一年に、①の選挙過

表 1-3　習近平政権下での香港の人権状況の悪化（2012〜2023 年）

評価対象年	状態（Status） 自由（Free） 部分的自由（Partly Free） 不自由（Not Free）	等級（Rating） 政治的権利（Political Rights: PR）	等級（Rating） 市民的自由（Civil Liberties: CL）	点数（Score） 政治的権利（配点40点）	点数（Score） 市民的自由（配点60点）	点数（Score） PRとCLの合計点（100点満点）	PR 点数の評価項目 ①選挙過程	PR 点数の評価項目 ②政治的多元主義と参加	PR 点数の評価項目 ③政府の機能	PR 点数の評価項目 ④追加的事項	CL 点数の評価項目 ⑤思想、表現の自由	CL 点数の評価項目 ⑥集会、結社の自由	CL 点数の評価項目 ⑦法の支配	CL 点数の評価項目 ⑧私的自治と個人の権利
2012	Partly Free	5	2	16	51	67	3	7	6	0	14	9	15	13
2013	Partly Free	5	2	16	51	67	3	7	6	0	14	9	15	13
2014	Partly Free	5	2	16	49	65	3	7	6	0	13	8	15	13
2015	Partly Free	5	2	16	47	63	3	7	6	0	12	8	14	13
2016	Partly Free	5	2	16	45	61	3	7	6	0	12	8	12	13
2017	Partly Free	5	2	15	44	59	2	7	6	0	12	8	11	13
2018	Partly Free	5	2	15	44	59	2	7	6	0	12	8	11	13
2019	Partly Free	5	3	16	39	55	2	8	6	0	10	6	10	13
2020	Partly Free	5	3	15	37	52	2	7	6	0	9	6	9	13
2021	Partly Free	6	4	10	33	43	0	5	5	0	8	3	9	13
2022	Partly Free	6	4	10	32	42	0	5	5	0	7	3	9	13
2023	Partly Free	6	4	9	32	41	0	4	5	0	7	3	9	13

出典、註ともに表 1-2 に同じ。

程が零点になった理由は、民主派の人びととの選挙への立候補や当選阻止を主眼とする選挙法の変更が同年五月になされたこと、及び、実際に行われた各種選挙でも、事前の想定どおり、民主派の影響力が排除されたためである。香港において自由で公正な選挙は消滅した（表1-3①）。

集会、結社の自由も、九点から三点へと三分の一に低下した（表1-3⑥）。新型コロナによる集会規制が解除された二〇二二年以降も、以前のレベルには回復していない。一九八九年以来、二〇二〇年まで三〇年以上にわたって毎年開かれてきた、ビクトリア公園での天安門事件追悼集会の取り止めは、その象徴といえる。後述のように、全人代による香港国家安全維持法の採択とその法令解釈権の行使など、中央政府主導の立法行為の結果、法の支配の点数も下がった（表1-3⑦）。以上のように、一九九七年の返還以来、およそ四半世紀のときを経て、「香港政治の中国化」が著しく進展した。

中国や香港の状況と対照的なのが、表1-4の台湾（中華民国）である。もともと台湾は、中華民国総統の直接民選選挙が初めて実施された一九九六年以来、二〇〇〇年代を通じて、PRとCLの各等級は1ないし2で、総合評価でも「自由」のグループに入っていた。加えて、二〇一六年の蔡英文政権の登場以降、台湾の人権状況はいっそう高い評価を得ている。

第二期馬英九政権（二〇一二～二〇一六年）の時期には、百点満点中、おおむね九〇点前後であったPRとCLの合計点は、二〇二〇年以降上昇して、九四点となっている。表1-4のうち、①選挙過程、③政府の機能、⑤思想、表現の自由、⑦法の支配、⑧私的自治と個人の権利など、ほぼすべての評価項目で、馬英九時代よりも得点が上がった。この結果、二〇一六年から二〇二三年までの八年間、「自由」の分類は変わらないものの、PRとCLはともに最高ランクの1を獲得している。今日、台湾の市民は、世界的にもトップ・レベルの自由と民主主義を享受している。

表 1-4　馬英九・蔡英文政権下での台湾の人権状況の改善（2012〜2023 年）

評価対象年	状態（Status）	等級（Rating）		点数（Score）			PR 点数の評価項目				CL 点数の評価項目			
	自由（Free） 部分的自由（Partly Free） 不自由（Not Free）	政治的権利（Political Rights: PR）	市民的自由（Civil Liberties: CL）	政治的権利（配点 40 点）	市民的自由（配点 60 点）	PR と CL の合計点（100 点満点）	①選挙過程	②政治的多元主義と参加	③政府の機能	④追加的事項	⑤思想、表現の自由	⑥集会、結社の自由	⑦法の支配	⑧私的自治と個人の権利
2012	Free	1	2	36	52	88	11	15	10	0	14	11	14	13
2013	Free	1	2	36	52	88	11	15	10	0	14	11	14	13
2014	Free	1	2	37	51	88	12	15	10	0	14	10	14	13
2015	Free	1	2	37	52	89	12	15	10	0	14	11	14	13
2016	Free	1	1	37	54	91	12	15	10	0	16	11	14	13
2017	Free	1	1	37	56	93	12	15	10	0	16	11	15	14
2018	Free	1	1	37	56	93	12	15	10	0	16	11	15	14
2019	Free	1	1	37	56	93	12	15	10	0	16	11	15	14
2020	Free	1	1	38	56	94	12	15	11	0	16	11	15	14
2021	Free	1	1	38	56	94	12	15	11	0	16	11	15	14
2022	Free	1	1	38	56	94	12	15	11	0	16	11	15	14
2023	Free	1	1	38	56	94	12	15	11	0	16	11	15	14

出典、註ともに表 1-2 に同じ。

（２）グッド・ガバナンスの全面後退

寡頭制支配の進展

習近平時代には、習近平の個人支配と、国権に対する党権の優位という二つの面で寡頭制支配が強化された。

前者について、二〇一二年の一八回党大会を経て、党総書記、国家主席、中央軍事委員会主席に就任した習近平は、反腐敗キャンペーンや党、政府、軍の機構改革、「領導小組」と呼ばれる複数の特設機関のトップ兼任などを通じて、自身の権力と権威を強化した。

習近平への集権化は、二〇一六年後半以降さらに加速した。同年十月の一八期六中全会で、毛沢東、鄧小平、江沢民に次いで、四人目となる指導者の「核心」称号を獲得し、二〇一七年の一九回党大会では、党の「指導思想」の一つに、「新時代の中国の特色ある社会主義に関する習近平の思想」（以下、習近平思想と略記）が付け加えられた。二〇一八年の全人代では憲法が改正され、国家主席の二期一〇年までの任期制限が撤廃された。この結果、二期一〇年の指導者交代の慣例も無効化された。

こうして二〇二二年の二〇回党大会を経て、習近平は三期目となる党総書記に就任した。指導部人事でも、習近平の一強体制が完成した。第二〇期の中央政治局委員と同常務委員の人事を一言で表現すれば、非習近平派の一掃であり、字義通りの意味で「粛清」の言葉がふさわしい[28]。鄧小平が重視した個人崇拝の禁止と指導部内の集団指導体制は、党規約の文言（党規約第一〇条第五項、同第六項）には残ったものの、後者は実質的に終焉した。前者についても、習近平の個人崇拝を助長する宣伝や教育活動が推進されている[29]。

後継候補も空席のままである。習近平は、三期目だけでなく四期目（二〇二七〜二〇三二年）の留任も視野に入れながら、トップとして可能な限りの長期化を目指しつつ、今後五〜一〇年の時間をかけて後継候補の育成と見極めを行うつもりであろう。

今後は、習近平の個人支配の傾向が強まることは避けられないであろう。いくぶん価値中立的な言葉でいえば、単独意思決定者としての習近平の存在感は、他の指導者を圧倒している。毛沢東の個人独裁の反省にかんがみ、鄧小平の主導のもと一九八二年に廃止された党主席制の復活もありえよう。

また、後者の党権力の強化に関し、現行の中華人民共和国憲法は、前文において、「中国の特色ある社会主義の道にしたがい、力を集中して社会主義の現代化建設を進める」ことを「国家の根本任務」として規定し、その実現のために、中国人民が「共産党の指導」のもとに置かれることを言明している。[30] ここでいう「党の指導」の具体的な意味合いとは、①共産党による党と国家機関の幹部の任用と管理（「党が幹部を管理する」原則、既出のノーメンクラトゥーラ・システム）、②政策過程の排他的コントロール、③支配体制への社会的異議申し立てに対する物理的強制力の大規模かつ仮借なき使用である。共産党の一党支配体制は憲法によって明文化されており、それを無前提に肯定するマジック・ワードこそ、「党の指導」である。

「党の指導」に関し、習近平指導部は、国家と社会に対する共産党のさらなる優位性の確保に余念がない。その象徴的事例は、二〇一七年の一九回党大会における党規約の改正である。この大会では、党の憲法に相当する党規約が修正され、政治体制全体に関わる大きな変更がなされた。すなわち、一九八二年の一二回党大会以来、約三五年間踏襲されてきた「党の指導」の定義（「党の指導は主に政治、思想、組織の指導である」）が書き直され、「党政軍民学、東西南北中、党はすべてを指導する」との文言に変わった。

私見では、この定義の思想的淵源は、一九六〇年代から一九七〇年代の毛沢東の言説に求められる（例、一九六二年一月「工農商学兵政党、この七つの方面で党はすべてを指導する。党は工業、農業、商業、文化教育、軍隊、政府を指導しなければならない」。一九七三年十二月「政治局がすべてを管理する。党政軍民学の各方面、東西南北中の全国各地のすべてだ」)[31]。このように、毛沢東個人崇拝と共産党への過度な権力集中の反省に基づき、一九八〇年代以来維持されてきた党規約での「党の指導」の抑制的表現は、習近平時代になって、少なくとも形式的には、毛沢東時代に先祖返りした。

現実政治の面でも、立法、行政、司法に対する党の統制強化が進んでいる。二〇一八年三月に公表された「党と国家の機構改革深化の方案」にしたがい、中央レベルの機構改革が行われた。この結果、一九八〇年代の政治改革期に謳われた「党政分離」(党組織と国家機関の権限と機能の分離)のスローガンは、もはや死語と化した。その象徴として、一九八七年の一三回党大会で提起された政治改革案に基づき、党政分離や公務員制度の確立を目的として創設された国務院の「国家行政学院」が、共産党の高級幹部の教育訓練機関である「中央党校」に統合された。文字どおり、党権力が国家権力を吸収したのである。

体制批判の封じ込めと統治リスクの蓄積

習近平にとって一九八九年六月の天安門事件の教訓とは、党と政府の幹部には綱紀粛正と汚職撲滅を、一般民衆には思想イデオロギー統制を、それぞれ厳格に実行しなければならないということであった。それゆえ、政権発足直後の二〇一三年、共産党は、全国のメディアや大学に対し、「論じてはならない七つの事柄」という通知を出し、人類の普遍的価値、報道の自由、市民の権利、共産党の歴史的過ちなどに関する公的議論を禁止した[32]。

民主派知識人や人権活動家への圧迫も強まった。二〇一五年七月、三〇〇名余りの人権派弁護士が一斉に拘束され、その後、実刑判決などが下された。異論の封殺は、体制内知識人も例外ではない。二〇一六年七月には、創刊以来四半世紀の歴史を誇る雑誌『炎黄春秋』が、当局の介入によって休刊に追い込まれた。同誌は、党のベテラン知識人集団に支持された体制内改革派の機関誌的存在であった。二〇一九年から二〇二〇年にかけて、清華大学や中央党校に所属する著名な知識人も、政権批判の責任を問われて相次いで失職したり、摘発されたりした[33]。

香港での言論弾圧は峻烈さを極めた。二〇二〇年に香港国家安全維持法（以下、香港国安法と略記）が施行されると、二〇二一年以降、創業者が同法違反の罪に問われた日刊紙『リンゴ日報』をはじめ、民主派メディアが次々に廃業や運営停止に追い込まれた。既出の表1-3によれば、二〇一二年から二〇二三年までに、香港の思想、表現の自由の得点は半減した（表1-3⑤、一四点→七点）。

鄧小平はかつて、「革命政党にとってもっとも恐ろしいのは〔民衆が〕静まりかえっていることだ」と述べたことがある。[34] また前述のように、江沢民と胡錦濤の執政期には、放任的自由の拡大をはじめ、治者・被治者間の双方向的な政治的コミュニケーションの志向が、限定的とはいえ感得できた。[35] これに対し習近平は、「沈黙こそ社会の安定」と考えているフシがある。実際、習近平時代に入ってテクノロジーによる沈黙の強制が可能となり、もともと細かった「下から」の利益表出チャネルが閉ざされ、放任的自由の空間も縮小し、「上から」の一方的な抑圧ベクトルに代わりつつある。それゆえ、中長期的にみれば、体制安定へのリスクが潜在化している可能性が高い。

人権軽視の法整備——「総合的国家安全観」による「人間の安全保障」の侵食

習近平政権は、人権の尊重を前提とする法の支配（rule of law）ではなく、「中国的法治」すなわち、法による抑圧的統治（rule by law）を強化している。二〇一四年十月の一八期四中全会では、「社会主義法治国家の建設」が決定された。これと相前後して習近平は、国の安全保障の基本方針として「総合的国家安全観」（中国語では総体国家安全観）の考えを発表した。そこでは支配体制を守るべく、中国国家の伝統的、非伝統的安全保障に関し、政治、経済、社会、文化、軍事、科学技術、情報、環境、資源などの幅広い分野を対象とする安全保障体系の構築が指示された。

以後現在まで、この考えに基づき、国家安全法制の整備が推進されている。国家安全法（二〇一五年七月）、国外非政府組織国内活動管理法（二〇一七年一月）、インターネット安全法（二〇一七年六月）、国家情報法（二〇一七年六月）、改正・宗教事務条例（二〇一八年二月）などが矢継ぎ早に制定、施行された。

このうち国家安全法は、外交、安全保障の分野だけでなく、香港とマカオの「一国二制度」や少数民族統治、金融、資源エネルギー、食料、インターネットなどの多様な社会経済活動を、国家安全の規制対象としている。国外非政府組織国内活動管理法は、中国で活動する外国のNGOに対し、団体の登録や資金調達の明確化などを義務づけた。人権に関する普遍的価値基準からみれば、これらの法規は、法の趣旨、条文の中身、法解釈の裁量と適用範囲の点で人権侵害を招く危険性が高い。要するに、中国当局のいう総合的国家安全観は、人間の安全保障の中核をなす「尊厳ある生活」を脅かしている。

国家安全法制の面で、二〇二〇年代に入って目立つのは、サイバー空間やデータの安全保障を口実とした、民間セクターのグローバルな経済活動に対する統制強化の動きである。監視統制の対象には、個人情報を含む膨大なデータを保有するインターネットプラットフォーマーや、中国でビジネス展開している外国企業も含まれる。二〇二一年にはデータ安全法と個人情報保護法が施行され、中国で事業展開を行う国内外の民間企業に対し、中国当局の安全評価に基づき、各種データの適切な取り扱いや国外移転に関する審査、制限を義務づけた[36]。これらは、すぐ後でみる米中関係の悪化を踏まえ、経済安全保障分野での競争を念頭に置いた措置とみられる。

五　グローバルパワーとしての存在感と人権をめぐる国際対立

二〇二二年の名目GDPをみれば、中国は世界第二位で、第三位の日本の四倍以上の規模を誇り、一位の米国に対しても約七割に達している[37]。米中だけで世界経済の約四割を占めている。米中二強時代の到来に伴い、人権をめぐる中国と各国の軋轢も増している。

実際、習近平時代に入り、米中関係は、以前にも増して対立の溝を深めている。それは中長期的な構造的対立であり、両国は経済、軍事、科学技術はもとより、人権をめぐる理念や価値に至るまで、幅広い分野で競争を繰り広げている。中国国内の各種少数派への抑圧と「中国的人権」観念の国際伝播は、二一世紀における米中覇権争いの争点にもなりつつある。

(1) 香港と新疆ウイグル自治区の人権侵害

香港の「一国二制度」の形骸化

香港特別行政区では、「逃亡犯条例」修正案(刑事事件容疑者の中国本土への移送を可能にする)への反対をきっかけに、二〇一九年三月以降、反香港当局、反中央政府の大規模デモが発生し、同年十一月の区議会議員選挙では民主派が圧勝した。危機感を強めた北京の指導部は、香港への直接介入を強化し、二〇二〇年には既出の香港国安法が施行された。同法は、前項で言及した国家安全法の香港版で、国家分裂や外国勢力との結託などを理由に、各種の自由を大幅に制限し、処罰の対象は外国人にまで及ぶとされる。

二〇二四年三月には、香港基本法の規定に基づき、国家安全維持条例も施行された。香港国安法を補完する同条例は、外国勢力による干渉やスパイ行為などを取り締まりの対象とする。しかし、犯罪行為の定義が曖昧で、香港進出の外国企業や外国メディアの活動への悪影響が懸念されている。

一九世紀のアヘン戦争以降、英国の植民地であった香港について、一九八四年に締結された「香港問題に関する英中共同声明」では、一九九七年の香港返還後も一国二制度のもとでの香港の「高度な自治権」を認めていた。しかし、そこで明記された言論、集会、結社、学問の自由などはすでに空文に等しい。イギリスは、香港国安法を、法的拘束力をもつ英中共同声明に違反するとして非難し、日本政府も、香港住民の人権保護とともに、在香港の日本人と日本企業の権利保障の観点から、「重大な懸念」を繰り返し表明している。[38]

ウイグル族などトルコ系ムスリムへの迫害、その他の宗教弾圧

新疆ウイグル自治区のムスリム住民に対しても、深刻な人権蹂躙がなされている。二〇一三年から二〇一四年にかけて、新疆独立を目指す過激派の分離テロとされる事件が頻発したことを受け、習近平政権は、経済開発や宗教工作の強化を決定した。新たに制定された自治区過激化排除条例（二〇一七年四月施行、二〇一八年十月に改正）では、漢語、思想教育の徹底、ムスリムの宗教的文化的な生活様式の規制、テロリズム防止を口実とする思想教育や行動矯正を行うための「職業技能教育訓練センター」などの設置が指示された。欧米の人権団体によれば、二〇二一年までの過去数年間に、職業訓練や再教育などの名目で、一〇〇万人以上の人びとが事実上の強制収容措置を受けたとされる。

宗教排斥の対象は、イスラームにとどまらない。二〇一八年二月施行の改正・宗教事務条例に基づき、キリスト教への圧迫も増している。その背景には、宗教を介した欧米の影響力浸透に対する指導部の警戒感がある。

（2）覇権競争の焦点としての「中国的人権」

中国の人権問題をめぐる国際社会の亀裂

中国共産党政権によるこれらの非人道的行為に対し、米国では、ドナルド・トランプ（Donald Trump）政権下の二〇一九年十一月に香港人権民主主義法が成立した。同法は、香港の「高度な自治」の状況について、米政府の検証と議会への年次報告を義務づけたほか、香港の自由や自治を侵害した人物などに対し、大統領が制裁を科すことを可能にした。[39] 二〇二〇年七月には、同様の趣旨に基づく金融制裁を規定した香港自治法も制定された。[40] 中国政府は、これらを内政干渉として強く反発している。

新疆ウイグル自治区については、二〇二一年以降、ジョー・バイデン（Joe Biden）政権（当時）が、新疆での人権弾圧を「ジェノサイド（民族大量虐殺）」と呼んで非難している。二〇二二年六月には、同自治区からの輸入品について強制労働で生産されたものではないとの明白な証明がない限り、製品の米国への輸入を禁ずるウイグル強制労働防止法が発効した。[41] 同年八月には、国連人権高等弁務官事務所（OHCHR）も、新疆で「対テロ、対過激主義戦略の政府による適用という文脈で、深刻な人権侵害が行われてきた」ことを批判した。[42]

香港や新疆での人権侵害をめぐり、国際社会は陣営対立の様相も呈している。二〇一九年七月、日本やイギリスなど二二カ国が、中国のウイグル統治を批判する共同書簡を国連人権理事会に提出すると、ロシアや北朝鮮など三七カ国が中国擁護の文書を発表した。二〇二〇年六月にも、同じく人権理事会で、日本を含む二七カ国が、香港国安法への懸念を示した共同声明を発表すると、キューバ、北朝鮮など五三カ国が中国支持を表明した。同年十月には、同理事会の次期定例会合の議題に、新疆の人権問題を取り上げるよう求めた欧米主導の提案が、中国政府とその立場に配慮した一部の新興国の反対多数で否決された。

一方、中国は、近年では、自国の政治、外交スローガンを国際社会に向けて積極的に発信している。二〇一八年と二〇二〇年の国連人権理事会の会合では、中国の提案に基づき、「人類運命共同体の構築」（英語表記は building a community of shared future for human beings）なる表現が盛り込まれた決議文が採択された。実のところこの言葉は、習近平が自身の演説で多用し、「習近平外交思想」のエッセンスの一つとされている。このように中国は、ハード・パワーとともに、そのソフト・パワー向上にも努めている。

自国の政治的術語を新たな人権概念として導入拡散しようとする中国側の動きに対しては、日本政府も、人権理事会などの場で反対の意思を表明している。[43] 同理事会で日本は、中国国内におけるチベットやウイグルなど少数者の権利保護、香港住民の基本的人権の尊重も提言している。[44] 普遍的価値追求のための国際場裡における平和的で堅実な政治闘争、そのための地道な外交努力については、日本社会でもより多くの人びとに知られ、敬意を表されるべきである。

「中国式現代化」と「グローバル文明イニシアチブ」

二〇二二年十月、共産党の二〇回党大会において、習近平は今後の重要任務として、「中国式現代化」（中国語表記も同じ。現代化は、社会科学の一般的用語でいう modernization、日本語の近代化に相当）の推進を強調した[45]。「中国式現代化」の提唱は、欧米の歴史経験に由来する近代化モデルと発展の歩みを拒絶し、中国独自の発展のありかたを追求していこうとする明確な意思表示といえる。欧米の人権概念とは異なる「中国の人権発展の道」の堅持が指示されたのも、その一環である。同じ演説で習近平は、中国以外の国や地域に対しても「中国式現代化」が手本になりうるとの確信を述べている。いわく「中国式現代化は、人類が現代化を実現するために、新たな選択肢を提供した。中国共産党と中国人民は、人類が直面する共同の課題を解決するために、より多くの、より良い中国の智慧、中国のやり方、中国の力を提供し、人類の平和と発展という崇高な事業のために、新しい、より大きな貢献を行った！」、と。

かかる主張に基づき、習近平は、二〇二一年以降、前出の「人類運命共同体の構築」に向けた三位一体的構成として、発展、安全保障、文明に関する国際的なリーダーシップを表明するようになった。すなわち「グローバル発展イニシアチブ（Global Development Initiative: GＳＩ）」、「グローバル安全保障イニシアチブ（Global Security Initiative: GＳＩ）」、「グローバル文明イニシアチブ（Global Civilization Initiative: GＣＩ）」である。このうち、二〇二三年三月に提唱されたGＣＩの狙いは、市民性を排除した現存する国家主体を、当該地域の文化、文明の担い手と同定したうえで、無原則な価値相対主義のもと、中国自身を含む世界の複数の権威主義国家を政治的に擁護することにある[46]。果たして習近平の期待どおりに、「中国式現代化」とGＣＩは、近代化と人権の代替モデルになりうるのか。その判断を行うには時期尚早である。だが、旧宗主国への反発感情が根強いグローバル・サウスと呼ばれる一部の新興国からは、反西洋、反普遍主義の立場により一定の共感を得るのは確かであろう。当面の間、中国のアピールは、欧米主導の国際秩序に対する新たな選択肢（alternative）の提供というよりは、それへの部分的拒否（denial）のパワーとして機能するであろう。

おわりに――中国の自由と民主主義の課題

（1）内部エネルギーの不足と政治社会の分断

ポスト・コロナ時代の今日、前述のごとき正統性認識の部分的毀損により、習近平指導部への支持低下が国民の一部にみられる。だがそれは依然として局所的現象にとどまる。一方、支配体制の抑圧能力は日々強化されている。国家と社会の力関係からみれば、中国政治の民主的変革に向けた内部エネルギーは依然乏しいのが実情であろう。このことは、香港、チベット、新疆ウイグルでの苛烈な人権弾圧に対し、国民の大多数を占める中国本土（China Proper）の漢族住民の冷淡ともいえる政治意識のありように如実に示される。それは、中国の自由化と民主化をめぐる政治的分断の根深さをも意味している。

この点に関し、日本のメディアは、香港や新疆の地域社会の様子や米国政府の対応などに主な関心を寄せている。だが、中国指導部にとって、それらは本質的には副次的要素にすぎない。習近平の立場からすれば、最大限の注意を払うべきは、当事者である前記周縁部の住民でも、米国を筆頭とする外国政府でもない。これを裏返していえば、米国のパワーはもはや単独では、中国共産党政権の存立を脅かすほど強くない、怖くないとの自信がある――実際、その判断は正しいであろう。習近平にとって、もっとも警戒し恐れるべき対象は、支配体制を直接に打倒する力をもつほぼ唯一の政治アクターである大陸本土の漢族住民の動静である。

香港問題を例に挙げれば、北京の為政者にとって最大の懸念は、香港の各種選挙で万が一にも民主派が勝利し、香港住民の民主化エネルギーが中国本土の世論にも波及して、それが新型コロナ後の景気低迷や就職難、退役軍人たちの根強い待遇不満など、さまざまな社会的経済的不満を糾合することで、中国本土での民主化運動へと発展していくこと、すなわち、香港発の平和的体制転換（中国語では和平演変）のシナリオにほかならない。

習近平の立場からすれば、二〇一九〜二〇二〇年の香港での政治危機は、一国二制度の維持ないしは変質という「制度」の次元を超えた「一国」の問題、すなわち、共産党の一党支配を正当化する階級支配の基本的な性質――いみじくも中国では「国体」と呼ぶ――にかかわる問題であり、支配体制の存続をめぐる彼我の間の生死を賭けた闘争なのである。本土不安定化のリスクを極小化するためには、香港市民への過剰な暴力行使も大量検挙も躊躇しないであろう。民主派や外部勢力への譲歩が、習近平体制の敗北を意味するものと理解されている以上、妥協の余地もきわめて小さい。香港をめぐり諸外国からの圧力が高まれば、ナショナリズムの心情的反発から、自分たちへの本土漢族住民の支持が高まり、むしろ好都合と考えているかもしれない。

他方、本土の漢族住民の主流世論も、エスニックな他者認識の強いチベット族や新疆ウイグルのムスリム住民にはもとより、香港市民の声にもさほど同情的ではない。なぜなら「香港の高度な自治を守れ」との主張は、本土の一般民衆の眼には、普遍的な属人的価値の擁護というよりも、属地的な特権への固執のように映るからである。そして現在では、コロナ後の景気回復、経済生活の安定が人びとの第一の関心事となった。この結果、国内マイノリティへの冷淡な態度には、いっそう拍車がかかっている。一言でいえば、同胞意識の欠如、またはその非常な希薄化である。

（2）人間の安全保障と外部契機としての「自由台湾」

中国の人権と民主主義をめぐるこうした状況に対し、短期的な改善策はない。当面のところ、中国自体のガバナンス改善と、中国権威主義が発する対外的「魅力」（ハンチントンのいう逆雪だるま効果[47]）への対抗の焦点は、内部動力よりも外部契機の拡充、外部からの持続的刺激にある。

その際、国際社会の中長期的な対応のカギは、やはり豊かさ、便利さ、偉大さの正統性認識にある。留意すべきは、それらが、中国政治のみに適用されるものではなく、現代政治の正統性としてグローバルな性質を有し、日本を含む民主主義国にとっても重要な政治課題だということである。

国際関係における民主主義国と権威主義国のパワーの角逐が直接的な影響を及ぼす偉大さはもちろん、豊かさと便利さに基づく統治の業績向上を通じた正統性（performance legitimacy）の再調達も、民主主義と権威主義の体制間競争の意味合いをもっている。経済成長だけでなく、公正な富の分配や環境保護を通じた持続可能な社会の実現、感染症対策をはじめとする公衆衛生の拡充、各種の差別構造（例、人種、民族、ジェンダー、中央―地方）の解消、そしてなにより寛容という市民的徳の涵養など、人間の安全保障を構成するさまざまな側面において、民主主義国は、政治体制の優位性の発揮に努めなければならない。これが一つめのポイントである。

二つめのポイントは、中国の内政と外交の狭間に位置する台湾の重要性である。例えば、日本にとって台湾は、自国の安全保障戦略はもとより、半導体産業に代表される経済、科学技術協力などの面で大きな存在感を有する。しかし、そうした功利的関心にとどまらず、本文中で確認したように、台湾の自由民主主義が、国際的にもきわめて高く評価され、日本にとっては、韓国とともに、東アジアにおける民主主義の良きパートナーである点は銘記されなければならない。二〇一九年には、アジアで初めて同性婚が合法化された人権先進地でもあり、ＬＧＢＴＱ等の性的少数者の問題や社会の多様性尊重の施策を考えるうえでも、台湾の取り組みには学ぶべき点が多い。なにより、中国国民の民族主義感情を過度に刺激することなく、その漢族マジョリティの政治意識を変えうる、これもほぼ唯一といってよい外部勢力である。

中国の自由と民主主義に対する触媒としての役割は、台湾側も自覚している。中華民国総統（任期二〇一六年五月〜二〇二四年五月）を務めた蔡英文は、二〇一九年以降、香港市民の民主化要求への支持と連帯を表明しつつ、中台関係の発展における民主主義の意義を説いている。(48)

民主主義〔中国語では民主〕の制度について、いくらか心配に思うときがあるかもしれない。理由は、民主主義が混乱を引き起こしたり、民主主義体制が前もって期待したほどの効率を備えていなかったり、民主主義の過程が冗長なものになったりするかもしれないからだ。だが、われわれの経験では、民主主義の制度は、批判される点もあろうが、しかし「民主主義は依然としてもっとも素晴らしい制度」ということだ。(49)

中華民国台湾は民主国家であり、われわれの未来はわれわれ自身が決定する。（中略）今年〔二〇一九年〕は五・四運動百周年であり、六・四天安門事件三十周年でもある。「民主主義」こそ、今年の両岸〔台湾と中国を指す〕のキーワードである。わたくしは、厳粛な気持ちで、北京当局に次のことを呼びかけたい。両岸の平和的発展のカギは、中国が民主化を実行できるかどうかにかかっている。両岸がともに民主主義体制を採用し実行したときにのみ、双方は、対等な意思疎通、平和共存、対立解消、そして逆境から希望の光を見いだすことができる。(50)

〔傍点引用者〕

大陸の民主的変革に対する台湾の意義は、決して看過されない。同時に、台湾の民主主義に対する中国市民の支持獲得こそが、「台湾の安全を守るためのもっとも枢要な基盤であり、最重要の要素でもある」[51]。日本と台湾は、互いの民主政治の発展のため、大陸におけるグッド・ガバナンス促進のため、さらには台湾海峡の平和と安定のためにも、いっそうの協力深化が求められている。

第二章　「労働者」と訣別する「前衛」——創立百周年を迎えた支配政党の組織実態

はじめに――世界有数の歴史の長さと組織の規模を誇るヘゲモニー政党

二〇二一年七月、中国共産党は党創立百周年を迎えた。一九二一年の創設時、全国でわずか五十数名であった党員数は、二〇二二年末時点で約九八〇四万一〇〇〇人(総人口に占める割合六・九パーセント)の多きに達している(1)。これは、二〇二一年の国別ランキングでみると、世界第一四位のエジプトに次ぐ規模で、第一五位のベトナムに匹敵する。ドイツ(一九位)、トルコ(一八位)、イラン(一七位)、タイ(二〇位)など、世界の各地域の主要国の人口よりも多い(2)。同じ年の日本の総人口の約八割に相当する(3)。むろん世界最大の政党である。ちなみに、日本の最大政党である自由民主党は、二〇二三年末時点で約一〇九万一一〇〇人の党員を擁するが、総人口に占める割合は一パーセントにも満たない(4)。

本章では、この巨大集団である中国共産党を対象として、政党組織論の視点から、習近平時代における共産党の連続性と変容、ならびに、政治集団としての組織的性格と今日の中国社会におけるイデオロギー的立ち位置を考察する。

企業組織に喩えるならば、中国共産党は創業百年を超える老舗企業、いわゆる百年企業である。トップの習近平が経営責任者で、習近平を含む指導部、すなわち、党中央政治局委員や同常務委員が取締役会に相当する。これに対し以下では、一般社員にあたる党員に着目して、その採用活動の実情をはじめ、職種、年齢、ジェンダーなど複数の項目について、当該集団の人的資源の状況を明らかにする。筆者にとっては中国共産党研究の定点観測のテーマであり、以前に発表した著書や学術論文のなかでも継続的に分析の俎上に載せてきた。(5) 本章でもその後の追跡調査を行い、さらなる議論の発展を試みる。

まず、習近平時代の党員リクルート政策を概観しつつ、問題の所在を確認しておく。二〇一二年十一月の中国共産党第一八回全国代表大会(以下、一八回党大会の形式で略記)を経て、党総書記に就任した習近平は、早くも翌二〇一三年一月の中央政治局会議で、従来の入党活動を見直し、「党員の総量を抑え、党員集団の構成を最適化し、質を高め、役割を発揮する(中国語では控制総量、優化結構、提高質量、発揮作用)」という新たな方針を提起した。これは、中国語表記の文字数にしたがい、「一六字の総合要求」と呼ばれている。その要点は、①党員の政治的資質の向上を目的とした新規入党者の量的制限、②入党対象の優先集団として労働者、農民、知識人の重視である。(6)

自身の政権発足後まもなく、習近平が党員リクルートの刷新を決定したことは、この問題に対する習近平の問題意識の高さを示している。事実、習近平は党総書記に就任する以前、中央党校校長を務めていた二〇一二年三月の時点で、不純な動機をもつ入党者が多いことを問題視し、入党活動の改善や党員管理の厳格化の必要を指摘していた。いわく、各レベルの党組織は、「入口の厳格な審査と教育の強化、監督の強化、出口の円滑化を実行すべきである。現在、一部の者は、(中略)党員や幹部になることを自身に利益をもたらし、本人や家族、親族が利益を得るための政治資本と考えている」、「新党員のリクルートは、必ずや入党の動機を真剣に分析し、基準と手続きを厳格にし、質を確保」しなければならない。(7)

また、第一期政権(二〇一二〜二〇一七年)の組織工作を総括した『人民日報』の解説記事は、「総書記みずから、党員リクルートの全体計画の制定を指揮した」と述べて、習近平のリーダーシップの発揮を強調している。(8) その背景には、党員集団の紀律観念の低下と汚職腐敗の蔓延、及び、それへの国民の反発に起因する体制の不安定化に対する強い危惧が指摘できる。習近平は、従来の入党活動の問題点を、政治集団としての質を犠牲にした量の過大な追求と捉え、党内秩序の再構築を目的として、質の重視と量の抑制を主眼とする入党活動を要求した[9]。

指導部はまた、前述のように、党員リクルートにおいて、労働者、農民、知識人のグループを重視すべきことを強調した[10]。これら三つの職種は、一九二一年の結党以来、長きにわたって党員集団の主力に位置づけられてきた。例えば、中国政治の公式文書としてもっとも権威が高いものの一つで、五年に一回開催される中国共産党全国代表大会で採択される政治報告について、その叙述が定型化された一九九〇年代以降、江沢民と胡錦濤の各政権担当期には、第一四回（一九九二年）、第一六回（二〇〇二年）、第一八回（二〇一二年）の政治報告のなかに、それぞれ次のような一文がある。「生産の第一線の労働者、農民、知識人のなかの優秀分子を、党内に吸収することに十分に留意する」、「労働者、農民、知識人、軍人、幹部への党員リクルート工作を重点的に立派に行う」、「党員リクルートの質を高め、青年層の労働者、農民、知識人への党員リクルートを重視する[11]」。

習近平時代に入っても、二〇一七年の一九回大会の政治報告では「産業労働者、青年農民、高知識集団」が、二〇二二年の二〇回大会のそれでは「青年層、及び、産業労働者、農民、知識人」が、それぞれ入党活動の重点対象に指定されている[12]。労働者、農民、知識人の重視を謳うこうした言葉の裏側には、理想的な党員集団の職業構成と政治的資質の少なからぬ部分が、マルクス主義の階級政党の本質的属性、すなわち、主力集団としての労農同盟の組織実態によって担われるべきとする、共産党人らしい正統主義的な認識がみてとれる。

一方、中国共産党の組織構築に関する先行研究の多くは、次の二点を強調してきた。第一に、毛沢東時代には、労働者と農民、とくに後者を主体とする「農民党」であった該党が、改革開放以降、両職種の党員割合を減らし、代わりに、党や政府の官僚、管理職、技術職の者など、近代化政策に必要な専門人材を増やしていること。第二に、二〇〇〇年代初めには、当時の江沢民総書記が提起した「三つの代表」論に基づいて党規約が改正され、階級敵であるはずの私営企業家の入党さえ容認し、これにより階級政党としての性格を脱して「国民政党に転生した」、「資本家であれ誰であれ、基本的に社会の全ての構成員が党員になれる」という「みんなの党」になったことである。[13]だが、これらの研究を含め、先行研究のほぼすべてが、政策目的の解説と関連数値のわずかな紹介にとどまっていた。その主因はひとえに、利用可能な系統的データの欠如による（詳しくは後述）。共産党の組織構造の中長期的変化を理解するには、中国当局が発表する不備不足の多い資料を、時間をかけて根気よく整理蒐集することが不可欠である。

そうした地道な作業を続けながら、筆者は、前述した既発表業績において、胡錦濤と習近平の両執政期の入党活動の実態について、共産党の公式統計に依拠して実証分析を試みた。[14]検証の結果、習近平の総書記任期のうち、第一期（二〇一二～二〇一七年）では、①それまで増加の一途にあった新規入党者が激減した、②在籍党員の職業構成におけるブルーカラー減少、ホワイトカラー増加という従前の傾向に変化はない、③私営企業家を含む「新社会階層」と呼ばれる新興の社会経済エリートの入党者数は、胡錦濤期以来、安定的に推移しており、それゆえ、前述の通説的理解がいうところの多様な階級、階層、社会集団を包摂した国民政党、「みんなの党」というよりは、政治、経済、社会、文化の各分野のエリートを糾合した党として再編されつつあることを明らかにした。

ただし、これらの論考では、研究発表の時期的都合により、習近平政権の二期目（二〇一七～二〇二二年）の政策展開は十分に検討できなかった。③の新社会階層の入党動向は、二〇一七年の実績を最後に、数字が非公開となった。こうした既知の事柄と資料的限界を踏まえつつ、本章では、上記①②の論点をさらに深掘りして、中国共産党の党員リクルートの動向、党員集団の職業、年齢、ジェンダーの構成やその変化について、とくに胡錦濤時代との比較を念頭に置きながら、一〇年間に及ぶ習近平時代（二〇一二～二〇二二年）の全体像を総括し、党創立百周年の組織実態を明らかにする。これが本章の課題である。

議論の流れは次のとおりである。第一節ではまず、中国側の統計不備の内容とそれを踏まえた本論の方法的特徴を確認する。第二節と第三節では、胡錦濤時代との比較に基づき、習近平時代の党勢発展を総合的に分析する。その際とくに、新規入党者と在籍党員の二つに着目して、人的資源のフローとストックの観点から、習近平政権の第一期と第二期のそれぞれの実績を確認する。最後に、それまでの議論を敷衍して、二〇二〇年代の中国共産党の組織的特質と、党員リクルートの実情からうかがえる習近平の指導者像について、若干の考察を行う。

一　党員統計の特徴と分析の方法的限界、議論の前提

（1）分類項目の変更

中国政治研究における資料的制約の大きさは、毎年の党勢発展の動向さえ、例外ではない。入手可能な統計資料が限られているうえ、数値の部分的欠如や、統計自体が発表されない年もあるなど、中身の散漫さも研究者泣かせである。

残念ながら、次節以下でみるいくつかの図表も、そうした不備疎漏を免れていない。なかでも最大の難点は、党員数の公式統計における分類項目の頻繁な変更である。具体的には、党員の職業構成について、二〇一二年まで存在した①「企業、事業単位の管理人員、専業技術人員」の項目が、二〇一三年の発表からなくなり、②「企業管理人員」、③「企業専業技術人員」、④「事業単位と民弁非企業単位の管理人員、同専業技術人員」の名称が登場した。その後、二〇一四年から二〇一七年までは、これら三つに代わって、⑤「企業、事業単位と民弁非企業単位の管理人員」、⑥「企業、事業単位と民弁非企業単位の専業技術人員」の二つが用いられた。

さらに、二〇一八年以降はそれぞれ、⑦「企業、事業単位と社会組織の管理人員」、⑧「企業、事業単位と社会組織の専業技術人員」に変更された。⑦⑧は、本書執筆時点（二〇二四年十月現在）でも引き続き使われている。[15]なお、

管理人員と専業技術人員とは、それぞれ日本語の管理職と専門技術職に該当する。民弁非企業単位とは、企業一般を指す「企業単位」や、国が運営する「事業単位」[16]と異なり、民間資本で公益性の高い各種社会サービスを提供する団体、例えば、私立の病院や学校、民営の介護施設などを指す。

この変更理由や各項目に含まれる職業集団、人数の算定方法の異同などは一切不明である。ただし、一部の資料と実際の分析結果からみて、確度の高い理解の仕方は、もともとは①の「企業、事業単位の管理人員、専業技術人員」の範疇に一括して統計表に計上していた人びとを、二〇一三年以降は、所属先（企業と事業単位、民弁非企業単位、社会組織）と職位（管理人員、専業技術人員）に応じて、細分化して記載するようになったというものである。言い換えると、②③④、⑤⑥、⑦⑧の各組合せについて、それらの項目を合算したものが、かつての①に相当するということである。

この傍証として、二〇一三年に発表された全国の党員統計では、分類項目の説明として、「企業、事業単位（民弁非企業単位を含む）の管理人員、専業技術人員」（傍点引用者、以下同じ）の記述がある。[17]同様に、二〇一五年の新疆ウイグル自治区の統計でも、「企業、事業単位（民弁非企業単位を含む）の管理人員党員」と「企業、事業単位（民弁非企業単位を含む）の専業技術人員」の区分がみられる。これらは、「企業、事業単位」で就労する党員数のなかに、「民弁非企業単位」のそれも含まれていたことを示す。[18]

また、遼寧省の省都の大連市が、二〇一九年に公表した党員統計では、当該グループの名称を「企業、事業単位、民弁非企業単位、社会組織の専業技術人員」と「企業、事業単位、民弁非企業単位、社会組織の管理人員」と記している。[19]内モンゴル自治区党委員会組織部が、二〇一九年と二〇二〇年に発表した資料では、単に「企業、事業単位、及び、社会組織の管理人員」となっている。[20]一方、二〇一八年のチベット自治区の統計では、同じ年から全国統計では消滅したはずの前記⑤と⑥が依然用いられていた。[21]

以上を総合すると、ホワイトカラーの党員の職種に関しては、当初の「管理人員、専業技術人員」の表記から、「管理人員」（管理職）と「専業技術人員」（専門技術職）が区別された。所属先についても、元来は、民弁非企業単位を含む「企業、事業単位」としてまとめて記載していたものから、まずは「民弁非企業単位」が分離され、次にその名称が「社会組織」に代わったと思われる。ただし、統計項目の変更に関する周知の遅れや不徹底により、地方によってはある時期まで、以前と同じく、企業、事業単位と民弁非企業単位、社会組織を同一または類似の集団とみなし、意図的な混同、または、互換可能なものとして使用していたと推測できよう。

これらの事情に留意しつつ、以下の叙述と図表では、胡錦濤時代と習近平時代の通時的比較を可能にするため、二〇一二年以前については①を単独で、二〇一三年については②③④を、二〇一四～二〇一七年については⑤⑥を、二〇一八年以降については⑦⑧をそれぞれ合算した数字を、「企業、事業単位と社会組織の管理人員、専業技術人員」の名称で統一的に記すこととする。

（2）分類項目の内容の不分明

党員統計における二つめの大きな問題点は、職業分類のうち、一次産業に従事する「農牧漁民」を除き、「労働者」、「企業、事業単位と社会組織の管理人員」、「企業、事業単位と社会組織の専業技術人員」などの分類に含まれる具体的な職業や職階が不明瞭なことである。付言すれば、それらとは別に「離職、退職人員」、すなわち、定職に就いていない者のカテゴリもある。

表2-1には、二〇一三年二月に中国共産党の中央弁公庁が発出した、習近平時代の党員リクルート政策の指針を定めた文書[22]の要点をまとめた。そこでは、二〇一三～二〇二二年の党員総数の量的管理の実施と、「青年層の労働者、農民、知識人への党員リクルート」の強化を確認したのち、各職業集団の重点対象を例示している。

表2-1　中国共産党中央弁公庁「新たな情勢下における党員リクルートと党員管理の活動を強化することに関する意見」（2013年2月）の主な内容

（1）新規入党の量的制限

①党員リクルートの「総量規制〔中国語では総量調控〕を実行する」

②「今後一〇年間、全国の党員総数は、年平均一・五パーセント程度の純増とする。（中略）県クラス以上の党委員会〔工作委員会〕は、党員リクルートの総量規制の目標任務を着実に履行するため、毎年の入党者数または増加割合を定めるやり方を用いてもよい」

（2）「青年層の労働者、農民、知識人への党員リクルートを重視し、党員集団の最適化を図る」

①「労働者」の重点対象

・国有企業

「生産現場の第一線の班長と組長、業務活動の中心的人物、優れた技術者、とくにそれらの優秀な青年労働者」

・非公有制企業

「生産現場の第一線の職員と労働者、専門技術職の中心的人物と経営管理人員」、「出資者〔私営企業家を指す〕」

②「農民」の重点対象

・村組織の幹部、農村に帰郷した卒業学生、退役軍人、工商業従事者、「農村専業技術協会の会員」など

③「知識人」の重点対象

・科学研究所、教育文化機関、社会組織など「知識人が比較的多く集まる組織」に所属する人物、とくに「科学研究所の中心的人物、学界の指導的立場にある人、留学人員と帰国人員の優秀な人物」

・その他、高等教育機関の青年教員、大学院生など

註：〔　〕内は筆者の補足。傍線も筆者が付した。

出典：『荊州党建網』ウェブサイト、2013年11月14日（http://www.jzdjw.gov.cn/article/zhengcewenjian/13877.html）、2021年5月14日閲覧。

この表にみられるとおり、中央弁公庁が「労働者」と呼ぶグループのなかには、管理職や私営企業家が含まれている。同じく「農民」には、「村組織の幹部」や「工商業従事者」など、農業に直接に従事していない人びともいる。一方、共産党の組織部門が所管する党員統計では、管理職と技術職は、前記の「企業、事業単位と社会組織の管理人員」と「企業、事業単位の社会組織の専業技術人員」として、「労働者」とは別の分類項目に計上されるとみられる。

要するに、表2-1の政策文書と通常の党員統計では、それぞれの「労働者」が指示する職種や職階の範囲が異なっている。党員統計の「労働者」のほうが、対象の職種がより限定的であり、農村からの出稼ぎ労働者、製造業や建設業などの非熟練労働者、職場の補助的業務者、店員や販売員などの一般的なサービス業従事者などを指すとみられる。だが管見の限り、この点を包括的に説明した資料は見当たらない。[23]

もっとも、中央組織部がほぼ毎年公表している党員統計については、そこでの「労働者（中国語では工人）」が、ほかならぬ共産党自身が「労働者」と認定した人びとであること、しかも、後述のように、党が「労働者」に対し、組織の門戸を閉ざしつつあることは、十分に銘記されるべきであろう。

（3）党員リクルートの数値目標

また、共産党の公表数値に基づく次節以下の分析では、各地の党組織が、毎年の入党者数とその一定期間内の増減、党員の職業構成割合などを定めた入党計画に基づいて、すなわち、一定の目的合理性のもとに党員リクルートを行っていることを前提とする。事実、党中央は、県レベル以上の党委員会に対し、新規入党者の数とその年齢層、性別、職業、学歴などの比率について指標数値を盛り込んだ、入党活動の中長期計画と年度計画の策定を義務づけている。[24]

前出の表2-1、二〇一三年二月の党中央弁公庁の通達によれば、習近平指導部は、二〇一三～二〇二二年の一〇年間、在籍党員数の「年平均の純増」、すなわち、年平均成長率（compound average growth rate）を「一・五パーセント前後」に抑えることを指示していた。この一・五パーセントの数字は、全国の党員幹部向けのインターネット学習教材のなかでも、党中央組織部の高級幹部が言及していた[25]。前記通達の基点とされた二〇一二年末の党員総数（八五一二万七〇〇〇人）について、二〇一三年から二〇二二年まで毎年一・五パーセントの割合で純増する場合、二〇二二年末の党員総数は、九八七九万三四〇〇人と試算できる。

一方、本章冒頭で示したとおり、二〇二二年末の実際の党員数は九八〇四万一〇〇〇人で、当初の想定との誤差数は全体の一パーセント未満であった。この結果から判断するに、二〇一三〜二〇二二年の間、習近平の第一期と第二期の両政権期を通じて、中央組織部の指示した各種の数値目標は、全体的にかなり厳格な拘束指標として機能したとみられる。それはまた、党員リクルート政策における習近平時代の特徴を理解するのにも好都合といえよう。

また、民間とは区別して実施される軍内の入党活動でも、階級や職務などに応じて、詳細な指標数値が設定されている模様である。いわく、「軍は、『党員リクルートの総量規制を実行する』という中央の精神を貫徹し、軍隊党組織による入党比率の規定を厳格に執行すべきである。例えば徴集兵の入党は、毎年、徴集兵の総数の五パーセント以内に抑える。士官（士官候補生を含む）の入党は、毎年、非党員士官の総数の三〇パーセント以内に抑える（うち初級士官の入党は、毎年、非党員の初級士官の総数の二〇パーセント以内に抑える）[26]」云々。

なお、以上の記述にみられるように、党の組織部門の実務者や関連分野の中国人研究者は、一定期間における新規入党や在籍党員の量的変化を検討するにあたり、人数の実数、その前年比、人口総数に対する党員割合（人口密度になぞらえて「党員密度」と呼ぶ場合もある）、年平均成長率の四つの数字をとくに重視している。したがって以下の分析でも、これらの数値を適宜参照しながら議論を進める。

二　習近平時代の党勢発展

（1）党員リクルートにおける「習近平時代」

表2-2には、二〇〇八年から二〇二二年までの全国の入党動向について、入手可能な各年の数値をまとめた（二〇一〇～二〇一二年は当局未公表。二〇二〇年は党員統計の調査対象期間が他の年度と異なるため、除外項目が多い。表2-4も同じ）。

これによれば、胡錦濤時代の二〇〇九年に二九七万一〇〇〇人を数えた入党者の総数は、習近平政権の一期目が発足し、党員リクルートの量的抑制が開始された二〇一三年以降、二〇一六年まで急速に減少した。二〇一六年の入党者は、二〇一三年より約五〇万人、二〇〇九年と比べて一〇〇万人以上も減り、二〇〇九年実績の約六四パーセントまで減少した（表2-2 二〇〇九年二九七万一〇〇〇人→二〇一六年一九一万一〇〇〇人）。

だが、入党者の減少は二〇一六年に底を打ち、習近平が二期目の党総書記に就任した二〇一七年から増加に転じ、二〇二二年には二四四万九〇〇〇人となった。この間、二〇二一年の入党者は、前年比で八割増の四三八万三〇〇〇人となり、他の年度と比べても極端に多く、統計的にはいわゆる外れ値に相当する。急増の理由は、①二〇二一年が党創設百周年の節目の年にあたり、いわばご祝儀相場的大量入党の状況が発生した[27]、②前節で述べた二〇二二年末に想定していた在籍者数と、二〇二〇年までの実績の双方を勘案して入党者の大幅増を決定した、などが考えられる。

習近平の第二期政権では、入党者は着実に増加し、二〇二二年の実数は二〇一三年と同程度まで回復した（表2-2 二〇一三年二四〇万八〇〇〇人、二〇二二年二四四万九〇〇〇人）。だがそれでも、二〇二一年の例外的数字を除け

表 2-2　全国の入党者の総数と職業別内訳

（単位：万人）

	胡錦濤時代		習近平時代									
	2008 年	2009 年	2013 年	2014 年	2015 年	2016 年	2017 年	2018 年	2019 年	2020 年	2021 年	2022 年
入党者の総数	280.7	297.1	240.8	205.7	196.5	191.1	198.2	205.5	234.4	242.7	438.3	244.9
（前年比）	…	+5.84%	…	−14.58%	−4.47%	−2.75%	+3.72%	+3.68%	+14.06%	+3.54%	+80.59%	−44.13%
労働者	20.9	20.2	17.5	14.5	13.6	13.3	12.5	13.2	14.3	··	28.0	15.7
（前年比）	…	−3.35%	…	−17.14%	−6.21%	−2.21%	−6.02%	+5.60%	+8.33%	…	…	−43.93%
農牧漁民	55.9	60.1	42.6	35.2	34.8	34.1	35.8	38.2	42.4	··	68.7	37.6
（前年比）	…	+7.51%	…	−17.37%	−1.14%	−2.01%	+4.99%	+6.70%	+10.99%	…	…	−45.27%
党政機関工作人員	12.3	12.9	11.3	10.6	10.7	10.8	11.3	11.6	13.4	··	23.2	12.3
（前年比）	…	+4.88%	…	−6.19%	+0.94%	+0.93%	+4.63%	+2.65%	+15.52%	…	…	−46.98%
企業、事業単位と社会組織の管理人員、専業技術人員	58.1	58.5	50.7	45.3	43.0	41.4	46.3	50.3	56.9	··	112.3	62.9
（前年比）	…	+0.69%	…	−10.65%	−5.08%	−3.72%	+11.84%	+8.64%	+13.12%	…	…	−43.99%
学生	106.7	118.5	94.6	76.7	71.8	68.9	69.9	70.4	84.4	··	176.5	93.6
（前年比）	…	+11.06%	…	−18.92%	−6.39%	−4.04%	+1.45%	+0.72%	+19.89%	…	…	−46.97%
その他の職業人員	26.8	27.0	24.2	23.3	22.7	22.6	22.4	21.7	22.9	··	29.4	22.8
（前年比）	…	+0.75%	…	−3.72%	−2.58%	−0.44%	−0.88%	−3.13%	+5.53%	…	…	−22.45%

註：出典の中国語資料のうち、2013 年は「企業専業技術人員」、「企業管理人員」、「事業単位、民弁非企業単位管理人員、同専業技術人員」の 3 つを、2014～2017 年は「企事業単位、民弁非企業単位専業技術人員」と「企事業単位、民弁非企業単位管理人員」の 2 つを、2018 年以降は「企事業単位、社会組織管理人員」と「企事業単位、社会組織専業技術人員」の 2 つを、それぞれ合算した数字。表中、「··」は未発表、「…」は不詳。

出典：以下の資料を総合的に利用して、筆者作成。

鈴木隆『中国共産党の支配と権力――党と新興の社会経済エリート』慶應義塾大学出版会、2012 年、184 頁、表 3-1 の当該年度の中国語資料。鈴木隆「習近平時代における中国共産党の党員リクルート政策――労働者の疎外と労農同盟喪失の組織実態」『国際問題』第 673 号、2018 年 7 月、18 頁、第 1 表の中国語資料。鈴木隆「中国共産党、『労働者』と訣別する前衛――習近平時代の党員リクルートと党員集団」『問題と研究（日本語版）』第 50 巻第 3 号、14 頁、表 2 の中国語資料。中共中央組織部「中国共産党党内統計公報」『人民日報』2022 年 6 月 30 日。中共中央組織部「中国共産党党内統計公報」、同 2023 年 7 月 1 日。

ば、胡錦濤時代に比べると依然少ない。入党者が三〇〇万人近くを誇った二〇〇九年よりも五〇万人以上も減っている。習近平時代に入って以降、全体的にみて、共産党への入党は狭き門になった。

入党者数のこうした特異な増減の動きを踏まえると、少なくとも量的側面に注目した場合、党員リクルートの分野でも、前任の胡錦濤時代とは異なる習近平時代が存在するといってよかろう。

(2) 優先的入党対象の職業集団

表2-3には、表2-2に基づき、習近平時代(二〇一三~二〇二二年)について、入党者が最少であった二〇一六年をそれぞれの終点、起点とした場合の減少期(二〇一三~二〇一六年)と増加期(二〇一六~二〇二二年)の年平均成長率を示した。ただし、いずれの数値も大まかな傾向を示すにとどまる。増加期については、二〇二〇年の統計の疎漏の多さと二〇二一年の極端な逸脱を考慮して、それ以前の二〇一六~二〇一九年の四年間に限った結果も記載した。I期(二〇一六~二〇一九年)とII期(二〇一六~二〇二二年、二〇二一年を除く)の両方を観察することで、増加期の特徴をより具体的に把握できるであろう。

表2-3からは、減少期には、入党者数が年平均で約七パーセントずつ減ったこと。増加のI期とII期では、それぞれ約七パーセントと約四パーセントの割合で増えたことが判明する(表2-3 入党者の総数、減少期マイナス七・四二パーセント、増加I期プラス七・〇四パーセント、増加II期プラス四・二二パーセント)。おそらく習近平政権の成立当初から、一期目は削減、二期目は増加の計画が立てられていたと思われる。

また、職業集団ごとの増減に着目すると、具体的な職種が不明な「その他の職業人員」[28]を除いて、減少期では、その割合が大きい順に、一位「学生」→二位「労働者」→三位「農牧漁民」→四位「企業、事業単位と社会組織の管理人員、専業技術人員」(主に、ホワイトカラーの管理職、専門職、技術職の人びと)→五位「党政機関工作人員」(党や国家機

表 2-3　全国における入党者の各職業集団の年平均成長率

	減少期（2013～2016 年）（減少幅の大きさ順位）	増加Ⅰ期（2016～2019 年）（増加幅の大きさ順位）	増加Ⅱ期（2016～2022 年）（増加幅の大きさ順位）
入党者の総数	−7.42%	+7.04%	+4.22%
労働者	−8.74%（第 2 位）	+2.45%（第 5 位）	+2.8%（第 3 位）
農牧漁民	−7.15%（第 3 位）	+7.53%（第 2 位）	+1.64%（第 5 位）
党政機関工作人員	−1.50%（第 5 位）	+7.46%（第 3 位）	+2.19%（第 4 位）
企業、事業単位と社会組織の管理人員、専業技術人員	−6.53%（第 4 位）	+11.18%（第 1 位）	+7.22%（第 1 位）
学生	−10.03%（第 1 位）	+7.00%（第 4 位）	+5.24%（第 2 位）
その他の職業人員	−2.25%	+0.44%	+0.15%

出典：表 2-2 に基づき、筆者作成。

関で働く非党員の者を指す）であった。

対して増加Ⅰ期は、一位「企業、事業単位と社会組織の管理人員、専業技術人員」→二位「農牧漁民」→三位「党政機関工作人員」→四位「学生」→五位「労働者」であった。ただし、二位の「農牧漁民」と三位「党政機関工作人員」は僅差である。

増加Ⅱ期では、一位「企業、事業単位と社会組織の管理人員、専業技術人員」→二位「学生」→三位「労働者」→四位「党政機関工作人員」→五位「農牧漁民」であった。「企業、事業単位と社会組織の管理人員、専業技術人員」と「学生」の上位二つの伸びが格段に大きく、他の三つの集団（労働者、農牧漁民、党政機関工作人員）の差は相対的に小さかった。

このように入党者全体の増減幅に対して、各職種の増減の割合は一律ではない。一般論として、この「減少幅が大きい／増加幅が小さい」ほど、当該職業人への共産党側の組織内包摂の意欲が低く、「減少幅が小さい／増加幅が大きい」ほど、意欲が高いことを示す。それは、限られた入党定員の配分をめぐり、政治的代表性と社会経済的有用性の観点から、どの職業集団を重んじるべきか、あるいは、どの集団を軽視し部分的に切り捨ててもよいかという、統治の現場を担う個々の党委員会による比較衡量の結果でもある。

表2-3によれば、「労働者」は、「学生」に次いで二番目の削減対象であったにもかかわらず、入党者の増加状況をみると、増加Ⅰ期は五位でもっとも低調であった（表2-3減少期マイナス八・七四パーセント、増加Ⅰ期プラス二・四五パーセント）。増加Ⅱ期の場合、順位は第三位に上がったが、なお増加のペースは減少のそれに追い付いていない（増加Ⅱ期プラス二・八パーセント）。こうしてみると「労働者」は、労働者階級の前衛を自称する共産党の組織から、明らかに疎外された状態にある。

削減幅の小ささと増加幅の大きさからみて、「党政機関工作人員」は、入党対象の選定において優越的な地位を占めている（表2-3減少期マイナス一・五パーセント、増加Ⅰ期プラス七・四六パーセント、増加Ⅱ期プラス二・一九パーセント）。増加のペースが減少のそれを上回っている。

同じく「企業、事業単位と社会組織の管理人員、専業技術人員」も、減少幅に対して増加幅が大きい。増加幅の大きさの順位は、増加Ⅰ期、Ⅱ期いずれも一位で、数値もほかに比べてひときわ高い（表2-3減少期マイナス六・五三パーセント、増加Ⅰ期プラス一一・一八パーセント、増加Ⅱ期プラス七・二二パーセント）。

他集団と比べると、「農牧漁民」と「学生」は、減少と増加の振幅がいずれも大きい。例えば農牧漁民の場合、減少期の四年間で約七パーセントの割合で減り、続く増加Ⅰ期の四年間でほぼ同じペースで増え、V字回復を果たしている（表2-3減少期マイナス七・一五パーセント、増加Ⅰ期プラス七・五三パーセント）。こうした増減のありかたは、入党者の認定と量的確保において、数合わせ要員的な性質を示唆する。企業の採用活動に喩えると、不況時には大量馘首の対象となりやすいが、好況時にも一定数の人手の確保が必要とされる単純、非正規労働者の人びとを想い起こさせる。

以上を総合すると、習近平時代の党員リクルートでは、もともと支配体制の内部に属する「党政機関工作人員」を、党組織の中核的人材と位置づけて入党を働きかけ、ほかに「企業、事業単位と社会組織の管理人員、専業技術人員」

図2-1　全国の入党者の職業構成の変化（2008〜2022年、ただし2010〜2012年と2020年を除く、単位：%）

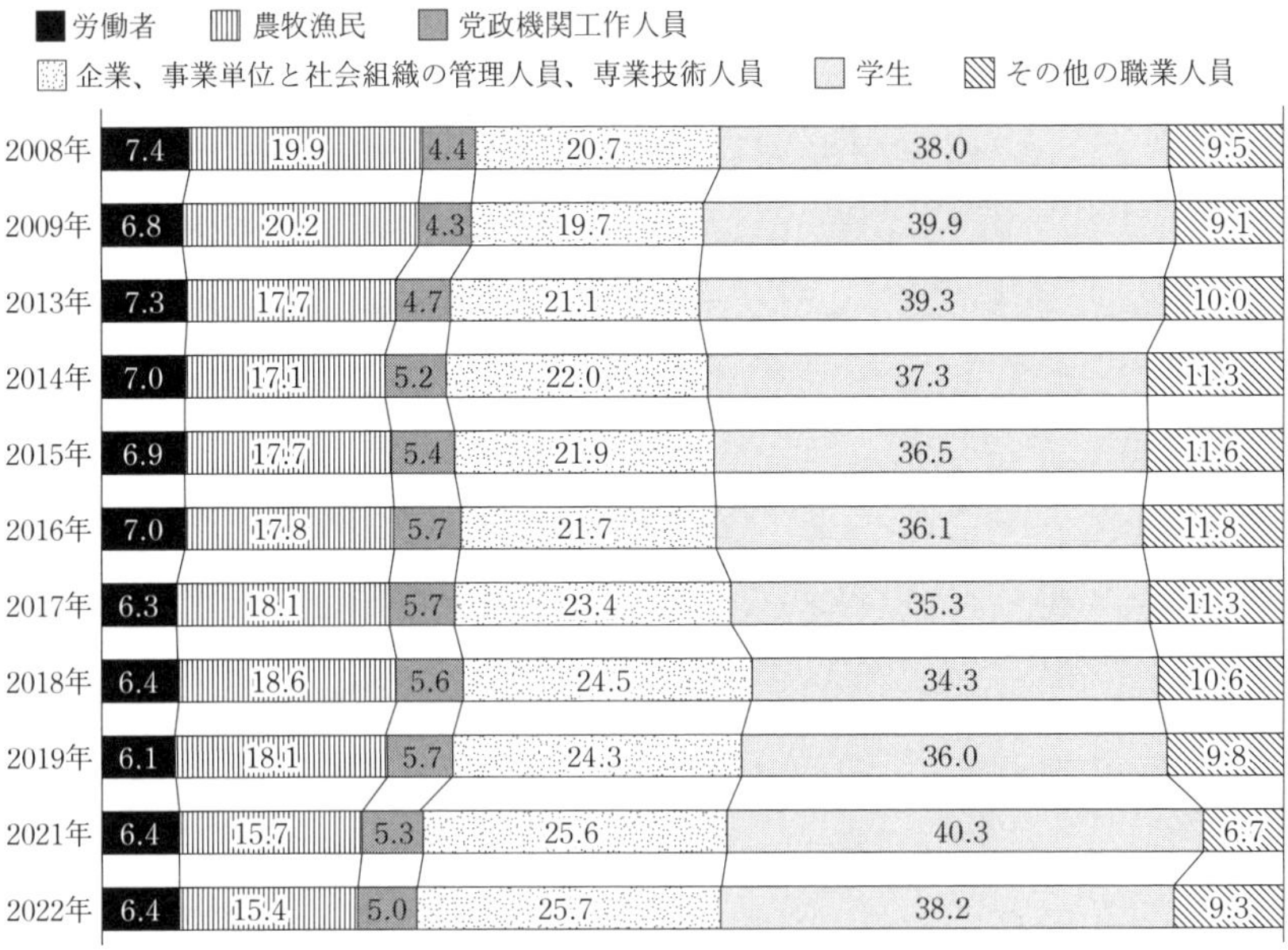

出典：表2-2に基づき、筆者作成。

を優先的な入党対象としている。一方、社会主義イデオロギーへの忠誠を強調する習近平の呼びかけとは裏腹に、中国共産党は「労働者」の入党にきわめて冷淡であり、「農牧漁民」への対応も総じて粗略である。

（3）入党者の職業構成の変化

図2-1には、二〇〇八年から二〇二二年までの各年の入党者について、その職業構成の百分比を掲げた。この表からは、胡錦濤時代から習近平時代までの長期的な変化の趨勢が確認できる。ただし、習近平時代の二〇二〇年の関連数値が不明なため、やはり大まかな傾向抽出にとどまる。

一つめの特徴として、習近平時代の二〇一三年以降、入党者全体に占める「労働者」の比率は、基本的に減少傾向にある。二〇一六年まで七パーセント前後を維持していたが、二〇一九年には六・一パーセントまで低下した。二〇二一年以降は微増し、六・四パーセントを維持している。

二つめに、「農牧漁民」の割合は、二〇一三年から二〇一九年まで一七〜一八パーセントの範囲を維持していた。だが二〇二一年以降大幅に低下し、一五パーセント台となった。入党者の二割前後を占めていた胡錦濤時代の水準からすると、五ポイント近くも下がった。二〇二一年以降の「労働者」の増加を考慮すると、二〇二一〜二〇二二年では、「労働者」と「農牧漁民」の間には、一方の入党者が増えれば他方のそれが減るという互換的関係がみてとれる。

三つめに、習近平時代を通じて、「党政機関工作人員」と「企業、事業単位と社会組織の管理人員、専業技術人員」は、いくどかの微減を経ながらも、両者の割合は全体的に増加傾向にある。胡錦濤時代の二〇〇八〜二〇〇九年と比べると、この二つの集団の割合は増えており、入党活動の優先対象となっている。

四つめに、したがって、「労働者」と「農牧漁民」の合計比率と、「党政機関工作人員」と「企業、事業単位と社会組織の管理人員、専業技術人員」のそれを比べた場合、二〇一三年を境に、後者が前者を上回る状況が現れている。しかも、その差は拡大している。二〇二二年には、両グループの差は八・九ポイントまで開いた（図2-1 二〇二二年、労働者と農牧漁民の合計比率二一・八パーセント、党政機関工作人員と企業、事業単位と社会組織の管理人員、専業技術人員の合計比率三〇・七パーセント）。

五つめに、胡錦濤時代に比べて減少傾向にあった「学生」は、習近平政権の二期目途中の二〇一九年頃から増加に転じている。これは、党員集団の高齢化対策とみられる。中国社会全体と党内の双方における高齢化の進展を考慮すれば、若年層の入党奨励は、今後も中長期的に維持される見込みである（後述）。

以上の状況を総合すると、少なくとも党員リクルートの成果については、習近平よりも胡錦濤のほうが、「労働者」と「農牧漁民」を主体とする組織原則に忠実であった。「共同富裕」の政権スローガンを掲げる習近平に比べて、「調和のとれた社会」を呼びかけた胡錦濤のほうが、若者や社会経済的劣位にある人びとへの入党に配慮していたといえよう。

三　党員集団の組織構成の変化とその趨勢

（1）在籍党員の総数と各職業集団の伸び率

表2-4には、二〇〇八年から二〇二二年までの在籍党員の総数と、その職業ごとの内訳を示した。また、同じ表に基づき、胡錦濤時代（二〇〇八〜二〇一二年）と習近平時代（二〇一三〜二〇二二年）の在籍党員の年平均成長率、及び、「その他の職業人員」の項目を除く各職業集団の伸び率の順位を記したものが、表2-5である。この二つの表からは、在籍する党員集団の特徴として、次の五点が挙げられる。

第一に、胡錦濤と習近平の両時期を通じ、共産党の党員数は一貫して増加した。この結果、胡錦濤から習近平に政権交代した二〇一二年末の時点で、総人口に対する党員割合は六・三パーセントであったが、習近平の第二期政権が終わった二〇二二年年末には、六・九パーセントに上昇した[29]。中国社会全体では、二〇二二年から人口減少の段階に移行したが、すぐ後で述べるように、党員比率は今後も逓増し続けるであろう。

第二に、しかし、前節でみた二〇一三〜二〇一六年の入党者の減少の結果、習近平時代には、党員数の伸びが大きく抑制された。胡錦濤時代の最終年の二〇一二年には、在籍党員の総数は、前年比でプラス三・〇六パーセントを記録したが、二〇一七年の同じ数字はプラス〇・一三パーセントまで落ち込んだ。二〇二二年はプラス一・三七パーセントで、依然として二〇一二年の半分に満たない[30]。

また、表2-5に眼を転じると、表2-3と同様、二〇二〇年と二〇二一年の統計的不備にかんがみ、習近平時代を、Ⅲ期（二〇一三〜二〇一九年）とⅣ期（二〇一三〜二〇二二年、二〇二一年を除く）に分けている。それによれば、習近

表 2-4　全国の在籍党員の総数と職業別内訳

（単位：万人）

	胡錦濤時代					習近平時代									
	2008 年	2009 年	2010 年	2011 年	2012 年	2013 年	2014 年	2015 年	2016 年	2017 年	2018 年	2019 年	2020 年	2021 年	2022 年
在籍党員の総数	7593.1	7799.5	8026.9	8260.2	8512.7	8668.6	8779.3	8875.8	8944.7	8956.4	9059.4	9191.4	9327.8	9671.2	9804.1
（前年比）	…	+2.72%	+2.92%	+2.91%	+3.06%	+1.83%	+1.28%	+1.10%	+0.78%	+0.13%	+1.15%	+1.46%	+1.48%	+3.68%	+1.37%
労働者	733.6	693.7	698.9	704.7	725.0	734.3	734.2	724.4	709.2	664.8	651.4	644.5	‥	659.4	664.9
（前年比）	…	−5.44%	+0.75%	+0.83%	+2.88%	+1.28%	−0.01%	−1.33%	−2.10%	−6.26%	−2.02%	−1.06%	…	…	+0.83%
農牧漁民	2361.2	2402.0	2442.7	2483.4	2534.8	2570.3	2593.7	2602.5	2596.0	2549.9	2544.3	2556.1	‥	2592.3	2603.2
（前年比）	…	+1.73%	+1.69%	+1.67%	+2.07%	+1.40%	+0.91%	+0.34%	−0.25%	−1.78%	−0.22%	+0.46%	…	…	+0.42%
党政機関工作人員	620.8	659.6	681.2	699.9	715.7	730.3	739.7	748.5	756.2	754.2	756.4	767.8	‥	780.5	778.4
（前年比）	…	+6.25%	+3.27%	+2.75%	+2.26%	+2.04%	+1.29%	+1.19%	+1.03%	−0.26%	+0.29%	+1.51%	…	…	−0.27%
企業、事業単位と社会組織の管理人員、専業技術人員	1687.6	1772.5	1841.3	1925.0	2019.6	2096.8	2154.8	2205.9	2255.1	2304.2	2380.7	2450.7	‥	2643.5	2716.3
（前年比）	…	+5.03%	+3.88%	+4.55%	+4.91%	+3.82%	+2.77%	+2.37%	+2.23%	+2.18%	+3.32%	+2.94%	…	…	+2.75%
学生	201.4	226.9	253.9	277.8	290.5	260.4	224.7	203.4	187.0	178.8	180.5	196.0	‥	305.2	290.1
（前年比）	…	+12.66%	+11.90%	+9.41%	+4.57%	−10.36%	−13.71%	−9.48%	−8.06%	−4.39%	+0.95%	+8.59%	…	…	−4.95%
離職、退職人員	1428.2	1452.5	1485.2	1518.2	1553.8	1589.1	1621.6	1658.1	1692.7	1754.0	1814.8	1866.1	‥	1942.1	1986.7
（前年比）	…	+1.70%	+2.25%	+2.22%	+2.34%	+2.27%	+2.05%	+2.25%	+2.09%	+3.62%	+3.47%	+2.83%	…	…	+2.30%
その他の職業人員	560.1	592.3	623.6	651.3	673.3	687.4	710.5	733.0	748.5	750.4	731.4	710.4	‥	748.2	764.5
（前年比）	…	+5.75%	+5.28%	+4.44%	+3.38%	+2.09%	+3.36%	+3.17%	+2.11%	+0.25%	−2.53%	−2.87%	…	…	+2.18%

註：出典の中国語資料のうち、2012 年は「企事業単位管理人員、専業技術人員」を、2013 年は「企業専業技術人員」、「企業管理人員」、「事業単位、民弁非企業単位管理人員、同専業技術人員」の 3 つを、2014～2017 年は「企事業単位、民弁非企業単位専業技術人員」と「企事業単位、民弁非企業単位管理人員」の 2 つを、2018 年以降は「企事業単位、社会組織管理人員」と「企事業単位、社会組織専業技術人員」の 2 つを、それぞれ合算した数字。表中、「‥」は未発表、「…」は不詳。

出典：以下の資料を総合的に利用して、筆者作成。

鈴木隆『中国共産党の支配と権力――党と新興の社会経済エリート』慶應義塾大学出版会、2012 年、184 頁、表 3-1 の当該年度の中国語資料。鈴木隆「習近平時代における中国共産党の党員リクルート政策――労働者の疎外と労農同盟喪失の組織実態」『国際問題』第 673 号、2018 年 7 月、18 頁、第 1 表の中国語資料。鈴木隆「中国共産党、『労働者』と訣別する前衛――習近平時代の党員リクルートと党員集団」『問題と研究（日本語版）』第 50 巻第 3 号、14 頁、表 2 の中国語資料。中共中央組織部「中国共産党党内統計公報」『人民日報』2022 年 6 月 30 日。中共中央組織部「中国共産党党内統計公報」、同 2023 年 7 月 1 日。

表2-5　全国における在籍党員の各職業集団の年平均成長率

	胡錦濤時代（2008～2012年）（増加幅の大きさ順位）	習近平時代Ⅲ期（2013～2019年）（増加幅の大きさ順位）	習近平時代Ⅳ期（2013～2022年）（増加幅の大きさ順位）
在籍党員の総数	＋2.90％	＋0.98％	＋1.38％
労働者	－0.29％（第6位）	－2.15％（第5位）	－1.10％（第6位）
農牧漁民	＋1.79％（第5位）	－0.09％（第4位）	＋0.14％（第5位）
党政機関工作人員	＋3.62％（第3位）	＋0.84％（第3位）	＋0.71％（第4位）
企業、事業単位と社会組織の管理人員、専業技術人員	＋4.59％（第2位）	＋2.63％（第2位）	＋2.92％（第1位）
学生	＋9.59％（第1位）	－4.62％（第6位）	＋1.21％（第3位）
離職、退職人員	＋2.13％（第4位）	＋2.71％（第1位）	＋2.51％（第2位）
その他の職業人員	＋4.71％	＋0.55％	＋1.19％

出典：表2-4に基づき、筆者作成。

平時代の党員総数の年平均成長率は、胡錦濤時代の半分以下のプラス一パーセント前後に低下した（表2-5　胡錦濤時代プラス二・九パーセント、習近平時代Ⅲ期プラス〇・九八パーセント、同Ⅳ期プラス一・三八パーセント）。

第三に、胡錦濤時代、「学生」は毎年約一〇パーセントの割合で増え続けていたが、習近平時代のⅢ期には逆に、約五パーセントずつ減り続けた。むろんこの原因は、「学生」の入党者が減少したためである（表2-5　胡錦濤時代プラス九・五九パーセント、習近平時代Ⅲ期マイナス四・六二パーセント）。ただし、二〇二一年の大量入党の結果、Ⅳ期でみるとかろうじて一パーセント台の伸びを回復した（表2-5　Ⅳ期プラス一・二一パーセント）。この結果、習近平時代のⅢ期には最下位の六位まで落ちた伸び率の順位が、Ⅳ期では三位まで回復した。それでも断然トップであった胡錦濤時代に比べると見劣りの感は否めない。

一方、習近平時代にも、むろん毎年一定数の定年退職者が発生する。習近平時代のⅢ期では、すべての現役の就業者で、胡錦濤時代よりも伸び率が低下したにもかかわらず、「離職、退職人員」だけは唯一、胡錦濤時代に比べて年平均成長率が上昇し、しかも、他のいずれの職種よりもその値が高かった（表2-5　胡錦濤時代プラス二・一三パーセント、習近平時代Ⅲ期プラス二・七一パーセント）。Ⅳ期では、プラス二・五一パーセントと微減したものの、伸び率の順位は二位を維持している。したがって、「離職、退職人員」の増加ペースに見合う形で、「学生」など若者の入党が推進されなければ、党組織の高齢化が急速に進む可能性が高い。すぐ後でみるように、その兆候はすでに現れている。

第四に、既述のとおり習近平時代には、「党政機関工作人員」と「企業、事業単位と社会組織の管理人員、専業技術人員」が、党員リクルートの優先対象であった。結果として、この二つのグループは、在籍党員の人数でも、胡錦濤時代よりも増加の速度は落ちたものの、依然として高い伸びを維持している。とくに「企業、事業単位と社会組織の管理人員、専業技術人員」は、伸び率のランキングで、胡錦濤時代の二位から、習近平時代のⅣ期には首位に立った（表2-5　Ⅳ期プラス二・九二パーセント）。「企業、事業単位と社会組織の管理人員、専業技術人員」と「離職、退職人員」は、ともに二パーセント台後半の伸びであり、他集団を大きく引き離している。

第五に、胡錦濤時代と習近平時代のⅣ期を比べると、「労働者」と「農牧漁民」の増加幅の大きさの順位は、それぞれ六位と五位で変わらなかった。しかし、いずれの伸び率も胡錦濤時代に比べて、習近平時代には低下した（表2-5　労働者、胡錦濤時代六位、マイナス〇・二九パーセント→習近平時代Ⅳ期、六位、マイナス一・一〇パーセント。農牧漁民、胡錦濤時代五位、プラス一・七九パーセント→習近平時代Ⅳ期、五位、プラス〇・一四パーセント）。

（2）党員集団の高齢化とジェンダー・ギャップ

これまでの叙述に示唆されるとおり、現在、中国共産党の内部では高齢化が進行している。図2-2には、公表されている比較可能な数値を整理して、二〇一四年から二〇二二年まで（二〇二〇年を除く）の党員集団の年齢別の内訳を示した。これによれば職業別の「離職、退職人員」と異なり、個人の就職状況のいかんにかかわらず、年齢構成

図2-2　全国の在籍党員の年齢構成の変化（2014～2022年、2020年を除く）

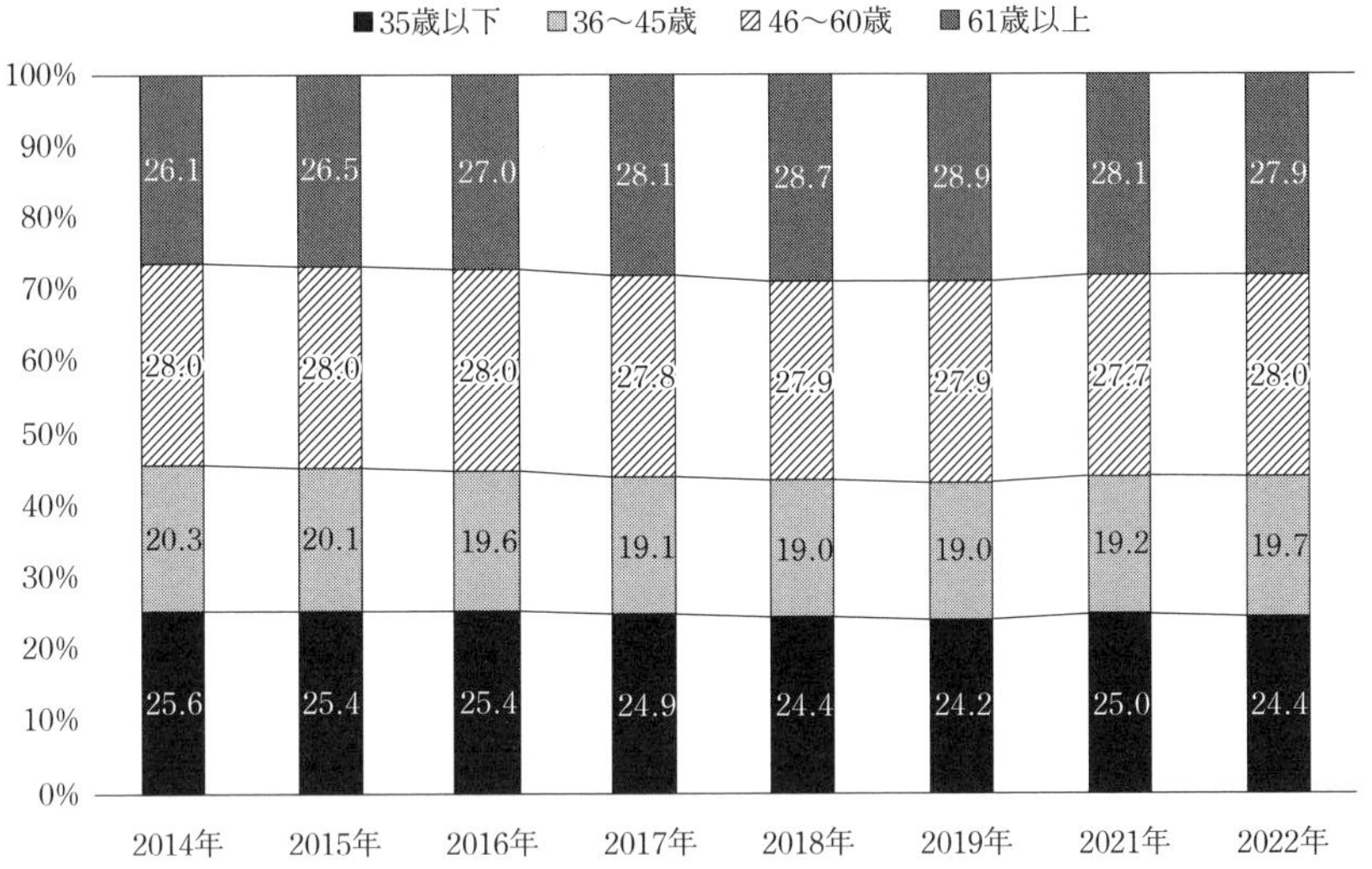

出典：以下の資料に基づき、筆者作成。
中共中央組織部「2015中国共産党党内統計公報」『人民日報』2016年7月1日。中共中央組織部「2016中国共産党党内統計公報」、同2017年7月3日。中共中央組織部「2017中国共産党党内統計公報」、同2018年7月1日。中共中央組織部「2018年中国共産党党内統計公報」、同2019年7月1日。中共中央組織部「2019年中国共産党党内統計公報」、同2020年7月1日。中共中央組織部「中国共産党党内統計公報」、同2022年6月30日。中共中央組織部「中国共産党党内統計公報」、同2023年7月1日。

の変化が把握できる。

　図2-2によれば、二〇二二年末時点で、共産党員全体のうち約二八パーセント、およそ三割が六一歳以上の者で占められている。二〇一四年から一・八ポイント増加した。二〇一九年時点では最大二・八ポイントも増え、党員集団の高齢化が顕著である。二〇二一年の大量入党の結果、六一歳以上の割合は微減したが、三五歳以下の減少傾向はなお十分に解消されていない。中国社会と同様、共産党も組織の高齢化の危機に直面している。

　中国社会全体をみれば、総人口に占める六五歳以上の者の比率（高齢化率）は、二〇二二年末時点で一四・九パーセント、国連の定義でいう「高齢社会」（高齢化率一四％以上）の段階に突入している。[31] 一方、党員統計の場合、図2-2の年齢別では、六一歳以上の者のうち、六五歳以上の人数は不詳である。職業別の「離職、退職人員」についても、中国の法定退職年齢は男性六〇歳、女性五〇歳または五五歳（二〇二四年十月現在）であり、いずれの統計項目でも党員集団の高齢化率、すなわち、六五歳以上の正確な人数や割合はわからない。

ただし、数少ない手がかりとして、習近平時代の二〇一五年と二〇一六年の二ヵ年だけ、六六歳以上の人数と、党員集団全体に対するその割合が計算できる。(32) これによれば、二〇一五年の該当年齢層の党員は一五八六万五〇〇〇人で、その比率は一七・九パーセントであった。二〇一六年は一六三三万八〇〇〇人、一八・三パーセントである。この数字だけみれば、共産党の内部では、実社会よりもさらに高い水準で「高齢社会」が実現している。

中国における既存の政治体制のもとでは、党員メンバーシップの獲得は、一般市民にとってもっとも基本的で枢要な利益表出のルートである。この点、高齢党員は、党内で過剰な政治的代表性を有しているのかもしれない。いわば「中国の特色あるシルバーデモクラシー」の問題である。

また前述のとおり、二〇二一年の「学生」の入党者数は、二〇一九年と比べて倍増以上であった（表2-2 学生、二〇一九年八四万四〇〇〇人→二〇二一年一七六万五〇〇〇人）。これは、党員集団の高齢化に一定の歯止めをかけようとする指導部の意志の表れと推察される。一般に、企業の社員と違って、政党の党員には定年がない。それゆえ、党組織の高齢化の進展と若年層の党組織からの離反を防ぐには、長寿命化によって高まり続ける高齢党員の割合を相殺する程度にまで、「学生」ら若者の大量入党を長期的に続けていくことくらいしか、いまのところ有効な手立てがみつからないのである。

しかしこの対応も、いずれは政治的に行き詰まる。中国社会全体が今後急速な人口減少に向かうなか、共産党員だけが増えて組織が膨張を続け、総人口に対する党員比率も上昇し続けるのであれば、党員資格の政治的希少性の価値が失われ、非党員の社会経済エリートにとってその政治的魅力はいっそう低下する。同時に、少数の政治エリートからなる「前衛」という共産党のイデオロギー的正統性にも疑問符がつく。この矛盾を制度的に解決する有力な方策は、

表2-6　全国の在籍党員のジェンダー構成（2013～2022年、2020年を除く）

（単位：万人）

	2013年	2014年	2015年	2016年	2017年	2018年	2019年	2021年	2022年	年平均成長率
党員総数	8668.6	8779.3	8875.8	8944.7	8956.4	9059.4	9191.4	9671.2	9804.1	+1.38%
女性党員	2109.0	2167.2	2227.8	2298.2	2388.8	2466.5	2559.9	2843.1	2930.2	+3.72%
党員総数に占める割合	24.3%	24.7%	25.1%	25.7%	26.7%	27.2%	27.9%	29.4%	29.9%	
男性党員	6559.6	6612.1	6648.0	6646.5	6567.6	6592.9	6631.5	6828.1	6873.9	+0.52%
党員総数に占める割合	75.7%	75.3%	74.9%	74.3%	73.3%	72.8%	72.1%	70.6%	70.1%	

出典：図2-2の出典と同じ。

年齢制限による党組織からの退出メカニズムの整備、すなわち、党員の定年制の採用である。だが、最高指導者の定年慣行を無視した当の習近平が、他のすべての党員にそれを押しつけるとなれば、さすがに厚顔無恥といわれても仕方あるまい。

本項の最後に、在籍党員のジェンダー構成についても簡単に言及する。表2-6のとおり、二〇二二年末時点で、女性党員は約三割を占めている。二〇一三年以降、五・六ポイントも増加した（表2-6 二〇一三年二四・三パーセント→二〇二二年二九・九パーセント）。女性党員の割合は年々増えており、男性党員に比べて増加幅も大きい（表2-6 年平均成長率、男性プラス〇・五二パーセント、女性プラス三・七二パーセント）。入党に際し、共産党は、男性よりも女性を優遇している。ただし、男性党員は依然、全体の七割を占め、男性の量的優位が続いている。二〇二二年の総人口に占める男性と女性の割合は、それぞれ五一・一五パーセント、四八・八五パーセントであった[33]。人口の男女比に対し、女性党員の過少代表という長年の構造的課題に変化はない。

男女の増加ペースについて、現在の趨勢が続くと仮定した場合、計算上、男女同数が実現するのは二〇四九～二〇五〇年である。二〇四九年の推計は、女性党員七八五五万七〇〇〇人、男性党員七九〇七万二〇〇〇人である。二〇五〇年ではそれぞれ、八一四七万九〇〇〇人、七九四八万三〇〇〇人で、この年に女性の党員数が男性のそれを上回る。このときの党員総数は約一億六〇〇〇万人で、二〇五〇年の総人口の一二パーセント以上にも達する。[34]「中華民族の偉大な復興」の達成期限とされる二一世紀半ばには、こうした予測もありうる。

(3) 在籍党員の職業構成の変化

党員集団の職業構成の問題に戻りたい。図2-3は、在籍党員の各職種の割合について、二〇〇八～二〇二二年(二〇二〇年を除く)の時系列的変化をまとめたものである。前出の図2-1と異なり、図2-3は、ストック的観点に基づき、これまでに党内に蓄積された職業構成上の人的資源のありようを示している。これによれば、胡錦濤時代(二〇〇八～二〇一二年)から習近平時代(二〇一三～二〇二二年)に至る党勢発展の全体的なトレンドは、次のように概括できる。

第一に、胡錦濤と習近平の両時代を通じて、「労働者」と「農牧漁民」がともに減り続ける一方、「企業、事業単位と社会組織の管理人員、専業技術人員」は、一貫して増え続けている。同じく「離職、退職人員」も増加している。

第二に、党創設百周年の二〇二一年以降、「農牧漁民」を抜いて、「企業、事業単位と社会組織の管理人員、専業技術人員」が、党内で最多の職業集団となった[35](図2-3 二〇二一年、農牧漁民二六・八パーセント、企業、事業単位と社会組織の管理人員、専業技術人員二七・三パーセント)。

第三に、すべての党員のうち、「労働者」はもはや七パーセントに満たない。平均的な党組織のなかで「労働者」に出会うのは困難である。「農牧漁民」については、中国の国家統計局が定める「国民経済職業分類」の第一次産業(農業、林業、牧畜業、漁業)の就労者と重なり合う部分が多いとみられる。二〇二二年の一次産業の就労者の割合は二四・一パーセントで、農牧漁民の党員比率二六・六パーセントと比較的近い。[36]それゆえ、戸籍制度に代表されるさまざまな制度的不平等により、都市部の就業者に比べて、社会経済的劣位に置かれやすい農業、漁業従事者にとって、

図2-3　全国の在籍党員の職業構成の変化（2008〜2022年、2020年を除く、単位：%）

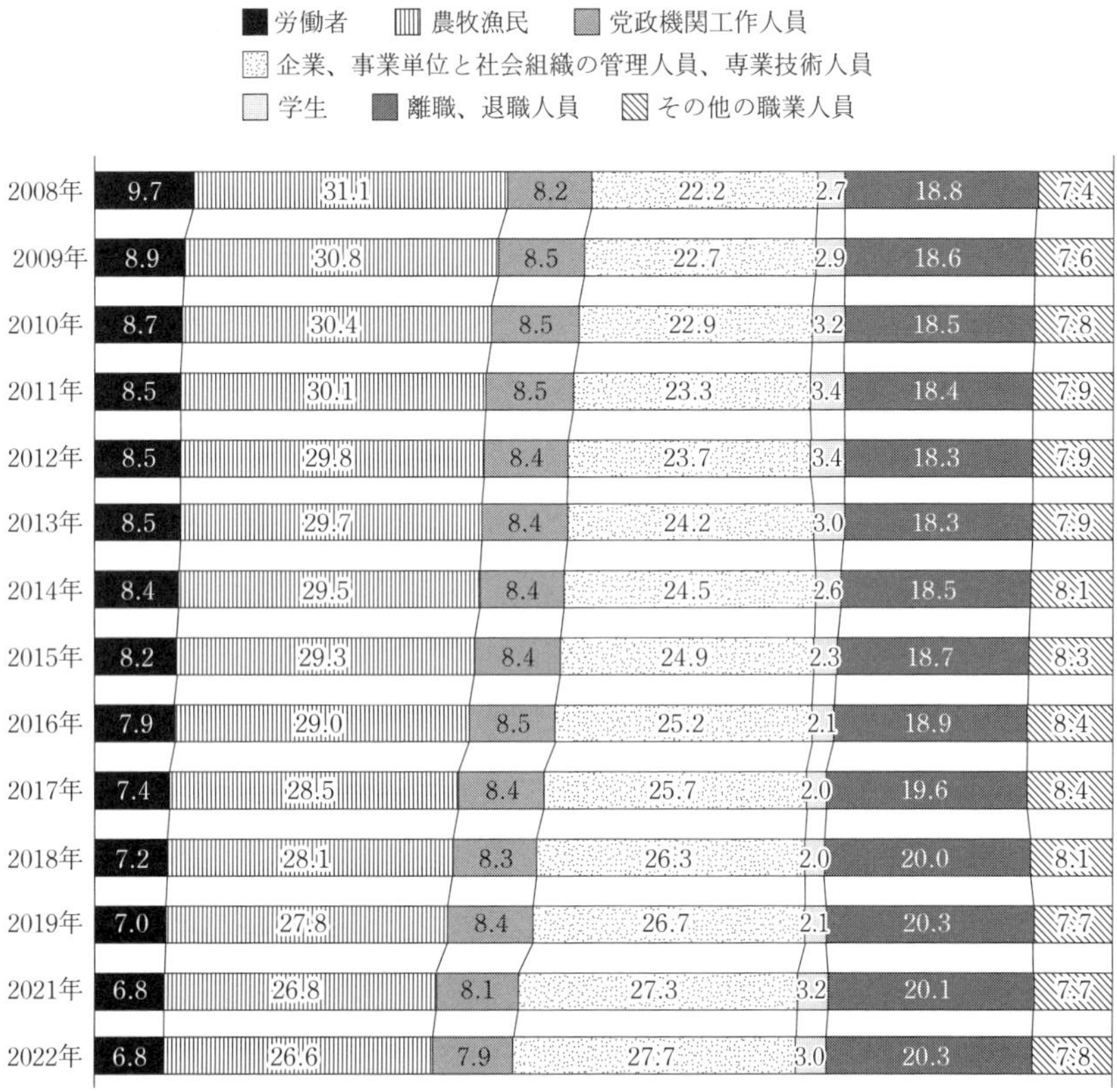

出典：表2-4に基づき、筆者作成。

党員資格を通じた政治的発言権のチャンスは、主として、習近平時代より前に形成された経路依存的な人的資源の蓄積によって、実社会と同程度の水準で今日なおかろうじて担保されている。

以上の結果、図2-4にみられるとおり、在籍党員全体のなかでは、すでに二〇一九年には、「党政機関工作人員」と「企業、事業単位と社会組織の管理人員、専業技術人員」の就労者の合計が、「労働者」と「農牧漁民」のグループを上回っている。

さらに、前述のとおり、最多の職業集団についても、二〇二一年には、結党以来長きにわたって最大勢力を誇ってきた「農牧漁民」に代わり、「企業、事業単位と社

図2-4　党内における「労農同盟」の衰退と最多職業集団の交代（2008〜2022年、2020年を除く）

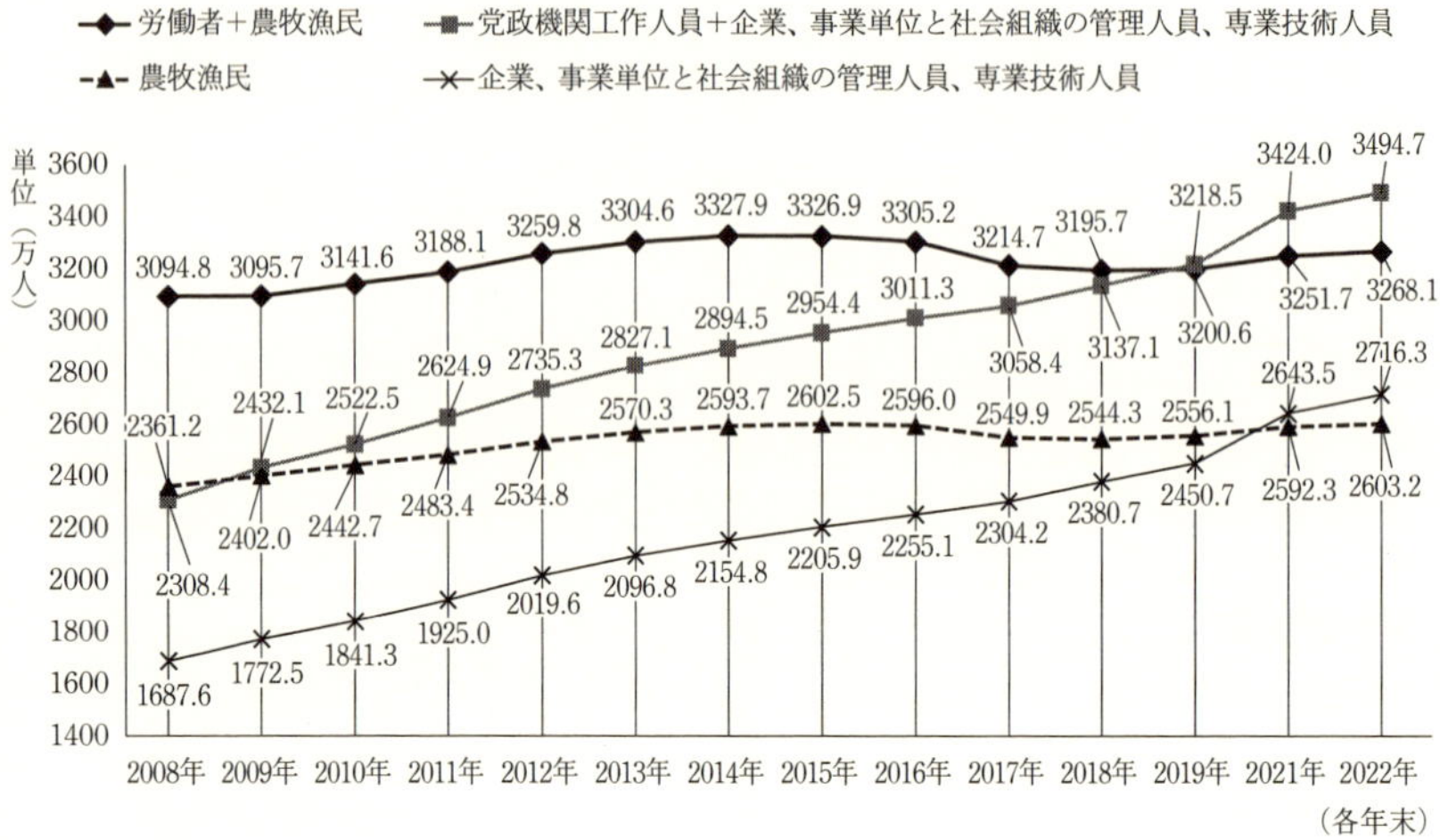

出典：表2-4に基づき、筆者作成。

会組織の管理人員、専業技術人員」が首位に立った。しかも、逆転後の差は拡大傾向にある（図2-3 企業、事業単位と社会組織の管理人員、専業技術人員と農牧漁民の差、二〇二一年〇・五ポイント、二〇二二年一・一ポイント）。政党組織論の観点からみると、今日の中国共産党はホワイトカラー中心、とくに管理職、専門職、技術職の人びとを主体とする大衆政党であり、「労働者」と「農牧漁民」は周縁的地位に追いやられている。

またこれに関連して、前節で説明したように、共産党は二〇一三年以降、「企業、事業単位と社会組織の管理人員、専業技術人員」にかかわる党内統計の分類方法を繰り返し変更してきた。もともとは、「企業、事業単位の管理人員、専業技術人員」の単独項目であったものを、所属先や職位ごとに細分化して表記するやり方に改めた。

この狙いはおそらく、ホワイトカラーの管理職、専門職、技術職の党員たちを、複数項目に分けて記載することで、「労働者」や「農牧漁民」の党員の相対的な少なさを糊塗しようとする点にある。そこには、イデオロギー的正統性に背馳することへの後ろめたさ、ならびに、そうした事実のイデ

オロギー的暴露が政治問題化することへの懸念がみてとれよう。(37)

おわりに――「二重の裏切り」と中国における共産党の名存実亡

以上において筆者は、中国共産党が発表する公式統計に拠りながら、党員の職業構成、年齢、ジェンダー等に着目して、習近平時代の党員リクルート政策の動向や、支配政党の人的資源の状況と変化の様相を分析した。党内統計に関する数値や図表の紹介が多かった本文の叙述に対し、以下では分析結果の要点のみを簡潔に振り返ったのちに、これまでの議論を敷衍して、政治集団としての中国共産党の組織的性格とイデオロギー的立ち位置、ならびに、習近平の指導者評価について若干の考察を加える。

第一に、二〇一二年に習近平が党総書記に就任して以来、前任の胡錦濤時代とは異なる党員リクルート政策の展開がみられた。入党者は二〇一三年から二〇一六年まで大幅に減少し、二〇一七年からは増加傾向に変わった。ただし胡錦濤時代に比べると、習近平時代は、全体的に入党抑制の姿勢が顕著であった。

第二に、入党活動の優先対象として、習近平時代には、「企業、事業単位と社会組織の管理人員、専業技術人員」の人びとが格別の厚遇を受けている。一方、「労働者」は、組織的に排斥されているといっても過言ではない。「農牧漁民」と「学生」の入党は数合わせの性格が強いが、最近では党員集団の高齢化対策として、「学生」の入党奨励の機運が高まっている。

第三に、在籍党員の状況をみると、二〇二二年末時点の党員総数は約九八〇四万一〇〇〇人で、総人口に占める党員の割合は六・九パーセントである。胡錦濤時代に比べて党員総数の増加スピードにはブレーキがかけられたが、総人口に対する党員比率は着実に上昇している。

第四に、在籍党員の年齢とジェンダーについては、党員集団の高齢化、ならびに、男性党員に対する女性党員の量的不平等という構造的課題が指摘できる。党内の高齢化の進展により、党員資格に基づく高齢者の政治的影響力の増大や、青年党員の存在感低下による組織の硬直化の危機に直面している。党組織からの若者離れを防ぐため、若年層の入党促進は今後も続けられる見込みである。しかし、党員資格に定年の制限を設けず、若者の大量入党が続く場合、長期的には前衛党のイデオロギー的正統性が損なわれる可能性が高い。

第五に、胡錦濤と習近平の両時代を通じて、党員集団に占める「労働者」と「農牧漁民」の割合は減少し、逆に「企業、事業単位と社会組織の管理人員、専業技術人員」は増加している。今日、在籍党員のなかで、「党政機関工作人員」と「企業、事業単位と社会組織の管理人員、専業技術人員」の就労者の合計が、「労働者」と「農牧漁民」のグループを上回っている。最多の職業集団についても、二〇二一年に、「企業、事業単位と社会組織の管理人員、専業技術人員」が、革命時代以来、長きにわたって最大勢力であった「農牧漁民」に取って代わった。換言すれば、二〇二一年の党創立百周年の記念すべき年に、中国共産党は、労農同盟の組織実態と、これに基づく階級政党としての本来の政治的アイデンティティ、イデオロギー的正統性を実質的に喪失した。これが、毛沢東主義への思想的共鳴を部分的に露わにし、「第二の毛沢東」の呼び声も高い習近平による共産党の組織構築の歴史的成果である[38]。

以上を総じていえば、習近平指導部の党勢発展の現在と未来には、「二重の裏切り」が指摘できる。一つは、党員の職業集団からみた階級政党の裏切りであり、いま一つは、老いて減っていく社会と、党の若返りのため増え続ける党員という対照のもとでの前衛党の裏切りである。

また、こうした分析結果からは、今日の中国共産党の組織的、イデオロギー的実体と、習近平の指導者像について、次の二点が指摘できる。

一つめに、現行の中国共産党規約は、①該党が「中国労働者階級の前衛部隊であると同時に、中国人民と中華民族の前衛部隊」であること（綱領）、②「満一八歳以上の中国の労働者、農民、軍人、知識人とその他の社会階層の先進分子〔二〇〇二年の党規約改正で挿入された「三つの代表」論で入党が認められるようになった、私営企業家などの新興の社会経済エリートを指す〕」が入党可能なこと（第一条）、③党員は、「中国労働者階級の共産主義の自覚をもった前衛戦士である」ことを表明している（第二条）[39]。憲法の第一条も、「中華人民共和国は、労働者階級が指導し、労農同盟を基礎とする人民民主独裁の社会主義国家である」ことを謳っている[40]。

しかし、結党百周年を迎えた今日の中国共産党は、「中国人民と中華民族」の団体でこそあれ、「労働者階級」や「労農同盟」云々の言葉は、すでに名誉称号的な意味合いしかもっていない。毛沢東時代以来、農民主体の党員集団を基礎として、党内に擬制的に存在した労農同盟的組織基盤も、凋落の一途をたどっている。それゆえ階級政党の本義からみて、現存する中国共産党――中国共産党の英語名称は The Communist Party of China ――を、「中国における共産党 Communist Party in China」と同定するのはもはや困難である。

一方、中国共産党の創立より遅れることほぼ一年後の一九二二年七月に誕生した日本共産党（Japanese Communist Party）の場合、現行の党規約で、「日本共産党は、日本の労働者階級の党であると同時に、日本国民の党であり、民主主義、独立、平和、国民生活の向上、そして日本の進歩的未来のために努力しようとするすべての人びとにその門戸を開いている」（第二条）、「十八歳以上の日本国民で、党の綱領と規約を認める人は党員となることができる」（第四条）と規定している。すなわち、党の組織構成における階級成分や職業集団へのこだわりを、名実ともにすでに放棄している[41]。中国共産党も将来的には、組織の実態に合わせて、同じく百年政党である日本共産党と同様の仕方で、党規約の改正を行う可能性もあろう。

二つめに、政党組織論の観点に立つ限り、習近平はごく一般的な、国家主義を奉じる政権党のリーダーにほかならない。実際、二〇一二年の総書記就任以来、個人集権を通じて習近平が手中に収めた権限の大きさや、折にふれて示されてきた実行力の高さ（大規模な反腐敗キャンペーンの推進、党、政府、軍の大胆な機構制度改革の断行、なにより党員リクルートにおける入党者の大幅削減など）を考慮すれば、習近平自身が、前述した党員集団の現状を事実上容認していること、毛沢東時代の労働者と農民中心の革命党の復活を望んでいないことは明らかである。

見逃せないのは、二〇一五年五月に国務院が発表した「中国製造二〇二五」や、二〇二一年三月の全人代で採択された「第一四次五カ年計画（二〇二一〜二〇二五年）と二〇三五年までの長期目標」に示されるとおり、習近平指導部が、二一世紀半ばまでの「中華民族の偉大な復興」、すなわち、アメリカ合衆国との覇権争いでの勝利を目指して、国民生活の質的向上を柱とする経済社会のさらなる発展、科学技術とイノベーションのいっそうの振興を、統治の現場である地方に対し、強く要求している事実である。[42] 本章の冒頭に記したように、二〇一七年の一九回党大会で政治報告を読み上げた習近平は、「産業労働者、青年農民、高知識集団」を、二〇二二年の二〇回大会では「青年層、及び、産業労働者、農民、知識人」を、それぞれ入党活動の主要なターゲットとして言及したが、実際の重点は明らかに「高知識集団」、「知識人」に置かれている。

他方、党員リクルートを実際に担当する各級の党委員会幹部、とくに組織部門の責任者たちは、そうした政策的必要性に応えつつ、質量ともに限定的な地元社会の人的資源のなかから、しかも入党者数の上限設定の枠内で、中央の要求に役立つ党組織のメンバーを選出しなければならない。こうした有形無形の圧力に対し、個人の能力、手腕、各種資源の面で力を発揮しうる人材として、大方の幹部——おそらくは習近平も含めて——が期待するのは、社会経済的劣位に置かれやすい一般の労働者や農民ではなく、党と国家の機関、大企業、有力な大学や研究所で働くホワイトカラーの経営者、専門家、管理職、技術職の人びとであろう。結果として、社会主義イデオロギーへの信奉と献身を強調する習近平指導部のもとでも、従前と同じく、ブルーカラーよりもホワイトカラーの入党優位に変わりはなく、むしろさらに拍車がかけられている。

また、「組織路線は政治路線に奉仕する」との中国共産党の政治原則を想起すれば、そうした政策的帰結が、改革開放以来、とくに江沢民の「三つの代表」を契機とする動きと、表面的には同じであったとしても、江沢民と習近平の両時代では、党員リクルートをめぐる政治環境や最終目標が大きく異なっている。江沢民が、体制維持と国内の支持基盤の拡大のため、社会経済エリートの政治的取り込みを決断したのに対し、習近平は、経済と科学技術の優位性の確保など、グローバルな覇権競争に力点を置いている。前者が防御的な政治志向であるのに対し、後者はより積極的で攻勢的な性質を帯びている。

約言すれば、習近平は、党の組織構築の面で「紅」の実態的な階級成分、すなわち、労働者と農民を重視した毛沢東主義の理念や実践とはおよそ無縁な、むしろ「中国における共産党」を名存実亡の状態へと積極的に追いやることによって、二一世紀における「中華民族の偉大な復興」を追求しているのである。

第三章　「お仲間」の政治学——ポスト社会主義、比較社会主義の習近平・中国とプーチン・ロシア

はじめに

二〇二二年二月に本格化したロシア・ウクライナ戦争（以下、ロ・ウ戦争と略記）とそれへの中華人民共和国（以下、中国と略記）の対応は、中国とロシアという二大権威主義国家の政治的結託とこれによる国際社会の新たな分断、すなわち、新冷戦とも呼ぶべき陣営対立の出現を予感させるものとなった。とくに二〇一〇年代以降の中ロ関係の緊密化は、習近平とプーチンという両国の指導者要因に帰するところも大きい。この点、オーストラリアの元首相で、中国研究者でもあるケヴィン・ラッド（Kevin Rudd）は、「トップの緊密な関係と戦略的利害の一致」により、中ロ関係が「事実上の政治的・経済的・戦略的同盟関係」[1]へと変化したことを指摘している。

だが改めていうまでもなく、中国共産党にとってロシアとその前身の旧ソヴィエト連邦は、一九二一年の党創設以来、一世紀以上に及ぶ複雑な関係を有している。一九九一年のソ連解体後も、紆余曲折を経ながらも、中ロ両国は政治、経済、社会の多方面にわたり関係を深めてきた。

そうした歴史的背景を念頭に置きながら、本章では、社会主義体制の経路依存（path-dependency）に基づく自立と相互浸透に着目して、ポスト社会主義のロシアと現存する社会主義の中国との間にみられる、政治の思惟と営為をめぐる知的連関、あるいは、相互作用の帰結としての実践的連環を論じる。これにより中国の対外政策や中ロの外交関係を扱った研究とは一風異なる、比較権威主義の視点に基づく二一世紀の両国間の政治的結びつきを明らかにする。[2]

具体的には、中国の政策コミュニティに属する研究者の学問的成果を素材として[3]、ロシア型権威主義とプーチン(Владимир Путин)の国内統治、及び、ロ・ウ戦争をめぐるロシアの外交、安全保障政策の二つの論点について、中国側の分析の特徴や学習状況、そこから導かれる中国にとっての「教訓」を確認する。また、若き日の習近平も読んだであろう発言者不詳の謎の演説を紹介し、ソ連解体時にさかのぼって中国にとってのロシアの地政学的意味と中ロ結託の内実を考察する。

一　ロシア型権威主義とプーチン体制——ロシア・ウクライナ戦争前の研究動向

本節では、ともに権威主義の政治体制に区分される中国とロシアについて、主にロシアの内政に関する中国側の研究を手がかりとして、習近平とプーチンの両政権に共有されるところの、支配の理念と実践における認識の基盤を抽出する。文献調査の範囲は、二〇一八年から二〇二一年前半期に中国共産党と中央政府傘下のシンクタンク、大学等に所属する研究者が発表した、第四期プーチン政権(二〇一八～二〇二四年)を分析対象とする学術論文や雑誌記事である[4]。

(1) ロシア型権威主義の強さと弱さ——カラー革命の阻止とエリート周流の停滞

まず本論の趣旨にかなう限りで、近年のロシア政治の流れを確認する。二〇一八年三月の大統領選挙に勝利したプーチンは、同年五月に四期目となる政権を発足させた。二〇二〇年には憲法が改正され、プーチンは二〇三六年まで大統領職にとどまることが可能となった。二〇二四年三月の大統領選挙でも勝利を収め、プーチン政権は通算で五期目に入っている。大統領任期は二〇三〇年までの六年間である。またこの間、ロシアでも新型コロナ感染症が拡大するなか、二〇二二年二月、プーチンはウクライナへの全面侵攻を決定した。ロ・ウ戦争は現在（二〇二四年十月時点）も継続中で、長期化の様相を呈している。

二〇一八年の第四期政権の発足から開戦までのロシア政治について、中国側の理解と評価は、大略次のようにまとめられる。プーチン体制は、選挙と複数政党制、議会制といった民主主義の部分的要素をもつ権威主義体制であり、二〇年以上に及ぶ長期執政のもと、いくつかの政治的危機（例、二〇〇四年ベスラン事件、二〇一一〜二〇一二年反政府大規模抗議デモ、二〇一四年クリミア侵攻）を経て、一定の政治的安定性と体制内部の凝集力を備えるに至った。この結果、プーチン自身の強権指導者としての地位強化と体制転換、いわゆるカラー革命の阻止に成功している。

中国でカラー革命とほぼ同義で使われる「和平演変」への対応として中国側が注目するのは、ロシアの愛国主義と歴史教育、及び、二〇一〇年代から整備されてきた「外国の代理人法」の法体系である。とくに後者は、内外政連動の視点から、反政府的な個人、団体、メディアなど内部の敵対者、いわゆる「第五列の敵」への統制の成功例として理解されている。(5)

だが半面では、個人支配の長期化に伴い、選挙は統治者集団内部での限定的交代の機能しか果たさず、社会階層の固定化と体制内外のエリート循環の停滞が顕著である。国民の政治的無関心と政治不信も深刻で、「政治体制は日増しに硬直化(6)」している。

（2）体制イデオロギーとポピュリスト的指導スタイル

中国人識者によれば、ロシア型権威主義には中国とは異なる二つの特色がある。一つは、旧ソ連や現在の中国共産党のような、精緻にして包括的な理論も広範な組織体系もない代わりに、保守主義の価値観が体制イデオロギーとして有効に機能している。いま一つは、プーチンの個性に基づく個人支配とリーダーシップである。

「ロシア保守主義」とは、ソ連解体以後のロシアにおける「支配体制のイデオロギーの総称」であり、とくに二〇〇〇年代以降、体制イデオローグとして知られるウラジスラフ・スルコフ（Владислав Сурков）を中心に「主権民主主義」や「プーチン主義」などのさまざまな政治的術語で表現されてきた(7)。その核心は「国家主義、救世思想、東方正教会を基礎とする伝統主義」であり、主権国家としてのロシアの自立性を重視し、①民主主義は「ロシアの現状と発展段階、（中略）歴史、伝統、文化的特徴に合致すべき」こと、②「民主化はプロセス」であり、「ロシアの民主はまだ発展の初期段階にある」ことを強調する(8)。

ロシア保守主義と「中国の特徴ある社会主義」は、理論的淵源は異なるものの、自国の政治発展とナショナル・アイデンティティの模索において、欧米とは異なる国情や独自性を主張する点で同様の理論的性格をもつとされる。国政運営についても、中国との部分的共通性が指摘される。すなわち、プーチンはソ連解体後の歴史過程を反転させ、ロシアの「大国、強国の地位の回復」を目指して「民族復興」の道を邁進している(9)。プーチンの統治手法や指導スタイルの主な特徴は、①前述した欧米の伝統や歴史とは異なるロシア的民主主義の追求、②社会経済発展に対する政府の役割の強調、③反腐敗や「外国の代理人」などへの法的制裁を柱とする「依法治国」の堅持、④指導者の個人的魅力の表出である。④に関し、イヴァン雷帝やピョートル大帝、エカチェリーナ二世、スターリンに連なる「政治的ストロングマン崇拝」の国民心理の伝統を踏まえ、プーチン自身が国民的指導者としての振る舞いに積極的とされる(10)。中国の著名な国際政治学者の一人は、いくぶんからかいの筆致で、プーチンは「飛行機を操縦して空を舞い、潜水艇を操って海にも潜る。柔道は玄人レベルで、アイスホッケーもたいへん上手、乗馬もスキーもお手の物だ(11)」と解説している。

（3）権力継承の困難と指導者イメージの集合的記憶

経済成長を通じた民生の拡充とともに、ロシアの支配体制が直面する大きな課題は、円滑な権力継承である。現在五期目の大統領任期が終了する二〇三〇年に誰がプーチンの後を継ぐのか、あるいは、二〇三六年までプーチンが続投するのか。直近の大統領選挙の行われた年にちなんで「二〇二四年問題」とも呼ばれた継承問題については、今後もその見通しは不透明である。[12] プーチンなきプーチン路線の継続も可能との見方がある一方、「スーパー大統領制〔中国語原文では超級総統制〕」の体現者であるプーチンは、各利益集団に対し「超然として立つ最高仲裁者」であり、それゆえ「プーチンが一つないしいくつかの、またはすべてのエリート層と、権力の継承問題を公式または非公式に議論するのはきわめて困難」な状況も指摘されている。[13] そうした隘路を強引に突破しようとすれば、統治エリートの分裂と政府部門への波及、行政の空転を招く可能性も否定できないという。

以上のような中国側の見方について、ロシアを中国に、プーチンを習近平に入れ替えれば、中国知識人による中国政治の説明や懸念と多くの部分で重なり合う。ただし、指導者の個人的資質や魅力の宣伝については、中国では、身体能力よりも人格的卓越性が中心的話題となろう。政治社会面からみたその主な理由としては、①大統領選挙があるロシアと異なり、中国ではポピュリスト的な親しみやすさよりも、指導者の威厳と畏怖の演出のほうが重視されやすい、②中国の場合、政治家とくに高齢指導者の壮健さの証明は、健康不安の払拭という肯定的意義よりも、個人崇拝の否定的な記憶とより強く結びついていることが挙げられる。指導者の運動パフォーマンスに対し、中国国民の多くは、旧ソ連のアンドロポフ（Юрий Андропов）やチェルネンコ（Константин Черненко）のような文字どおりの「短命」政権ではない安心感よりも、一九六六年七月、文化大革命の発動直後に毛沢東が長江を泳いだエピソードを想起するであろう。

表3-1　支配の理念と実践における中国とロシアの政治認識の共通基盤（中国のロシア政治研究に基づく）

（1）国家目標の共有

①大国化と強国化の志向
②歴史と文明の独自性、政治文化の重視
③国際政治の多極化推進、欧米に代わる代替モデル提示の意欲
④反欧米と被害者意識（中国は近代に、ロシアはソ連解体時に、それぞれ欧米から迫害され、現代を「過去の栄光ある大国的地位への復興途上」とする歴史認識）
⑤外交の自立性と主体性の重視、同盟への基本的不信
⑥欧米とは異なるナショナル・アイデンティティの模索

（2）政策課題と政策アイデアの共鳴

①習近平・中国、プーチン・ロシアともに、「ソ連の失敗」を統治の教訓として見定め
②政策分野ごとの具体的論点
・強権支配の維持（ただし、政治体制の違いについて中ロ両国は互いに承認）
・指導者集権と属人的体制イデオロギー（二〇一七年「新時代の中国の特色ある社会主義に関する習近平の思想」、二〇一九年「プーチン主義」）
・権力継承の困難、任期延長で対応（二〇一八年に中国が、二〇二〇年にロシアがそれぞれ憲法改正）
・カラー革命の阻止（「和平演変」と「第五列の敵」、「外国の代理人」への警戒）
・思想、イデオロギー統制の重視（愛国主義教育、歴史教育）
・反腐敗の強化、政商台頭の阻止
・経済改革を通じた成長実現が目標、ただし国有企業への依存と存在感の大きさが課題
・外交における軍事力の重要性への認識（実力による後ろ盾の強調）

出典：筆者作成。

以上を総合すれば、中国人専門家によるロシア政治研究の特徴として、分析の着眼点と認識枠組みにおける自国認識の投影が指摘できる。「依法治国」の例にみられるとおり、中国側の研究者はときに中国政治の術語でロシアを理解しようとする。これについては中国でも、「わが国の学者は常に、中国政治の方法でロシア政治を理解するのを好む」とか、「わが国の学者は常に、中国政治の思惟と論理でロシア政治を分析する」との反省の弁が聞かれる。[14] しかしこの結果、中国で描かれるロシアの政治、国家像には、よく指摘される欧米との対抗や国際政治の多極化推進[15]にとどまらない、より広くて深い政治、思想的連関が見出されることになる。すなわち、ロシア政治に対する中国側の理解の仕方には、国家目標の共有や政策課題、政策アイデアの共鳴がみてとれる（表3-1）。

二　ロシアのウクライナ侵攻をめぐる中国の学習状況――ロシア・ウクライナ戦争開始後の研究動向

本節では、中国人研究者によるロ・ウ戦争の分析の特徴とそれに基づく中国当局への政策提言の内容を確認する。これにより、台湾海峡の危機シナリオで想定されるアメリカ合衆国とその同盟ネットワーク（以下では中国側の呼称にしたがい、西側または西側諸国と記す）による各種の圧力行使に対応するため、中国が今後、中長期的に注力するであろう活動の要点を明らかにする。

前節と同じく調査対象は、中国共産党と中央政府傘下のシンクタンク、大学等に所属する研究者の手になる学術論文や雑誌記事だが、発表期間は二〇二二年二月末のロ・ウ戦争勃発から同年八月末までの約半年間である。

その際、政治、経済、外交の一般的な時事評論と戦況分析については、事態の流動性と筆者の能力的限界のため、論点から除外した。結果として議論の集中がみられた主なテーマは、①経済制裁、②認知戦、世論戦、③宇宙戦略、スターリンク、④エネルギー安全保障、⑤食料安全保障である。

（1）経済制裁

ロ・ウ戦争の開始後に西側が発動したロシアへの経済制裁に関し、中国側の基本的見解は、一方では、制裁の種類、範囲、烈度、参加主体の多さの点で、それは『史上前例のない』極限制裁」であり、ロシアの経済と国民生活に多大な負荷を与える。[16]だが他方で、少なくとも短期的には制裁の効果は限定的で、ロシア経済やプーチン政権の崩壊は起こらないというものである。

体制維持の主な根拠は、食料と資源エネルギーに代表される経済の自給自足的性格、制裁に対するロシア側の経験蓄積と一定の準備、ソ連解体から現在までの歴史体験に由来する国民の社会的経済的耐久力の高さである。ただし、戦争と制裁が長期化すれば、産業と科学技術の立ち遅れ、グローバル経済とのデカップリングの加速、財政負担の増大やインフレ昂進など種々の混乱が予想される。

翻って、米国との「大国間戦略競争」の渦中にある中国も「多くの経済安全保障のリスク」に直面している。[17]この点、今回の対ロ制裁は「西側の経済制裁のツールボックスを観察する重要な事例」であり、深く掘り下げて分析する価値がある。[18]こうした問題意識に基づき、ありうべき西側の対中制裁への対抗策として以下の二つの提案がなされる。

第一に、金融安全保障と人民元の国際化の観点から、制裁対象となりやすい外貨準備について、保有の種類と預入地の多元化を図るとともに、デジタル通貨や資源型資産への転換を進める。とくにデジタル人民元と人民元国際決済システム（CIPS）の普及を加速させる。また、二〇二一年六月に中国政府が公布した反制裁法について、対抗措置の規定を拡充する。

第二に、「一帯一路」をはじめ経済協力と対外開放をさらに進め、グローバルな経済連携ネットワークを拡大する。これにより西側を含む各国に対し、中国経済とのデカップリングコストを強く意識させる。同時に、産業、金融、農業、資源の各分野で制裁の抜け穴として機能しうる複数の「経済拠点国家」を育成する。[19] 食料とエネルギーのカードをもつロシアが経済の自給自足戦略を甘受するのに対し、中国は国際経済へのさらなる抱きつき戦略を通じ、制裁参加国に自国経済への悪影響という威嚇効果を高める。

(2) 認知戦、世論戦

中国側の見方によれば、ロ・ウ戦争では認知領域でも世界規模の戦いが繰り広げられている。Google、YouTube、Facebook、「X」(旧 Twitter)、Telegram などのソーシャルプラットフォームが世論戦の新たな戦場となり、史上初の「ハイブリッドメディア戦争」となった。[20] そしてこの戦いでロシアは敗北を喫している。ロシアのいう「特別軍事作戦」は外国世論の理解を得られず、反ロシア言説が流布している。西側のインターネットプラットフォーマーは、ロシアの対外宣伝の封じ込めにも成功した(例、Russia Today や Sputnik News の放送禁止、各種SNSでの関連アカウント停止、Apple Store 等での関連アプリのダウンロード禁止)。

ほかにも、個人や非政府主体の情報発信力の増大、国際的なソーシャルメディア企業のディスコースパワー独占、ソーシャルボットの「暗躍」、SNSの臨場感に基づく視聴者の「在場」的な当事者意識と人道主義心情の広がりといった特徴も指摘できる。

二〇一四年のクリミア危機では認知戦と世論戦で優位に立ったロシアが、今回一転して劣勢に陥った理由は、西側がみずからの民主主義や自由主義を喧伝するのを控え、「事実調査確定(fact-check)の世論戦」を実行したことによる。[21] それは「世論戦の意図を覆い隠す実用主義のディスコース戦術」として大きな効果を発揮している。[22]

こうした西側の認知戦、世論戦に対しては、現在までのところ中国人研究者も有効な対策を見出すことができていない。①中国自身による国際的なメディア、情報インフラの開発、②関連する法、制度、組織体制の整備と人材育成、

③認知領域の科学技術等に関する国家間の戦略対話と危機管理などの一般的提言にとどまっている。中国が国際的なディスコースパワーの追求に熱心なのはよく知られた事実であるが、おそらく最大のネックは認知戦、世論戦のレベルに必要な英語圏での情報発信力の不足である。

（3）宇宙戦略、スターリンク

多くの中国人専門家の論考からは、イーロン・マスク（Elon Musk）率いる米スペースX社のスターリンクが、ロ・ウ戦争で果たした軍事的貢献の大きさへの驚嘆と脅威認識がみてとれる。それは、習近平指導部が重視するインターネット空間での情報安全保障に重大な懸念をもたらすとされる。

スターリンクや米アマゾン社のプロジェクト・カイパーに代表される低軌道衛星コンステレーション計画は、米軍による軍事作戦への応用だけでなく、ほかの面でも米国の宇宙覇権に寄与する。すなわち、人工衛星の軌道や周波数の逼迫状況を前提として、「宇宙の戦略資源」であるそれらを米国が独占しようとする試みにほかならない。[23]

かかる状況に対し中国は、宇宙の軍事能力の向上と軍備管理を含む宇宙ガバナンスの両方に注力する必要がある。前者は主に、①中国版スターリンクの早期整備、②衛星衝突の防止を主眼とする宇宙アセットの防衛強化、③超小型衛星による対衛星兵器の研究開発が含まれる。「中国版の『スターリンク』衛星ネットワークを早期に配備し、宇宙でのリソース獲得と6G時代の競争で主導権を確保しなければならない」との認識に基づき、高軌道衛星で中国国内の重点地域と「一帯一路」沿線国の人口密集域を、低軌道のメガコンステレーションで地球全体を、それぞれカバーすることが呼びかけられている。[24]

宇宙ガバナンスについては、人工衛星の「軌道と周波数の資源ガバナンス」が当面の中心課題であり、今後は宇宙の軍備管理の方向性が変化していく可能性も指摘されている。[25] スターリンクに象徴されるとおり、軍民両用技術のさらなる発展に伴い、中国やロシアがこれまで重視してきた器物の制限がますます困難となる一方、西側が強調するところの行為の統制に重点が移行する。中国も適切な対応が求められるという。

(4) エネルギー安全保障

エネルギー問題と次項でみる食料問題は、ロ・ウ戦争によって中国が直接的影響を受ける二大課題である。中国にとってロシアは最大のエネルギー供給国であり、依存度は非常に大きい。それゆえ中国の基本的立場は、エネルギー需給をめぐる中ロの補完性と従前のエネルギー協力に基づき、西側の経済制裁に与せず、中国の「経済利益と発展を重視する」ことである[26]。

中国側の見立てでは、今次の戦争によるエネルギー問題の最大の受益者は米国にほかならない。その理由の一つは、制裁と資源エネルギー価格の高騰は、原油と天然ガスの産出国である米国に大きな経済的利益をもたらす。いま一つは、ロシアへの過度なエネルギー依存の脱却を迫られるEUについて、天然ガス供給を通じた対米依存の高まりが予想される。欧州向け天然ガス取引が石油と同じくドル決済の場合、米ドルの覇権的地位がさらに強まる。

そうした将来的方向性を見据えて、中国のエネルギー安全保障はいかにあるべきか。主な対策は、次の三点である。

第一は、長期的観点に立った中ロのエネルギー協力のさらなる拡大である。中国側の「二つの百周年」の目標にとってエネルギーの安定供給は死活的に重要であり、「中ロの協力は破ることはできず、立てるのみ」である[27]。具体的な取り組みは、①中国側の資金と技術を活かした石油、天然ガス市場の川上分野での連携強化、②エネルギー貿易での人民元決済の拡大である。②については、石油ドル覇権への対抗を念頭に、中ロ間では自国通貨の決済比率を高めつつ、サウジアラビアなどとの石油取引でも人民元決済の交渉を進める。

第二は、国外のエネルギー投資先の見直しと海外資産の安全確保である。西側の対ロ制裁の教訓に基づき、今後は先進国への投資を控え、米国、カナダ、イギリス、オーストラリアなどにある現有のエネルギー資産の売却を進める。代わりにロシアや中央アジア、イラン、アラブ首長国連邦（UAE）などへのエネルギー投資を拡大する。

第三は、エネルギー安全保障をめぐる「一帯一路」のリスク管理の強化。例えばロシア、モンゴル、中国間の天然ガスパイプラインの敷設構想に関し、西側によるモンゴルへの懐柔といったパイプラインの通過国リスクを勘案し、中ロ以外の第三国経由の回避に努める。

（5）食料安全保障

ロ・ウ戦争が中国の食料安全保障に及ぼす影響について、大方の中国人識者は、「口糧」と呼ばれる人間が食する主要穀物の供給や農産品輸入全体への波及は軽微としつつ、一部の油料作物や飼料作物への影響は比較的大きく、状況によっては畜産業を圧迫する可能性を指摘している。例えば飼料原料のトウモロコシについて、ウクライナは二〇二一年時点で中国にとって二番目の輸入先である[28]。

戦争はまた、農業と食料安全保障をめぐる国際関係の力学にも変化をもたらす。①世界の食料サプライチェーンにおけるロシアとウクライナの地位低下、インドなどの農業大国の台頭、②食料価格の上昇に伴い、食料生産、輸出大国である米国、カナダ、フランス、オーストラリアなどの先進国と発展途上国との力の格差の拡大が予測される。

また、食料自給が可能なロシアと異なり、食料の輸入国でもある中国は、食料サプライチェーンにおける輸入先と輸送ルートの集中という長年の構造的問題を抱えている。大豆やトウモロコシなど主要品目の主な調達先は、以前から西側の国々に依存している。穀物輸送ルートについては、米州―太平洋経由と喜望峰、スエズ―インド洋―南シナ海経由の二つで輸入量全体のおよそ七割を占める[29]。

食料サプライチェーンのこうした脆弱性に対しては、以下の四つが喫緊の課題とされる。

第一は、油料作物や飼料作物を含む食料輸入先の多元化推進。

第二は、食料サプライチェーンの保全を目的とした、パナマ運河やマラッカ海峡の海上輸送ルートに対するシーレーンの統制能力の向上。

第三に、西側の制裁とデカップリングに対応すべく、友好国や「一帯一路」の沿線国、とくにロシアとの協力を強化する。主な協力事項は、①陸上と海上の両ルートを通じたロシアからの食料供給の拡大、②生産、加工、備蓄、貿易、投資、科学技術など農業関連分野の連携推進、③農業貿易での自国通貨の決済規模の拡大である。

第四に、欧米産穀物の対中輸出への圧迫、種苗やグリーン農薬など農業ハイテク分野の協力制限、中国企業の海外食料業務への投資活動の没収など各種リスクへの準備に努める。種苗に関しては、ロ・ウ開戦後の二〇二二年三月、ドイツの医薬、農薬大手企業のバイエルがロシアへの種子供給の停止を警告した経緯に関心が寄せられている[30]。

中国は世界第二位の種子市場、種子の輸入国であり、「中国の食料安全保障は種子の国産化と切り離せない」ため、種苗産業の発展を通じ「西側に食料生産の『死命を制せられる』ことを回避」しなければならないという[31]。習近平も「中国の種子で中国の食料安全を保障しなければならない」旨の発言を繰り返し述べている[32]。

おわりに——米国とロシアによる中国挟撃の悪夢、中ロ指導者の相互不信

一九九一年九月、当時三八歳で中国共産党福州市委員会書記であった習近平は、中国共産党員のみに閲覧が許された限定公開の雑誌に、「私の人材観」と題する論文[33]を発表した。この文章自体は、その名のとおり、習近平の重視する幹部として備えるべき倫理と官吏任用の要点を述べたもので、本章の内容とは関係ない。

ここで紹介したいのは、習近平論文の同じ頁の続き記事として掲載されている、したがって習近平もほぼ確実に読

んだと思われる「反『和平演変』の問題をなおざりにしてはならない」との表題をもつ無署名の長文記事[34]である。編集者の説明によれば、これは「最近、中央のある指導的立場の同志」が行った「重要講話」の記録要領であり、党員の学習用に掲載を決めたという[35]。なお、内容から判断して講話の実施時期は、ソ連邦の構成共和国であったモルドヴァとアゼルバイジャンがそれぞれ独立を宣言した一九九一年八月二十七日から三十日までの間とみられる。発言した中央指導者については、鄧小平、陳雲、李先念を含む「八大長老」のいずれかの人物、またはそれと同格の軍の重鎮、例えば「十大元帥」のうち当時唯一の存命者であった聶栄臻の名前などが思い浮かぶが、詳細は不明である。

文中、氏名不詳の某氏は、数カ月後に終焉を迎えるソ連解体までの劇的な政治過程を不安のまなざしで眺めつつ、①一九九〇年代に入り、米国はまずはソ連を、次いで中国の社会主義体制を崩壊させようと企図していること、②中国は今後一〇年間、一九九〇年代を通じて米国と民主化したソ連によって、武力攻撃の選択肢を含め、中国を東西から挟撃しようとする強大な圧力にさらされ続ける可能性があること、③中国指導部はそうした事態への覚悟をもち、内政面では経済成長とともに、米国に使嗾された国内の反体制勢力による和平演変の防止に努め、一九八九年の天安門事件を再現させないことを力説している。一般公開用の十分な推敲を経ていない中央指導者の「肉声」が感じられる貴重な資料である。

和平演変と反「和平演変」の問題はなおざりにできず、不注意であってはならない。（中略）東欧では最長で一〇年、または一年、一カ月、ところによってはひと月も経たないうちに、政権が次々に瓦解した。（中略）ソ連の一五の共和国のうち、すでに独立を宣言したものが六つ、残りは九つである。九つのうち最大の共和国〔ロシア・ソヴィエト連邦社会主義共和国を指す〕でも、反共、反社会主義分子のエリツィンが多数票で大統領に当選した。彼は最近また国家機関の非共産党化を指示した。ソ連の状況はまだ最低点に達していない。いまも急降下を続けており、悪い方向に向かっている。

アメリカ人の計画は、五年以内のソ連解体であり、一部はすでにそうなり、ソ連を二等国に変えてしまうことだ。さらにもう五年でソ連と連合してもっぱら中国に当たり、中国の先制攻撃の能力を失わせる。彼らはどんなこともやれるだろう。毛主席は数発の原子爆弾、水素爆弾、ミサイルをもたねばならないといっていたではないか。わが国と共産党人の立場からすれば、そうしたシナリオは当然考えるべきであり、最悪の状況がやってくるかもしれない。米国は軍事技術で確かにわれわれより少しくまさっている。いつの日か米国が必要かつ可能と思うときには、先制攻撃を行い、われわれの核兵器を消滅させることもできるかもしれない。〔中略〕最悪の事態に備えておくべきだ。来る来ないは別にして、米国が来たときのために事前の準備をする、そうすれば怖くない。九〇年代の一〇年間は、わが党と国家にとって、経済建設が最重要の任務だが、政治面の反「和平演変」も疎かにしてはならない。この二つの戦略は分離できず、双方に力を入れるべきで、どちらか一方ではダメだ。〔中略〕

ソ連で現れた状況は、中国に影響がないと考えてはならない。エリツィンに対し、陰に陽に拍手する人はどれくらいいるだろうか。彼ら〔中国共産党員で民主改革志向の人びとを指す〕は、中国でもエリツィンのやり方を採用し、同様の方法を行うのを望んでいる。共産党員の肩書をもちながら、心と行いが完全に反共の立場の者もいる。〔中略〕彼らは社会主義の道を歩まず、われわれはなお社会主義の道を歩むのだ！　この二つの道の闘争は以前から存在し、一九八九年の春夏の変わり目の時期に起こった政治騒乱〔天安門事件を指す〕は、まさしく二つの道の闘争の尖鋭化の表現であった。

〔天安門事件からこの演説までの〕過去二年間は〔米国による和平演変の活動は〕いくらか控えめであったが、表面的にすぎず、決して緩和の可能性はなく、米国は活動を激化させている。アメリカ人はまたしても中国を失ったといっているではないか？　解放戦争〔一九四六～一九四九年の国共内戦のこと〕で米国は中国を失った。〔一九八〇年代の〕過去一〇年間、彼らは〔和平演変の活動を〕実行してきたのだ! 米国の資料によれば、「四人組」の粉砕から一九八九年の「六・四」暴乱まで、暴乱の発生前からブルジョワ階級と自由化分子が協同してすでに一〇年が経っていた。自由化をやろうとする輩は、座談会やクラブの名目で実に一〇年間も準備してきたのだ。「六・四」暴乱はわれわれによって鎮圧され、その集団は破壊され、外国へ去った者もいれば、国内にとどまった者もおり、しばらくして事態は収まった。あるアメリカ人によれば、策略で成功したが、戦略で失敗した。策略の成功とは、反中華人民共和国、反社会主義の道、反中国共産党に照準を合わせた大規模な活動を北京で組織できたことだ。戦略の失敗とはなにか。彼らが一〇年間蓄えてきた力が、われわれによって打ち砕かれたことをいうのだ。彼らは捲土重来を期し、より積極的に計画を策定している。すなわち、五年以内にソ連を解体し、次の五年で経済、政治、軍事の各方面から中国を攻撃し、今世紀末までに米国は世界から共産主義を消滅させようと努力している。(中略)

われわれが適切に対処し、教訓をしっかり学び、冷静な頭脳で多くの準備を立派に行いさえすれば、彼らは目標を達成できない。危険は確かに過小評価すべきでない。ベテランの同志を含め、いまは共産党員が安穏とした日々を過ごすときではない。敵の戦略計画を必ず打破しなければならない。中国の〔共産〕党には毛沢東がいたし、毛沢東思想がある。負けることは絶対にないのだ!

この引用文は、ユーラシアの地政学的構造をめぐり、中国共産党の指導者たちに世代を超えて共有されているであろう基底的な脅威認識、不安心理をよく示している。要するに中国にとって、地政学的観点からみた対ロシア政策の根本課題は、いつの日か、欧米の自由民主主義のパートナーとなったロシアと、太平洋を挟んで中国に対峙する米国による、共産中国に対する東西からの挟撃を阻止することである。またソ連こそ、米国の和平演変、カラー革命の陰謀に敗北した反面教師にほかならない。習近平もこの二つの教えを銘記していることは間違いない。

それゆえ習近平・中国は、本章第一節でみたような政治認識の広範な共有に基づき、プーチン・ロシアをギリギリまで支えるであろう。だが中国の第一義的関心は、非民主主義体制のロシアが米国と反目を続けることであり、指導者がプーチンであり続ける必要はない。仮にロ・ウ戦争がさらに長期化して、プーチン体制の動揺と民主化の動きが本格化した場合には、ロシア型権威主義の擁護者として、中国はプーチンとは別の指導者を代役に立てるかもしれない。このように両者の間には、互いの非民主主義体制の存続への期待とともに、権力の居座りに対する最終的な見限りの恐怖も常につきまとっている。

同じことはプーチンからみた習近平の立場にもいえる。思考と視座の起点を中国からロシアに移動させるように、地球儀を少し回してみれば、今度は、民主化した中国、大西洋の向こう側に位置する米国、米国に率いられたNATO（北大西洋条約機構）の三者が、権威主義のロシアに向かって一斉に襲いかかってくるイメージが浮かび上がる。

周知のとおり習近平は、二〇一八年の憲法改正で国家主席の連任制限を撤廃し、終身制への道を開いた。一説に習近平は、二〇三五年までの長期政権を望んでいるという。他方、プーチンも二〇二〇年に憲法を改正し、二〇三六年までの大統領続投の可能性を確保した。指導者生命の一年ごとの長さを競い合うかのごときこうした動きは、まさに本章の冒頭で述べた政治の思惟と営為をめぐる知的連関にして、相互作用の帰結としての実践的連環にほかならない。だがそれは、強権指導者同士の「よきライバル」関係の競争心の証しというよりも、「信頼なきパートナー」への疑念に基づく牽制の表れとみるべきではなかろうか。本章のタイトルにいう「お仲間」の政治学には、そうした指導者間の緊張関係をはらんだ政治力学も含意されるのである。

II

習近平とはどのようなリーダーか——過去、現在、未来

第四章　〈支配体制の申し子〉の政治的来歴——最高指導者になるまでの歩み（一九六六～二〇一一年）

はじめに——習近平の「過去」と中国政治の「未来」、中国政治研究の新たな可能性

第II部では、「過去」から「現在」、そして「未来」へと分析の時間軸を移動させながら、中華人民共和国の最高指導者である習近平の政治家像を総合的に描き出す。このうち主として、習近平の「過去」を扱う本章では、「文化大革命」(一九六六~一九七六年)での「下放」(文革の混乱収拾を目的として、都市の学生や青年を農村部に派遣し、農作業などに従事させた政策)時代から話を説き起こし、二五年間に及ぶ地方指導者時代(一九八二~二〇〇七年)を経て、次期総書記候補として第二次胡錦濤政権に参画し研鑽を積んだ中央指導者時代(二〇〇七~二〇一二年)のおよそ四六年間を取り上げる。内容的には、地方の下級党組織の役人から官僚政治家としてのキャリアをスタートさせた習近平が、権威主義体制の巨大な官僚機構のなかで出世の階段を上るにしたがい、みずからの政治認識や政策論、指導スタイルをどのように発展させてきたのかを、思想と行動の両面から分析する。

二〇一二年に党総書記に就任する以前、すなわち、中国の最高指導者になる前の習近平を研究する意義とはなにか。この問いに対し、習近平が今日の中国の最高実力者であり、中国政界での影響力を今後も長期的に維持する見込みが高いという事実のほかに、筆者は次の二点を答えたい。

第一に、国政のトップになる前の習近平の政治的履歴を探ることとは、習近平の有力な後継候補であるサブリーダーたち、とくに地方指導者時代から習近平に付き従ってきた側近集団の理解の一助となる。習近平の政治的人脈形成に

ついては、二〇〇七年に中央政治局常務委員として最高指導部入りするまで、習近平は、四半世紀の長きにわたり地方勤務を経験した。それゆえ、江沢民や胡錦濤に比べて北京と中央政界での人脈に乏しく、代わりに、地方指導者時代に見出した部下や同僚を抜擢して自派の勢力拡大を図っている。二〇一七年の第一九回と二〇二二年の第二〇回の両党大会を経て、そうした政治的背景をもつ人物が党や政府の要職に多数抜擢された。これらの人びとにとって、各々の任地で身近に接した習近平の言動は、みずからの政治的営為を導く一種の規範的役割を果たしていると推察される。本章は、彼・彼女らに部分的に共有されているであろう、そうした政治的コードの解明も視野に入れている。

換言すれば、習近平という政治家の発展過程の考察は、「過去」から「現在」への連続と変化の検証だけでなく、中国政治の「未来」への展望にも寄与する。一九七〇年代末に毛沢東時代が終わり、一九八〇年代から二〇〇〇年代まで続いた「広義の鄧小平時代」（鄧小平本人とその政治路線を基本的に踏襲した江沢民と胡錦濤の執政期）にも幕がおろされた今日、習近平とその後継者による、ありうべき「広義の習近平時代」の特徴を推察するためにも、習近平の過去の事績を深く掘り下げて検討することの価値はあろう[1]。

第二に、そうした現実政治の動向に即した意義のほかにも、中国政治研究の方法にもかかわる学問的価値が指摘できる。それは、現代中国の政治エリート研究における史料基盤の拡大とその活用である。次節で述べるとおり、毛沢東、鄧小平、江沢民、胡錦濤ら歴代の最高指導者と異なり、習近平は、本人名義で公刊された複数の著書をはじめ、地方指導者時代に発表した文章が相当数あり、しかもその一部はデータベースなどで利用可能である。

試みに、中国の代表的な学術論文のデータベースである「中国学術文献オンラインサービス（ＣＮＫＩ）」を検索してみると、習近平の地方指導者時代に該当する一九八二年から二〇〇七年までの期間設定で、作者が習近平の文章は約一七〇篇登録されている（二〇二三年十一月三日時点。ただし、一九八八年以前の文章は未収録）。新聞などに掲載された習近平へのインタビュー記事なども合わせれば、参照可能な資料はさらに増える[2]。

この理由はひとえに、党や政府の重要会議の定例化や部分的な情報公開の義務化など、改革開放の進展に伴い、政治と行政の制度が整備され、そうした時代の歩調と合わせて習近平が栄達の道を歩んだこと、ならびに、習近平世代以降の指導者にとって、過去に発表した多くの文章や記録の整理保存と公開(非公開の決定を含め)が技術的に可能になったためである。この結果、資料の蒐集に始まり、文言の事後的改作の検証を中心とする史料批判などに多くの手間と時間を費やさざるを得なかった、われわれの先輩研究者たちによる毛沢東や鄧小平の研究に比べて、資料環境は格段に向上した。

そうした状況を踏まえれば、習近平本人だけでなく、習近平に続く次代の指導者、政治エリートを研究するに際し、それらの人びとのいわば「下積み」時代の言動さえも、資料に即して実証的に分析できるようになったことの意義はきわめて大きい。民主主義国と比べて、公開情報が少ない中国の政治指導者を研究するにあたり、これらの「宝の山」が現にそこにある以上、研究者としてこれに挑戦しない理由があろうか。

以上のような問題意識と研究背景にかんがみ、本章では、①文革時期を経て、一九八二~二〇〇七年の地方指導者時代(任地は河北省、福建省、浙江省、上海市)と、二〇〇七~二〇一二年の胡錦濤指導部時代に、習近平がいかなる政治的事績を残したのか、②異なる任地と職位における政治認識や政策論の特徴とその変化、総書記就任後との連続性や断絶性などを分析する。これにより、「わたしの履歴書」(日本経済新聞の名物企画)ならぬ「他人の履歴書」を書いてみたいと思う。

一 資料と分析の視角、解釈の留意点

(1) 職務履歴と資料状況、「同時代資料」の位置づけ

表4-1は、二〇一二年に党総書記に就任するまでの習近平について、中国当局の公式情報をもとに、本研究の過程で得られた関連情報を補足して、その政治的経歴の変遷をまとめたものである。

習近平は、現在七一歳(二〇二四年十月の本書執筆時点)で、一九八〇年代には中国共産党の最高指導者層の一人でもあった習仲勲の息子として、一九五三年六月に首都の北京市で誕生した。表4-1のとおり、文化大革命(一九六六~一九七六年)の時期、ちょうど二〇歳のときに下放の移動先であった陝西省の農村で共産党員となり、現地の人民公社の末端レベルの幹部職にも就いた。

文革末期に北京に戻り、清華大学で学んだのち、中央軍事委員会の総務部門に勤務し、国防大臣の秘書という重要ポストを務めた。しかしその後、改革開放政策が本格的に始動した一九八〇年代初頭以降、二〇〇七年に最高指導部入りするまで、習近平は二五年間の長きにわたり一貫して地方指導者の任にあった。序章でも言及したように、政治家としての習近平の能力と知見の基礎は、習近平が三〇代から五〇代にかけて経験した、改革開放期の地方統治のなかで形成されたとみることができよう。

さらに、二〇〇七~二〇一二年の第二期胡錦濤政権では、党務担当の中央政治局常務委員として、政治腐敗などの党組織が直面する各種の問題状況の把握や改善に努める一方、中国共産党の高級幹部の教育研修機関である中央党校校長にも就任した。ポスト胡錦濤の筆頭候補として、国家副主席と中央軍事委員会副主席も兼任し、党、国家、軍の

表 4-1　習近平の職務履歴（1969〜2024 年 10 月現在）

期間	職位、肩書、その他特記事項
1969 年 1 月〜 1975 年 10 月	「下放」政策により、陝西省延川県文安駅公社梁家河大隊に配属、のち同大隊党支部書記に就任（1974 年 11 月〜1975 年 10 月） この間、中国共産党入党（1974 年 1 月）
1975 年 10 月〜 1979 年 4 月	清華大学化学工業系基本有機合成専攻、入学・卒業
1979 年 4 月〜 1982 年 3 月	国務院弁公庁・中央軍事委員会弁公庁秘書 中国人民解放軍軍人（現役）
1982 年 3 月〜 1983 年 11 月	河北省正定県党委員会副書記 この間、共産党中央農村政策研究室の「特約研究員」に就任
1983 年 11 月〜 1985 年 6 月	河北省正定県党委員会書記 正定県人民武装部第一政治委員、同党委員会第一書記
1985 年 6 月〜 1988 年 5 月	福建省アモイ市党委員会常務委員、アモイ市政府副市長 この間、市機構編制委員会主任、市経済体制改革委員会第一副主任などを歴任
1988 年 5 月〜 1990 年 4 月	福建省寧徳地区党委員会書記 寧徳軍分区党委員会第一書記
1990 年 4 月〜 1993 年 9 月	福建省福州市党委員会書記、福州市人民代表大会常務委員会主任 福州軍分区党委員会第一書記 この間、閩江職業大学校長を兼任
1993 年 9 月〜 1995 年 10 月	福建省党委員会常務委員 福州市党委員会書記、福州市人民代表大会常務委員会主任 福州軍分区党委員会第一書記 この間、市党委員会党校校長を兼任
1995 年 10 月〜 1996 年 3 月	福建省党委員会副書記 福建省福州市党委員会書記、福州市人民代表大会常務委員会主任 福州軍分区党委員会第一書記
1996 年 3 月〜 1999 年 8 月	第 15 期党中央候補委員（1997〜2002 年） 福建省党委員会副書記 福建省高射砲予備役師団第一政治委員 この間、福建農業大学の兼職教授にも就任（1996 年） （1996 年から 2 年間、清華大学人文社会学院マルクス主義理論・思想政治教育専攻在職研究生班、修士課程で学ぶ）[1]
1999 年 8 月〜 2000 年 1 月	福建省党委員会副書記 福建省副省長、代理省長 南京軍区国防動員委員会副主任、福建省国防動員委員会主任 福建省高射砲予備役師団第一政治委員

2000 年 1 月～ 2002 年 10 月	福建省党委員会副書記 福建省省長 南京軍区国防動員委員会副主任、福建省国防動員委員会主任 福建省高射砲予備役師団第一政治委員 (1998 年 3 月～2002 年 1 月、清華大学人文社会学院マルクス主義理論・思想政治教育専攻在職研究生班、博士課程で学ぶ。博士学位論文「中国農村市場化研究」で、法学博士号取得)
2002 年 10 月～ 2002 年 11 月	浙江省党委員会副書記、浙江省副省長、代理省長 南京軍区国防動員委員会副主任、浙江省国防動員委員会主任
2002 年 11 月～ 2003 年 1 月	第 16 期党中央委員（2002～2007 年、以後、第 17・18・19・20 期中央委員） 浙江省党委員会書記、浙江省代理省長 浙江省軍区党委員会第一書記、南京軍区国防動員委員会副主任、浙江省国防動員委員会主任
2003 年 1 月～ 2007 年 3 月	浙江省党委員会書記、浙江省人民代表大会常務委員会主任 浙江省軍区党委員会第一書記
2007 年 3 月～ 2007 年 10 月	上海市党委員会書記 上海警備区党委員会第一書記
2007 年 10 月～ 2007 年 12 月	第 17 期党中央政治局常務委員（以後、第 18・19・20 期中央政治局常務委員)、党中央書記処書記
2007 年 12 月～ 2008 年 3 月	第 17 期党中央政治局常務委員、党中央書記処書記、中央党校校長 この間、中央香港マカオ工作協調小組組長に就任
2008 年 3 月～ 2010 年 10 月	第 17 期党中央政治局常務委員、党中央書記処書記、中央党校校長 国家副主席 この間、中央香港マカオ工作協調小組組長、中央機構編制委員会副主任など歴任
2010 年 10 月～ 2012 年 11 月	第 17 期党中央政治局常務委員、党中央書記処書記、中央党校校長 党中央軍事委員会副主席 国家副主席、国家中央軍事委員会副主席
2012 年 11 月～ 2013 年 3 月	党中央委員会総書記、党中央軍事委員会主席 国家副主席、国家中央軍事委員会副主席
2013 年 3 月～ 2024 年 10 月 現在	党中央委員会総書記、党中央軍事委員会主席 国家主席、国家中央軍事委員会主席

註：
1　中国語の「研究生班」は大学院を指す。「在職研究生班」とは、別の職業に従事しつつ、大学院で学ぶ履修課程をいう。
出典：各種資料に基づき、筆者作成。

表4-2　習近平の個人研究に関する主な資料群

	資料の種類と所在
①	習近平の任期と同時期または後年に、習近平の演説や文章を編纂して中国で出版された資料集
②	中国の学術データベースに収録されている発表当時の習近平名義の演説、文章
③	上記2つに未収録の、任期と同時期に中国や香港で刊行された書籍に所収、または任地の党委員会の発行する機関紙（誌）に掲載された習近平名義の演説、文章
④	上記3つに未収録の、中国の中央と地方の各公文書館（「档案館」）や個人が所蔵している資料

出典：筆者作成。

各機関で国政運営の経験を積んだ。

また、表4-2に示したとおり、地方指導者時代と胡錦濤指導部時代の習近平に関する主な研究資料は、おおむね四つのグループに分類できる。このうち④の公文書館所蔵の資料は、外国人はもちろん、中国国内でもごく限られた人物しか利用、閲覧できない。残りの①②③に関し、公開資料と限定公開の「内部資料」を中心に、筆者がこれまでに把握、入手、分析した資料群と、習近平の各任地との大まかな対応関係は、次のとおりである（表4-3）。

最初と最後の地方任地、すなわち、河北省正定県時代と、わずか七ヵ月余りで終わった上海時代（二〇〇七年三月末～同年十月末）については、後述の当時の関係者へのインタビューに基づく回顧録を除けば、同時代の公開資料はきわめて少ない。アモイ時代と寧徳時代も、主な資料源は、党委員会機関紙の新聞資料などに限られる。一方、市党委員会書記となった福州、及び、福建と浙江の両省党委員会の時期は、演説や論文など個別の文章が大量に存在するが、資料集などのまとまった形は存在していない。ほかにも、各時期を通じて習近平が、自分と他人の著書、編著書、政策パンフレット、政治イベントの記念刊行物などに寄せた本の序文や短文などが多数存在する。これらは、資料の所在確認や蒐集の面で多くの労力を必要とする。

他方、過去数年の間に中国では、一九七九年から一九八二年までの中央軍事委員会の所属時期を除き、習近平の出世の足取りを追跡するかのように、下放時代から

表4-3　習近平の所属先と習近平個人研究の資料群との関係

任地と所属	主な資料の種類
河北省正定県党委員会	①、③（ただし、③は僅少）
福建省アモイ市党委員会	③
福建省寧徳地区党委員会	①、②、③（ただし、②と③は僅少）
福建省福州市党委員会	②、③
福建省党委員会	②、③
浙江省党委員会	①、②、③
上海市党委員会	②
党中央政治局常務委員、中央党校校長	①、②

注：表中、①〜③は、表4-2の指示内容に対応している。
出典：筆者作成。

上海時代までのすべての任地について、習近平の先見の明と高徳、卓越した政治手腕など、指導者としての優れた資質を伝える知られざるエピソードを「発掘」するため、当時の上司や同僚、部下など関係者への取材に基づく回顧録や、過去の事績紹介の書物が続々と上梓されている。(3) むろんそこには、最高指導者の習近平にとって政治的に不都合な事実はもちろん、権力とキャリアをめぐる挫折や失敗も書かれることはない。だが、個人の内面的な成長や変化は、成功よりも失敗をきっかけとすることのほうが大きいという人生の経験則は、習近平も例外ではなかろう。

同時に、その出版目的が、最高指導者である現在の習近平の権力と権威の強化――場合によっては、政敵打倒や個人崇拝助長の正当化――にあることも多言を要しない。したがって、これらの事後的に刊行された資料集だけに依拠して、習近平の過去の実像に迫ることはできないし、研究活動の利用においては、中国当局の政治的意図に結果的に加担する恐れがある点にも十分な注意が必要である。

またこれに関連して、政治指導者の成長過程を論じる際に、観察者が陥りやすい認識上の陥穽は、分析対象のもつ巨大な人物イメージ――善悪の価値は別にして――に囚われやすいことである。その結果、①幼少期から若年期を経て為政者として君臨するまで、当人の思想や行動には変わらないなにものかが存在し、かつ、②同時代の人びととは一線を画す卓越性または異常性を備えていた、あるいは、のちに大きく開花する才能の萌芽がみられた、などの「神話」が生み出されることになる（「一貫性の神話」、「独自性の神話」）[4]。加えて、中国共産党の指導者の著作を的確に理解するには、③現職の最高指導者の政治的過失を認めない「無謬性の神話」、④漢字という部分的に共通する言語表現を用いることで、外形的には同じ単語が日本と中国では異なる意味をもつ可能性を軽視しがちな「言語の神話」などにも配慮が必要である。

こうしたいくつかの点を考慮して、筆者は、本章の研究を進めるにあたり、ごく少数の例外を除いて、二〇一二年に習近平が党総書記に着任して以降に出版された関係者の回顧録や関連資料は、できる限り使用せず、参照する場合も過去の公開資料で補足するように努めた。それゆえ本章の分析と叙述は、基本的にはほぼすべて、序章で説明した「内部資料」を含め、習近平がそれぞれの任地や部署に在籍した同時期に発表、公刊された資料に依拠している。「内部資料」と対応させる形で、本書ではこれらを「同時代資料」と呼ぶ[5]。

（2）集合的、制度的存在としての習近平——中国政治における指導者の「主体性」と「独自性」

資料状況の説明と併せて、ここでは改めて、本章を含む本書の第II部で習近平という政治家を論じるに際し、筆者が想定する方法論的前提を説明しておく。なお以下の内容は、筆者が本研究を進めるなかで認識し、研究活動の実践を通じて自覚したものであり、方法上の適用可能範囲はおのずと限られている。ただし筆者自身は、中華人民共和国の政治史と人物研究において、一定の分析的汎用性をもつことを確信している。

まず、本書全体を通じて、筆者は、習近平時代の中国政治を研究するにあたり、制度論中心の従来的な研究史の流れに対し、現代中国政治の現状を踏まえた人物研究復権の必要性を主張する。もっとも、筆者による習近平の個人研究は、政治史の人物研究や政治評伝の伝統的な形式に則ったものである。心理学の手法や概念に基づき、内部要因である個人のパーソナリティと、任地や職位に伴う個別具体的な政治状況などの外部環境を区別したうえで、指導者の言動における政治的パーソナリティの要素を抽出するような叙述ではない。(6)

またこれに関連して、党、国家、軍の最高職に就任する前の時期については、習近平という政治家の思想と行動における独自性や自律性の識別が難しいという問題も指摘できよう。事実、大方の者がレーニン主義的政党に属する中国の官僚政治家たちは、中央地方を問わず、少なくとも表面的には、そのときどきの党指導部や最高指導者の意向に沿った主張や活動を行う傾向が強い。そもそも、地方指導者時代に習近平名義で発表された書籍や論文も、必ずしも本人が執筆したものとは限らない。むしろ、筆者の印象と理解では、習近平自身の政治的関心や志向の特徴を踏まえると、そのほとんどが習近平の筆になるものではない。

筆者のみるところ、そうした習近平の主体性、自律性、独自性をめぐる疑問は、中国政治の人物研究における分析対象としての指導者に対し、自然人としての人格主体に限定したうえで、人物と制度をもっぱら対立的図式で理解していることに起因するように思われる。だが筆者は、本書の分析の前提としてそうした見方をとらない。それは次のような理由による。

「主体性」の形成と個人、集団、制度との関係

本書のすべての行論において、筆者は、政治的パーソナリティや習近平個人の性格といった言葉を、分析上の有意な概念として使用していない。それは、習近平の政治認識やリーダーシップ、政治家像を検討するに際し、現代中国という特定の政治空間に生きる政治家の成長と変化の過程において、集団と制度の二つが個人に対して及ぼすであろう双方向的な影響を重視するためである。

この点、確かに、地方指導者時代や胡錦濤指導部時代の習近平名義の著作物の多くは、習近平自身が執筆したもの

ではなく、多くのスピーチライターやゴーストライター、上司、部下たちとの共同制作とみるのが自然であろう。例えば、福建省長時代に出版された中国農業の近代化を扱った習近平の博士論文と関連する専門書籍、それらの下敷きとなった社会主義や市場経済をテーマとする複数の理論的論考、浙江省党委員会書記時代の新聞コラムの連載などは、省長や省党委員会書記として多忙な日々を送っていた習近平が、そのすべてを自分で著したとは常識的にいって考えにくい。もっとも、自分の名前で公表する以上、文中に政治的過失と受け取られかねない叙述の有無をチェックするため、習近平は、可能な限りの多くの草稿に、少なくとも一回は目を通したと思われる。

だがそうした事情は、今日、最高指導者である習近平の署名を付して発表される文章や演説についても、本質的には変わらない。国家主席や党総書記の演説原稿が、習近平の口から読み上げられたとしても、その内容の多くは、習近平が初発の段階でもっていた考えを直接に反映したものではなかろう。

一般的な推論をいえば、党や政府での職位が高くなればなるほど、文書の起草段階で、指導者本人の「固有の主張」よりも、政治顧問や専門家が提供する各種の情報や意見、提案などが、取捨選択と認知的歪曲の認識プロセスを経て、指導者の思考と原稿の文面により多く吸収、反映され、最終的には指導者の「個人的見解」として外部に表明されるのである。これを換言すれば、公的地位が低い時期に発表された文章の方が、当人の主張をより多く含んでいる可能性が高い。だがいずれの場合も、実際の研究活動においては、指導者本人の手稿や執筆メモなどを分析しない限り、そうした「固有の主張」と「個人的見解」との識別は不可能であり、中国政治研究の現状ではこの途はほぼ閉ざされている。

しかし筆者は、そうした消極的な説明以上に、みずからの名前を冠した著作物の執筆段階で、周囲の者たちとの協議や意見のすり合わせ、内容確認のための原稿閲覧などを行うことが、政治家としての習近平の成長にとって、より積極的な意味をもっていたであろうことを強調したい。すなわち、これらの作業を通じて習近平は、一方では、自身と同世代の者たちが甘受せざるを得なかった文革時期の学校教育の不足――習近平らの世代の中国の人びとはしばしば「失われた世代（lost generation）」という侮蔑の言葉を投げつけられる(7)――を補いつつ、他方では、改革開放と市場化の時代における政治運営に必要な素養を、政策の実地訓練とともに、主に理論面で習得していったとみられる。

要するに、地方指導者時代や胡錦濤指導部時代に発表された習近平の多くの著作は、理論家としての自己宣伝を目的とした「内から外へ」と向かう習近平なりの知識や意見の表明であると同時に、周囲の人びととの政治的対話を通じた「外から内へ」と向かう学習と研鑽の成果でもある。かくして、現代中国政治における習近平という研究対象は、習近平本人と側近集団との関係性に依存する間柄的存在として捉えられるのである。

同じことは、指導者と制度との関係についてもいえる。選挙に代表される「アマチュア政治家」の政治的リクルートを制度的に保障している民主主義体制の国とは異なり、文革の一時期を除いて、歴史的にみれば、党と政府の官僚政治家しか存在しない中華人民共和国では、とくに改革開放期以降、統治エリートの育成、任用、教育、管理などに関するさまざまな仕組みが、行政の下級から上級に至るまで、比較的首尾一貫した体系をもって整備されてきた。習近平も、県→地区→市→省→中央と出世の階梯を上るにつれて、各ランクに応じたイデオロギー教育、人事考課、紀律検査や監察などの規則や手続き、推奨されるべき幹部の行動様式、さらにはいわゆる官僚生態学的な暗黙のルールなどに基づいて、みずからの政治認識や指導スタイル、政治家像を陶冶してきたと考えられる。それゆえ、県、地区、市、省、中央などの具体的な政治状況とそこでの公式非公式の制度への適応を考慮せずに、思想と行動の両面において、政治家としての習近平の発展を理解することは難しい。

以上の説明に示されるように、現代中国政治の実際に即した指導者研究、政治エリート研究の観点から、筆者が想定する習近平研究の分析対象とは、自然人の人格主体である習近平を中核としつつも、周囲の人びとと共産党の幹部政策、各任地における具体的な政治状況との相互作用によって生み出される「集団、制度との関係的存在」としての

図4-1　集合的、制度的存在としての習近平の発展（1982～2024年）

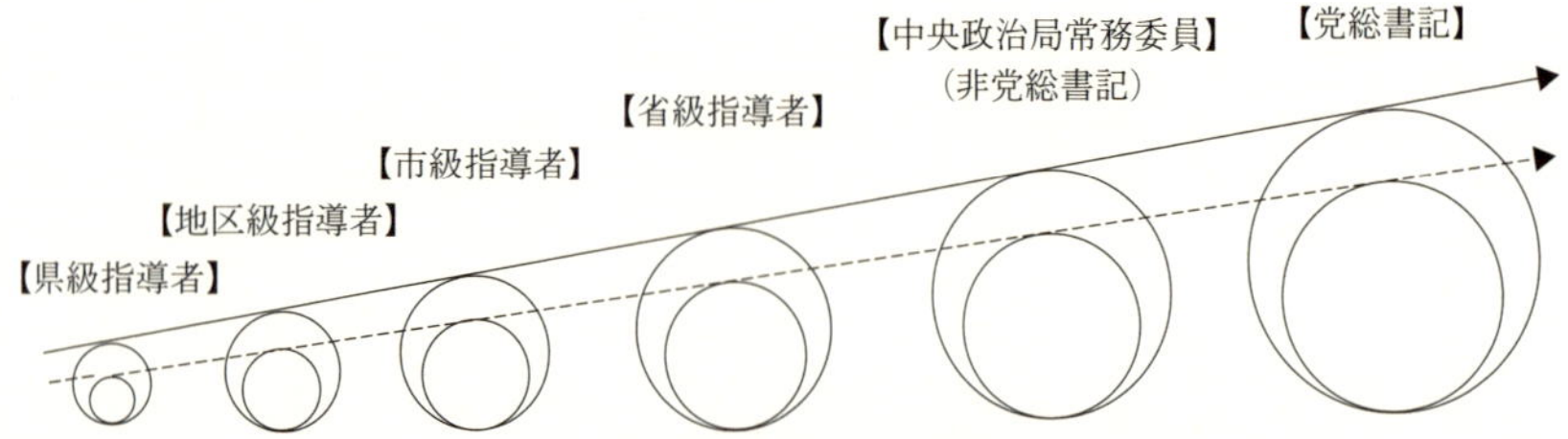

点線：〈自然人としての習近平〉の発展
実線：〈集団・制度との関係性的存在〉としての習近平の発展

出典：筆者作成。

習近平である。これを概念的に示したのが、図4-1である。

下級指導者の言説と行動の「独自性」の見極め

最高指導者の職に就任する前と後の時期を比較したとき、トップになる前の習近平の行動様式の一つの特徴は、官僚政治家としての相対的な「個性」の希薄さにある。実際、地方指導者時代の習近平は、堅実な業務態度と控えめな人柄という評判を得ていた。[8]「民主集中制（democratic centralization）」の政治、組織原則の遵守を、構成員に強制する権威主義体制の中国にあって、そうした慎み深さをウリにしていた下級、中級官僚の政治行動における外面的な独自性を識別するには、やはり、政治的な意見や主張の内容を含む当人の政治行動を、同時代の政治史的文脈のなかで比較検討し、そのイデオロギー的座標を位置づけるやり方が適当であろうと思われる。

具体的には、ときどきの党や国家の重要会議で示された基本方針や採択された重要文書の内容、及び、同時代の同輩政治家たちの言動との比較対照を通じ、一九八〇年代から二〇〇〇年代までの中国政治の実践的、イデオロギー的コンテクストのなかで、習近平の政治的立ち位置を見極めることである。その際にはまた、地方や下級のリーダーの言動において、党中央の指示命令からの逸脱や歪曲とともに、当人が「なにをいっているか」だけでなく、その網羅的な検証を踏まえたうえで、「なにをいっていないか」にも注意を払う必要がある。

一例を挙げると、一九九九〜二〇〇二、三年頃の世紀転換期の中国政治の言説空間では、江沢民が提唱した「三つの代表」論は、新興の社会経済エリート層の政治的取り込みを正当化する観点から、当然にも言及され賛同されるべき事柄であり、事実、習近平の同輩指導者の多くは、そのような趣旨の発言を行った。しかし管見の限り、習近平はこうした観点からの肯定的言辞を残していない。このことは、習近平が「三つの代表」論を契機とする新興エリート層への政治的優遇に冷淡な態度で臨み、批判的考えをもっていたことを示唆している（本章の第三節で詳述）。

二　政治論のなかの持続的要素——支配と指導スタイルの要点

地方指導者時代の習近平には、在職当時に発表した演説や文章について、実際の任期と同時期または後年になって公開出版した資料集が、現在（本書執筆の二〇二四年十月時点）までに計四冊ある。[9] いずれも二〇一二年に習近平が党総書記になって以降、再版されたり、新たに出版されたりしたものである。それゆえ今日、これらの書物を通じて中国当局が宣伝しようとする「虚像としての習近平」や、前出の各種「神話」に注意しつつ、上記四冊を通観すれば、習近平の政治的生涯に繰り返し現れるいくつかの主張を抽出できよう。ここではさしあたり、政治指導と支配の留意点、あるべき指導者像などについて、以下の五点を指摘する。[10]

（1）一党支配の堅持とエリート主義の政治的伝統

習近平の政治論の根幹は、なんといっても中国共産党の一党支配の擁護である。自由主義や民主主義など、近代西欧の経験に由来する普遍的価値と欧米型リベラル・デモクラシーの制度を、それとは異なる歴史、文化、社会的背景をもつ中国に移植しようとすることは、現場の実情を無視した西洋化の試みにほかならず、断固反対しなければならない。一九八九年六月の天安門事件に際し、福建省の寧徳地区党委員会書記であった習近平は、学生らの民主化運動の昂揚を、みずからも迫害を受けた文革の記憶に重ね合わせて理解した。そのうえで、中国の国情と発展段階に合致した民主主義の漸進的発展、前提としての法と秩序の重要性を強調した。

なにを民主主義〔中国語では民主〕というのか？　なんでもかんでも民主主義と呼ぶわけにはいかない。社会主義国家の民主主義について、わたしの個人的な理解では、人民の利益の一種の法制化の表現であるべきで、特定の階層や人びとの恣意でもなければ、特定の人びとや階層が提出するなんらかの要求を満たすことでもない。（中略）民主主義それ自体を絶対化してはならず、一定の拘束が必要だ。同時に、民主主義の要求も段階的なもので、超前化〔現状の先を見越して物事を進めようとする態度のこと〕はダメだ。（中略）いかなる問題を提出するにせよ、その前提から、一定の背景から、一定の条件から離れてはならない。さもなければ、どのような問題もどのような結論もない。「文化大革命」とは、まさに「大民主」のお手本ではなかったか？　そうした「大民主」は、科学や法制とは結びつかず、むしろ迷信、愚昧と結びつき、結果はまさに大動乱であった。誰もがみな徒党を組んで家を荒らし、財産を没収することが許され、誰もがみな戦闘隊を率いることができた。今日はあなたがわたしをやっつけ、明日はわたしがあなたをやっつける。こうした日々をふたたび繰り返してよいのか？（中略）それゆえ民主主義の問題は、法制のレールの上で解決されなければならない。[11]

習近平は、浙江省党委員会書記時代にも、①「法治のない民主は無政府の民主であり、『文化大革命』式の『大民主』である」こと、②「どのような民主のモデルを選択するかは、歴史、経済、文化、社会などを含む一国の具体的国情によって決定される」べきで、中国は「他国の民主発展モデルを盲目的に受け入れることは決してできない」ことを述べた[12]。また、同じく浙江時代には、民主政治における選挙の意義を相対化すべき理由を、次のように説明している。

これまでいくども強調してきたとおり、民主的選挙は、民主政治構築のすべてではない、（中略）「民主的管理、民主的決定、民主的監督」は、「民主的選挙」と同じように重要であり、同じくカギである。「中途半端」な民主は、「選ぶときは民主だが、選び終えたら民主はない」という状態を作り出し、かえって、もとの秩序が混乱してしまう。さらに、客観的にいえば、選挙自体もすぐには周到厳正なものにはなりにくい。大衆の民主意識は日々高まっているが、多くの大衆の資質はすぐには向上せず、このことが一連の問題を引き起こしている[13]。

要するに、民主主義の段階性と漸進性の強調は、部分的には、中国民衆の政治能力に対する習近平の疑念を反映している。大衆の力を政治発展の動力として承認しつつも、その速度や針路をめぐる意思決定の排他性への確信はゆるがない。レーニン主義的前衛党の理論とも相俟って、習近平もまた、中国のエリート主義の政治的伝統を確かに受け継いでいる。

（2）普遍性への留保と「場」のもつ独自性の強調、現場・情報・調査の重視

先にみた引用のうち、「いかなる問題を提出するにせよ、その前提から、一定の背景から、一定の条件から離れてはならない」との言葉に示されるとおり、習近平は、自身の政治思考において、特定の地理的範囲のもつ具体性、特殊性、独自性の要素を、殊のほか重視する。これに関し習近平は、一方では問題解決を図るうえで、地域や時代を超

えた共通のアプローチの有効性を認めつつ、しかし他方では、みずからの施政におけるその機械的適用を拒絶する。「国情」や「省情」、「因地制宜」（各々の土地に応じて適切な施策を講じるという意味）などの言葉を用いて、それぞれの国や地域、社会の実情に即した対応をとることを呼びかけた。

そうした志向がより直接に反映されたのは、任地の成長戦略をめぐる議論である。他地域との発展競争に勝利すべく、市場動向を中心とする各種経済情報の収集と分析、さらには、加工されていない一次情報の獲得を主眼とする現場調査を指示した。習近平いわく、「県党委員会書記を務めるには〔県内の〕すべての村を、市党委員会書記は〔市内の〕すべての郷と鎮を、省党委員会書記は〔省内の〕すべての県、市、区をみてまわらなければならない(14)」。

一九八〇年代の正定県党委員会書記以降、習近平はすべての地方指導者時代を通じて、異動先での現場視察を実践し続けた。浙江時代には、「八・八戦略」と称する経済、社会、文化など多方面に及ぶ総合的な発展計画を策定したが、その際にも現場主義の姿勢が貫かれた。新たな任地に赴任したらすぐに現場視察、実地調査を行うべしとする指導スタイルは、むろん、農村調査を通じて中国社会の実際を知悉し、それに基づいて中国革命を勝利に導いた毛沢東の姿に啓発を受けている(15)。

浙江省で省党委員会書記に就任すると、わたしはすべての県、市、区を視察し、その後、浙江の発展のために「八・八戦略」、すなわち、八つの分野の強みを発揮し、八つの方面の措置を講じるという計画を提出した。何を言いたいのか？　つまりは、自分で状況を明らかにして完璧に理解し、直接に入手したナマの資料を確保しなければならないということだ。他人がかじったマントウを食べてはならない。小さな子どもでもあるまいし、どうして他人に食べさせてもらうのか(16)？

（3）経済発展と思想統制の並進、「闘争」観念に基づく言論と学問の自由の否定

一九八九年の天安門事件が習近平に与えたいくつかの教訓のうち、とくに重要であったのは、近代化政策を通じて経済発展に努める一方、欧米諸国による「和平演変」（平和的手段による体制転換の意味）のたくらみを防ぐため、中国市民への思想統制の手綱を決して緩めてはならないということであった。経済成長と政治思想工作の両方に注力せよとの方針は、もともと、改革開放が本格化した一九八〇年代初頭に、「二本の手でしっかりとつかみ、どちらにも力を入れる（中国語では両手抓、両手都要硬）」という鄧小平の指示で人口に膾炙したものである。当時、県党委員会書記を務めていた習近平も、この「両手」論を政治キャンペーンのなかで学び、今日までの持論となっている。

習近平によれば、思想、宣伝、文化工作の目的は、①「対外開放の多様化した社会で、一元化された指導思想をもって、イデオロギーを束ねあげることをいかにしてやりぬくか」、②「負の文化、不良の文化の影響をどのように除去し、敵対勢力と敵対分子の浸透、転覆、破壊の活動を有効に防ぐか」であり、「この二つの問題はつまるところ、国家を守る責務」にほかならない[17]。

イデオロギー管理の成否が、国内外の敵から支配体制を防衛することに直結するならば、それは彼我の間の生死をかけた闘争である。それゆえ、言論と学問、すなわち人びとの意識と観念の領域における「陣地」争いでも、妥協の余地は一切ない。「哲学社会科学は、科学でもあり、イデオロギー性も備えている」ため、人文科学と社会科学の研究者は、「明確な陣地の意識を確立し、いかなる陣地であれ、われわれが占領しなければ、負のモノや敵対勢力がそのスキに乗じて入り込んでくることを認識しなければならない[18]」。報道の自由は、より直截な物言いで否定され、メディアは党の指導に服することが厳命される。なお、こうした「闘争」の観念は、二〇二一年の党創立百周年の前後の時期から、中国共産党員のあるべき基本的な心構えとして、以前にも増して強調されるようになっている[19]。

ブルジョワ階級の報道観は、いわゆるニュース報道とは、客観的事実を偽りなく伝え、イデオロギーから分離しているという観点ばかりを吹聴している。報道メディアは、「社会の公器」であり、「第四の権力」になるべきだという観点だ。いわゆる報道の自由を鼓吹し、報道の管理に反対する観点は、実質的には（中略）報道活動に対する党の指導を否定しようとしている。その最終目的は、人びとの思想をかき乱し、われらの党と国家をぶち壊そうとするものである。[20]

（4）政治腐敗による民心離反への警戒と「歴史の周期律」

思想工作の厳格化とともに、習近平が天安門事件から学んだもう一つの重要な教訓は、幹部に対する反腐敗と綱紀粛正の持続的推進の必要であった。事件当時の習近平の見方によれば、民主化運動の直接の原因は、官界での汚職蔓延に対する民衆の反発であった。当時の習近平は、「人びとの義憤をもっとも引き起こし易い」テーマとして、ずばり「腐敗問題」を挙げている。[21]「一九八九年の政治風波（天安門事件を指す）」こそ、「清廉な政治への取り組みがわれわれ共産党人の歴史的使命であり、この歴史的使命を担えなければ、民心を失い敵に攻撃の突破口を与えてしまう」との「反面教育」であったとして、「反腐敗と清廉な政治を重んじること――われわれにほかの選択肢はない」と結論づけた。[22]

腐敗問題に起因する政権への支持喪失に関し、習近平はこれまでの生涯のなかで、非共産党員で民主派人士の黄炎培が、一九四五年七月に陝西省延安を訪問した際に、毛沢東と交わした会話の内容を繰り返し紹介している。このエピソードは、両者の対談が延安地方で多くみられる伝統的住居で行われたことから、建築様式の名をとって「窰洞《ヤオドン》の対話」と呼ばれ、中国では広く知られている。それは、大略次のようなものである。

黄炎培によれば、中国歴代の各王朝は、その創始の勃興段階では、治者の側も一意専心、善政に努めるが、支配が安定するにつれて緊張感を失くし、国政運営もなおざりとなり、ついには「皇帝が怠けて政治を顧みず、宦官が権勢をふるう」、「優秀な指導者の不在により政治が停滞する」などの挽回不能の状態に陥り、統制力を失って滅亡した。従来の王朝の興隆と衰退は、すべてこのサイクルを踏襲してきたが、毛沢東率いる共産党には、この「周期律《サイクルの法則》」の支配」を打破するための新たな方策を見つけ出してもらいたい、と黄炎培は述べた。これに対し毛沢東は、自分たちはすでにその手立てを得ており、「この周期律から抜け出すことができる。その新たな方法こそ、まさに民主主義（中国語では民主）である。人民に政府を監督させてこそ、政府は怠け心を起こさなくなる。みなが立ち上がって責任を負ってこそ、優秀な指導者の不在による政治の停滞もなくなる」と答えた。(23)

このヤオドンの対話について習近平は、一九八九年一月の発表日付をもつ文章で、毛沢東と黄炎培の会話を紹介しつつ、毛沢東のいう「民主」を「大衆路線を歩むこと」と定義し、党と人民の緊密な連携を維持すべきことを強調した。(24)

習近平はその後も、ヤオドンの対話にたびたび言及している。浙江省党委員会書記時代には、二〇〇五年二月に開かれた省紀律検査委員会の会議で、上記対話の毛沢東の言葉を紹介し、同じく浙江時代の二〇〇六年二月にも、省党委員会の機関紙『浙江日報』紙のコラムのなかで、党政幹部の紀律が弛緩すれば、「国家をして、『皇帝が怠けて政治を顧みず、宦官が権勢をふるう。優秀な指導者の不在により政治が停滞する』という歴史の周期律に陥ってしまうだろう」との警告を発している。(25)

党総書記になってのちも、二〇一三年四月の中央政治局の集団学習会で、「歴史の周期律」をめぐる毛沢東と黄炎培のやりとりに触れ、二〇一六年十月の一八期六中全会でも、「早くも延安時期に、毛沢東同志は、『歴史の周期律』を突破するとの課題を提起した」と述べた。(26) 二〇一五年五月の中央統一戦線工作会議に出席した際には、「わたしはよく、毛沢東同志と黄炎培先生による延安の『ヤオドンの対話』に言及する。当時の『ヤオドンの対話』の問題はすでに徹底的に解決されたのであろうか？　おそらくまだ解決されていない」と発言した[27]。二〇一七年の一九回党大会での政治報告でも、「歴史の周期律」の超克の観点から反腐敗闘争の意義を説いている[28]。

以上のように、天安門事件をきっかけとして、習近平は、腐敗を主因とする民心離反の危険性を銘記した。その際、習近平の脳裏にあったのは、毛沢東と黄炎培によるヤオドンの対話であり、それは習近平の政治認識にとって、今日まで規範的な意味合いをもっている。なお、習近平の脳裏に、ヤオドンの対話が定着した大きなきっかけは、習近平が正定県党委員会書記時代に出会った、作家で県文化局長も務めた賈大山との交流であったと思われる（後述）。賈大山は、正定県党委員会に所属した別の共産党幹部にも、ヤオドンの対話を語っていたことが確認できる[29]。

（5）「圧力」型リーダーによる組織的緊張感の維持、選挙制度への不信

習近平によれば、党と政府の指導者は、政治的な原則を重視せず、表面的な協調と柔和に終始する「事なかれ主義のいい人（中国語では好人主義）」であってはならない。幹部一人ひとりの高い倫理観とともに、当人が率いる集団内部の人間関係においても、成員間の批判を通じて一定の緊張心理が維持されなければ、規則と紀律の弛緩がもたらされてしまう。こうした警告の背後には、民主的選挙や言論の自由に代表される政治エリートへの外部統制が十分に機能していない中国では、個々の機関の法や制度が内部から無効化された場合、最終的には、体制全体に悪影響を及ぼすという習近平なりの危機意識がある。

ただし、習近平のみるところ、幹部集団における「好人主義」の広がりは、むしろリーダーがフォロワーの民意を尊重しすぎるという過ちに由来する。例えば中国では、人事考課や昇進の決定に際し、対象者の適格審査の一環として、党の組織部門が当該人物の上司や部下、同僚などに、非公開のアンケート調査や意向投票を行うことが多い。こ

れらの手続きは、「民主推薦」などの名称で呼ばれている。しかし、人事を左右する手段としてこれらに過度に依存すれば、人気取りに長けた者だけが出世してしまう。『唯票』(意向投票などを人事の第一の判断材料とすること)の志向を形成してはならず、指導幹部をしていわゆる『満票幹部』に導いてはならない。そうでなければ、幹部を『好人物』とさせ、他人の機嫌を損なうような勇気をもたず、甚だしきは集票活動や票の買収などを行うようになる」[30]。ここには、選挙というものに対する習近平の抜きがたい不信感がみてとれる。

八方美人的リーダーに代わり推奨されるべきは、目標達成の指導技術として、隷下の人びとに精神的な圧力を適切に行使できる、あるいは、必要に応じて威圧的な指導者の演技ができる人物である。寧徳地区党委員会書記時代、習近平は、一九六〇年代から七〇年代にかけて中国で全国的に有名であった大慶油田の労働模範、王進喜の名を挙げ、「人は圧力がなければダメだ。王進喜はかつて、油井は圧力がなければ、石油は出ないと述べた。人は圧力がなければ、フラフラとして真面目に取り組まない(中国語では軽飄飄)」と記した[31]。この油井の比喩は、習近平が政治指導の問題を語る際の常套句であり、その後、浙江省党委員会書記時代には、「圧力調整器」と「常圧」の言葉で、リーダーの基本理念が示された。

各方面の積極性を引き出し擁護することに注意を払うのは、指導方法と活動方法の重要な内容だ。(中略)圧力があるのは、事業心と責任感の表れである。油井は圧力がなければ、石油は出ない。人は圧力がなければ軽飄飄であり、圧力を動力に転化すれば、活動を促して質を高められる。だが、圧力が大きすぎれば、受容可能な範囲を超えてしまい、感情に悪影響を及ぼし、逆効果をもたらす。活動を指導するときの重要な中身は、まさに「圧力調整器」の役割を発揮することであり、末端に対し「増圧」と「減圧」をタイミングよく行い、そうすることで一種の「常圧」の活動状態を終始維持する。「調圧」の目的は、各方面の積極性をよりよく引き出して擁護することにある。ガスは膨らませるべきで、放出させてはならない[32]。

習近平は、浙江省党委員会書記であった二〇〇四年に、記者の問いに対し、自身の指導スタイルにおける怒りと威嚇について、ときには「理性的な選択」として「机を叩くことが必要」であり、「机を叩くほうが、叩かないよりも良い。叩かなければ、人を怯えさせるのに十分ではなく、重視を引き起こすにも十分ではない」と答えている[33]。

三　政治家としての成長と政治認識、政治行動の変遷——任地と職位に伴う変化と発展

前節では、一九八〇年代の地方指導者時代以来、今日まで一貫してみられる習近平の政治原則を確認した。これに対して以下では、第一節で挙げた複数の資料群のうち、表4-2と表4-3の②③の「同時代資料」を中心に、時代背景や職位の変遷とともに発展していった習近平の主張や行動の様態を検討する。また、各時代に習近平が見出し抜擢したりして、二〇一二年以降、習近平政権のサブリーダーとして活躍した者のうち、習近平自身の発言や行動のなかでより確実な資料的裏づけをもつ人びとの名前にも言及する。

ただし、筆者が保有する同時代資料の質と量の制約により、主な分析対象の時期を、地方指導者としての経歴をスタートさせた正定時代（一九八二年着任）以降とし、それ以前の陝西と北京の二つの時代は、習近平自身や関係者の後年の回想を中心とする概観にとどまることを、あらかじめお断りしておく。

（1）陝西時代（一九六九〜一九七五年、一五〜二二歳）[34]——習近平の「革命」と「長征」

文化大革命中、習近平が陝西省の農村に下放され、彼の地で共産党に入党し、末端レベルの幹部にもなったことは

前述した。高級幹部であった父親の習仲勲は、早くも一九六二年に、反共宣伝を目的とする書籍の刊行に関与したとの嫌疑をかけられ、毛沢東によって失脚させられていた（小説『劉志丹』事件、のちに冤罪との公式評価）。このとき習近平はわずか九歳であった[35]。

一九六六年に文革が開始されると、習近平少年も、当初は、高級幹部の子弟のみで結成された「老紅衛兵」グループのシンパのような存在として、「黒五類」と呼ばれ建国以来不当な差別を受けてきた旧地主、反革命分子、右派分子らの子弟からなる「造反派紅衛兵」との暴力抗争にも少しだけ参加した模様である[36]。後述のように、最高指導者になった今日、習近平は、みずからの政治的血統に対する誇りと自覚、指導者としての地位への確信をもっている。その根底には、文革時、造反派紅衛兵によって批判された血統主義の心理があるのかもしれない。

ただし、習近平もすぐに「反動の子弟」のレッテルを貼られ、隔離拘束の取り調べをなんども受けるなど文革推進グループの激しい迫害を受けた[37]。習仲勲は『文革』で打倒された最初期の幹部集団」の一人であり、習近平ら家族も、紅衛兵らに居宅を荒らされて引っ越しを余儀なくされるなど、『文革』で打倒された最初期の幹部家庭」となった[38]。文革の記憶がいまだ新しい一九八〇年代前半、習近平は、造反派から受けた肉体的、精神的虐待の様子を生々しく語っている。

十年の内乱〔文革を指す〕で、わたしの家族はうちのめされた。そのときわたしは一五歳であった。「文化大革命に不満をもっている」との理由から、特別調査班によって隔離審査され、朝から晩まで取り調べを受け、それに耐え、罰として立たされたり、「ジェット式」で座らされたりした。あるとき祝日のお祝いに、弟〔の習遠平〕が餃子を差し入れてくれた。わたしはとても食べたかったが、特別調査班に奪い取られ、こう言われたのだ。「昔はどういう人びとが餃子を食べたか知っているだろう。おまえは餃子が食べたいのではなく、失われた過去の天国のような生活に憧れているに違いない！」〔中華人民共和国の建国以前、餃子を食べられたのは一部の特権階級に限られ、習近平もそうした豪奢で堕落した生活を夢想しているという非難の意味〕。ほどなくして、わたしは監獄に送られた。牢屋に入ったのは八月で、上下つなぎの服しか着ておらず、十二月になって寒くなったが、それしか着られなかった。夜には、氷のように冷たい地面に、やはり氷のように冷えきったレンガを枕にして寝た。わたしは病気になり、死ぬかもしれないとさえ思うようになった(39)。

その後、一九六八年に毛沢東が下放の全国指示を発出すると、習近平は、建国前の革命闘争時代に父親が活躍した共産党の革命聖地、陝西省延安の農村派遣に応募した。下放先で一五歳の習近平少年は、首都の北京とは隔絶した、地方の農村社会の現実を目の当たりにする。

わたしが陝西省北部の農村生産隊に派遣されたのも、一五歳のことである。陝北〔陝西省北部のこと〕の農民たちの生活には、とてつもなく驚かされた。向かった先は延安地区の延川県で、〔同じ陝西省内の〕銅川〔市〕から自動車で出発し、道を進むほどに荒涼となっていく。足を踏めば土煙が舞い上がり、全員が土のなかにいるようだった。山間にヤオドン〔洞穴式住居のこと〕がまばらに並び、それが村なのだ。夜になれば漆黒の闇である。小さな盃に注がれた油の火が、蛍の光のようにチラチラと明滅していた。現代の物質文明から遠く隔たった場所、というのが最初の印象であった。

生活はさらに想像しがたいものであった。〔中略〕労働は並外れて厳しく過酷であった。半日も仕事をすれば、靴のなかにも汗をかくほどで、だが報酬は驚くほど少なかった。ある〔農村生産〕隊では、〔構成員である人民公社社員の各人の労働量と報酬を計算する〕労働点数が一点につき一角二分銭で、一日頑張って働いてもタバコ一箱さえ買えない。〔人民公社の〕社員のなかには、わたしたちがもってきた、少しカビの生えたパンを食べて、世の中にまだこんなにも美味いものがあるなんて信じられないと、あちこちで言い回っている者もいた。見るもの聞くものすべてが、わたしの心を震わせた。[40]

少年から青年へと向かう多感な青春の時期、数年間に及ぶ農村生活を経験するなかで、習近平は、貧しく不便な暮らし、過酷な肉体労働、農民たちとの直接交流、そして、これらを通じた共産党人にふさわしい精神的練磨を、彼なりの〈革命の原体験〉として記憶した。[41]

幼少期には、高級幹部の子女の一人として、首都の北京で少なくとも衣食住には不自由のない生活――本人の言葉を借りれば、「衣食の心配はなかったが質素倹約に励んだ」[42]――を送っていた習近平にとって、さらには、父親の革命活動の体験談や訓話を当人の口から直接に聞いて成長した[43]習近平にとって、下放先での苦しい経験は、両親や親戚など周囲の身近な人びとをはじめ、父祖の世代の共産党人が成し遂げた〈革命の追体験〉、革命根拠地での困難な暮らしの部分的再現でもあった。例えば、前節でみた毛沢東と黄炎培の「ヤオドンの対話」をはじめ、習近平は自身がヤオドンでの暮らしを経験するなかで、中国革命史と中国共産党史のさまざまな逸話を身近なものとして感じたであろう。

陝西時代を回顧したいくつかの文章で、習近平は、下放体験の意義として、①党や政府の公式文書で描かれるイメージとは大きく異なる農村の実情への理解、②苦労の多い生活を耐え抜いたという社会人としての自信、③共産党員として生涯をまっとうするという政治的決意の三つを獲得したことを繰り返し述べている。[44]下放への応募は、当初、習近平にとっては、都市での造反派の迫害から逃れるための農村への一種の逃避行であったが[45]、後年、陝西での七年間は、革命聖地の延安で、共産党人としての自覚と成長を促された精神的な起死回生の過程として記憶された。まさしくそれは、習近平にとっての〈長征〉であった。一九九〇年代から二〇〇〇年代に行われたメディア取材への応答の言葉は、政治家としての自己宣伝が含まれるとはいえ、文革への自己総括として、一定程度、偽らざる心情を表明していると思われる。

確かにわたしは、〔下放された〕当初は共産党員ではなかった。だが、陝北から戻る頃には、すでに多少の鍛錬を積んだ共産党員に変わっていた。以前は信念を口にしても、まったく空虚なものであった。わたしが思うに、われわれの世代にとっては、青年期の成長の履歴はまさに紅衛兵時代の激動とともにあり、それはある種の情緒や雰囲気であった。「文革」は理想を消し去り、一種の虚無にまで変わってしまった。その世代の人びとや時代そのものが、ついには反逆的あるいは批判主義の色彩に変わり、本を読んでもすべて批判的に読み、社会もすべて批判的にみるようになってしまった。対してわたしはといえば、その状態をくぐり抜け、最終的には、社会主義だけが中国を救うことができ、共産主義の理想は偉大であり、優秀な共産党員にならなければいけないと考えるに至った。〔わたしの〕理念は、そうした過程を経て確立されたもので、順風満帆の理想的な成長の過程ではなく、迷いの多い成長の過程であった。だが、受動から能動へと発展したこの時間こそ堅実なものであり、真に自分自身の力によるもので、他人に影響されることなく、カギとなる時期に試練に耐え抜いたのだと、わたしは考えている。(46)

現在、一部の作家は、作品のなかで、〔下放された〕知識青年を非常にみじめな様子で描いているが、わたしの気持ちはそれとまったく同じというわけではない。〔延安の農村で〕暮らし始めた当初は悲惨だと思ったが、現地の生活に適応し、とりわけ、大衆と心が通じ打ち解けあえたときには、とても充実した人生だと感じた。(47)

またこれらの引用にみられるとおり、習近平は、一九八〇年代から二〇〇〇年代初めにかけて、文革時期の苦労話をしばしば新聞や雑誌で発表し、自身の知名度の向上に努めた(48)。この点でも、文革体験は、その後の習近平の政治家人生にとって貴重な政治的資産となった。

なお、習近平と同時期に、同じく陝西省を下放先とした青年の一人に王岐山がいた。王岐山は、二〇一二年の第一期習近平政権の成立後、習近平の反腐敗闘争に尽力し、中央紀律検査委員会書記として辣腕を振るった。二〇〇〇年の時点で習近平は、陝西省の黄土高原の風土を引き合いに出しながら、王岐山の名前を挙げて、自分や王岐山を含む陝西の下放青年グループの間には、「黄色い土地の心の結びつき」があると証言している(49)。

(2) 北京時代(一九七五〜一九八二年、二二〜二八歳)――中越戦争への「従軍」

文革末期の一九七五年、下放先の党組織や教育機関の承認と推薦により、習近平は、清華大学で化学工業を学ぶため、生地の北京に戻った。大学卒業後はおそらくは父親の政治的コネクション(50)によって、一九七九年四月から一九八二年三月までの約三年間、中央軍事委員会に勤務した。中央軍事委員会では、正式な軍籍をもつ軍人として、総務部門である弁公庁に所属し、秘書業務に従事した。直属の上司は、当時、党中央政治局委員で、中央軍事委員会の秘書長などの要職も務めた経験をもつ国防部長の耿飈《こうひょう》であった。

中央軍事委員会時代の習近平については、その政治的生涯のなかでも不明な部分が多い。秘書として、香港、マカオ、台湾関連を含む軍の渉外業務を担当したとされるが(51)、詳しいことはわからない。ただし父親の習仲勲が、一九八一年六月の一一期六中全会で党中央書記処書記に選出され、政権中枢のサブリーダーとして活躍していたこと、ならびに、習近平自身が政治局委員兼国防部長という高級軍人の秘書を務めていたことなどを考慮すれば、同じく一一期六中全会で中央軍事委員会主席に就任した鄧小平や、すぐ後でみるように、「十大元帥」と呼ばれる革命元勲の大物軍人グループとも直接的な面識があったと思われる。習近平は後年、自分が中央軍事委員会主席となってのち、二〇一三年七月には、軍への親近感とその活動への理解の自信を語っている。

わたしと軍との間には離れがたい縁があり、軍には深い愛着の念を抱いている。わたしは幼少期から、わが軍に関する歴史の教育を比較的多く受けて育ち、わが軍の多くの先輩指導者の人となりも、自分の眼で実際に目撃し、少年時代から軍に対する真摯な感情を作り上げてきた。のちには軍で数年間仕事をし、地方に任職してからも、軍の発展の取り組みには常に注意を払い、軍の同志と頻繁に交流してきた。国防と軍の活動の状況については、比較的理解しているほうだといえよう。(52)

業務の面では、習近平が中央軍事委員会に配属された一九七九年には、同年二月から三月にかけて、中国はベトナムとの間で一ヵ月間の限定戦争を戦った。中越戦争とその事後処理をめぐる習近平の任務や活動についても、軍事機密に属する以上、詳細は不明である。習近平自身の数少ない証言によれば、自身が中央軍事委員会主席となってのち、「軍のある重要な会議」で、科学技術の発展による戦争形態の変化に注意すべきことを述べた際、次のような発言を行っている。

軍事の発展において、科学技術は、もっとも活発でもっとも革命的な要素である。科学技術の重大な進歩と革新があるたびに、戦争の形態と作戦方式に深刻な変革がもたらされてきた。一九七九年の自衛反撃作戦〔中越戦争の中国側名称〕が開始されたばかりの頃、わたしは海南島で、葉剣英同志に付き従う機会があった。北京から送られてきた戦闘報告を読み終わると、彼は次のように述べた。「現在、われわれには、いくつかの戦闘のやり方があるが、どうやら新しい戦争には、もはや対応しなくなってしまったようだ」、と。(53)

このように習近平は、十大元帥の一人で、当時、中央軍事委員会副主席であった葉剣英とも直接的な交流があった。また管見の限り、この中越戦争時の中国南部への視察が、今日までの習近平の人生において、おそらくは唯一の〈従軍体験〉と思われる。

以上のとおり、一九七〇年代後半から一九八〇年代初頭にかけて、大学と軍に所属した北京時代、習近平は、現在まで続く指導者としての権力と権威の源泉、すなわち、学歴、軍歴、政治的人脈の基礎を築いた。習近平の二〇代の多くの時間は、こうした政治的資源の初歩的な蓄積に費やされた。

（3）正定時代（一九八二～一九八五年、二八～三一歳）――党幹部としてのキャリア形成の開始

一九八二年三月、習近平は、自身の希望に基づき、中央軍事委員会の職を辞し、河北省正定県の党委員会に転属となった。当初は、より下級の県の人民公社への配属を志望したが、(54)同省党委員会の配慮により、県党委員会の副書記として着任し、翌一九八三年十一月に正書記に昇格した。(55)習近平が正定県に着任した一九八二年当時、正定県は約四五万の人口を擁していた。(56)これら多数の住民を相手に、習近平は、統治というものを初めて体験することになる。

また、前述した作家で県の文化局長でもあった賈大山との友情は、習近平の正定県着任以来、一九九七年に賈大山が病死するまで続いた。のちに昇進して福建省党委員会の副書記となっていた習近平は、賈大山死去のおよそ二週間前にも病床を見舞い、一九九七年二月には追悼文も寄せている。(57)

地方の下級幹部への転身

首都北京に所在する軍の中枢部門から、地方の下級党組織への異動について、のちに習近平は、それが社会主義の情熱に基づく主体的選択であったと述懐している[58]。また、周囲の身近な者のうち、そうした「都落ち」(すぐ後でみるように、習近平自身、地方の下級職への異動を「下る」という言葉で表現している)を志したのは、自分と劉源だけであったと誇らしげに語っている。劉源は、文革中に非業の死を遂げた劉少奇の息子で、習近平が河北省に行った同じ一九八二年に大学を卒業し、同年、人民公社の幹部として河南省に赴任した。のちに軍人の道を歩んだ劉源は、王岐山と同じくやはり後年、習近平による軍内の反腐敗闘争を、軍幹部の立場から強力に支援することとなる。

実際、習近平と劉源による自発的下放というこの選択——習近平の場合は、将来を約束された軍人としての栄達の放棄も意味していた——には、軍の上司であった耿飈をはじめ、周囲の者、とくに太子党の友人知人の多くも相当に困惑したらしい。

わたしは、中央軍事委員会弁公庁から、河北の正定県に下放した。(中略)確かに当時、多くの人はわたしの選択を理解しなかった。河北に赴く前、わたしは耿飈同志の秘書を務め、彼は当時国防部長で、政治局委員でもあった。彼は、末端レベルの勤務を希望するのであれば、軍の野戦部隊に行けばよい、末端に下る〔中国語では下基層〕のに、必ずしも地方に行く必要はないと述べた。事実、その頃北京から下ったのは、劉源とわたしだけで、劉は北京師範大学を卒業して地方に行くのを望んだ。わたしは中央機関で数年間仕事をしたが、わたしも地方に下りたかった。わたしたち二人は期せずして一致した。劉源は河南に行った。(中略)当時、われわれのグループのなかには、全国各地からようやく〔北京に〕帰ってきたという感覚をもち、「文革」でひどい目にあったのに、またも損をしたくないと考える者がいた。「補償」要求の心理から、短期的な快楽を求める利那主義者もいた。（中略）行動範囲が半径五〇キロメートルを超えず、北京を離れられない、地方に行ったら北京の戸籍を失ってしまうので行きたくないという者もいた。わたしは次のように述べた。〔北京から地方に〕飛び出すべきだ！（中略）「文化大革命」での「上山下郷」〔下放政策のこと〕は、本意ではなかったが、そうした余儀なくした事柄からもわれわれは多くを学びえたではないか。今はすべてが良くなり、われわれを束縛していた「左」の事象も取り除かれた。われわれがいっそう奮闘努力すれば、立派な仕事を成し遂げられる、と。[59]

そうした熱意あふれる言葉の背後には、「紅二代」、「太子党」の家系に生まれた中国共産党版のノーブレス・オブリュージュ（noblesse oblige）の価値観、一種の選民意識に基づく政治的責任感がみてとれよう。同時に、高級幹部の子女という血統と人脈に基づくキャリア形成への心の余裕、言い換えれば、一種のお坊ちゃん的なナイーブさがみえかくれするのも否定できない。

「改革開放」と若手改革派官僚としての仕事ぶり

同時代資料からうかがえる地方官僚としての習近平のデビューイメージは、改革開放が本格化に向かう一九八〇年代前半の時代的高揚感のもと、社会主義イデオロギーの教条主義的理解を意味する「左のメガネ」を排し、正定県の経済成長と行政の近代化に尽くす、進取の精神に富む清新な若手改革派官僚の姿である。[60]

正定赴任からおよそ一年後の一九八三年三月には、県党委員会の副書記として「県改革領導小組」の副組長に就任した。[61] 領導小組とは、特定の政策分野や政治課題について、党や政府の各部門を横断して作られる特別の指導機関で、関係する少数代表者で構成される。常設または時限設置の二種類あり、関係各所への指導強化、政策調整、執行監督などを担当する。県改革領導小組は、その名のとおり、正定県全体の政治、経済、行政の改革を所管したとみられる。

具体的な政策遂行の面では、経済発展──習近平らが使用していた当時の用語では「商品経済の発展」──のため、農家生産請負制の導入などの農業農村政策、分権化を柱とする国営企業などの管理制度改革、人材開発、観光振興、経済と技術に関する情報収集などに注力した(62)。改革措置の計画立案にあたっては、中央の党、政府機関の研究所や有力大学に所属する著名な学者たちを、県の政策顧問団に招聘するなど、自分と父親の政治的人脈をフル活用した(63)。

農業分野に関し、習近平のその後のキャリアにかかわる事柄として、正定着任の同じ年、一九八二年、習近平は、中央書記処農村政策研究室の特別招聘研究員（中国語では特約研究員）に任命され、県党委員会の書記職とともに、農業専門家としての顔ももっていた(64)。この肩書の取得には、やはり同じ年に、党中央政治局委員兼中央書記処書記に就任した父親の習仲勲と、上記の農村政策研究室に勤務していた王岐山の助力があったと思われる。後述のように、習近平が農業農村政策に深くかかわるきっかけを作った一因には、王岐山の影響もあったとみられる。一九九〇年代に金融のプロとして名を馳せることになる王岐山は、一九八〇年代には、農村金融を含む農政の専門家として知られていた。

習近平への直接取材を踏まえて書かれた一九八四年七月発表のルポルタージュ風の記事では、当時の習近平の仕事ぶりを伝えるエピソードを紹介している。

習近平は、彼の同僚たち〔県党委員会と県政府の指導者、県機関の業務人員、郷党委員会書記、村幹部〕に、次のエピソードをいくども話している。過去二年の間〔一九八三～一九八四年〕、商品生産で目覚ましく発展した広東省南海県〔現在の広東省仏山市南海区を指す〕を、「政治的に筋金入りの保守」の参観者のグループが視察訪問した。そこでは農民たちが西洋の服を着て、ネクタイを結び、なかにはジーンズを穿き、カラーシャツを身に着けている者さえも目撃した。取引市場では、大小の「事業主」が、〔党や政府の〕高級幹部よりもずっと羽振りがいいのだ。喫茶店では、参観団の人びとが聞いても理解できないような音楽が流れている。(中略) 彼らは目がくらみ、意識がもうろうとして、思わず頭を抱えて激しく泣いてしまった。「われわれはたいへんな苦労をして、長年、社会主義をやってきたのに、資本主義がこんなにも急速に復活〔中国語では復辟〕するとは、思いもよらなかった」。毎回、習近平の話がここまでくると、さまざまな聴衆は、たちまち気持ちが通じあい大爆笑となる。彼らの県党委員会書記と同じように開放的で、同じように愉快に笑うのだ。(65)

引用文からは、正定時代の習近平が、①自他ともに認める改革派であったこと、②生産力の発展を軽視して階級闘争至上主義に陥った文革期の政治、社会思潮に批判的心情を抱いていたこと、③改革反対と旧套墨守の保守的信条を揶揄するかのような言辞を外部に向けて大胆に表明していたことがわかる。③については、父親の権威と庇護のもと、改革をめぐる多少の政治的リスクや越権行為も許容されるであろうという習近平なりの政治的安心感がうかがえよう。

統治における「歴史」の重視——歴史記録（地方志）の参照と歴史大事記の刊行

正定時代の習近平について、党総書記就任後の国政運営を含め、その後の各地方任地での執政経験や指導スタイルとの連続性で注目されるのは、軍とのかかわりと、統治における「歴史」の重視の二つである。

前者の軍との関係について、一九八三年六月、正定県では「軍民共建文明県領導小組」が発足し、県党委員会副書記であった習近平が組長に就任した。(66) 軍民共建活動とは、一九八〇年代に各地の党委員会と政府、現地駐屯の軍部隊が共同で行った社会主義イデオロギーの教育啓発活動を指す。

後者の統治における歴史の重視に関しては、①正定県の風土や歴史への着目と、②地元の中国革命史と中国共産党史の顕彰が挙げられる。

①について、習近平は県政を指揮するにあたり、中華人民共和国以前に編纂された正定県の「県志」（地方志のうち県を扱ったもの。地方志とは、省や県など特定地域の地理、歴史、政治、経済、文化などを総合的に記録した、王朝時代から引き継がれる中国独自の人文地理、歴史書の文献群）を活用した。習近平は、県内のすべての郷鎮と、党や政府の公的機関の大部分を実地視察したほか、「分厚い県志」を繰り返し閲覧参照して、歴史にさかのぼって正定の「県情」の理解に努めた(67)。中華民国期までに編纂された正定の県志は、当時の習近平の愛読書の一つであった(68)。

習近平はまた、中華人民共和国建国以降の正定県の歴史大事記の編纂も推奨した。一九八五年、正定県档案館が出版した『正定県大事記　一九四九～一九八三』は、人民共和国建国以降、習近平が県党委員会書記となった時期までの正定県の政治、経済、社会、文化に関する主要な事項を記載した編年体の歴史年表である。出版に際し、習近平は審査修訂の責任者を務めた。同書刊行の意義について習近平は、建国以来の正定の歴史における「正反両面の経験」の学習を通じ、「中国の特色ある社会主義を建設するための客観法則」の把握や、「歴史的責任」としての「国家の繁栄隆盛と人民の富裕幸福」の追求が可能になると記している(69)。

習近平は、一九八五年に正定県から福建省アモイ市に異動したのちにも、正定県党委員会と県政府が一九八七年に公刊した『正定古今』という表題の書物に、わざわざ序文を寄せている。習近平によれば、同書は、「わたしの第二の故郷」である「正定県の経済、文化、科学、教育、及び、自然地理、物産資源、歴史沿革、歴史上の著名な人物、重要事件、名所旧跡、風俗民情、地元の特産物、民間伝承、古代の詩文など、各分野の様子」を叙述したもので、民国期に発行された正定の県志以来、「半世紀ぶりに、本県の状況を系統的に紹介した初めての書籍」である(70)。いわば簡略版の正定県志という位置づけであった。

人生初めての執政経験となった正定の地で、習近平は、改革開放の推進に努める一方、正定という特定の「場」のもつ固有性や歴史性の見極めに努めた。県志の重視や大事記刊行のエピソードは、改革開放の肯定と任地の独自性の重視という「改革」に対する習近平の基本的立場をよく表している。

指導スタイルと政治力学における「歴史」の重視――革命史、党史の顕彰と年長者の支持獲得

習近平は、指導スタイルと政治力学の面でも「歴史」を重視した。一九八三年六月、正定県では、建国前の同地の共産党組織の革命闘争や、国民党との内戦で落命した軍人の功績を後世に記憶し顕彰するため、習近平の主導のもと、複数の記念碑を建てたり、一部街路の名称を革命烈士の個人名に由来するものに変更したりした。そのなかには、正定で共産党組織が初めて設立された旧商業跡地での党支部の記念碑の設置なども含まれる[71]。

習近平は、彼岸の革命英雄だけでなく、引退した老齢党員や軍の将兵など、存命中のベテランたちへの尊重も怠らなかった。医療費の補助を含む老後の生活保障、春節など祝祭日の慰問活動、各種行事への招待など「老幹部工作」と呼ばれる党務活動を通じ、高齢党員たちの各種支援にも努めたとされる[72]。

一九八四年十二月には、『人民日報』紙上に、「青年と中年の幹部は『尊老』でなければならない」と題する文章を発表した[73]。文中では、先輩共産党人の堅固な信念、刻苦奮闘や質朴、献身の精神などの政治的品格などの継承とともに、年長者の生活の保障が呼びかけられた。習近平によれば、これらを着実に実行してこそ、改革開放政策に必要な機構改革と、幹部の若年化を主眼とする「新旧幹部の協力と交代」が実現できる。

このように、年長者に対する習近平の配慮には、一九八〇年代前半の中国政治における現実的な問題が作用していた。毛沢東時代から鄧小平時代への移行と近代化政策の本格化に伴い、幹部の世代交代の円滑な推進という課題に対し、ベテラン集団の反発の回避と自身への支持獲得という思惑である。実際、当時の習近平は、県内の郷鎮レベルの機構改革において、年齢制限による幹部の人員削減に取り組んでいた[74]。引退した老幹部との緊密な政治的コミュニケーションへの気配りは、その後の各地方任地でも継続された。

（4）アモイ時代（一九八五〜一九八八年、三二〜三四歳）——改革開放の政治と体制内改革派の横顔

一九八五年六月、三二歳の誕生日の当日、習近平は、河北省正定県から福建省の経済特区であるアモイ市の副市長に正式に着任した。このときの心境について、のちに習近平は、「改革の実践と開放の実践を試すことができる」との期待を抱いて、「大喜びでアモイにやって来た」と述懐している[75]。事実、習近平がアモイで勤務した一九八〇年代後半は、対外開放の先進地である経済特区に寄せられる国内外からの関心と期待は相当に高かった。

アモイ時代の習近平の言動については、同地の新聞資料（『厦門《アモイ》日報』）を除くと、同時代の資料が少なく、公的活動にも不明な部分が多い。ただし、現在の妻である彭麗媛との出会いと結婚は、私生活の充実を物語る[76]。

公務では、三つの重要な政治的テーマを間近で目撃したり、経験したりする機会を得た。

第一に、アモイの海岸から、台湾当局が実効支配する金門島を自分の眼で確認し、台湾の存在を強く意識したであろうこと。習近平自身の言葉を借りれば、当時のアモイはまだ、台湾武力解放の「前線」の雰囲気を色濃く残していた[77]。

第二に、一九八〇年代半ばから天安門事件前までの右肩上がりの成長期に、経済特区というこれもいわば改革開放の「最前線」で、急速な発展を実感したことである。

第三に、中華人民共和国史上、政治改革論議がもっとも盛んに繰り広げられたこの時期[78]、首都の北京から遠く離れた、しかも経済特区という比較的に開放的な土地柄のなかで、後述のように習近平は、アモイの政治と経済の両体制改革構想の立案責任者であった。

二番目と三番目の論点について、アモイ時代に習近平が主導的立場でかかわった主な政策分野は、反腐敗、対外開放、体制改革であった。後二者は文字どおり、改革開放——当時の呼称では「対外開放、国内活性化（中国語では対

内搞活)[79]」――の二大要素であり、習近平は、その若き旗手として活躍の場を与えられた。だがそれは、今日、最高指導者となった習近平にとって、経歴上きわめて敏感な話題の一つでもある。

反腐敗の原点としての「税収、財務、物価大検査」

習近平が副市長として取り組んだ初めての大きな仕事は、各種の法令、紀律に違反した経済犯罪の摘発(例、脱税、国庫に納めるべき税や資金の隠匿、物資の不当な値上げ、原材料と製品の違法な転売、報奨金や手当の乱発、公金による接待、贈答、浪費、贈収賄、外貨の違法取引)と、それを通じた企業の経営活動の健全化、特区の市場紀律の整備、インフレ抑制と物価安定であった。

「税収、財務、物価大検査」(以下、「大検査」と略記)と称するこの政治運動は、アモイ市内に所在するすべての企業、行政機関とその関連団体を対象として、上記の違法行為を取り締まるとともに、党員や幹部の反腐敗と綱紀粛正の思想教育の意義も有していた[80]。この点、毛沢東時代の「三反五反」運動や「四清」運動など、経済活動の不正の暴露を目的とした大衆動員型の政治キャンペーンの性格も部分的に反映していた。

習近平は、アモイ在任期間中、毎年実施された計三回の大検査のすべてで、市政府の特設指導機関である「領導小組」の組長を務めた[81]。副組長には、市政府の副秘書長、及び、税務、財政、会計検査の各局長が名を連ね、市紀律検査委員会を含む関係部門の責任者も小組に参加した。一九八五年から一九八七年まで市財政局副局長で、一九八七年に同局長に昇任した何立峰(現・党中央政治局委員、国務院副総理、二〇二四年十月現在)も主要メンバーであったとみられる。

習近平の政治的生涯において、大検査は、大規模な反腐敗キャンペーンの陣頭指揮に当たった初めての経験であり、二〇一二年の党総書記就任後の全国的な腐敗追及の実践的原点であったといってよいであろう。このときの経験を通

図 4-2　習近平と岡崎嘉平太の会談記事、『厦門日報』の見出しと本文の一部

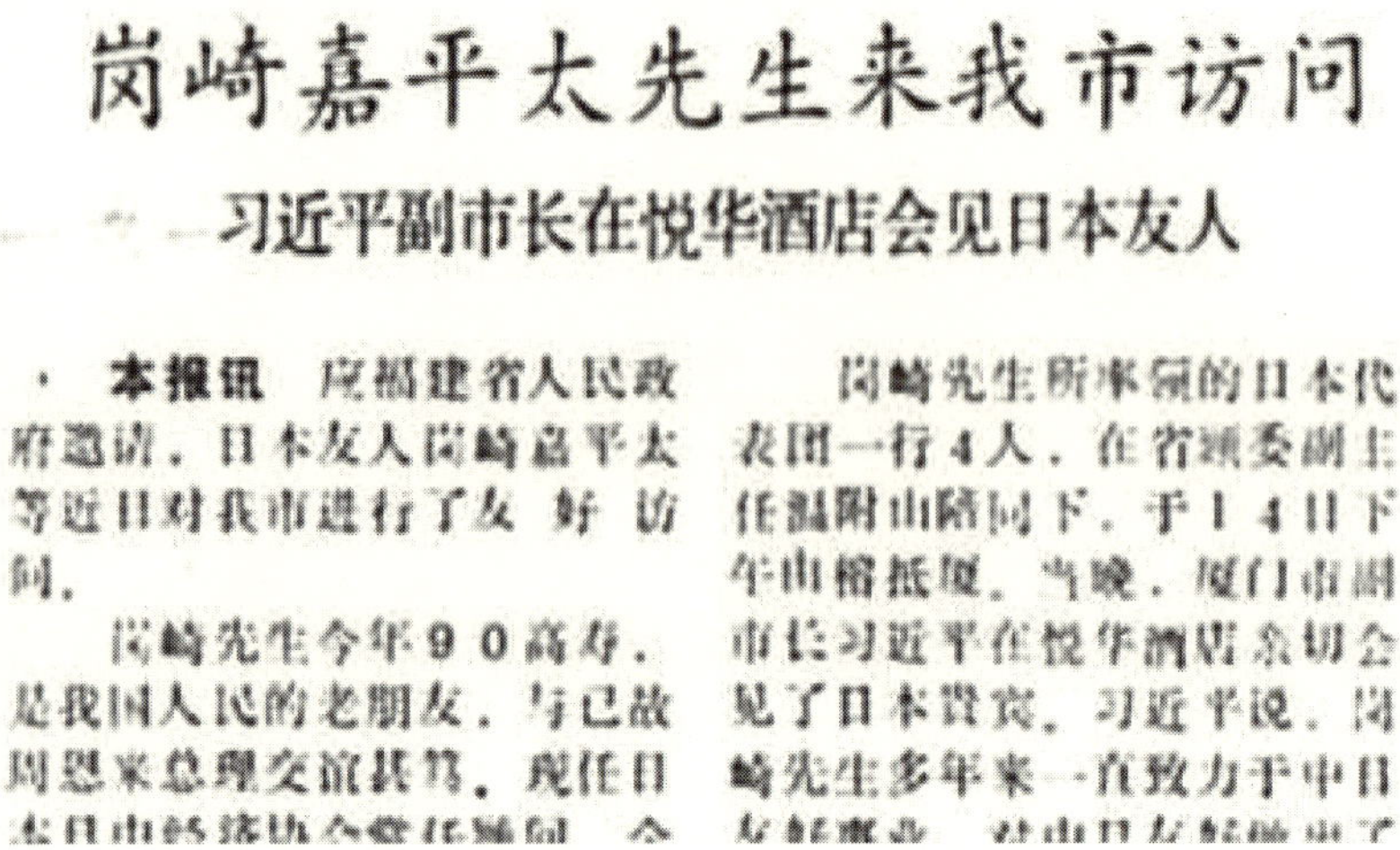

岡崎嘉平太先生来我市访问

——习近平副市长在悦华酒店会见日本友人

本报讯　应福建省人民政府邀请，日本友人岡崎嘉平太等近日对我市进行了友好访问。

岡崎先生今年９０高寿，是我国人民的老朋友，与已故周恩来总理交流甚笃，现任日本日中经济协会常任顾问。

岡崎先生所率领的日本代表团一行４人，在省顾委副主任温附山陪同下，于１４日下午由榕抵厦。当晚，厦门市副市长习近平在悦华酒店亲切会见了日本贵宾。习近平说，岡崎先生多年来一直致力于中日

出典：『厦門日報』1987 年 11 月 17 日付、第 1 面。

じて習近平は次の二点を認識した。

一つは、権力機関による「上から」の政治運動を通じた経済犯罪の摘発の有効性、及び、これによる幹部の業務態度の改善と官民への政治教育の重要性である[82]。いま一つは、市場化による商品経済普及を柱とする経済改革と並行して進められるべき、国家主導の市場紀律の確立と各種経済主体への監督強化の必要性である[83]。この点、大検査のテーマは、国防や治安維持とともに、国家のもっとも枢要な強制力の一つである徴税権の強化であった。

開放政策の推進、岡崎嘉平太との出会い

対外開放の窓口として中国の国内外からの期待を集めていた経済特区の幹部として、習近平は、大検査のほかに、対外、対内経済連携の職務を担当した。中国国内の他地域、諸部門との経済連携や、投資や技術導入のための海外経済ミッションへの対応に際し、アモイ側の責任者を頻繁に務めた。

前者に関し、習近平は、行政の部門とレベルの制限（中国語では条）、地域の管轄範囲（中国語では塊）を超えて、

中国国内のさまざまなアクターとの間で、生産、流通、販売等の各方面の協力実現に尽力した。[84] 当時、「横向経済連合」や「内連工作」などと呼ばれたこの活動に対し、習近平はしばしば、みずからアモイ側の訪問団を率いて各地を訪問し協議に臨んだ。習近平が主導して締結された経済協力の協定文書の多さからは、その精力的な活躍ぶりと短期間のうちに一定の成果を上げたことがうかがえる。[85]

後者について、習近平は、来訪した外国要人や視察団、訪問団などに対し、アモイの対外経済発展のため、市側ホストとして接遇の役目を果たした。[86] 注目すべきことに、そのなかの一人に、岡崎嘉平太（一八九七～一九八九年、享年九二）がいた（図4-2）。周知のとおり、岡崎は、一九六〇年代のLT貿易や一九七二年の日中国交正常化の実現に尽力した日本側立役者の一人であり、周恩来とも個人的な信頼関係を築いた人物として知られる。

習近平と岡崎嘉平太（日本からの同行者ほか三名）の会談は、一九八七年十一月十四日の夜、アモイ市内のホテルで行われた。[87] 当時すでに九〇歳で、日中関係の大物である岡崎嘉平太（日中経済協会常任顧問、全日本航空株式会社最高顧問、肩書は当時）と、まだ三〇代半ばで、副市長という中堅幹部にすぎなかった習近平の会談について、対話の中身はごく短い形でしか伝えられていない。

習近平は次のように述べた。岡崎先生は多年にわたり中日友好事業に一貫して尽力し、中日友好に対し非常に大きな貢献を行った。われわれは、岡崎先生の来訪をたいへん喜ばしく思っている。また、習副市長は、日本の友人らに対し、アモイ経済特区の発展状況を紹介した。岡崎先生は、日中両国〔補註、日中の語順は中国語の原文どおり〕は必ずや友好でなければならず、そうしてこそアジアに平和がもたらされる。両国人民が何世代にもわたって友好を続けていくように、われら双方がともに努力しなければならないと語った。

日本と中国がともに東アジアの平和に大きな責務を負うとした岡崎の言葉は、今日ではいっそうの重みをもっている。なお、アモイ滞在中、岡崎は講演会にも登壇した。市の経済、科学技術、文教分野に所属する約二〇〇名の聴衆を前に、「日中経済技術協力の見通し」の題目で講演を行い、好評を博したという。

アモイの改革構想の提出と「体制改革」の内実

アモイ時代、習近平は、市の経済社会の長期発展とそれに付随する政治、経済改革の計画立案を所管し、やはり「領導小組」のトップに就任した。[88] 一九八六年七月から一九八八年三月まで、およそ一年八カ月に及ぶこのプロジェクトの過程で、習近平は、多数の会議に出席して演説を行ったり、指示を出したりして主導的役割を担った。[89] その努力は、天安門事件後の一九八九年九月に刊行された、習近平を筆頭編者とする『一九八五―二〇〇〇年アモイ経済社会発展戦略』[90]（以下、「発展戦略」と略記）の一書に結実した。だが、このとき習近平はすでに、次の任地である福建省の寧徳地区に異動していた。

ところで、一九八七年一月の胡耀邦の失脚や、一九八七年十〜十一月の一三回党大会での趙紫陽による政治改革案の提出など、党中央での保守派と改革派の角逐により、目まぐるしく変化する当時の政治状況にあって、習近平は、経済特区の改革構想の策定の任を負っていた。こうした政治的に微妙な――状況次第では危険な――立場に置かれていた習近平は、終始、慎重な体制改革派として振る舞った。例えば、上記発展戦略の「政治体制改革」の内容[91]について、習近平はこれを「行政体制改革」、すなわち、行政効率の向上と経済改革に合致した党と政府の機構改革と理解した。[92] 一三回党大会終了直後の一九八七年十一月初めには、市の主要な指導者たちが参加した趙紫陽の政治報告の学習会で、次のように発言している。

今後、わが市の体制改革は、一三回党大会路線の導きに基づき、引き続き深めていく必要がある。来年〔一九八八年〕の体制改革の初歩的構想は、企業経営メカニズムの改革を中心とし、企業請負責任制を改善し、投資体制と物資、外国貿易体制の改革を進め、かつ、税、住宅、金融、労務の各市場の改革を引き続き模索すべきである。同時に、政府の管理機構を改革し、経済に対する政府の管理機能について、直接コントロールを主とする状態から、間接調整を主とするそれへと、移行を逐次実現しなければならない(93)。

引用文にみられるとおり、習近平にとって「体制改革」は、あくまで経済が主であり、政治は従の位置づけであった。「体制改革」の一部である政治改革も、経済のマクロ・コントロールを可能にする政府の機構改革、及び、行政の運営メカニズムの改善に限定されていた。

「政治改革」をめぐる習近平と趙紫陽の分岐――「党政分離」と「中華民族の偉大な復興」

一三回党大会閉幕後の一九八七年十一月、習近平は、『アモイ日報』の第一面に、「一三回党大会の文書を真剣に学び、アモイ特区の改革の歩みを速めよう(94)」と題する署名入りの文章（以下、「改革論文」と略記、図4-3）を発表した。これは管見の限り、習近平のアモイ在任時、同紙に掲載された唯一の署名論文である。アモイ時代の習近平にとってもっとも重要な公的意見表明の文書といえる。だがこの資料も、従来の研究で言及された形跡はない。

「改革論文」で披瀝された政治改革に関する習近平の見方は、大略、次のとおりである。いわく、今次大会の新機軸にして重要な決定は、①「社会主義初級段階」論の導入、②計画と市場を併用した経済システムの確立、③多層多面の経済改革による「社会主義市場経済体系」の整備、④経済改革と連動した政治改革の実行などである(95)。④に関し、趙紫陽総書記は、「経済体制改革が政治体制改革と緊密に結びつかなければならず、政治体制改革を行わずに経済体

図 4-3 『厦門日報』に掲載された習近平の署名入り論文の標題と本文の一部

认真学习十三大文件 加快厦门特区改革步伐

中共厦门市委常委、副市长 习近平

党的十三大是加快改革开放的大会。这次大会最突出之处在于指出我国仍处于社会主义初级阶段，制定了正确的路线和政策，解决了我国发展中的许多重要问题。与初级阶段相适应的，是有计划的商品经济，是计划与市场内在统一的经济体制。由于社会主义商品经济是以公有制为基础的，这就决定了计划机制与市场机制可以内在地统一在社会的经济活动中，在经济体制上必然是"国家调节市场，市场引导企业"的体制模式。努力形成计划与市场内在统一和有机结合的体制模式，是我国经济体制改革的真正目标。

这次大会提出从所有权与经营权分离着手改革企业经营机制必须与其他方面的配套改革紧密结合，指出我们深化经济体制改革的主要任务是围绕转变企业经营机制这个中心环节，分阶段地进行计划、投资、物资、财政、金融、外贸等方面体制的配套改革，逐步建立起有计划商品经济新体制的基本框架。作为一场深刻的社会经济变革的基础性环节的企业改革显然不是一个点，不能孤立进行，必然触及生产、流通、交换、分配的各个方面。几年改革的实践表明，一系列配套改革若没有同时跟

中，围绕着搞活企业这一中心，从简政放权、减税让利到普遍推行厂长负责制和厂长任期目标责任制，展开一幅宏伟的改革画面。特别是今年以来，主要抓国营大中型企业推行承包经营责任制，到10月止，预算内工业企业已有８１％与主管部门、财政部门签订承包合同，商业、供销、粮食国营企业承包面达到９０％以上。用"改、转、租"全部放开国营小型商业企业，经过改革已形成多种经济成分、多种流通渠道、多种经营方式和减少流通环节的流通体制，社会商品零售额１９８６年比１９78年增长３．９倍。国家宏观管理经济的方法也发生一些变化，计划部门减少指令性计划，扩大指导性计划，从财、物、指标分配的直接管理正逐步转向制定全市中长期经济发展规划，开始利用经济杠杆和经济政策来指导经济结构变动和整个经济生活；财政、税务、物价、金融、外贸部门都进行一系列改革和探索。

１９８６年，我市被列为全国１６个中等城市机构改革试点城市之一，经过反复调研、比较论证已形成了全市行政机构改革方案草案，迈出了机构改革的第一步。

结合我市的改革实际，进一步推进改革，主要任务是：

进一步深化完善今年已广泛推行的企业承包经营责任制，大胆引进竞争机制，面向社会、公开招标，择优选择承包经营者。继续探索国有资产管理方法，为两权分离提高国有资产使用效益创造条件。企业组织形式上，要探索以出口创汇产品为龙头、大中型骨干企业为中心，通过发展横向经济联系组建企业集团。

投资体制改革着眼于改善投资效益，调整投资结构，实行投资分层次负责管理，逐步缩小政府直接投资范围。政府主要投资基础设施和公共福利事业，一般经营性投资交给企业自行决策、自担风险。从项目的选定、设计到施工，都要实行面向社会的公开招标。

物资体制按照"国家调节市场，市场引导企业"实行政企分开，搞活生产资料流通。各物资专业公司实行企业化经营，计划部门承担生产资料行政管理职能，健全、扩大钢材交易市场和建立其他生产资料市场。

外贸体制改革核心是创造条件把外贸企业包

出典：『厦門日報』1987 年 11 月 23 日付、第 1 面。

制改革は最終的な成功を得られない」ことを表明し、「政治体制改革の実行の着手」を明確に指示した。これにしたがいアモイでも、次年度の一九八八年以降、「党大会が提出した政治体制改革の目標と要求を結びつけ、わが市の機構改革の構想をさらに補充修正する。（中略）機構改革の構想をできる限り早期に実行し、政府の経済管理の方法が、直接管理から間接管理へと転換するための基礎をうち固める」よう努力しなければならない、とした。

中国共産党の指導部が主導的に提起し、今日までもっとも包括的、かつ、もっとも本格的な政治改革案として名高い趙紫陽の政治報告について、改革論文に示された習近平の理解の特徴は、次の二点である。

第一に、習近平は、趙紫陽の指摘した政治と経済の両改革の不可分性を是認する一方、政治報告で列挙された政治改革の具体的内容を、改革論文の文面ではほぼ黙殺した。例えば「政治体制改革」の筆頭の措置として趙紫陽が挙げた「党と国家機関の機能分離（中国語では党政分開[96]）」をはじめ、複数の実行項目にほとんど言及しなかった。一方、趙紫陽の述べた「政企分開」、すなわち、政府と企業の機能分離は、改革論文のなかでも翌一九八八年からの速やかな実行を求めた。

習近平は、自分の政治生命と支配体制の安定にとって、党政分離の語が発する危険性を敏感に察知し、目指すべき「政治体制改革」の範囲を、やはり経済成長と経済改革への貢献を主目的とする政治、行政の条件整備、具体的には、経済のマクロ・コントロールを可能にする政府の機構改革と行政運営の改善に限定したのである。それはまた、天安門事件までの鄧小平の「政治体制改革」の意見と一致していた[97]。

この点、一九八九年六月の天安門事件後、改革論文が、習近平のキャリアにとって致命的な政治的瑕疵とみなされなかったのも首肯できる。ただし、これまでの叙述から明らかなように、当時の習近平は、計画経済を重視する保守派にも与せず、改革派の陣営に属していた。「政治改革」には慎重な姿勢を維持しつつも、天安門事件で決裂するまで鄧小平と趙紫陽が標榜した「体制改革」の目標と内容を、習近平も部分的に共有した。

趙紫陽報告に対する習近平の理解の二つめの特徴は、趙紫陽が述べた「中華民族の偉大な復興」の言葉が、習近平の改革論文には見当たらないことである。今日知られるところによれば、「中華民族の偉大な復興」が、政治報告に初めて登場したのは一三回党大会であり、しかも、趙紫陽による社会主義初級段階の説明部分であった[98]。社会主義初級段階の考えには関心を示す一方、「中華民族の偉大な復興」の民族主義的アピールは、当時の習近平の心の琴線には十分に触れなかったとみられる。習近平が「中華民族の偉大な復興」の単語を再発見し、強く惹かれるようになるのは、改革論文の発表から一〇年以上を経た世紀転換期であった。

(5) 寧徳時代(一九八八～一九九〇年、三四～三六歳)——改革開放の〈影〉と天安門事件の衝撃

一九八八年五月、習近平はアモイ市を離れ、行政級として一級上で、同じ福建省の寧徳地区党委員会の書記に昇格した[99]。一九九〇年時点の寧徳の人口は、約二八六万を数えた[100]。ただし、一九八〇年代はもちろん、一九九〇年代後半でも、省内有数の貧困地区として知られるほど発展の遅れた地域であり[101]、改革開放の花形的存在として、いわば「光」

の部分を代表する経済特区のアモイからすれば、寧徳はその「影」の部分を代表していた。

一九九〇年四月までの二年に満たない短い寧徳時代[102]に、習近平が取り組んだ政治と経済の重点課題は、①貧困地域の開発と経済の回復、②一九八九年六月の天安門事件前後の社会的安定確保の取り組み（思想統制、「作風」改善、反腐敗）であった。

天安門事件に際し、北京から遠く離れた寧徳の地にいたことは、政争と武力鎮圧の混乱を避けるうえで、習近平にとってはある意味で幸運であった。ただし、一九八九年五月には、寧徳地区でも学生デモが発生し、習近平らはその対応に追われた（後述）。

前節でみたように、習近平は、文革の認識フィルターを通じて民主化運動を批判し、民主主義の段階性、法と秩序の重要性を強調した。また、事件の教訓として、体制転換防止のため、経済改革と歩調を合わせる形で、一般大衆には思想統制を、党と政府の幹部には反腐敗と業務態度の改善を、それぞれ強化する必要を銘記した。

後発地域の開発と海洋への注目

寧徳の各地を視察した習近平は、農村部や山間部など、改革開放の恩恵に十分に浴していない地域で暮らす人びとの貧困と格差の深刻さを改めて認識した。急進的な開発への期待を戒め、「滴水、石を穿つ」をスローガンとする漸進的取り組みを強調しつつ[103]、主に自然資源を活用した産業政策の実行を指示し、基幹産業である農業振興と食糧増産[104]のほか、林業や水力発電の発展などを重点施策と位置づけた[105]。郷鎮企業の育成発展による末端レベルの行政組織の財政力強化も訴えた[106]。ほかに、福建出身者が多い海外の華僑、華人にも積極的な投資を呼びかけた[107]。

注目点の一つは、海洋経済振興の提起である。「海に臨み、海に面するという地理環境」を利用すべく、習近平は、漁船団や養殖業の発展、鉄道敷設と連動した港湾インフラの整備などを提案した[108]。初歩的なレベルにとどまったとはいえ、キャリアの比較的早い時期から、習近平が「海」に着目していた事実は見逃せない。

だが、そうした努力にもかかわらず、天安門事件後の中国経済全体の停滞により、もともと低開発の状態に甘んじていた寧徳地区はさらなる苦境に陥った。寧徳からの離任直前に至っても、習近平は、寧徳の工業にとって「情勢は比較的厳しく、困難は比較的大きい」ことを認める一方、「暫時の困難を乗り越え、国内外の全体状況が好転しさえすれば、わが地区の工業にも新たな転機が出現するであろう」との希望的観測を述べるにとどまった[109]。

天安門事件と寧徳の民主化運動、言論統制と統治における「歴史」の重視

一九八九年四月から五月にかけて、北京の天安門広場に集まった学生や市民らによる民主化デモを中心に、中国では全国各地で民主化運動が盛り上がった。だが鄧小平の主導により、北京市内では六月四日から軍による武力弾圧が強行され、運動参加者の多くが逮捕されたり、殺害されたりした。地方でも同様の弾圧が行われた。六・四天安門事件である。

血の惨事の発生以前、民主化要求の機運は、福建省でも高まっていた。天安門広場での民主化デモのきっかけとなった一九八九年四月十五日の胡耀邦の死去後、早くも翌十六日には、省都の福州市にある福建師範大学の構内で学生による追悼活動が始まった。五・四運動記念日である五月四日には同大学の一部学生が、民主化スローガンを記したビラの貼り出しや集会への参加、街頭デモを行い、これらは六月下旬の授業再開まで続けられた[110]。福州大学でも、一九八九年五月十七日から十九日まで、「相当数の学生と少数の教員、職員」が参加して、授業のボイコット、民主化を求めるチラシや壁新聞の発表、街頭デモ、ハンガーストライキ、党や政府機関への陳情、鉄道線路への座り込みなどを行い、六月四日のあとも十数日間にわたって、学生と教職員が通学通勤を行わないなどの混乱が続いた[111]。福建省全体では、先の五月十七〜十九日の三日間に、学生、幹部、知識人など一〇万人余りが街頭デモに繰り出した[112]。こう

した事態に対し省党委員会は「動乱制止工作領導小組」を発足させ、党中央との緊密な連携のもと、省内外への学生の移動禁止、運動参加者の摘発と処分などを実行し、八月末までには福建での民主化運動は基本的に収束した。

寧徳地区でも、五月十八と翌十九の両日、民主化要求の学生デモが発生した。地区管内の大学や職業訓練校など、複数の教育機関に所属する約一〇〇〇名の学生が参集し、北京の民主化運動の学生を支援するとの名目で街頭デモを実施した。これに対し、習近平率いる地区の党委員会や行政担当機構、及び、下級の党や政府、関連部門の指導者らは、説得などの「正しい方向に導く教育」を行い、学生らは学校に戻り授業が再開された(113)。地区党委員会はまた、「首都党政軍幹部大会での李鵬同志と楊尚昆同志の重要講話を真剣に学習貫徹することに関する通知」を、県クラスの党と政府に発出し、党員、幹部、教師、学生、市民らに対し、党中央への支持と「動乱の旗幟鮮明な制止、安定団結の維持」を要求した(114)。

習近平は、警察機関に対し、地区の治安維持と社会監視の任務とともに、民主化運動の連携協力を目的に隣接する浙江省の学生が寧徳を訪問するのを阻止するよう命じたり、事件後にはデモ参加者の調査を指示したりした(115)。これらの結果、同年七月末までには、寧徳の政治、社会的安定も基本的に確保された。北京に比べれば、民主化運動の規模も格段に小さく、短期間で収束したとはいえ、寧徳地区も中国全体の政治危機と無関係ではいられなかった。

一方、寧徳で学生デモが発生した五月中旬、習近平は、地区の「新聞工作会議」にも出席し、北京をはじめ国内各地での民主化運動の高揚を念頭に置きつつ、民主主義実現の段階性を前提とした民主化と法制化に関する冷静な議論を、地区の報道関係者に要求した(116)。政治腐敗の告発報道等についても、民衆の反権力の怒りを煽るだけの記事は一面的というべきで、事実の伝達と党の宣伝機関としての二つの役割の両立を指示した。

事件発生から半年後の同年十月には、政治と文化の関係をめぐる論考を文芸誌に発表し、文化活動が追求すべき唯一の「社会的効果」とは、「民族振興と社会進歩に対する歴史的責任」の喚起により、「人民の民族的自尊心と自信を高め、まったくの新たな様相で〔中華民族が〕国際社会〔中国語では世界民族之林〕に確固としてそびえたつようにさせる」ことと述べた[117]。それは社会主義者というよりは、民族主義者の発言であった。

習近平は世論の能動的形成にも努めた。文革期に停刊された寧徳地区党委員会の機関紙を、天安門事件後の一九八九年十一月に復刊したのである[118]。当面の報道活動の重点は、「四つの基本原則」の堅持、ブルジョワ自由化反対、改革開放の堅持、思想政治工作と反腐敗の強化などであった[119]。また、習近平自身の言葉を借りれば、新聞発行の主な目的には、「閩東〔寧徳地区の所在する福建省東部の別称〕の知名度の拡大」も含まれていた[120]。それは、地区のトップを務める自分の知名度の向上と同義であり、習近平の個人的な広報活動の一環でもあった。

さらに、天安門事件後に習近平が行った主要な仕事の一つが、歴史政策[121]の活動であったことは興味深い。一九八九年七月一日に挙行された寧徳地区の革命記念館落成式への出席[122]をはじめ、中華人民共和国建国四〇周年の記念刊行物として、正定時代と同様、建国以来の寧徳の党と政府の大事記（『閩東四十年　一九四九―一九八九』）を出版したほか、党史と地方史の研究も奨励した[123]。習近平の政治信条における歴史の重みは、次の異動先の福州でいっそう明確になる。

民心獲得のための支配体制のイメージ改善

当時の新聞報道によれば、一九八九年六月の天安門事件後、習近平は、思想政治工作の強化による「農村と企業における人心の安定」、及び、農家生産請負制などの「政策の連続性と安定性の維持への注意」に留意し、武力鎮圧の発生による社会的動揺の鎮静化に注力した[124]。

また、事件発生の体制側の要因について、習近平は、鄧小平など中央指導者の認識を踏襲して、中国語で「作風」と呼ばれる幹部の不良な業務態度と政治腐敗の蔓延による人心の離反を挙げた。

過去数年来、党内では、意志薄弱な一部の者が、執政と改革開放の試練に耐え抜くことができなかった。腐敗現象が一定程度蔓延し、官僚主義の態度が一定程度発展し、それにより党と人民大衆の血肉の関係がさまざまな程度で弱まり、人民大衆の間で党の威信が傷つけられた。敵対分子はこのスキにつけこみ、動乱と暴乱を作り出した。この点われわれは、大衆と緊密に連携することの重要性をはっきりと認識すべきである。[125]

こうした認識に基づき、習近平は、幹部の業務態度の改善にも努めた。みずからも山間部や貧困地域の農村、工場、学校など末端レベルへの住民視察を頻繁に行った。農民や学生に対し、改革開放による農村経済の発展方針の維持や、「ブルジョワ自由化の危険性と社会主義の優越性」の宣伝を率先して行った。[126] 面談方式による地域住民の意見や要望の聴き取り、貧困地区の発展支援、農作業や灌漑施設の補修といった労働奉仕への参加など、民衆に寄り添う指導者像の自己演出によって、支配体制と社会との政治的距離感の近さを積極的にアピールした。[127]

天安門事件からおよそ七カ月後の一九九〇年一月には、従来の活動を振り返りつつ、「一九八九年の春夏の季節の変わり目の時期に発生した動乱と暴乱（天安門事件を指す）の厳しい試練を耐え抜き、安定団結の政治局面」の維持に成功したとの評価を下すとともに、「社会の安定、経済の安定、人心の安定」に引き続き注意を払うべきことを部下たちに呼びかけた。[128]

幹部を対象とする汚職撲滅運動の推進

天安門事件後、習近平は、地区幹部のマルクス主義理解が不十分であったとの反省から、中国革命史とマルクス主義哲学の二つの学習を指示した。[129] ここにみられるとおり、天安門事件からソ連解体前後の一九八九〜一九九一年末頃まで、習近平にとって、思想イデオロギー学習の重点は、主に中国共産党史と社会主義理論であった。その後、一九九〇年代半ば以降、愛国主義教育の一環として中国近現代史がより強調されると、幹部教育の面でもナショナリズムの思想的色彩が強まっていくこととなる。

同時に習近平は、民衆の支持獲得と体制内部の綱紀粛正のため、「わが地区の大衆がもっとも関心をもち」、「大衆を喜ばせるいくつかの実際的な事柄」の筆頭の施策として、幹部の不正摘発キャンペーンを推進した。[130] 一九八九〜一九九〇年の二年間にわたり、寧徳地区内では幹部による法令や紀律に違反した土地占有と住宅建設が調査され、違反者には、家屋の没収、違法な建築物の撤去、罰金などの処分が下された。[131]

加えてこの反腐敗運動の顚末は、『人民日報』の当時の報道でも伝えられた。多数の幹部の恨みを買ってでも汚職撲滅を完遂しようとする習近平の決意の言葉が紙面で紹介されると、その名は一躍全国に知られることとなった。[132] のちに習近平が出世するにつれて、寧徳での反腐敗のエピソードも、汚職官僚を容赦しない強固な意志と決断力のあるリーダーシップの物語として喧伝され、文革での苦労体験とともに習近平の政治神話の一つの源流ともなる。[133]

「なるほど、〔違法に〕土地を占有して家屋を建てた幹部は、確かに多い。だが、多数の幹部からみれば、そうした人は少数であり、地区全体の二〇〇万人余りの大衆からみれば、さらに少なく、わずか三〇〇分の一にすぎないではないか！」、「ここには、だれの恨みを買うのかという問題がある。紀律と法令に違反して土地を占有し家屋を建てた者は、私欲のために党の権威とイメージを損なう。その者こそ党の恨み、人民の恨み、党紀と国法の恨みを買うのだ。党と人民の利益を代表して調査処分を行う幹部が、その者から恨みを買うのではない」。地区党委員会書記の習近平は、地区党委員会の工作会議でこう述べたのである。[134]

もっとも習近平は、幹部集団全体を敵に回すようなことはしなかった。例えば、所有する自宅を賃貸しして自分は公共住宅に住み続けていた幹部には、一ヵ月以内の退去と高額の家賃徴収の罰を科した。寧徳地区全体では計一〇〇〇部屋の退去があり、これは当時の地区財政で一年間に建築可能な公共住宅のおよそ二〇年分に相当する大きな量であった。汚職幹部の退去後の空き部屋には、長年公共住宅の割り当てがなされなかった別の幹部が入居し、習近平ら地区指導部に感謝したという。[135] ここには不正摘発の別の側面として、一部民衆を交えた幹部集団内の大規模な利権の再配分、それによる習近平の支持基盤の強化があったことが推察されるであろう。

（6）福州時代（一九九〇～一九九六年、三六～四二歳）——官僚政治家としての飛躍

天安門事件からおよそ十ヵ月後の一九九〇年四月、習近平は、福建省の省都である福州市党委員会の書記に着任した。[136] その後、一九九六年三月末までの約六年間、福州のトップを務めた。[137] 市党委員会党校のほか、福州市が運営する職業大学校でも校長の職を務めた。[138]

この間、鄧小平が一九九一年末から一九九二年初めに行った「南巡講話」をきっかけとして、「改革深化と開放拡大の施策が、雷鳴伴う春の雨のように神州に降り注がれた」、「改革開放の大潮が神州の大地をもういちど席巻する」と考えた習近平は、高い潜在成長力を誇る省都の有利さを発揮すべく、福州の高速成長に向けて注力していった。[139] それは、同じ一九九二年にひとり娘が生まれて父親となったみずからの実績作りのためでもあった。事実、官僚政治家としての習近平の力量は、福州で大きく成長する。

海洋経済への関心と高速成長への邁進

習近平は、天安門事件後の政治的引き締めを指示しつつも、鄧小平による南巡講話の政治キャンペーンの開始以前から、改革開放の再開と促進には総じて積極的であった。地域の独自性に基づく発展を志向する習近平が着目したの

は、福建省最大の河川である閩江《びんこう》の河口に位置し、東シナ海と台湾海峡に面するという福州の地理環境であった。一九九一年五月、習近平は、「福州の希望は大河と海洋にあり、福州の発展も大河と海洋にあり」との号令を発し、漁業や養殖業の発展を奨励した(140)。一九九四年五月には、水産業以外にも海上輸送、臨海工業、港湾整備などを含む、海洋経済の総合的な開発計画「海上福州戦略」を発表して、「海洋経済意識を強め、海洋開発工作への指導を適切に強化する」ことを強調した(141)。

鄧小平による南巡講話の発表後、一九九二年三月に挙行された市人民代表大会の会議では、同講話の呼びかけに応じて、福州市も経済開発に注力し、「改革開放の二番目のうねりを迅速に巻き起こす」ことを求めた(142)。一九九二年十月に開かれた一四回党大会で「社会主義市場経済」の確立が謳われると、翌十一月には習近平も、福州の経済を二〇一〇年前後に「アジア四小龍」(香港、台湾、韓国、シンガポール)の水準に引き上げるための長期計画「福州市二〇年経済社会発展戦略設想」、通称「三八二〇プロジェクト(中国語では三八二〇工程)」を発表した。その第一段階(一九九二年から向こう三～五年程度)として、外資導入と市場化を主な方途とし、対外開放と都市、地域開発を連動させた「閩江金三角経済圏」構想もあわせて提起された(143)。三八二〇プロジェクトの長期方針に基づき、閩江金三角経済圏と海上福州の二つを重点的な取り組みとして、習近平は福州の高度成長を推進した(144)。

習近平は、福州が官民挙げて「超前意識を確立し、時代の波に乗る進取者」になること(145)、これにより福州の経済を通して「常識を超えた、飛躍的な発展」を実現させることを求めた(146)。寧徳時代に政治発展の面で拒絶した「超前」を、福州では、経済発展の面で積極的に追求した(147)。中国全体が高度成長に向かう時代的高揚のなか、当時の習近平の発言にも、新自由主義的改革の擁護者のような雰囲気さえ感じられる。これまでの生涯のうち市場原理主義の立場にもっとも接近したときといえるかもしれない。

また、それらの長期計画の作成や個々の政策立案、及び、市の中心部と郊外の各住民の要望に基づくインフラ施設の整備などにあたり、習近平は毎年一〜二ヵ月の時間を費やして、隷下の官僚機構による組織的な調査と退職幹部への意見聴取、一部民衆へのアンケート調査などを組み合わせた総合的な調査研究活動を実施した。成果物として毎年出版された書籍の中身は、年度ごとの市政全体の運営方針と、個々の政策部門が取り組むべき重点項目を記したもので、党と政府、主要な公的団体の関係者に内部資料として配布され、政治目標と政策執行に向けた意思統一が図られた。この活動は、習近平が福州に着任した一九九〇年末から始まり、福州市党委員会書記の職を離れるまで一貫して続けられた(148)。

福州の開発独裁――経済成長と和平演変、台湾との体制間競争

一九八〇年代に本格化した改革開放政策が、一九八九年の天安門事件に帰着したとすれば、南巡講話を契機とする一九九〇年代における改革開放の再開も、やはり同様の悲劇を招来するのではないか。こうした危惧を抱く人びとに対し、習近平は、経済成長による支配の正統性の再調達と、これに関連した台湾との体制間競争の視点から、鄧小平の主張を擁護した。

習近平はまず、米ソ冷戦の終結と東欧の社会主義陣営の崩壊、天安門事件による国内動揺など、中国の支配体制が直面する内外環境の危機の存在を認めた。一九九一年二月に開かれた福州市の人民代表大会の会議では、「第二次世界大戦以来形作られてきた世界の旧構造がすでに打破され」、国際情勢の不安定化が増したこと、「西側の資本主義国家による、社会主義国家への和平演変戦略の遂行強化のため、国際共産主義運動が暫時、低調期に転じた」ことを指摘した(149)。

習近平によれば、そうした困難な国際環境のもと、国の経済力強化を図ることは、「現実的な経済問題でもあり、また、和平演変を防止し、社会主義の優越性を十分に発揮するための堅固な土台を築くという重大な政治問題でもあ

る」[150]。その理由は、福州の置かれた地理的環境からみて、福州の発展の成否は、上海や深圳など国内諸都市との成長スピードをめぐる競争だけでなく、海峡正面の台湾との社会主義と資本主義の体制間競争の意味合いをもつためである。社会主義イデオロギーの退潮期という厳しい局面にあって、中国の国力と支配体制の正統性認識の両方を強化するには、開発こそが有効な打開策である。このように、一七年間の福建省時代を通じ、台湾の存在は、終始、習近平の政治論の前提として位置づけられていた。

〔中国〕大陸で台湾にもっとも近い都市として、改革開放と経済建設をわれわれがうまくやれるかどうかは、沿海部のいくつかの都市や地区との競争の問題であるだけでなく、資本主義の体制との勝負の問題でもある。（中略）経済を向上させ国家が富強となってこそ初めて、われわれの社会主義は基礎を固め、各種の複雑な国際情勢に焦らずに対処し、「和平演変」の陰謀に反対し、これによって不敗の地に立つことができる。経済を向上させ生産が発展し、経済が繁栄し、物質的富が絶えず豊富に生み出されてこそ初めて、（中略）〔中国の〕人民全体が社会主義を歩むという信念を確固たるものにすることができる[151]。

内発的独自発展観への転回と「場」のナショナリストの発現

天安門事件の教訓として、習近平が鄧小平から学んだのは、経済発展の推進や反腐敗、イデオロギー統制の必要だけではなかった。習近平によれば、鄧小平の教えのなかで最重要の事柄は、毛沢東による農村革命戦略の創出や、国家建設でのソ連モデル導入の苦い経験が示すように、教条主義に反対し、「マルクス主義の基本原理と中国の具体的な現実を結合させ、すべては実際から出発し、書物から出発するのではなく、書物の内容を機械的に取り入れてはならない」ということであった[152]。一九八〇年代には、政治的には慎重な姿勢であったとはいえ、欧米を改革発展の優先的モデルとみなしていた改革派の習近平は、天安門事件と南巡講話を境に一九九〇年代以降、政治と経済の両方の発展において、中国の歴史、文化、伝統に基づく独自性と固有性を全面的に奉じる立場へと転換した。

また、国際共産主義運動の退潮云々の議論にみられるように、一九九〇年代に入ると、習近平の言葉には、地方官僚としての従前の存在から、国際社会と中国の国政全体の両方を見据えた、より視野の広い政治家へと変貌していく様子がうかがえる。だが習近平にとって、政治認識における国際的視点の獲得は、ナショナリズム信条のさらなる強化と一体であった。一九九一年に発表した論文では、「中華民族の前途命運」が今後一〇年間の経済と社会の振興にかかっており、かつ、中国における社会主義の活力発揮が「中華民族の前途命運」のみならず、「国際共産主義運動の前途命運」にも影響を及ぼすことが指摘された[153]。これらの発言からは、一九九一年末の解体に至るソ連の混乱を踏まえて、中国共産党の支配体制の維持、発展への深刻な懸念とともに、ソ連に代わる社会主義陣営のリーダーとしての中国の国家的自負もみてとれよう。

だが、より核心的部分で、習近平は「場」のナショナリストであった。この点に関し習近平は、福州の自然地理、名所旧跡、歴史、文化、特産物などを紹介した総合的なガイドブックや観光案内のために、複数の序文を執筆したりもしている[154]。そのなかの一つには、福州ゆかりの近現代史の人物や事績に注目し、アヘン戦争で有名な民族的英雄の林則徐や、洋務運動の成果として、清朝が福州の馬尾港の地に創設した中国海軍の揺籃「船政学堂」を称賛する一方、一八八四年の清仏戦争の敗北を「恥辱」と記した[155]。同じく馬尾に設立された官営造船所が、近代海軍発展のための工業的基盤を形成し、中国初の水上飛行艇を製造したことを「誇り」と述べた[156]。また、福建省党委員会が建設を決めた省革命歴史記念館のため、福州の土地を無償提供したほか、「米国のホワイトハウス、ロシアのエルミタージュ、わが国の北京故宮」のように、「金を惜しまず、芸術品〔のような建物〕を建設しなければならない」ことを求めた[157]。これらの背景として、江沢民指導部の策定した「愛国主義教育実施綱要」に基づき、一九九四年十二月には福建省でも各地の実情に合致した愛国主義教育の推進が指示された[158]ことが挙げられる。

福州という土地柄に由来するナショナリズムに関し、習近平がとくに高い関心を寄せたのは、福州出身で、船政学堂を経て英国留学中に西欧思想を学び、中国近代最大の思想家で「中国の福沢諭吉」とも評される厳復である。福建時代、習近平は、厳復に関する複数の文章を発表している。そこでは、①厳復の生きた時代が、中国が「亡国滅種の危機」に瀕した「中国史上、もっとも暗黒で屈辱に満ちた時代」であったこと、②一八七九年に行われた「日本による琉球の併呑」や一八九四年の日清戦争での北洋艦隊壊滅の報に接して、厳復が愛国の情熱を奮起させたこと、③今日の中国人民も「愛国主義の旗のもと、一致団結して振興中華」に努めることが強調された[159]。

習近平が厳復に注目した理由には、対台湾工作の意味合いもあった。厳復の孫娘の一人は、台湾側の対大陸窓口機関トップの辜振甫の夫人であった。折しも一九九三年四月には、辜振甫と大陸側カウンターパートの汪道涵による初の中台トップ会談が開かれていた。習近平は、厳復を介して辜振甫への接近を狙ったとみられる[160]。

台湾の民主化経験への警戒、第三次台湾海峡危機での貢献と李登輝批判

アモイ市と金門島の関係に同じく、福州市の沖合にも台湾当局が実効支配する馬祖列島がある。習近平は、期待と警戒の両面から台湾に接した。経済協力の重要なパートナーとしての期待から、投資の拡大や「三通」(貿易、航路、郵政の開通)の早期実現を呼びかけた[161]。

しかし習近平は、台湾との関係深化を手放しで肯定したわけではなかった。一九八〇年代半ば以降、民主化の成功経験(「台湾経験」)を蓄積していた台湾が、反中勢力の橋頭堡として「『台湾経験』の流布などの反共目的の達成」を目指していること、それゆえ今後も「海峡両岸には、(思想イデオロギー分野で)青年たちを奪い合う硝煙のない激しい戦い」、「『和平演変』と反『和平演変』の先鋭な闘争」が続くであろうとの見方を示していた[162]。「反腐敗、反浸透、

反転覆、反〔和平〕演変の教育」を強化しなければならないことを強調した。[163]

台湾と結託した「西側」世界による和平演変の策謀なるものに対し、世代を超えた長期警戒を説く習近平の言葉には、①文革時期に毛沢東が発した同様の指摘、ならびに、②ソ連解体後、中国共産党の高級幹部たちの間で呼びかけられた、一九九〇年代を通じて予想される西側との厳しい政治闘争への覚悟、のそれぞれの影響が明白にみてとれる。[164]

第二次世界大戦以来、四〇年余りの間、社会主義と資本主義の二種類の体制〔中国語では制度〕、二種類のイデオロギーの対立と闘争は、一貫してやむことはなかった。西側の資本主義国家は、終始変わらず、和平演変を反社会主義の戦略と策略の手段とし、社会主義の体制を転覆し破壊してきた。一九五九年、米国大統領のケネディは、率直に次のように述べている。「中国のような巨大な政治的対立」の問題を解決するため、当面ありうる方法は、「和平演変の歴史的進展の過程しかない」。最終的な解決までに「どれほど多くの世代、どれだけ長い世紀を待つかもしれないとしてもだ」。彼らは「和平演変」の希望を中国の第三世代、第四世代の人びとに託し、かつ、わが国の改革開放の機会に乗じて思想面で突破口を開き、文化面で浸透を行い、組織面で代理人を探し求め、社会主義体制転覆の目的を達成しようともくろんでいる。

ほかにも近年、両岸関係の緩和に伴い、台湾の政治思想にも新たな変化と特徴が現れている。主に、台湾を「復興の基地」とし、大陸への「武力反攻」政策から、「和平演変」と「政治上陸」を重点とする大陸政策への転換を採用している。その本質は、「政治反攻」や「台湾経験」の普及などによる反共目的の実現にある。今後、相当長期の間、台湾当局は反共勢力の取り込みを強化し、大陸への浸透と転覆の活動を進め、海峡両岸には、青年層を奪い合うための硝煙のない激戦が出現することが予想される。

それゆえ「和平演変」の危険性は、客観的に存在するのだ。国際資本主義勢力による社会主義体制転覆を目指す「和平演変」は、ますます激しさを増し、われわれのような社会主義大国の転覆、浸透、破壊、攪乱を彼らは決して放棄しないであろう。〔一九九〇年代の〕今後一〇年間は、「和平演変」と反「和平演変」の尖鋭な闘争の一〇年である。反「和平演変」は、この時代の中青年幹部が担わなければならない長期的な戦略任務である。[165]

また、一九九〇年代半ばには、九五年六月の李登輝中華民国総統の訪米と、翌九六年三月の台湾住民による初の総統直接選挙をきっかけとして中台関係が極度に悪化した。軍事的威嚇を目的として、中国は、大規模な軍事演習を複数回実施した。いわゆる第三次台湾海峡危機である。福州市党委員会書記兼福州軍分区党委員会第一書記であった習近平は、現場レベルで軍への支援業務に努めた。このときの働きぶりが認められ、一九九六年三月末には、一級上の福建省党委員会に栄転となり、対香港、対台湾の関連事務を所管する省党委員会の専従副書記となった。[166] 習近平は、江沢民指導部の李登輝批判を踏襲して、台湾側の一連の動きを台湾独立の陰謀として非難するとともに、福州での反独立反分裂闘争の強化を指示した。[167]

軍への支援と協力、軍内の歓心の獲得

福州時代、習近平は、軍とのつながりを以前にも増して深めた。前述した台湾海峡危機での軍事演習のほかに、主要なきっかけの一つは、一九九一年一月に人民解放軍の総政治部などが「第一回全国擁軍優属、擁政愛民工作会議」を、福州で開催したことであった。[168]「擁軍優属、擁政愛民工作」とは、通称を「双擁工作」といい、地方の党政府機関と同地の軍部隊との間の相互支援の各種活動を指すもので、中国の軍民関係の模範的伝統として今日でも重視されている。[169] 習近平は、前記の福州会議開催の歓迎と祝賀のため、「軍民情」(軍と人民への愛情という意味)と題する自作の七言律詩[170]を新聞紙上に発表したりした。

実際、軍所属の有名歌手であった妻の彭麗媛の人気だけでなく、習近平は軍人たちの歓心を買うべく、福州駐屯の陸海空軍の各部隊の待遇改善や、軍人とその家族への日常的かつ具体的な支援を惜しまなかった。軍幹部との交流、基地や駐屯地の建設に必要な土地収用、電気や水道など施設整備のための資金提供、退役軍人の就職斡旋、家族の就学に関わる戸籍問題の解決など、さまざまな援助を行った。一九九一年十二月に実施された海軍部隊の移転に際しては、省党委員会書記の賈慶林とともに、移転の円滑な実施に協力した事実は当時から広く知られていた。[171]

この結果、習近平は一九九二年には、民政部などが実施した全国で計一〇〇名の「擁軍」模範の表彰対象に選ばれ、「擁軍書記」の異名を得ている。[172] 軍に対する習近平の厚遇ぶりは、当時の報道でも「常に『寛大』でいくらか『特殊化』しているとと述べる者もいる」[173]と記されるほどであった。福建基地の複数の幹部は、海軍のなかで福州への転属希望者が急増し、これは海軍に対する福州の厚情の証しであること、習近平が「かつて軍人であった頃（中央軍事委員会勤務時代を指す）」からの良好な品格と人柄」を変わらずにもち続け、将兵の間でも「擁軍書記」と呼ばれていることを紹介している。

（7）福建省党委員会時代（一九九六〜二〇〇二年、四二〜四九歳）——「国政進出」の挫折と中台関係危機

一九九六年三月末、習近平は福州市党委員会書記の職を辞し、香港、台湾工作をはじめ他党派や少数民族、宗教対策を含む統一戦線政策、及び、農業と貧困削減を主な職掌とする福建省党委員会の専従副書記となった。[174] その後、台湾と軍事に精通した専門家としての評価を得て、一九九九年からは、省行政のトップである省長の職（まず代理、のち正式省長）に就任した。[175] この間も習近平は、省党委員会内の所掌分担として、農政、台湾、軍、反腐敗など、政治家としての前後の経歴や活動と密接に関係する複数の政策分野の領導小組の責任者を務めた。[176]

習近平は省長になっても、台湾工作を中心とする統一戦線を所管し続けた。[177] 一九九九年に中国の政治と社会を揺る

がした「法輪功」事件が発生した際にも、福建の宗教問題の責任者であったとみられるが、違法な宗教活動の取り締まりの指示のほかに、具体的な関与は不明である[178]。同じ頃、福建省では一大不正密輸事件の「遠華事件」も発覚し、党と政府の多くの有力幹部の関与が明るみになったが、習近平は腐敗ネットワークへの関与を免れ、省長として「すべての公務員はみな、アモイ遠華特大密輸事件などの典型的事件」を教訓とし、反腐敗闘争に取り組むよう指示した[179]。

また、一九九六年から二〇〇二年にかけて、習近平は清華大学大学院でマルクス主義理論を専攻し、法学博士号を取得した[180]。この時期習近平は、全国レベルの政治家へと成長する過程でいくつかの挫折を経験した。学位取得の同じ年、二〇〇二年には父親の習仲勲とも死別した。だがそれは、社会主義の原理的思索を深めたり、軍内の人脈を拡大させたりするなど、さらなる飛躍に向けた準備期間でもあった。

情報化政策を中心とする経済政策の取り組み

省長として経済政策全般を統括することになった習近平は、「海峡西岸繁栄ベルト」と銘打った高度成長の実現を目指し、経済のグローバル化、情報化と産業の高度化、企業競争力の強化に努めた[181]。それぞれの重点は、①中国の世界貿易機関（WTO）への加盟（二〇〇一年十二月加盟実現）への対応、②情報技術（IT）化で工業化を推進する「デジタル福建（中国語では数字福建）」プロジェクトや、電子情報産業など特定業種の支援、③国有企業改革を中心とする構造改革である[182]。習近平は、みずから情報化とデジタル化の責任者（「数字福建建設領導小組」組長）も務めた[183]。資料からは、習近平が情報化政策の推進に熱心に取り組んだ様子がみてとれる。

また、国有企業改革の要点は、WTO加盟後の内外企業との競争を勝ち抜くため、「抓大放小」（大企業の改革支援を優先し、中小企業は民営化を含む市場メカニズムにゆだねるという意味）という中央政府の指示にしたがい、合併再編による規模の拡大を通じて、国有企業を「大きく強く」し、「大企業の強強連合」を創出することであった[184]。

省長となった習近平に対して、経済活動をめぐる認識枠組みや理解の要点の提供、さらには個別の経済政策の立案にも協力したのは、当時、国務院の国家計画委員会(現・国家発展改革委員会)に所属し、複数の五ヵ年計画策定の経験をもつ練達のエコノミストの劉鶴であったと思われる。

習近平の少年時代からの友人といわれる劉鶴は、当時、福建省政府の政策顧問の一人として、習近平も参加した省政府主催の経済フォーラムに招かれて基調講演を行っている。[185] 前記「デジタル福建」と、のちの浙江省党委員会書記時代の「デジタル浙江」など、習近平がIT政策を重視した理由は、劉鶴の影響によるものであろう。習近平の福建、浙江の両時代にあたる一九九八年から二〇〇三年まで、劉鶴は国務院で、情報化政策を所掌する局長級の責任者であった。二〇〇三年四月に浙江省で開かれ、習近平も参加した情報化をテーマとするシンポジウムにも、来賓として参加している。[186] 知られるように劉鶴は、習近平が党総書記となって以降、経済政策のブレーンとして、党中央政治局委員、国務院副総理にも就任した。

習近平版「農村から都市を包囲する」

しかし、前述の経済政策の内容は、基本的には、当時の江沢民政権の方針を踏襲したものであった。この時期の経済政策のうち、習近平の個性は農業政策にもっとも強く表れた。初の地方任地である河北省正定県に赴任した一九八二年に、習近平が中央農村政策研究室の「特約研究員」に任命されたこと、一九九六年からは省党委員会で農政担当の専従副書記や領導小組の責任者を務めたことは前述した。一九九六年には福建農業大学の兼職教授にもなった。[187]

習近平の博士論文の題目は「中国農村市場化研究」であり、これをもとに二〇〇一年には研究書(『中国農村市場化建設研究』)を公刊した。[188] 習近平が編者を務め、一九九九年から二〇〇二年にかけて出版された本の書名は、『現代農業理論と実践』、『新世紀の選択――福建省の先進地域における農業現代化の率先的基本的実現の研究』、『福建農村市場化の発展の模索』である。[189] ほかにも関連論文を多数発表していた。明らかに習近平は、政策分野としての農政に強い関心をもっていた。そうした思い入れの理由として、農村革命を追求した毛沢東の政治家像の模倣、文革期の自身の農村体験、都市—農村間の格差への問題意識などが指摘できよう。

実際、当時の習近平が示した国家の発展理念や経済、社会政策の発想の中心にあったのは、WTO加盟後の農業の競争力強化を念頭に、市場化改革を通じた農業と農村の近代化（「農業現代化」、「農村市場化」、「農業産業化」）であった。[190] 習近平いわく、「農業現代化建設」は、中国が二一世紀に「世界強国グループ」のなかで確固たる地位を築くための「必然の選択」であり、「中国が農業大国から農業強国へ、そして経済強国へと進むために必ず通らなければならない道」なのである。[191]

こうして習近平は、農業と農村の近代化のテーマから派生する諸問題、とくに、①省内の都市と農村、沿海部と山間部の発展格差の是正（「山海連動発展」、「山海協作」[192]）、農村の貧困削減（「扶貧工作」[193]）、②農業、漁業、林業などを含む一次産業全体（「農林牧漁業」、「海洋大省」）の発展、③環境保護（「生態強省」、「生態省」[194]）、④食品安全（「餐卓汚染治理」[195]）、の取り組みに腐心する。いずれも、のちの胡錦濤政権が掲げた「調和のとれた社会」構築のスローガンのもとで本格的に扱われる論点であり、習近平がこれらをいち早く重視していたことは評価されるべきである。習近平は国政の最高指導者となって以降も、それらの政策を引き続き重視している。

このうち①と②に関し、「山海連動を促進し、地域経済の協調発展を実現し、省全体の総合的実力を高める」ため、「山」の農業や森林資源、「海」の海洋資源の同時開発を指示した。[196] 習近平はみずから「省林業分類経営領導小組」の組長に就任し、「林業強省」の実現にも努めた。[197] また、「二一世紀は海洋の世紀」であり、全国有数の海岸線の長さを誇る「海洋大省」の福建は、「海洋経済の発展を速め、海洋経済強省を作り上げなければならない」と述べた。[198]

農業と農村の近代化を強国化の基礎に位置づける習近平の立場は、おそらく習近平の自意識のなかでは、「農村から都市を包囲する」という毛沢東の革命戦略に比肩しうる、習近平なりの二一世紀中国の発展戦略であった。その実績をもって、官僚政治家としてのさらなる栄達を期待していたと思われる。だが、習近平版の「マルクス主義の中国化」は、結局のところ成功しなかった。その根本理由は、中国の発展の動力と舞台がすでに農村から都市に移行しており、都市化政策の本格的展開がまたれる歴史的段階に達していたからである。習近平自身、二〇〇一年頃から都市化政策の推進に言及するようになり、[199]次の浙江省党委員会時代には、「都市によって農村の発展をリードする」方向へと完全に転換する。

習近平にとって、農政での成功の夢は確かに潰えた。今日、農業政策の専門家としての習近平をクローズアップする動きはほとんどみられず、習本人も当時のことをあまり語っていない。だが、農業と農村の組み合わせが、ハイテク産業と都市に代わっても、習近平の全体的な政策体系のなかで、前記①～④の取り組みは、現在まで一貫して重視されている。

社会主義原理への沈潜、「三つの代表」論をめぐる冷淡なまなざし

一九九七年九月、一五回党大会が開かれ、習近平は「差額選挙」で党中央候補委員に選ばれた。「差額選挙」とは中国独特の選挙用語で、当選定数を上回る数の候補者を擁立して限定的な競争性を確保している選挙をいう。選挙の種類によって異なるものの、競争倍率はおおむね一～三倍程度である。中央候補委員への選出は、習近平にとっては初めて中央レベルの幹部になった記念すべき公式証明であった。だが、公表された任命者名簿では、計一五一名のすべての候補委員のなかで最少得票、すなわち、最下位での「当選」が衆目にさらされることとなった。[200]習近平が屈辱とともに、今日まで続く選挙不信の念を抱いたとしても不思議ではない。これが農政とともに、福建省党委員会時代の二つめの大きな挫折である。

一方で、習近平は、大学院入学を機に、前述の農政のほかにも、中国型社会主義の原理的探究を深めていった。『資本論』などのマルクス著作の吟味、「鄧小平理論」や「社会主義市場経済」の考察、マルクス主義、ケインズ主義、開発経済学の比較とその中国での応用など、多様なテーマが検討された(201)。習近平は、いわば〈原理への沈潜〉を経験することで、さらなる出世のための学歴の確保とともに、中央レベルの政治エリートとして、今後のみずからの政治的立ち位置を見定めようとしたのであろう。

同時に、そうした習近平の眼には、二〇〇〇年代に入り「三つの代表」論を提起して、私営企業家の入党など、新興の社会経済エリートの利益を優遇しようとする江沢民指導部の姿勢は、やはり社会主義の原則からの重大な逸脱として映った。習近平は、主に非公有制部門に属する新興エリート層への冷淡な態度を崩さなかった。

習近平によれば、「三つの代表」論の本質とは「もっとも広範な人民大衆の利益を図ること」であり、社会主義市場経済のもと、党や政府の幹部が追求すべきは、沿海部や都市部の発展から取り残された山間部、農村部、少数民族地域の住民、一時帰休を余儀なくされた都市労働者や貧困層など、社会的弱者の救済と自立である(202)。勝ち組の少数者ではなく、社会経済面で劣位に甘んじている多数者に寄り添い、「『錦上花を添える』のを少なく『雪中に炭を送る』のを多く」すべきという。習近平は、成功した私営企業家などへの過度な政治的優遇にも批判的態度を貫いた。

指導的立場にある高級幹部のうち、一部の者は、特定の個人や少数者と、もっとも広範な人民大衆との間の境目を次第に曖昧にしてしまい、もっとも広範な人民大衆のために利益を図ることができないだけでなく、甚だしきは、人民大衆の利益を損なうことも行っている。例えば、指導的立場の幹部のなかには、「金持ちに追従し取り入ること〔中国語では傍大款〕」に熱中し、「社長さん」たちと友達になり、彼らのために困難を解決し便宜を図る者もいる。一方、配慮や支援が早急に必要な、多くの労働者と農民を冷遇して相手にしないのである(203)。

また、福州市から福建省全体へと管轄範囲が広がった結果、「場」のナショナリストとしての言及対象も増え、とくに「海」がクローズアップされた。福州時代のアヘン戦争や林則徐、厳復などのほかに、古くから貿易港として栄えた省内の泉州市などに注目して「海のシルクロード」や鄭和の大航海などが、習近平の「場」のナショナリズムの構成要素に付け加えられた。[204] 海のシルクロードや鄭和の大航海は、習近平が最高指導者となって以降、「海洋強国」建設の必要を論じる際に、「もっとも早くから海洋を利用してきた民族の一つ」である「中華民族」の「原初的なシーパワー（中国語では海権）意識」の表れとして言及されることになる。[205]

福建の「地元、歴史コンテンツ」のなかには、当然にも、中国共産党史も含まれる。その一つには、一九二九年十二月に福建省内の古田という場所で開かれた「古田会議」がある。毛沢東の主導のもとに開かれた同会議は、軍の政治工作の重要性を強調し、軍に対する党の指導という今日まで続く党軍関係の原則を確立した点で、「中国共産党と〔人民解放軍の前身である〕工農紅軍の発展史上、きわめて重要な意義をもつ」会議として知られている。[206] 一九九九年十二月に、省党委員会と省政府、省軍区が共同開催した古田会議七〇周年大会は、習近平がこれを主宰した。[207] この大会には、当時、中共中央政治局候補委員で、中央書記処書記と中央組織部部長の要職を兼任していた曾慶紅が、北京の指導部からのただ一人の来賓として出席し演説を行った。[208] 曾慶紅は江沢民の腹心で「太子党」のリーダー格的人物であった。習近平は、大会期間中、曾慶紅と親交を深めたとみられる。習近平は、寧徳時代の一九八九年十二月や省長任期中の二〇〇二年四月にも古田会議記念館を参観するなど、これまでの人生のうち複数回同記念館を訪れている。[209]

中台関係の緊張と「軍事闘争の準備」

専従副書記時期、習近平は省双擁工作領導小組の組長にも任じられた。省長になっても省国防動員委員会主任として、福建省内の徴兵募兵活動の責任者（「省徴兵領導小組組長」）であった[210]。

習近平はまた、省予備役高射砲師団の政治委員の職も務めた。省長の同政治委員の兼任は「高職低配（高位の者が不相応に低い職務に就くこと）」とされ、「省長兼職の予備役師団第一政治委員は、いまでは軍全体でもやはり多くはない」という状況であったが、習近平は省長の激務にもかかわらず、軍の職務にも勤しんだ[211]。省党委員会と軍の双方の幹部による意見交換会の主宰、各級の党委員会と政府による民兵予備役政策推進の指示、さらには、予備役高射砲師団の訓練施設の建設に必要な資金確保にも協力するなど[212]、軍への手厚い支援と軍人たちの好評は、軍内の新聞や雑誌でも繰り返し伝えられた。それらの報道からは、当時の習近平が、福建駐屯の軍高官たちと緊密な関係を結んでいたことがうかがえる。この時期に培われた軍の人脈は、習近平がさらなる高みを目指すうえで貴重な政治的資源となったと思われる。

そうした接近の背景には、個人の人気取り以外に、一九九〇年代末から二〇〇〇年代初めの台湾海峡情勢の緊迫化を受けた、習近平なりの危機意識があったことも見逃せない。台湾政策に関し、省党委員会の台湾工作領導小組の副組長でもあった習近平は、農業分野の協力と台湾からの投資促進を中心に、福建と台湾との経済関係の拡大に努めた[213]。ほかにも「海峡両岸経済協力福建実験区」の設置を提案したり、二〇〇一年一月に実施された「小三通」（福建省と金門島、馬祖列島との航路開通）を、全面的な「三通」へと早期に移行させるよう繰り返し求めたりした[214]。

同時に習近平は、一九九九年の李登輝の「二国論」提唱や、二〇〇二年の陳水扁による「一辺一国」発言など、独立志向を強める台湾側の動きを厳しく批判した[215]。李登輝に次ぐ二人目の民選総統として、二〇〇〇年五月に陳水扁が中華民国総統に就任すると、習近平は同年八月の軍の会議で、「台湾当局が平和統一の進展を意図的に妨害しようとしている」ことを踏まえ、「当面の台湾海峡情勢を適切に見極め、国防観念を強化し、〔福建の〕部隊が台湾軍との軍事闘争の準備活動を立派に行えるよう積極的に支持すべき」と訴えた[216]。さらに、二一世紀半ばまでの「中華民族の偉大な復興」の過程では「祖国の完全統一」を必ず成し遂げること、そのためには省内の各レベルの政府が、「独立反対、統一促進の軍事闘争の準備と、軍擁護、前線支援の活動」を貫徹することを指示した。[217]

「中華民族の偉大な復興」、「二つの百周年」、「社会主義現代化強国」

福建省党委員会時代、習近平は、その後の彼の政治家人生を決定づけるいくつかの政治的術語や政策概念と出会うことになる。すなわち、「中華民族の偉大な復興」、「二つの百周年」、「社会主義現代化強国」である。

一つめに、管見の限り、習近平の発言や文章において、「中華民族の偉大な復興」の使用が目立ち始めるのは、一九九九～二〇〇二年頃の世紀転換期である。[218]前後の状況からみて、前述した中台関係の緊迫化が一つのきっかけであったことは疑いない。

二つめに、この時期にはまだ、「二つの百周年(中国語では両個一百周年)」の単語は、党や政府の公式文書には正式に登場していない。だが、党創設百周年と建国百周年の政治的スケジュールは、一九九二年の第一四回と一九九七年の一五回の両党大会における江沢民の政治報告で言及されていた。[219]これを受けて習近平も、二〇〇一年に発表した福建の都市化を論じた文章のなかで、「建党百周年までに、福建省全体の経済建設、精神文明、人民生活、総合的な省の力をもう一段引き上げて各制度を改善する。建国百周年までに、人民の生活が当該時期の中等程度の先進国、地域の水準に到達し、省全体の基本的な現代化を予定より早く実現する」[220]ことを記した。

三つめの「社会主義現代化強国」について、習近平は一九九六年に公刊した論文で、生産力の発展を通じた中国の自主自立をめぐる毛沢東と鄧小平の言説を比較しつつ、経済と科学技術の「自力更生」を重視した毛沢東が一九六四年十二月に発した言葉――「われわれはこれまでの常識を打破して、先進的な技術を最大限活用し、そう遠くない歴史的時期に、わが国をして社会主義の現代化強国へと作り上げなければならない」――を紹介している。[221]当該論文の末尾で習近平は、「中国をして社会主義の現代化強国へと作り上げ、福建をして祖国統一と強盛の海峡西岸繁栄ベルトへと作り上げなければならない」[222]ことを強調した。習近平は確かに、毛沢東から強国観念を受け継いだのである。ただし、「中華民族の偉大な復興」に比べて、「社会主義現代化強国」のほうは、習近平は二〇〇〇年代を通じてあまり文字記録に残していない。[223]総じていえば、習近平の第二期政権が成立する二〇一〇年代後半まで、中国政治の言説空間で、強国の言葉は控えめな存在に終始した。

（8）浙江時代（二〇〇二～二〇〇七年、四九～五三歳）——国家的指導者としての基礎的完成

二〇〇二年、一七年余りに及ぶ福建省での勤務を離れ、習近平は同じく中国沿海部の、しかし福建よりも経済先進地として知られていた浙江省に、省党委員会書記として赴任した。同年の一六回党大会では党中央委員にも選ばれた。二〇〇二年末の浙江省の人口は約四五三六万で、当時のスペイン（世界第二九位）を上回り、南アフリカ（同二七位）に匹敵する規模であった。[224]この国家レベルの大省で二〇〇七年までの約五年間、習近平は省政のトップとして、テクノクラートたちの上に超然として立つ総合的な指導者の手腕とリーダーシップを発揮した。「第一一次五カ年計画」（二〇〇六～二〇一〇年）の骨子案の起草にも、地方指導者の選抜代表として直接に関与し、国政運営への参加という貴重な体験も得た。[225]私生活では、省都の杭州の中学校に通学する娘や岳父母と同居し、著名な歌手である妻の彭麗媛は、北京での仕事の合間を縫って自分の両親や子ども、夫に会うために浙江に頻繁にやってきたという。[226]

公私ともに充実した生活を送るなかで、浙江時代の終わり頃には、中国国内はもとより、海外の識者や実務家の間でも、当時の胡錦濤総書記の有力な後継候補の一人と目されるまでに存在感を高めていく。[227]

表4-4　浙江省党委員会書記時代の「八・八戦略」の要点

	発揮すべき強み（「優勢」）	主な内容、政策スローガン
①	「体制メカニズムの優勢」	公有・非公有経済セクターの共同発展、「二つの不動揺」の堅持
②	「地域の優勢」	上海を中心とする「長江デルタ経済圏」への積極参入、対外開放拡大
③	「産業クラスターの優勢」	「先進製造業基地」建設、「デジタル浙江」推進による「新型工業化」
④	「都市と農村の協調優勢」	都市化政策を通じた都市・農村の一体化と協調発展
⑤	「生態優勢」	環境保護と資源節約、循環型経済の推進、「生態省」と「緑色浙江」の構築
⑥	「山海資源優勢」	「海洋経済強省」の実現、貧困開発と沿海部・山間部の格差是正
⑦	「（発展の）環境優勢」	インフラ建設の強化、政府行政改革と行政サービス向上、「法治浙江」
⑧	「人文優勢」	「科教興省」、「人材・教育・文化・衛生強省」、「文化大省」の実現

出典：筆者作成。

「経済強省」の構想と実践

胡錦濤指導部が提唱した「科学的発展観」や「調和のとれた社会（中国語では和諧社会）」構築の呼びかけに応じ、習近平も、中央政府によるマクロ・コントロール遵守を前提としつつ、経済成長における質と効率、持続可能な発展、庶民生活の向上を重視し、内需と技術革新を動力とする発展モデルへの転換を強調した[228]。浙江時代を通じて追求された「八・八戦略」は、浙江の優位性に基づく施策を通じて「経済強省」実現を目指した総合発展プランであり[229]、「浙江化された科学的発展観」と位置づけられた[230]。

表4-4中、①の公有制と非公有制経済の発展に関し、当時もいまも浙江は、中国有数の私営経済の発達地である[231]。だが、非公有セクターの発展を促す一般的な発言のほかに、その具体策について習近平本人はあまり語っていない。むしろ公有、非公有両部門の着実な維持（「二つの不動揺」）を強調した[232]。同時に、利潤追求のための粗悪品や模造品の氾濫、健康被害の恐れのある食品医薬品などの流通を批判し、民間の経営活動への監視強化や、企業価値としての「信用」重視（「信用浙江」）を求めるなど、私営企業に対する習近平のまなざしは総じて厳しい[233]。経済の自由放任に反対する習近平は、「政府という『有形の手』と「市場という『無形の手』」の双方の

役割発揮を主張するとともに、「市場経済は法治経済」との認識に基づき、政府による市場秩序の整頓と規範化を求めた[234]。

③の「デジタル浙江」(「数字浙江」)の取り組みは、福建時代の「デジタル福建」の問題意識を直接に引き継ぐもので、「情報化をもって工業化を牽引する」との方針に基づき、情報関連産業の優先発展と、情報技術の応用による伝統産業の改良と向上を呼びかけた[235]。

⑤と⑥も、福建時代からの延長発展のイッシューである。⑤について、習近平はみずから、浙江の「生態省建設工作領導小組」や「省発展循環経済建設節約型社会工作領導小組」の組長に就任し[236]、環境保護の重要性や資源節約、循環型経済の構築を繰り返し訴えた[237]。その際、キャッチフレーズとしてしばしば用いられたのが、「緑水青山こそ金山銀山」やそれに類する言葉であった[238]。この言葉は総書記になってからも、習近平の演説のなかに頻繁に登場するキータームの一つである。このように八・八戦略と、最高指導者になってからの経済、社会政策の連続性は比較的高い(⑥の海洋経済については後述)。

福建時代との大きなちがいは④である。沿海部と山間部の発展格差の是正、都市と農村の二元構造の打破を問題意識として変わらずにもち続ける[239]一方、二〇〇四年に胡錦濤指導部が示した「工業—農業関係と都市—農村関係」に関する新たな見解、すなわち、中国経済が「工業で農業を促し、都市で農村をリードする新しい発展段階」に突入したとの判断にしたがい[240]、都市化政策の推進と農村に対する「都市の集積、放射、牽引機能」の強化などを指示した[241]。

力とイデオロギーのリアリズム

浙江時代の習近平による法と行政、支配をめぐる狭義の政治論、そしてリーダーシップの態様についても、二〇一二年の党総書記就任後のそれと共通点が多い。

第一に、注力すべき主な政策は、①「西側」へのイデオロギー対抗と中国国内での思想、言論統制、民主化運動の抑圧[242]、②社会活動全般における（人権軽視の）法治の徹底（「法治浙江」）、実定法と道徳倫理の相互発展（「依法治国」と「以徳治国」[243]）、③集団抗議活動の防止と安定維持のための治安管理（「平安浙江」、「楓橋経験」[244]）、④反腐敗と綱紀粛正の強化[245]、である。

①に関し、習近平の抱く一種の強迫観念的な見方によれば、「西側」の常態化されたイデオロギー攻勢により、中国の支配体制には、浸透と転覆、西洋化と分裂の危険性が常に潜在している。対して今日、中国社会では価値の多元化と多様化が進展しているが、「一元化された指導思想によって多様化した社会思潮を導き、価値志向の多様化した社会生活を方向づける」必要を断固主張した[246]。この点、表4-4の⑧の「文化大省」の提唱は、文化芸術の振興だけでなく、「西側」による平和的体制転換防止のための「文化の安全保障」の意味合いもあった[247]。

第二に、指導スタイルの面で「領導小組」制を多用した。すでにみたとおり、習近平自身の領導小組での活動経験は、正定時代の「県改革領導小組」や、アモイ時代の「大検査」と「体制改革」構想の領導小組にまでさかのぼる。設置者の立場での活用は、福建省長時代から目立ち始めるが、トップとなった浙江省では乱立状態といえるほど多く設立された[248]。なお、中国語の「領導」には、同じく中国語の「指導」とは異なり、指揮命令に基づく支配性と強制性を伴った力の作用の意味合いが含まれる。

第三に、共産党支配の要諦として、暴力装置とメディアの掌握という素朴な真理に回帰し、それをみずからの統治理念の根本に据えた。二〇〇四年、胡錦濤政権による「共産党の執政能力強化」のキャンペーンに際し、記者から、一九二一年の党創立以来の歴史を踏まえた支配のエッセンスを尋ねられた習近平は、自己の思索と学びを経た一定の総括として、国民の経済生活の向上や身近な利益の実現などとともに、マルクス主義の用語を用いて次のように答えた。

執政の地位を強固にし、執政の安全を保障することを、きわめて重要な位置に置くべきだ。軍に対する党の絶対的指導〔中国語では領導、以下同じ〕を強化し、国家の主権と領土の保全を断固として守り、独裁の道具〔専政工具〕を着実にコントロールし、国家装置〔国家機器〕の機能と役割を十分に発揮し、社会と政治の安定を全力で維持する。世論の道具〔輿論工具〕をしっかりと掌握し、世論の正しい方向性を堅持し、社会主義精神文明を作り上げ、イデオロギー領域での党の指導を全面的に強化し、党の思想政治工作の強みを十分に発揮し、さまざまな誤った思想と腐敗した文化の侵食を有効に防止する。[249]

この言葉からは、習近平の政治哲学が、力とイデオロギーをめぐる赤裸々な権力政治の確信で貫かれていること、五〇歳前後のこの頃までにそれが基本的に完成していたことがみてとれよう。

末端統治の改良のための民主主義

もっとも浙江時代の習近平が、中国語の「民主」、すなわち、民主主義の追求にまったく無関心であったわけではない。一九九〇年代以降、とくに二〇〇〇年代の胡錦濤政権期、末端レベルの統治にとって混乱の二大要因は、政治腐敗の蔓延と「群体性事件」と呼ばれる集団抗議活動の頻発であった。これらの課題に対し習近平は、行政の末端レベルに限定しつつも、民主主義的制度の活用を試みた。

それは、「調和のとれた社会」の構築や「民主」の促進、汚職撲滅を標榜する胡錦濤指導部の問題意識に応えるものであった。習近平の狙いには、次期党大会での指導部入りを目指し、民主主義的制度による末端統治の強化改善で成功を収め、胡錦濤の信頼を得ることがあったと思われる。元来、集団抗議活動の主因は、一部の官僚と利益集団の癒着による各種の不正（例、違法な土地収用、食品医薬品安全の軽視、法令違反による労働災害や環境破壊、医療サービスの低下）であり、この点、反腐敗の強化は集団抗議活動対策の意義ももっていた[250]。

政治腐敗に関し、二〇〇五年二月の省紀律検査委員会の会議で、習近平は「腐敗の予防と処罰の制度構築は、社会主義的民主政治の発展と呼応すべき」として、腐敗防止に対する民主主義の有効性を指摘した[251]。さらに「民主の発展を通じた腐敗の防止は、腐敗に反対し清廉な政治を行うためのわが党の重要な経験」であると述べて「党内民主」と「人民民主」の両方の拡充を指示した。一般党員による党内事務への参画や党務公開の促進、市民の「秩序ある政治参加」の拡大、法に基づく「人民の民主的選挙、民主的決定、民主的管理、民主的監督」の保障などが言及された。

末端レベルの統治改善では、「民主懇談会」や「民主聴聞会」などと称するタウンミーティング形式の住民集会制度が、省内の各地で試験的に設けられ、地域住民と幹部の協議による公的活動の決定、財務監査、政務公開などの規定が整備された[252]。これらの活動について習近平は、末端レベルの「民主政治の発展」が「政権の強化、社会の安定」の面で積極的な役割を果たした――本音では半信半疑であったろう――と称賛した[253]。

だが、習近平の熱意は長く続かなかった。国政のトップに就任して以降、習近平は、「党内民主」や「人民民主」にほとんど関心を示さなくなり、腐敗防止に対する外部監督、市民の民主主義的能動性の発揮にも消極的である。それはもっぱら紀律検査や司法、監察など、支配体制の内部監督の強化によって遂行されるべきものへと変化した。

「内なる海」から「外なる海」へ、「海洋強国」への転換

習近平による軍支援と軍事近代化への関心は、浙江時代も続いた。「祖国の海防の前哨」である浙江は、経済発展に見合った軍備増強が必要であり、各地の党委員会と政府は、社会経済発展の計画立案の過程で軍部隊の意見も聴取すべきこと、とくに「国防の潜在力を『内に秘めた』プロジェクト」では、経済と軍事の「相互接続と同一歩調の発

展」に留意し、戦時の際の軍事利用も視野に入れて当地のインフラ整備を進めるよう指示した。[254]

海防の言葉に示されるとおり、浙江への異動後、習近平の海への思い入れはさらに深まった。海軍の東海艦隊の記念式典への参加をはじめ、同艦隊の司令部が置かれている寧波やその重要基地がある舟山など、省内の港湾、軍港都市、及びそれらに所在する国家海洋局の研究所や海上法執行機関「海警」の地元部隊など、海洋政策と海軍関連の施設を頻繁に訪問した。[255] 浙江に着任した二〇〇二年十月から二〇〇五年末までに、習近平は舟山だけで計七回、年約二回の割合で視察を行っている。[256]

二〇〇三年五月、国務院は「全国海洋経済発展規劃綱要」を発表して、「海洋強国建設」を提起した。しかし浙江省ではこれ以前から、習近平の関心と主導のもと、海洋経済発展の調査研究が進められていた。その成果に基づき同年八月には「全省海洋経済工作会議」が開かれ、「海洋経済強省」実現とそのための総合的な開発計画（例、寧波と舟山の一体開発、港湾施設と海上輸送の整備、臨港工業や遠洋漁業の発展、海洋の資源開発と生態環境保護、海洋管理体制の改革）が示された。[257] 習近平はその際にも「海洋経済発展と国防建設の統一計画、総合配慮」の方針を堅持し、「国防建設で海を利用する必要性を保証し、海上軍事施設を保護する」ことを、党と政府の各部門の責任者たちに求めた。[258]

全省海洋経済工作会議に招請されて演説を行った当時の国家海洋局局長は、一九九四年の「国連海洋法条約の発効により、地球全体の海洋面積の三分の一は沿岸諸国の管轄に区分され、海洋権益と資源に対する世界各国の争奪は日々激しさを増している。米国、ロシア、カナダ、オーストラリア、日本、韓国、インドはみな、二一世紀に向けた国家海洋発展戦略を提出した」と述べて、海洋を二一世紀における植民地争奪のイメージで説明したのち、中国も「奮発有為の精神状態と、時はわれを待たずという緊迫感と使命感」をもって、「海洋強国建設という偉大な実践」に全精力を投ずべきことを力説した。[259] その場に同席した習近平も、この発言を確かに聞いた。

浙江時代の習近平の海洋論が、前掲の表4-4の⑥にみられるように、海洋経済の発展を、地域の発展格差の是正という政策枠組みのなかで位置づけたり、海洋の環境保全と資源開発の両立を促したりするなど、福建時代からの問題意識や胡錦濤の「科学的発展観」を部分的に反映していたことは事実である。

一方で、以前と違って浙江時代には、水産業の振興や資源開発に関して、日中、中韓の漁業協定（それぞれ二〇〇〇年と二〇〇一年に発効）や排他的経済水域、東シナ海ガス田など、領土と領海をめぐるトピックも数多く言及されるようになる。例えば、二〇〇三年一月の省人民代表大会の会議で、習近平は、浙江のインフラ計画として「東シナ海ガス田から〔のパイプラインを〕浙江に引き揚げ、これを基幹ネットワークと都市のガス管網とする建設を着工し、一部の大、中都市へのガス供給を実現する」[260]ことを説明した。上海市と協力して長江デルタ地域での「東シナ海の石油ガスの総合開発利用」も計画された[261]。二〇〇三年四月、省都の杭州市にある国家海洋局第二海洋研究所を視察した際には、所長に春暁ガス田等に関する質問を行った[262]。当時の習近平の説明によれば、「中日、中韓の漁業協定の発効後、わが省の漁獲海域は急減し、漁民の転産転業の状況が厳しく[263]」、漁業の構造転換は喫緊の課題であった。

二〇〇三年七月には、国連海洋法条約や中国政府の領土領海に関する主張、さらには海洋をめぐる国際競争の現状を踏まえつつ、福建との比較の観点から、浙江省の海洋経済発展の必要を説いている。

わたしは長期にわたって福建で勤務した。海への印象には深いものがあり、思い入れも強い。海洋経済の発展は、わたしが長い時間をかけて尽力し探求してきた事柄である。（中略）浙江と福建はともに海洋大省だが、福建の場合、海と陸の比率は一対一で、海は福建の「天下の半分」である。浙江のそれは二対一で、海洋資源はさらに豊富だ。「国連海洋法条約」の規定とわが国の主張に基づけば、浙江省の範囲に含まれる領海と内海の面積は、四・二四万平方キロメートルで、管轄可能な接続水域、排他的経済水域、大陸棚を含めると、海域面積は二六万平方キロメートルに達し、これは省全体の陸地面積の二・六倍である。大陸海岸線と島嶼の海岸線の長さは、六五〇〇キロメートルに及び、全国の総距離の二〇・三パーセントを占め、第一位となる。（中略）われわれは、海洋経済発展の積極的な役割と重要な意義を十分に認識し、海洋経済分野での国際的競争と国内の省間競争の激しさを十分に認識し、海洋経済発展への緊迫感と責任感をさらに強化し、いっそうの大きな気迫、広い視野、高い基準をもって、海洋開発を推進し海洋経済を発展させなければならない。[264]

以上のように福建時代の習近平の議論が、主に沿岸漁業などの近海を対象とし、省内の農業経済振興や地域の協調発展の観点に立脚していたのに対し、浙江時代にはそれらを部分的に引き継ぎつつも、浙江のさらなる発展のフロンティアである外洋への関心が高まり、同時に、地方の利益にとどまらない国益や外交、国際競争にまで論点が拡大した。[265] いわば「内なる海」から「外なる海」へと認識の視野が広がった。

習近平は、世界経済の発展史のなかに「内陸から海洋へ、海洋から世界へ、そして強盛へと歩んでいく」という「はっきりとした軌跡」を見出し、「海洋時代の新たな優位性を先んじて確保するため、世界の海洋国家が海洋政策を次々に調整し、海洋経済の発展を当該国家の発展の重大な戦略としている」状況を認識した。[266] 二一世紀の中国が追求すべき強国化の方向も、かつての農業強国から、「海洋強国という国家経営の新たな方略」へと転換すべきことを明確に自覚した。習近平はこのときすでに、浙江省という一地方指導者の立場にありながら、国家指導者の視点を疑いもなく獲得していた。[267]

（9）上海時代（二〇〇七年、五三～五四歳）——創業の地でのトップリーダーへの決意

二〇〇七年三月末、習近平は上海市党委員会書記に就任した。前任者で江沢民グループの代表格とされ、当時は党中央政治局委員でもあった陳良宇が、市の社会保険基金の流用にからむ汚職と紀律違反で失脚したあとの緊急登板で

あった。上海への赴任は、浙江省党委員会書記の引継ぎも十分に時間をとれないほどの慌ただしさであった[268]。にもかかわらず、同年十月の一七回党大会で、習近平は、胡錦濤総書記の後継候補として党中央政治局常務委員に選ばれ、中央軍事委員会勤務以来、およそ二五年ぶりの北京勤務が決定する。

最後の地方任地である習近平の上海時代は、わずか七ヵ月余りで終わった。だがこの上海の地で、習近平は、国家の最高指導者を目指す意志をはっきりと固めた。

反腐敗をめぐる胡錦濤と江沢民への配慮

上海での習近平の主な任務は、いうまでもなく、中国最大の経済都市で発生した一大政治スキャンダルの事後処理であった。二〇〇七年一月の中央紀律検査委員会の会議で、胡錦濤が述べた原則重視の次のセリフは、習近平をして、上海での汚職撲滅への意欲を高めさせたであろう。胡錦濤いわく、「中央が陳良宇同志の重大な紀律違反問題を厳正に調査処罰したという断固たる決心と明確な態度は、党全体と社会全体に対し、われわれがいうところの、どのような人物であれ、その職務がどれほど高かろうとも、党紀国法に違反しさえすれば、すべて厳正な追及と厳格な処罰を受けなければならないということが決して空言ではないということを示した[269]」。

ただし、習近平が上海に到着した二〇〇七年三月末は、五年に一度の党大会開催を迎えるにあたり、すでに政治の季節に入っていた。習近平は陳良宇事件で動揺し、かつ、新任の市トップの振る舞いを警戒していたであろう上海の地元幹部に対し、事件に連座した大がかりな粛清人事を行わず、むしろ彼・彼女らへの安心供与によって、市政の安定と江沢民ら上海グループの支持獲得を図った。例えば、二〇〇七年五月の上海市の党代表大会で、習近平は居並ぶ幹部らを前に、陳良宇の失脚で傷ついた市党委員会のイメージ回復を図るべく綱紀粛正の徹底を指示するとともに、改革開放以降の上海の舵取りを担い、上記の市党代表大会の開催当時、党中央政治局常務委員の現職者ないしは経験者であった四名の大物政治家、すなわち、江沢民、朱鎔基、呉邦国、黄菊の名前を挙げて、民生の拡充に努めてきた上海の歴代指導部が「われわれの模範」であり、「歴代の市党委員会の優れた伝統を引き続き発揚しなければならない」ことを語った[270]。

上海人材による政治的人脈形成

一年に満たない上海での在任期間中、大物前任者の政治腐敗による失脚という事柄の性質上、習近平は終始、慎重かつ無難な振る舞いに努めた[271]とみられる。それゆえ、業務上のみるべき成果は少ない。習近平は少なくとも外面的には、胡錦濤、温家宝政権に忠実な部下の一人として、政権スローガンである「科学的発展観」や「和諧社会（調和のとれた社会の意味）」の促進を目指した民生の拡充や、陳良宇事件への反省に基づく反腐敗の活動強化を指示した[272]。また、三年後の二〇一〇年五月に開催が予定されていた上海万博を、「上海における科学的発展観実現の重要な契機」と位置づけ、準備活動にも積極的に取り組んだ[273]。

上海時代の事績で目立つのは政治的人脈形成である。河北、福建、浙江の前任地と比べると、きわめて短い在任期間であったにもかかわらず、習近平は当時の上海の高級幹部のなかから、自分の腹心や子飼いの部下となるべき多くの人びとを見出し、最高指導者となって以降も重用し続けている。

現任の国家副主席で、第二期習近平政権（二〇一七〜二〇二二年）では中央政治局常務委員を務めた同世代の韓正（一九五四年生、元・上海市党委員会副書記、市長。現職の肩書は二〇二四年十月時点、上海時代のそれは二〇〇七年の習近平在任時のもの、以下同じ）をはじめ、一九六〇年代生まれの次世代リーダーも複数名いる。貴州省党委員会書記の徐麟（一九六三年生、上海市党委員会常務委員、市農業委員会主任）、山西省党委員会書記の唐登傑（一九六四年生、上海市副市長）、そして習近平の後継候補の一人で、党中央政治局常務委員兼国務院副総理の丁薛祥（上海市党委員会常務委員、秘書長）である。彼らはみな、習近平の眼が直接に届く範囲で、その仕事ぶりが評価された。[274]

「原点回帰」に基づく責任と野心、歴史と現代の政治的往還

直轄市である上海への異動は、来たる秋の党大会で、習近平の中央政治局委員への昇格が、上海の着任時点でほぼ確定したことを意味していた。だが習近平はそれに満足することなく、中央委員から中央政治局常務委員への二段飛びの昇進、及び、胡錦濤後継の地位獲得を早くから望んでいたようにみえる。一つの手がかりは、各任地で示された習近平の歴史、とくに党史へのこだわりである。

例えば、上海における習近平の初めての公開活動は、二〇〇七年三月末に市の党と政府の幹部を帯同して、市内にある二つの党大会の旧跡、すなわち、一九二一年の中国共産党の第一回党大会と翌一九二二年の第二回大会がそれぞれ開かれた保存建築物兼歴史記念館を参観することであった。[275]確認されるだけで習近平は、上海在任中の一〇カ月間に一回大会記念館を計三回訪れている。[276]このうち二〇〇七年五月の二回目の訪問では、上海を訪れた曾慶紅（党中央政治局常務委員、国家副主席）に同道して記念館を拝観した。[277]

なお、一九二一年の党創設以来、現在（二〇二四年十月の本書執筆時点）までに挙行された全二〇回の党大会のうち、上海での党大会開催は計三回を数える。上記の第一回と第二回のほか、一九二五年の第四回大会である。習近平は二〇〇七年七月に、第四回党大会の「史料陳列館」も見学している。[278]「中国共産党の誕生の地にして、中国のプロレタリア階級発祥の地、栄光の革命伝統をもつ」[279]上海市と革命先達への畏敬の念がみてとれる。習近平にとって、上海という土地は、なによりもまず、中国共産主義発祥の「聖地」であり、そこでのトップの誇りと気負いの気持ちは大きかったであろう。

党史に対する習近平の関心の高まりは、以前から徐々に明らかになっていた。前述した党の創立大会では、官憲の

手を逃れるため、毛沢東ら参加者は途中、浙江省の嘉興に移動し、南湖という湖に浮かべた船（のちに「紅船」と呼ばれる）の上で共産党の創立を宣言した。浙江時代、習近平は復元された紅船を見学し、政治キャンペーンでは「紅船精神」の発揚を求めた。[280]さらに「上海で開かれた中国共産党第一回大会は、まさにこの場所、嘉興南湖の紅船で完遂され、わが偉大な中国共産党が誕生した」、「ここから井崗山にのぼり、長征を経て延安にたどり着き、（中略）全中国に向かったのである」と述べて、毛沢東に率いられた共産党の革命と戦争の日々、父親たちの往時の苦労を追憶した。[281]

ほかにも先述のとおり、福建省長時代の一九九九年と二〇〇二年には、省内の古田会議記念館に関連した記念行事の開催や参観を行った。一九二九年十二月の古田会議は、今日まで引き継がれる党軍関係の基礎を確立した党の歴史上重要な会議として知られている。

こうした言動から習近平の胸中を推し量るならば、文革時の下放先であった革命聖地の延安に始まり、福建（古田会議）→浙江（紅船）→上海（第一回党大会）と、共産党の歴史をさかのぼるように転任を重ねるにつれて、習近平は、父祖の世代の先輩共産党人が苦労して作り上げた、党と国家に対するみずからの責任を深く自覚するとともに、それがゆえに、最高指導者への意欲を次第に高めていったのではあるまいか。この推測が正しいとすれば、習近平は二〇〇七年の上海時代にはすでに、胡錦濤の後継として二〇一二年に自分が党総書記に就任したあかつきには、通例でも二期一〇年間続く自身の任期中に党創設百周年の二〇二一年が含まれることを見通し、その歴史的節目を強く意識していたはずである。歴史に対する習近平の格別の思いからみて、「二つの百周年」のうち、一つめのそれをトップとして迎える役目は、他の指導者に譲ることはできなかったであろう。

実際、習近平は、二〇一二年に党総書記になってからも、〈歴史と現代の政治的往還者〉であり続けている。二〇一四年十月、習近平は、毛沢東の先例に倣って、古田の地で「全軍政治工作会議」（通称、新古田会議）を開くことをみずから発案した。

今月〔二〇一四年十月〕末、われわれは古田で全軍政治工作会議を開く予定であり、会議の場所と内容に関する構想は、わたしが提案した。わたしは長い間、福建で仕事をしてきた。〔一九二九年の古田会議の〕数回の周年記念活動もすべて参加し、そのたびに古田に行き多くの啓発を受けた。（中略）われわれは古田会議が確立した思想建党、政治建軍の原則を改めて振り返り、新たな情勢下での軍隊の政治工作の強化改善、及び、新たな情勢下での党の強軍目標の実現のために、強固な政治的保障を提供する必要がある。(282)

今回の会議〔二〇一四年の新古田会議を指す〕の開催を古田に手配したのは、わたしが提案したのだ。わたしが考えたのは、古田はわが党が思想建党、政治建軍の原則を確立した場所であり、わが軍の政治工作の基礎を定めた場所であり、新しいタイプの人民の軍隊の方向が定まった場所だからだ。ここでの会議の開催は、画期的な意義をもっている。古田というこの場所を、わたしはたいへんよく知っていてなんども来た。（中略）午前中、古田会議の旧跡と記念館の現場で、先人たちが革命の道を探し求めている当時の、新たな事業を創造する際の困難や必死の奮闘の様子が、芝居の場面のように、現在のわたしの脳裏に浮かんできた。古田会議は、紅軍の生死存亡の岐路の重大な時期に開かれた。（中略）そののち党の指導のもと、わが軍は小から大へ、弱から強へと向かい、勝利に次ぐ勝利を絶えず歩んできた。古田会議で基礎が作られた軍の政治工作は、わが軍の生存と発展にとって決定的役割を果たした。（中略）

古田会議開催の八十五周年に際し、われわれがここに来た目的は、根源を追究し、われらの始まりのときに、どこから出発し、なぜ出発したのかを深く掘り下げて考え、わが党とわが軍の栄光の歴史を振り返り、前世代の革命家の偉大な功績を追想し、思想の洗礼を受け、より良く前進するのに有益なためである[283]。

古田で型が定まったとき、われわれの軍隊がどのような姿であったか、そこからどのように歩んできたのか、現在はどのような歴史の位置にあるのか、優れた伝統と照らし合わせたときの隔たりと問題はどこにあるのか、次にどこに向かって歩んでいくべきか、どのような姿にならなければならないのかについて、われわれは深く掘り下げて考える必要がある[284]。

ほかにも、第二期習近平政権の発足を告げた二〇一七年の一九回党大会では、大会閉幕から一週間後、習近平は、政治局常務委員全員を引き連れて、上海の一回大会記念館と浙江の紅船、南湖革命記念館を拝観し、党全体が一丸となって創立時の「初心」に立ち返ることを求めた[285]。

政権三期目がスタートした二〇二二年の二〇回党大会でも、大会終了から五日後、習近平は、常務委員全員とともに革命聖地の延安を訪れ、彼の地にある延安革命記念館と一九四五年の第七回党大会跡を参観した[286]。いくらか芝居がかったこれらの政治演出の起源は、二〇〇七年三月の上海着任時の第一回党大会の旧跡訪問にあることは間違いないであろう。

(10) 党中央政治局常務委員、国家副主席、中央党校校長時代(二〇〇七〜二〇一二年、五四〜五九歳)——最高指導者の「原型」の完成

二〇〇七年十月の一七回党大会を経て、習近平は、党中央政治局常務委員に選出され、第二期胡錦濤政権の一員として念願の指導部入りを果たした。常務委員のうち、習近平の序列(第六位)は、同時に「入閣」した同世代のライ

バルの李克強（第七位）よりも上位に位置し、これは五年後の二〇一二年で交代が予定されていた胡錦濤総書記の筆頭の後継候補者となったことを意味していた。またこれに伴い、中央政治局常務委員として党務を所管し、党中央書記処書記をはじめ、共産党の「幹部向けの教育訓練の最高学府」である中央党校校長の要職にも就いた[287]。書記処書記は、父親の習仲勲も務めた職位であり、習近平としては感慨深いものがあったろう。

その後、二〇〇八年三月には国家副主席に、二〇一〇年十月には中央軍事委員会副主席にそれぞれ就任し、ポスト胡錦濤の地位を着実に固めていった。以下では、二〇〇七年から党総書記に就任する二〇一二年までの五年間を、便宜的に中央党校時代と呼ぶこととする。

中央党校時代、習近平は、国家副主席として日本や米国を訪問して国家間外交の舞台にも正式にデビューするなど、国政の有力政治家として活躍の場が一挙に拡大した。二〇〇八年の北京夏季五輪の実施責任者も務め、メディアへの露出も格段に増えた。だがその言動の大半は、胡錦濤指導部というチーム内の役割分担を前提としたものであった。サブリーダーの一人として黒衣的存在に徹したせいか、二〇一二年にトップになってのち事後的に語られるようになった回顧的エピソードを除けば、中央党校校長時期の習近平について、本人の政治的個性を感得しうる同時代資料は多くない。

これらの事情と本章の趣旨にかんがみ、以下では、中央党校校長として党務とイデオロギー工作に深くかかわるようになった習近平が、党校での研修教育活動に参加した高級幹部たちに語った講話を収めた内部資料に依拠しつつ、これまで論じてきた地方指導者時代と、次章以降で本格的に扱う最高指導者時代の双方とのかかわりから、中央党校時代の習近平の発展の立ち位置を見定める。一言でいえばそれは、地方指導者時代からの問題意識の再確認や、確立された歴史観に基づく国政のトップとしての役割認識の自覚を通じた、最高指導者としての「原型」の完成であった。

最高指導者への「中継地点」の持続的要素

中央党校時代の習近平は、党務全般を司る中央政治局常務委員として、全国の党員を対象とする政治学習キャンペーンの統括などを担い[288]、「党建設[289]」の総合的な課題に取り組んだ。党建設に関する当時の習近平の意見をみれば、地方指導者と最高指導者の「二人の習近平」を直接に結びつける複数の共通項が指摘できる。例えば、党員幹部の備えるべき政治的な資質や手腕、修練の面では、①配属先の地方や部署での現場調査の推奨[290]と②組織内の事なかれ主義批判が、統治の実践の面では、③選挙制度への不信、④王朝体制の支配の伝統の重視、⑤思想統制と学問の自由の否定が、それぞれ挙げられる。いずれも、地方指導者時代以来の長年の持論であった。

このうち②について、習近平は、政治原則の軽視と紀律の弱体化の表れとしての「好人主義」を繰り返し批判した。校長の職に就いて約七カ月後の二〇〇八年五月と、総書記になるおよそ八カ月前の二〇一二年三月には、他人の不興を買うのを恐れるあまり、「いい人（中国語では老好人）」に終始し、「好人主義」の罠に陥らぬよう警告を発している。

> 指導的立場の幹部が、正直な人柄で、誠実な人〔中国語では老実人〕であるように求めることと、いい人〔老好人〕であるのは、根本的に異なる。誠実な人は真理を重んじ、いい人はメンツを重んじる。（中略）誠実な人は原則に基づいて団結を強め、いい人は無原則に表面的に打ち解けあい、和気藹々としている。誠実な人は、勇気をもって真実を話す剛直の士であり、いい人は、あなたは良い、わたしも良い、みんな良いという好人物〔好好先生〕だ。（中略）指導的立場の幹部は、党人としての鍛錬と「官徳」の修養を自覚的に強化し、誠実な人になるべきで、いい人にならないように努めるべきだ[291]。

党員の業務態度で私心なき状態を保つには、党の組織体質の改善において重大な問題をただちに改めなければならない。とりわけ、無気力や好人主義の不良な状態の処理に十分に注意すべきだ。好人主義が蔓延すると、問題があっても指摘せず、過ちを犯しても批判せず、こうした凡庸化の態度が広まっているところでは、党の組織と指導の分野で往々にして政治的に軟弱となり、業務態度が弛緩し、党員や幹部に多くの問題が発生する。[292]

③の選挙制度への不信に関し、二〇一〇年三月、習近平は「幹部の民主推薦は、党内民主主義の整備の重大な進歩であり堅持すべきだ。だが、民意を尊重すると同時に、（中略）単純に票をもって人を採用する、不正な票集めで買収当選するという問題を防ぐには、さらなる模索と改善が必要である」と述べて、選挙への変わらない不信感を吐露した。[293]

一方、中国の歴史と文化の独自性に根ざした支配のあり方を模索する習近平にとって、④の王朝支配の伝統は、決して歴史の彼方に放擲されるべきものではない。例えば今日、共産党政権の提唱する「依法治国」と「以徳治国」の結合が、諸子百家の儒家と法家に由来する「儒法併用」の歴史と共通性を有するのは一目瞭然である。[294]⑤の思想イデオロギー統制では、党の政治原則や組織紀律が、学問の自由と言論の自由に優越することは、中央党校といえども例外ではない。

学術研究と理論宣伝の関係を適切に処理するという原則は、われわれが常々言うところの「科学の模索に聖域はなく、党校の講義には紀律がある」ということだ。（中略）一般的な学術問題を政治問題に単純に転化してはならないのと同時に、厳粛な政治問題を学術問題と同等に扱うことも、なおさらあってはならない。（中略）党の政治紀律の厳守を強調することは、言論の自由が不要ということを意味しない。（中略）だが、教学、科学研究、宣伝のいずれであれ、党校の内と外のいずれであれ、観点と言論の発表は科学的に厳密であるべきで、うわついたものは禁物だ。とくに、重大な政治と理論の問題について観点と意見を発表するときは、必ずや党の威信の擁護、中央の権威の擁護、党校の尊厳の擁護、党校の教員と研究者のイメージの擁護に有利でなければならない。党校の演壇から党の理論、路線、方針、政策に反する誤った観点を公開で発表することは絶対に許されない。政治紀律に違反した者は、速やかに批判し、規則に基づいて処分すべきである。(295)

最高指導者への変化と成長（その一）——毛沢東時代と改革開放時代の政治的連続性

一方で、中央政治局常務委員ともなれば、国政の主要なリーダーとして、国家観や歴史観といったより理念的で大局的な視点に立つことで、地方指導者時代には十分に感得しえなかった問題の認知や、地方指導者時代に比べてより明瞭で成熟した理解を得た事柄もありえよう。

地方指導者時代の言説とは異なるこれらの論点のうち、代表的なそれは、中華人民共和国史の連続性の強調、ならびに、最高指導者としての歴史観と政治目標の定立である。どちらも党総書記就任以降、習近平が繰り返し表明している重要な主張であり、中央党校時代に基本的な見方が提出された。

中華人民共和国史の連続性に関し、二〇〇八年九月、習近平は、改革開放政策が始まったとされる一九七八年から、二〇〇八年までの三〇年間の党建設の歩みを回顧したのち、その総括部分で、改革開放時代には属さない毛沢東らの功績の大きさを強調した。「ここでわたくしは、とくに次の点を述べておきたい。それは、改革開放以降、三〇年来の党の各方面の取り組みは、毛沢東同志を核心とする党の第一世代の中央指導者集団が、成功裏のうちに切り拓いた党建設の偉大なプロジェクトの発展の基礎の上に実行されたものだということだ(296)」。

この発言は、毛沢東や周恩来らに対する習近平の変わらない尊敬とともに、一九五三年にこの世に生を受け、みずからの人生もその歴史的伴奏者としての自覚と時間感覚をもつ習近平の、中華人民共和国史への理解の立脚点を表明している。すなわち、一九四九年の建国以後の中華人民共和国の歴史を、一九七八年の改革開放の前後の時期で分断しない、毛沢東時代とそれ以後の時代を区別しないという立場である。

最高指導者への変化と成長（その二）——歴史観の確立と強国追求の役割認識

中央党校時代の習近平にとって、「中華民族の偉大な復興」という国家目標の追求は、もはや自明の理となっていた。研修プログラムの参加者に対して行ったほぼすべての演説で習近平は、「中華民族の偉大な復興」に言及し、実現に向けた各人の努力を説いている[297]。この背景には、中国近現代史と中国共産党史への認識の深まりに伴い、「中華民族の偉大な復興」に向かって進む歴史発展への確信と、その能動的な働きかけへの決意があった。

これに関し、党総書記に就任する約一年前の二〇一一年九月、習近平は、「指導的立場の幹部は少しく歴史を学ばなければならない」と題する演説を行い、聴衆の党員幹部に対し、アヘン戦争以来の中国近現代史と中国共産党史の二つの学習に励むよう指示した。その目的について習近平は、「中国近現代史の学習は、近代中国の経験した屈辱の歴史〔中国語でも屈辱歴史〕を理解し、落後すれば殴られて侮りを受けるという教訓[298]」（傍点は引用者、以下同じ）を銘記するためと述べている。同時に、この苦い教訓を出発点として、党創立百周年の二〇二一年頃までに「小康社会を全面的に建設し、さらには今世紀の半ば〔建国百周年の二〇四九年〕までに、わが国をして富強、民主、文明、調和の社会主義現代化強国へと作り上げる」ためでもある。

一方、そうした暗い近代の時代状況にあって、中国共産党の歴史は一筋の光明、「中国の近現代以降の歴史のもっとも感動的な出来事」として位置づけられる[299]。習近平によれば、愛国主義と社会主義のそれぞれを体現する中国近現代史と中国共産党史を学ぶことで、党員幹部は「近代以来の中国人民の愛国主義精神」と、その政治的選良であった「先達の共産党人がうち立てた優れた革命伝統」の二つを継承発揚して、「中華民族の偉大な復興」に向けて邁進しなければならない[300]。
引用文に示された習近平の言葉のうち、「屈辱の歴史」と「社会主義現代化強国」の語の使用はひときわ目を引く。本節でみたとおり、社会主義現代化強国という政治的術語について、習近平は遅くとも福建省党委員会時代の一九九〇年代後半までに、毛沢東が一九六〇年代に発表した文章を経由して、その文言と歴史的任務を受け継いだ。ただし、これもすでに説明したように、「中華民族の偉大な復興」が、二〇一二年の一八回党大会で第一期習近平政権の目玉スローガンとして大々的に提唱されたのに対し、社会主義現代化強国のほうは、国政の舞台でのお披露目がひと足遅かった。それが、中国政治の言説空間で一躍存在感を放つようになったのは、第二期政権が発足した二〇一七年の一九回党大会での習近平の政治報告と、改正党規約への当該語句の挿入であった。しかるに習近平自身は、一九回党大会の開催よりおよそ六年以上も前、中央党校校長の時期に、強国実現の意志をすでに固めていたのである。

以上のとおり、二〇一二年に中央党校校長の職務を終えて、引き続き同年中に党総書記となるまでに、習近平は、国史と党史に基礎づけられた愛国主義と社会主義の一体化された政治信条の形成を終了した。「中華人民共和国史―愛国主義―中華民族の偉大な復興」と、「中国共産党史―社会主義―社会主義現代化強国」の二本のイデオロギーの鎖は、中国近代史への憤懣と毛沢東への畏敬の念を媒介として連結し、一本に縒り合わされて強化され、習近平の歴史観として定着した。

二〇一二年十一月、一八回党大会の閉幕の翌日、新任の党中央軍事委員会主席として出席した初めての中央軍事委員会の常務会議で、習近平は「歴史の学習を重視すべきこと、とくに中国近代史、党史、軍史を深く掘り下げて学ばなければならない」ことを指摘した[301]。二〇一三年三月には、中央党校創設八〇周年の記念式典を兼ねた教育研修プログラムの開幕式で、同じく党総書記の立場で行った初めての研修生向け演説で、「歴史は最良の教科書である」と述べて「党史と国史を真剣に学習し、知史愛党、知史愛国」の人となるべきことを要求した[302]。だが、屈辱の歴史を学ぶことは、さらなる精神的負担をもたらす。「わたしはしばしば、中国近代史の歴史資料を読むが、落後して殴られるという悲惨な情景を目にするたびに、すぐに心底、沈痛な思いになるのだ！」[303]との言葉は、習近平の偽らざる心境と思われる。

習近平はまた、最高指導者としてのみずからの歴史的、政治的役割認識、すなわち、歴史的使命に関し、国家目標である「中華民族の偉大な復興」の内実を、「屈辱の近代」の歴史的復仇としての「社会主義現代化強国」の実現と同定した。習近平にとって、二〇四九年の建国百周年までに完成されるべき中国国家のあり方は、江沢民と胡錦濤が述べたような単なる「国家」であってはならず、毛沢東のいう「強国」でなければならなかった（二〇〇二年の一六回党大会、江沢民の政治報告「富強、民主、文明の社会主義国家」、二〇一二年の一八回党大会、胡錦濤の政治報告「富強、民主、文明、調和の社会主義現代化国家」[304]）。かくして、最高指導者の原型は完成した。

おわりに――リーダーとしての連続と断絶、地方指導者時代の「権力への意志」

本章では、政治家としての連続と変化の両面を念頭に置きながら、一九六六年の文革開始時期から、二〇一二年の党総書記の就任直前までの習近平を分析した。一三歳の少年であった習近平は、精神的にも肉体的にも苦労の多かった文革期に二〇歳で共産党に入党し、中央軍事委員会、地方指導者、中央党校の各修行時代を経て、五九歳の堂々たるトップリーダーへと変貌を遂げた。

もっとも、この約四六年間の時間について改めて確認されるべきは、習近平が国政の頂点に立つまでには、多くの「幸運」――おそらくは操作されたものも含め――があったという素朴な事実である。太子党の門閥のなかで育ち（文革ではそれが災いした）、一九八九年の天安門事件のニュースを北京から遠く離れた寧徳の地で見聞きし、中国が高度

表 4-5　習近平と歴代の中国共産党指導者の政治的共通性

	習近平の政治論を構成する基本要素、政策内容	共有要素
毛沢東	・政治活動の基本理念、権力観、組織・イデオロギー論 ・「屈辱の近代」の復仇としての「社会主義現代化強国」の実現	・大国志向の発想 -「強い中国」の希求 -「中国の独自性」の重視
鄧小平	・発展観、近代化と改革の抽象的方法論	
江沢民	・国家の発展目標と統治技術の骨格 - ビジョン：「中華民族の偉大な復興」、「二つの百周年」 - 達成手段：中国的法治（「依法治国」）、ナショナリズムの動員	
胡錦濤	・ポスト高度成長期の社会変化に対応した政策的肉づけ -「科学的発展観」、「調和のとれた社会」志向の経済社会政策	

出典：筆者作成。

成長に邁進するタイミングで経済先進地の福州や浙江のトップを務め、二〇〇七年の世界金融危機の発生前に北京の指導部に異動した。

「アマルガム」の指導者

本章の叙述を参照すれば、最高指導者としての習近平は、本人が自覚しているか否かにかかわらず、中国共産党の歴代指導者から多くのものを引き継いでいる。各リーダーからの継承内容は、大略、表4-5のようにまとめられる[305]。

こうしてみると習近平は、「継承発展」をモットーとする保守主義の指導者であり、いわゆる経路依存性（path dependence）傾向の強い人物といえる。建国の父である毛沢東からは、「屈辱の近代」の歴史的復仇としての「社会主義現代化強国」の実現という長期目標を受け継いだ。実際の国政運営の面では、とくに江沢民との政策的類似性、共通性が目を引く。国家目標の「中華民族の偉大な復興」、政治的スケジュールとしての「二つの百周年」（二〇二一年の党創立百周年と二〇四九年の建国百周年）への着眼、統治におけるナショナリズムの積極動員などは、江沢民期よりもさらに大きな意味合いをもって、習近平の施政に引き継がれ実行されている。

半面、これを言い換えれば、表4-5に記されていないその他の事項、例えば、外交、安全保障政策は、現在、最高指導者の地位にある習近平にとっては、みずからの名を歴史に残すための数少ない、オリジナルな手腕が発揮できる分野であり、それゆえに譲歩しにくい部分でもある。とくに「歴史」、「海」、「軍」、「台湾」などへの強いこだわりは、本章で説明したとおりである。

ただし当然のことながら、国家のトップになる前の習近平にとって、外交と呼びうる活動はもっぱら経済協力や地方行政体間での友好活動に限られ、先の四つのトピックも本質的に国内問題として発想されていた。こうした長期にわたる思考の慣性が、今日、海洋権益や地域安全保障をめぐる習近平の発言のなかに、ときに露骨なまでの内政優先、国益重視の態度がみられる一因であろう。歴史、海、軍、台湾については、中国の最高指導者として、ローカルに発想してグローバルに行動している可能性が高い。

「中華」意識の肥大化と内発的独自発展観の教条化

ここでは、本文中で言及済みの事柄も含め、地方指導者時代以来、現在（本書執筆の二〇二四年十月時点）までに、習近平の政治認識に一貫してみられる持続的要素を改めて抽出、整理する。表4-6には、本章での検証を通じて筆者が認知した連続性の一覧を示した。

表4-6のうち、(1)の①②③は、互いに緊密に関連している。

第一に、中国の歴史と文化、伝統の重視について、初の地方任地である正定県以来、習近平はその後の赴任先でも当地の歴史記念施設の整備、重要史跡への表敬訪問、歴史大事記類の編纂などを実行した。地方指導者時代から続く「歴史」への思い入れは、党総書記になっても変わらない。二〇二一年七月の党創設百周年に際し、習近平が行ったいくつかの事績は、地方指導者時代からの同様の政治行動の延長線上に位置づけられる。例えば、二〇二一年十一月の一九期六中全会で採択された「第三の歴史決議」をはじめ、習近平の主導のもと、二〇一九年から二〇二二年にか

表4-6　地方指導者以来の習近平の政治認識の持続的要素（1982～2024年）

（1）政治認識と政治信条の基礎
①中国の歴史、文化、伝統の重視
・「屈辱の近代」、中国近代史の対外的不名誉への怒り
・中国共産党史と中華人民共和国史の顕彰（例、革命記念館や歴史博物館の建設、任地の歴史大事記、地方史的書物の刊行）
②保守主義、内発的独自発展観
・発展の競争相手に対する「場」のもつ独自性と固有性の強調（各地方任地から中国国家への「場」の遷移）
③政治的出自と血統に対する強い自負と責任感
・「太子党」、「紅二代」の門閥に由来する個人的記憶と身体的感覚を伴った特異な歴史的、政治的時間感覚

（2）追求すべき国家目標と重視すべき政策課題
①共産党の支配体制のもとでの強国化の実現
②反腐敗、綱紀粛正の厳格化
③思想、イデオロギー統制の強化
④主として、経済社会分野での長期計画の策定と実行、政治権力による経済活動の管理監督（例、アモイ「一九八五―二〇〇〇年　厦門経済社会発展戦略」、福州「三八二〇工程」、浙江「八・八戦略」）
⑤都市と農村、沿海部と内陸部などの各種格差の是正、それへの持続的な問題意識（例、「先富者」と「後富者」、「共同富裕」）
⑥台湾統一／併合の推進

出典：筆者作成。

けて、歴史文化研究とその資料保存、展示を担う三つの大規模国家機関（中国社会科学院中国歴史研究院、中国共産党歴史展覧館、中国国家版本館）が創設された[306]。

第二に、「場」のもつ独自性と固有性を重視する習近平は、欧米型の発展モデルの踏襲を断固拒否し、中国の内発的な独自発展の見方に執着する。二〇二二年の二〇回党大会の政治報告で、習近平が今後の中心任務として提起した「中国式現代化」の考えは、その典型といえる[307]。それは、天安門事件ののち、一九九〇年に赴任した福州時代以降、三〇年以上に及ぶ習近平なりの政治的な思索と実践の到達点でもある。

ある国がどのような現代化の道を選ぶのかは、その歴史と伝統、社会制度、発展条件、外部環境などの諸々の要素によって決定される。国情が違えば、現代化の経路も異なる。実践が証明しているように、現代化に向けた国家の発展は、現代化の一般的法則に従わなければならないのと同時に、よりいっそう当該国家の現実に合致し、その特色を備えなければならない。中国式現代化は、各国の現代化の共同の特質を有するのと同時に、よりいっそう中国の国情の際立った特色を有する。（中略）新中国成立後、とくに改革開放以来、われわれは数十年の時間を費やして、西側の先進国が数百年かけて歩んできた工業化の歴史的過程の歩みを完了した。そして、経済の急速発展と社会の長期安定の奇跡を創造し、中華民族の偉大な復興のために広々とした未来図を切り拓いた。実践が証明しているように、中国式現代化は、（中略）強国建設と民族復興の唯一の正しい道なのである[308]。（傍点は引用者、以下も同じ）

その際習近平は、マルクス主義の教条主義的受容の批判の観点から「マルクス主義の基本原理と中国の具体的な現実との結合」を強調してきた毛沢東以来の見方に対し、自身の理論的新機軸として、「マルクス主義の基本原理と中華の優秀な伝統文化」という新たな結合の必要を指摘した。だが、歴史的相対化を排除したその説明内容からは、欧米型自由民主主義の拒絶の自己弁明を超えて、内発的独自発展観それ自体がもはや教条化の域に達したことがみてとれる。「中華」文明の歴史的卓越性をめぐる習近平の確信には、不安や動揺は微塵も感じられない。

中華文明は、突出した連続性を有する。中華民族は、百万年の人類史、一万年の文化史、五千年余りの文明史を有する。（中略）中華文明は、世界で唯一、連綿として絶えることなく、しかも、国家の形態をもって今に至るまで発展してきた偉大な文明である。（中略）中華文明の連続性は、中華民族が必ずや自己の道を歩むべきことを根本的に決定している。（中略）われわれはこれまでずっと、マルクス主義の基本原理と中国の具体的な現実の結合を強調してきたが、いままた〔中華の優秀な伝統文化との結合という〕「第二の結合」を明確に提出する。（中略）中国の特色ある社会主義の道は、マルクス主義の指導のもとに現出したが、五千年余りの中華文明史のなかからも現出したのだ。「第二の結合」は、中国の特色ある社会主義にとって、いっそう広くて深い歴史の奥行きを与え、中国の特色ある社会主義の道の文化的土台を拡張した。中国式現代化は、（中略）中華の大地から成長してきた現代化で、ほかの国の現代化の模倣でも引き写しでもない。[309]

第三に、表4-6の⑴③に関し、「太子党」、「紅二代」の代表格である習近平にとって、中国共産党史と中華人民共和国史の顕彰は、自分の両親や親族をはじめ、幼少期からの身近な人びとへの政治的追悼を意味している。習近平の両肩には、創立以来百年を超える長い歴史をもつ政党のリーダーという歴史の重みに加え、父祖の世代の中国共産党人との直接交流によって得られた個人の記憶と感情がのしかかっている。この血統に由来する政治的背景こそ、習近平の独特な政治的責任感と特異な歴史的政治的時間感覚を形作った主因と推察される。

それゆえ今日、最高指導者となった習近平にとって、みずからの政治的責務をまっとうすべき相手としては、現世に生きる中国国民はもちろん、しかし領土や主権、歴史認識、そして国際政治での覇権追求などの特定の政治課題では、生者と同等、ときにはそれ以上に死者——すでに鬼籍に入っている革命の先達も含まれる。いうなれば習近平は、半分仏壇を拝みながら政治を行っている。(310) 二一世紀半ばまでの「中華民族の偉大な復興」という長期的視点に基づき、実際の政権運営の面でも、中国マルクス主義の偉大な先人たちに対し自分が不面目と感じる事柄、とくに現世利益の典型である、短期的な利益配分を主眼とする経済政策の実行などには否定的な態度を維持するものと思われる。

地方指導者時代の政治的人脈形成と支持基盤拡大の努力

表4-7には、地方指導者時代の習近平の政治行動の型、とくに政治的人脈形成と支持基盤の拡大を目的としたそれをまとめた。これらは、上海市党委員会書記であった習近平が、二〇〇七年の一七回党大会を経て、胡錦濤後継の筆頭候補として党中央政治局常務委員の最高指導部入りを果たしたのち、多くの人びとがさまざまな意図をもって習近平に接近を試みるようになると自然に消滅した。地方指導者から中央指導者になる際の政治行動の変容、断絶の一例である。

だが、その変容前の習近平の姿を探ることは、中国政界ではいくらか名前が知られていたとはいえ、二〇〇二年から二〇〇七年まで、浙江省や上海市の党委員会書記時期の党内序列では、約二〇〇名を数える党中央委員の一人にすぎなかった習近平が、中央政治局委員の職位を経ることなく、当時は九名の同常務委員へと二階級特進を果たし、しかも次期リーダー候補の資格まで得るという大躍進を遂げた勝利の理由について、重要な手がかりを与えてくれるであろう。

今日までの習近平の政治的キャリアのなかで最大の転換点、政治家としての運命の岐路を一つだけ選ぶとすれば、

表4-7　地方指導者時代における統治エリートの支持獲得のための政治行動（1982～2007年）

（1）習近平個人と支配体制の両方の宣伝を目的とした各種メディアの利用、出版活動の推進
①党組織の機関紙の発行と紙面の拡充（例、寧徳『閩東報』復刊、福州『福州晩報』拡張、浙江『浙江日報』新聞コラム連載）
②習近平名義の著書、編著書の刊行、及び、任地の党と政府機関の発行する出版物への序文の大量寄稿

（2）統治実績の宣伝と政治的人脈形成のための種々の活動
①（揮毫等の代わりに）かつての地方任地の上司や部下、知遇を得た人びとの著書、及び、団体や機関の刊行する出版物や政治イベントでの配布用パンフレットなどへの序文の大量寄稿
②毎年三月の全人代と全国政協の会議日程に合わせて北京に出張した際の「国内外交」の実践（例、中央の要人との公式非公式の面会、国内外の記者への取材対応、外国の外交官との意見交換や会食）
③旧任地への公務や私用での訪問、及び、かつての上司、同僚、部下やその家族親族への「挨拶回り」
④以下の四つのチャネルを通じた統治実績の宣伝、政策アイデアの聴取、政治的人脈形成、それらを通じた政界、財界、学界などの有力者への政治的人脈形成と好評の獲得
・「太子党」、「紅二代」の人脈を利用した北京所在の党、政府の中央機関や大学、研究機関の所属者を中心とする政策顧問団の組織化（例、正定、福州、福建、浙江の各任地）
・北京における地方出先機関の設立（例、「北京福州会館」）
・地方の各任地で、引退した地元幹部を招待参加者とする定期連絡、協議制度の設置（例、「福州老幹部季談会」）
・習近平の赴任先である地方任地の同郷出身者で、北京に在住在勤する者のうち、党、政府、軍、企業、大学、研究機関などに所属する各界有力者を招待参加者とする広報イベント、意見交換会の開催（例、「浙江経済社会発展状況総括報告会」）

出典：筆者作成。

それは既述のとおり、二〇〇七年十月の一七回党大会で、胡錦濤後継の筆頭候補として中央政治局常務委員に選出された瞬間であろう。当時、総書記を務めていた胡錦濤は、党内民主主義の制度的拡充を目指し、党大会後に正式決定される第一七期中央政治局委員の人選にあたり、選考材料の一つとして、大会の開催前に統治エリートによる意向投票（予備選挙）を実施した。(311) 二〇〇七年六月、第一六期の中央委員や同候補委員を含む約四〇〇人が、およそ二〇〇名の人物名が記載された候補者名簿のなかから推薦票を投じ、この結果を踏まえて新任の政治局人事が決められたという。この選挙で習近平は多数票を獲得した——一説には最多得票——という事実を考慮して、ポスト胡錦濤の筆頭候補に認定されたといわれる。

習近平はなぜこれほど多くの票を獲得できたのか。なるほど習近平は「太子党」、「紅二代」の代表格として、政治的出自を同じくする者の支持を集めたかもしれない。だがこれらの人びとは、その性質上やはり少数者にとどまる。門閥出身と父親の習仲勲の威光だけで、限られた交遊の範囲を超えて、中国政治のさまざまな利益集団の代表者で構成される中央委員経験者たちの、広範な支持や好評を自動的に得られるわけではない。むしろ習近平の一生涯にわたる選挙不信の原因になったと推察される、一九九七年の一五回党大会での党中央候補委員の最下位「当選」にみられるように、家柄への反発も無視できない。

また巷間でいわれるように、胡錦濤の推す李克強への対抗馬として、江沢民グループの組織的支援があったのかもしれない。(312) その場合、薄熙来など他の人物ではなく、習近平に白羽の矢が立った理由はなにか。なぜ習近平でなければならなかったのか。敵を作らない温厚な人柄という当時の習近平の評判は、大国・中国を率いるリーダーにふさわしいと賛成する者もいれば、逆に、柔弱にすぎると反対する者もいよう。習近平の亡父への共感の有無もまた然りである。加えてこのとき習近平は上海市党委員会書記であり、商務部長であった薄熙来をはじめ、北京に在勤在住するライバルたちよりも、中央の政界官界での日常的な人的交流の面で不利な状況に置かれていた。

これら一連の疑問に対し、筆者はひとまず、そうした派閥や政治的人脈をめぐる後講釈の外在的要因[313]とは別に、習近平自身が長年にわたり、政治的人脈形成や支持基盤拡大のための地道な努力を続けていたこと、要するに、権力を目指す習近平本人の主体的かつ持続的な意志と行動を強調したい。

例えば習近平は最高指導者になる前から、自分名義の著書や編著書の出版にきわめて熱心であり、任地の党や政府の機関が発行する各種出版物にも数多くの文章を物している[314]。その目的は、自身の能力の高さのアピール――文革期に十分な学校教育を受けられなかったことへのコンプレックスが多分に含まれるであろう――と、政治家としての知名度の向上であったと思われる。同様に、自分が新たな勤務先に異動したのちも、前任地の上司や部下、そこで面識を得た人びとから依頼されると、同人の著書や所属機関の刊行物のために序文を寄稿してやるなど[315]、人脈維持のための細やかな配慮を怠らなかった。浙江や上海のトップであった時期には、彭麗媛を帯同して夫婦で旧任地を訪問し、かつての同僚や部下と思い出話に花を咲かせたり、故人となった有力上司の家族を見舞い、往時、世話になったお礼を直接伝えたりするなど「挨拶回り」も欠かさなかった[316]。あるいは以下にみるように、首都の北京をはじめ、赴任先の有力者たちに自分の政治手腕を売り込み、知名度を高めるための種々の宣伝活動も行った。

容易に想像されるように、そうした努力の多くは、自身が組織の長、すなわち、地方党委員会の書記を務めていた時期に積極的に実施された。福州市党委員会書記時代には、「老幹部季談会」と称する引退した幹部への実績報告と意見交換の会合を定期開催したり、同じく福州時代には、「北京福州会館」を設立して市党委員会が就任を委嘱した北京在勤の経済顧問や、福州で勤務経験のある引退した幹部などを集めて、首都の北京市内で座談会や茶話会を催したりした[317]。

浙江省党委員会書記時代にも、胡錦濤指導部に自分の存在と実力を知らしめるべく、北京で働く現役幹部をはじめ、引退した有力者、中央党校や社会科学院の研究者など、権力中枢にさまざまなネットワークと一定の影響力を有するエリート集団に対し、経済発展を中心とする統治実績を、連絡協議会や学術セミナーの開催などの方法で熱心にアピールした。

二〇〇五年から二〇〇七年には、三年連続で、毎年二月の春節前後の時期に、北京の人民大会堂で、「浙江省経済社会発展状況総括報告会」と題する大規模イベントを挙行した[318]。一七回党大会前の二〇〇七年二月、すなわち前述した意向投票の四ヵ月前、上海への異動のわずかひと月前に開かれた「報告会」について、その開催目的は「個々の指導者たちと同郷の賢人に対し、浙江の一年来の活動を総括して報告し、故郷である浙江の昔を懐かしみ、発展の大計をともに話し合う[319]」ことであった。浙江側からは、習近平のほかに、当時、省党委員会の秘書長であった李強〔現・国務院総理。二〇二四年十月現在〕などが出席した。招待参加者は、全人代常務委員会副委員長や全国政協副主席をはじめ、浙江省出身または浙江での勤務経験をもつ現職ないし引退した中央の指導者、中国科学院、中国工程院、中国社会科学院などに所属する浙江籍の研究者、その他各界の有名人である[320]。

席上、二〇〇六年の省政報告を行った習近平は、経済成長の成果を詳しく説明したのち、胡錦濤指導部への敬意を表明しつつ、中央のマクロ・コントロールのもと、浙江のさらなる発展に取り組む決意を示した。その後、参加者に向かって次のように謝辞を述べた。

> 浙江の発展が獲得した成果は、〔在席の〕指導者と郷里の賢人、各界の友人たちの指導、関心、支持があってこそのものだ。ここにおられる党中央と国家機関のさまざまな部、委員会、弁公室、局の指導者の皆さんは、長年、浙江の経済社会発展に力強い指導と支援を与えてくれた。中央の事業単位、人民団体、メディア機関、個々の大企業の指導者の皆さんも、浙江の改革、建設、発展に大きな関心を寄せ支持してくれた。浙江出身で、北京で働いている多くの「両院」の院士〔中国科学院と中国工程院の研究者を指す〕は、わが省を訪ねて教学、兼職、

特定業務の実施を通じ、省の科学技術の進歩とイノベーション型の省への発展を促すために積極的に貢献してくれた。指導者、郷里の賢人、各界の友人の皆さんは、別の土地でそれぞれの事業を創造しているが、故郷を思う気持ちは終始変わらず、以前と同じく浙江を支援してくれている。浙江の改革、発展、建設には、あなた方の知恵、苦労、真摯な愛情が常に凝縮している。浙江の人民はあなたがたに感謝している[321]!

習近平はさらに、その年の秋に開催が予定されていた一七回党大会に言及し、「われわれは科学的発展観を全面的に実行し、社会主義の調和のとれた社会の構築を加速させ、『八・八戦略』の実施と、『平安浙江』、文化大省、『法治浙江』の建設という各々の取り組みを着実に推進」し、浙江が「ひときわ優れた成果を挙げて一七回党大会の勝利の開幕を迎えなければならない」と述べた[322]。末尾の一文は、出席者一同が引き続き「浙江の発展に関心を寄せ支持してくれるのを衷心より希望し、皆さんが浙江にしばしば戻られて少しく様子をみてもらい、われわれの活動に意見や提案を提出し、指導と支援を与えてくれるよう希望する」との言葉で締めくくられている。

いくらかの媚びやへつらいが透けてみえるそうした発言に示されるように、習近平は毎回の「報告会」を利用して、自身の政治手腕と統治実績、そして胡錦濤への忠誠を発信し、来たるべき一七回党大会での指導部入りを積極的に働きかけたのである。こうしたことが、地方から中央への政界転身を制度的に保障する民主的選挙がない中国において、多年にわたり地方勤務を続けながら、権力を志向した習近平なりの公的な「選挙活動」だったのである。水面下での「集票工作」は、いっそう精力的に行われたであろう。

習近平は、出世のライバルにして中国政界の稀代のトリック・スターであった薄熙来が、のちに任地の重慶市で行ったように、大衆受けする格差是正や民生改善を謳うポピュリスティックな左派的政策を実行し、その成果を全国に向けて大々的に発信するようなことはしなかった。ただし、他人が与えてくれるチャンスを待つような、控えめで消極的な振る舞いに終始したわけでもなかった。習近平は断じてそのような「弱い政治家」ではなかった。エリート主義者である習近平は、民主主義と大衆扇動の両方を排し、既存の秩序の上位に立つ各界のエリートに向かって、自身の存在を効果的に発信することに注力したのである。

また、こうした習近平自身の主体的かつ粘り強い努力と権力への断固たる意志——おそらくは本意でないにもかかわらず、潜在的な支援者や支持者に対する阿諛追従の言葉を堂々と口にすることができるような、目標完遂に向けた意志の貫徹と外面的行動の一致——があってこそ初めて、周囲の「紅二代」の友人知人や江沢民グループは、習近平という特定の人物を、ポスト胡錦濤へと押し上げるための組織的支援の動機と共感を得たのであろう。主客は転倒されるべきではない。確かに、他の競争相手に比べると当時の習近平は、学歴、行政能力、統治実績などの面で特筆すべきものをもたなかったかもしれないが、しかしそうした悪評の正否は別にして、政治家としてもっとも大切な要素をもっていたのである。

実際、習近平の熱意と努力は、巨大な成果となって結実した。習近平の人生にとって最大の「僥倖」となった上記の意向投票（予備選挙）の実施とその勝利によって、習近平は、最高指導者への道をより確実なものにしたのである——もっとも、それが純粋に強運によるものであったかは疑わしい。筆者が思うに、いくつかの状況証拠からみて習近平はかなり早い時期に、場合によっては数年前から投票実施に関する情報を入手し、それに向けて周到に準備を進めた可能性がある。他者の支援と自発的な好意だけを恃みとして、事前の十分な対策もなしに、習近平が、政治家としての将来を決する勝負の大一番に臨んだとは考えられない。事実はむしろ逆で、そうした自身の分派活動の成功体験こそが、みずからがトップになったのちそれへの懸念を高め、上記投票廃止の決定につながったように思われる。こうした見方が正しいとすれば、習近平は勝負に勝つべくして勝ったといえるであろう。

第五章　中国共産党「領袖」考——政治文書の用例にみる指導者称号と個人独裁の問題

はじめに

二〇二二年十月、中国共産党第二〇回全国代表大会（以下、二〇回党大会の形式で略記）が開催された。大会では、習近平による向こう五年間の施政方針演説、いわゆる政治報告が発表されるとともに、新任の中央委員の選出や党規約の改正も行われた。

大会の成果に関する事前予測のうち、一部報道では、習近平の個人集権を目的とした党規約の改正について、①一九八二年に廃止された共産党中央委員会主席制（通称、党主席制）の復活、②党の正統イデオロギーである「新時代の中国の特色ある社会主義に関する習近平の思想」の「習近平思想」への短縮（「毛沢東思想」の名称に倣ったもの）、③「領袖」の指導者称号の挿入がなされるとの見方があった。しかし、いざフタを開けてみれば、新たに採択された党規約ではいずれの変更もなされなかった。

いくらか肩透かしの感があったそうした結果は別にして、素朴な疑問として頭に浮かぶのは、前記①②③のうち、前二者が公式の職位やイデオロギー的解釈権を通じて、習近平の影響力を実態的に強化しうるのに対し、③については、日本語と同じくリーダーという意味の一般名詞であり本来は指導者への敬称にすぎない「領袖」の語が、なぜそれほど重要なのかということである。中国の政治言説において、「領袖」や「核心」といった指導者称号は、いかなる政治的意味と歴史的背景をもっているのか。

この問いに対し、本章では、現代中国政治における「領袖」呼称の使用状況とその意味合いの変化の検討を通じて、中国共産党の政治史とイデオロギー史の観点から、二〇一二年の党総書記就任以降、習近平が推進してきた個人集権の意義や狙いを明らかにする。具体的には、一九四九年の中華人民共和国の建国以来、中国共産党の主要な政治文書(党規約、政治報告、指導者の演説など)に登場した「領袖」の言葉に着目し、それが使われている文脈や意味内容、登場回数などについて歴史的な比較分析を行う。(1)これにより、習近平の指導権強化の将来シナリオとして、二つの重大な政治的変更――現在の「核心」から、「領袖」と「習近平をリーダーとする党中央」(中国語では、以習近平為首的党中央)という尊称への格上げ、及び、党主席制の復活とそれへの習近平自身の就任――が含まれることを改めて指摘する。同時に、その推論の蓋然性の高さを確認する。

次節以下の議論に入る前に、党規約や政治報告のなかの特定語句に焦点を当てる理由を簡単に説明しておきたい。その方法論的想定はごく単純である。これらの重要文書が、そのときどきの政治状況や思想潮流を反映、考慮して起草される以上、文中の言葉づかいや語句の意味上の変化を通時的に観察することで、中国政治の変遷を長期的かつ系統的に分析することができると思われる。一九五六年九月の八回党大会で、党規約の改正報告を行った鄧小平は、まさしく次のように述べている。「党規約の綱領〔中国語では総綱〕は、わが党のもっとも基本的な政治綱領であり、組織綱領である。わが国の政治状況に根本的な変化が生じた以上、われわれの当面の政治綱領にも、根本的な修正を加えなければならない(2)」、と。

ただし、外見的には同じ単語が、時代ごとに特定の意味をもつことにも留意が必要である。例えば今日では、平和的手段による支配体制の転換(regime change)を意味する「和平演変」の語は、文化大革命の時期には、ソ連修正主義と結託した中国共産党内の実権派が中国国内で資本主義を復活させること、すなわち、プロレタリア独裁をブルジョワ独裁に変えてしまうとの意味で通用していた。(3)

一 「領袖」復活の兆しと個人崇拝の懸念

二〇一二年十一月の一八回党大会を経て、党のトップに就任して以来、習近平が権力と権威の強化に邁進し続けていることは、周知のとおりである。習近平は、党、国家、軍の最高ポスト（党総書記、国家主席、中央軍事委員会主席）のほかにも、特定の政策分野について、関係する複数の党や政府の部署を指揮監督する機関（中央国家安全委員会、中央財経委員会、中央外事工作委員会、中央全面深化改革委員会など）の責任者として、重要政策を直接に統括している。

集権化の動きは、二〇一七年十月の一九回党大会で第二次政権が正式に発足する前後から、いっそう加速した。二〇一六年十月の中国共産党第一八期中央委員会第六回全体会議（以下、一八期六中全会の形式で略記）以降、習近平はまず、前任の胡錦濤と同じく、当初は単なる総書記の肩書で呼ばれていた自身への敬称を変更して[4]、胡錦濤が使用をとりやめた「核心」の指導者称号を公式に復活させた。これにより習近平は、形式上、毛沢東、鄧小平、江沢民と同格となった。前出の一九回党大会では党規約も改正され、「新時代の中国の特色ある社会主義に関する習近平の思想」を、「毛沢東思想」や「鄧小平理論」などとともに、党の「指導思想」に位置づけることが決定された。

次いで二〇一八年三月には、全国人民代表大会で憲法規定が変更され、一九八二年以来、三〇年以上の長きにわたって維持されてきた、正副国家主席の連任制限（二期一〇年まで）が撤廃された。この結果習近平は、原理的には、終身の国家主席になることも可能となった。さらに、本章冒頭で言及した二〇回党大会後に選任された第二〇期中央政治局常務委員（任期二〇二二〜二〇二七年）の人事では、非習近平派が一掃された[5]。鄧小平が重視した集団指導体制は、党規約の文面には残ったものの、実質的に終焉したといってよい。個人集権の措置は、今日ではもはや、それ自体が目的化しているようにみえる。

また、以上の動きに付随して、各国のマスメディアでは、習近平への「領袖」尊称の使用がしばしば話題となっている。中澤克二によれば、中国国内の報道では二〇一八年の夏頃から、「人民の領袖、習近平」の言葉が散見されるようになったが、党規約の個人崇拝禁止の規定に違反するのではないかとの批判を受けて、その後は使用が控えられた。しかし、二〇一九年八月二十五日付の『人民日報』紙の一面には、「人民の領袖は人民を愛す」との大見出しが、習近平が政権に就いて以降、初めて登場した。このことは、習近平が共産党史上、毛沢東と華国鋒に次ぐ三人目の「領袖」として、毛沢東に匹敵する偉大なリーダーとしての「高みを本気でめざしている」ことの表れとされる。(6)

習近平への「領袖」適用の運動は、その後も折に触れて続いている。二〇一九年十二月末に開かれた党中央政治局の会議の様子を伝えた新華社の記事は、①「党中央の核心にして、全党の核心としての習近平総書記の地位を擁護し、党中央の権威と集中統一指導を擁護することは、新時代の中国の特色ある社会主義が絶えず発展し前進するのを推し進めるための根本的な政治保証」（傍点引用者、以下同じ）であること、②「習近平総書記が、（中略）全党全国各民族人民を指導して、多くの新しい歴史的特徴を備えた偉大な闘争と、新時代の中国の特色ある社会主義の発展を推し進めるうえで獲得した新たな重要な成果は、共産党人としての堅い理想と信念、人民の領袖としての民衆への親愛の気持ち、マルクス主義の政治家としての卓越した政治指導の手腕をはっきりと示した」ことを指摘し、国政の舵取りに対する習近平個人の役割と功績をことさらに強調してみせたのである。(7) このとき日本や香港の一部メディアでは、共産党の中央機関が、習近平に対し「人民の領袖」の呼び名を初めて正式に用いたケースとして高い関心が寄せられた。(8)

なお、既述のとおり、二〇回党大会の党規約改正では、「領袖」は規定のなかに入らなかったものの、前記①の傍点部分を指す「二つの擁護」の言葉が新たに付け加えられた。(9)

「領袖」の尊称を得ることで、毛沢東と同格のリーダーになることを、習近平が本当に望んでいるのかはわからない。ただし、そうした習の心情をうかがわせる事実は指摘できる。一例として二〇一九年十月一日、中華人民共和国建国七〇周年の記念式典で行った演説において、習近平が名指した国政の偉大な先人は、毛沢東だけであった。文章の構成や内容の面で同じ型を共有する五〇周年と六〇周年の演説では、国家主席として演台に立った江沢民と胡錦濤はともに、自分より前任の最高指導者全員の氏名を、すなわち、江沢民は毛沢東と鄧小平の二人を、胡錦濤は毛沢東、鄧小平、江沢民三人の名前を挙げて彼らの業績を称揚していた。[10] このことが、「江沢民や胡錦濤はもちろん、いまの自分にとっては、鄧小平さえも特筆に値するリーダーではない。権勢の目標に足る人物としては、すでに毛沢東のほかに眼中にない」という習近平の意志を示唆するものと考えるのは、いささか深読みにすぎるであろうか。

二　政治文書における「領袖」の使用状況とその政治的意味

(1) 用例と使用頻度の変化

それでは、一九四九年の中華人民共和国成立以来、中国共産党の政治生活とイデオロギーの歴史において、「領袖」の言葉はいかに使われ、また、どのような意味を与えられてきたのか。章末に掲げた付表5-Ⅰには、建国後初めて挙行された八回党大会から直近の二〇回党大会まで、全一三回の党大会で採択された党規約について、その綱領部分にみられる「領袖」の登場回数と該当箇所を示した。これによれば、綱領中、「領袖」の語があるのは、第九回と第一一回の両党規約だけで、いずれも毛沢東を指している（付表5-Ⅰ②、④）。その後、一九八二年九月の一二回党大会から、現行の二〇回党大会規約まで一度も現れていない。

次に、共産党の数多くの政治文書のうち、党規約とともに最重要のカテゴリに含まれる党大会の政治報告を確認する。付表5-Ⅱは、同じく建国以来の党大会で決議された政治報告、及び、それと密接に関連する指導者の演説や中央委員会決議のなかの「領袖」の登場の仕方をまとめたものである。この表からは、既知未知を問わず、いくつかの興味深い事柄が明らかとなる。

一つめに、ごく一般的な事実として、最高指導者はみずからを「領袖」とは呼ばない。そのような謙虚さの美徳を欠いた振る舞いは、中国の伝統的な政治マナーにそぐわないし、民衆の好評を得るのも難しい。「領袖」はあくまでフォロワーによるリーダーへの敬称である。それゆえ、すぐ後でみるように、権力の実態的な所在のいかんはともかく、形式的にであれ、最高の職位にある人物が、政治報告を担当するようになった一二回党大会以降、「領袖」の言葉が読み手自身の口から発せられたことはない（付表5-Ⅱ⑦〜⑮）。したがって、党総書記に新たに着任した別の人物が、習近平をより上位の職位──例えば、一九八二年に廃止されていまは存在しない党主席のポスト──に推戴するような場合は別として、習近平自身が政治報告の読み上げを担当し続ける限り、報告のなかで自分のことを「領袖」と呼ぶことはないだろう。

結果として、党規約と同じく、一九八二年の一二回党大会から二〇二二年の二〇回党大会まで、政治報告のなかにも「領袖」の語は見当たらない。以上を総合すると、一九八〇年代に改革開放政策が本格的に実施されて以降、現在まで、党規約の綱領と政治報告において、「領袖」は一度も使われていない。

二つめの注目点は、筆者による初歩的な検証作業の結果にすぎないが、「領袖」の単語が比較的多く用いられた最後の主要な政治文書は、一二回党大会の前年、一九八一年六月の一一期六中全会で採択された「建国以来の党の若干の歴史問題に関する決議」である。「領袖」の言葉は、文革と毛沢東の過ちを公式に総括した同決議とともに、言い換えれば、毛沢東時代の終焉と改革開放時代への転換、及び、指導者の神格化への痛切な反省とともに、政治的に封印されたのである（付表5-Ⅱ⑥・ⅲ、ⅴ）。

三つめに、一九二一年の党創立以来、およそ百年の歴史を有する中国共産党の歴史において、「領袖」の尊称を与えられた最高指導者は、これまでに二人だけである。「偉大な領袖にして導きの師」であった毛沢東と、一時はその後継者とされながら、鄧小平の巻き返しによって短命政権に終わった「英明な領袖」の華国鋒の二人である（付表5-II②、④）。よく知られるように、華国鋒は、「君がやればわたしは安心だ」という毛沢東の政治的遺言に基づいて、トップの地位に就いた。[11] 華国鋒は薄弱な権力基盤の補強のため、「領袖」の言葉の背後にある毛沢東イメージを動員することを企図し、葉剣英ら一部指導者も当初はこれに協力した（付表5-II④・bⅱ、ⅲ）。

一方で、「改革開放の総設計師」と称えられる鄧小平には、「領袖」の敬称は用いられていない。それゆえ、習近平の指導者呼称が現在の「核心」から「領袖」へと変更された場合、「核心」でなかった胡錦濤はもちろん、「核心」とされた鄧小平や江沢民をも超えて、毛沢東に並ぶ権威が公認されたことを意味する。しかもそれは、権威の面にとどまらず、具体的な政治制度の変更、すなわち、毛沢東と華国鋒が就いていた党主席のポストを復活させ、習近平自身がそれに就任する可能性をもっている（後述）。

（2）党の政治、組織原則との関係――八回党大会における鄧小平の説明

前述のとおり、習近平への「領袖」呼称の適用と普及をめぐっては、習近平の個人集権の動きとも相俟って、個人崇拝の禁止や集団指導体制の堅持といった共産党の重要な政治、組織原則が軽視されているとの批判、すなわち、文革の主因となった毛沢東の専断や神格化の教訓を裏切るものとの見方が党の内外に広がっている。

しかし、中国共産党の政治理論の歴史に照らしていえば、個人崇拝の禁止や集団指導の堅持、「民主集中制」などの党の政治、組織原則の遵守と、「領袖」の存在を、無前提に対立するものと捉えるのは必ずしも適切ではない。事実、両者は、原理的に両立可能とみなされている。

このことは、今日の中国共産党の正史でも肯定的評価が維持されている、一九五六年九月の八回党大会の決議文書

からも確認できる。そこでは、ソ連共産党第二〇回党大会でのスターリン批判を受けて、最高指導者としての毛沢東の立場とリーダーシップに関し、以下にみるとおり、慎重な書きぶりとなっている。政治報告を行った劉少奇は、①「集団指導の原則」が、「個人が責任を負うことの必要性と指導者の重要な役割を決して否定」せず、むしろ「指導者をして、個人の役割を十分かつ正確に、そしてもっとも有効に発揮できるようにさせる保障」であること、②毛沢東が「党の領袖」の呼び名にふさわしい理由は、毛が「党の民主的原則と集団指導の原則を堅持しているため」と述べていた（付表5-Ⅱ①・aⅱ）。

鄧小平も、党規約の修正報告のなかで、ソ連の党大会の影響に言及しつつ、スターリン独裁に帰着した「個人の神格化」に反対する一方、政党における「領袖」の積極的役割は、中国共産党が遵守すべき政治、組織原則と決して矛盾しないことを強調した（付表5-Ⅱ①・bⅰ）。鄧小平の説明によれば、「領袖」の存在は、個人崇拝否定の方針に背馳しない。それゆえ、習近平の指導者呼称が、「核心」から「領袖」へと公的に格上げされることは十分にありうる。またそのこと自体で、党の正統理論の面で正当性を欠いているとはいえない。

付言すれば、こうしたトップとサブリーダーの集団指導体制と分業をめぐる八回党大会時の説明や、それと同趣旨の一九六二年二月の党中央拡大工作会議（通称、七千人大会）での発言[12]、ならびに、後述の「歴史決議」をめぐる議論にもみられるとおり、「領袖」、すなわち、レーニン主義政党における指導者のリーダーシップのあり方について、現任の習近平を含め、歴代の中国共産党指導者のなかで、もっとも主体的かつ真剣な思索をめぐらせたのは、管見の限り、やはり鄧小平その人であろうと思われる。

（3）関連する政治的術語との関係——「核心」、「Aをリーダーとする B」

中国共産党史における「領袖」の問題は、それと緊密に関係する他の用語の歴史的変化を跡づけることによっても理解を深めることができる。付表5-Ⅲの見出しに示したとおり、その関連語句としてはさしあたり、以下の二つが挙げられる。一つは、すでにいくどか言及してきた「核心」の敬称であり、いま一つは、「Aをリーダーとする B」（中国語では「以A為首的B」）のフレーズである。

まず「核心」については、前述のように、習近平はすでに二〇一六年十月の一八期六中全会以降、胡錦濤期に廃止された「核心」を、自身への公的肩書として使用している。指導者呼称としての「核心」は、もともと鄧小平の発案に基づき、天安門事件後の一九九〇年代以降、党の内外で広く使用されるようになったものである(13)。鄧小平は、事件発生直後の一九八九年六月十六日、同席した他の指導者たちを前に、党の長老として説教めいた、しかしまた、みずからの力不足に対する無念や苛立ち、そしてある種の挫折の感情を吐露している(14)。

> わが中国共産党はいま、第三世代の指導者集団を確立すべきだ。（中略）「文化大革命」までの非常に長い歴史のなかで、わが党がさまざまな過ちを犯したにせよ、そのメンバーがいろいろ変わったにせよ、毛沢東同志を核心とする指導者集団が終始変わることなく維持された。これこそまさに、わが党の第一世代の指導部である。
>
> 党の一一期三中全会で、新たな指導者集団が確立された。これが第二世代の指導者集団である。この集団のなかでは、実際には、わたしがカギとなる地位にあったといってよい。この集団が確立された直後から、わたしはずっと後継問題を考えてきた。〔胡耀邦と趙紫陽の〕二人の後継者はいずれも倒れたが、当時は闘争の経験、活動の成果、政治思想の水準からいって、あのような選択をするしかなかった。それに、ひとは変わるものだ。
>
> いかなる指導者集団にも核心がなければならず、核心のない指導部は頼りにならない。第一世代の指導者集団の核心は毛主席である。（中略）第二世代は、実際にはわたしが核心だ。この核心があったために、〔胡耀邦と趙紫陽の〕二人の指導者が更迭されたにもかかわらず、わが党の指導に悪影響を及ぼすことなく、党の指導は終始

安定している。第三世代の指導者集団にも、必ずや核心がなければならない。（中略）一つの核心を意識的に擁護すべきであり、これすなわち、現在みなが〔新任の党総書記として〕同意した江沢民同志である。なによりもまず、新しい常務委員会は、業務の初日から、この集団と集団の核心を打ち立て、擁護することに注意しなければならない。（中略）今回の事件〔天安門事件を指す〕からわかったのは、労働者階級と農民は頼りになり、解放軍も頼りになり、知識人は労働者階級の一部であるため、やはり信頼できるということだ。だが、もし中央自身が足並みを乱したらどうしようもない。これは最重要のカギとなる問題である。（中略）

わたしは李鵬、姚依林同志〔ともに保守強硬派として知られる人物〕との談話のなかで、次のように述べたことがある。新しい指導部が、業務をひとたび軌道に乗せたら、わたしはもはや、みなの仕事に口出ししたり、関与したりしない、と。これが、わたしの政治面の引き継ぎであるとも述べた。むろん、あなたがたがわたしに相談したいときには、断りはしないが、これまでのようなわけにはいかない。（中略）いまみたところ、わたしの占める役割が大きすぎるのは、国家と党にとって不利であり、いつかはたいへん危険なことになる。国際的には、多くの国は対中政策〔の見直しのタイミング〕を、わたしが病に倒れるか、死ぬときと見定めている。多年来、わたしはこの問題を意識してきた。一国の命運が一人か二人の個人的声望に依存するのはまったく不健全で、非常に危険である。事件が起こらなければ問題ないが、いったん事が起こったら収拾がつかない。新たな指導部がひとたび打ち立てられたならば、すべての責任を負わなければならない。〔判断や決定が〕間違っていようが正しかろうが、どれほど功績をあげようが、すべてはあなた方自身の問題だ。（中略）それに過去のやり方が決して大成功だったというわけでもない。わたしはもう八五歳になる。この歳になれば、〔政治的引退、または寿命が尽きることへの〕自覚をもつべきなのだ。（傍点引用者）

ただし、付表5-Ⅲにみられるとおり、指導者呼称としての「核心」の語は、党規約の綱領部分では、建国以降、二〇一二年の一八回党大会まで一度も使用されてこなかった。しかし、「新時代の中国の特色ある社会主義に関する習近平の思想」を、党の「指導思想」に祀り上げた二〇一七年の一九回大会で、ついに「習近平同志を核心とする党中央」のフレーズが登場した。同じ言葉は、二〇二二年の二〇回大会の規約綱領にもみられる（付表5-Ⅲ⑭・a、⑮・a）。

政治報告においては、天安門事件後に初めて開かれた一九九二年の一四回大会から登場し、その後、二〇〇二年の一六回大会を除き[15]、二〇一二年の一八回大会まで、毛沢東、鄧小平、江沢民への敬称としてすべての政治報告の文章に現れている（付表5-Ⅲ⑨・b、⑩・b、⑫・b、⑬・b）。だが、一九回と二〇回の両大会の政治報告では、これらの「核心」表現は見当たらない（付表5-Ⅲ⑭・b、⑮・b）。すなわち一九回大会以降、党規約の綱領には、「習近平同志を核心とする党中央」が挿入される一方、政治報告からは、前任の「核心」たちの名前がすべて削除されたのである。

ともあれ、以上の経緯を踏まえると、「核心」とは、文化大革命の悲劇を招いた最高指導者の暴走をふたたび許さないとの堅い決意のもと、個人独裁イメージの強い「領袖」を排する一方、しかし他方では、前出の「建国以来の党の若干の歴史問題に関する決議」を最後に、一九八〇年代を通じて「領袖」の名で明示されるトップリーダーの不在が天安門事件の一因となったとの深刻な認識に基づき、趙紫陽に代わって党総書記に急遽抜擢した江沢民を支援するため、事件の直後から一九九〇年代にかけて、鄧小平が苦心のうちに創り上げた政治概念であり、権力装置なのである[16]。実際、江沢民を「核心」として機能させるべく、鄧小平は、党総書記、国家主席、中央軍事委員会主席の三つの職位を江沢民に兼任させることまでした。これ以前、党、国家、軍の最高職を単独で掌握した指導者は、一九四九～一九五九年までの毛沢東しかいない。一九五九年四月、毛沢東が劉少奇に国家主席のポストを譲ってからは、一九九三年三月に楊尚昆に代わって江沢民が国家主席に就任するまで、実に三〇年以上にわたり、鄧小平を含め誰ひとり党、国家、軍の最高職の独占を実現しなかった[17]。江沢民以降、最高指導者の「三位一体」が慣例化したが、それでも「領袖」の指導者呼称は復活しなかったのである。それゆえ、「核心」を「領袖」と等号で結ばれる単なる代替物とみるのは適切ではなかろう。

これに対して、「領袖」のもう一つの関連語句である「Aをリーダーとする B」の用法は、建国以来の党の政治理論、イデオロギー史上、「領袖」ときわめてよく似た背景をもつ。大雑把にいって、文革以前の党の公式文書において、「領袖」の言葉は、一般名詞としてのリーダーと、最高指導者である毛沢東への尊称の二つの意味で通用していた（付表5-Ⅱ①・a i、ii）。その後、毛沢東の神格化が進み、文革期に至高の存在になると、前者が脱落して後者の意味だけに純化した。だが、改革開放政策の本格的展開に伴い、華国鋒を最後の対象者として使用がとりやめられた（付表5-Ⅱ④・b）。

同様に、付表5-Ⅲによれば、「Aをリーダーとする B」の表現は、一九五六年の八回党大会時には、①米ソ冷戦の国際構造やマルクス・レーニン主義の階級政治などの特徴理解、②毛沢東と党内指導権をめぐって争った対抗集団への非難、③党中央における毛沢東の筆頭的立場の明示の三つの使われ方があった（例、「ソ連をリーダーとする」社会主義陣営、「労働者階級をリーダーとする人民大衆」、「王明、博古らの同志をリーダーとする〝左〟傾機会主義者」、「毛沢東同志をリーダーとする党中央」、付表5-Ⅲ①・b）。ただし、それらのすべてについて、自身と対立する政治集団、及び、対決構造の明確化の意図が含意されていることは見逃すべきではない。

その後、一九六九年の九回党大会の時期には、前記①と②の攻撃対象はそれぞれ、中ソ対立を背景とするソ連と、劉少奇、鄧小平らの「ブルジョワ階級の司令部」に取って代わられたが、文革後期の一九七〇年代になると、どちらの用例も消えて③だけの常套句となった。さらに、毛沢東の後を継いだ華国鋒の権力失墜に伴い、一九七八年十二月の一一期三中全会を最後に、「華国鋒をリーダーとする党中央」の表現もみえなくなり、一九八〇年代以降、「領袖」とともに「AをリーダーとするB」も、歴史の彼方に消えていった（付表5-Ⅲ④・c、⑤・bi）。したがって「領袖」と同じく、現在まで、主要な公式文書における「Xをリーダーとする党中央」の該当者Xは、毛沢東と華国鋒の二人だけである。[18]

これらの前例を参考にした場合、習近平指導部をとりまく現今の中国の国内外の状況からみて、今後もし「AをリーダーとするB」の表現がふたたび用いられるとすれば、①米中対立の激化に伴う「アメリカ合衆国をリーダーとする」自由民主主義陣営へのより強固な対抗の意思表明、②政治路線の対立を名目とした習近平による政敵への非難と追い落とし、③「核心」に比べて一段高い、国家の最高統率者としての権力と権威の誇示のいずれかであろう。このうち②に関して、習近平に対抗しうる政治的ライバルは現時点では見当たらない。それゆえ、短中期の観点から実現可能性が高いのは、①または③である。

三 「新時代」の政治的退行と党主席制の復活

筆者の理解に基づいて、今日の歴史の高みから、中華人民共和国の政治史を振り返ってみると、大きく三つの時期に区分できる。[19]

第一の時期は、建国の父であり、「第一世代」のカリスマ指導者の毛沢東が、公《おおやけ》と私《わたくし》の区別を問わず、国家と社会のあらゆる活動領域に大きな影響力を行使した、毛沢東時代（建国～一九七〇年代）である。そのピークが文化大革命であり、個人の思想の善悪正邪の価値までも、毛沢東思想の名のもとに評価が下された。毛沢東時代の終わりは、一九七六年に毛が死去するまで続いた。

続く第二の時期は、鄧小平時代であり、その別称は改革開放時代である。鄧小平時代はさらに、一九八九年の天安門事件を挟んで、前期（一九八〇年代）と後期（一九九〇年代～二〇〇〇年代）に分けられる。鄧小平の強力なイニシアチブのもと、改革開放政策がスタートし、それは天安門事件で一時中断したものの、一九九二年の南巡講話をきっかけに再開された。また、「韜光養晦《とうこうようかい》」のスローガンに基づき、協調主義的外交が推進された。一九九七年に「第二世代」のリーダーであった鄧小平が死去したのちも、鄧が後継者に指名した江沢民（「第三世代」）と胡錦濤（「第四世代」）が、鄧小平によって形作られた内外政策の基本方針を踏襲した。いわば「鄧小平なき鄧小平路線」が、一九九〇年代から二〇〇〇年代を通じておおむね維持された。

これに対して、二〇一〇年代からスタートした三番目の「新時代」、すなわち、習近平時代では、習が「第五世代」の強権指導者として長期政権を目指している。「新時代の中国の特色ある社会主義に関する習近平の思想」にみられるとおり、「新時代」は、「強国」とともに、習近平の国政運営の重要なキーワードである。[20]

また、二〇一七～二〇一八年の第二期政権の成立前後から、習近平は、文革の再現防止のために鄧小平が残した政治的遺産、すなわち、一九八〇年代初めの転換期になされたいくつかの制度的措置について、オセロゲームのようにそれらを一つひとつ覆していくことで、改革開放以降の政治発展の揺り戻しの動きが進んでいる。ここで鄧小平の政治的遺産と呼ぶものを、それがなされた時系列で列挙すれば、次のとおりである（表5-1）。

表5-1のうち、現時点（二〇二四年十月）までに、習近平は、②の「核心」の指導者呼称を復活させ、「領袖」の半公式的使用が試みられている。④の国家主席の連任制限の規定も廃止した。

①についても、二〇二一年十一月の一九期六中全会で、「党の百年の奮闘の重要な成果と歴史的経験に関する中共中央の決議」と題する政治文書が採択された。これは、毛沢東と鄧小平の主導のもとに作成された二つの「歴史決議」――一九二一年の党創立以来の政治闘争を総括し、毛沢東の党内指導権を絶対的なものへと昇華させた「若干の

表 5-1　文化大革命再発防止のための鄧小平の政治的遺産

①一九八一年六月の中共一一期六中全会で、「建国以来の党の若干の歴史問題に関する決議」（第二の歴史決議）を採択し、文化大革命と毛沢東の評価を公式に確定した。これにより、毛沢東時代と政治的に訣別し、改革開放時代の新たな幕開けを明確に宣言した。

②「第二の歴史決議」と歩調を合わせる形で、「領袖」と「AをリーダーとするB」、とくに「毛沢東または華国鋒をリーダーとする党中央」の表現の使用をやめ、党内における個人崇拝の禁止と集団指導を強調した。のちに「鄧小平なき鄧小平路線」を引き継いだ胡錦濤は、これをさらに進め、天安門事件以降、中国の公的な政治空間で使用されるようになった「核心」の指導者呼称まで廃止した。

③毛沢東の個人独裁への反省として、一九八二年九月の一二回党大会では、党規約が改正され、党主席の職位を廃止した。代わりに、集団指導体制に基づく党総書記制を採用した。

④（③の党改革と同じく）国家機関でも、指導者への過度な権力集中とポストへの長期居座りを防ぐため、一九八二年十二月の全人代会議で採択された新憲法（一九八二年憲法）では、正副国家主席、国務院総理などの国家の要職について、二期一〇年までの連任制限（一期五年）の規定を設けた。

出典：筆者作成。

歴史問題に関する決議」（第一の歴史決議、一九四五年四月、六期七中全会で採択）、及び、毛沢東時代の終焉と改革開放時代のスタートを宣明した、前出の「建国以来の党の若干の歴史問題に関する決議」（第二の歴史決議）――に続く、「第三の歴史決議」として位置づけられている。これにより習近平は、少なくとも形式的には、「新時代」幕開けの政治的号砲を国の内外にとどろかせ、中国共産党と中華人民共和国の歴史に自身の名を残すことに成功した。

指導者称号に関して、「第三の歴史決議」では、「核心」の呼び名は毛沢東と習近平の二人にしか用いられなかった。[21]「核心」でなかった胡錦濤はもちろん、鄧小平と江沢民にも言及しなかった。加えて、鄧小平が主導して起草された「第二の歴史決議」のなかで、計六回も登場して強調された「集団指導」[22]（中国語では集体領導）の言葉が、「第三の歴史決議」ではすべて消えてしまった。実のところ、集団指導の語は「第一の歴史決議」にも見当たらないが、そこでは代わりに「毛沢東同志をリーダーとする中央（以毛沢東同志為首的中央）」のフレーズが、一九三五年一月の遵義会議のくだりを含め計三回登場して、毛沢東の個人崇拝を助長していた。[23]習近平も本心では、「第三の歴史決議」で、これまで一度も使われていない「習近平同志をリーダーとする党中央」の表現を登場させたかったのではないか。だが現状では、自分の格付けを上げる代わりに、鄧小平、江沢民、胡錦濤を「核心」と呼ばずに彼らを引き下げることで、自分を毛沢東と同格としたのである。

では、こうした習近平による歴史の逆行の行き着く先はどこか。前掲の表5-1に示した鄧小平の政治的遺産のうち、残りの二つ、②の「領袖」呼称と③の党主席制におのずと注目せざるを得ない。現実政治の動向を捨象したナイーブな見通しにすぎないが、本章におけるこれまでの論理的な推論は、次のことを告げている。

すなわち、指導者としての形式的格付けの面で、習近平が鄧小平を超えて、毛沢東と同列の地位に立ちたいと本気で願うならば、次なる一手は、「核心」の称号は得たものの、なお不十分な状態にとどまっている②の見直しをさらに進め、「領袖」の正式承認の手続きを行い、同時に、政治報告や中央委員会決議などの主要な公式文書のなかに、

「習近平をリーダーとする党中央（以習近平為首的党中央）」のフレーズを登場させることである。そして、これらの布石を踏まえて、適切な時期の党大会で③の党主席のポストを復活させ、習近平の推戴キャンペーンを展開することである。今後の焦点は、指導者呼称の変更と党主席制復活の実行のタイミングである。(24)

だが、そうしたシナリオが現実のものとなった場合、これを真の意味で「新時代」の名に値する措置と考える者は、ごくわずかであろう。むしろ筆者を含む多くの者にとって、政治の実態としては毛沢東時代への先祖返り、旧時代への退行として理解されるであろう。

おわりに――徘徊する「領袖」の亡霊

二〇一二年に中国政治のトップに就任して以来、習近平は、幹部の綱紀粛正や党内秩序の立て直しのため、「整風」と呼ばれる業務態度の改善や、党員同士の「批判と自己批判」など、中国共産党の伝統的な制度や組織活動の厳格な実行を一貫して主張してきた。こうした共産党の古き良き伝統の再生、活性化こそ、習近平の政治的発想の重要な特徴の一つであり、同時に、習近平が政治的保守主義者であることをよく物語っている。

「習近平をリーダーとする党中央」の使用をはじめ、本章の冒頭で触れた習近平の権力拡充の三点セット（党主席への就任、「習近平思想」への短縮、「領袖」称号の獲得）についても、おそらく習の自意識のなかでは、良き伝統の復活として是認されるであろう。実際、習近平は、権力の実《じつ》、すなわち、指導部人事での絶対的優位と政権三期目以降の「時間」を確保している。三期目の五年間、あるいは四期目満了までの一〇年間のうちに、習近平思想や領袖という権威の名《めい》と、それにふさわしい党主席の地位を得ることも不可能ではない。これにより毛沢東と同等の威厳をそなえるだけでなく、毛沢東の政治スタイルに感化された、理想の指導者像とリーダーシップを実践できると考えているのかもしれない。

だが、習近平の思惑がどのようなものであれ、「領袖」の言葉を実際に見聞きしたとき、多くの人々が直感的に想起するのは、やはり、九回党大会文書の最後の一文にある林彪や康生の絶叫であろう。「われらの偉大な領袖、毛主席、万歳！　万歳！　万々歳！」である（付表5-Ⅱ②・aii、bii）。

また、習近平を「人民の領袖」と呼ぶ今日の中国側の報道ぶりには、政党国家体制（party-state）における支配政党と最高指導者のあるべき関係を語った際の、鄧小平の言葉の端々にみられる、ある種の迷いや諦めが入り混じった複雑な感情、繊細な思考の軌跡といったものが感じられない。鄧小平は、あるときは毛沢東の身辺に侍し、毛への畏敬の念を終生抱き続けたにもかかわらず、ほかならぬ「領袖」の専横と自身への政治的指弾、迫害に苦しめられた。またあるときは、民主化運動の弾圧をきっかけに、みずからが後継候補として抜擢した胡耀邦と趙紫陽を失脚させるという苦渋を味わった。最終的には天安門事件後の急場をしのぐため、政治統合の権力装置として、「領袖」の代わりに、「核心」なる政治的人格を創出するという二番煎じの妥協策を選択せざるを得なかった。だがその結果、民主主義の諸制度に基づく権力継承と政治統合のための安定的な仕組みづくりは、今日に至るまで未完のままに残されたのである。

本章では、中国共産党の政治とイデオロギーの歴史において、「領袖」の言葉が、なぜ、どのように使われてきたのか、あるいは、使われなくなったのかを吟味した。鄧小平が苦心の末に歴史の彼岸に追いやった「領袖」の亡霊を、現実政治の舞台にふたたび呼び戻すことの問題性――良き伝統の復活か、あるいは単なる時代錯誤か――を、今日の中国の為政者とイデオローグたちは改めて問い直してみる必要があろう。

付表 5-I　中華人民共和国建国以降に採択された党規約の綱領部分の「領袖」

採択した党大会	開催年月	使用回数	該当箇所の日本語訳と中国語原文
① 第 8 回	1956 年 9 月	0 回	
② 第 9 回	1969 年 4 月	1 回	「毛沢東同志を領袖とする中国共産党は、偉大な、栄光ある、正しい党であり、中国人民の指導的核心である。」 （以毛沢東同志為領袖的中国共産党，是偉大的、光栄的、正確的党，是中国人民的領導核心。）[1]
③ 第 10 回	1973 年 8 月	0 回	
④ 第 11 回	1977 年 8 月	1 回	「偉大な領袖にして、導きの師である毛沢東主席は、中国共産党の創設者であり、現代のもっとも偉大なマルクス・レーニン主義者である。」 （偉大的領袖和導師毛沢東主席，是中国共産党的締造者，是当代最偉大的馬克思列寧主義者。）[2]
⑤ 第 12 回	1982 年 9 月	0 回	
⑥ 第 13 回	1987 年 10〜11 月	0 回	
⑦ 第 14 回	1992 年 10 月	0 回	
⑧ 第 15 回	1997 年 9 月	0 回	
⑨ 第 16 回	2002 年 11 月	0 回	
⑩ 第 17 回	2007 年 10 月	0 回	
⑪ 第 18 回	2012 年 11 月	0 回	
⑫ 第 19 回	2017 年 10 月	0 回	
⑬ 第 20 回	2022 年 10 月	0 回	

註：
1 「九大党章」、《中国共産党歴次党章匯編》編委会編『中国共産党歴次党章匯編（1921-2002）』（内部発行）、中国方正出版社、2006 年、285 頁。
2 「十一大党章」、同上書、299 頁。
出典：筆者作成。

付表 5-II　中華人民共和国建国以降に採択された党大会の政治報告と関連文書の「領袖」

採択した党大会（開催年月）	文書名（報告者）	使用回数	使用回数と用例の内訳、該当箇所の日本語訳と中国語原文
① 第 8 回（1956 年 9 月）	a. 政治報告（劉少奇）	2 回	・ⅰ、ⅱで各 1 回使用 ・ⅰはリーダーの一般名詞、ⅱは毛沢東への敬称 ⅰ.「少数民族問題の正確な処理は、われらの国家の活動における重大な任務である。（中略）民主的改革と社会主義的改造をこれから行う地域では、われわれが一貫して採用してきたところの慎重な方針をとるべきである。すなわち、すべての改革は、各少数民族の人民と公衆のリーダーによる穏健な考慮と話し合いを通じて処理を進め、各民族自身の願いに基づいて事を進めなければならない。」 （正確地処理少数民族問題，是我們的国家工作中一項重大任務。（中略）今後，在尚待進行民主改革和社会主義改造的地区，我們仍然必須採取我們所一貫採取的慎重方針，這就是説，一切改革必須由各少数民族的人民和公衆領袖従容考慮，協商処理，按照各民族自己的意願弁事。）[1] ⅱ.「わが党の集団指導の原則は、個人が責任を負うことの必要性と指導者の重要な役割を決して否定しない。逆に、そのことは指導者をして、個人の役割を十分かつ正確に、そしてもっとも有効に発揮できるようにさせる保障である。みなが知るとおり、わが党の領袖である毛沢東同志は、われわれの革命事業において偉大なかじ取りの役割を果たし、全党と全国人民の間で崇高な威信を享受している。その理由は、彼がマルクス・レーニン主義の普遍的真理と中国革命の具体的実践を結びつけるのに長けているためだけでなく、彼が大衆の力と知恵を断固信じ、党の活動のなかで大衆路線を唱道し、党の民主的原則と集団指導の原則を堅持しているためでもある。」 （我們党的集体領導原則，決不是否認了個人負責的必要和領導者的重要作用；相反，它是使領導者能够充分正確地和最有効地発揮個人作用的保証。大家知道，我們党的領袖毛沢東同志所以在我們的革命事業中起了偉大的舵手作用，所以在全党和全国人民中享有崇高的威信，不但是因為他善于把馬克思主列寧義的普遍真理同中国革命的具体実践結合起来，而是因為他堅決地信任群衆的力量和智慧，唱導党的工作中的群衆路線，堅持党的民主原則和集体領導原則。）[2]

採択した党大会（開催年月）	文書名（報告者）	使用回数	使用回数と用例の内訳、該当箇所の日本語訳と中国語原文
① 第8回（1956年9月）	b. 党規約の修正に関する報告（鄧小平）	9回	・ｉ：計8回使用、すべて政党の指導者の意味 ・ii：最後の1回は、iiの毛沢東への敬称 ｉ.「ここでわたくしは、党に対する領袖の役割について少し話したい。マルクス主義が、人民大衆によって歴史が創造されるのを承認するとき、傑出した個人が歴史のなかで果たす役割を、これまで否定したことはなかった。（中略）同様に、マルクス主義は、政党に対する領袖人物の役割も、これまで否定したことはなかった。レーニンの有名な言い方によれば、領袖とは、「もっとも威信があり、もっとも影響力があり、もっとも経験がある」人々であり、疑いもなく、彼らのそうした威信と影響力、経験こそ、党、階級、人民の貴重な財産である。この点について、われわれ中国共産党人は、みずからの切実な体験から、とくに身にしみて感得している。当然ながら、そのような領袖は、大衆闘争のなかから自然に生み出されるものであり、僭称することはできない。過去の搾取階級の領袖とは逆に、労働者階級の政党の領袖は、大衆の上ではなく、大衆の中に、党の上ではなく、党の中に存する。まさにそれがゆえに、労働者階級の政党の領袖は、大衆と密接に連携する模範であるべきで、党の組織に服従し党の紀律を遵守する模範でなければならない。領袖への愛護とは、本質的には、党の利益、階級の利益、人民の利益への愛護の表現であり、個人の神格化ではない。ソ連共産党第20回党大会の重要な功績は、個人の神格化がいかに多くの重大で不良な結果をもたらすのかを教えたことである。（中略）われわれの任務は、個人の特別視に反対し、個人への礼賛に反対するという党中央の方針を、引き続き揺るぎなく実行し、指導者と大衆の連携を真に強固にし、これにより、すべての分野で、党の民主的原則と大衆路線を貫徹執行することにある。」 （在這里，我想談一下領袖対于政党的作用。馬克思主義在承認歴史是人民群衆所創造的時候，従来没有否認傑出的個人在歴史上所起的作用；（中略）同様，馬克思主義也従来没有否認領袖人物対于政党的作用。按照列寧的著名的説法，領袖是“最有威信、最有影響、最有経験”的人們，毫無疑問，他們的這種威信、影響和経験乃是党、階級和人民的宝貴的財富。対于這一点，我們中国共産党人従自己的切身経験中，

採択した党大会 (開催年月)	文書名 (報告者)	使用回数	使用回数と用例の内訳、 該当箇所の日本語訳と中国語原文
① 第 8 回 (1956 年 9 月)	b. 党規約の修正に関する報告 (鄧小平)		是感到特別親切的。当然這種領袖是在群衆闘争中自然而然地産生的，而不能是自封的。同過去剝削階級的領袖相反，工人階級政党的領袖，不是在群衆之上，而是在群衆之中，不是在党之上，而是在党之中。正因為這様，工人階級政党的領袖，必須是密接聯繫群衆的模範，必須是服従党的組織，遵守党的紀律模範。対于領袖的愛護——本質上是表現対于党的利益、階級的利益、人民的利益的愛護，而不是対于個人的神化。蘇聯共産党第二十次代表大会的一個重要的功績，就是告訴我們，把個人神化会造成多麼厳重的悪果。（中略）我們的任務是，継続堅決地執行中央反対把個人突出、反対個人歌功頌徳的方針，真正鞏固領導者同群衆的聯繫，使党的民主原則和群衆路線，在一切方面都得到貫徹執行。）[3] ii.「わが党の勝利は、第一に、そして主要な部分は、われわれに対する人民大衆の信頼と支持のおかげであり、党員全体の努力奮闘の賜物としなければならない。（中略）わが党の勝利はまた、党の各レベルの組織の指導者、とくにわが党の領袖である毛沢東同志にも帰さねばならない。」 （我們党的勝利，首先和最主要地要帰功于人民群衆対于我們的信任和支持，要帰功于全体党員的艱苦奮闘。（中略）我們党的勝利，也要帰功于党的各級組織的領導者，特別是我們党的領袖毛沢東同志。）[4]
② 第 9 回 (1969 年 4 月)	a. 政治報告 (林彪)	10 回	・ i ：1～9 回目のすべて「偉大な領袖、毛主席」の表現 ・ ii ：10 回目は、林彪報告の最後の一文 i.「偉大な領袖、毛主席」（偉大領袖毛主席）[5] ii.「われらの偉大な領袖、毛主席、万歳！　万歳！万々歳！」 （我們偉大的領袖毛主席万歳！　万歳！　万万歳！）[6]
	b. 党規約に関する発言 (康生)	3 回	・ i ：1～2 回目は、「偉大領袖毛主席」の表現（2 回目は、林彪報告の内容紹介） ・ ii ：3 回目は、康生発言の最後の一文 i.「偉大な領袖、毛主席」（偉大領袖毛主席）[7] ii.「われらの偉大な領袖、毛主席、万歳！　万歳！万々歳！」 （我們偉大的領袖毛主席万歳！　万歳！　万万歳！）[8]

採択した党大会 （開催年月）	文書名 （報告者）	使用回数	使用回数と用例の内訳、 該当箇所の日本語訳と中国語原文
③ 第 10 回 （1973 年 8 月）	a. 政治報告 （周恩来）	2 回	・計 2 回。いずれも林彪事件に関する説明のなかで、毛沢東への敬称 「9 回党大会の開催中と大会後、林彪は、彼に対する毛主席と党中央の教育、抑制、救済をかえりみず、破壊の陰謀を続け、それは 1970 年 8 月の 9 期 2 中全会での反革命政変の実行未遂、1971 年 3 月の《“571 工程”紀要》の反革命武装政変計画の作成、9 月 8 日の反革命武装政変の実行、偉大な領袖である毛主席を殺害し党中央を別に設けるという愚かなたくらみへとひたすらに発展していった。（中略）九・一三事件後、全党、全軍、全国多くの各民族人民は、（中略）偉大な領袖である毛主席と毛主席をリーダーとする党中央に対し、断固たる擁護の意志を示した。」 （九大期間和大会以後，林彪不顧毛主席、党中央対他的教育、抵制和挽救，継続進行陰謀破壊，一直発展到 1970 年 8 月在九届二中全会上発動反革命政変未遂，1971 年 3 月制定《“571 工程”紀要》反革命武装政変計劃，9 月 8 日発動反革命武装政変，妄図謀害偉大領袖毛主席、別立中央。（中略）九・一三事件以後，全党、全軍、全国億万各族人民（中略）対偉大領袖毛主席和以毛主席為首的党中央表示堅決擁護。）[9]
	b. 党規約の修正に関する報告 （王洪文）	0 回	
④ 第 11 回 （1977 年 8 月）	a. 政治報告 （華国鋒）	5 回	・ⅰ、ⅱ、ⅲ、すべて毛沢東への敬称 ・ⅰ：1 回目の「領袖」は、1976 年 9 月に死去した毛沢東への追悼の言葉 ・ⅱ、ⅲ：各 2 回使用 ⅰ.「わが国のプロレタリア階級と各民族人民の偉大な領袖にして導きの師、毛沢東主席」（我国無産階級和各族人民的偉大領袖和導師毛沢東主席）[10] ⅱ.「偉大な領袖にして導きの師、毛主席」（偉大領袖和導師毛主席）[11] ⅲ.「偉大な領袖、毛主席」（偉大領袖毛主席）[12]
	b. 党規約の修正に関する報告	4 回	・ⅰ：計 2 回。毛沢東への敬称 ・ⅱ、ⅲ：各 1 回、華国鋒への敬称 ⅰ.「偉大な領袖にして導きの師、毛主席」（偉大領

採択した党大会（開催年月）	文書名（報告者）	使用回数	使用回数と用例の内訳、該当箇所の日本語訳と中国語原文
④ 第11回（1977年8月）	（葉剣英）	4回	袖和導師毛主席）[13] ii.「英明な領袖、華国鋒主席」（英明領袖華国鋒主席）[14] iii.「華主席は、毛主席の良い学生、良い後継者と呼ぶにふさわしく、わが党とわが国人民の英明な領袖と呼ぶのにふさわしく、われらの軍隊の英明な統帥と呼ぶのにふさわしい。」 （華主席不愧為毛主席的好学生、好接班人，不愧為我們党和我国人民的英明領袖，不愧為我們軍隊的英明統帥。）[15]
⑤ 11期3中全会（1978年12月）	a. 講話「思想を解放し、事実に基づいて真理を追求し、一致団結して前を見よう」（鄧小平）	1回	・毛沢東の政治的評価に関する記述で、「革命領袖」の言葉を1回だけ使用 「最近、国内外ともに、毛沢東同志と文化大革命に対するわれわれの評価の問題に大いに関心が集まっている。毛沢東同志が、長期の革命闘争のなかで打ち立てた偉大な功績は永遠に消すことはできない。毛主席がいなければ新中国はなかった、これはなんら誇張ではない。（中略）毛沢東思想は永遠に、われらの全党、全軍、全国の各民族人民のもっとも貴重な精神的財産である。当然にも、毛沢東同志に欠点や過ちがなかったわけではない。〔しかし〕1人の革命領袖に欠点や過ちがないことを求めること、それはマルクス主義ではない。」 （最近国際国内都很関心我們対毛沢東同志和文化大革命的評価問題。毛沢東同志在長期革命闘争中立下的偉大功勛是永遠不可摩滅的。（中略）没有毛主席没有新中国，這絲不是什麼誇張。（中略）毛沢東思想永遠是我們全党、全軍、全国各族人民的最宝貴的精神財富。（中略）当然，毛沢東同志不是没有缺点、錯誤的，要求一個革命領袖没有缺点、錯誤，那不是馬克思主義。）[16]
	b. 全会公報	1回	・鄧小平講話と同じ内容。毛沢東を指す「革命領袖」の言葉 「会議は次の点を強調して指摘した。毛沢東同志が、長期の革命闘争のなかで打ち立てた偉大な功績は永遠に消すことはできない。（中略）1人の革命領袖に欠点や過ちがないことを求めること、それはマルクス主義ではなく、毛沢東同志がみずからについてこれまでに行った評価にも合致しない。」

採択した党大会 （開催年月）	文書名 （報告者）	使用回数	使用回数と用例の内訳、 該当箇所の日本語訳と中国語原文
⑤ 11 期 3 中全会 （1978 年 12 月）	b. 全会公報	1 回	（会議着重指出：毛沢東同志在長期革命闘争中立下的偉大功勛是永遠不可摩滅的。（中略）要求一個革命領袖没有缺点、錯誤，那不是馬克思主義，也符合毛沢東同志歴来対自己的評価。）[17]
⑥ 11 期 6 中全会 （1981 年 6 月）	大会決議 「建国以来の党の若干の歴史問題に関する決議」	10 回	・ i ：計 4 回登場。毛沢東への敬称が 1 回。ほかに、党の有力指導者の総称としての「領袖們」（2 回）と「領袖」（1 回） ・ ii ：毛沢東を指す「偉大領袖和導師」（1 回） ・ iii ：国際共産主義運動史と中国共産党史の両方について、政党とリーダーとの関係を分析した文脈での使用（「領袖人物」、「領袖」の各 1 回） ・ iv ：劉少奇など、文革で失脚した指導者の総称としての「領袖人物」（1 回） ・ v ：文革の反省と再発防止のため、指導者たち（「領袖們」1 回）による集団指導体制と個人崇拝の禁止、同時に、指導者（「領袖人物」1 回）の威信擁護の説明 i .「新民主主義革命の勝利は、無数の烈士と全党の同志、全国の各民族人民の長期にわたる犠牲奮闘の結果である。われわれはすべての功績を革命の領袖たちに帰するべきではない。だが、領袖たちの重要な役割を低く見積もることもすべきではない。党の多くの傑出した領袖のうち、毛沢東同志は筆頭に位置する。（中略）中国共産党が、全国の各民族人民の指導的核心として公に認められているのと同じく、毛沢東同志は、中国共産党と中国の各民族人民の偉大な領袖として公に認められており、党と人民の集団的奮闘のなかで生み出された毛沢東思想は、党の指導思想として公に認められている、（以下略）」 （新民主主義革命的勝利是無数先烈和全党同志、全国各族人民長期犠牲奮闘的結果。我們不應該把一切功労帰于革命領袖們，但也不應該低估領袖們的重要作用。在党的許多傑出領袖中，毛沢東同志居于首要地位。（中略）同中国共産党被公認為全国各族人民的領導核心一様，毛沢東同志被公認為中国共産党和中国各族人民的偉大領袖，（以下略））[18] ii .「これらすべてにより、とくに革命事業に対する彼の長期にわたる偉大な貢献によって、中国人民は、終始、毛沢東同志をみずからの敬愛する偉大な領袖にして、導きの師とみなしている。」

採択した党大会（開催年月）	文書名（報告者）	使用回数	使用回数と用例の内訳、該当箇所の日本語訳と中国語原文
⑥ 11 期 6 中全会（1981 年 6 月）	大会決議「建国以来の党の若干の歴史問題に関する決議」		（因為這一切，特別是因為他対革命事業長期的偉大貢献，中国人民始終把毛沢東同志看作是自己敬愛的偉大領袖和導師。）[19] iii.「党が活動の重点を社会主義建設という新たな任務に転換することに直面し、それがゆえに慎重さがとくに求められたそのとき、毛沢東同志の威望は頂点に達した。彼は次第に驕りはじめ、現実と大衆から次第に遊離し、執務における主観主義と個人の専断のやりかたが日増しにひどくなり、党中央を日増しに凌駕するようになり、これによって党と国家の政治生活における集団指導の原則と民主集中制は絶えず弱められ、ついに破壊された。（中略）国際共産主義運動において、領袖人物が非常に重要な役割を担うこと、これは歴史が繰り返し証明しており、疑いの余地はない。しかし、国際共産主義運動の歴史において、領袖と党の関係の問題を正しく解決しなかったために現れたいくつかの重大な偏向は、わが党にも消極的な影響を生み出した。（中略）種々の歴史的要因が、われわれをして、党内民主主義と国家の政治社会生活の民主主義を、制度化法制化するのを不可能にさせ、あるいは、法律を制定しても、しかるべき法的権威をそなえていなかった。これらが条件となって、党の権力を個人に過度に集中させ、党内では個人の専断と個人崇拝の現象がはびこるようになった。このことも、“文化大革命”の発動と発展を、党と国家が防止し抑制するのを難しくさせた。」（党在面臨着工作重心転向社会主義建設這一新任務因而需要特別謹慎的時候，毛沢東同志的威望達到高峰。他逐漸驕傲起来，逐漸脱離実際和脱離群衆，主観主義和個人専断作風日益厳重，日益凌駕于党中央之上，使党和国家政治生活中的集体領導原則和民主集中制不断受到削弱以至破坏。（中略）在共産主義運動中，領袖人物具有十分重要的作用，這是歴史已経反復証明和不容置疑的。但是国際共産主義運動史上由于没有正確解決領袖和党的関係問題而出現過的一些厳重偏差，対我們党也産生了消極的影響。（中略）種種歴史原因又使我們没有能把党内民主和国家政治社会生活的民主加以制度化，法律化，或者雖然制定了法律，却没有應有的権威。這就提供了一種条件，使党的権力過分集中于個人，党内個人専断和個人崇拝現象滋長起来，也就使党和国家難于防止和制止“文化大革

採択した党大会（開催年月）	文書名（報告者）	使用回数	使用回数と用例の内訳、該当箇所の日本語訳と中国語原文
⑥ 11 期 6 中全会（1981 年 6 月）	大会決議「建国以来の党の若干の歴史問題に関する決議」	10 回	命”的発動和発展。）[20] iv.「多くの適切な調査研究の結果、元中共中央副主席、中華人民共和国主席の劉少奇同志、及び、不当な扱いを受けたその他の党と国家の指導者、各民族、各界の領袖人物は名誉を回復し、長期の革命闘争のなかで党と人民のために彼らが打ち立てた歴史的功績を承認する。」 （経過大量切実的調査研究，為原中共中央副主席、中華人民共和国主席劉少奇同志以及遭受冤屈的其他党和国家領導人、各族各界的領袖人物恢復了名誉，肯定了他們長期革命闘争中為党和人民建樹的歴史功勛。）[21] v.「“文化大革命”の教訓と党の現状に基づき、わが党をして、必ずや健全な民主集中制をそなえた党に作り上げさせなければならない。大衆闘争のなかで生み出された徳才兼備の領袖たちによって集団指導を実行するというマルクス主義の観点を確立し、いかなる形式の個人崇拝も禁止すべきである。党の領袖人物の威信を擁護し、同時に、彼らの活動を党と人民の監督のもとに置かなければならない。」 （根拠“文化大革命”的教訓和党的現状，必須把我們党建設成為具有健全的民主集中制的党。一定要樹立党必須由在群衆斗争中産生的徳才兼備的領袖們実行集体領導的馬克思主義観点，禁止任何形式的個人崇拝。一定要維護党的領袖人物的威信，同時保証他們的活動処于党和人民的監督之下。）[22]
⑦ 第 12 回（1982 年 9 月）	政治報告（胡耀邦）	0 回	
⑧ 第 13 回（1987 年 10～11 月）	政治報告（趙紫陽）	0 回	
⑨ 第 14 回（1992 年 10 月）	政治報告（江沢民）	0 回	
⑩ 第 15 回（1997 年 9 月）	政治報告（江沢民）	0 回	
⑪ 第 16 回（2002 年 11 月）	政治報告（江沢民）	0 回	

採択した党大会（開催年月）	文書名（報告者）	使用回数	使用回数と用例の内訳、該当箇所の日本語訳と中国語原文
⑫ 第 17 回（2007 年 10 月）	政治報告（胡錦濤）	0 回	
⑬ 第 18 回（2012 年 11 月）	政治報告（胡錦濤）	0 回	
⑭ 第 19 回（2017 年 10 月）	政治報告（習近平）	0 回	
⑮ 第 20 回（2022 年 10 月）	政治報告（習近平）	0 回	

註：

1　劉少奇『中国共産党中央委員会向八次全国代表大会的報告』人民出版社、1956 年、49 頁。

2　同上、68 頁。

3　鄧小平「関於修改党的章程的報告（1956 年 9 月 16 日）」、《中国共産党章程匯編：（従一大—十七大）》選編組『中国共産党章程匯編：（従一大—十七大）』（内部発行）、中共中央党校出版社、2007 年、277-278 頁。

4　同上、293-294 頁。

5　林彪「在中国共産党第九次全国代表大会上的報告（1969 年 4 月 1 日報告、4 月 14 日通過）」『中国共産党第九次全国代表大会文件匯編』人民出版社、1969 年、16、17、36、42、43、47、55、57 頁。

6　同上、58 頁。

7　康生「関於党章的発言（1969 年 4 月 14 日）」、前掲、《中国共産党章程匯編》：（従一大—十七大）》選編組『中国共産党章程匯編』295、297 頁。

8　同上、300 頁。

9　周恩来「在中国共産党第十次全国代表大会上的報告（1973 年 8 月 24 日報告、8 月 28 日通過）」『中国共産党第十次全国代表大会文件匯編』人民出版社、1973 年、6 頁。

10　華国鋒『在中国共産党第十一次全国代表大会上的政治報告』人民出版社、1977 年、1 頁。

11　同上、2、4 頁。

12　同上、5 頁。

13　葉剣英「関於修改党的章程的報告（1977 年 8 月 13 日報告、8 月 18 日通過）」『中国共産党歴次全国代表大会数据庫』（cpc.people.com.cn/GB/64162/64168/64563/65449/4526437.html）、2023 年 9 月 9 日閲覧。

14　同上。

15　同上。

16　鄧小平「解放思想，実事求是，団結一致向前看（1978 年 12 月 13 日）」、本書編写組編『十一届三中全会以来歴次党代会、中央全会報告　公報　決議　決定』中国方正出版社、2008 年、8-9 頁。

17　「中国共産党第十一届中央委員会第三次全体会議公報（1978 年 12 月 22 日通過）」、同上書、18 頁。

18　「関於建国以来党的若干歴史問題的決議（1981 年 6 月 27 日通過）」、同上書、96 頁。

19　同上、108 頁。

20　同上、110 頁。

21　同上、112 頁。

22　同上、124 頁。

出典：筆者作成。

付表 5-Ⅲ　主要な政治文書における「A をリーダーとする B」と「核心」

採択した党大会（開催年月）	文書名（報告者）	「以 A 為首的 B」の使用回数（「核心」の回数）	使用回数と用例の内訳、該当箇所の日本語訳と中国語原文
① 第 8 回（1956 年 9 月）	a. 党規約（綱領）	1 回	•「ソ連をリーダーとする」社会主義陣営 「わが国と、ソ連をリーダーとする平和、民主、社会主義陣営の各国との友誼を、党は努力して発展させ強固にし、（以下略）」 （党努力発展和鞏強我国同以蘇聯為首的和平、民主、社会主義陣営各国友誼，（以下略））[1]
	b. 政治報告（劉少奇）	8 回	i．ソ連（計 4 回） 「われらの国家は、平和の維持と人類の進歩を努力して勝ち取ろうとするソ連をリーダーとする社会主義に参加した」 （我們的国家参加了以蘇聯為首的争取持久和平和人類進歩的社会主義陣営）[2] 「ソ連をリーダーとする社会主義国家の友好の大家族」 （以蘇聯為首的社会主義国家的友好的大家庭）[3] 「ソ連をリーダーとする社会主義国家」（以蘇聯為首的社会主義国家）[4] 「ソ連をリーダーとする平和と民主の社会主義陣営」 （以蘇聯為首的和平民主社会主義陣営）[5] ii．毛沢東（計 2 回） 「毛沢東同志をリーダーとする中央」（以毛沢東同志為首的中央）[6] 「毛沢東同志をリーダーとする党中央」（以毛沢東同志為首的党中央）[7] iii．留ソ派（1 回） 「王明、博古らの同志をリーダーとする“左”傾機会主義者」 （以王明、博古等同志為首的“左”傾機会主義者）[8] iv．労働者階級（1 回） 「労働者階級をリーダーとする人民大衆」 （以工人階級為首的人民大衆」）[9]
	c. 党規約の修正に関す	1 回	• 毛沢東（1 回） 「毛沢東同志をリーダーとする中央委員会」

採択した党大会 （開催年月）	文書名 （報告者）	「以A為首的B」 の使用回数 （「核心」の回数）	使用回数と用例の内訳、該当箇所の日本語訳と中国語原文
	る報告 （鄧小平）		（以毛沢東同志為首的中央委員会）[10]
② 第9回 （1969年4月）	a. 党規約 （綱領）	1回	・アメリカとソ連との二正面対決姿勢 「米国をリーダーとする帝国主義を打倒し、ソ連修正主義の裏切り者集団を中心とする現代修正主義を打倒する」 （打倒以美国為首的帝国主義，打倒以蘇修叛徒集団為中心的現代修正主義）[11]
	b. 政治報告 （林彪）	8回	・文化大革命の「2つの路線」闘争観に基づく、毛沢東賛美と劉少奇批判 i．毛沢東をリーダーとするプロレタリア階級司令部（計5回） 「毛主席をリーダーとするプロレタリア階級司令部」 （以毛主席為首的無産階級司令部）[12] ii．劉少奇をリーダーとするブルジョワ階級司令部（計2回） 「裏切り者、敵のまわし者、ブルジョワ階級の奸賊である劉少奇をリーダーとするブルジョワ階級の司令部」 （以叛徒、内奸、工賊劉少奇為首的資産階級司令部）[13] 「劉少奇をリーダーとするブルジョワ階級司令部」（以劉少奇為首的資産階級司令部）[14] iii．中ソ対立を背景とした、友党のアルバニア労働党への賛辞 「偉大なマルクス・レーニン主義者エンベル・ホッジャ同志をリーダーとするアルバニア労働党」 （以偉大的馬克思列寧主義者恩維爾・霍査同志為首的阿爾巴尼亜労働党）[15]
	c. 党規約に関する発言 （康生）	1回	・ソ連修正主義の打倒 「ソ連修正主義の裏切り者集団をリーダーとする現代修正主義を打倒する」 （打倒以蘇修叛徒集団為首的現代修正主義）[16]

採択した党大会 （開催年月）	文書名 （報告者）	「以A為首的B」 の使用回数 （「核心」の回数）	使用回数と用例の内訳、該当箇所の日本語訳と中国語原文
③第10回 （1973年8月）	a. 党規約 （綱領）	0回	
	b. 政治報告 （周恩来）	2回	・毛沢東への敬称 「毛主席をリーダーとする党中央」（以毛主席為首的党中央）（計2回）[17]
	c. 党規約の修正に関する報告 （王洪文）	1回	・毛沢東への敬称 「毛主席をリーダーとする党中央」（以毛主席為首的党中央）[18]
④第11回 （1977年8月）	a. 党規約 （綱領）	0回	
	b. 政治報告 （華国鋒）	1回	・毛沢東への敬称 「毛主席をリーダーとする党中央」（以毛主席為首的党中央）[19]
	c. 党規約の修正に関する報告 （葉剣英）	6回	・華国鋒への敬称 「華主席をリーダーとする党中央」（以華主席為首的党中央）（計6回）[20]
⑤11期3中全会 （1978年12月）	a. 講話 「思想を解放し、事実に基づいて真理を追求し、一致団結して前を見よう」 （鄧小平）	0回	
	b. 全会公報	2回	・華国鋒への敬称とともに、他のリーダー（陳雲）も重視（各1回） i.「華国鋒同志をリーダーとする党中央」 （以華国鋒同志為首的党中央）[21] ii.「陳雲同志をリーダーとする、100人からなる中央紀律検査委員会」 （以陳雲同志為首的由一百人組成的中央紀律検査委員会）[22]
			i.「毛主席をリーダーとする党中央」（以毛主席為首的党中央）[23]

採択した党大会（開催年月）	文書名（報告者）	「以A為首的B」の使用回数（「核心」の回数）	使用回数と用例の内訳、該当箇所の日本語訳と中国語原文
⑥ 11期6中全会（1981年6月）	大会決議「建国以来の党の若干の歴史問題に関する決議」	4回	ii．「彼〔毛沢東を指す〕をリーダーとする党中央」 （以他為首的党中央）[24] iii．「毛沢東同志をリーダーとする党中央」 （以毛沢東同志為首的党中央）[25] iv．「劉少奇、鄧小平をリーダーとする、いわゆる『ブルジョワ階級司令部』などというものは、党内には根本的に存在しなかった」 （党内根本不存在所謂以劉少奇、鄧小平為首的“資産階級司令部”）[26]
⑦ 第12回（1982年9月）	a．党規約（綱領）	0回	
	b．政治報告（胡耀邦）	0回	
⑧ 第13回（1987年10〜11月）	a．党規約（綱領）	0回	
	b．政治報告（趙紫陽）	0回	
⑨ 第14回（1992年10月）	a．党規約（綱領）	0回	
	b．政治報告（江沢民）	0回（核心3回）	•「以A為首的B」、なし →代わりに、毛沢東と鄧小平の「核心」呼称が登場（計3回） 「毛沢東同志を核心とする第一世代の中央指導者集団」 （以毛沢東同志為核心的第一代中央領導集体）[27] 「鄧小平同志を核心とする第二世代の中央指導者集団」 （以鄧小平同志為核心的第二代中央領導集体）[28] 「鄧小平同志を核心とする中央指導者集団」 （以鄧小平同志為核心的中央領導集体）[29]
⑩ 第15回（1997年9月）	a．党規約（綱領）	0回	
	b．政治報告（江沢民）	0回（核心4回）	•「以A為首的B」、なし →毛沢東と鄧小平の「核心」呼称あり（計4回） 「毛沢東を核心とする第一世代の指導者集団」

採択した党大会 （開催年月）	文書名 （報告者）	「以A為首的B」 の使用回数 （「核心」の回数）	使用回数と用例の内訳、該当箇所の日本語訳と中国語原文
			(以毛沢東為核心的第一代領導集体)（計2回）[30] 「鄧小平を核心とする第二世代の指導者集団」 (以鄧小平為核心的第二代領導集体)（計2回）[31]
⑪第16回 （2002年11月）	a. 党規約 （綱領）	0回	
	b. 政治報告 （江沢民）	0回 （核心0回）	・「以A為首的B」、なし ・毛沢東と鄧小平の「核心」呼称もなし
⑫第17回 （2007年10月）	a. 党規約 （綱領）	0回	
	b. 政治報告 （胡錦濤）	0回 （核心3回）	・「以A為首的B」、なし →毛沢東、鄧小平、江沢民の「核心」呼称あり（計3回） 「毛沢東同志を核心とする党の第一世代の中央指導者集団」 (以毛沢東同志為核心的党的第一代中央領導集体)[32] 「鄧小平同志を核心とする党の第二世代の中央指導者集団」 (以鄧小平同志為核心的党的第二代中央領導集体)[33] 「江沢民同志を核心とする党の第三世代の中央指導者集団」 (以江沢民同志為核心的党的第三代中央領導集体)[34]
⑬第18回 （2012年11月）	a. 党規約 （綱領）	0回	
	b. 政治報告 （胡錦濤）	0回 （核心3回）	・「以A為首的B」、なし →毛沢東、鄧小平、江沢民の「核心」呼称あり（計3回） 「毛沢東同志を核心とする党の第一世代の中央指導者集団」 (以毛沢東同志為核心的党的第一代中央領導集体)[35] 「鄧小平同志を核心とする党の第二世代の中央指導者集団」 (以鄧小平同志為核心的党的第二代中央領導集体)[36]

採択した党大会 （開催年月）	文書名 （報告者）	「以A為首的B」の使用回数 （「核心」の回数）	使用回数と用例の内訳、該当箇所の日本語訳と中国語原文
			「江沢民同志を核心とする党の第三世代の中央指導者集団」 （以江沢民同志為核心的党的第三代中央領導集体）[37]
⑭ 第19回 （2017年10月）	a. 党規約 （綱領）	0回 （核心1回）	・習近平の権力と権威の強化 「習近平同志を核心とする党中央の権威と集中統一指導を断固として擁護し、（以下略）」 （堅定維護以習近平同志為核心的党中央権威和集中統一領導，（以下略））[38]
	b. 政治報告 （習近平）	0回 （核心0回）	・「以A為首的B」、なし ・毛沢東、鄧小平、江沢民、胡錦濤の「核心」呼称もなし
⑮ 第20回 （2022年10月）	a. 党規約 （綱領）	0回 （核心1回）	・習近平の権力と権威の強化 「習近平同志を核心とする党中央の権威と集中統一指導を断固として擁護し、（以下略）」 （堅定維護以習近平同志為核心的党中央権威和集中統一領導，（以下略））[39]
	b. 政治報告 （習近平）	0回 （核心0回）	・「以A為首的B」、なし ・毛沢東、鄧小平、江沢民、胡錦濤の「核心」呼称もなし

註：

1　「八大党章」、《中国共産党歴次党章匯編》編委会編『中国共産党歴次党章匯編（1921-2002）』（内部発行）中国方正出版社、2006年、216頁。

2　劉少奇『中国共産党中央委員会向八次全国代表大会的報告』人民出版社、1956年、4頁。

3　同上、54頁。

4　同上、55頁。

5　同上、58頁。

6　同上、60頁。

7　同上、54頁。

8　同上、68頁。

9　同上、41頁。

10　鄧小平「関於修改党的章程的報告（1956年9月16日）」、《中国共産党章程匯編：（従一大—十七大）》選編組『中国共産党章程匯編：（従一大—十七大）』（内部発行）中共中央党校出版社、2007年、260頁。

11　「九大党章」、前掲、《中国共産党歴次党章匯編》編委会編『中国共産党歴次党章匯編（1921-2002）』、286頁。

12　林彪「在中国共産党第九次全国代表大会上的報告（1969年4月1日報告、4月14日通過）」『中国共産党第九次全国代表大会文件匯編』人民出版社、1969年、10、11、21、22、24頁。

13　同上、3頁。

14　同上、21-22頁。

15　同上、47頁。

16　康生「関於党章的発言（1969 年 4 月 14 日）」、前掲、《中国共産党章程匯編》編委会編『中国共産党章程匯編』299 頁。
17　周恩来「在中国共産党第十次全国代表大会上的報告（1973 年 8 月 24 日報告、8 月 28 日通過）」『中国共産党第十次全国代表大会文件匯編』人民出版社、1973 年、6-7 頁、9 頁。
18　王洪文「関於修改党章的報告（1973 年 8 月 24 日報告、8 月 28 日通過）」、前掲、《中国共産党章程匯編》編委会編『中国共産党章程匯編』306 頁。
19　華国鋒『在中国共産党第十一次全国代表大会上的政治報告』人民出版社、1977 年、6 頁。
20　葉剣英「関於修改党的章程的報告（1977 年 8 月 13 日報告、8 月 18 日通過）」『中国共産党歴次全国代表大会数据庫』（cpc.people.com.cn/GB/64162/64168/64563/65449/4526437.html）、2023 年 9 月 9 日閲覧。
21　「中国共産党第十一届中央委員会第三次全体会議公報（1978 年 12 月 22 日通過）」、本書編写組編『十一届三中全会以来歴次党代会、中央全会報告　公報　決議　決定』中国方正出版社、2008 年、19 頁。
22　同上。
23　「関於建国以来党的若干歴史問題的決議（1981 年 6 月 27 日通過）」、同上書、94 頁。
24　同上、96 頁。
25　同上、104 頁。
26　同上、105 頁。
27　江沢民「加快改革開放和現代化建設歩伐奪取有中国特色社会主義事業的更大勝利——在中国共産党第十四次全国代表大会上的報告（1992 年 10 月 12 日）」、前掲、本書編写組『十一届三中全会以来歴次党代会、中央全会報告　公報　決議　決定』436 頁。
28　同上。
29　同上、437 頁。
30　江沢民「高挙鄧小平理論偉大旗幟、把建設有中国特色社会主義事業全面推向二十一世紀——在中国共産党第十五次全国代表大会上的報告（1997 年 9 月 12 日）」、同上書、596、620 頁。
31　同上。
32　胡錦濤「高挙中国特色社会主義偉大旗幟　為奪取全面建設小康社会新勝利而奮闘——在中国共産党第十七次全国代表大会上的報告（2007 年 10 月 15 日）」、同上書、910 頁。
33　同上。
34　同上。
35　胡錦濤「堅定不移沿着中国特色社会主義道路前進、為全面建成小康社会而奮闘（2012 年 11 月 8 日）」、中共中央文献研究室編『十八大以来重要文献選編（上）』中央文献出版社、2014 年、8 頁。
36　同上。
37　同上、9 頁。
38　「中国共産党章程（2017 年 10 月 24 日通過）」『共産党員網』（www.xinhuanet.com/politics/19cpcnc/2017-10/28/c_11218070794.html）、2017 年 10 月 31 日閲覧。
39　「中国共産党章程（2022 年 10 月 22 日通過）」『共産党員網』（https://www.12371.cn/special/zggcdzc/zggcdzcqw/）、2024 年 3 月 12 日閲覧。
出典：筆者作成。

第六章 「語録の世界」と「闘争」の人——習近平、毛沢東、文化大革命の政治連関

はじめに――毛沢東なき中国の「毛沢東思想」と毛沢東思想

本章の目的は、毛沢東の政治思想と毛沢東時代の政治、とくにその究極的実践にして「魂に触れる革命」と喧伝された文化大革命時期（一九六六～一九七六年。以下、文化大革命は「文革」とも略記）の政治思潮や政治文化が、今日の中国の最高指導者である習近平の政治認識と政治行動にどのような影響をもたらしたのか、さらには、実際の政治運営にいかに反映されているのかを明らかにすることにある。

習近平時代の政治については、二〇一〇年代初めに国政のトップに就任して以来、習近平が毛沢東の政治理念や政治手法を部分的に踏襲、模倣していることが、筆者を含む多くの論者によって指摘されている(1)。メディアや論壇の一部には、「習近平は、文革期に絶頂に達した毛沢東の個人崇拝、個人独裁の復活を狙っている。習近平の目標は第二の毛沢東なのだ」との趣旨の意見も散見される(2)。

だが、文革世代の一人として(3)、自我発達の著しい青少年期に目撃、体験した毛沢東の姿や文革の記憶が、最高指導者としての習近平の政治的振る舞いにいかなる作用を及ぼしたのかを、素朴な印象論を超えて、学問的に実証するのはそれほど簡単ではない。

確かに習近平は、自身の演説や論考で毛沢東の発言を頻繁に引用し、毛沢東の生誕記念式典では顕彰の言葉を捧げている(4)。このことは、習近平の政治的思考の少なくとも一部は、毛沢東の影響下にあることを示唆する。しかしそうした事情は、一九八一年に発表されたいわゆる「第二の歴史決議」の作成過程で、毛沢東と毛沢東思想を断固擁護した鄧小平をはじめ、江沢民と胡錦濤も変わらない[5]。その理由は、反右派闘争による政治的冤罪の拡大、大躍進運動の経済破綻、文化大革命の発動など、中国当局のいう「部分的な過ち」を除けば、毛沢東の成し遂げた功績とそれを可能にした政治的思惟の内容、方法、特徴は、中国共産党の正統理論において、依然として、後世に引き継がれるべき優れた政治的遺産として位置づけられているためである。

実際、一九七六年の毛沢東の死去から半世紀近くが経つにもかかわらず、毛沢東思想は、共産党内の教育制度を通じ、国の指導層から中堅、末端レベルに至るまで、多くの党員に共有されている。例えば、中央と地方の各組織には、党校と呼ばれる教育研究機関が設置され、党員とくに党や政府の要職を務める幹部党員は、定期不定期を問わず、職位に応じた各種の教育研修プログラムの受講を義務づけられている。座学授業のなかには、現任の最高指導者である習近平の文章をはじめ、建国の父である毛沢東や、中興の祖である鄧小平の著作物の学習も含まれている。日本の企業で、従業員向けの社内研修制度を通じ、経営や勤労に関する創業者の教え、いわゆる経営哲学が同人の引退後も受け継がれ、組織文化の一部として定着するのによく似ている。第二章の冒頭で述べたように、中国共産党も創立百年を超す巨大組織であり、多くの百年企業と同様、組織存続の秘訣として「経営理念」の継承に注力している。この意味では、中国共産党の幹部党員は、ほぼ全員が毛沢東主義者である。

しかし同時に、今日広く学ばれている毛沢東思想は、毛沢東時代、とくに階級闘争が極端に重視された文革期のそれと必ずしも同じではない。例えば、毛沢東の代表的な著作物である『毛沢東選集』には、一九四九年の建国以前に毛沢東が編み出した革命の戦略と戦術が数多く収められている。このうち、一九二七年発表の有名な政治論文「湖南省農民運動視察報告」では、毛沢東の信奉する革命のリアリズム、すなわち、既存秩序の打倒と新たな権力関係の創出に向けた集団暴力の組織化、及び、歴史的に形成された社会関係のもとで長年圧迫されてきた下層民衆による上位階層への報復が全面的に肯定されている。その論旨には、文革時の「紅衛兵」と称する毛沢東を熱狂的に支持した若者たちによる集団暴力との共通性が見出せる(6)。

だが、容易に想像されるように、そうした秩序破壊と体制転覆の試みについては、習近平をはじめ、今日の中国の指導者は誰ひとり賛成しないであろう。紅衛兵が掲げた「造反有理（反逆には道理があるという意味）」のスローガンに示されるとおり、政治、経済、社会的に劣位に置かれた人びとによる力の抵抗をためらいなく承認した一九二〇年代当時の毛沢東のようなリーダー、まさしく革命家は、いまの中国の既得権益層には存在しない。文革当時、自身も虐待を受けた習近平の心のなかに、文革のような大衆参加型の政治闘争の再現への期待は、おそらくは微塵もない。紀律と秩序を重んじる官僚政治家の習近平にとって、民衆の自発的な政治活動はもちろん、為政者による大衆動員の政治手法にも、集団エネルギーの制御不能を懸念して基本的には警戒の念を抱いていると思われる。

以上の背景を踏まえ、本章での分析の前提として、まずは概念整理をしておく。以下の本文では、毛沢東思想という言葉について、カギカッコの有無によって意味上の使い分けを行う。すなわち「毛沢東思想」は、政治、経済、軍事などの諸政策をめぐる毛沢東の理念、見解、創意を中心としつつ、建国前の革命闘争や国家建設の過程で活躍した他のサブリーダーたちとの協働による「中国共産党の集団的な智慧の結晶」の総称として、改革開放期に新たな意味づけを与えられ、今日まで国家の正統イデオロギーの地位を維持している理論体系を指す(7)。具体的には、一九七九年三月に鄧小平が定式化した中国共産党が堅持すべき四つの政治的指針、すなわち、「四つの基本原則」（①社会主義の道、②人民民主独裁、③中国共産党の指導、④マルクス・レーニン主義と毛沢東思想）のなかの「毛沢東思想」がこれに該当する。

これに対し、政治史としての毛沢東時代、とくに毛沢東本人が存命していた文革時期に、毛沢東主義（Maoism）のイデオロギーとして通用した毛沢東個人の意見や主張を、カギカッコを付けない毛沢東思想で表記する。中国当局のいうとおり、「毛沢東思想」が、毛沢東と他のサブリーダーとの長期にわたる相互作用のなかで練り上げられた集合的意思の産物であることは多言を要しない。だが、レーニン主義（Leninism）やスターリン主義（Stalinism）といった他の国家社会主義の理論体系と同じく、「毛沢東思想」／毛沢東思想も、特定の自然人の名前を冠した属人的イデオロギーであり、政治的正邪を決定するイデオロギー的解釈権の独占を通じて、指導者の権力と権威の強化、敵対者への制裁を可能にする実態的影響力をもつ以上、毛沢東の個人的意思がその中核に位置することは否定できない。とりわけ本章で扱う文革期はそうであった。毛沢東の発する一言一句が「最高指示」、「最新指示」などと呼ばれ、国民の一挙手一投足を拘束した。カギカッコのない毛沢東思想は、そうした政治的機能と歴史的意味合いを重視した言葉づかいである。

かくして本章冒頭に掲げた課題は、次のように言い換えられる。問われるべきは、「毛沢東思想」と毛沢東思想の区別に基づく、習近平の政治的営為における毛沢東思想の理論的実践的要素の抽出であり、「毛沢東思想」を奉じる鄧小平、江沢民、胡錦濤との違いの見極めである、と。

一　分析の方法と視角、解釈の留意点

（1）資料の選定

後述のように、中国では現在、数十冊にのぼる習近平の著作集が公刊されている。だが、そうした「饒舌」な習近平にも、公開の場では多くを語っていないいくつかのトピックがある。いずれも習近平が強いこだわりをもち、それゆえ、多くの発言があってしかるべきと推測されるにもかかわらず、管見の限り、公開資料はもとより「内部発行」

や「軍内発行」の限定公開資料にも、公式見解に沿った数少ない言及のほかには、個人的心情の吐露を含む「習近平らしさ」を感じさせる発言や、まとまった分量の有意な意見表明はほぼ見当たらない。それらの話題とは、毛沢東、文化大革命、台湾問題の三つである。このうち前二者について、本章では、主に政治思想とイデオロギー史の観点から、習近平と毛沢東、文化大革命の政治連関の実相を論じる。(8) 残りの台湾問題は、本書の第九章で扱う。

毛沢東と文革に関する習近平の個人的所感を示した直接的証拠が不足する一方、これとは逆に、参照すべき毛沢東思想の資料は、毛沢東自身が編集に注力し、毛の存命中に発行された『毛沢東選集』第一〜四巻（以下、『毛選』と略記）をはじめ、膨大な数にのぼる。そのすべてを本章の限られた紙幅のなかで検討することは、むろん不可能である。

そこで以下の本文では、前述した課題へのアプローチとして、毛沢東思想の学習伝播の媒体のうち、文革当時の状況からみて、習近平が当該資料を実際に読んだ可能性がきわめて高く、かつ、文革期の毛沢東思想とイデオロギー状況を代表するものとして、『毛沢東語録』（以下、『語録』と略記）を主な検討材料として取り上げる。福建省長時代の二〇〇〇年に受けた雑誌取材に対し、習近平は、紅衛兵運動が大々的に展開されていた一九六六〜一九六八年頃に、文革推進派による虐待に苦しみながら、『語録』を必死に学んだ日々を追憶している。少年であった習近平も、毛沢東の教えをみずからの政治的血肉とすべく、『語録』を通じて毛沢東思想を確かに学んだのである。

当時、わたしの母親は中央党校で働いていた。「文革」中、〔紅衛兵によって〕自宅が荒らされると、党校に引っ越した。党校に移ってからも、わたしは頑なに〔父親の習仲勲または習近平自身の政治的〕過ちを認めず、侮りを受けるのをよしとしなかったため、造反派の恨みを買い、悪事はすべてわたしのせいにされた。造反派は、わたしを〔文革反対派の〕リーダーとみなし、康生の妻の曹軼欧〔中央党校内の文革推進派の代表的人物〕によって、「反動集団」の家族と非難された。そのとき、わたしはまだ一五歳にもなっていなかった。「おまえは自分の罪がどれくらい重いと考えているのか」と聞かれたので、「〔罪の重さを〕ざっと見積もって教えてほしい。銃殺で十分だろうか？」と答えた。「百回の銃殺なら十分だ！」といわれたが、〔銃殺で死ぬなら〕百回も一回も同じであり、百回だろうが怖くないと思った。当時は公安の派出所にも送られることもなく、脅迫だけですんだ。「独裁機関がおまえに独裁を実行する〔身体への加害や拘束を伴う刑罰を執行するとの意味〕、お前には五分〔の猶予〕をくれてやる」などといわれた。その後毎日、毛主席語録を徹夜して読んだ〔この文脈では、強制的に読まされたと解釈するのが自然〕(9)。

(2) 個人の内的、外的世界とテキストとの関係

「素材」の次に「調理法」、すなわち、方法上の留意点を説明する。

『毛選』に関する先行研究の厚みに比べると、『語録』はこれまで学術研究の対象として扱われることが少なかった。主な理由として、『語録』の内容がすべて、『毛選』を含む毛沢東の他の著作からの抜粋であり、毛沢東研究の一次資料にはなりえない点が挙げられる。初出の文章ではないため、話し手、書き手の当事者性からみた資料的価値は低い。だが、本章の目的にかんがみれば、習近平をはじめ、文革世代に属する政治エリートの思想形成や政治認識を論じる際には、聞き手や読み手の視点、すなわち、毛沢東の発話行為の対象者への配慮のほうがより重要であろう。加えてすぐ後でみるように、『語録』の言説が日常の生活風景にも浸透していた文革期の中国では、生活者としての記憶や身体感覚の要素も見逃せない。

文革時期、なかでも紅衛兵運動が激烈に展開された一九六〇年代後半期には、『語録』は、すべての中国国民が各自一冊は保有し、外出時にも常に携帯したといわれるほど、毛沢東思想の宣伝媒体として大きな成功を収めた。翻っ

て一九五三年生まれの習近平は、小学校（一九五九〜一九六五年）と大学（一九七五〜一九七九年）の両時期を除き、十分な学校教育を受けていない。一二、三〜二二、三歳頃の多感な青春時代に、多くの精神的肉体的エネルギーを、政治運動と農村での労働に費やさざるをえなかった習近平にとって、その政治的社会化に大きく貢献した書物は、なんといっても、本の中身の暗誦まで求められた『語録』であろう。あるいは、習のこれまでの人生のうち、もっとも多くの時間を使って通読、熟読した本かもしれない。

一方、文革期の現実社会に眼を向ければ、後述のように、一九七一年の林彪事件によって政治学習教材としての『語録』の権威がいくらか低下したのちも、それまでに放出された『語録』のイデオロギー的通用力は、該書に収められた個別の文章の、①書籍や新聞などあらゆる出版物への掲載、②街中に貼りだされた政治スローガンへの転用、③教育や労働の現場での朗読や唱和、さらには、④「語録歌」と称する『語録』の収録文に楽曲をつけた歌曲の流行など、政治、経済はもちろん、文化、芸能に至るまで暮らしのあらゆる分野に浸透していた。それはまるで「『毛語録』の中で暮らしていた」かのようであった[10]。文革期の中国において、『語録』は、個人の「政治行動と道徳的行為の究極的な手引き」として機能する一方、語録歌の歌唱等により人間自身が、該書に印刷された毛沢東思想の「共鳴媒体」となった[11]。

文革期の習近平の政治心理に作用したであろう『語録』の影響力については、こうした個人の内面と同人をとりまく外部環境の双方に目配りする必要がある。同書に記された毛沢東の言葉との比較対照に加えて、文革期の政治文化や政治宣伝のあり方をも考慮して、二〇一〇年代以降の習近平時代の政治における毛沢東思想の具体的表れを剔抉したい。

前置きが長くなったが、次節以降の議論の流れは次のとおりである。第二節では、『語録』の概要を説明したのち、本論の趣旨にかなう限りで、文革期の政治社会における該書の位置づけ、ならびに、習近平の政治論を理解するうえでカギとなる『語録』のなかの記述を確認する。続いて第三節では、第二節でみた毛沢東の見解や文革期の政治社会の特徴と照合しつつ、国政の最高指導者としての習近平の主張や行動にみられる共通点、類似点を検討する。第四節では、毛沢東時代を特徴づける政治的エートスとしての「闘争」が、習近平時代の政治とその言説空間に復活しつつあることを指摘する。

二 『毛沢東語録』と文化大革命期の政治社会[12]

(1)『語録』の刊行経緯

よく知られるように、『毛主席語録』、日本では一般に『毛沢東語録』と呼ばれているこの小冊子の由来は、当時、国防部長であった林彪の主導のもと、一九六〇年代前半期に軍内で実施された毛沢東思想学習運動にさかのぼることができる。

この政治キャンペーンの過程で、一九六一年五月以降、軍の機関紙の『解放軍報』は、兵士向けの学習教材として、第一面の新聞名称の題字右横に「毛主席語録」と題する特別欄を設け、毛沢東の格言や警句のような断片的引用を、毎日一句ずつ連載するようになった。文革開始後の一九六六年以降は、『人民日報』を含むすべての新聞が、同様の形式で「毛主席語録」を連載し、この政治慣行は一九七八年初め頃まで実に一〇年以上も続いた（後掲図6-1）。

軍ではさらに、同じく学習教材として、上記コラムを編集して同名の書籍が刊行された。これが今日知られるところの『語録』である（中国人民解放軍総政治部編集印刷、一九六四年五月初版、一九六五年八月改訂版、一九六六年十二月再版改訂版）。軍服の胸ポケットでの携帯を想定してサイズも小さく、汗で汚れるのを防ぐため表紙は赤色のビニールで作られた。林彪の指示に基づき、同時期に出版された『毛沢東著作選読』と合わせて、『語録』は兵士全員に配給された[13]。

『語録』は当初「内部発行」本に指定され、軍内での流通に限られていたが、文革が始まると一般民衆でも入手可能なように大量に印刷された。「紅宝書（紅い宝典の意味）」と呼ばれ、聖典扱いされた。発行の最盛期は一九六六年から一九七一年の林彪事件までで、この期間だけで推計約一〇億六〇〇〇万部（四七種の言語、うち三六種は外国語）が発行されたという[14]。当時の中国の総人口（一九七一年、約八億五二二九万人）を上回る数字であり、「二〇世紀最大のベストセラー」ともいわれるゆえんである。『語録』は、日本など外国向けにも盛んに発行され、一九六四年から一九七二年の九年間に約一〇〇八万部が印刷された。

新聞紙上での記事連載から書籍化に至る一連の経緯に示されるとおり、『語録』の政治的聖典としての地位は、毛沢東の権力と権威だけでなく、林彪のそれとも密接に関係している。文革発動後の一九六六年十二月に発行された再版改訂版に、林彪名義の「再版まえがき」が付け加えられたことは、その象徴といえよう。

毛沢東思想学習運動と『語録』刊行に対する林彪の思惑が、毛沢東による後継指名を念頭に置きながら、みずからの権威の誇示と政治軍事路線の正当化にあったことは、周知のとおりである。それゆえ、一九七一年に林彪が謎の死を遂げると、『語録』も正統イデオロギーの書籍群から除外され、同書の出版と学習も下火となった。華国鋒の指導力強化を目指した『毛選　第五巻』（一九七七年刊）の発行と同じく、林彪と『語録』の事例も、中国共産党史においては、指導者の権力動向と同人の権威を象徴する理論的著作物の扱いが緊密に連動していることを如実に示している。ただし、『語録』の印刷発行が正式に停止されたのは、国内国外向けのいずれも、中央宣伝部の関連通知が発出された一九七九年二月のことであった。

(2)『語録』の学習と「語録の世界」

文革時期、中国国内で大量に頒布された『語録』の再版改訂版（全二七〇頁、約八万八〇〇〇華字）には、三三のテーマごとに、計四二七条の毛沢東の言葉が収められている。建国前の一九二六年三月から、中ソ論争が公然化していた一九六四年十二月までに、毛が発表した計一二四篇の文章の抄録から成る。こうした長文著作の抜き書きや要点のまとめ、あるいは、それを集めて書籍化したものを、中国語で「摘録」や「摘編」などと呼ぶ。

一九六七年、日中国交正常化前の中国を訪問した際、紅衛兵運動を目撃し、周恩来にも面会した日本人評論家の津村喬（本名、高野威）は、『毛主席語録』がこんなに広く受け入れられた背景には、文字は読めるが長い文章はたまらない、という教育レベルの広範な層に『これくらいなら読めるな』と歓迎されたこと」、及び、中国では「『論語』以来の伝統として、本物の書物は弟子が師の語録を集めたものだという意識がどこかにある」と述べて、『語録』の出版学習を中国の儒教的伝統に連なるものと評している。[15]

『語録』と『論語』は、学習者による音読や暗唱が推奨された点もよく似ている。『語録』の序文で、林彪は次のように述べている。毛沢東著作の学習には、学習と応用を一体化させた「活学活用」を重視すべきであり、「毛沢東思想を真に自分の手中のものとなるまでに学ぶには、毛主席の多くの基本的観点を反復学習し、若干の警句は暗唱できるようにし、反復学習、反復運用しなければならない」。そうすることで「毛沢東思想は広範な大衆によって把握され、「比類なき威力をもつ精神的原子爆弾に変わる」」と。[16]

また、毛沢東研究の碩学であった竹内実は、文革期の現実世界における『語録』の存在感の大きさを次のように描いている。

行動をおこすまえに、紅衛兵はかならず『毛沢東語録』を朗読した。行動の指針になるような語句の頁をひらき、声をそろえて朗読するのである。「〇〇頁を開け」と命令するのはリーダーだったが、ついには、どの頁になにが記されているかということまで、暗記した。「語録」を暗誦できることは、毛沢東思想をわが身の血肉とした証である、と紅衛兵は考えた。市民は通勤の自転車に「語録」を記したプラカードをかかげ、農民は野良仕事をするさい、畑に同じように「語録」のプラカードをもっていって立てた。工場、学校、団体事務室、停車場、いたるところに「語録」から選んだ語句がスローガンとして大書された。新聞という新聞に「語録」のコラムができ、単行本やパンフレットも、わざわざ「語録」の頁がとびらのまえについた。辞書といえども例外ではなかった。「語録」が中国全土に氾濫したのは、紅衛兵が朝といわず晩といわず、これを朗読し、自分で暗誦したばかりでなく、ひとにも暗誦することを求めたことによるものであろう。[17]

習近平が青春時代を過ごした当時の中国では、知性と感覚の両面で、いわば「語録の世界」が成立していた。一〇年余りに及ぶ文革期を通じて、視覚や聴覚その他の身体感覚を伴って記憶された「語録の世界」は、文革が公的に終結したのちも、習近平の政治認識や政治論に一定の知的堆積物を残したと考えるのが自然ではあるまいか。この点に関連して、二〇〇〇年代末から二〇一〇年代初めにかけて薄熙来（習近平によって失脚させられた元・党中央政治局委員）が任地の重慶市で行った「唱紅（中国共産党の伝統的な革命歌を歌おうという意味）」の政治キャンペーンが、中高年の住民を中心に好評を博した理由は、彼・彼女らの精神と肉体に刻まれた文革期の記憶、「語録の世界」への懐旧の情があったと思われる。二一世紀になって高らかに歌われた「革命歌のリズムと旋律」は、薄熙来や習近平などの「少なくとも毛沢東時代を経験した世代」の人びとにとっては、「遠く過ぎ去った、しかし忘れがたいみずからの人生」と、国家の歴史の双方に対する「情緒的な結びつき」を感得させたであろう。[18]

付言すれば、『語録』の暗誦や朗読の学習は、中国国内にとどまらなかった。日本を代表する中国語学者の香坂順一（一九一五〜二〇〇三年）は、一九六七年の訪中時に「中国人民が毛沢東思想の『活学活用』のよびかけ」に応じて「毛沢東著作、とりわけ毛主席語録の学習に力を入れ、これを実践している多くの事例を見聞」したのをきっかけに、「現代中国を理解するためには、また現代中国語を正しく知るためには、毛沢東著作とりわけ毛主席語録をその媒体とすべき」との思いを抱くようになった。[19] その後香坂は、「毛沢東著作・毛主席語録が、他のものに優先して〔中国語学習〕教材として選ばれるべき」との確信とともに、「日本の中国語教育の再度の出発をうながす役割」を期待して、語学教材として再編集した『語録』を出版した。[20] この教材で中国語を学んだ日本人学習者も、本人が自覚しているか否かにかかわらず、少なくとも知的な意味では、「語録の世界」の住人であった。

（3）『語録』のなかの毛沢東の教え

「闘争」の哲学

前述のとおり、『語録』の主たる読者層は、当初、軍の将兵であった。それゆえ、同書のテーマは、兵士という「闘う者たち」――のちにその隊列には紅衛兵も含まれることになる――に向けた闘争の哲学として約言できる。「矛盾論」や「実践論」、「人民内部の矛盾を正しく処理する問題について」など、毛沢東の有名な政治論文や演説のなかから、闘う者にふさわしい短文を抜粋、羅列することで、出典元の長文に比べても、より闘争に純化した内容に仕上げられている。

実際、書中には「闘争」や「闘い」の語が頻出する。政治、経済、軍事、文化、芸術などあらゆる人間活動の領域で、カール・シュミット（Carl Schmitt）流の敵―味方の識別が強調されるとともに、そうした人間観に基づく「闘争」の政治観もはっきりと記されている。近しい仲間である党や軍の「同志」に対しても、敵対的対立ではないとの前提のもと、組織内の紀律遵守や、成員間での緊張関係の維持を目的とした思想闘争が積極的に呼びかけられた。だが、そうした性質規定の約束は、毛沢東自身による紛争激化の促進によってしばしば反故にされた。

『語録』にはほかにも、建国前の革命闘争の時代から、長年にわたって培われてきた毛沢東の社会主義理解のエッセンスが、抜き書きの形で凝縮して示されている。主な事項を列挙すれば、①人類史と文明発展の原動力としての「矛盾」の遍在、及び、集団暴力として具現化される階級闘争の絶対性、②歴史発展と自然改造に対する個人の意志力の強調、③正戦論の承認、④「プロレタリアート独裁」論に基づく支配の強制の肯定、⑤上意下達の指揮命令に基づく組織の団結と紀律の重視、⑥（⑤に関連して）集団の戦闘力の維持向上の目的に限って容認される「民主主義」の効用とその裏返しとしての「自由主義」の敵視、などである。

ただし『語録』には、文革期のもう一つの聖典である『毛選』と異なり、中華人民共和国建国以降に発表された毛沢東の文章も収録されている。換言すれば、『毛選』は新国家樹立までの闘いを、『語録』はそれに加えて国家建設過程での闘いをも解説している。

抗日戦争時の日本に代わって、建国後の毛沢東が見出した敵は、①「大陸光復」のスローガンを掲げて内戦続行の意志を示す、蔣介石率いる中国国民党などの国内の反共主義勢力、②東西冷戦の国際環境のもと、一九五〇年代初めに朝鮮戦争で直接戦火を交えたアメリカ合衆国、③一九六〇年代以降本格化した中ソ対立を背景とした、フルシチョフ（Никита Хрущёв）やブレジネフ（Леонид Брежнев）を長とするソヴィエト連邦であった。

①と②に関し、『語録』のなかで毛沢東は、「アメリカ帝国主義」による「わが国の領土台湾」の侵略占領を糾弾した[21]。さらに、「敢然と闘い、敢然と勝利せよ（中国語では敢於闘争、敢於勝利）」という「闘争」の言葉を章題に掲げた第七章では、「アメリカ帝国主義」や蔣介石国民党との妥協なき対決の意志を表明した[22]。『語録』の編集者であった人物の回想によれば、「敢然と闘い、敢然と勝利せよ」の章は、『毛選』第四巻の毛沢東の文章が示すところの、一九四

五年から一九四九年の内戦期に、国民党とそれを支援する米国との政治、軍事闘争のなかで発揮された「中国人民が勇敢に闘い、勝利しようとした気概と、人民解放軍の革命的な意気」を体現するものとして、『語録』の再版に際して新たに付け加えられた(23)。

政治的遺訓としての「和平演変」の防止と「革命接班人」の育成

一九六〇年代以降、中ソ対立の激化に伴い、毛沢東にとって用心すべき敵のリストには、帝国主義とその走狗である前記①と②のほかに、修正主義に変質した③も名を連ねることとなった。同時に、脅威の内容も、軍事的手段のみならず、非暴力的な政治工作による支配体制の内部的変革、すなわち「和平演変(平和的体制転換の意味)」へと拡大していった。

文革期の毛沢東がとくに警戒したのは、そうした外部の敵対勢力と、党や政府の内部に存在する「隠れた敵」との結託による支配体制の転覆の試みであった。毛沢東によれば、和平演変の陰謀との闘いは、数世代に及ぶ長期的性質を有し、これに勝利する方法は「革命の後継者(中国語では革命接班人)」、すなわち、マルクス主義の確固たる信念をもつ後継の指導者集団の育成と抜擢、及び、その広範な政治的予備軍である次世代青年層への適切な思想イデオロギー教育のほかにはありえない。この点、文革の理念に共鳴してその活動に積極的に参加した一般民衆、とくに紅衛兵運動に身を投じた若者たちにとって、文革の政治的眼目の一つは、支配体制の内部に潜む階級敵の打倒、その実践的政治教育と精神的錬磨を通じた革命の後継者への自己成長であった。

こうした言説は、『語録』刊行と同時期の一九六〇年代前半の中国では、政策レベルの議論としても広く通用していた。例えば、一九六五年三月出版の『革命後継者の育成と鍛錬を論ず』と題する政治パンフレットには、当時、中央組織部長を務めていた安子文の手になる政治論文が収録されている。「革命後継者の育成は党の戦略的任務である」

との標題をもつこの文章で、安子文は、アメリカ帝国主義とソ連修正主義による和平演変との闘いがすでに始まっていることを述べている。

今日、われわれはいままさに、次のような階級闘争の環境下に置かれている。外国の帝国主義、とくにアメリカ帝国主義と、国内に所在する階級敵は、社会主義制度の打倒と資本主義復活の実行を常にたくらんでいる。帝国主義は、暴力的手段のほかに、「和平演変」の方法も実行し、政治、経済、思想面で浸透を図り、わが国の国内にいる動揺分子の腐蝕と溶解を狙っている。現代の修正主義者も、修正主義思想を用いてわが国人民の革命精神を損なうことを企図している。〔資本主義〕復活の目的を達成するため、国内の階級敵は、看板だけをかけ替えて、共産党内と国家機関に潜り込み、反革命の二面的方法を行い、合法的手段でわれわれと闘っている〔中国語原文では進行闘争〕。(24)

一方、『語録』において、同じ趣旨を説明した箇所〔第二九章「幹部」第一条〕は、筆者が確認した限り、同書に収録された全四〇〇条以上の抄録のうち、最長の分量を誇る。それはまた、『語録』中、和平演変の語が現れる唯一の文章であり、紅衛兵をはじめ、毛沢東のいう革命の正当な後継者を目指した文革期の人びとに向けて直接的に訴えかける内容のメッセージとなっている。このように、習近平ら当時の若者にとって、和平演変と革命接班人という理念的に分かちがたく結びついた二つの言葉は、『語録』を通じてカリスマ指導者が自分たちに下した数多くの「聖旨」のなかでも、量的にも質的にも、ひときわ注意を払うべき存在であった。

われわれの党と国家が変色しないことを保証するには、正しい路線と政策が必要なだけでなく、プロレタリア階級の革命事業の後継者を何百万何千万と育成し鍛錬する必要がある。

プロレタリア階級の革命事業の後継者を養成する問題は、根本的には、旧世代のプロレタリア階級の革命家によって創始されたマルクス・レーニン主義の革命事業を受け継ぐ人間がいるか否かの問題であり、(中略)われわれの子孫の世代がマルクス・レーニン主義の正しい道をひきつづき前進できるか否かの問題であり、また、われわれが中国におけるフルシチョフ修正主義の再演を勝利のうちに防止できるか否かの問題である。要するにこれは、党と国家の命運の生死存亡にかかわるきわめて重大な問題である。これは、プロレタリア階級革命事業の百年の大計、千年の大計、万年の大計である。帝国主義の預言者たちはソ連で生じた変化に基づき、「和平演変」の希望を中国の党の第三世代または第四世代のうえに託している。われわれは、帝国主義のそうした預言を必ずや徹底的に破産させなければならない。上下一体、普遍的に、日常不断に注意して、革命事業の後継者を養成し鍛錬しなければならない。

どのような条件を備えれば、プロレタリア階級の後継者に充てることができるか。

後継者はかならず、真のマルクス・レーニン主義者であって、フルシチョフのようにマルクス・レーニン主義の看板をかかげた修正主義者であってはならない。(中略)後継者はかならず、絶対多数の人びとと団結して一緒に活動できるプロレタリア階級政治家でなければならない。自分と同じ意見の人だけでなく、自分と異なる意見の持ち主ともよく団結し、さらには、自分と対立し、実践によって誤りを犯していたことが証明された人ともよく団結しなければならない。しかし、とくにフルシチョフのような個人的野心家と陰謀家を警戒し、そのような悪人が党と国家の各級組織の指導権を簒奪するのを防止しなければならない。(中略)後継者はかならず、党の民主集中制の模範的実行者でなければならず、「大衆のなかから大衆のなかへ」という指導方法を習得し、大衆の意見に耳を傾ける民主的な業務のやり方を養成しなければならない。フルシチョフのように、党の民主集中制を破壊し、専横にふるまい、同志を突然攻撃したり、道理を無視して個人独裁を実行したりしてはならない。（後略）〔傍点引用者〕[25]

引用文中、「後継者はかならず」の書き出しで示された後継者の政治的適格性について、一九七七年八月の一一回党大会では、『語録』の内容を踏襲する形で、「毛主席の提出した五つの条件に基づき、大衆闘争のなかからプロレタリア階級の革命事業の後継者を、何百万何千万と育成し、鍛え上げなければならない[26]」との文言が、党規約の綱領部分に追記された。

一九七四年一月、二〇歳で念願の共産党入党を果たし、一一回大会当時、清華大学の学生であった習近平が、政治学習の授業などで、改正党規約のこの一節を『語録』の文章と重ね合わせて読んだ可能性は高い。このときの党大会が、毛沢東の死後に初めて開かれた大会であったことを考慮すれば、毛の提示した条件を備えた革命の正当な後継者になることこそ、毛沢東から自分たちの世代に託された政治的使命、政治的遺言であると、当時の習近平が理解したとしても不思議ではない。

付言すれば、一一回党規約の綱領には、「今世紀〔二〇世紀を指す〕のうちに、党は全国各民族人民を指導して、わが国を農業、工業、国防、科学技術の現代化された社会主義強国に作り上げなければならない[27]」（傍点引用者）ことも新たに規定された。

この点に関し、章末に掲げた付表6-Iによれば、建国以降に採択された計一三の党規約のうち、綱領部分で、改革開放の基本国策の評価や人材育成、文化、科学技術の個別政策の推進以外に、国家の総合目標として「社会主義強国」樹立の表現が使われたのは、一九五〇～二〇〇〇年代の毛沢東時代と「広義の鄧小平時代」のおよそ六〇年間を通じて[28]、この一一回大会の「四つの現代化」（農業、工業、国防、科学技術の現代化）に基づく「社会主義強国」が唯一の事例である（付表6-I④)。翌年の一九七八年十二月に開かれた一一期三中全会のコミュニケでも、末尾の一文で「わが国の遅れた様相を根本的に変革し、わが国をして、現代化された、偉大な社会主義強国へと作り上げるために勇気を出して前進しよう！」との呼びかけがなされるなど、強国の語が二回使われた[29]（後掲図6-1も参照)。

その後、「社会主義強国」の言葉は、党規約の文面から長らく姿を消していたが、一一回党大会から約四〇年後、習近平の第二期政権がスタートした二〇一七年の一九回党大会において、国家の総合目標である「社会主義現代化強国」として大々的な復活を果たした（付表6-I⑫、⑬)。

こうしてみると、習近平時代の政治の二大キーワードである強国と和平演変は、毛沢東時代から鄧小平時代への過渡期、改革開放に向かう中国政治史の一大転換期に、習近平の脳裏に刻印されたとの推測も成り立つであろう。「社会主義現代化強国」については、第四章でみたように、その後福建省時代に「再発見」されることになる[30]。

三　習近平のなかの毛沢東思想

二〇一〇年代以降、国政のリーダーとしての習近平の政治認識や政治行動の要点、発想には、以下の三つの点で、毛沢東思想と「語録の世界」の影響がみてとれる。

第一に、『語録』を典型とする文革期の政治宣伝の方法と様式を模倣した著作集の大量出版。

第二は、毛沢東時代に流布された政治的故事への愛着、及び、それに基づく文革期の政治、社会規範を体現した模範的な党員、軍人、革命烈士への畏敬の念の持続、今日におけるロール・モデルとしての学習の推奨である。

そして第三に、『語録』のなかに示された毛沢東思想のいくつかの教え、具体的には、①「闘争」精神の発揚、②「和平演変」の防止、③「革命接班人」の育成を、体制維持と政治運営の重要な眼目と位置づけていることである。

以上のうち、一つめの政治宣伝と三つめの「闘争」精神は、一部の先行研究でも、習近平の思想と行動における毛沢東と文革の影響の表れとして言及されている[31]。ただし、十分な証拠が示されているとは言い難い。本節ではこれを資料に基づいて実証する。

（1）出版活動の模倣による「毛沢東並み」の権威追求

自己宣伝への熱意と個人崇拝の助長

政治宣伝の面で、習近平と「広義の鄧小平時代」の三名の指導者、すなわち、鄧小平、江沢民、胡錦濤との大きな違いは、当該人物が在任中または存命中に公刊された書籍のうち、作者が本人名義、ないしは、同人の名前を書名に冠した理論的著作物の発行点数の多寡である。正確な数は不明だが、二〇一二年の総書記就任以来、流通している習近平名義の刊行物のタイトル数は、前任の三名よりもはるかに多い。しかも政権の続投により、今後も増え続ける見込みである。

鄧小平、江沢民、胡錦濤の場合、各人の代表的著作として『鄧小平文選』、『江沢民文選』、『胡錦濤文選』（いずれも全三巻本）があり、これらは『毛選』に相当するイデオロギー的地位を与えられている。これに対して習近平には、これまでのところ「選集」も「文選」もない代わりに、主著とされる『習近平談治国理政』（全四巻本、二〇一四～二〇二二年刊。邦訳書名『習近平 国政運営を語る』、刊行継続見込み）を中心に、演説、文章、手紙などを政策分野ごとに編集した習近平の理論的著作とされる書籍が、すでに約二〇冊ある（二〇二三年十二月時点[32]）。すぐ後でみる『摘編』シリーズも含め、これらの習近平本はほぼすべて、共産党の公式ウェブサイト上で、文献資料の閲覧やオーディオブック（書籍を朗読した音声コンテンツ）の視聴が無料で利用可能である。

ほかにも、個別の政策課題や政治キャンペーン用の学習教材として、特定のテーマに即して習近平の関連する発言や文章の抜粋を集めて、書名に習近平の名前を掲げた出版物も、二〇二三年末までに四〇冊近くに達する[33]（例、『習近平関於〇〇論述摘編』、〇〇は政策課題や政治キャンペーンの名称。「〇〇に関する習近平による論述の要約集」の意味）。最近では、二〇二三年四月に、『習近平新時代中国特色社会主義思想専題摘編』（書名の日本語訳、新時代の中国の特色ある社会主義に関する習近平の思想に関する特集テーマの要約集）[34]』が公刊された。

この『摘編』シリーズ（「論述摘編」、「専題摘編」）の既刊本の多さは、鄧小平、江沢民、胡錦濤はもとより、毛沢東と比べても際立っている。試みに、日本の国立情報学研究所が提供する学術研究データベース（NII学術情報ナビゲータ CiNii）で、党の関係機関による漢語での出版成果に限って、指導者単独での氏名と「摘編」の語を書名に併記した書籍（副読本などを除く）を検索してみると、毛沢東と江沢民が各一冊、鄧小平は計五冊、胡錦濤はなしとの結果が得られた[35]。中国の国家図書館の文献検索システムでは、毛沢東が一、鄧小平が四、江沢民が二、胡錦濤はやはりなしであった[36]（検索結果は、日本、中国ともに二〇二四年三月九日時点）。

習近平の名前を冠した著作物の大量出版は、指導者の神格化と個人崇拝の危険性を顧みず、政治社会のすべての構成員に自身の声を届けようとする習近平の熱意の表れでもある。政治宣伝へのあくなき意欲は、文革期の『語録』の大量出版とも相通じるものがある。

『之江新語』の刊行経緯と『習近平著作選読』の出版

前項に関連して、地方指導者時代から今日（本書執筆時点の二〇二四年十月現在）まで、習近平の政治宣伝と著書出版の歴史には、『語録』をはじめ、毛沢東時代の政治宣伝を参考にしている形跡が認められる。さしあたり、二つの証拠が挙げられる。

一つめは、浙江省党委員会書記時代（二〇〇二～二〇〇七年）に上梓された著書『之江新語』（二〇〇七年初版、二〇一三年再版）の刊行経緯である。浙江時代、習近平は、省党委員会の機関紙『浙江日報』の第一面に、「之江新語」という表題のコラム欄を設け、哲欣の筆名で連載執筆を行った。二〇〇三年二月から二〇〇七年三月までの四年以上にわたり、短い政論を断続的に発表し、最終的には計二三二篇に達した。二〇〇七年八月、同じタイトルの書名で初版本が出版され、この政論コラムの作者が習近平であることが明らかにされた。習近平が党総書記になってのち、同書は再版もされている。(37)

日常業務で忙しい省のトップが、実際に健筆をふるった可能性はむろん少ない。習近平の側近で、当時省党委員会の宣伝部長を務めていた陳敏爾（党中央政治局委員、二〇二四年十月現在）の支援なしに、コラムの継続も書籍の公刊もなかったであろう。

『之江新語』の真の作者が誰かはひとまず措くとして、注目されるのは、書籍刊行までの流れである。習近平はまず、党の機関紙の連載コラムに意見表明を繰り返し行い、のちに自己宣伝を兼ねて、コラムと同じタイトルの書籍を作者本名で公開発表した。これは、前節でみた『語録』の例と基本的に同じである。

当初の筆名使用や新聞紙面の印刷位置の異同（「語録」は題字右横のもっとも目立つ位置、「新語」はそれとはちょうど対角線上の左下段）は、一地方指導者にすぎなかった習近平が周囲の反応を見極めようとした慎重さの表れであり、『語録』発行当時の毛沢東との政治家としての公的地位の違いを反映している（図6-1、図6-2）。もっとも、『浙江日報』の読者の多くは同省の党や政府の官僚であり、数年間にわたって省党委員会の機関紙の第一面に執筆を続けたコラムの匿名作者――宣伝部や組織部の機関筆名ではなく、そのような人物が実在するとすれば――の重要性について、連載当時から十分に認識していたであろう。

二つめの証拠は、指導者の理論的著作の一つである『著作選読』の出版状況である。二〇二三年四月、党中央文献編輯委員会は、『習近平著作選読』の第一巻と第二巻を公刊した。それぞれ、第一期（二〇一二年十一月～二〇一七年

図 6-1 『人民日報』紙上に掲載された「毛主席語録」

人民日報

1970年4月27日

毛主席语录

我们不能走世界各国技术发展的老路，跟在别人后面一步一步地爬行。我们必须打破常规，尽量采用先进技术，在一个不太长的历史时期内，把我国建设成为一个社会主义的现代化的强国。

我们的伟大领袖毛主席提出：

我们也要搞人造卫星。

・1970 年 4 月 27 日付、第一面、紙面右上の位置に印刷。
・文章の趣旨は、他国の追随ではなく、中国独自の先端科学技術の開発に注力し、近い将来のうちに、「社会主義の現代化強国」を作り上げるべきとの主張。
・党総書記就任以降、習近平も、語録のこの言葉と同趣旨の発言を繰り返し行っている。

出典：筆者撮影。

図 6-2 『浙江日報』紙上に掲載された「之江新語」

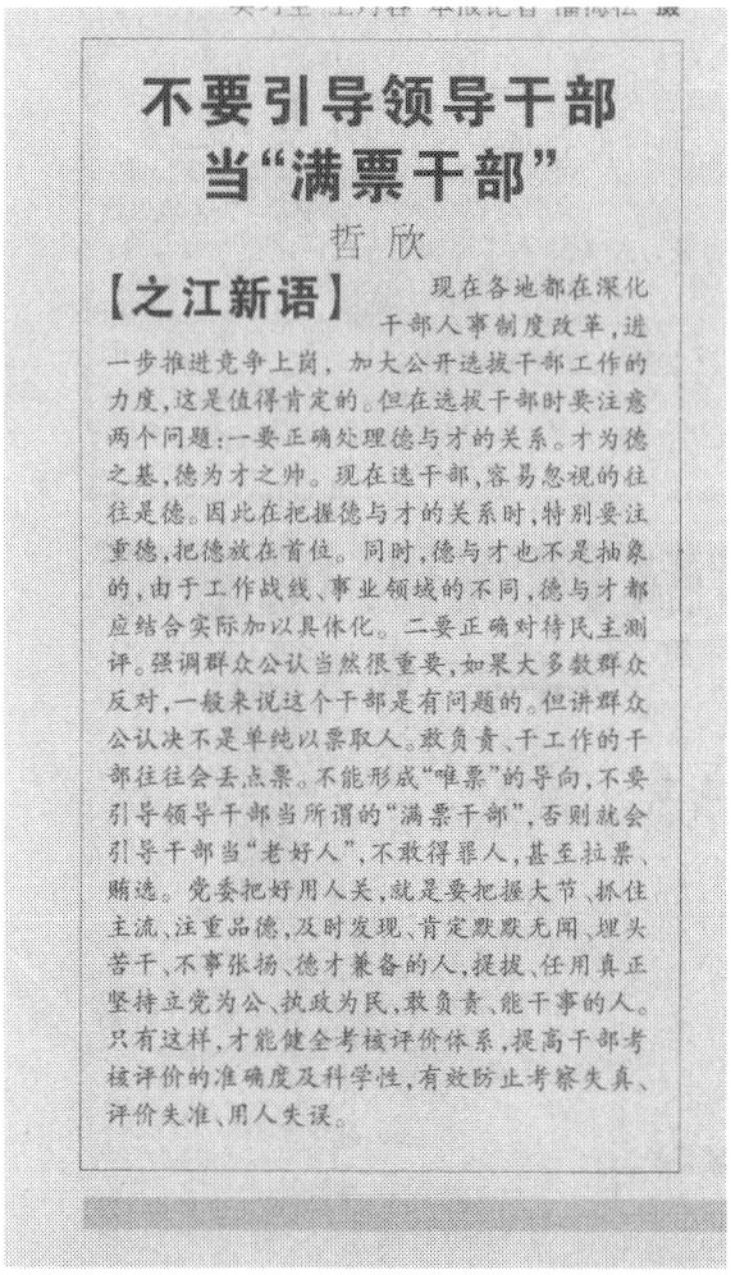

不要引导领导干部当“满票干部”

哲欣

【之江新语】 现在各地都在深化干部人事制度改革，进一步推进竞争上岗，加大公开选拔干部工作的力度，这是值得肯定的。但在选拔干部时要注意两个问题：一要正确处理德与才的关系。才为德之基，德为才之帅。现在选干部，容易忽视的往往是德。因此在把握德与才的关系时，特别要注重德，把德放在首位。同时，德与才也不是抽象的，由于工作战线、事业领域的不同，德与才都应结合实际加以具体化。二要正确对待民主测评。强调群众公认当然很重要，如果大多数群众反对，一般来说这个干部是有问题的。但讲群众公认决不是单纯以票取人。敢负责、干工作的干部往往会丢点票。不能形成“唯票”的导向，不要引导领导干部当所谓的“满票干部”，否则就会引导干部当“老好人”，不敢得罪人，甚至拉票、贿选。党委把好用人关，就是要把握大节、抓住主流、注重品德，及时发现、肯定默默无闻、埋头苦干、不事张扬、德才兼备的人，提拔、任用真正坚持立党为公、执政为民，敢负责、能干事的人。只有这样，才能健全考核评价体系，提高干部考核评价的准确度及科学性，有效防止考察失真、评价失准、用人失误。

・2003 年 7 月 21 日付、第一面、紙面左下段の位置に印刷。
・標題「指導的幹部を『満票幹部』にしてはならない」。
・文章の趣旨は、少数関係者へのアンケート調査等の好意的評価のみで、党や政府の幹部人事を決定してはならないとの主張。習近平の長年の持論の一つ。
・筆者が所有する同紙掲載の複数の記事では、2003 年から 2004 年にかけて「之江新語」の見出しがカラー印刷となり、より目立つようになったことが確認できる。

出典：筆者撮影。

十月）と第二期（二〇一七年十月〜二〇二二年十月）の両政権期に習近平が発表した文章や演説の一部を収録している。

ところで、歴代指導者の氏名を書名に含む『著作選読』の既刊本について、中国共産党史上おそらくもっとも多くの読者を獲得したのは、前節でも言及した『毛沢東著作選読』である。毛沢東の存命中、『語録』と同時期の一九六〇年代前半に出版された同書は、軍内では『語録』と合わせて配布されるなど、幹部向け学習教材として文革期を通じて広く社会に流通した。(38) 改革開放期にも、同名の書籍が内容を改めて出版されている。(39)

ふたたびCiNiiの検索結果によれば（検索条件は、党の関係機関による漢語での出版成果で、書名に指導者単独での名前を含むもの）、江沢民と胡錦濤には該当の書物はなく、鄧小平も改革開放期に発行された周恩来、劉少奇、朱徳、陳雲との連名タイトルの本（『周恩来　劉少奇　朱徳　鄧小平　陳雲　著作選読』一九八七年刊）(40)しか見当たらない。中国国家図書館の検索システムでも、江沢民と胡錦濤にはなく、鄧小平については上記五名の連名本のほかに、一九九〇年代初めに解放軍総政治部が上梓した同じく毛沢東との連名本がある。(41) ただしこれは、軍の教育資料であり、明記されてはいないが、軍内のみの流通で一般向けの書籍ではなかった模様である。

要するに、中国の歴代指導者のうち、本人単独での氏名を書名に冠した『著作選読』を公開発表したのは、これまでのところ毛沢東と習近平の二人しかいない。一方、鄧小平の場合、複数の有力指導者と名前を併記したタイトルしかない。個人崇拝に反対し集団指導体制を重視した鄧小平に、まことにふさわしい書名である。

こうした出版状況に留意すれば、二〇二三年の『習近平著作選読』の刊行は、指導部内での集団指導体制の実質的廃止と、毛沢東並みの政治的権威を欲する習近平の意志を象徴する政治的行為として理解できる。それはまた、文革発動の前後の時期に、習近平自身が直接に体験した毛沢東神格化のための政治宣伝や出版文化の部分的再現でもある。これまでのところ、毛沢東のほかに現存しない『選集』や『語録』についても、習近平時代が続く限り、いつの日か『習近平選集』や『習近平語録』が世に出たとしても、決して驚きではないであろう。

(2) 和平演変、カラー革命への警戒と抑制

『語録』を通じて発せられた毛沢東の教えは、習近平の施政において、①平和的体制転換への警戒、②(①に関連して)共産党体制を支える将来世代の政治エリート集団の育成、③怯懦を排し困難に立ち向かう敢闘精神の発揚として受け継がれた。

①に関し、二〇一二年の総書記就任以降、習近平が「和平演変」、現代的にいえばカラー革命の防止に腐心していることは、本書の他の章でも詳しく説明している。[42] ここでは、これまでの叙述に関係した内容の確認にとどめたい。

前述のように、『語録』に収められた毛沢東の数多くの指示のなかでも、和平演変への警告はひときわ目立つ形で読者にアピールしていた。一方で、二〇一八年九月に挙行された全国教育大会での習近平の発言が、そうした毛沢東の政治的遺訓に呼応していることは一目瞭然である。

社会主義の建設者と継承者(中国語では社会主義建設者和接班人)の育成は、万事順調というわけにはいかず、刻苦奮闘してようやく完成できる任務である。長期にわたり、各種の敵対勢力は、わが国への西洋化と分裂の戦略の遂行を停止したことはなく、中国共産党の指導とわが国の社会主義制度の転覆、破壊活動を停止したことはなく、わが国での「カラー革命」の画策を終始一貫、企図しており、彼らがもっとも注力している活動が、われわれの青少年の獲得である。毛沢東同志は早くから次のように指摘していた。「帝国主義についていえば、われわれの第一世代と第二世代については(外部勢力による中国青年層の支持獲得の)希望はない。第三世代と第四世代はどうか。望みはある。(中略)」。数えてみれば、現在、大学に在籍する学生は第三世代と第四世代におおむね該当し、今後も第五世代、第六世代、さらには十数世代、数十世代へと問題は続いていく。青少年の獲得闘争

は、長期的で厳しいものであり、われわれは負けられないし、負けを認めることも許されない。重要性をはっきりと認識すべきだ[43]！

毛沢東がフルシチョフやブレジネフによる修正主義への変質を批判したのと同じく、習近平は、ゴルバチョフによるソ連の支配体制の解体と、その要因としての欧米諸国による民主化の策謀を繰り返し非難している。このように、和平演変という言葉の意味する政治的内実は異なるものの、毛沢東も習近平も、ソ連の経験を反面教師として中国での再現を極度に警戒している。

ちなみに、和平演変についても、建国以降に開かれた計一三回の党大会の政治報告をみると、和平演変の言葉が文中に現れたのは、紅衛兵運動と林彪の権威が絶頂にあった一九六九年の九回大会と、天安門事件後に初めて開催された党大会で、欧米への政治的不信感が依然根強かった一九九二年の一四回大会だけである。どちらの政治報告でも計三回ずつ使用されている。前者では、「フルシチョフからブレジネフまでの輩」による「ソ連共産党内の資本主義の道を歩む実権派」とそのシンパとされた劉少奇による資本主義復活、修正主義変質への非難に用いられ、後者では欧米型の民主化運動を指している[44]。

（3）自己体験に基づく革命継承者教育の重視

学校現場での政治思想教育の徹底

中国における和平演変を阻止すべく、毛沢東と同様、習近平も中国型国家社会主義を受け継ぐにふさわしい次世代の後継者群の育成に注意を払っている。早くも二〇〇九年九月、中央党校校長時代の演説で、習近平は、建国以来の共産党の党活動の歴史を振り返るなかで、「一九六四年、毛沢東同志は、革命事業の継承者（中国語では革命事業接班人）を育成訓練するという問題を提出した」ことに言及し、『語録』の教えを忘れていないことを示した。[45]

最高指導者となってのち、二〇一九年三月には、幼児を含む各種学生に対する政治思想教育の強化を指示した。同時に、学校が「イデオロギー工作の前線基地であり、象牙の塔でもなければ、桃源郷〔のように実社会から隔絶した別天地〕でもない」ことを強調し、教育の目標が「社会主義の建設者と継承者の養成」であることを言明した。[46] その際習近平は、自身が少年時代に受けた「革命継承者」教育の様子を述懐している。

中学校に進学したとき、わたしが学んだ政治科目の教科書は、『革命の継承者になろう』という書物で、そこには「生産労働に情熱を燃やし、刻苦奮闘、自分の両手で富強の社会主義の祖国を作り上げよう」とか、「遠大な志を立て、革命の継承者になろう」といったことが書かれていた。これは、われわれの世代の人びとの理想や人生の選択に影響を与えた。[47]

焦裕禄に対し、わたしがなぜこれほどまでに深い親愛の情を変わらずに抱くのか。理由は、初級中学校の一年生のとき〔の体験にある。〕当時、焦裕禄の功績が宣伝され、政治科目の担当教員が、焦裕禄の事績を説明するたびに、涙にむせんでなんども声に詰まり、ときには話ができなくなってしまった。なかでも焦裕禄が肝臓がんに侵されて重体となり、〔痛みの緩和のため、自分の体と愛用の籐椅子の間に硬いものを挟み、それを患部の位置にあてがっていたため、ついには〕籐椅子に穴が空いてしまったところまで話が進むと〔教師は〕眼に涙をためてむせび泣いた。わたしはその話を聞いて、たいへんに心を動かされた。[48]

前段の引用文について、習近平が学んだのは、初級中学の一、二年生向けに政治科目の試用教材として編集され、

『語録』や『毛沢東著作選読』と同時期の一九六四年に全国で発行された、『做革命的接班人（革命の継承者になろうとの意味）』[49]という書物とみられる。

同書の第四章と第六章のタイトルは、いずれも習近平の紹介した表題に一致し[50]、すべての章の冒頭には、「毛主席語録」の見出しのもと、毛沢東著作のいくつかの抜粋が印刷されている。注目すべきは、『語録』中、和平演変の言葉が唯一登場する箇所として、本章第二節で引用したのと同じ文章が、当該の学習教材の第六章で『語録』のそれとほぼ同じ分量で掲出されている。また、第三章の章題は「階級闘争を決して忘れてはならない」である[51]。

要するにこの教科書も「語録の世界」の産物であった。一九六五年九月に北京市内の中高一貫校の中学部に入学した当時、一二歳の少年であった習近平も「語録の世界」のイデオロギー的魅力に強く惹かれていたということになる。

革命継承者モデルとしての焦裕禄

また、前項で引用した習近平の回想において、習近平がその名を挙げた焦裕禄（一九二二〜一九六四年）は、河南省蘭考県の県党委員会書記として、同地住民の生活の向上と農業経済の発展に尽力した人物である。質朴な人柄、公務への献身、幹部の特権反対など、毛沢東思想に忠実な末端レベルの幹部として知られ、肝臓がんの病をおして職務に励み、四二歳で逝去したのちも民衆に高徳を慕われた。一九六六年二月には『人民日報』紙上で長文の追悼記事が発表されるなど、一九六〇〜一九七〇年代の中国では広く知られた人物であり、文革期には「焦裕禄に学ぶ」運動も展開された[52]。二〇一六年二月に行った演説で習近平は、上記の追悼記事が発表されると、中学生であった自分もすぐに読み、「それ以来、焦裕禄の名前と功績はわたしの心に深く刻み込まれた」と述べている[53]。

実際、地方指導者時代から現在まで、習近平は人生のさまざまな場面で、焦裕禄を語ってきた。福州市党委員会書記であった一九九〇年七月には、「焦裕禄を追憶する」という詩を創作し、新聞紙上で発表した[54]。二〇〇九年四月、中央政治局常務委員兼中央党校校長の時期には、焦裕禄の任地であった蘭考県にある同人の顕彰施設を参観し、「焦裕禄同志が暮らし、仕事をした場所に来ることができて、たいへん感動し、とても冷静ではいられない」との心情を告白している。(55) さらに「焦裕禄同志は、人民の良き公僕であり幹部の良い模範であった」と述べて、現場主義、刻苦奮闘、清廉潔白の特長をもつ「焦裕禄精神」を学ぶことを呼びかけた。

二〇一三年から翌二〇一四年にかけて実施された「大衆路線教育実践活動」と題する政治キャンペーンでは、習近平は、みずから蘭考県の進捗状況を監督したほか、二〇一五年一月に全国の県党委員会書記を集めて中央党校で開催した研修セミナーでは、「焦裕禄のような県党委書記になろう」(56) と題する演説を発表した。同じ年には、習近平の著者名義で同名の書籍も公刊された。(57) また、この間行われた軍での演説からは、焦裕禄こそ党員幹部としての理想を体現した人物であるとの認識を、習近平がいまに至るまでもち続けていることが判明する。

先頃わたしは河南省蘭考県に赴き、第二期教育実践活動〔大衆路線教育実践活動のこと〕への取り組みと綱紀粛正、業務態度改善の強化を指示し、焦裕禄精神を大いに学習発揚すべきことを強調した。（中略）われわれの世代のひとは、焦裕禄同志の事績に関する教育を深く学んで成長した。数十年来、焦裕禄同志の活動と功績は、わたしの頭のなかに一貫して存在し、焦裕禄同志のイメージは終始心のなかに居た。知識青年時代〔文革期の陝西省への下放時代のこと〕、大学時代、軍への入隊、幹部職への着任。これらすべての時期を通じ、焦裕禄同志は常にわたしの模範であった。一九九〇年七月十五日、福州市党委員会書記時代、わたしは「念奴嬌」〔中国の伝統的楽曲または漢詩の定型の一種〕の旋律で、「追思焦裕禄」を作詞し、『福州晩報』紙に発表した。今回、彼ら〔河南省党委員会を指す〕はこの詩〔詞〕を〔『河南日報』紙上で〕ふたたび発表することを提案してきた。わたしも同意した。その目的は、焦裕禄同志に対するわたしの尊敬を表し、多くの党員と幹部に焦裕禄同志に学ぶよう呼びかけるためである。[58]

見逃せないのは、文革期を通じ、焦裕禄が、毛沢東のいう革命接班人の典型として高く評価されていた点である。文革期の政治宣伝において、党の下級幹部の焦裕禄は、軍の下級兵士で軍務中に殉職した雷鋒とともに、全身全霊をかけて毛沢東思想に忠節を尽くし、その生涯をまっとうした忠良の士として描かれ語られ続けた。上海の共産主義青年団組織が一九七五年に発行した『革命の後継者を育成しよう（革命英雄の系譜）』という児童向け書籍では、「毛主席の立派な戦士」の称号をもつ雷鋒をはじめ、方志敏（国民党との内戦中に刑死した古参党員）、王進喜（大慶油田の開発に尽力した模範的労働者）らとともに、「毛主席の立派な学生」である焦裕禄の伝記が収録されている。[59] むろん該書にも、標題紙と目次の間のページに、『語録』から転載した毛沢東の言葉が印刷されている。

雷鋒、方志敏、王進喜についても、習近平はこれまでの生涯のなかで折にふれて、彼らの人となりや功績を褒めたたえてきた。[60] 方志敏と王進喜は、筆者が別の箇所で指摘したように、習近平のナショナリズムと指導スタイルの手本でもある。[61] 共産党体制の屋台骨として活躍すべき後継指導者集団と次世代のエリート層について、習近平が思い描く人間像は、焦裕禄を筆頭とする文革期の革命英雄とみて間違いなかろう。

習近平はしばしば、中華人民共和国の歴史を、改革開放の前後で区分することの不可を説いている。いわく「改革開放後の歴史時期をもってそれ以前の歴史を否定してはならず、改革開放前の歴史時期をもってその後の歴史を否定することもしてはならない」。[62] それは、毛沢東時代への過度な批判が、民衆の「歴史虚無主義」の態度と思想の混乱を促し、ひいては体制の不安定化を惹起するとの懸念に基づく。[63] だが、これまでの叙述に示唆されるように、そうした警告は、おそらくは習近平個人の思いにも由来している。毛沢東時代の全面否定は、毛沢東思想に身命を捧げたがゆえに称賛された焦裕禄らの名誉と功績、習近平がいまなお抱き続けている彼らへの尊敬と愛着、そして、ほかならぬ習近平自身の過去の精神的成長の軌跡など、そのすべてを傷つけるであろう。そうした自己否定に耐えられるほど、習近平を含め、誰もがみな強いわけではない。

(4)「敢然と闘い、敢然と勝利せよ」

習近平は、とくに第二期政権(二〇一七〜二〇二二年)の成立以降、米中対立が深まるにつれて、また、結党以来百年余りに及ぶ中国共産党の歴史経験を総括するなかで、今後も変わらずに遵守すべき政治原則の一つとして、「闘争」を強調するようになった。例えば、二〇一七年の一九回党大会の政治報告では、毛沢東の矛盾論の考えに基づき、「中華民族の偉大な復興」のための「闘争」の重要性を強調した。二〇二二年の二〇回大会の政治報告でも、共産党統治の「重大原則」として、党の指導、中国の特色ある社会主義、人民中心の発展観念といった、鄧小平以来の前任の指導者たちが提唱してきたキーワードに加えて、新たに「闘争精神の発揚」を指摘した。

> 中華民族の偉大な復興の実現は、近代以来の中華民族のもっとも偉大な夢である。(中略)偉大な夢の実現には、偉大な闘争を行わなければならない。社会は矛盾の運動のなかで前進するものであり、矛盾があれば闘争がある。(中略)全党は、この偉大な闘争の長期性、複雑性、困難性を十分に認識し、闘争精神を発揚し、闘争能力を高め、偉大な闘争で新たな勝利を絶えず勝ち取らなければならない。(二〇一七年十月、一九回党大会での習近平の政治報告。傍点引用者、以下同じ)(64)

> 闘争精神の発揚を堅持する。全党全国各民族人民の気概、信念、自信を高め、邪なものに惑わされず、悪を恐れず、圧力に屈せず、困難をものともせず突き進み、発展と安全を統一的に考慮し、前進途上のさまざまな困難、

試練を全力で乗り越え、不屈の闘争によって事業の発展に向けて新天地を切り拓く。（二〇二二年十月、二〇回党大会での習近平の政治報告[65]）

同じ二〇回党大会で採択された党規約の綱領には、党の政治的財産として、「敢然と闘うこと（中国語では敢於闘争）」の堅持が挙げられるとともに、二一世紀半ばまでの「中華民族の偉大な復興」の実現に向けて、すべての党員が「闘争精神を発揚し、闘争能力を強化」すべきことが明記された[66]。二〇二一年七月の党創立百周年祝賀大会での習近平演説や、同年十一月の第一九期六中全会で採択された、いわゆる「第三の歴史決議」などの重要な公式文書でも、「敢然と闘い、敢然と勝利する（中国語では敢於闘争、敢於勝利）」ことが謳われた。

歴史を鑑として未来を切り拓くため、多くの新しい歴史的特徴を備えた偉大な闘争を進めなければならない。敢然と闘い、敢然と勝利することは、中国共産党をして無敵にさせる強大な精神的力である。（二〇二一年七月、中国共産党成立百周年祝賀大会での習近平の演説。傍点引用者、以下同じ[67]）

敢然と闘い、敢然と勝利することを堅持する。敢然と闘い、敢然と勝利することは、党と人民をして無敵にさせる強大な精神的力である。党と人民が獲得したすべての成果は、天から降ってきたのでもなければ、他人から恩恵として与えられたものでもなく、絶え間ない闘争を通じて獲得したものなのだ。（二〇二一年十一月、中国共産党第一九期中央委員会第六回全体会議の決議文書「党の百年奮闘の重大な成果と歴史的経験に関する中共中央の決議」、通称「第三の歴史決議[68]」）

この「敢於闘争、敢於勝利」という特徴的な表現は、実のところ、本章の第二節、闘争の哲学を説明した際にすでに言及済みである。ほかでもなく、『語録』第七章の章題がそれであった。前述のように、当該箇所では、米国とその傀儡とされた蔣介石政権との対決を語った毛沢東の言葉が並んでいた。それゆえ「敢然と闘い、敢然と勝利する」のフレーズも、『語録』に凝縮された毛沢東思想の明確な発露なのである。習近平の演説をはじめ、党大会の政治報告などの重要文書での頻繁な使用についても、言葉の厳密な意味で出典の確証は得られていないものの、現代中国の政治史とイデオロギー史の観点からみた場合、『語録』が当該語句の政治的出典の有力候補といってよいであろう。

習近平は、中国共産党の百年余りの歴史と、中華人民共和国の七〇年余りの歴史を通じて蓄積された政治的伝統や統治の教訓、さらには、相矛盾する要素を含む複合的、歴史的産物としての毛沢東思想のなかから、自身が受け継ぐべき政治的遺産として、闘争の精神、敢闘精神を選び出した。政治を闘いと捉え、生涯にわたってそれを貫こうとする意志をもつ点で、習近平は、毛沢東という政治家の生きざまに倣おうとしている。

なお、『語録』の章題にはほかにも、第二一章「自力更生、艱苦奮闘」、第二七章「批評与自我批評（批判と自己批判の意味）」など、習近平はもちろん、鄧小平、江沢民、胡錦濤らも数多く言及した政治スローガンの慣用表現がみられる。だがそれらと違って、次節でより詳しく検討するように「闘争」の言葉は、まぎれもなく毛沢東と習近平の両時代の政治に通底し、互いを特徴づける基底的な政治倫理、重要な政治的エートスである。

四　時代精神としての「闘争」

習近平指導部による「闘争」の強調、時代精神（Zeitgeist）としての強面の政治的態度は、中国をめぐる国内外の政治的雰囲気を、以前よりもいっそう刺々しいものに変えている。

このことは、章末の付表6-Ⅱと付表6-Ⅲにもみてとれる。二つの表はそれぞれ、建国以後に開かれた計一三回の党大会で採択された党規約の綱領部分と政治報告の文面に現れた「闘争」と「階級闘争」の語の使用回数、及び、その具体的意味内容や使用されている文脈を整理したものである。党規約と政治報告の文章の長短は、大会ごとに異なるため、使用頻度の厳密な比較はできない。しかし、政治史としての時代区分に基づく毛沢東時代、広義の鄧小平時代（鄧小平、江沢民、胡錦濤）、習近平時代のそれぞれの政治思潮と、時代感覚の変遷は十分に読み取ることができる。

付表6-Ⅱによれば、党規約の綱領部分に関し、改革開放が本格化した一九八〇年代以降、それ以前と比べると、闘争の使用回数は明らかに減っている。とくに、江沢民が初めて党大会を主宰した一九九二年の一四回大会から、胡錦濤の最後の政治報告が行われた二〇一二年の一八回大会までの約二〇年間にわたり、計三回ときわめて少ない回数で推移した（付表6-Ⅱ⑦、⑧、⑨、⑩、⑪）。毛沢東政治を象徴する階級闘争の言葉も、回数の減少だけでなく、肯定から否定へと言及の意味合いが変化した（付表6-Ⅱ⑦・a）。

しかし、習近平が初めて政治報告の演説を行い、第二期政権のスタートが宣告された二〇一七年の一九回党大会以降、闘争の語は一転して増え、二〇二二年に採択された現行の二〇回党規約では計一〇回も使われている（付表6-Ⅱ⑬）。回数の単純比較でいえば、第一一回と第一二回の両党大会の間、すなわち、一九七〇年代末から一九八〇年代初めにかけての毛沢東時代から鄧小平時代への転換期まで、歴史の時計の針が巻き戻った（付表6-Ⅱ④、⑤）。

同じ傾向は、付表6-Ⅲにいっそう顕著に現れている。党規約と同じく政治報告の場合も、闘争と階級闘争の使用は、一九八〇年代半ばを境として一気に減った。文革期の一九六九年に挙行された九回党大会では、政治報告を発表した林彪による闘争と階級闘争の言及回数は、それぞれ計一〇〇回、計二六回の多さを数えた（付表6-Ⅲ②）。だが、これをピークとして一九八〇年代以降は減少し、一八回大会の胡錦濤報告では、闘争はわずか五回、階級闘争に至っては文面から消えた（付表6-Ⅲ⑪）。胡錦濤は、言葉どおりの意味で、闘いを好まない人物であった。

ところが、二〇一七年の一九回大会と二〇二二年の二〇回大会での習近平の政治報告では、階級闘争の言葉は依然登場しないものの、闘争の回数が一挙に四倍増し、計二〇回以上に増えた。体制改革をめぐって、保守派と改革派の激しい内訌が繰り広げられた一九八七年の一三回大会での趙紫陽報告よりも多い（付表6-Ⅲ⑥、⑫、⑬）。歴史の退行現象がここでも確認できる。

また、闘争の意味内容についても、二〇一二年の第一期政権発足以来、習近平が推進している「反腐敗闘争」とともに、近年では「軍事闘争」の言葉が目立つようになっている。

前者の反腐敗と綱紀粛正の取り組みに関しては、一九五六年の八回党大会をはじめ、一九八〇年代の改革開放期以降、すべての党大会の政治報告で言及されている。とくに汚職の蔓延が問題視された江沢民政権の末期、より正確にいえば、胡錦濤への総書記ポストの移譲がなされた二〇〇二年の一六回大会では、政治報告での反腐敗と綱紀粛正にかかわる「闘争」の使用回数は、前出の一九回と二〇回の習近平報告と同程度であった（付表6-Ⅲ①・bx、⑤・bix、⑥・bv、⑦・biv、⑧・bi、⑨・bii、⑩・bi、⑪・bii、⑫・bii、⑬・bvii）。

後者の軍事活動については、戦争不可避論を主張していた毛沢東時代は別にして、中国が「独立自主」の外交路線に転換した一九八二年の一二回党大会以降、人民解放軍の軍事活動や作戦行動を意味する「軍事闘争」の語は、政治報告には長らく登場しなかった。軍事闘争が初めて言及されたのは、二〇〇七年の一七回大会である。翌年の二〇〇八年から二〇〇九年にかけて、胡錦濤政権下で「韜光養晦」の協調主義的外交路線が修正され[69]、さらに、習近平指導部によるその実質的放棄の結果、軍事に関する「闘争」の使用が増えている（付表6-Ⅲ⑩・biii、⑪・bi、⑫・bi、⑬・bvi）。このことは、腐敗に対する闘いが、建国と改革開放の開始当初から続く長期的課題である一方、軍事のそれは、第二期胡錦濤政権（二〇〇七～二〇一二年）以来の政治的展開の延長線上にあることを示唆している。それは通説的見方にも合致する。

本節のこれまでの議論は、次の三点にまとめられる。

第一に、闘争に象徴される毛沢東主義と文革期のイデオロギー的色彩の強い政治的術語の復活にみられるように、習近平の標榜する「新時代」の政治では、言葉とは裏腹に、実際には毛沢東時代への先祖返りの現象が生じている。

しかし第二に、直近の二〇回党大会の政治報告でも階級闘争の語が消えたままであるように、毛沢東の闘いと違って、習近平のそれは「階級闘争なき闘争」であり、制度的不利益を余儀なくされている人びとによるパワーエリートへの抵抗は許されない。その意味ではあくまでも、毛沢東主義の部分的復活にすぎない。階級意識の代替物として求められるのは、「中華民族の偉大な復興」を妨げる各種障害の克服のため、ナショナリズムに基づく積極果敢な意志と、軍事活動をも視野に入れた国内外の敵対者に対する能動的な攻勢の取り組みである。

これに関連して第三に、習近平時代の正統イデオロギーである「新時代の中国の特色ある社会主義に関する習近平の思想」(以下、「習近平思想」と略記)について、毛沢東思想と習近平思想に共有される「闘争」のイデオロギー的特徴が、習近平の統治とプロパガンダから受ける復古的、反動的、武断的印象の主因でもある。

おわりに――習近平思想学習と「第三の晩年の誤り」

以上の分析を総合すると、毛沢東思想と文革期の政治思潮や政治文化は、最高指導者である習近平の政治認識に確かにその痕跡をとどめ、実際政治の面で部分的に適用されてもいる。それゆえ、およそ半世紀以上前に実在した「語録の世界」は決して消滅していない。むしろ、さらなる復活の動きがみられる。

二〇二二年十月の二〇回党大会からおよそ半年後の二〇二三年四月、共産党は、「新時代の中国の特色ある社会主義に関する習近平の思想を学習貫徹するためのテーマ教育」と題する政治キャンペーンを開始した(70)。その長い名称が示すように、習近平思想の教育学習であり、翌二〇二四年二月まで、中堅以上の党員幹部を主な対象として学習活動が全国的に展開された。実は、このときの使用教材として編集出版されたのが、本章第三節で言及した『習近平新時代中国特色社会主義思想専題摘編』と『習近平著作選読』なのである。

党大会の閉幕後にその成果内容を踏まえた政治キャンペーンを実施するのは、胡錦濤期にもみられた一種の政治慣行であり、それ自体は目新しくない。だが、今次キャンペーンの終了直後、二〇二四年二月初めに、『人民日報』の第一面に掲載された長文の特集記事を一読すれば、今回の習近平思想の学習運動が、林彪を旗振り役として、文革の政治的序曲となったかつての毛沢東思想の学習運動と二重写しになって理解されたとしても、決して不思議ではない。例えば、前記記事の末尾の一文は、大げさな物言いで指導者の個人崇拝を正当化した、文革時期の政治宣伝の雰囲気を濃厚に漂わせている。

> 中華民族の偉大な復興という中国の夢の前進に向かって、習近平総書記という水先案内の舵取りがいれば、新時代の中国の特色ある社会主義に関する習近平の思想があれば、偉大な中国共産党は必ずや何億何万の人民を団結させて導き、強国建設と民族復興の歴史的プロセスを勝利のうちに進め、新たな偉業の創造と新しい輝きを作り上げるであろう(71)!

だが、それ以上に読者の目を引くのは、活動を総括した冒頭の一文である。いわく、「それは思想にふれる、魂にふれる大学習であった（中国語では触及思想、触及霊魂的大学習）」（傍点引用者）。ここでの「魂にふれる」云々の表現は、文革を「人びとの魂にふれる大革命（中国語では触及人們霊魂的大革命）」と規定した、一九六六年六月の『人民日報』第一面の大見出し(72)を想い起こさせる。政治運動の重なりにおいて、習近平が毛沢東だとすれば、習の腹心で、前記キャンペーンの実務責任者として全体を統括した蔡奇（党中央政治局常務委員、中央学習貫徹習近平新時代中国特色社会主義思想主題教育領導小組組長、二〇二四年十月現在）が、林彪の役回りといえようか。[73]

習近平と毛沢東は、指導部内での個人の単独意思決定の態勢を確立している点も似ている。思い返してみれば、和平演変の警告に際し、毛沢東は、後継者集団の政治的要件として、「フルシチョフのように、党の民主集中制を破壊し、専横にふるまい、同志を突然攻撃したり、道理を無視して個人独裁を実行したりしてはならない」ことを指摘した。[74]だがそれは、毛沢東本人の戒めにはならず、毛自身がやり玉に挙げたフルシチョフ式の独裁者と化して専横の過ちを犯し、長年の同志であった劉少奇をも無慈悲な死に追いやった。習近平も同じ轍を踏む可能性は否定できない。

一方、習近平と毛沢東では、指導者としての実績とそれに由来するカリスマ的権威の有無という大きな違いがある。習近平の思想学習運動は、党と政府の官僚機構の内部に限られ、社会的広がりを欠いている。一般民衆にはキャンペーン参加への自発的な意欲も動機もない。党や政府の幹部も、所属機関の指示命令による強制参加というのが実情であろう。

今日、世界銀行の基準でいうところの高所得国に近い社会に暮らし、デジタル・ツールの社会的利便性を享受し、多様化した価値観をもつ中国市民に対し、文革期の古臭い宣伝文句に類する政治スローガンをどれほど叫んでみても、イデオロギー的影響力は微々たるものにすぎない。

そもそも、現在、四〇歳以下の人びとは、物心ついたときから改革開放の政治しか経験しておらず、「語録の世界」を含め毛沢東時代を直接に知らない。一九八〇年代以降の「圧縮された近代（compressed modernity）」を生きてきたこれらの人びとは、習近平ら文革世代とは、個人の趣味嗜好から、労働、婚姻、家族、ジェンダー、帰属意識、幸福追求に至るまで、個人と共同体をめぐる価値観や規範意識が大きく異なっている。しかも、そうした世代間ギャップは、定年慣行を無視した最高指導者による政権への無原則な居座りの結果、若年層へのイデオロギー教育にどれほど注力しようとも、基本的には時間とともに拡大していく。[75]

歴代政権と同じく、習近平指導部も、物質的恩恵の付与と民族主義感情の喚起によって、被治者との心理的架橋に努めている。その狙いはこれまでのところ一定の成功を収めてきた。だが、高度成長はすでに終わりを迎え、近年では経済の将来見通しも不透明になりつつある。正統性の弱体化を補うため、当局は、愛国主義教育法の制定(二〇二四年一月施行)など、ナショナリズムのさらなる動員に余念がない。

こうした政治戦略の将来的な成否について、最終判断はなお時期尚早である。しかし、「中華民族の偉大な復興」に向けた被治者の発奮を促すべく、「語録の世界」を擬似的に再現しようとするアナクロニズム(時代錯誤)の試みは、騎士道精神という過去の精神的遺物、妄執に囚われ風車に立ち向かっていったドン・キホーテのようにみえる。おそらくそれは「ついていけない」という市民の反発、ないしは、冷笑と諦めの政治心理を強めるだけに終わるであろう。毛沢東の文化大革命、鄧小平の天安門事件に続く、高齢指導者による「第三の晩年の誤り」として、後世の歴史家に記録される可能性が高いように思われる。一九六六年八月に文革を本格的に発動したとき、毛沢東は七二歳であった。一九八九年六月の天安門事件で民主化運動への武力弾圧を決断したとき、鄧小平は八四歳であった。本書執筆時点(二〇二四年十月現在)で七一歳の習近平が、文革開始時の毛沢東と同い年になるのも、もう間もなくである。

付表 6-I　中華人民共和国建国以降に採択された党規約の綱領部分の「強国」

採択した党大会	開催年月	使用回数	該当箇所の日本語訳と中国語原文
① 第 8 回	1956 年 9 月	0 回	
② 第 9 回	1969 年 4 月	0 回	
③ 第 10 回	1973 年 8 月	0 回	
④ 第 11 回	1977 年 8 月	1 回	a.「今世紀〔20 世紀を指す〕のうちに、党は全国各民族人民を指導して、わが国を農業、工業、国防、科学技術の現代化された社会主義強国に作り上げなければならない。」 (在本世紀内，党要領導全国各族人民把我国建設成為農業、工業、国防和科学技術現代化的社会主義強国。)[1]
⑤ 第 12 回	1982 年 9 月	0 回	
⑥ 第 13 回	1987 年 10～11 月	0 回	
⑦ 第 14 回	1992 年 10 月	0 回	
⑧ 第 15 回	1997 年 9 月	0 回	
⑨ 第 16 回	2002 年 11 月	1 回	a.「改革開放の堅持は、われらの強国の道である。」 (堅持改革開放，是我們的強国之路。)[2]
⑩ 第 17 回	2007 年 10 月	2 回	a.「人材強国戦略」 (人才強国戦略)[3] b.「改革開放の堅持は、われらの強国の道である。」 (堅持改革開放，是我們的強国之路。)[4]
⑪ 第 18 回	2012 年 11 月	3 回	a.「人材強国戦略」 (人才強国戦略)[5] b.「社会主義文化強国を建設する」 (建設社会主義文化強国)[6] c.「改革開放の堅持は、われらの強国の道である。」 (堅持改革開放，是我們的強国之路。)[7]
⑫ 第 19 回	2017 年 10 月	6 回	a.「新中国成立百周年〔2049 年〕までに、社会主義の現代化強国を全面的に築き上げる。」 (到新中国成立一百年時，全面建成社会主義現代化強国。)[8] b.「社会主義初級段階における中国共産党の基本路線は次のとおりである。全国各民族人民を指導し、団結させ、(中略) わが国をして、富強、民主、文明、調和、美しい社会主義の現代化された強国に築き上げるために奮闘する。」 (中国共産党在社会主義初級階段的基本路線是：領導和団結全国各族人民，(中略) 為把我国建設成為富強

採択した党大会	開催年月	使用回数	該当箇所の日本語訳と中国語原文
			民主文明和諧美麗的社会主義現代化強国而奮闘。)[9] c.「人材強国戦略」 (人才強国戦略)[10] d.「社会主義文化強国を建設する」 (建設社会主義文化強国)[11] e.「改革開放の堅持は、われらの強国の道である。」 (堅持改革開放，是我們的強国之路。)[12] f.「イノベーション型国家と世界的な科学技術強国を建設する」 (建設創新型国家和世界科技強国)[13]
⑬ 第20回	2022年10月	6回	a.「今世紀〔21世紀を指す〕半ばまでに、わが国をして、社会主義の現代化強国を築き上げる。」 (到本世紀中葉把我国建成社会主義現代化強国。)[14] b.「社会主義初級段階における中国共産党の基本路線は次のとおりである。全国各民族人民を指導し、団結させ、(中略) わが国をして、富強、民主、文明、調和、美しい社会主義の現代化された強国に築き上げるために奮闘する。」 (中国共産党在社会主義初級階段的基本路線是：領導和団結全国各族人民，(中略) 為把我国建設成為富強民主文明和諧美麗的社会主義現代化強国而奮闘。) c.「人材強国戦略」 (人才強国戦略) d.「社会主義文化強国を建設する」 (建設社会主義文化強国) e.「改革開放の堅持は、われらの強国の道である。」 (堅持改革開放，是我們的強国之路。) f.「イノベーション型国家と世界的な科学技術強国を建設する」 (建設創新型国家和世界科技強国)

註：

1 「十一大党章」、《中国共産党歴次党章匯編》編委会編『中国共産党歴次党章匯編（1921-2002）』(内部発行) 中国方正出版社、2006年、300頁。

2 「中国共産党章程（2002年11月14日通過）」、本書編写組編『十一届三中全会以来歴次党代会、中央全会報告　公報　決議　決定』中国方正出版社、2008年、787頁。

3 「中国共産党章程（2007年10月21日通過）」、同上書、956頁。

4 同上、957頁。

5 「十八大党章　中国共産党章程（2012年11月14日通過）」、夏利彪編『中国共産党党章及歴次修正案文本匯編　1921-2012』法律出版社、2016年、410頁。

6 同上、411頁。

7 同上、412頁。

8 「中国共産党章程（2017年10月24日通過）」、中共中央弁公庁法規局編『中国共産党党内法規匯編』法律出版社、2021年、5頁。

9 同上。

10　同上。
11　同上、6頁。
12　同上、5頁。
13　同上、6頁。
14 「中国共産党章程（2022年10月22日通過）」『共産党員網』（https://www.12371.cn/special/zggcdzc/zggcdzcqw/）、2024年3月12日閲覧。以下20回大会の引用はすべて同じ。
出典：筆者作成。

付表 6-II　中華人民共和国建国以降に採択された党規約の綱領部分の「闘争」と「階級闘争」

採択した党大会 (開催年月)	「闘争」の 使用回数	「階級闘争」の使用状況、文脈における「闘争」の主な意味内容
① 第 8 回 (1956 年 9 月)	10	a. 階級闘争の言葉、なし b.「闘争」の主な意味内容 i. 共産主義の理想実現、社会主義社会構築に向けた取り組み ii. 中国革命の歴史と政治課題、そこでの中国共産党の活動 iii. 支配体制の整備と政治生活の充実の施策 iv. 国内外の敵対勢力、反動勢力、反党分子の摘発、処罰、それへの抵抗 v. 反帝国主義、反植民地主義の政治運動 vi. 大衆からの遊離や官僚主義など、党員集団の不良な業務態度の改善
② 第 9 回 (1969 年 4 月)	9	a. 階級闘争（計 3 回） b.「闘争」の主な意味内容 i. 共産主義の理想実現、社会主義社会構築に向けた取り組み ii. 中国革命の歴史と政治課題、そこでの中国共産党の活動 iii. 反帝国主義、反修正主義の政治運動 iv. 国内外の反動勢力の摘発、処罰、それへの抵抗 v. 階級闘争 vi. 社会主義と資本主義をめぐる党内対立、権力闘争 vii. 労働、生産活動への注力による経済振興
③ 第 10 回 (1973 年 8 月)	6	a. 階級闘争（計 2 回） b.「闘争」の主な意味内容 i. 中国革命の歴史と政治課題、そこでの中国共産党の活動 ii. 階級闘争 iii. 社会主義と資本主義をめぐる党内対立、権力闘争 iv. 労働、生産活動への注力による経済振興
④ 第 11 回 (1977 年 8 月)	12	a. 階級闘争（計 3 回） →うち 1 回は、「階級闘争」に準じる表現 (「プロレタリア階級とブルジョワ階級の激烈で複雑な闘争」)[1] b.「闘争」の主な意味内容 i. 中国革命の歴史と政治課題、そこでの中国共産党の活動 ii. 反帝国主義、反修正主義の政治運動 iii. 国内外の反動勢力の摘発、処罰、それへの抵抗 iv. 社会主義と資本主義をめぐる党内対立、権力闘争 v. 階級闘争 vi. 労働、生産活動への注力による経済振興 vii. 民衆との直接交流を通じた政治指導の経験蓄積（「大衆闘争」）[2]

採択した党大会（開催年月）	「闘争」の使用回数	「階級闘争」の使用状況、文脈における「闘争」の主な意味内容
		viii. 党内の組織紀律の強化、資本主義的な思想や業務態度の改善
⑤第12回（1982年9月）	8	a. 階級闘争（計3回） →うち2回は、中国社会の「主要矛盾」としての意義の否定 b.「闘争」の主な意味内容 i. マルクス・レーニン主義の国際共産主義運動と民族解放運動 ii. 中国革命の歴史と政治課題、そこでの中国共産党の活動 iii. 階級闘争 iv. 政治上の原則的問題をめぐる党内対立、イデオロギー論争、権力闘争
⑥第13回（1987年10〜11月）	8	・⑤の第12回大会と同じ
⑦第14回（1992年10月）	3	a. 階級闘争（計1回） →下記の一文での使用のみ 「国内的要素と国際的影響により、階級闘争は依然として一定期間内、長期にわたって存在し、ある種の条件下では激化の可能性もあるが、しかしすでに主要な矛盾ではなくなっている。」 （由於国内的因素和国際的影響，階級闘争還在一定範囲内長期存在，在某種条件下還有可能激化，但已経不是主要矛盾。）[3] b.「闘争」の主な意味内容 i. 中国革命の歴史と政治課題、そこでの中国共産党の活動 ii. 階級闘争 iii. 政治上の原則的問題をめぐる党内対立、イデオロギー論争、権力闘争
⑧第15回（1997年9月）	3	・⑦の第14回大会と同じ
⑨第16回（2002年11月）	3	・同上
⑩第17回（2007年10月）	3	・同上
⑪第18回（2012年11月）	3	・同上
⑫第19回（2017年10月）		a. 階級闘争（計1回） →下記の一文での使用のみ 「国内的要素と国際的影響により、階級闘争は依然として一定期間内、長期にわたって存在し、ある種の条件下では激化の可能性もあるが、しかしすでに主要な矛盾ではなくなっている。」 （由於国内的因素和国際的影響，階級闘争還在一定範囲内長期存

採択した党大会（開催年月）	「闘争」の使用回数	「階級闘争」の使用状況、文脈における「闘争」の主な意味内容
⑫ 第19回（2017年10月）	6	在，在某種条件下還有可能激化，但已経不是主要矛盾。）[4] b.「闘争」の主な意味内容 ⅰ. 中国革命の歴史と政治課題、そこでの中国共産党の活動 ⅱ. 習近平指導部の政治活動全般 ⅲ. 階級闘争 ⅳ. 党員集団の反腐敗と綱紀粛正の強化 ⅴ. 政治上の原則的問題をめぐる党内対立、イデオロギー論争、権力闘争
⑬ 第20回（2022年10月）	10	a. 階級闘争（計1回） →下記の一文での使用のみ 「国内的要素と国際的影響により、階級闘争は依然として一定期間内、長期にわたって存在し、ある種の条件下では激化の可能性もあるが、しかしすでに主要な矛盾ではなくなっている。」 （由於国内的因素和国際的影響，階級闘争還在一定範囲内長期存在，在某種条件下還有可能激化，但已経不是主要矛盾。）[5] b.「闘争」の主な意味内容 ⅰ. 中国革命の歴史と政治課題、そこでの中国共産党の活動 ⅱ. 習近平指導部の政治活動全般 ⅲ. 党員が備えるべき政治的な気構えと能力（「闘争精神」、「闘争能力」） ⅳ. 歴史経験を通じた党の精神的財産と21世紀半ばまでの「中華民族の偉大な復興」の実現に向けた取り組み、敢闘精神の堅持、「勇敢な闘争」の実践 ⅴ. 階級闘争 ⅵ. 党員集団の反腐敗と綱紀粛正の強化 ⅶ. 政治上の原則的問題をめぐる党内対立、イデオロギー論争、権力闘争

註：
1 「十一大党章」、《中国共産党歴次党章匯編》編委会編『中国共産党歴次党章匯編（1921-2002）』（内部発行）中国方正出版社、2006年、299頁。
2 同上、301頁。
3 「中国共産党章程（1992年10月18日通過）」、本書編写組編『十一届三中全会以来歴次党代会、中央全会報告　公報　決議　決定』中国方正出版社、2008年、486頁。
4 「中国共産党章程（2017年10月24日通過）」、中共中央弁公庁法規局編『中国共産党党内法規匯編』法律出版社、2021年、5頁。
5 「中国共産党章程（2022年10月22日通過）」『共産党員網』（https://www.12371.cn/special/zggcdzc/zggcdzcqw/）、2024年3月12日閲覧。以下20回大会の引用はすべて同じ。
出典：筆者作成。

付表 6-Ⅲ　中華人民共和国建国以降に採択された党大会の政治報告の「闘争」と「階級闘争」

採択した党大会 (開催年月) (報告者)	「闘争」の 使用回数	「階級闘争」の使用状況、文脈における「闘争」の主な意味内容
① 第 8 回 (1956 年 9 月) (劉少奇)	61	a. 階級闘争（計 3 回） b.「闘争」の主な意味内容 i. 中国革命の歴史と政治課題、そこでの中国共産党の活動 ii. 中国の民衆、国内の諸階級集団の革命活動への参画と実践 iii. 階級闘争 iv. 社会主義社会の中国における資本主義と社会主義の思想対立 v. 官僚主義など、党員集団の不良な業務態度の改善 vi. 反革命分子の摘発と処罰 vii. 大衆動員型の政治運動 viii. 反帝国主義、反植民地主義、国際平和と民族独立追求の国際的運動 ix. 政治路線をめぐる党内対立、権力闘争 x. 党員集団の反腐敗と綱紀粛正の強化 xi. 労働、生産活動への注力による経済振興
② 第 9 回 (1969 年 4 月) (林彪)	100	a. 階級闘争（計 26 回） b.「闘争」の主な意味内容 i. 階級闘争 ii. 国際共産主義運動の歴史と活動 iii. ソ連修正主義との対立 iv. 中国革命の歴史と政治課題、そこでの中国共産党の活動 v. 反右派闘争 vi. 社会主義と資本主義をめぐる党内対立、権力闘争 vii. 中国の民衆、国内の諸階級集団の革命活動への参画と実践 viii. 社会主義社会の中国における資本主義と社会主義の思想対立 ix. 反帝国主義、反修正主義、反植民地主義、反大国主義の国際的運動 x. 国内外の敵対勢力、反動勢力、反党分子の摘発と処罰、それへの抵抗 xi. 香港や台湾を含む、国外の民衆による現地の反政府、反統治者集団の運動
③ 第 10 回 (1973 年 8 月) (周恩来)	44	a. 階級闘争（計 7 回） b.「闘争」の主な意味内容 i. 社会主義と資本主義をめぐる党内対立、権力闘争 ii. 階級闘争 iii. 中国革命の歴史と政治課題、そこでの中国共産党の活動 iv. 反帝国主義、反植民地主義、反大国主義、反覇権主義などを

採択した党大会 （開催年月） （報告者）	「闘争」の 使用回数	「階級闘争」の使用状況、文脈における「闘争」の主な意味内容
		志向する、第三世界諸国による国際的運動 v. ソ連修正主義との対立
④ 第 11 回 （1977 年 8 月） （華国鋒）	95	a. 階級闘争（計 13 回） b.「闘争」の主な意味内容 i. 社会主義と資本主義をめぐる党内対立、権力闘争 ii. 中国革命の歴史と政治課題、そこでの中国共産党の活動 iii. ソ連修正主義との対立 iv. 階級闘争 v. ソ連共産党内の路線対立、権力闘争 vi. 国際共産主義運動、及び、反帝国主義、反植民地主義、反大国主義、反覇権主義などを志向する、第三世界諸国による国際的運動 vii. 労働、生産活動への注力による経済振興 viii. 中国の民衆の革命活動への参画と実践 ix. 社会主義社会の中国における資本主義と社会主義の思想対立
⑤ 第 12 回 （1982 年 9 月） （胡耀邦）	45	a. 階級闘争（計 13 回） b.「闘争」の主な意味内容 i. 中国革命の歴史と政治課題、そこでの中国共産党の活動 ii. 階級闘争 iii. 思想闘争 iv. 反帝国主義、反覇権主義、反植民地主義、反拡張主義、民族独立、国家統一などを志向する、第三世界諸国を中心とする国際的運動 v. 共産主義の理想実現、社会主義社会構築に向けた取り組み vi. 国内外の敵対勢力の摘発、処罰、それへの抵抗 vii. 改革開放政策に付随する経済犯罪の摘発、処罰、それへの抵抗 viii. 政治と文化の両分野における敵対勢力の摘発、処罰、それへの抵抗 ix. 党員集団の反腐敗と綱紀粛正、紀律遵守の強化
⑥ 第 13 回 （1987 年 10～11 月） （趙紫陽）	12	a. 階級闘争（計 4 回） b.「闘争」の主な意味内容 i. 階級闘争 ii.「ブルジョワ階級自由化反対」の政治キャンペーン[1] iii. 官僚主義など、党員集団の不良な業務態度の改善 iv. 中国革命の歴史と政治課題、そこでの中国共産党の活動 v. 党員集団の反腐敗と綱紀粛正の強化

採択した党大会 (開催年月) (報告者)	「闘争」の 使用回数	「階級闘争」の使用状況、文脈における「闘争」の主な意味内容
⑦第14回 (1992年10月) (江沢民)	9	a. 階級闘争(計4回) b.「闘争」の主な意味内容 i. 階級闘争 ii.「ブルジョワ階級自由化反対」の政治キャンペーンと教育活動[2] iii.「和平演変と反和平演変の闘争」[3] iv. 党員集団の反腐敗と綱紀粛正の強化
⑧第15回 (1997年9月) (江沢民)	9	a. 階級闘争(計1回) b.「闘争」の主な意味内容 i. 党員集団の反腐敗と綱紀粛正の強化 ii. 階級闘争 iii. 中国革命の歴史と政治課題、そこでの中国共産党の活動 iv. 人民、社会、国家に危害が及ぶ活動全般の摘発、処罰、それへの抵抗 v. 政治的原則に基づく良好な党組織運営のための思想闘争
⑨第16回 (2002年11月) (江沢民)	7	a. 階級闘争、なし b.「闘争」の主な意味内容 i.「台湾独立」を標榜する「分裂のたくらみ」への反対(計1回)[4] ii. 党員集団の反腐敗と綱紀粛正の強化(計6回)
⑩第17回 (2007年10月) (胡錦濤)	4	a. 階級闘争(計1回) →下記の一文での使用のみ 「党の第二世代の中央指導者集団は、思想の解放と実事求是を堅持し、(中略)『階級闘争をカナメとする』という誤った理論と実践を徹底的に否定した」 (「党的第二代中央領導集体堅持解放思想、実事求是,(中略)徹底否定“以階級闘争為綱”的錯誤理論和実践」)[5] b.「闘争」の主な意味内容 i. 党員集団の反腐敗と綱紀粛正の強化(計2回) ii. 階級闘争 iii.「軍事闘争」など、人民解放軍の軍事活動、作戦行動[6]
⑪第18回 (2012年11月) (胡錦濤)	5	a. 階級闘争、なし b.「闘争」の主な意味内容 i.「軍事闘争」など、人民解放軍の軍事活動、作戦行動(計2回)[7] ii. 党員集団の反腐敗と綱紀粛正の強化(計2回) iii. 中国革命の歴史と政治課題、そこでの中国共産党の活動

採択した党大会（開催年月）（報告者）	「闘争」の使用回数	「階級闘争」の使用状況、文脈における「闘争」の主な意味内容
⑫ 第19回（2017年10月）（習近平）	23	a. 階級闘争、なし b.「闘争」の主な意味内容 i.「軍事闘争」など、人民解放軍の軍事活動、作戦行動（計3回）[8] ii. 党員集団の反腐敗と綱紀粛正の強化（計4回） iii. 国内外の敵対勢力との思想、イデオロギー闘争 iv. 中国革命の歴史と政治課題、そこでの中国共産党の活動 v. 習近平指導部の政治活動全般
⑬ 第20回（2022年10月）（習近平）	22	a. 階級闘争、なし b.「闘争」の主な意味内容 i. 中国革命の歴史と政治課題、そこでの中国共産党の活動 ii. 習近平指導部の政治活動全般、及び、それに必要とされる党員の政治的な気構えや能力など（「闘争精神」、「闘争能力」、「敢於闘争、善於闘争」）[9] iii. 台湾独立勢力と外部勢力に対する反分裂、反干渉の取り組み iv. 反中国的な国際ネットワークによる封じ込めや抑制に対抗する対外政策 v. 反社会勢力、犯罪集団の取り締まり vi.「軍事闘争」など、人民解放軍の軍事活動、作戦行動（計3回） vii. 党員集団の反腐敗と綱紀粛正の強化（計5回）

註：
1 趙紫陽「沿着有中国特色的社会主義道路前進——在中国共産党第十三次全国代表大会上的報告（1987年10月25日）」、本書編写組編『十一届三中全会以来歴次党代会、中央全会報告　公報　決議　決定』中国方正出版社、2008年、284頁。
2　江沢民「加快改革開放和現代化建設歩伐奪取有中国特色社会主義事業的更大勝利——在中国共産党第十四次全国代表大会上的報告（1992年10月12日）」、同上書、438頁。
3　同上、458頁。
4　江沢民「全面建設小康社会，開創中国特色社会主義事業新局面——在中国共産党第十六次全国代表大会上的報告（2002年11月8日）」、同上書、740頁。
5　胡錦濤「高挙中国特色社会主義偉大旗幟　為奪取全面建設小康社会新勝利而奮闘——在中国共産党第十七次全国代表大会上的報告（2007年10月15日）」、同上書、910頁。
6　同上、927頁。
7　胡錦濤「堅定不移沿着中国特色社会主義道路前進，為全面建成小康社会而奮闘（2012年11月8日）」、中共中央文献研究室編『十八大以来重要文献選編（上）』中央文献出版社、2014年、3頁、33頁。
8　習近平「決勝全面建成小康社会，奪取新時代中国特色社会主義偉大勝利（2017年10月18日）」、中共中央党史和文献研究院編『十九大以来重要文献選編（上）』中央文献出版社、2019年、5頁、38頁。
9　習近平「高挙中国特色社会主義偉大旗幟　為全面建設社会主義現代化国家而団結奮闘——在中国共産党第二十次全国代表大会上的講話」『共産党員網』2022年10月25日（https://www.12371.cn/2022/10/25/ARTI1666705047474465.shtml）、2024年3月7日閲覧。以下20回大会の引用はすべて同じ。
出典：筆者作成。

第七章　〈最高実力者〉の誕生——事件は会議室でも起こる（二〇一五〜二〇一八年）

はじめに――リーダーの「権力への意志」、指導権強化のための闘い

ある組織や集団において、政治的庇護者の支援や指名により、従前の慣例や制度、手続きに則って形式上の最高職に就任した人物、あるいは、当初は同輩中の筆頭にして名目的な〈最高指導者〉（the *de jure* first among equals）として出発したリーダーが、経験と研鑽を積み重ねるなかで、トップとしての手腕を磨き、権力と権威を蓄え、腹心の部下の抜擢や派閥の形成などを通じて一個の自立的存在となり、ついには人事や指揮命令に関する枢要なルールや仕組みの変更、さらには、組織の基幹部分の再編さえも断行しうるような、名実ともに備わった〈最高実力者〉（the *de facto* paramount leader）へと成長を遂げるには、一体なにが必要であろうか。

強運のほかにもっとも重要な要素は、むろん、指導権強化に向けた指導者本人の意欲、そのための闘争への意志である。公式の制度と明文規定の権限に依存するだけでは、リーダーシップの発展――それは自然成長の産物ではない――は困難であり、組織が直面する危機と権力をめぐる闘い、これを通じた指導者自身の精神的練磨とサブリーダーたちの承認なくして、最高実力者は生まれない。近代政治学の祖であるマキアヴェッリが、主著『君主論』のなかで喝破したように、指導者はときに理不尽とも思われる力の行使や決断を通じて、みずからへの信頼、心酔、畏怖、諦念などを潜在的な挑戦者、敵対者である副官たちをはじめ、被治者の心理に内面化しなければならない(1)。

この点、アメリカ合衆国と中華人民共和国の二大国家のトップを務めたニクソン（Richard Nixon）と江沢民は、民

主主義か権威主義かの政治体制の違いを超えて、いみじくも似たような言葉を残している。

人が地位を求めなければ地位のほうが人を求める——あるいは求めるはず——という神話が広く信じられているが、とんでもない。地位を欲し、その地位を手に入れるためには犠牲を払うだけの心構えを持たなければ、人は指導者たることができない。遠慮がちな候補者と言ってすぐ思い出すのは、アメリカのインテリに絶大な人気のあったアドレイ・スチーブンスである。人気はあったが、私は、第一歩から遠慮しているような人は本質的に負け犬だと思う。そんな人は、選挙になっても十分な熱意を見せないし、指導者に要求される犠牲も払わない。プライバシーの一方的侵害、猛烈な選挙スケジュール、これでもかこれでもかと斬り込んでくる反対派の中傷や誹謗、漫画などによる残忍なまでの諷刺、（中略）彼らはそんな苦痛に耐えようとしない。そのすべてに耐え、それでもなお情熱をもって地位を望むほどでなければ、地位を得てからも批判に耐え抜く根性はないのである。（ニクソン）[2]

わたしを第三世代の中央指導者集団の核心としたのは、鄧小平同志が決定したのである。（中略）指導的核心とは自任するものではなく、闘争の実践のなかで形作られ、試練を受け、鍛えられたものでなくてはならないと、わたしはずっと考えてきた。（江沢民）[3]

それでは今日、中華人民共和国（以下、中国）のリーダーである習近平は、いかにして〈最高指導者〉から〈最高実力者〉へと変貌を遂げたのか。この問いに対し本章では、そのリーダーシップの発展の軌跡をたどりながら、習近平の指導権強化の契機となった政争の要点、個人集権のために駆使した政治手法と闘争の態様、集団指導体制とトップの単独意思決定をめぐる習近平の認識の特徴を明らかにする。またこれにより、習近平の指導権確立をめぐる政治史上の論点と試論的解釈を提示する。

なお、本書に収められた他の章との内容的な関係について簡単に説明すると、第四章は最高指導者になるまでの習近平の事績を、第八章は、中国政治史上の位置づけを念頭に置きながら、長期的俯瞰的な視点から習近平の政治認識と政治行動を論じている。これに対して本章では、短期的微視的な視点から、習近平のリーダーシップの発展のありようを、政治史の実証分析の手法に基づき「接写」することに力点が置かれる。

また、序章で述べたとおり、本書の想定する主な読者層には、中国政治の研究者のほかに、異なる専門分野の研究者や大学生、中国に関心をもつ一般読者も含まれる。このうち本章ではとくに、企業経営者を含むビジネスパーソンを念頭に置き、中国政治研究の学術業績でありながら、経営学のリーダーシップ論の知見も一部紹介しつつ、政治学と経営学、学術研究と社会実践のそれぞれの架橋を意図している。習近平を見習うべき手本とするか反面教師とするかは、読者自身がどのようなリーダーを目指すかによる。だがいずれのケースでも、なんらかの経験的、実践的示唆を得られるであろう。現存する政治家をモデルとした「現代中国の君主論」の一節を書いてみたいと思う。

議論の流れは次のとおりである。第一節ではまず、中国政治研究と経営学の問題関心の重なりを概観したのち、経営学のリーダーシップ論を部分的に参照しつつ、中国の歴代政治指導者のリーダーシップの特徴を大まかに把握する。次いで第二節では、党総書記就任以来、現在までの習近平のリーダーシップの発展過程を、「民主生活会」という党内制度に着目して分析する。同時に、トップの個人集権と集団指導体制の関係を考察する。最後に、それまでの議論を総括して、指導権強化のための習近平の政治操作の基本的パターンや政治認識の要点を明らかにする。さらに、今後あるかもしれない中国共産党の党主席制の復活について、その予兆となりうる、外部世界からも観察可能な政治的ヒントに言及する。

一　中国政治研究と経営学のリーダーシップ論

（1）政治と企業経営

以下ではまず、本論の趣旨にかなう限りで、中国政治研究と経営学の共通点や類似点を確認しておきたい。さしあたり、①社会活動としての政治と経営、②組織アクターとしての政党と企業、③意思決定者としての政治指導者と経営者の各組み合わせについて今日的特徴を指摘する。

アクターの社会的責任と倫理、活動の複雑化と多様化

ごく基本的な事実として、政治と経営はともに、目標実現のために集団を組織、動員、統制する最高指導者の存在を前提とする。また、企業の所有と経営の分離に伴う、情報の非対称性に起因する株主（＝依頼人、プリンシパル）と経営者（＝代理人、エージェント）の間の利害関係の不一致、すなわち、経済学や経営学で討究されるプリンシパル・エージェント問題（依頼人の利益や期待に反するような代理人の不正な行動、自己利益の追求をいかに防ぐか）は、政治学でも主権者たる国民と議員、あるいは、議員と官僚との関係を語る際にもしばしば援用される。

さらに、現代政治の主要なアクターである政党をみれば、もともとそれは企業と同じく私的な任意団体でありながら、公党としての社会的役割を期待されている。一方、利潤追求を第一義的目的とする私企業も、社会公器としての意義が強調されて久しい。経営活動での社会的責任が増大した結果、経営者個人と企業のコンプライアンスやＣＳＲ（Corporate Social Responsibility）が、いっそう重視されるようになっている。政治と経済の融合も、サプライチェー

ンにおける人権問題の争点化、経済安全保障への対応といった新たな課題を生み出した。このように公《おおやけ》と私《わたくし》の観念、政治と経済の営為について、それらの理論的、実践的線引きは日々あいまいになっている。

組織の目的と意思決定の構造

権威主義体制の支配政党と民主主義体制の政権与党では、同じく政権の座にありながら、その存在形態は大きく異なる。中国のように、特定の政党が国家機構と構造的に癒着している政党国家体制（party-state system）では、支配政党のリーダーにとって、政権維持の成否は、民主体制下での与野党交代とは比較にならないほどの衝撃――状況次第ではまさしく「生きるか死ぬか」――をもっている。企業と同じく、国政運営における各種事業の発展を通じた組織の存続と政権の維持、すなわち「生き残り」こそ、中国共産党の指導者たちにとって究極の政治目的である。

中国共産党と企業、とくに日本企業では、意思決定の組織構造も似通っている。一般に企業の主な意思決定機関は、上意下達の指揮命令に基づき、経営者―取締役会―執行役員（経営会議）の三つからなる。このうち、経営者を監視、評価するためのコーポレートガバナンスの中核的役割を担う取締役会は、日本企業の場合、insider dominated board、すなわち、内部昇進の社内取締役が多数を占める。同様に、今日（本書執筆時点の二〇二四年十月現在）の中国共産党も、中央委員会総書記（一名）―中央政治局常務委員会（総書記を含む七名）―中央政治局委員（常務委員を含む二四名）の三層構造からなる中央集権制を採用している。(4) これら最高クラスの幹部は、むろん全員が内部昇進者である。

最高指導者の機能、能力、リスク

企業の経営判断に際し、経営者が直面する大きな課題の一つは、顧客、取引先、株主、従業員などの異なる利害関心をもつ各ステークホルダー間の利害調整である。この利害調整の機能は、政治家の本来任務といってもよい。

また、日本型経営に典型的とされる内部昇進の経営者について、その選考過程では、現任の社長や会長、または歴代の経営責任者など一定の影響力や発言権を有する者、同僚の経営幹部集団、労働組合、取引先企業、メインバンクといった、主要な「関係者すべてを味方につける能力のある人物が好まれる」傾向があり、コミュニケーションと調整能力の高さが必要となる(5)。同時に、内部昇進者の代表取締役社長が、マネジメントとガバナンスの両機能を担うことで、監視する者とされる者の兼任状況のもと、コーポレートガバナンスの十分な履行に懸念も生じる。

こうした日本型経営者の選定やリスクの特徴は、中国共産党の最高指導者にも部分的に当てはまる。後述のように習近平はもともと、歴代指導者のなかで初めて、統治エリートによる投票推薦の集団的支持を背景として後継候補となった経緯をもつ。引退した一部の長老政治家や習近平自身もその一員である「太子党」や「紅二代」(中華人民共和国建国に功績のあった有力な革命元勲の子弟集団)と呼ばれる友人、仲間たちの積極的支援のほかに、習近平が、消極的かもしれないが幅広い支持を得た大きな要因の一つは、出世の階段をのぼるなかでも有力な敵対者を生み出さなかった過去の経歴、いわば「敵がいない」という全方位の友好的態度の演出であった。

一方、トップの暴走の危険性については、終身の独裁者であった毛沢東の専横とそれがもたらした「大躍進運動」や「文化大革命」といった数々の悲劇を想起すれば足りるであろう。二〇一八年に国家主席の連任制限を撤廃して、最高指導者として事実上の終身在職権を手にした習近平が、「第二の毛沢東」にならないとは限らない。

(2) 経営学のリーダーシップ研究からみた中国の歴代指導者

本章冒頭のマキアヴェッリに代表されるように、政治学では指導者のあるべき姿が古くから論じられてきた。経営学においてもリーダーシップ論は主要な研究テーマであり、伝統的な学問スタイルはやはり、経営者個人と会社経営史に関する記述的、定性的分析である。それらのなかには、経営者の「人間力」といった感覚的な概念も登場するな

表7-1　経営学のリーダーシップ研究の主な検証仮説

	名称	問題の所在、分析の焦点
①	特性理論	指導者の個人的特性や資質
②	行動理論	経営管理における指導者の行動様式や行動パターン
③	状況（コンティンジェンシー）理論	状況に応じた（contingent）リーダーシップの有効性への着目、指導者の特性や行動と状況適合の関係
④	変革型（カリスマ型）リーダーシップ	変革実現のための指導者の特性、行動とフォロワーの関係

出典：経営学の関連する複数の研究業績に基づき、筆者作成。

ど、いわゆる実証科学になりきれない人間臭い議論が展開される例も散見される。この点も、政治学のリーダーシップ論との類似性が見出せる。

表7-1には、経営学のリーダーシップ論の研究レビューに依拠して、提起された時間的順序にしたがい、有力な検証仮説の要点を大まかに示した（表7-1①→④の順番）。これによれば、研究潮流の変化として、指導力発揮に対する状況要因やフォロワー関与の重要性への認識の高まりが指摘できる。

リーダーシップスタイルの分類

経営学では、リーダーシップの基本的な態様について、二分類（企業家的態度、管理者的態度）、あるいは、それを敷衍した三分類（アントレプレナー、マネージャー、リーダー）などがよく知られている（表7-2）。

これらのリーダーシップスタイルは、固定的静態的なものではない。企業の発展段階や経営の外部環境が、それにふさわしい指導者を要請する側面があることも見逃せない。一般的にいえば、企業の初動段階はアントレプレナー、成長段階はマネージャー、成熟、衰退段階にはリーダーが求められる。長期にわたって経営者の立場にある者のなかには、時代状況や経営環境に応じて、同一の人物がそれら三つを変化、発展させている場合もあるという(6)。

前記の三分類は、中国政治史の発展段階に対応した、歴代指導者の基本的特徴とその歴史的役割を理解するのにも役立つ。表7-2によれば、建国の偉業を成し遂げた

表7-2　リーダーシップスタイルの3類型

名称	リーダーシップの特徴	中国の歴代指導者
アントレプレナー	・創造的破壊者、発明者	・毛沢東
マネージャー	・組織の調整役 ・組織内での新たな制度や手続きの導入、それらの経営方式への移行と標準化	・胡錦濤 ・江沢民はリーダーとマネージャーの移行、混合形態
リーダー	・戦略転換による不振事業や停滞経営の立て直し ・「組織を再度開発しなおし、活性化させる。それはたいていの場合、組織に新たな目的を与えることから始まる」	・鄧小平 ・習近平

出典：谷口真美「コンテクストと経営者のリーダーシップスタイル」(『早稲田商学』第411・412号、2007年6月、47-50頁）の整理を基に、中国の歴代指導者の項目を追加して筆者作成。

毛沢東（アントレプレナー）は、のちに階級闘争第一主義の考えに囚われ、国政の停滞を招いた。この状況を打破すべく鄧小平（リーダー）は、改革開放と「中国の特色ある社会主義」の新たな旗印を掲げて、近代化路線の新機軸を推し進めた。江沢民（鄧小平から胡錦濤への過渡的存在）と胡錦濤（マネージャー）も、鄧小平路線を踏襲して国力の発展に努めた。

これに対して習近平は、二一世紀半ばまでの「中華民族の偉大な復興」の長期目標実現のため、「新時代」と「強国」の合い言葉のもと、鄧小平とは異なる政治発展の方向性を目指した「リーダー」として立ち現れている。

リーダーシップの発展過程——指導力発揮の阻害要因とその克服

（指導者の選出方法）

リーダーが指導力を効果的に発揮しうるか否かは、その選出のありかたによっても左右される。リーダーシップ強化の条件を検討した経営学の論考(7)によれば、①「選ばれたリーダー」(Elected Leader)、②「特定の権限をもった者によって指名されるリーダー」(Appointed Leader)、③「自然発生的に現れるリーダー」(Emergent Leader) の各タイプについて、構成員の自発的服従や積極的動員を調達しうるのは、本人の実力と威望によって指導者の地位に就いた③である。むろん他の二者も、実績を積み重ねるなかで、それと同等の指導者として認知されることはありうる。「ただし、いったん Elected Lead-

表 7-3　選出方法に基づく指導者の 3 類型

名称	中国の歴代指導者
Emergent Leader	毛沢東、鄧小平
Appointed Leader	江沢民、胡錦濤
Elected Leader	習近平

出典：山下勝「リーダーシップ開発に関する一考察――リーダーシップ現象が起こる条件」（『青山経営論集』第 50 巻第 2 号、2015 年 9 月、251-253 頁）の整理を基に、中国の歴代指導者の項目を追加して筆者作成。

er や Appointed Leader として選ばれた者が、ゼロからスタートしてメンバーの支持を得るというのは容易なことではない[8]」。

その理由として、指導者の立場や肩書に付随する否定的効果が挙げられる。例えば、前記①では一定数存在する非支持者の存在が、②では他の古参部下たちの冷淡な態度が指摘できる。一方、こうした否定的効果を低減させる方策は、組織の長になる前から他の構成員からの幅広い支持を得ていること、及び、リーダーになって以降、そうした否定的効果を超えるだけの明示的で力強いメッセージを発信することの二つである[9]。

以上の議論を踏まえて、中国の歴代指導者をみれば、表 7-3 のとおり、毛沢東と鄧小平はまぎれもなく、党と国家の存亡の危機に際し、周囲の人びとによってトップの地位に押し上げられた Emergent Leader であった。両人は、タイプは異なるものの、どちらもカリスマ指導者であった[10]。江沢民と胡錦濤はともに、鄧小平によって後継者に指名された Appointed Leader であった。

これに対して習近平は、二〇〇七年の一七回党大会の開催前に行われた中国共産党史上初となる党内民主主義の画期的試み、すなわち、中央委員クラス以上の統治エリート層による意向投票（予備選挙）において多数票を獲得した――一説には最多得票――という事実を考慮して、ポスト胡錦濤の筆頭候補に認定されたといわれる[11]。第一七期の党中央政治局委員の任命過程では、二〇〇七年六月に前期の一六期中央委員や同候補委員を含む約四〇〇人が、およそ二〇〇名の人物名が記載された候補者名簿のなかから推薦票を投じ、この結果を踏まえて新任の政治局人事が決められたという。得票結果と人事決定をめぐる具体的なやりとりは秘密のヴェールに包まれているが、得票数の多寡が新任の政治局委員の選出や党内序列の決定にあたり重要な検討材料になったことは間違いないとみられる。(12) それゆえ、国政指導者としての習近平のキャリアは、Elected Leader として出発したのである。二〇一二年に党総書記と中央軍事委員会主席に着任した当初、習近平はたしかに「弱い」リーダーであり、最高指導者ではあっても最高実力者ではなかった。(13)

しかし、前述の肩書等に付随する否定的効果を克服するうえで、習近平には経歴上、有利な条件が備わっていた。紅二代の門閥と四半世紀の長きに及ぶ地方指導者時代に培われた政治的ネットワークが、最高指導部に入る以前から一定の支持基盤を形成していた。総書記就任以降は、党内秩序の再建と反腐敗を主眼とする党内の管理監督と党務の厳正化、ならびに、人事交代と治安機関の実働部隊による政敵の粛清を大規模かつ持続的に断行した。(14) そうした実際行動のほかにも、後述のように習近平は、「看斉」、「一錘定音」、「定於一尊」など、みずからの指導力貫徹の意志を明確に伝える政治的メッセージの発信を通じて、幹部集団と一般民衆の双方に、自身の権力と権威の正当性を強力に主張した。

（リーダー・フォロワー関係のアイデンティティ構築）

前述のように、近年、経営学のリーダーシップ研究では、フォロワーとフォロワーシップの重要性が強調されている。この点に関し、社会構成主義的アプローチに基づき、リーダーとフォロワーの相互作用としてのアイデンティティ形成にも関心が寄せられている。そのエッセンスによれば、リーダーとフォロワーの間では、①個人の内面化（individual internalization）、②関係性の認知（relational recognition）、③集団の承認（collective endorsement）の各段階を経て、リーダーの自覚と権威の強化、及び、フォロワーによる指導権の承認が成立するという。(15)

この点、党総書記や中央軍事委員会主席の最高職にありながら、「選ばれたリーダー」として、初発の段階では指導力の発揮に困難を抱えていた習近平が、他の政治局常務委員との間で、いつ、どのようにしてリーダー・フォロワー関係のアイデンティティを作り上げたのかという疑問が浮かぶ。むろん、時間の経過と暴力の恐怖は主要な動力だが、それがすべてではない。なぜなら、少なくとも最高実力者としての権力と権威が確立される以前に、十分な大義名分もないまま、不当かつ過剰な力の行使をサブリーダーたちに予感させることは、彼・彼女らの組織的な反対運動と指導権転覆の反作用を招く危険性が高い。あるいは、独自の支持基盤をもたぬまま、周囲の人びとの消去法的選択の結果選ばれたリーダーは、ひとたびトップの地位に立つと、従前からの反対者はもちろん、かつては消極的支持を与えてくれた者を含め、すべてのフォロワーの共通の敵とみなされる場合もありえよう。

それゆえ新任のリーダーは、一方では、みずからの敵対者を適切に排除しつつ、他方では、消極的支持または中立的立場の副官たちに対し、安心供与を図りながら、昨日まで上司あるいは同輩であった彼・彼女らをしてフォロワーとしての自覚とそれにふさわしい新たな行動様式に順応、定着させるべく働きかける必要がある。例えば、それまで「敵を作らない」ことをモットーとする穏やかな性格との評判の人物ほど、トップに立ったとき、部下の立場になった者たちの「分をわきまえない」馴れ馴れしさや要求を矯正しなければならない。同時に、そうした新たな関係性を前提として、各種価値の提供により従来からの支持基盤を固めつつ、自派の多数形成に向けて支援者や協力者を新規に獲得しなければならない。人心を繊細に扱いながらも、しかし、一定のタイムスケジュールのなかでこうした人間関係の再構築の成果を出さなければならない。

次節では、習近平がこの問題にいかに取り組んだか、詳しくみていく。

二 〈最高実力者〉への勝負と飛躍

(1) 権力闘争の制度的アリーナとしての「民主生活会」

「民主生活会」の概要

中国共産党の公式制度の一つに「民主生活会」と呼ばれる会議活動がある。党内民主主義の発揚を通じた党組織の活性化、党内監督の強化を目的として、党の方針や政策の履行状況、反腐敗の実践、業務への取り組みなどをめぐり、各クラスの党委員会に所属する幹部が批判と自己批判、意見交換を行うとされる。

一九四九年の建国前からの伝統的な組織活動だが、党内規則で制度化されたのは一九八〇年代の改革開放期以降のことである。一九九〇年五月には、中共中央の名義で「県以上の党と国家機関において指導的立場にある党員幹部の民主生活会に関する若干の規定」が発出され、以後数回にわたり、関連規定が出された。習近平政権下でも二〇一六年十二月に、内容を拡充したほぼ同名の「規定」が頒布され[16]、二〇一九年一月には、軍内の党員幹部を対象とする民主生活会の制度も整備された(後掲表7-4の▼、中共中央「若干の規定」、中央軍事委員会「暫定規定」)。

一方で、党中央レベルの民主生活会は、ときに指導部内の政争を正当化し、少数の限られたサークル内とはいえ、それを可視化する数少ない場としても知られている。その典型は一九八七年一月の胡耀邦の失脚劇である。中国共産党史研究の第一人者である石川禎浩は、胡耀邦を辞任に追い込んだ民主生活会の様子を次のように描いている。

「民主生活会」とは、党の指導者たちが忌憚なく意見を交わし、批判と自己批判をする集まりで、制度として

> は一九八〇年代初頭に設けられたものだが、延安整風〔一九四〇年代初めに毛沢東が発動した政敵追い落としのための苛烈な政治キャンペーンのこと〕をある種のモデルとし、その精神を引き継ぐものである。それゆえ、聞こえはいいが、実態は当人を前に自己批判を迫るつるし上げの場にもなりうる。胡〔耀邦〕の問題を話し合う「生活会」は、（中略）政治局の正規メンバーのほか、党歴四十年以上の長老たちを招集して行われたが、六日間にわたり激しい言葉を浴びせられた胡耀邦は、最終日の自己総括でこらえきれずすすり泣いてしまったという。（中略）制度上の最高指導者たる総書記が自己批判するだけでも異例なのに、長老たちからネチネチと苦言を浴びせられ、辞任させられるというのは、かつてない事態である。(17)

すぐ後でみるように、習近平はこの民主生活会を利用して、党と軍のサブリーダーをして、フォロワーとしてのアイデンティティの漸進的な形成と内面的な服従の調達に成功した。

習近平による「民主生活会」の運用状況
（定例開催と指導者個人への忠誠要求）

二〇一五年十二月と二〇一六年一月、習近平はそれぞれ、党中央政治局と中央軍事委員会において、「『三厳三実』専題民主生活会」を開催した。これは、党中央政治局委員（当時は計二五名）と中央軍事委員会委員（同じく計一一名）が出席して行われた、すなわち、党と軍の最高幹部による民主生活会である（以下、政治局生活会、軍委生活会、または二〇一五年生活会の形式で略記）。

このとき会議の特定テーマ（中国語では専題）に掲げられた「三厳三実」とは、二〇一四年三月の全国人民代表大会の会合で習近平が提起した「厳しく身を修め、厳しく権力を使い、厳しく自分を律する。現実的に計画をたて、堅実に事業をおこし、誠実に身を処する」という抽象的な標語に基づき、二〇一五年四月から全国で実施された県、処クラス（中央官庁の課長級）以上の幹部を対象とする政治学習キャンペーンである。[18]

だがその実態は、胡錦濤から習近平への政権移行期に摘発された周永康（中央政治局常務委員、肩書は元職、以下同じ）、薄熙来（中央政治局委員）、令計画（中央弁公庁主任、中央委員）、徐才厚（中央政治局委員、中央軍事委員会副主席）、郭伯雄（同前）らによる各種の法令、紀律違反（以下、周永康・薄熙来事件と総称）に関する批判大会であった。

注目されるのは、このときの政治局生活会で、習近平は「こうした特定テーマの民主生活会は、中央政治局では以前は開かれたことがなかった。これは一回、二回の会議ではない。制度にしなければならず、形式的な、とおり一遍のものではなく、ましてや無用な、余計なことではない」と述べて、その定期開催を指示したことである。[19]

事実これ以降、政治局生活会が、毎年十二月末に計二日間の日程で開かれている[20]（表7-4）。報道によれば、毎回の会合に際して、参加者は事前に作成した発言資料に基づき、批判と自己批判を交えつつ、その年の担当業務の総括や習近平への支持を口頭で表明することが義務づけられている。

これに関連して二〇一七年十月には、中央政治局の名義で、「党中央（この文脈では習近平個人を指す）の集中統一指導を強化、擁護することに関する若干の規定」が通知され、政治局のメンバーに対し、「習近平総書記の核心としての地位」の擁護を含む、各種活動の自己点検の報告書を、総書記に毎年提出することも義務づけた（表7-4の▼、中央政治局「若干の規定」）。

表7-4のうち、「コメント指示（中国語では批示）」とは、共産党の文書処理、指示命令の仕組みを指す。提出された報告書や企画書に対し、指導者が自身の意見や提案を、回覧担当者の一覧を記載した送付状ないしは文書の該当ページに、自書または印字で書き添える形式で通知される指示や命令のことをいう。一般に、コメント指示を行った指導者の名前と日付、一定期間内にその人物が発出した「批示」の通し番号の三つを記したうえで、関係部局に当該の

表 7-4 「中央政治局民主生活会」の開催状況と関連事項（2015～2022 年）

年月日	「批判と自己批判」を通じて、個々の政治局委員が点検、反省すべき主な事柄
2015 年 12 月 28～29 日	・「三厳三実」の実践
▼ 2016 年 12 月 23 日	中共中央「県以上の党と国家機関の党員指導幹部の民主生活会に関する若干の規定」、施行
2016 年 12 月 26～27 日	・業務態度の改善、綱紀粛正と反腐敗の実行
▼ 2017 年 10 月 27 日	中央政治局「党中央の集中統一指導を強化、擁護することに関する若干の規定」、採択
2017 年 12 月 25～26 日	・「党中央の集中統一指導を強化、擁護することに関する若干の規定」の履行状況
2018 年 12 月 25～26 日	・上記「集中統一指導」規定や「習近平総書記の重要なコメント指示」の履行状況
▼ 2019 年 1 月 1 日	中央軍事委員会「団クラス以上単位の党委員会指導グループの民主生活会の暫定規定」、施行
2019 年 12 月 26～27 日	・「品行方正で清廉潔白の模範」としての態度と取り組み
2020 年 12 月 24～25 日	・2018 年 12 月と同じ
2021 年 12 月 27～28 日	・2018 年 12 月、2020 年 12 月と同じ
2022 年 12 月 26～27 日	・「新時代の中国の特色ある社会主義思想に関する習近平の思想」の信奉の度合い

出典：以下の資料に基づき筆者作成。『共産党員網』（https://www.12371.cn/special/zymzsh/）、『中国共産党新聞網』（cpc.people.com.cn/n1/2017/0112/c64094-29019459.html）、『中国軍網』（www.81.cn/jpdbf/jwgzR/jwgz/9391901.html）、すべて 2023 年 4 月 24 日閲覧。

指示文書が転送される。すなわち、二〇一八年十二月の生活会では、習近平のコメント指示に対し、他の政治局委員（同常務委員を含む）がどれだけ忠実かつ迅速に実行したかが検証されたのである。

このように民主生活会と前記「集中統一指導」の規定は、中央政治局委員（同常務委員を含む）に対し、思想と行動の両面から、最高指導者である習近平個人への忠誠心の涵養、被威圧の心理を醸成する仕組みといえる。

（党と軍の民主生活会、二〇一五年十二月～二〇一七年二月）

表7-5には、二〇一二年の党総書記就任から二〇二三年三月までの時期における、習近平の指導権強化の動きと民主生活会の開催を時系列的に示した。この表からは次の二点が明らかとなる。

一つめに、政治局生活会が定例化された二〇一五年以降、習近平の指導権の確立に寄与した各二回の共産党全国代表大会（一九、二〇回党大会）と中央委員会全体会議（一八期六中全会、一九期六中全会）について、その一～二ヵ月後に前記生活会が開かれている。もともと共産党の重要会議は秋の開催が多く、他の政治局のメンバーにとって、年末の生活会は、新たなステージに高められていく習近平の権力と権威の再確認の場、一定期間を経たのちの絶好のフォローアップの機会となっている。

二つめに、周永康・薄熙来事件それ自体は、習近平の個人集権の本格化の時期と必ずしも一致しない。周永康、薄熙来グループとの権力闘争の結果、習近平の側が二〇一五年七月までに主要なライバルたちを党から追放することに成功し、指導権争いはこの段階で決着した。しかるに、習近平の権限の拡大と権力の強化は、事件をめぐる勝負の帰趨が決し、混乱が収束に向かう過程でむしろ加速していったのである。

その際、大きな推進力となったのが、①周永康・薄熙来事件の事後処理の過程で開かれた党中央政治局と中央軍事委員会の二回の生活会（それぞれ判明している開催日は二〇一五年十二月二十八～二十九日、二〇一六年一月二十七日）、及び、②習近平に「核心」の指導者称号を付与した一八期六中全会後に挙行された、同じく政治局と軍委の各生活会（判明している開催日は二〇一六年十二月二十六～二十七日、二〇一七年二月四日）である。いずれも中央政治局の生活会からおよそひと月遅れで中央軍事委員会のそれが開かれており、実質的には連続した一組のものとみてよいであろう。なお管見の限り、党と軍の生活会のセット開催は、これ以降現在（二〇二四年十月時点）まで見当たらない。

私見によれば、党と軍の各組織の最高幹部を集めて開かれた計四回、二組の生活会を経て、習近平のリーダーシップは、少なくとも現役の指導者たちの間では、リーダー・フォロワー関係の内面化の点で〈最高実力者〉へと高められたと思われる。一八期六中全会と一九回党大会、及び、それより前、同じ年の夏に行われたであろう北戴河会議でのさまざまな政治的折衝は、少数の関係者内にとどまっていた生活会での習近平の政治的勝利を、引退した長老政治

表 7-5　習近平のリーダーシップの発展過程と「民主生活会」、宣伝スローガン（2012〜2023 年）

習近平の指導権強化の動き、関連事項	党と軍の民主生活会の開催
2012 年 9 月　薄熙来、党籍剥奪	
2012 年 11 月　【中共第 18 回党大会】 ・習近平、党総書記と中央軍事委員会主席に就任（18 期 1 中全会）	
	2013 年 7 月　軍委生活会
2014 年 6 月　徐才厚、党籍剥奪	
2014 年 12 月　周永康、党籍剥奪	
	2014 年 12 月　軍委生活会
2015 年 7 月　令計画、党籍剥奪　郭伯雄、党籍剥奪	
	2015 年 12 月　政治局生活会 2016 年 1 月　軍委生活会 看齐
2016 年夏　北戴河会議	
2016 年 10 月　【中共第 18 期 6 中全会】 ・習近平、「核心」の指導者称号を獲得 →他の政治局委員に上位、政治局と同常務委員の会議の最終決定権を掌握	
	2016 年 12 月　中共中央 「県以上の党と国家機関の党員指導幹部の民主生活会に関する若干の規定」 2016 年 12 月　政治局生活会 2017 年 2 月　軍委生活会 一錘定音
2017 年夏　北戴河会議	
2017 年 10 月　【中共第 19 回党大会】 ・第 2 期習近平政権の発足 ・指導部人事における習近平派の多数優位の形成 ・「中央軍事委員会は主席責任制を実行する」の党規約挿入 ・「新時代の中国の特色ある社会主義に関する習近平の思想」の党規約挿入 →軍の統帥権の個人掌握の明確化、イデオロギー解釈権の掌握	
2017 年 10 月　中央政治局 「党中央の集中統一指導を強化、擁護することに関する若干の規定」	
	2017 年 12 月　政治局生活会
2018 年 3 月　【第 13 期全人代第 1 回会議】 ・憲法改正、正副国家主席の連任制限の撤廃 →習近平、長期政権の可能性確保	定於一尊
	2018 年 12 月　政治局生活会
2020 年 9 月　「中国共産党中央委員会工作条例」制定 →習近平、中央政治局と同常務委員会の会議の議題設定権の掌握	2019 年 1 月　中央軍事委員会 「団クラス以上単位の党委員会指導グループの民主生活会の暫定規定」 2019 年 12 月　政治局生活会 2020 年 12 月　政治局生活会

2021年11月　【中共第19期6中全会】 ・いわゆる「第三の歴史決議」、採択 →毛沢東、鄧小平と同格の歴史的地位の誇示、権威のさらなる強化	
	2021年12月　政治局生活会
2022年10月　【中共第20回党大会】 ・習近平政権、3期目のスタート ・指導部人事における他派閥の完全排除 →集団指導体制の実質的終焉、習近平の単独意思決定の強化	
	2022年12月　政治局生活会
2023年3月　【第14期全人代第1回会議】 ・習近平、国家主席の3期目続投を決定 →「準終身制」の本格展開	

註：軍委生活会については、非公開での開催の可能性も高い。
出典：各種資料に基づき筆者作成。

家を含むより広範囲の統治エリート層、さらには全党範囲へと公式非公式に浸透、宣明していくための手続きにほかならなかった。

この点、いくらか誇張かもしれないが、前記①と②の計四回の生活会は、党と軍における習近平の指導権確立にとって、毛沢東にとっての遵義会議（一九三五年一月）や鄧小平にとっての中央工作会議（一一期三中全会の直前に開催、一九七八年十一～十二月）にも相当する重要な会議であったように思われる。

（2）党中央政治局民主生活会（二〇一五年十二月）

以下では、内部資料に収められた習近平の講話をもとに、前出の党と軍の各民主生活会における習近平の発言内容や会議参加時の様子を、党と軍の組織別に検討する。

ただし、二〇一五年十二月と二〇一六年十二月の政治局生活会のうち、後者は、内部資料でも講話の要点しか紹介されていない[21]。一方、前者の二〇一五年生活会は、内部資料で、習の講話全文を読むことができる[22]。本項ではこれに基づき、二〇一五年生活会の様子を部分的に再現する。また、二〇一六年と二〇一七年の軍委生活会は、全文ではなく一部省略された形式で、軍の内部発行本に所収されている[23]。

「体制ステークホルダー」からの総論的支持の事前獲得

会議の開催にあたり、習近平は周到な準備と根回しを行った。現職者、退職者を問わず多数の有力幹部に意見聴取を行い、みずからがトップを務める現指導部の国政運営、とくに周永康・薄熙来事件の関係者の処分内容に関する支持を事前に取り付けた。現在ではストロングマンの様相を呈する習近平も、二〇一五年末の時点では、長老集団を含む広範な統治エリート層の歓心を買う努力、あるいは、少なくともその意見や評価に耳を傾けるポーズを示していた。同時に、現役の政治局委員には、周永康・薄熙来事件への批判と反省、最高指導者すなわち習近平の権威の擁護、組織紀律の遵守などの項目について、自己批判を含む発言要領の文書をあらかじめ作成させた。

〔事前準備として〕第二に、中央政治局が「三厳三実」を実行し、政治局の組織と活動を改善したことについて、手紙、電話、訪問等の方法で、全人代常務委員会党組〔全人代常務委員会の役職者のうち、少数の共産党員で構成される当該組織の実質的な意思決定機関のこと、以下の党組も同じ〕、国務院党組、全国政協党組、最高人民法院党組、最高人民検察院党組、省・区・市の党委員会、中央の各部と委員会の党委員会、国家機関の各部と委員会の党組（党委）、各人民団体党組、各民主諸党派中央と全国工商連合会、無党派人士の代表者、及び、中央政治局常務委員会に在籍した経験を有する老同志に意見を求めた。

第三に、中央政治局の同志はみな、定められた党課〔党の綱領や紀律に関する教育研修のこと〕を受講し、関係の責任ある同志と個人面談を行った。重点は、党中央〔この文脈では習近平を指す〕の権威の擁護、党の団結と集中統一の擁護、大局への服従と擁護、政治紀律と政治規矩の遵守、（中略）権力の公平な運用と清廉潔白さの論点について、問題点と原因の検討、思想と行動の改善の発言資料を執筆し、真剣な準備を行った。（二〇一五年生活会での発言[24]）

周永康・薄熙来グループへの非難、事件の「真相」と「クーデター」の試み

当日の議論では、周永康や薄熙来らが犯した政治的過ちが繰り返し糾弾された。注目すべきことに、ここで習近平は、周・薄らの政治的罪状として、各種の法令違反、紀律違反（例、贈収賄、党中央の指示命令の無視、党内派閥の形成）を列挙した公式説明とは異なり、前任の胡錦濤指導部の一部メンバーに対し、身体拘束を伴う政変の陰謀――少なくとも習近平はそのように認識している――があったことを述べている。前後の状況からみて、このときの拘束対象者のリストのなかには、胡錦濤と習近平の名前も入っていた可能性は高い。

また、そうしたたくらみの主な動機として、周永康、薄熙来、令計画らの出世欲と野心、とくに首謀者と目された周永康は、六八歳の定年慣行（党大会開催時に六七歳であれば再任や昇任が可能。六八歳以上の者は公職から引退するとの不文律。一九四二年生まれの周永康は、一八回党大会の二〇一二年時点でこの年齢制限に抵触することが見込まれていた）に背いて、政治局常務委員会への残留を狙ったことが指摘された。

> 幹部の仕事は、党の指示に従わなければならず、勝手な小細工を弄してはならない。（中略）周永康は、年齢に達したのに引退を願わず〔中国語では「到了年齢還不想下」〕、多くの陰謀を行い、最終的には一部の同志を邪魔者と考え、それらの人びとを統制、拘束するという陰謀を画策した。薄熙来は、政治的野心が非常に大きく、自分の人気と威勢を高めるための多くの活動を実行し、〔妻の〕薄谷開来が殺人を犯したのに中央に報告せず、あらゆる手段を用いて情報の封じ込めを図った。それは、おのれの出世というはかない夢への悪影響を心配したためである！　令計画も同じだ。ひたすら昇進を願い、その結果、ろくでもないことを多く行い、（中略）最後は国家機密を窃取し、デマを流して事を起こすところにまで行きついた！（二〇一五年生活会での発言(25)）

だが、二〇一五年十二月の習近平のこの発言は、二〇二二年から二〇二三年にかけて、同じく「年齢に達したのに引退を願わず」、六九歳で第三期政権を発足させた習近平その人にも、ブーメランのように批判の言葉として突き刺さるであろう（表7-5、第二〇回党大会と第一四期全人代第一回会議）。

なお、周永康や薄熙来らの「クーデター」計画――あくまで習近平の認識と主張だが――については、これまで日本のメディアでは、中国側の情報提供者による伝聞情報として語られてきた。(26) 欧米の先行研究やメディア報道では、二〇一七年十月の一九回党大会時に行われた記者会見の席上、当時、中国証券監督管理委員会主席であった劉士余が述べた発言に依拠して、そうした政変の陰謀に言及している。このとき劉士余は、詳細を説明せずに、しかし周永康、薄熙来、令計画、徐才厚、郭伯雄、孫政才の六名を名指しして、彼らによる指導権簒奪のたくらみを非難した。(27) 知られる限り劉士余のこの発言が、周永康らによる権力奪取の陰謀を、党や政府の高官が公的な場で認めた唯一のものである。そうした謀略の存在を、党の出版物の文字記録によって、しかも習近平自身の言葉で確認したのは中国国外では本書が初めてと思われる。

周永康・薄熙来事件をめぐる他の中央政治局委員への間接的批判

また、話し合いでは、出席者全員が周永康・薄熙来グループへの厳罰に賛成するとともに、習近平を除く他の政治局委員による事件への反省と教訓が述べられた。

これに対し習近平からは、次の二つの注意と警告がなされた。一つは、周永康や薄熙来ら「野心家」の陰謀を察知できなかった政治的鈍感さであり、いま一つは、薄熙来によるトリックスター的振る舞いを長年放置してきたことの無責任さである。要するに、権力を狙う悪辣なたくらみを事前に認識していようがいまいが、事件を未然に防げなかった過失が咎められたのである。在席していた政治局委員たちは、居心地の悪さを間違いなく感じたであろう。

だがこの批判についても、胡錦濤前指導部の一員であり、周永康・薄熙来グループの人びとと長年の知己であった習近平自身にも当てはまる。例えば、二〇一〇年十二月に重慶を訪問した際、習近平は、薄熙来が当地で行っていた「唱紅（中国共産党の伝統的な革命歌を歌おうという意味）」や毛沢東の言動を学ぶ政治キャンペーンについて、同年十一月に参観した周永康と同じくこれを称賛していた[28]。こうした点に関する自己批判も、内部資料には見当たらない。習近平は自分の不作為には沈黙している。

同志たちはみな、周永康、薄熙来、令計画らの事件の教訓と結び付けて各々の発言を行った。（中略）同志たちは発言のなかで、彼らの堕落の原因を分析し、その行いの重大な政治的危険性を深く掘り下げて研究し、とくに中央での腐敗問題の出現がわが党に与えた損害がこのうえなく大きく、中央の指導層の腐敗分子が、中央の団結統一に及ぼした危険性がこのうえなく大きいことに言及した。（二〇一五年生活会での発言[29]）

この数名について、わたしは昔から面識があった。知り合って数十年来の者もおり、職場を同じくした者もいる。しかし、彼らは紀律違反、法令違反の問題、とくに政治的な大問題を引き起こした。私情や個人的付き合いにとらわれてはならない。これは原則の問題なのだ。同志たちはみな、反腐敗の活動強化に賛成し、周永康、薄熙来、徐才厚、郭伯雄、令計画らの処罰が、党と国家の健全な発展と長期の安寧にとって、重要な意義をもつとの考えで一致した。（二〇一五年生活会での発言[30]）

周永康、薄熙来、徐才厚、郭伯雄、令計画のような人物が出たことで、党のイメージは大きく損なわれた。（中略）多くの同志は、彼らが行った法令違反と紀律紊乱の陰謀、奸計を認識できなかったと述べた。大きな原因は、彼らの活動の秘匿性が高く、表に出なかったからだ。政治的な鋭敏性と洞察力を終始維持しなければならない。野心家や陰謀家は常に、悪事のかすかな手がかりも示さない。〔しかし〕薄熙来が当時行っていた事柄については、司馬昭の心は道行く人までみな知っている〔権力を狙う野心は明白という意味〕と、非常に多くの者が述べていたのだ。（二〇一五年生活会での発言[31]）

いったん党中央が決定すれば、優柔不断ではダメだ。（中略）この点、薄熙来は反面教師であった。彼は自分勝手なやり方や面従腹背が習慣化しており、奇抜な意見や独自の見方を提出して人目を引くのを好み、他人に自分を誉めそやさせることに熱中し、自身の管轄する地方を「独立王国」に変えた。こうした行為は、党中央の決定と政策の手配を妨害しただけでなく、社会に対しても下劣な政治的影響を作り出した。（二〇一五年生活会での発言[32]）

「看斉」による集団指導体制の再定義

二〇一五年の政治局生活会のハイライトは、習近平の個人集権推進の提起であった。習近平は、集団指導体制を前提としつつも、総書記以外の他の政治局委員（常務委員を含む）が、トップである総書記の指揮のもと、政策決定における特定分野の分掌責任を負うにすぎないことを強調した。その際習近平は、「看斉」（手本や模範の意味、またはすぐ後でみる隊列を整える際の号令）という直截な表現を用いて、会議の出席者に対し、みずからの政治的号令と統率にしたがい、各自の意思と行動を統一すべきことを要求した。

党と国家の決定と業務の手配について、重要な事柄は、中央政治局と中央政治局常務委員会が決定し、みなで手分けして実行する。同時に、個々の部門でも決定と業務の手配をすべきものが多く、なかでも関連する具体的な事項をすべて中央政治局と中央政治局常務委員会にもちこんで決定するのは不可能である。多くは、その部門を統括する中央政治局の同志が主宰して研究し、決定すべきである。自分の所掌する決定と業務の手配を適切に行い、党中央〔この文脈では習近平を指す〕の精神と合致していれば、党中央の決定と手配にとって積極的な役割を果たすことができる。逆に、党中央の精神について理解が浅く、見極めが十分でなければ、それぞれの担当の決定と業務の手配に誤りが生じ、そうなれば、党中央の決定と業務の手配の貫徹執行にも悪影響が及ぶ。

それゆえわたしは、各レベルの指導的立場の幹部は、看斉意識をもち、党中央に自覚的に看斉し、党の理論、路線、方針、政策に自覚的に看斉すべきことを強調する。われわれ中央政治局の同志は、必ずや非常に強い看斉意識をもち、常に看斉し、主体的に看斉しなければならず、そうすることで真に看斉できる。これはなによりも重要な政治である。同志たちは発言のなかで、この問題について言及し、われわれのような大きな政党と国家では、集中統一と党中央の強固な指導、強力な中央の権威がなければダメで、想像もできないことを強調した。同志たちはみな、党中央の権威を自覚的に擁護し、中央政治局と中央政治局常務委員会が気持ちをひとつにし、一致した歩調をとり、一緒になって真剣に働く指導者集団になるように協力すべきことを表明した。（二〇一五年生活会での発言）[33]

習近平のいう看斉の言葉は、日中戦争末期の一九四五年四月に毛沢東が述べた発言に由来する。[34]習近平は、二〇一五年の政治局生活会の直前に開かれた中央党校での演説において、その政治的意味を詳しく説明している。

毛主席はかつて七回党大会の予備会議で、次のような名言を述べた。「ある部隊は、いつもあまり統制がとれていない。そのときは、隊列を整える〔中国語では看斉〕ための号令を大声で叫ぶべきだ。左にならえ、右にならえ、正面ならえ、と〔「向左看斉、向右看斉、向中看斉」〕。われわれは、中央を基準に隊列を整えなければならない。看斉は原則だが、ズレがあるのが現実の生活である。ズレがあれば看斉を叫ぶのだ」。毛主席によれば、看斉は原則だが、ズレがあるのが現実だ。これは非常に深い道理だ。訓練によってもともと資質が備わっている軍の部隊でさえ、常に看斉を叫ぶ必要があり、それも毎日常に呼びかけなければならない。当然ながら、隊形を整える〔「整隊型看斉」〕のは比較的易しい、外形的な状態だからだ。思想、政治、行動における看斉は、それほど簡単ではない。（中略）看斉を常に叫んでこそ、各レベルの党組織が看斉を常に叫んでこそ、警戒意識を常に促し、時機を逸せず偏向を正し、そうすることで全党をして、整然として乱れがなく〔「整斉」〕、意気軒昂として勇躍前進する状態を維持させることができるのだ。（二〇一五年十二月、全国党校工作会議での発言[35]）

中国共産党の用語でいう「集体領導」、すなわち、集団指導体制は、もともと制度的に不定型、不明瞭な概念であり、その具体的な運用のありかたは、ときどきのトップの意思と態度、サブリーダーとの関係性に大きく依存している。この曖昧さを衝いて習近平は、看斉という象徴的だが意味明瞭なキーワードでその再定義を試みたのである。同時に、みずからの指導者としての格付けを、それまでの〈最高指導者〉から、毛沢東と同等の〈最高実力者〉へと高めることを示唆した。

（3）中央軍事委員会民主生活会（二〇一六年一月、二〇一七年二月）

二〇一五年の政治局生活会からおよそひと月後の二〇一六年一月、中央軍事委員会の民主生活会が開かれた。中央軍事委員会は、習近平の「核心」としての地位が認められた二〇一七年二月にも民主生活会を挙行した。以下、それそれを二〇一六年生活会、二〇一七年生活会と記す。

郭伯雄と徐才厚への非難、他の中央軍事委員会委員への間接的批判

二〇一五年の政治局生活会と同じく、二〇一六年と二〇一七年の軍委生活会でも、周永康・薄熙来グループ、とくに軍の高級幹部であった郭伯雄と徐才厚が多年にわたって行ってきた数々の「悪行」を、出席した軍事委員会委員たちが見過ごしてきたことが批判された。郭伯雄と徐才厚の不正行為の一つには、二〇一五年生活会で言及された看斉の政治原則への違背も含まれていた。(36) しかしここでも習近平は、軍委副主席（二〇一〇年十月〜二〇一二年十一月）として、郭や徐と同僚であった自身の責任と過失には触れなかった。

〔在席の〕同志たちから、周永康、薄熙来、令計画、とくに郭伯雄、徐才厚の事件の重大な性質と教訓について発言があった。この問題についてわたしは、中央政治局の特定テーマ民主生活会〔二〇一五年生活会を指す〕で分析した。（中略）こうした過ちを犯す者は、決して初めからそうだったのではなく、長い年月の積み重ねのなかで二心が次第に生まれ、（中略）〔時間の推移とともに〕ますます党への看斉と党中央への看斉を信じず、党の政治紀律と政治規矩を重視せず、思想の変質から政治の変質、組織の変質へと発展し、最終的には、党と人民を裏切って二度と戻ることのない道を歩むようになったのである。（二〇一六年生活会での発言(37)）

わたしは多くの重要な場で、郭伯雄・徐才厚事件の害毒と悪影響、深刻な教訓を分析し、みなも多くを語ってきた。（中略）今回、あなた方は次のように述べた。過去、郭伯雄と徐才厚の所業は気に食わなかった。だが、重大な政治問題と考えず、党中央に報告もせず、阻止や闘争もしてこなかった、と。わたしがもっとも心を痛め

るのは、郭伯雄と徐才厚が権力を握って好き勝手なことを行い、徒党を組み、私利私欲を図り、わが軍の政治生活を破壊したことである。これにより、部隊の活動イメージの急激な悪化、幹部腐敗の急速な蔓延がもたらされた。（二〇一七年生活会での発言）[38]

「中央軍事委員会主席責任制」の拡充

一方で、軍委生活会では、政治局生活会とは異なり、軍という組織の性質上、トップリーダーの単独意思決定とサブリーダーを含む集団指導のあるべき姿がより正面から論じられている。最大の焦点は、「中央軍事委員会主席責任制」（以下、「主席責任制」と略記）の制度的保障であった。

主席責任制とは、人民解放軍や武装警察を含む、中国のすべての武装力の指揮命令権を有する中央軍事委員会において、軍政と軍令の最終決定権を軍委主席が単独で掌握するというもので、鄧小平時代に制定された一九八二年憲法で制度化された（第九三条「中央軍事委員会は主席責任制を実行する」）。

その後、憲法の条文にはあるが党規約には対応の規定がないという、中国政治の通例からみると不自然な状態が約三五年間続いた後、第二期習近平政権が発足した二〇一七年の一九回党大会で、前者と同じフレーズが後者にも追加された（一九回党規約、第二三条）。つまり、二〇一二年の一八回党大会を経て、習近平が総書記兼軍委主席に着任したときには、主席責任制の条項は党規約にはなかったのである（一八回党規約、第二二条）。

むろん、党規約への主席責任制の言葉の挿入には、習近平自身の強い思い入れがあった。それは、郭伯雄や徐才厚が主席責任制の原則をないがしろにしたことへの指弾にとどまらず、中央軍事委員会の具体的な業務内容や手続きを定めた「活動規則」の改定においても、習近平の同様の意向が働いたことからも明らかである。当該規程の見直しにあたっては、主席責任制の重要性の再確認だけでなく、その制度的拡充を図ったことは見逃せない。

彼ら〔郭伯雄と徐才厚を指す〕が行ったことは、軍への党の絶対的指導に対し、中央軍事委員会の集中統一指導と軍委主席責任制に対し、軍人事の任用に対し、軍全体の団結統一に対し、部隊の政治環境に対し、それらすべてに非常に大きな危険性を作り出した。この五つの危険性はすべて政治的なものだ！　もし速やかに調査して処理しなければ、のちの結果がどうなるか想像もできない！（二〇一六年生活会での発言[39]）

中央軍事委員会での主席責任制の堅持に関して、一八回党大会の後、一つのやりとりがあった。当時、中央軍事委員会では活動規則の改定を進めるなかで、主席責任制を書き込むかどうかという問題が提出された。ある同志が、憲法では中央軍事委員会の主席責任制の実行を明記しているが、中央軍事委員会の活動規則では長年にわたって明確に書かれていない点を考慮し、書くべきかどうかの問題を提起したのである。この問題がわたしのところに報告され、深く掘り下げて検討した結果、書くべきだとはっきり指示した。その後、中央軍事委員会の活動規則では主席責任制が明記され、かつ、指示要請のための報告、検査の督促、情報提供サービスの三つの業務が確立し、主席責任制のさまざまなニーズに応じた機能と運用が推進された。（二〇一七年生活会での発言[40]）

「一錘定音」による単独意思決定の強調――集団指導体制をめぐる習近平と江沢民の認識の違い

ただし習近平は、自身の権力強化に対する副官たちの疑念や批判的まなざしも十分に認識していた。これらに対し習近平は、一方では、「核心」としての責任の大きさと自重自戒を表明しつつ、他方では、レーニン主義政党における集団指導体制と最高指導者のリーダーシップの関係について、歴代指導者のなかで、もっとも主体的かつ真剣な思索をめぐらせたと思われる鄧小平の言葉を紹介して自己弁護を図った。

さらに、二〇一七年生活会では、習近平は、政治と軍事に対するトップの単独意思決定の必要性を、「一錘定音」（意見や見方はさまざまだが、最終的には権威者の一言で物事が決定されるという意味。もともとは、銅鑼を作る過程で音色の出来不出来を決める金づちの最後のひと打ちの重要性を述べた言葉）という中国語の言葉で説明した。習近平は、浙江時代の二〇〇三年にも、集団指導体制を前提とする幹部集団の全体的統率者としての党委員会書記の役割の重要性を指摘し、これを楽団の指揮者になぞらえて一錘定音で表現していた[41]。しかし二〇一七年生活会では、原義により忠実な、最終的意思決定者としての立場を強調した。

このように習近平は、カリスマ指導者であった毛沢東や鄧小平の権威を借りながら、個人集権を正当化する短く分かりやすい宣伝文句（例、看斉、一錘定音）の普及とそれに対応した制度や規則の変更を、党と軍の両組織で相互に浸透、発展させることで、リーダーシップの漸進的な強化に努めた。

> 一八期六中全会は、「習近平同志を核心とする党中央」を正式に提出した。〔今回の生活会の出席者は〕みな、この問題について考えを述べ、それは本心からの言葉であり、わたしへの信任と支持であった。わたしは中央政治局民主生活会〔二〇一六年十二月の政治局生活会を指すとみられる〕でも、これについて話をした。党中央の核心、全党の核心は、わたしにとっては責任であり、一生のエネルギーと命をもって党と人民の信任に報いるつもりであり、慎重に事にあたり、身命を賭して奉公し、懸命に尽くし、水火を恐れず、万死も辞さない。（中略）核心は決して無限の権力と勝手気ままな決定を意味しない。このことを、わたしは終始はっきりと理解しており、態度は変わらない。（二〇一七年生活会での発言。傍点引用者、以下も同じ[42]）

主席責任制とは、まさしく中央軍事委員会主席が、わが軍の重大問題の最後の決断者であり、最後の判定者

〔中国語では「最後拍板、一錘定音」〕という意味なのだ。鄧小平同志はかつて次のように述べた。「われわれは集団指導の強化を主張する。だが決して、個人の役割を低下させるためではない。反対に、個人の役割は、集団を通じてこそ初めて正確に発揮することができる。一方、集団指導も、必ずや個人の責任と結びつかなければならない。個人の分担分業の責任がなければ、われわれはどのような複雑な仕事もできず、だれも責任を負わないという災難に陥ってしまう。いかなる組織も分担分業の責任は必要であり、かつ、すべての責任を負う人が必要である。リーダーがいなければ、どのような小さなグループであれ、行動できない。これはみなも知るところの常識ではないか？」、と。（二〇一七年生活会での発言[43]）

主席責任制について、その「責任」とは通常の「責任」ではなく、山のごとく大きな責任なのだ！　党は、軍隊をわたしの手中に渡した。わたしは、真にこの責任を負い、チームをしっかりと率いなければならない。（中略）当然ながら、主席責任制の実行は、どんなことでも、わたしがしたいようにできるということではない。中央軍事委員会の活動は、集団の知恵と力を発揮しなければならないと、わたしはずっと考えてきた。中央軍事委員会主席に就任して以来、終始、慎重にも慎重を重ね、いくつかの重大な問題については繰り返し検討を行い、みなの意見と提案を聞くことに注意してきた。みなは、集中統一指導と分担分業の責任の関係を正確に処理し、（中略）担当すべき分掌の責任を負い、力を入れる事柄を適切に実行しなければならない。（二〇一七年生活会での発言[44]）

引用文中、「党は軍隊をわたしの手中に渡した（中国語では「党把軍隊交到我手中」）」という習近平の発言については、以下の江沢民の言葉と比べると、習近平が軍権というものをより属人的に理解していることが明らかになる。二〇〇四年九月、江沢民は、自身の軍委主席の辞職後に開かれた中央軍事委員会の会合に出席し、離任のあいさつを行った。そのなかで江沢民は、軍委主席のポストを後任の胡錦濤に譲るにあたり、チームや小グループ、軍隊用語で分隊を意味する「班」という中国語を使って、集団指導体制の枠内での軍委主席の機能と役割、その組織的性格を強調している。

> いまや、中央軍事委員会主席というこの班〔原文ママ〕を、彼〔胡錦濤を指す〕に渡す時機と条件はすでに整った。〔胡〕錦濤同志を軍委主席の後任とした党中央の決定は正しい選択であると、わたしは確信している。錦濤同志は、中央の指導者集団のリーダー〔中国語原文の含意も先導者〕にして、隊長であり、中央軍事委員会の指導者集団のリーダー〔同前〕にして、隊長でもある。〔中略〕わたしが中央軍事委員会主席を務めた一五年間の道のりを振り返ってみると、感慨無量である。およそ物事は実際に経験してみなければその難しさはわからないものだ！　かつて〔鄧〕小平同志が、中央軍事委員会主席というこの班をわたしに渡したとき、自分の肩にのしかかっている責任の重さを本当に実感したものだ！〔傍点引用者〕[45]

おわりに――「定於一尊」の〈最高実力者〉への変貌、党主席制復活のヒント

周知のように、習近平の個人集権の動きは、二〇一七年生活会以後もやむことなく続き、今日では呉国光のいう「準終身制」が本格化している。[46] この間、二〇一八年後半以降、共産党内では「一錘定音」とのセットで、新たに「定於一尊」なる言葉を加えて、「党中央の権威と集中統一指導」の重要性を説明するようになった。

党の政治指導の堅持について、もっとも重要なことは、党中央〔この文脈では習近平を指す〕の権威と集中統一指導を堅持することである。（中略）思想、政治、行動の面で党中央との高度な一致を自覚的に維持し、党中央の一錘定音、定於一尊の権威を確保しなければならない。（二〇一八年六月、一九期中央政治局第六回集団学習での発言[47]）

わが党は、マルクス主義の政党建設の原則に基づいて創設され、党の中央、地方、末端組織を含む、厳密な組織体系を形作っている。これが、世界の他のいかなる政党にもみられない大きな強みである。党中央は大脳にして中枢であり、必ずや定於一尊、一錘定音の権威をもたなければならない。（二〇一八年七月、全国組織工作会議での発言[48]）

「定於一尊」は、最終的な決定者にして価値基準の唯一の判定者という意味の中国語であり、その出典は、全国統一を果たした始皇帝に対する臣下の賞賛にほかならない（『史記』秦始皇本紀）。かくして二〇一二年十一月の党総書記就任以来、〈最高指導者〉としての習近平の権力と権威は、およそ五年半の歳月を経て、他の指導者の追随を許さない〈最高実力者〉へと――いわば「看斉」の毛沢東から「定於一尊」の始皇帝のレベルを自称するまでに――高められたのである。首脳会談などで習近平と複数回対面した安倍晋三が、「〔二〇〕一八年頃から、〔習近平が〕ペーパーを読まず、自由に発言するようになっていました。中国国内に、自分の権力基盤を脅かすような存在はもういないと思い始めていたんじゃないかな」と証言しているのは、「定於一尊」と呼ばれ始めた時期にちょうど重なり、正鵠を射た観察だったのである[49]。

また、以上でみてきたような習近平のリーダーシップの発展過程では、その政治手法や政治認識について、いくつ

表7-6　指導権強化をめぐる習近平の政治手法と政治認識の特徴

①サブリーダーへの心理的圧迫、及び、組織の構成員同士の緊張関係維持のための制度化
②トップリーダーとしての威信の誇示とサブリーダーに対する粘り強い説得、その際の毛沢東と鄧小平の権威の借用。企業でいえば、不可侵的存在の創業者と中興の祖の語録の利用
③党と軍の両組織の頂点に君臨するトップとしての組織横断、分野横断的な心理と論理
④中国共産党と中華人民共和国の歴史的継承者としての断固たる自覚と「権力への意志」、ときにはダブルスタンダードの批判も顧慮しない自己中心主義と政治的無答責の発揮
(例) 政治的策謀の見逃しも定年制の逸脱も、他人は許されないが、自分はよい
⑤指導権強化のための象徴的な宣伝スローガンによる雰囲気づくり、これに基づく制度、規則、手続きの修正の相互サイクル
(例) 二〇一五年と二〇一六年の生活会「看斉」→一八期六中全会「核心」→二〇一七年生活会「一錘定音」→一九回党大会「主席責任制」の党規約明記→一三期全人代会議、国家主席の連任制限撤廃→「定於一尊、一錘定音」
⑥ (⑤の修正に関連して) 従前の政治原則の再解釈による実質的な制度変更、制度適応
(例) 「看斉」、「一錘定音」、「定於一尊」による集団指導体制の形骸化

出典：筆者作成。

かの特徴が指摘できる(表7-6)。これらは、今後の習近平の政治運営と指導スタイルにおいても持続的な傾向をもつとみてよいであろう。

このうち、④は決して非難一辺倒の意味ではない。一国の長であれば当然もってしかるべきそうした自尊心と強引さについて、それらの欠如はむしろ国政の不安定を招くであろう。問題はその肥大や萎縮による失調のリスクにほかならない。

最後に、表中の③⑤⑥に関連して補足すれば、本章の分析を踏まえると、次の二つの政治状況が観察される場合、それらは習近平のリーダーシップ強化を企図した政治制度の大きな変更、例えば、一九八二年に廃止された党主席制復活の予兆かもしれない。

一つは、党中央政治局と中央軍事委員会の民主生活会が近接した時期に開催されること。[50] いま一つは、指導者としての形式的格付けの面で、党大会の政治報告や中央委員会決議などの主要な公式文書のなかに、「領袖」や「習近平をリーダーとする党中央」(中国語では「以習近平為首的党中央」)のフレーズを大々的に使用することである。[51]

この指摘が正しいか否かは、時間の経過とともに、いずれその答えが明らかになるであろう。

第八章　〈中華民族の父〉を目指す習近平、あるいは「第二のブレジネフ」か「第二のプーチン」か

――権力、理念、リーダーシップ

はじめに

本章では、権力、理念、リーダーシップという三つの視角から、中華人民共和国の最高指導者である習近平の政治家像と国政運営について、本書のこれまでの議論を踏まえつつ、政権三期目途中の現時点（二〇二四年十月現在）での中間評価を行う。またこれを通じて次回の党大会、すなわち、二〇二七年に開催予定の中国共産党第二一回全国代表大会（以下、二一回党大会の形式で略記）を契機とする習近平の出処進退のシナリオ、ならびに、習近平体制が今後直面するであろう各種の課題やリスクを検討する。

周知のように中国では、二〇一二年に最高指導者となった習近平が、現在まで一〇年以上に及ぶ在位の間に、自身への権力集中に努め、強大な権力を獲得した。通説的理解でも、習近平の権力と権威は、依然として毛沢東や鄧小平のような制度や組織を超越した独裁者、亜独裁者には及ばないものの、近年の中国の政治空間で習の個人支配の傾向が着実に強まっていること、過去の共産党支配のあり方へと「Uターン」していることが指摘されている。[1]

だが、習近平の独裁化を主張する多くの研究は、集権の過程や方法、達成の度合いに着目する一方、権力強化をめぐる習近平自身の志向や選好、個人集権の自己目的化の特徴、政治社会との関係における権威とリーダーシップの態様、及び、これらを手がかりとした中国政治の将来展望など、関係するいくつかの重要な論点について十分に掘り下げた分析を行っていない。その主因は、自覚しているか否かにかかわらず、筆者を含む観察者の多くが、毛沢東や鄧小平のリーダーシップや事績との類比に基づき、習近平による政権運営の討究に努める一方、肝心の習近平の政治思想と政治行動に関する理解が不足しているためである。研究史上のこうした難点にかんがみ、本章では、習近平個人に焦点を当てて、中国政治の特質と課題を考察する。

議論の流れは次のとおりである。まず第一節で、習近平の個人集権の過程と方法的特徴を改めて吟味する。次いで第二節で、「中華民族の偉大な復興」の根本目標をめぐる習の認識を、第三節で、社会との関係性からみた指導スタイルの変化をそれぞれ分析する。第四節では、二一回党大会を経て決定される指導部人事を中心に、中国政治の将来見通しを素描する。最後に、それまでの叙述を踏まえて、中長期的観点から習近平個人と支配体制の政治リスクに言及する。

一　制度による集権、集権によるシステムの変革

（1）集権化の過程と第四期政権の可能性

二〇一二年の一八回党大会を経て、党総書記、国家主席、中央軍事委員会主席に就任した習近平は、第一期政権の発足直後から、反腐敗キャンペーンや各種の機構改革などを通じて、権限と権力の強化に努めた。二〇一三年から二〇二一年までの九年間に汚職などで処罰された党と政府の幹部は、およそ三八八万一〇〇〇人（年平均で約四三万人）に達する。[2] 二〇一六年十月の中国共産党第一八期中央委員会第六回全体会議（以下、一八期六中全会の形式で略記）では、前任の胡錦濤が使用をやめた「核心」の指導者呼称を復活させ、毛沢東、鄧小平、江沢民と同格の公的権威を獲得した。「核心」の政治的地位には、政治局常務委員会会議での最終的な決定権限が与えられると推測される。[3]

また、第二期政権が始動した二〇一七年十月の一九回党大会では、「毛沢東思想」や「鄧小平理論」とともに、「新時代の中国の特色ある社会主義に関する習近平の思想」が、党の「指導思想」に付け加えられた。江沢民と胡錦濤による正統イデオロギーの形式的脱人格化(「三つの代表」、「科学的発展」)の流れが覆された。翌二〇一八年三月の全国人民代表大会では憲法が修正され、三〇年以上の長きにわたって維持されてきた、国家主席の連任制限(二期一〇年まで)が撤廃された。この連任制限は、終身の党主席として絶大な権力を振るった毛沢東のような個人独裁の復活を防ぐため、鄧小平の主導のもと、一九八二年制定の現行憲法で初めて規定されたものであった。

さらに、二〇二一年十一月の一九期六中全会では、実に四〇年ぶりに、党創設以来百年間の歴史において三回目となる通称「歴史決議」、いわゆる「第三の歴史決議」が発表された。党史に関する決議の採択を通じ、自身の指導権の強化と、「歴史の上書き」による新たな政治的時代の幕開けを宣明するやり方は、毛沢東と鄧小平がそれぞれ主導して作成された過去二回の歴史決議の前例に倣ったものである。

一般に、党官僚機構の内部で指導者が権力を強化しようとすれば、旧ソヴィエト連邦のスターリンの例にみられるように、主要ポストの人事決定権と重要会議の議題設定権を掌握することが一つのカギである(4)。前者はむろん、後者についても習近平は、中央政治局と同常務委員会のアジェンダ設定権を確保している。二〇二〇年九月に公布された「中国共産党中央委員会工作条例」によれば、中央政治局と同常務委員会の会議の議題は、総書記が「確定」する(第二五条、第二六条)(5)。当局の発表によれば、「第三の歴史決議」の起草は、二〇二一年三月の政治局会議で決定された。すなわち、習近平自身がこの議題を提示し実行を迫ったのである。習近平は、前回の決議以来四〇年ぶりとなるこの歴史的な文書の作成——おそらく内心では決議の採択自体に異論をもつ政治エリートも多かったと思われる——について、前記条例が規定する権限を実際に行使できることを証明してみせたのである。

以上の経過を経て、少なくとも公開資料による限り、現在では、習近平の指導権に挑戦しうる競争相手や派閥集団は、党内にはもはや存在しない。むろん、当局の推進する種々の政策に対し、一般市民や既得権益層から不満や批判が間歇的に噴出することはありえよう（例、二〇二二年十一月に発生したゼロ・コロナ政策反対のための「白紙運動」）。だが、指導部内の権力闘争に結びつかないそうした漠然とした政治的雰囲気や個別集団の利害表出は、政策の軌道修正や実行のテンポ、個別の指導者人事をめぐる部分的譲歩を勝ち取ることはできても、習近平の最高指導者の地位を脅かすには至らないだろう。

同時に、江沢民や胡錦濤の時代に形作られた、指導部内の集団指導体制と二期一〇年での指導者交代の慣例は、事実上無効化された。それゆえ、三期目の党総書記と国家主席の任期が満了する二〇二七～二〇二八年以降も、習近平が最高指導者の地位にとどまり続ける可能性は否定できない。二〇二二年の三期目続投にあたり、習近平にとって克服すべき主な制度的ハードルは、党大会開催時の年齢が六八歳に達した人物の公職引退の慣行だけであったが、それもあっさりと反故にされた（習近平は一九五三年六月生まれ、二〇二二年時点で満六九歳であった）。習近平による党総書記、国家主席、中央軍事委員会主席の各ポストへの居座り――場合によっては終身在職――を阻止する制度的措置は、知られる限り、もはや存在しない。すべてはそのときどきの政治的な力関係に依存している。

（2）権力集中の客観的要請と習近平の主観的危機意識

習近平がみずからの権力強化に邁進し、かつ、それを可能にした主因として、二〇一二年の一八回党大会前後の時期における二つの政治状況が指摘できる。

一つは、習近平自身を含む統治エリートの間で、胡錦濤時代の「行きすぎた」集団指導体制の是正、指導者集権への一定の問題意識の共有があった。(6) 二〇〇二年から二〇一二年の胡錦濤の施政に対し、同政権の末期には、「失われた一〇年」との失望の声が高まった。(7) 批判の焦点は、総書記である胡を除く他の政治局常務委員が、各々の所管する政策分野の実質的な決定権を掌握し、また、関係する利益集団の意向を重視した結果、胡錦濤が十分な指導力を発揮できず、政治的停滞を招いたことにあった。腐敗撲滅、格差是正、環境保護など、政治、経済、社会の重要課題に対応すべく、後任の習近平には、必要な政策刷新と果断な取り組みが期待された。習近平自身も、国家副主席であった二〇一一年頃には、集団指導体制のあり方を変更する必要性を、アメリカ合衆国のバイデン副大統領（当時）ら外国政府要人にも語っていた(8)。

また、習近平の個人集権を促した最大の取り組みである反腐敗と綱紀粛正について、習近平自身は、二〇一三年七月の中央軍事委員会の会議で、「業務態度の改善をさまざまな活動の突破口とする」という自身の考えを述べたのち、「この問題の提出にあたり、わたしは繰り返し検討を重ね、同時に、各方面からの意見にしたがい、江〔沢民〕主席と胡〔錦濤〕主席、そして一部のベテラン同志の意見に基づき、厳粛な態度で提案したのだ」と述べている(9)。一方の当事者の証言だけを鵜呑みにはできないが、少なくとも第一期政権の発足当初は、習近平による腐敗追及に対し、江沢民や胡錦濤も一定の同意を与えていたとみられる。

いま一つは、胡錦濤から習近平への政権移行に伴う政治的混乱、具体的には、指導部人事をめぐる権力闘争とそれに起因する党内秩序の紊乱である。すなわち、胡錦濤の総書記任期が満了する一八回党大会の時期には、次の指導部人事をめぐって党内で熾烈な権力闘争が繰り広げられた。当時の一連の報道からは、党大会の前後にかけて、最高指導者層を含む党内ガバナンスがほとんど機能不全に陥った様子がうかがわれた(10)。

詳細は依然不明だが、「習近平下ろし」を目的として、薄熙来や周永康など、胡錦濤指導部の一部の政治局委員や同常務委員によるクーデターまがいの活動もあったとされる(11)。本書の第七章で論じたとおり、この政争について習近平自身は、指導部内の他のメンバーに対する身体拘束を伴う政変の陰謀があったことを明言している。混乱収拾の過程では、薄熙来と周永康をはじめ、令計画、徐才厚、郭伯雄など、党や軍の要職経験者が多数失脚した。このときの政治的トラウマが、習近平自身の集権への意欲を高めたことは間違いない。同時に、党内秩序の早急かつ本格的な立て直しの必要が、かつてない規模での汚職撲滅と綱紀粛正の遂行を正当化した[12]。

（3）現代政治の「大統領制化」の趨勢

前項でみた権力集中の客観的要請に関し、第一期習近平政権の成立当初、トップリーダーへの権力集中は、とくにその支持者の間では、中国が国内外で直面する多くの難問を解決するのに必要な措置と考えられていた。例えば、国力の伸長に伴う国益の多様化、危機管理の複雑化に対応するため、外交、安全保障の一元的かつ機動的な意思決定メカニズムの構築は、一九九〇年代以来、一貫して重要な課題として認識されていた[13]。

見逃せないのは、指導者集権が、現代政治の潮流にも一定程度後押しされているという事実である。すなわち、今日では、欧米の多くの民主主義国でも、議院内閣制、大統領制、半大統領制の相違を超えて、「事実上の大統領制化」が進展し、「執政府内におけるさまざまな権限が（首相か大統領かにかかわらず）政府首脳一人に集中し、それに付随して自身の所属する政党から高い自律性を得るようになってきている[14]」。執政府と政党の双方で、リーダーが個人として強力な権限と高い政治的自律性をもつようになるのは、主に次の①～④の理由による[15]。

①「国家の肥大化と複雑化」

国家が担うべき責任と役割が増え、業務の複雑化と細分化が進む一方、これに対しては、内閣の集団責任制の部分的弱体化を伴いながらも、総合的戦略的な観点からの政策調整を可能とする政権中枢への集権化の要請が高まっている。

②「伝統的な社会的亀裂政治の衰退」

宗教や階級などの伝統的な社会的亀裂（social cleavage）に由来する集団帰属政治や、それに基づく投票行動が衰退した。選挙では、政治手腕や誠実さなど、指導者の個人的資質を評価する傾向が強まり、この結果、執政府と政党の内部でリーダーシップの重要性が増している。

③「マスコミュニケーションの構造の変化」

上記①と②との相互作用として、「政策よりも個人に着目しがちな性分を持つメディア」が台頭した。

④「政治的決定過程の国際化」

政治の国際化が著しく進展している。

制度的民主主義がいまだ発展途上にある中国と、欧米の民主主義国を同一視することはできないが、しかし①③④はもちろん、②に関しても、改革開放と市場経済化の深化に伴い、社会的流動性の高まりや共同体意識の希薄化、個人中心の価値観の定着は、今日の中国社会にも共通している（後述）。

こうした議論を踏まえると、習近平の権力強化の動きは、その人格や政治スタイルといった「偶発的大統領制化」の側面だけでなく、先に挙げた諸要因に由来する「より長期的で根本的な変化」としての「構造的大統領制化」の性質を合わせもつことにも留意しなければならない[16]。習近平への個人集権の理由を、レーニン主義的支配の歴史的慣性や、晩年の毛沢東のような個人独裁への政治的退行として捉えるだけでは不十分なのである。もっとも、統治機構の内部における指導者集権が、一定の目的合理性を備えているとしても、そのことが共産党の強権支配、とくに指導者崇拝の社会的強制を正当化しないことは、多言を要しない。

（4）個人集権の特徴――肩書と明文規定への執着、サブリーダーの心理的統制の制度化

習近平による個人集権の制度的措置には、三つの基本的特徴が見出せる。

第一に、最高指導者としての権力と権威の強化を企図するに際し、習近平は、明らかに毛沢東と鄧小平を引照基準として、その模倣や修正を実行している。個人名を冠した正統イデオロギーの属人化や「核心」の政治称号の復活、国家主席の連任制限の廃止、「歴史決議」の採択などはその典型である。

またこれに関連して、今日までの政治的布石をみれば、毛沢東が就いていた党主席のポストを、習近平が適当な時期に復活させ、みずからそれに就任する可能性は十分にありうる。加えて、現在なお半公式的使用にとどまる習近平への「領袖」呼称の適用を正式に承認し、「偉大な領袖」と呼ばれた毛沢東と同等の、そして「核心」であった鄧小平よりも一段高い、国家の最高統率者としての権力と権威を誇示する。だがその結果、①指導部内の集団指導体制が名実ともに消滅し、最高指導者による個人独裁の危険性が高まる、②「習近平の新時代」の政権スローガンのもと、権力政治の実態としては毛沢東時代への部分的な先祖返り、すなわち、旧時代への政治的退行がもたらされることも合理的な予測の範囲内であろう[17]。

第二の特徴は、肩書と明文規定への執着である。習近平の権力と権威は、確かに現役指導層のなかでは比類ないものに高められた。だがそれは、総書記就任以来の一〇年余りに及ぶ地位、権限、時間の累積の結果であり、内戦や対外戦争での勝利（毛沢東）、社会経済の近代化の飛躍的発展（鄧小平）といった、社会全体の総意を得られるような政治的功績に基づくものではない。習近平は依然、カリスマなき強権指導者にすぎず、それゆえ、多数の組織的肩書の収集と、規則や権限、形式的権威の明文化に強くこだわる。

前者について、習近平は、党総書記、国家主席、中央軍事委員会主席のほかにも、中央全面深化改革委員会、中央

国家安全委員会、中央財経委員会、中央外事工作委員会など、特定の政策分野を統括する多くの特設機関のトップを兼任している。後者の例として、習近平はみずから提案して、「中央軍事委員会主席責任制」の言葉を同委員会の業務規則に明記させ、権限の拡充を図った。[18]二〇一七年の一九回党大会で、改正された党規約のなかに同じ語が初めて記されたのも、習本人の意思に拠るとみられる。

第三に、習近平の権力強化は、時間の推移とともに、改革断行の手段という当初の意義を離れて、集権の自己目的化の性質が強まった。その証左の一つは、党中央政治局委員（同常務委員を含む）に対し、習近平個人への忠誠と被威圧の心理を醸成する仕組みが整えられたことである。例えば二〇一五年以降、年末開催が定例化された中央政治局の「民主生活会」では、参加者は、事前に作成した発言資料に基づき、批判と自己批判を交えつつ、その年の担当業務の総括や総書記への支持を口頭で表明する。二〇一七年十月に下達された「党中央〔この文脈では習近平の別称〕の集中統一指導を強化、擁護することに関する若干の規定」では、同じく政治局のメンバーに対し、「習近平総書記の核心としての地位」の擁護を含む各種活動の自己点検の報告書を、総書記に毎年提出することを義務づけた。[19]

二 「中華民族の偉大な復興」をめぐる習近平の政治的思惟

（1） 政治認識の基本的特徴

習近平の政治的見解を検討するに際し、その前提として、習近平本人を含む、彼と同世代（五〇代後半〜七〇代前半）の中国の指導者に共通する政治的思考の特徴を確認しておきたい。

第一は、「中長期的な政治的時間感覚」である。具体的には、五年、一〇年、二〇年先を構想する五ヵ年計画的発想であり、これは幹部自身のキャリア形成のプランニングにも該当する。二〇二一年三月に採択された「第一四次五ヵ年計画と二〇三五年長期目標」や、各級の党代表大会、人民代表大会が五年に一度開催されるように、現在の中国では、経済社会政策の進捗も、政争と官僚人事のサイクルも、五年を一つの時間的区切りとして展開される。史上もっとも成功したとされる第一次五ヵ年計画は、習近平の生まれた一九五三年に始まったのであり、習らの世代の人びとは、まさしく五ヵ年計画とともに成長した。[20] このような長期の制度的慣行に支えられているがゆえに、五ヵ年計画的発想は、幹部たちの政治認識の基底部分を構成している。

第二は、「政治的作為性と政治的意志への独特な力感覚」である。これは、歴史発展と自然改造に対する共産主義者（ボルシェビズム）の本来的性向であり、習近平をはじめ、毛沢東時代を経験した者にとっては、「主観的能動性」と称する社会主義的滅私奉公精神への馴染みもあった。なにより重要なのは、彼・彼女らが末端レベルの職業政治家として、政治の世界に本格的に足を踏み入れた一九八〇年代以降、改革開放の近代化政策にひたすら注力し、その巨大な社会変動を直接に体験したことである。この点、習近平は、一〇～二〇年程度で現実世界は大きく変わり、また、変えうるという実感と自負をもっている。

第三は、「国家と個人が部分的に合一化したアイデンティティ感覚」である。文革や改革開放に代表されるように、習近平と同世代の有力政治家は、国家と個人の歴史記憶において、禍福の物語の多くの部分を共有している。とくに、習近平を筆頭とする「太子党」、「紅二代」集団は、革命元勲である父祖の世代の人びと――習近平にとっては父親の習仲勲、母親の斉心、叔父叔母夫妻などがこれに該当する――をはじめ、党や軍の先輩指導者が新国家を手ずから作り上げていくさまを、幼少期から間近で目撃してきた。習近平らにとって、共産党の一党支配を正当化する階級支配の基本的な性質を指す中国語の「国体」は、文字どおり、身体的感覚を伴った強さを備えている。

（2）支配の要諦と追求すべき国家目標

筆者のみるところ、中国という大国を支配するにあたり、習近平は、毛沢東や鄧小平など歴代指導者のほかに、氏名不詳の「あるベテラン指導者（中国語では老領導）」の遺訓（？）を忠実に守っている。

> あるベテラン指導者は、かつてわたしに次のように述べた。われわれの執政の同志は、三つの事柄を終始心に留めておくべきだ。すなわち、五千年の優秀な文化を捨て去ってはならない。先達が確立した正しい政治制度〔共産党の支配体制のこと〕を破壊してはならない。先祖が残してきた地盤〔中国語原文でも地盤〕を小さくしてはならない。確かにこれらは、理解すべき点である。（二〇一二年十二月、中央軍事委員会拡大会議での発言[21]）

これを要するに習近平は、①数千年の長きにわたる「中華」の歴史と文化への自尊心、及び、これを基礎とする被治者のナショナリズムの動員、②一党支配を中核とする既存の政治体制の維持、③清朝の領域版図を念頭に置いた国土の統一と領土の「失地回復」を、みずからの支配の要諦と見定めている。

また、国家統治に関するより具体的な主張のうち、中核に位置する三本の柱は、国家目標である「中華民族の偉大な復興」の実現、民主化運動による体制転換の阻止、領土拡大と海洋進出の積極化の三つである。

まず、習近平は、建国百周年の二〇四九年までに、中国が米国に代わって覇権国になるという目標を本気で追求している。次に掲げる二〇一八年一月の演説で、習近平は、党中央委員らを前に、毛沢東と鄧小平の言葉を借りながら、「世界最大の社会主義国家」の中国が、「世界最強の資本主義国家」の米国に追い付き追い越し、これにより、資本主義に対する社会主義の優位性を世界に示すという壮大な目標を、改めて心に刻む必要を力説した。管見の限り、「中華民族の偉大な復興」の中身について、習自身の口からこれほど赤裸々に語られた例を、筆者はほかに知らない。なお引用文中、典拠となった毛沢東のもともとの文章には、「もしそうでなかったら」の前に、「米国を追い抜くことは可能であるだけでなく、完全に必要なことであり、完全にそうすべきだ」との一文があることも付記しておく。[22]

わたしは、一九回党大会の政治報告の冒頭、報告の趣旨として、初心を忘れず、使命を銘記することを強調した。（中略）その目的は、中国共産党がどのようなものであり、なにをなすべきかという根本の問題を忘れてはならず、日々複雑化する闘争のなかで自己を見失い、方向に迷ってはならないということを、全党に向けて注意することにあった。この場ではわたくしは、みなに数篇の文章を読み上げたい。（中略）三番目の言葉は、一九五六年八月、八回党大会予備会議の第一回会議における毛沢東同志の発言である。「われわれは、党の内外、国の内外の団結可能なすべての力を団結させる。目的はなにか？　偉大な社会主義国家を作り上げるためだ」。このことは、「過去百年余りの落後した状況、ひと様に見下された状況、不運でひどい状況を完全に変えるだろう。のみならず、世界最強の資本主義国家、すなわち、米国に追いつくだろう」。「もしそうでなかったら、われわれ中華民族は全世界の各民族に申し訳が立たないし、人類への貢献も小さいものになってしまう」〔ここまで毛沢東の言葉の紹介〕。

四番目は、鄧小平同志の言葉である。「われわれ中国は、今世紀末の二〇年と次世紀の五〇年の計七〇年の時間を用いて〔すなわち、二一世紀半ばまでに〕社会主義が資本主義より優れていることを世界に証明すべく努力する。われわれは、生産力と科学技術の発展の実践を通じ、精神文明と物質文明の向上の実践を通じ、社会主義の制度が資本主義の制度より優れていることを証明し、そうすることで、資本主義の先進国家の人民をして、社会主義のほうが資本主義に比べて確かに良いものだと認識させるのだ」〔ここまで鄧小平の言葉の紹介〕。（中略）わが国は、世界最大の社会主義国家であり、わが国が社会主義現代化強国を作り上げたまさにそのとき、資本主義の道ではなく社会主義の道を歩み、それに成功して現代化強国を作り上げた初めての国となったまさにそのとき、わが党が人民を指導して中国で行っている偉大な社会革命は、その歴史的意義をいっそう明確に示すであろう。（二〇一八年一月、新規選出の中央委員と同候補委員、及び閣僚級の幹部が参加した、一九回党大会の成果学習会議での発言）(23)

この発言からおよそ二カ月後の二〇一八年三月、習近平は、目標実現に向けた自身の意気込みを示すかのように、憲法の規定を改め、国家主席の連任制限を廃止したのである。

次に、そうした国家目標を達成するうえで、方法的意義をもつ二つの重点課題として、内政では、「和平演変」と呼ばれる平和的体制転換や諸外国で発生したカラー革命の再現防止が、外交、安全保障では、台湾統一や東シナ海、南シナ海の島嶼部での「失地回復」とそれに付随した海洋権益獲得の推進が、それぞれ挙げられる。

前者の和平演変について、欧米諸国や日本などの「西側諸国」に対し、習近平は抜きがたい不信感を抱いている。習近平によれば、イデオロギーと政治体制の相違により、中国と「西側」の対立は、一種の宿命的な性格を帯びている。米国を筆頭とするこれらの国々は、中国の発展の妨害と支配体制の転覆を虎視眈々と狙っている。その最有力手段こそ、中国の市民や兵士を対象とする自由民主主義の思想浸透とこれを通じた欧米を範とする体制転換、ひいては国家の解体である。二〇一四年に香港で発生した「雨傘運動」、及び、二〇一九年から二〇二〇年にかけて同じく香港社会を揺るがした「逃亡犯条例」修正案をめぐる大規模な民主化デモは、まさしくそうした奸計の表れではなかったか。

> 社会制度やイデオロギーなどの面で、われわれと西側の国家は完全に異なっている。このことは、われわれと西側の国との闘争と勝負が調和できないことを決定づけており、したがって、その闘争は必ずや長期的で複雑、ときには非常に激しいものになるのだ。（中略）われわれが発展し強盛になるほど、彼らはいよいよ焦りを深め、わが国への西洋化と分裂の戦略の度合いもますます強まる。彼らの目的は、わが党の指導〔共産党の一党支配を指す〕を破壊し、わが国の社会主義制度を転覆することだ。当然にもわれわれは、西側の国との国家関係を発展させ、経済技術の交流協力を強化し、わが国の発展のため、最良の条件を得るのに益するようにすべきだ。だが同時に、彼らの心の奥底にある政治的陰謀を（中略）決して甘くみてはならず、いかなる幻想も決して抱いてはならない。（二〇一二年十二月、中央軍事委員会拡大会議での発言[24]）

> 現在、イデオロギー分野の闘争は極めて厳しい。西側の敵対勢力は、われわれへの「和平演変」、「カラー革命」の実行を今まさに強化しており、あらゆる方策を尽くして、わが軍を党旗のもとから離脱させようと願っている。近年、西側の国々は、一部の国と地域でいわゆる「バラ革命」、「オレンジ革命」、「ジャスミン革命」、「アラブの春」などを実行し、すべて成功して得意満面でいい気になっている！　彼らがもっともやりたいのは、中国でなんらかの事を起こすことであり、それゆえ、わが国への西洋化と分裂の政治戦略を陰に陽に強めている。この方面の勝負は、武器を用いず、硝煙もみえないが、しかし実際には、生きるか死ぬかの闘争なのだ。（二〇一三年七月、中央軍事委員会民主生活会での発言[25]）

香港で最近発生した事態は、「オキュパイ・セントラル」の違法な活動をはじめ、表面的には、反対派とそれに扇動された一部の学生、市民が行動している。だがその背後では、西側の国が介入し、香港というこの場所を利用して、われわれに「カラー革命」を試しにやってみようと考えているのだ。(中略)一部の者は、香港での「翻天」〔反逆や謀反の意味〕を望み、〔一国二制度の〕政治制度の発展にかこつけて、香港を中央の管轄から離脱させようと考えている。それは絶対に承諾できないし、絶対に思いのままにさせてはならない。(二〇一四年十月、一八期四中全会第二回会議での発言)[26]

西側の一部の国は、わが国への西洋化と分裂の戦略を強め、わが国での「カラー革命」の策動に注力している。その目的はわが党の指導とわが国の社会主義の制度を覆すことにある。香港の「条例修正騒動」〔中国語では修例風波〕は、まさしくそのわかりやすい例証にほかならない。(二〇一九年十二月、中央軍事委員会拡大会議での発言)[27]

習近平はまた、首都の防衛と治安維持を担う北京の軍部隊への演説のなかで、一九八九年六月の天安門事件の例に言及しつつ、民主化実現後に成立するであろう新体制のもとでは、党の軍隊である人民解放軍も、過去の抑圧と実力行使の罪を問われ、集団としての存続はおろか、場合によっては個々の将兵の命も危ういと述べて、軍幹部を恫喝してさえいる。

われわれの軍隊が中国共産党の指揮に終始服してさえいれば、中国の混乱と破壊のたくらみが実現できないことに、国内外の敵対勢力は早い段階で気づくに至った。彼らは、わが軍へのイデオロギー浸透を強め、あらゆる方策を尽くして、わが軍を党旗のもとから離脱させようと考えている。これは厳粛な政治闘争であり、硝煙のない戦争だ。他のことはひとまず措くとして、軍の同志には次の点を深く考えてもらいたい。もし彼らの望みが叶って、中国共産党の指導が覆されたり、中国の社会主義制度が打ち倒されたりしたら、軍はそれでも無事でいられるだろうか？　絶対に無理だ！　敵対勢力が政権を取れば、必ずや軍隊を真っ先に血祭りにあげるだろう〔中国語では「肯定先要拿軍隊開刀」〕。「皮がなければ毛はどこにくっつくのか〔共産党の支配が崩壊すれば、軍も存続できないという意味〕」ということだ！（二〇一三年七月、北京軍区の業務報告を聴取した際の発言）(28)

後者の海洋進出に関し、習近平は、領土と海洋の紛争解決において、軍隊と軍事力の果たす役割の大きさを十分に認識している。その「主戦場」はむろん、東シナ海と南シナ海である。歴史問題と尖閣諸島領有をめぐる日本との対立では、習近平は、東シナ海での防空識別圏の設定（二〇一三年十一月）や海と空での監視活動の常態化などを、みずからの施政の政治的功績と捉えている。二〇一四年後半期から本格化した南シナ海での人工島建設も同様である。

南シナ海問題をめぐる習近平の基本的理解は、「わが国の周辺海域、とくに南シナ海は、島嶼の主権をめぐる紛争が世界中でもっとも多く、海域画定の問題がもっとも先鋭で、資源争奪がもっとも激しく、地政学の情勢がもっとも複雑な地域の一つ」であり、「わが国の主張する三〇〇万平方キロメートルの管轄海域《原文ママ》のうち、その半分以上は、隣国との間に〔お互いが〕主張する海域の重複と管轄権の争論がある」というものである。(29) こうした状況に対し、中国は、対話の方針を維持しつつも、海洋の法執行力と軍事力の強化に努めなければならない。二〇一三年四月、南シナ海方面を管轄する中国の南海艦隊を視察した際には、一九七四年一月に中国軍と南ベトナム軍との間で戦われた西沙諸島海戦の資料を読んだ経験を紹介するとともに、海軍の当時の奮戦ぶりを褒め称えてもいる。(30) こうした海洋進出、海洋権益確保に関する習近平の基本認識は、次のとおりである。

> わたしには長い間、考え続けている問題がある。世界においてわが国は、いまだ完全な統一を実現していない大国であり、周辺の多くの国との間に領土主権と海洋権益の争いを抱える大国でもある。（中略）祖国の完全統

一を実現する問題であれ、わが国の海洋権益を守る問題であれ、当面のところ、短期間で解決可能なものではない。そこにはおそらく、われわれが長期にわたって直面しなければならない重大な政治、外交、安全、軍事のリスクが潜んでいる。この問題について、われわれは認識を深めるべきであり、とくに軍隊はそうすべきだ。（二〇一三年三月、全人代の解放軍代表団全体会議での発言[31]）

わが国の周辺情勢は、全体的に安定しているが、南海〔南シナ海のこと、以下同じ〕問題では一部の国が絶えず挑発を行い、歴史問題と釣魚島〔尖閣諸島のこと、以下同じ〕問題では、日本によるコソコソとした後ろ暗い行動が続いている。（二〇一四年十月、一八期四中全会第二回全体会議での発言[32]）

海に向かえば国は興り、海を棄てれば国は衰える。われわれは（中略）釣魚島の権利擁護の闘争を行い、東海〔東シナ海のこと、以下同じ〕防空識別区を設定し、常態化された管理統制を実施した。南海の島嶼、岩礁の建設を早め、海洋経営とシーパワー擁護の面で歴史的進展を得た。わたしは以前、次のように述べたことがある。われわれが今日成し遂げた成果と蓄積が、将来の海洋の態勢を決定し、将来のわが国の主権、安全、発展の利益の擁護における戦略的主導性を決定する。これは、われわれの世代の歴史的重責であり、（中略）後世の人びとのため、中華民族のため、南海の権利擁護闘争の勝利を最終的に勝ち取るための堅牢な戦略基地を建造〔文字どおり、南シナ海の島嶼部の軍事基地化の意味〕しなければならない、と。（二〇一六年二月、中央軍事委員会拡大会議での発言[33]）

昨年〔二〇一六年〕来、一部の国家は、海洋での行動を絶えず実施し、われわれを頻繁に挑発し、圧力を加えている。われわれは闘争と複数手段の同時発展、総合的施策を敢然と実行し、わが国の領土主権と海洋権益を断固守り、海洋情勢の全体的安定と統制可能状態を維持した。わが軍は、常態化された海と空での武装パトロール〔中国語では海空戦備巡邏〕を強化し、海洋の現場における一連の対応行動を整え、東海と釣魚島の権利擁護の軍事行動を深く掘り下げて実行した。実践が証明しているように、われらの戦略は当を得たもので、積極的、主動的に事を行いさえすれば、チャンスを逃さずに摑み、ピンチをチャンスに変え、戦略的主導権を確実に掌握することができる（二〇一七年二月、中央軍事委員会拡大会議での発言[34]）

このように習近平にとって、台湾統一を含む「海洋レコンキスタ」は、将来の中国国民に対するみずからの歴史的責務なのである。この点、習近平の口から発せられる同趣旨の多くの発言からは、党、国家、軍の組織的頂点に立つ実存的存在の最高指導者でさえ、擬人的に観念された「中華民族」や物神化された「党」――おそらく習近平の脳裏には、これらの言葉を通じて、父親をはじめ周恩来や「十大元帥」の一人である葉剣英、「八大長老」の王震など、自分や家族と親交の深かった父祖の世代の具体的な物故者の姿が想起されている――に仕える従者のようにみえる[35]。いずれにせよ、こうした習近平の立場からすれば、中国の海洋進出の動きは、今後も強まりこそすれ、弱まることはない。国際社会からの懸念や批判にもかかわらず、習近平は、長期的かつ漸進的に、執着心をもって取り組み続けるであろう。

三　「家族と個人の時代」における父権主義的リーダーシップ

（1）ＧＤＰ一万ドル超えの政治社会――「和平演変」と「主観的能動性」の不活性

支配体制との政治的近接性に着目すると、今日の中国の国民集団は、三層構造の同心円で描くことができる。すなわち、①改革開放期を通じて多くの既得権益を蓄積してきた「体制エリート」（党と政府の有力な官僚政治家とその親族、彼らと緊密な関係を有する社会経済エリート）、②優越的エスニック集団である中国本土（China proper）の非エリート漢族住民、すなわち「多数派」、③地理的、社会的、政治的に周縁部に位置する各種「少数派」（チベット、ウイグルなどの非漢族、香港住民など）である。このうち、権力中心からもっとも遠い外縁部に位置する少数派は、国家統合と安全保障を重視する中央政府の仮借なき抑圧と、それを事実上容認する前二者の冷遇的態度のため、政党国家体制（party-state system）の現実的脅威にはなりにくい。

したがって、国家と社会の関係の視角から、習近平指導部による統治の安定の質と程度を理解するカギは、もっぱら体制エリートと多数派の動向である。だが、前者はもとより、後者にとっても今日の主要な政治、社会的関心は、天下国家のあり方を直接に議論の俎上に載せるという意味での「大きな」テーマ――政治改革の機運が盛り上がった一九八〇年代にみられたような選挙制度改革による参加の拡大、三権分立や複数政党制に代表される政治的多元性の導入など――ではない。第一章で述べたように、二〇二二年の「白紙運動」も、本質的には身体の自由の回復を主眼とするゼロ・コロナ政策の撤回要求、すなわち、体制転換ではなく政策転換のための運動であった[36]。加えて、一定の豊かさと便利さを備えた経済社会生活の実現により、衣食住の基本的ニーズの充足をめぐる問題も、大規模な社会紛

表 8-1　日本と中国の 1 人当たり名目 GDP（国内総生産）の時期的対照

	2022 年	約 400〜500 ドル	約 1000 ドル	約 2000 ドル	1 万ドル超え
日本	約 3 万 4000 ドル	1959〜60 年 安保闘争	1960 年代半ば 1966 年、ザ・ビートルズ来日	1970 年代初め 1969 年、東大安田講堂事件	1980 年代初め 1980 年、山口百恵芸能界引退
中国	約 1 万 2800 ドル	1989 年 天安門事件	2000 年代初め	2000 年代半ば	2019 年

出典：以下の資料などを総合的に利用して筆者作成。日本貿易振興機構（JETRO）ウェブサイト。内閣府「長期経済統計」（https://www5.cao.go.jp/j-j/wp/wp-je08/08b09010.html）。21 世紀中国総研編著『中国情報ハンドブック［2021 年版］』2021 年、157 頁（http://www.21ccs.jp/jhand/jhand_2021/hand2021_3bu_1.pdf）。いずれも 2021 年 12 月 12 日閲覧。

争を可能にする地域、階層、階級を超えた連帯を形成しにくい。

表8-1にみられるように、二〇一九年、中国の一人当たり名目GDPは一万ドルの大台を突破した。これは日本の一九八〇年代初めの時期に相当する。一九五〇年代から一九七〇年代初めの日本では、学生を中心に社会全体の政治化が昂進した。だが、一九七〇年代を通じ、高度成長から安定成長への転換、一億総中流意識の広がりを経験するなかで革命の現実味は霧消した。一九六〇年代から一九八〇年代にかけて、日本では「政治の季節」が終わり、消費社会の出現とともに、「家族と個人の時代」が到来したのである[37]。

同様の変化は、現在の中国にもみられる。日本と同じく中国も、一人当たりGDPが四〇〇〜五〇〇ドルの時期に、支配体制は深刻な危機に直面した。だが前述のとおり、中国の一人当たりGDPはすでに一万ドルを超え、以後、二〇二二年まで四年連続で一万ドルを上回っている。推計によれば、中国は遅くとも二〇二五年までに、世界銀行の基準でいう「高所得国」となる見込みである[38]。一九七〇年代末以来、約三〇年間続いた高度成長の結果、中国国民はすでに、世界的にみても相対的に豊かな経済生活を享受している。

こうした経済的変化に伴い、中国でも、消費社会の出現とともに、「家族と個人の時代」が到来した。例えばコロナ禍のなか、中国の中央政府のメディア機関が、二〇二一年に行った全国規模の世論調査（序章で説明したCCTV・CMG調査、以下CCTV・CMG二〇二一年調査の形式で略記）によれば、「あなたが努力して働くのは何のためか」との質問に対し、計九つの回答項目（複数回答可）の選択割合は、回答数の多い順に、①「子どもの養育」（六一・五七パーセント）、②「父母の扶養」（五二・六五パーセント）、③「生活の基本的なニーズの充足」（五一・五三パーセント）、④「重大な疾病や突発事態への対応」（三五・二九パーセント）、⑤「自分の老後の備え」（二六・三七パーセント）、⑥「より高い質の生活の追求」（二五・六八パーセント）、⑦「自己の価値の実現」（一六・二八パーセント）、⑧「他者への支援、社会への恩返し」（九・三六パーセント）、⑨「国家の富強、民族の振興」（七・六三パーセント）であった[39]。こうした回答結果は、二〇一七年と二〇一九年の同じ調査でも基本的に変わらない。いずれの調査年度でも、回答者本人とその家族の経済生活の充実と価値の実現が上位を独占し、他者への支援や「国家の富強、民族の振興」はおおむね最下位に位置している[40]。

それゆえ現在では、一定の経済的豊かさに基づく現状肯定と、家族と個人の幸福追求を第一義的関心とする保守的心理が、社会の多くの部分に広がっている。短中期的な見通しとして、一九八九年の天安門事件のような全国規模での民主化運動が発生する可能性は低い。二〇二一年七月、習近平が全面的完成を宣言した「小康社会[41]」の現段階では、当局の警戒する「和平演変」、すなわち、民主化を志向する下からの内発的なエネルギーは総じて不活発な状態にある。

同時にまた、高度成長の終焉という時代背景のもと、鄧小平の「先富」論（先に豊かになれる者を富ます）によって黙認されてきた巨大な格差と機会の不平等に対し、「競争から降りる」生き方——精神と物質の両面における満足、無気力、諦めが混交した社会心理——も、若年層を中心に広く共感を呼んでいる。

だが、個人の幸福と国家の富強を分離して、競争を勝ち抜くこと自体に疑問を呈し、多様な生き方と価値観を追求しようとする若者たちの静かな反乱は、「主観的能動性」という名の社会主義の滅私奉公精神を重んじる習近平の眼には、「和平演変」と同様、「中華民族の偉大な復興」への大きな妨げとして映るであろう。こうした問題意識に基づき、二〇二一年に入って以降、習近平は、格差是正と教育改革の二つ、すなわち、物質と精神の両面からの次世代青年層への対応を、内政における今後の重要課題と見定めた。

（2）格差是正による次世代国民の支持獲得

二〇二一年八月、習近平は、中国が「共同富裕を着実に推進する歴史的段階」に入ったことを指摘し、先富論的発想からの政治的訣別を宣言した[42]。習近平の今後の政権運営において、内政の中長期的な重点課題の一つは、「共同富裕」のスローガンのもとでの格差是正で間違いなかろう。

しかし格差問題それ自体は、一九九〇年代以来、長年にわたって問題視されてきた経緯があり、政策課題としては目新しいものではない。習近平がこのタイミングで格差対策に本格的に乗り出した理由は、「小康社会」の完成を一大契機として、貧富の格差と社会的不公正に不満を抱く若者たちに一定の政策的配慮を示すことで、次世代の国民の支持を獲得し、みずからの政治的立場と支配体制の長期安定を図る狙いがある。

実際、中国社会科学院社会学研究所が二〇一九年に行った「中国社会状況総合調査」（CSS二〇一九年調査）によれば、過去四回行われた調査（二〇一三〜二〇一九年、二年に一回実施）において、回答者の世代年齢が下がるにつれて、住宅入手の困難を含む経済格差への不満が高まる傾向が顕著に示された（図8-1）。その際、「貧富の格差が大きすぎる問題に注意を払う」回答者のうち、ひときわ高い関心を示したのは、「若年層または高学歴の住民で、とくに一九九〇年代生まれ」の人びとであった。「住宅価格が高すぎる問題」では、「二〇〜二九歳の年齢層で、高学歴、中所得」の者であった[43]。コロナ禍の二〇二一年、大学卒業後間もない若者たちを対象として実施された調査でも、家賃や販売価格の高騰による住宅入手の困難は、格差拡大の一大要因にして、社会的流動における上昇移動の機会を阻害していることが強調された[44]。

図 8-1　主要な政治、社会問題に対する世代ごとの関心状況（2013〜2019 年の平均値）

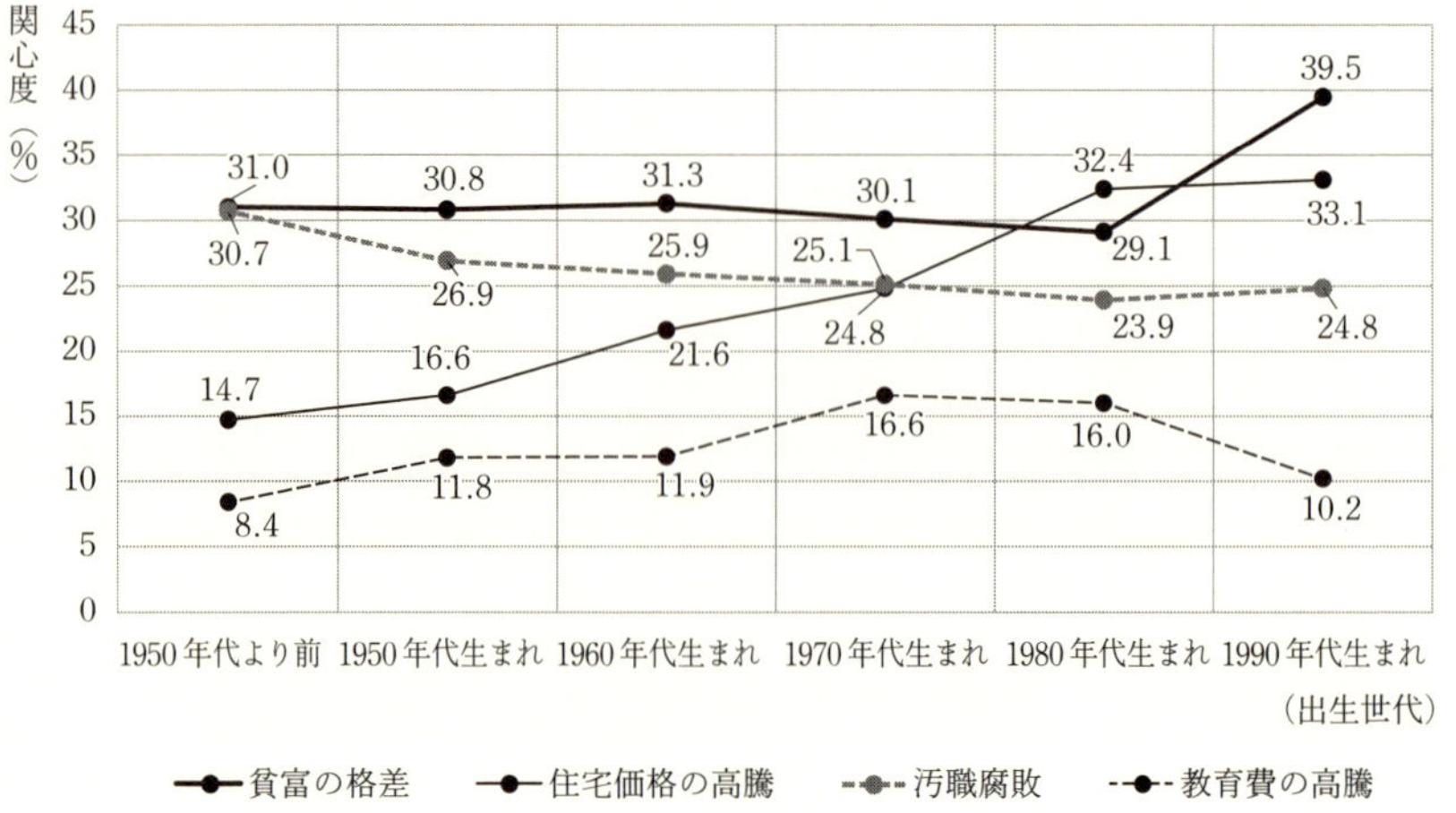

出典：任莉穎「中国居民对当前主要社会问题関注度的研究報告」、李培林、陳光金、王春光主編『2020 年中国社会形勢分析与預測』社会科学出版社、2020 年、196-199 頁。図 10、11、13 から、本章の趣旨に基づき、項目を抽出して筆者作成。

こうした点を考慮すれば、指導部の推進する格差対策の主眼は、現在の持たざる者への救済はもとより、格差の世代間の継承、固定化、拡大化の防止に置かれている。

再分配政策の強化については、指導部の呼びかけに応える形で、地方政府が最低賃金を引き上げるなど、すでに部分的な成果が表れ始めている[45]。だが、持続的で実効性の高い改革の本丸は、やはり税財政改革とそれに連動した社会保障改革である。一例として、二〇二二年十月の全人代会議では、不動産格差の是正を目的とする固定資産税の一部都市での試験導入が決められた[46]。より本格的な再分配政策として、将来的には、相続税（中国語名称は遺産税）の導入も検討されるであろう。しかし以下にみるとおり、その見通しは決して楽観できない。

固定資産税の徴収は、もともと、習近平の党総書記就任の翌年、二〇一三年十一月の一八期三中全会の決議で言及されていたが、試験的実施までに約九年の時間がかかった[47]。マイホームや投資物件など、持てる者の仲間入りをした一部民衆からも反対の声は根強い。相続税に至っては、管見の限り、中国政治においてもっとも格式の高い公式文書である党大会の政治報告で、その導入が呼びかけられたのは、一九九七年九月の一五回党大会の江沢民報告[48]が最初で最後である。以来今日まで四半世紀以上の月日が流れたが、政治報告の文面からは消えたままである。このように強大な権力をもつとされる習近平も、既得権益層の抵抗を前にして、これまでのところ十分な指導力を発揮できていない。

また、格差対策の本格化に伴い、今後起こりうる混乱や不満の高まりを防ぐため、習近平は、中長期的視野に立って格差是正の施策を進めるとともに、これまで以上に「中華民族」の一体性を強調して、ナショナリズムによる国民集団の連帯と平等意識の鼓吹に努めるであろう。これを換言すれば、国民の間に蔓延する格差への不満を和らげるため、指導部は、平等性の観念に支持された、国民が共有しうる精神的基盤をいかにして構築するかという問題に直面している。その際、一人一票の原則に象徴されるように、デモクラシーの諸制度は、有権者に一定の平等観念を想起させることが可能である。だが、民主主義のそうしたメリットを期待できない現行の支配体制のもとでは、ナショナリズムは被治者が平等の観念を感得できる、おそらくは唯一の心理的代替物である。二〇二三年十月の「中華人民共和国愛国主義教育法」の制定（二〇二四年一月施行）は、その象徴的事例にほかならない[49]。

（3）「習近平チルドレン」育成の思想教化

格差対策と並んで、習近平が以前にも増して注力しているのが教育改革である。二〇二一年に入って以来、指導部は関連する法律や通知を次々に発出し、家庭や学校を問わず、思想イデオロギー教育、なかでも「新時代の中国の特色ある社会主義に関する習近平の思想」による児童、学生の訓育を強化している（例、二〇二一年七月、学校の宿題と学習塾通いなどの学外教育活動の制限：八～九月、オンラインゲームのサービス提供の制限：九月、学校教育での「新時代の中国の特色ある社会主義に関する習近平の思想」教育の開始：同、アイドル育成番組などの禁止）。それは、家庭でのしつけの範疇にも及ぶ（二〇二一年十月、全人代「家庭教育促進法」採択）。

こうした教育改革の背景には、「共同富裕」の目標と連動した教育格差の是正とともに、深刻化する少子化に歯止めをかけるべく、学習塾や習い事、私立学校の授業料などの教育コストを含む子育て費用を引き下げ、出産と育児を奨励する狙いがあるとされる。前出のＣＣＴＶ・ＣＭＧ二〇二一年調査によれば、子どもの養育のために実際に支払われた年間費用について、一世帯当たりの全国平均の金額は二万六一二三元で、これは同年の一人当たり平均可処分所得（三万五一二八元）の七割以上に達する。[50]

しかし、営利目的の学習塾の廃止や私立学校の公立化推進などの大胆かつ強力な措置、個人の趣味嗜好や家庭教育などの私的領域への積極的な介入は、必ずしも経済的観点のみに基づくものではなかろう。実際、二〇一八～二〇一九年頃から習近平は、青少年に対する政治教育の徹底を指示していた。二〇一八年九月に開かれた「全国教育大会」では、天安門事件や外国でのカラー革命を念頭に置きながら、「社会主義の破壊者や墓掘り人」を生み出すことのないよう、体制転換を防ぐための教育の必要性を力説した。[51]

社会主義の建設者と継承者の育成は、万事順調というわけにはいかず、刻苦奮闘してこそ完成できる任務である。長期にわたり、各種の敵対勢力は、わが国への西洋化と分裂の戦略の遂行を停止したことはなく、中国共産党の指導とわが国の社会主義制度の転覆、破壊活動を停止したことはなく、わが国での「カラー革命」の画策を終始一貫、企図しており、彼らがもっとも注力している活動こそ、われわれの青少年の獲得である。毛沢東同志は早くから次のように指摘していた。「帝国主義についていえば、われわれの第一世代と第二世代については〔帝国主義者による中国青年の支持獲得の〕希望はない。第三世代と第四世代はどうか。望みはある。（以下略）」。数えてみれば、現在、大学に在籍する学生は第三世代と第四世代におおむね該当し、今後も第五世代、第六世代、さらには十数世代、数十世代へと問題は続いていく。青少年の獲得闘争は、長期的で厳しいものであり、われわれは負けられないし、負けを認めることも許されない。重要性を明確に認識しなければならない！（二〇一八年九月、全国教育大会での発言）

これらの言葉と先にみた教育改革への取り組みを合わせて考慮すれば、おそらく習近平は、支配体制の長期存続と二一世紀半ばまでの「中華民族の偉大な復興」の任務完遂のため、自身の名前を冠した正統イデオロギーに忠実な次世代の人材育成、すなわち「習近平チルドレン」の組織的養成に、児童教育の根本から取り組むことを決意したのである。[52] 思い起こせば、いま（二〇二四年十月の本書執筆時点）から約三〇年前、江沢民期の一九九四年に頒布された「愛国主義教育実施綱要」をきっかけに、ナショナリズムの感受性の強い国民が組織的に扶育され、現在ではこの「愛国主義教育」世代が三〇〜四〇代に成長した。二〇二一年九月から学校教育で始まった習近平思想教育も、二八年後の二〇四九年には、同じく三〇〜四〇代の「習近平思想」世代の国民を生み出す可能性がある。

こうした教育改革と格差是正は、どちらも次世代の国民を主な対象としている。それゆえ、政策実効の面で、当初から一〇〜二〇年の長期的な時間軸を設定していると思われる。当局の説明によれば、二〇四九年の建国百周年とその前段階の二〇三五年が重要な節目であり、当面の現実的なそれは二〇三五年である。したがって、短期の実績に焦点を当てるよりも、習近平が最高実力者であり続ける限り、持続的に推進される可能性が高い。

（4）「中華民族の父」の指導スタイル

また、前出の二〇二一年八月の「共同富裕」に関する演説では、習近平が、「社会階層の固定化を防ぎ、社会的流動性の上昇ルートを円滑にし、（中略）そうすることで『非理性的な過度の競争』と『競争からの自発的な撤退』を回避しなければならない」（二重カギカッコの中国語原文はそれぞれ内巻、躺平）と述べたことも注目される。この内巻と躺平の語は、豊かさの追求がひと段落するなか、苛烈な競争社会による精神的肉体的疲労、階級や階層の固定化に加担する不公正な制度や巨大な格差への諦念、個人の多様な価値観と生き方の積極的肯定など、いくつかの心情が混ざり合った社会潮流を指している。

だが、「中華民族の偉大な復興」を至上課題とする習近平にとって、強国化の妨げになりうる若者たちのそうした考えは容認できない。広い国際的視野に立って自由民主主義の普遍的価値に共感することと同じく、オンラインゲームやアイドルの「推し活」（自分のお気に入りの芸能人やキャラクターを応援すること）などの狭い私的世界に埋没することも、中国の青少年の国家的自尊心と競争心を損ない、ひいては、米国に代わって中国が覇権国になるという「中華民族の偉大な復興」の夢を頓挫させるであろう。

政治社会のこうした変化に対し、国家的躍進の長期持続のため、習近平は、個人と家族の私的領域にも強力に介入していく父権主義的なリーダーシップ——それなりに満足できるまずまずの暮らし（「小康社会」の実現！）のなかで、ハングリー精神を忘れて惰弱になった（ようにみえる）子や孫の「尻を叩く」モーレツ世代の父親のごとく——を前面に打ち出すようになっている。高度成長が終わり、「家族と個人の時代」への転換が始まるなか、習近平が導き出した答えは、児童の心身の健康や家庭でのしつけにまで気を配る家父長的政治指導の部分的復活であり、長期政権の実現を通じて、「子」たる次世代国民の財産の公平な分配に腐心しつつ、ある時は「和平演変」という反抗の芽を摘み、またある時は「中華民族の偉大な復興」のため、教育を通じて競争心と勝利の気概——ラッド（Kevin Rudd）のいう「愛国主義的男らしさ」[53]——を叱咤激励する「中華民族の父」になることであった。この点、民族の父親らしく習近平は、児童の視力低下の問題にさえ注意喚起の指示を発している。

青少年の体力的資質や健康水準は、依然として、学生の資質の弱点であり、「ふとっちょ」（中国語原文では「小胖墩」）や「メガネっ子」（「小眼鏡」）がますます増えている。先日わたしは、わが国の学生の近視の割合が高く、低年齢化の傾向を示している問題についてコメント指示（中国語では批示）を出した。この問題は、子どもたちの心身の健康に重大な悪影響を及ぼしている。学校と社会全体が行動を起こし、子どもの眼をしっかり守るように共同で呼びかけ、子どもたちが明るい未来を得られるようにしなければならない。（二〇一八年九月、全国教育大会での発言）(54)

だが、そうした指導者像の強調は、鄧小平が糾弾した毛沢東の過ち、すなわち、最高指導者の個人崇拝の傾向を疑いもなく強めるであろう。その兆候はすでに表れている。二〇二一年十月、中央党校の機関紙『学習時報』は、「習仲勲の家風」という表題の一面記事を掲載した。そこでは、①「習仲勲の家風」が、党員幹部たちにとって「模範、標識、教材」であること、②習近平がかつて、母親宛ての手紙のなかで、「わたしたちは幼少時から父親の教育のもと、勤倹を旨として家政を取り仕切る習慣を養ってきた。これは模範的な老ボルシェヴィキ、老共産党人の家風といえる。この良い家風は代々伝えていくべきである」と記したことを紹介している。(55)習家の家風と教育が、党員と国民教育の手本とされる日も、そう遠くはないのかもしれない。

四 「習近平時代」の政治発展のゆくえ

（1）二〇三〇年代まで続く「習近平時代」

支配体制内部における権力動向をみれば、習近平は一強状況をすでに確立している。のみならず、二〇一二年の党総書記就任以来、一〇年以上の歳月を経て、中華人民共和国の政治史において、「習近平時代」と呼びうる一つの時代区分が確立されたように思われる。

政治史としての「習近平時代」は、①「狭義の習近平時代」（習近平が党主席、党総書記、国家主席、中央軍事委員会主席などの名目上の最高職にとどまる時期）、②「広義の習近平時代」（習とその路線を引き継ぐ後継者の任期を含む）の二つが想定される。以下のとおり、いずれのシナリオも、二〇一〇～二〇三〇年代の約三〇年間続く可能性がある。

まず、前提となる事実として、習近平は現在まで、後継候補の育成など権力継承のための公的措置をほとんど行っていない。前述のように習近平は、六八歳の定年慣行を覆し、二〇二二年十月の二〇回党大会を経て三期目の続投を決定した。クーデターによる突然の失脚や不慮の事故など、突発的偶発的な事件がなければ、習近平は、二一回党大会の開催が予定される二〇二七年前後まで、党総書記、国家主席、中央軍事委員会主席に留任する公算が大きい。その場合、習の国政担当期間は、第一期政権が始まった二〇一二～二〇一三年から、三期目が終わる二〇二七～二〇二八年までの通算一五年となる。なお、二一回党大会開催時の習近平の年齢は七三～七四歳であり、一九七八年の一一期三中全会で政治の主導権を掌握した鄧小平（一九〇四年八月生まれ）とようやく同い年である。健康上の問題などがなければ、政治的職位のいかんにかかわらず、習近平が影響力を保持することは十分可能であろう。

次に、前記①の「狭義の習近平時代」の場合、仮に習近平が、二〇三五年（二〇四九年の建国百周年と同等に重視される政治的スケジュール）まで、最高指導者の形式的地位にとどまるとすれば、そのときの習近平の年齢は八二～八三歳で、党主席のまま八二歳で死去した毛沢東の年齢を超える（「毛沢東時代」、一九四九～一九七六年の約三〇年間）。習近平が二〇三五年までの超長期政権を目指していると噂されるゆえんである。

また、あまり知られていないが、鄧小平も当初は一九八七年の一三回党大会で引退を決意しており、その時点で八三歳であった[56]。ただし鄧は、実際には天安門事件後に公職を引退し、一九九七年に九二歳で没した。毛沢東や鄧小平に匹敵する歴史的リーダーを、習近平が本気で目指すとすれば、自発的引退の目安を八二〜八三歳頃と見定めているとしても、必ずしも根拠がないわけではない。いずれにせよ、中国のような政治体制の国では、最高指導者の寿命の長短は、一国の政治発展に大きな影響を及ぼす。

だが、より実現可能性が高いのは、②の「広義の習近平時代」の到来である。習近平にとって、天安門事件とソ連解体の政治的教訓の一つは、「政治的に正しい後継者」(共産党の用語では革命接班人)の選定を疎かにしてはならないということであった。

習近平の立場から、引退後の身の安全と一定の権力行使を可能にするような継承問題の解決を探るとすれば、ヒントは習近平にとって身近な過去の歴史、すなわち「広義の鄧小平時代」にある。天安門事件後、鄧小平はキングメーカーとして、江沢民と胡錦濤の二代の継承を決定し、鄧、江、胡の三名で一九八〇〜二〇〇〇年代の約三〇年に及ぶ「広義の鄧小平時代」が形成された。鄧小平と同じく、習近平も二代指名を行えば、後継者の任期も一〇〜一五年間続き、前述した二〇二七年を起点とすると、二〇三七〜二〇四二年までとなる。結果として「広義の習近平時代」は、二〇一〇〜三〇年代全般をカバーする。後任者の治世が計二〇年、二〇四七年まで続くとすれば、二〇四九年の建国百周年にさらに近づく。(57)

(2) 二一回党大会での習近平の出処進退のシナリオ

前述のとおり、二〇一八年の憲法改正を経て、習近平は、原理的には終身の国家主席となることも可能となった。果たして、第四期習近平政権(二〇二七〜二〇三二年)はありうるのか。ここでは、習近平が四期目続投への意志をもつと仮定して、二〇二七年に開催が見込まれる二一回党大会前後の政治シナリオを素描する。習近平の健康不安など、不測の事態がないことを前提とした場合、二一回党大会に臨む習近平にとって、指導者ポストをめぐる主要な選択肢を考えれば、次の四つが想定される。順番が下位のシナリオほど、政局の短期的安定性が低下する。

第一に、習近平にとって最善のシナリオは、既述の「狭義の習近平時代」のうち、一九八二年の一二回党大会で廃止された党主席を復活させ、党、国家、軍の三主席制度を確立し、そのすべてに、「領袖」である自分が就任することである。さらに、職位と指導者称号に加えて、正統イデオロギーについても、「新時代の中国の特色ある社会主義に関する習近平の思想」を「習近平思想」に改称して、「毛沢東思想」に比肩するものへと高める。(58)

この場合、制度面の障害は、党主席のポスト設置に必要な党規約の改正(「領袖」と「習近平思想」の文言は党規約に挿入できたとしても)であり、実態面のそれは、他の統治エリートの組織的反対行動である。例えば、二〇二二年二月のロシア・ウクライナ戦争の全面開戦の決定と、それ以後の戦争指導をめぐる独裁者プーチンの迷走ぶりをみて、現状を超えたさらなる権力集中、個人崇拝助長への不安と警戒の心理が、中国のエリート層の間でも広まったと思われる。

また、習近平の党主席就任に際しては、総書記のポストを存続させたまま、後継候補の一人を新任の総書記に指名し、同人を筆頭に中央委員会の総意による主席推戴という手続きを経るというシナリオもある。これにより、一九五六年の八回党大会当時の人事配置と同じく、中央委員会主席(一名)を長とし、その下に副主席(一名または複数名、副主席は必要に応じて設置)と総書記(一名)を置き、これらのメンバーで党中央政治局常務委員会を構成する。(59)

第二に、次善の策として、同じく「狭義の習近平時代」に該当し、「核心」の政治称号をもつ党総書記として四期目を続投する一方、現任の国家主席と中央軍事委員会主席の職位も維持する。肩書等に変更はなく、第三期政権の状況がそのまま続くパターンである。

第三に、ボトムライン(許容限界)の選択として、軍委主席の地位にはとどまるものの、党総書記と国家主席のいずれか、または両方を、自分の地方指導者時代から付き従ってきた子飼いの部下一〜二名に譲る。これは、鄧小平や江沢民の前例に倣った「院政」パターンであり、「広義の習近平時代」への移行準備の段階でもある。習近平は、最高指導者の名目的地位を失うかもしれないが、政治的後見人として最高実力者（the paramount leader）であり続ける。新任の国家主席と党総書記が異なる人物の場合は、習の後継レースの意味合いが強まり、どちらかが本命候補に指定された時点で、当該人物を軍委副主席に任命する。その代わり、習近平自身のレームダック状況の可能性も増す。

第四に、習近平にとって回避すべき最悪のシナリオは、党総書記と国家主席はもちろん、軍委主席にも留任できない状況である。これは、中国政治の「大空位時代」の始まりを意味し、習近平個人の身体的脅威や指導部内の混乱はもちろん、体制レベルでの動揺もありえよう。

その根拠として、江沢民と胡錦濤の両時期に慣例化していた、次回党大会での総書記選出が見込まれる文民指導者を、当該大会の数年前に軍委副主席に就任させる人事配置を、習近平が停止してしまったことが挙げられる（例、二〇〇二年に総書記に就任した胡錦濤は一九九九年に、二〇一二年に総書記となった習近平は二〇一〇年に、それぞれ軍委副主席に着任）。この結果、中央軍事委員会の現任メンバーには、軍人である二名の副主席を含め、習近平を除いて文民指導者が一人もいない。「党が鉄砲を指揮する」（毛沢東）という中国的シビリアンコントロールの大原則と軍委主席責任制の制度配置のもと、習近平に代わって軍の統帥権を単独で掌握する文民の候補者が見当たらず、習の望まない辞職の後には、中国政治の真の最高実力者の資格を付与するこの軍委主席という「玉座」をめぐり、文民か軍人かを問わず、熾烈な闘争が繰り広げられることになる。

おわりに――「習近平時代」における習近平個人と支配体制のリスク

以上の叙述に示されるとおり、中国政治は、二〇一〇〜二〇三〇年代いっぱいを通じて、習近平という特定の指導者の理念とリーダーシップに強く拘束された、新たな長期的政治発展のステージに入った。だが、カリスマ的指導者であった毛沢東や鄧小平とは異なり、習近平はなお一般的な強権指導者にすぎない。この点を考慮すれば、習近平個人の政治的地位と共産党の一党支配を揺るがす可能性のある五つのリスクが指摘できる。

第一は、国家統合である。具体的には、形骸化する一国二制度のもと、政治社会の自由と安定が急速に失われつつある香港、及び、民族対立が続くチベットと新疆ウイグルである。二〇〇八年から二〇〇九年にかけて、チベットと新疆では大規模な民族騒乱が発生した。近年ではとくに、香港と新疆ウイグルでの人権弾圧が激しさを増している。ウイグル族住民への不当な施設収容も行われている。習近平時代に入り、これらすべての地域で、矛盾や対立が深刻化したことは客観的な事実であろう[60]。

第二は、中低成長時代における富の分配である。近年の中国経済の状況は、習近平時代の正統性認識の三本柱、すなわち「豊かさ」、「便利さ」、「偉大さ」のうち、もっとも基礎的な豊かさの将来に暗い影を投げかけている[61]。今後は、限られた「パイ」の切り分けをめぐって、出稼ぎ労働者や退役軍人など、発展の恩恵に十分に浴してこなかったとの不満をもつ集団はもちろん、これまで体制の支持基盤であった私営企業家などの経済エリート層からも異論の提出が予想される。

実際、少子化、高齢化と労働力人口減少のもと、持続可能な発展を実現するための社会経済改革は停滞している。一例として、中国人の平均的な個人と家庭にとって高齢者介護の問題は、今日すでに大きな心配の種であり、日本の介護保険制度のような公的支援の枠組みが整備されなければ、今後、家計と家庭生活における重大な負担となるのは必至である[62]。既出のCCTV・CMG二〇二一年調査では、回答者の家庭における主要な困難を尋ねた設問（複数回答可）に対し、「高齢者介護」を挙げた者が全体の五四・八三パーセントに達し、二〇〇八年以降の過去一四年間でもっとも高い数字を記録した。回答者数が最多の「医療」（五七・〇五パーセント）に次いで二番目の多さであり、三

番目の「収入」（五三・四三パーセント）を上回った。(63)

しかるに政府の現状はといえば、二〇三〇年代には、社会保障とそれを支える財政が深刻な状況に陥るとの指摘もある。社会保障制度の持続可能性の懸念に起因する世代間ギャップ、世代間対立が、中国の政治と社会の重要なキーワードの一つになっていくと思われる。

それゆえ、一般の民主主義国と同じように、中国政治でも今後は「お金の使いみち」、「限られたパイの切り分け」がより重要な争点になるだろう。税財政、社会保障、戸籍制度、国有企業などの改革は、中央―地方関係の見直し、政府による経済運営の制限など、政治体制の根幹にかかわる議論にも直結している。これらの民生改革の動向は、国政全体のあり方を緩やかに変えていく可能性をもっている。アメリカ独立革命の有名なスローガンも、「代表なくして課税なし」であった。

加えて、これらの重要な社会経済改革は、前述の国家統合やすぐ後で述べる最高指導者の決定など、他の政治改革の争点候補に比べて相対的に穏健なテーマであり、いわゆる「民主化の軟着陸」が期待できる。なぜなら、香港と中央政府、漢族と少数民族、最高指導者のポスト獲得競争などは、利害関係者同士の対立の構図、ならびに、勝者と敗者の結果がはっきりと識別できるゼロ・サムゲームであり、暴力を含む政治闘争の激化、対立と混乱の長期化を招く危険性が高い。そうした事態の出現は、中国国民はもちろん、日本を含む国際社会全体にとっても決して望ましいことではない。それに対して社会経済改革の場合は、利害調整が相対的に容易であり、複数分野において勝者と敗者の立場が固定化されにくい。しかも、最終的には社会全体の厚生の向上に寄与する。

第三は、「中華民族の父」を目指す習近平その人の政治志向と指導スタイルである。とくに、不動産を中心とする増税や財産の継承、子女の教育など、古今東西を通じて市民の最大の関心事に直接的な介入の手を伸ばし始めたことである。これに関連して、「一日も早く孫の顔がみたい」と話す老親のように、少子化対策の観点から、若年夫婦に対し、複数人の子どもの出産を政治的に奨励することも将来的にはありえよう。かつての「一人っ子政策」とは真逆の内容だが、国家の発展目標のために、個人の私的領域、とくに生殖の分野にまで支配を及ぼそうとする点では、政治的発想は変わらない。政治権力のこうした動きを、社会の側がどこまで許容するかは依然不透明であり、状況次第では、習近平は、政治社会の多数派を敵に回す可能性がある。

なお、少子化に関していえば、中国社会科学院社会学研究所のCSS二〇二一年調査でも、①出産適齢期の女性の人数それ自体の減少、②女性の高学歴化と少出産との正の相関、③理想とする子どもの平均人数がもともと人口維持水準に満たないうえに、若年層ほどその人数が減る、④すでに子どものいる家庭でも二人目以降の出産養育の希望が少ないなどの理由から、人口減少が不可避であることが指摘されている[64]。

実際、現在の中国社会では、「子どもがいなくとも幸せだ」と感じている女性は十分に多い。ふたたびCCTV・CMG二〇二一年調査では、「子どもがいる女性と子どもがいない女性の幸福感情は、基本的に同水準」であり、人生の充足感と子どもの有無に有意な相関はみられない[65]。むしろ誤差の範囲内とはいえ、子どものいない女性のほうが、子どものいる女性よりも「幸福」感情をもつ比率が高い（子どもなし五〇・七五パーセント、子どもあり四九・八五パーセント）。年齢別でも、一般に結婚と出産の適齢期とされる「一八〜三五歳」では、同様の結果である（子どもなし五二・六三パーセント、子どもあり五〇・三七パーセント）[66]。人生の幸福と自己決定権をめぐる個人のこうした価値観のあり方は、そう簡単には変わらないであろう。

第四は、国民のナショナリズム感情の肥大化である。例えば、台湾問題や海洋進出をめぐり、強硬対応を主張する世論の拡大と、それにポピュリズム的に応答せざるを得なくなった指導部という政治的構図の出現は必ずしも杞憂ではない。二〇二二年八月、米国のペロシ（Nancy Pelosi）下院議長の台湾訪問に対するネット世論での中国民衆の反発と、中国軍による大規模演習の実施は、そうした懸念を裏書きする。習近平自身、「台湾問題は民族が弱く混乱していたために生じたのであり、民族復興とともに必ずや解決しなければならない」と断言する以上、強くなった中国がなぜ台湾を併合できないのかという疑問が国民の頭に浮かぶのは、むしろ時間の問題ではあるまいか。[67] 国力強化に自信を深めた国民の要求に対し、みずからの立場と支配体制を守るため、習近平が世論に引きずられないとは限らない。その政治的素地として、実社会の不公正をイデオロギー的に糊塗し、政治社会における平等を演出するため、ナショナリズムのさらなる動員が予想されることは、すでに述べたとおりである。

台湾問題については、「鄧小平超え」に賭ける習近平の執念にも留意が必要である。実際、鄧小平の歴史的地位を超えて毛沢東に並び立つという習近平の思いの強さには、尋常ならざるものがある。そして、ほかならぬ鄧小平自身が、後世の指導者にその解決を託し、未完の課題と述べていたのが、まさしく台湾問題なのである。「わたしの一生のうちにやり残したことがある。それこそ台湾問題だ。わたしは解決の瞬間をみられないだろう[68]」との鄧小平の言葉を思い返すたび、習近平が、台湾統一への決意を新たにするであろうことは想像に難くない。

現在なお一般的な強権指導者にすぎない習近平が、毛沢東や鄧小平に匹敵するカリスマ的指導者を本気で目指すとすれば、鄧小平の果たせなかった台湾統一を成し遂げ、「中華民族の偉大な復興」を実現することこそ、まさに「中華民族の父」の名にふさわしい実績である。だがもし失敗すれば、みずからの死後、反腐敗キャンペーンなどで失脚させられたり処罰されたりした多くの官僚政治家や軍人の子女らを中心とする次世代の国民によって、「父」たる自身の「墓を暴かれる」恐怖と孤独にさいなまれるであろう。[69]

第五に、当面の共産党の統治にとって、予想しうる最大のリスクは、習近平の健康問題とそれに起因する最高指導者の権力継承である。[70] 習近平はいまや党、国家、軍の三主席のポスト独占を視野に入れ、終身の最高指導者となることも原理的に可能である。今後、習近平は、二〇四九年までの「中華民族の偉大な復興」の任務完遂のため、「狭義の習近平時代」の可能な限りの長期化を図りつつ、同時に、自身の安全確保と権力継承の際の混乱回避、統治の基本路線の着実な引き継ぎのため、「広義の習近平時代」への移行準備にも着手するであろう。後継者にふさわしい忠誠心と統治手腕を見極めるべく、中央政治局委員と同常務委員、中央委員のなかに、次世代、次々世代の複数の候補を抜擢していく可能性がある。これらの人びとは、キングメーカーであった鄧小平にとっての胡耀邦と趙紫陽、胡錦濤と同等の存在とみなしうる。

振り返ってみれば、一九四九年の建国以降、中華人民共和国の政治史は、「毛沢東時代」、「広義の鄧小平時代」とともに約三〇年間続いた。この三〇年サイクル説が今後も妥当するならば、後世の歴史家は、狭義広義のいずれかは別にして、二〇一〇年代から少なくとも二〇三〇年代いっぱいまでを、「習近平時代」の時期区分として設定するであろう。

ただし、そうしたシナリオが習近平の思惑どおりに進むかは、予断を許さない。政治の経験則によれば、強すぎるリーダーは、サブリーダーがみずからのライバルになるのを恐れ、ひ弱な人材を重用する一方、継承の仕組みを十分に整えないままに、時間を浪費する傾向がある。習近平の立場からすれば、後継候補を不明のままにしておくほうが、権力のレームダック化を防ぎ、自身への政治的求心力の調達に有利である。いずれにせよ、カリスマなき強権指導者による政権への長期居座りの現状からは、継承メカニズムの不備とも相俟って、ポスト習近平の予測可能性の低下、継承争いの激化に伴う政局の混乱が懸念される。

事実、中国政治の歴史が教えるところでは、終身の独裁者であった毛沢東はもちろん、その権力移行の失敗を十分に認識していた鄧小平でさえ、最高指導者の円満な世代交代にはついに成功せず、後事を託しうる有力候補を一人ならず二人までも追放するという憂き目をみた。トップの座を平和裏に移譲された胡錦濤は、江沢民の「院政」的影響力に囚われ、支配体制の政治的革新能力の低下がもたらされた。先人たちと同じ轍を踏まないために、習近平はそうした苦い歴史からなにを学び、どう決断するのか。見通しは依然不透明である。

習近平ら中国の政治家は、旧ソ連最後の指導者のゴルバチョフを亡党亡国の元凶として口を極めて非難する。だが、来るべき「広義の習近平時代」において、習近平とその後継者が、「第二のゴルバチョフ」(ショック療法的改革の失敗と体制の崩壊)を忌避するあまり、「第二のブレジネフ」(政治的安定と社会経済的停滞の交換)や「第二のプーチン」(個人独裁のもとでの軍事冒険主義)の道――場合によってはその両方(国内停滞打破のための対外軍事行動の試み)――を歩む可能性も、決して否定できないであろう。

第九章　台湾有事と「東アジア近代史の総決算」の可能性——台湾統一／併合をめぐる政治論

はじめに

近年、日本社会では、中国軍による台湾への武力侵攻の危機意識が高まっている。一つの発端は、二〇二一年三月のアメリカ合衆国上院の軍事委員会で、当時のインド太平洋軍司令官が、二〇二七年頃までの中国軍の台湾侵攻の可能性を明言したことであった。その後、二〇二二年二月のロシアによるウクライナ侵略を実見した日本の世論では、台湾有事を念頭に置いて発せられた岸田文雄内閣総理大臣（当時）の言葉――「今日のウクライナは明日の東アジアかもしれない」との見方が急速に浸透していった。(1)

また、ロシア・ウクライナ戦争は、「プーチンの戦争」とも呼ばれている。これは、戦争の意思決定に対するプーチン大統領の影響力の大きさを示した言葉であり、強権指導者の歴史認識と領土観念が、二一世紀の今日でも、戦争の惨禍をもたらすことが不幸にも証明された。この点、台湾問題について、中国の最高指導者の習近平がどのような意見や展望を有するのかを理解することは、東アジアの平和と安定を考えるうえで、喫緊の課題といっても決して過言ではない。台湾人研究者の王信賢は、習近平政権の台湾政策の主な特徴として、台湾独立と外部勢力の干渉への反対、及び、台湾の国際活動空間の封鎖といった従来の方針に加えて、後述の「恵台」政策を通じた中台間の経済社会分野の統合促進、軍事的威嚇による統一強制、すなわち「城下の盟」戦術の強化、中国の国内法を駆使した政治、経済、外交的締めつけなどを挙げている。王信賢はまた、習近平指導部が、台湾統一／併合の最終目標に関する一定の時間的区切りを示した行動計画をもっている可能性が高いことにも言及している。[2]

先行研究のそうした指摘を踏まえつつ、本章では、習近平の台湾認識をより多面的総合的に考察する。その際、国政の最高指導者、軍人政治家、地方指導者という習近平の三つの経験に着目し、それぞれを分析の視角として、①第一期政権以来、習近平指導部の推進する台湾政策の特徴と論理（第一節）、②指導部の持する全体的な政治構想や関連する他の政策との関係（第二節）、③習近平の地方指導者時代、とくに福建省勤務時期の事績（第三節）について議論を進める。先行業績の多くが、主に鄧小平、江沢民、胡錦濤の歴代指導部との比較の観点から、①の「政権」の取り組みを中心に論じるのに対し、本章では、習近平「個人」により多く焦点を当てる。①②③の三層構造により、習近平指導部の台湾政策を、政権の政治構想全体のなかに位置づけるとともに、習近平個人の台湾認識を深く掘り下げて考察することが可能となろう。

ほかにも本章の独自性として、筆者自身の既発表業績以外にほとんど使用されていない、いわゆる「内部発行」の限定公開資料、及び、習近平の福建省勤務時期の同時代資料を紹介する。実のところ、他の政策分野に比べて、台湾問題に関する習近平の公刊資料は少ない。例えば、特定の政策テーマについて、さまざまな場面で行われた演説や発言を収録した習近平名義の著作や発言録が、中国ではこれまでに数十冊出版されているが[3]、タイトルに台湾の名称を冠した公式の資料集は、管見の限り一つもない。こうした資料状況にかんがみ、本章では、内部資料や同時代資料を用いて、台湾問題に関する最高指導者の「本音」や、習近平と台湾との秘められた過去のつながりを明らかにする。[4]

一　習近平政権の台湾政策の特徴と論理

本節では、先行研究と同じく、一九八〇年代の改革開放政策の本格化以降、台湾政策に関する基本方針や政府白書

表9-1　習近平政権の台湾政策の特徴（2012年〜2024年10月）

①中国ナショナリズムの強調と台湾の歴史的、政治的主体性の軽視
②「中華文化」に基づく擬似血縁共同体の論理と「天然」をめぐる対立
③単独行動主義の強化、「現状」をめぐる米国と中国の相克
④社会経済の各種優遇策による台湾人青年層の取り込み
⑤福建省を主な舞台とする「両岸融合発展」の経済、文化交流と人的往来の促進
⑥一国二制度による「台湾の香港化、中国化」の推進

出典：各種資料に基づき筆者作成。

（通称、台湾白書）が発表されるようになった江沢民、胡錦濤の両政権と比較しつつ、習近平政権の台湾政策の特徴を確認する[5]。分析の主な材料は、二〇一二年の党総書記就任以降に行われた台湾側要人との会談や国政の重要会議における習近平の発言、二〇一九年一月と二〇二二年八月に発表された「習五点」と台湾白書などである。これらによれば、習近平時代の台湾政策の特徴として、次の六点が指摘できる（表9-1）。前三者は政策の認識論的基盤であり、後三者は統一推進の実践とその基本構想を指す。

（1）中国ナショナリズムの強調と台湾の歴史的、政治的主体性の軽視

台湾問題をめぐる習近平指導部の根本認識について、つまるところそれは、国力薄弱であった近代中国の屈辱の歴史の象徴であり、中国ナショナリズムの発揚と強国化によってのみ克服、昇華されるということである[6]。習近平いわく、「台湾問題は、民族が弱く混乱していたために生じたのであり、民族復興とともに必ずや終結するのだ！[7]」。

こうした主張はさらに、互いに関連する二つの見方を導く。一つは、台湾の内発的な歴史発展の軽視である。半世紀に及ぶ日本の植民地支配は、まさに「中華民族の屈辱の縮図」であり、恥ずべき歴史の汚点の意味しかもたない[8]。いま一つは、台湾の自立的な政治発展への侮りである。台湾白書のなかには、「祖国の完全統一が実現してこそはじめて、（中略）**台湾はふたたび外国によって侵略占領される危険性を回避でき**」、中国の「国家の主権、安全、発展の利益を擁護できる[9]」（傍点引用者、以下同じ）との記述がある。白書はまた、中台統一の利点として、統一後の中国の影響力増大や国際イメージの向上により、

台湾市民が「偉大な国家の尊厳と名誉を分かち合い、正々堂々たる中国人として自尊心と誇りを得る」ことを挙げている。換言すれば、分裂国家の現状では、台湾の人びとはいわば半人前の政治的存在にすぎない。

習近平は、日本による植民地化という「歴史が台湾同胞に残した痛みについて、われわれも同じように痛みとして感じる。それは中華の子女の心の共同の傷だから[10]」との同情の念を示している。だが、中国と台湾の人びとが共有すべきは、歴史の復仇の精神的原動力としての植民地支配の痛みに限られ、第二次世界大戦後の台湾が経験した権威主義的支配の辛酸と、一九八〇年代半ば以降の民主化過程で蓄積された自由民主主義の自信はすべて黙殺される[11]。要するにそれは、中心―周縁の認識枠組みに基づく、強者から弱者への憐憫にほかならない。

(2)「中華文化」に基づく擬似血縁共同体の論理と「天然」をめぐる対立

習近平によれば、中台の民衆はともに、擬似血縁共同体としての「中華民族」に属する。習近平は「両岸同胞はひとつの家族」、「血は水よりも濃いひとつの家族」、「両岸同胞は血脈相通ずる骨肉の兄弟」などの言葉を繰り返し発している[12]。あとでみる「両岸融合発展」が、統一の社会経済的基盤を形づくるとすれば、「中華文化」の継承発展が擬似血縁共同体の精神的紐帯であり、これをもとに中台の人びとは「心と心の結びつき(中国語では心霊契合)」を成立させるという[13]。

類似の表現は、胡錦濤時代にもみられたが、「中華民族」の血の結びつきや家族の類比の強調は、習近平時代のほうが著しい。「血は水よりも濃いひとつの家族」、「心と心の結びつき」などのキーワードは、二〇一七年の第一九回、二〇二二年の第二〇回の両党大会の政治報告の文面にも現れている[14]。

だが、擬似血縁共同体の論理は、共同体の「イエ」イメージがもつ権力性も想起させる。「中華民族」という家族において、家政を取り仕切る家長はいったい誰なのか。個人支配の傾向が強まる権威主義体制の中国と異なり、民主主義体制の台湾ではそれは自明ではない。「天然独」と呼ばれる台湾アイデンティティを有する台湾人青年にとっては、中台をひとつ家の兄弟と語ることさえ容易には受け入れがたいであろう。

これに対し習近平は、中台の間には「離れていても互いに助け合うという自然の感情と民族のアイデンティティ」が存在する、「自然の血縁の結びつきはいかなる力でも切り離せない」など、自然発生的な親愛の情、同じく中国語の「天然」を強調するにとどまる。[15] 仮に、現状のまま中台統一が実現した場合、「天然」をめぐるそうした中台の認識と立場の違いを、実際政治の面で埋めるのは、「中華民族の父」、すなわち、擬似血縁共同体の家長を目指す習近平の父権主義的な強権支配であろう。[16]

なお、こうした自然発生性に基づく擬似血縁共同体という習近平の「中華民族」観念は、一九二四年に行われた有名な「三民主義」[17]の連続講演のなかで示された、民族形成の駆動力を「自然の力（中国語では天然力）」と表現した孫文の民族観念とまさしく同一のものである。

（3）単独行動主義の強化、「現状」をめぐる米国と中国の相克

二〇一五年三月、全国政協の会議に参加した習近平は、「根本的にいえば、両岸関係の方向性を決定するカギとなる要素は、祖国大陸の発展進歩である」[18]と発言した。このように、台湾問題の解決――中国にとっては統一――の成否が、終局的には、中国の国力伸長と強国化のいかんに帰着するという政治的発想を、さしあたり単独行動主義と呼ぶこととする。

習近平政権の単独行動主義の傾向は、先行研究の多くが指摘している。中国当局による台湾人向けの社会経済上の優遇政策を分析した松本充豊によれば、その際立った特徴は、「中国側が一方的に決定し、実施している」[19]点にある。すなわち、台湾への強硬策はもとより、融和策についても、習近平はあたかも台湾の政権党がいずれの党であっても

関係ない、恩恵の施しは自分から台湾民衆への直接的な贈り物だ、といわんばかりの態度をとっている。台湾の政権が市民の負託を受けて成立している以上、それは台湾の民意を無視するに等しい。

同様に、習近平時代の台湾政策を包括的に論じた最近の研究成果も、中国指導部による台湾政策の「内部化（中国語では内在化）」を指摘している。[20] ここで「内部化」とは、中国の台湾政策が、「中国共産党の内部でまったく一方的に策定、成立」し、中台間の「協議の過程が含まれていた馬英九時期のようではないこと」をいう。同時に、台湾政策の形成と執行の過程において、福建省をはじめ、中国の各地方政府の役割増大も意味している。

単独行動主義はまた、台湾問題の解決において、中国の軍事力と経済力への依存を高める一方、問題の当事者性の点で台湾の存在感が低下し、台湾問題をして、米国と中国の覇権競争における、重要だが、複数ある争点の一つに矮小化させる危険性もはらんでいる。

今日の覇権国である米国は、現状維持を掲げる台湾への軍事支援を強化する一方、二一世紀半ばまでに米国に代わる覇権的地位を目指す中国は、台湾という「失地回復」の現状変更を至上課題と位置づけている。習近平の立場からすれば、彼方の現状維持のサポートは、此方の目標追求への妨害にほかならない。それゆえ、協調と対立の間を揺れ動く短中期的な状況変化は別にして、長期的には米中の和解は困難であり、時間の推移とともに対立が激化するとの結論が導かれる。「外部勢力による『台湾カード』の使用は、台湾をして、中国の発展と進歩を抑制し、中華民族の偉大な復興を妨害するための布石としている」、「米国の一部の勢力は、『台湾をもって中国を制する（中国語では以台制華）』ことをたくらみ、あれこれ策を練りながら『台湾カード』を使っている」といった台湾白書の一節[21]は、中国側の抱くそうした疑念を率直に表現している。

（4）社会経済の各種優遇策による台湾人青年層の取り込み

習近平政権は、台湾の一般市民、とくに若者の支持獲得にも熱心である。「台湾同胞に大陸の発展のチャンスを共有させ、台湾青年に十分な才能の発揮と成功実現の舞台を提供する」[22]との趣旨に基づき、台湾の人びとに恩恵を与えるという意味の「恵台政策」が推進されている。

恵台政策はもともと、胡錦濤時代の二〇一〇年に、台湾の民主進歩党（民進党）の支持基盤である「三中」（台湾の中南部地域、中下層所得者、中小企業）の切り崩しを狙って開始された[23]。だが、二〇一四年に台湾で発生した「天然独」世代の若者を中心とする民主的大衆運動の「ひまわり学生運動」が大きな社会的うねりに発展すると、これに衝撃を受けた中国は、「三中」に加えて、青年層も懐柔対象とする「三中一青」のスローガンを掲げるようになった。二〇一七年には、「一代一線」（青年層と社会の末端コミュニティのリーダー）の取り込み方針が新たに提起された。これを受けて中央政府は、二〇一八年と二〇一九年にそれぞれ「恵台三一条」と「恵台二六条」と称する恵台政策の骨子を発表し、これに呼応して福建省など各地方政府も独自の施策を次々に打ち出していった[24]。

ここにみられるとおり、恵台政策の目的は、中国大陸での就労就学を含む台湾人青年への各種支援、中台間の青年交流の促進を通じた、中華人民共和国に対する台湾人青年の帰属意識の涵養にある。すなわち、「天然独」の台湾人若年層の政治的包摂である。表9-2は、台湾の馬英九、蔡英文の両政権に対する習近平指導部の台湾政策の要点をまとめたものである。表中、注目されるのは、政治、経済、外交、軍事の各分野は、時期的変化がみられる一方、社会政策における青年重視の姿勢は変わっていないことである（表9-2社会・③）。

おそらく習近平の政治認識においては、中華人民共和国に対する帰属心理の醸成を目指す台湾人青年への社会経済的恩恵の付与と、平和的体制転換の防止を目的とする中国人青年への格差是正策の提出、「共同富裕」的分配重視の

表9-2　馬英九、蔡英文両政権期における習近平指導部の台湾政策の要点

	馬英九（2008〜2016年）	蔡英文（2016年〜2024年5月）
政治	①92年コンセンサスと「一つの中国」原則の遵守 ②経済協力をテコとした政治対話の実施	①92年コンセンサスと「一つの中国」原則の遵守 ②反分裂、反台湾独立、新型コロナ防疫を利用した独立への反対 ③「習五点」に基づく平和統一の促進
経済	①台湾への利益供与と民生、経済分野での「恵台」協議 ②大陸からの観光客、留学生の台湾訪問の拡大	①経済による統一促進と「恵台」政策の洗練化、「恵台」措置の実行 ②大陸からの観光客、留学生の台湾訪問の制限
外交	①外交休戦 ②台湾に対する一定の外交空間の提供、中華民国と国交を有する国への断交圧力の緩和	①「戦狼外交」 ②台湾の国際生存空間への圧力行使、国交を有する国への切り崩し工作の実行
軍事	軍事的な相互信頼の基本的実現と、台湾海峡での領土主権の共同擁護の主張	「グレーゾーン紛争」の実行と、台湾民衆への武力行使の威嚇
社会	①文化、人心、地方交流の呼びかけ ②中台の地域協力と「台湾海峡西岸モデル」の推進 ③「三中一青」（民進党の支持基盤である台湾の中南部、中小企業、中下層所得者と青年）を重点対象とする統一戦線工作	①中台の「心霊契合」（心と心のむすびつきの意味）の追求 ②台湾の民心と士気への打撃を目的とする「三戦」（世論戦、心理戦、法律戦）戦略の運用 ③「一代一線」（台湾の青年と末端コミュニティの中核的人物）を重点対象とする各種の中国住民待遇の付与

出典：陳欽進「習近平対台湾政策——兼論一国両制台湾方案」国立金門大学国際暨大陸事務系、碩士論文、2022年7月、132頁。ただし、本論の趣旨に基づき、内容を一部省略。

姿勢は、「中華民族」を構成する次世代市民の支持獲得という点で、合わせ鏡のような対応関係をなしている。

（5）福建省を主な舞台とする「両岸融合発展」の経済、文化交流と人的往来の促進

台湾白書では、「両岸の融合発展」促進のため、経済協力、インフラ接続、エネルギー流通、業務規格の四つの分野の共有、協力の範囲のさらなる拡大も謳われた。具体的なプロジェクトとして、台湾が実効支配する金門、馬祖島と大陸の福建省沿海部との間で、水やガスの供給、海上橋梁の架設などが言及されている[25]。

「両岸融合発展」の語は、二〇一九年三月の全人代会議で、福建省代表団の討議に参加した習近平が、「海峡両

岸の融合発展の新たな道」の模索の必要を指摘したうえで、台湾海峡を挟んで対岸に位置する福建省が、「融合発展推進の手本」を示すよう指示したことに由来する。[26] 習近平は二〇二一年三月の福建視察の際にも、融合発展の加速を訴えた。[27] これを受けて二〇二二年八月、中央政府は、福建省全体を対象とした「海峡両岸融合発展モデル地区」の創設を決定し、翌二〇二三年九月には、経済、社会、文化交流の促進を柱とする政策文書が、党中央と中央政府の連名という高い政治的格付けで発出された。[28]

なお、これらの動きと前後して、金門の水不足解消のため、二〇一三年六月には、福建省と金門県の双方の水道事業会社が、「金門の用水問題の解決に関する共同意見」に合意し、二〇一五年七月に水の供給契約を締結した。二〇一八年八月から通水事業が実際に開始された。[29]

以上のように近年では、「両岸の融合発展」のかけ声のもと、政策実践の舞台として福建省の存在感が高まっている。経済的アピールの点でいえば、福建よりも経済先進地の上海や広東の方が、台湾人ビジネスパーソンにとっては魅力が大きいであろう。にもかかわらず、福建がことさらクローズアップされる理由は、経済合理性とは別に、福建と台湾の言語、文化的共通性や先祖の出身地（祖籍）としての心理的つながりなど、擬似血縁共同体の論理が重視されたものと推察される。加えて、福建で長年働いた習近平個人の思い入れが影響していることも間違いないであろう（後述）。

（6）一国二制度による「台湾の香港化、中国化」の推進

二〇一九年一月、習近平は、五つの項目からなる台湾政策の基本方針、いわゆる「習五点」を発表した（表9-2 蔡英文・政治・③）。それによれば、中台統一のあかつきには、台湾では、一国二制度のもと、現行の社会制度や生活様式、個人の権利と財産、宗教信仰が保障される一方、その前提として「国家の主権、安全、発展の利益の確保」が明

記された[30]。台湾白書も、香港と同じく、統一後の台湾（本項以下、統一台湾とも記す）が「特別行政区として高度な自治」を実行するものの、「一国」が「二制度」の基礎であり、前者が後者に優越することを強調した[31]。

台湾版の一国二制度に関し、習近平指導部は、「一国」優位の観点から、前任者たちとは異なる二つの政策変更を決定した。第一に、台湾の国家性と主権性を理論的に否定した。習近平政権の発表した台湾白書では、鄧小平や江沢民が言及し、過去の白書で認められていた[32]統一台湾における独自の官僚機構と軍隊の保持の記述がなくなった。この結果、台湾に保障されるべき「高度な自治」の範囲が狭められた。第二に、香港の「高度な自治」が実践面で無効化され、「香港政治の中国化」が進んだ。二〇二〇年六月の香港国家安全維持法の制定は、その代表例である。

果たして統一台湾も「台湾政治の香港化」、つまりは「台湾政治の中国化」に帰着するのか。二〇一五年十一月に、習近平が馬英九に語ったとされる次の言葉は、その可能性が高いことを示唆する。一九四九年に分裂国家状態となって以降、中台のトップが初めて対面したこの歴史的会談の席上、習近平は、中台の間で、社会経済面の協力と人的交流を拡大する一方、政治面では相互内政不干渉の堅持を求めた。

> 六十有余年の間、両岸は異なる発展の道を歩み、異なる社会制度を実行してきた。〔発展の〕道と制度の効果のいかんは、歴史によって検証され、それぞれの人民によって審査される必要がある。両岸はともに、発展の道と社会制度についての各々の選択を互いに尊重し、この種の対立が両岸の交流協力を妨げ、同胞の感情を害するのを避けなければならない[33]。

統一による領土の一体化と相互内政不干渉という相矛盾する要求——それはイデオロギー的魅力の点で、台湾の民主主義体制に対する中国の権威主義体制の劣勢を、はからずも習近平自身が認めていることの証しにほかならない。

この点、一国二制度の政治的リスクをめぐる外部の観察者と中国の為政者の認識は大きく異なる。前者の懸念は、北京から香港、中国から台湾に向かう「一国」優位の干渉と抑圧の力である。後者にとっては、「二制度」による自由民主主義の自国内部への物理的包摂に伴い、香港または台湾から中国本土（China proper）に放出される自由化と民主化のイデオロギー的影響力、及びこれに起因する体制転換の危険性が問題視される。インターネット空間と異なり、自国の領土内に自然人として実体的に存在する変革のエネルギーは、物理的強制力なしに排除できない。こうした政治的構図が続く限り、香港と同じく、統一後の台湾でも「高度な自治」は成立しえない。

二 「中華民族の偉大な復興」に対する台湾の意義

習近平指導部にとって、台湾政策は独立して存在しているわけではない。以下にみる三つの重点課題、すなわち、ナショナリズムの動員、既存の権威主義体制の維持、海洋進出の取り組みを優先しつつ、それらの延長線上にある台湾関連の施策を進めるなかで、おそらくは最終段階まで残されるであろう仕上げのプロジェクトこそ、台湾統一／併合（以下、煩瑣を避けるため、台湾統一と略記）ということになる。[34]

（1）中国ナショナリズムと「東西」対抗の政治的磁場——歴史の復仇と二一世紀の覇権競争

前述のとおり、台湾問題をめぐる習近平の理解は、徹頭徹尾、中国ナショナリズムの政治的文脈のなかで解消される。その根底には、近代中国が経験した帝国主義列強による侵略、対外関係の不名誉への怒りがある。「わたしはしばしば、中国近代史の歴史資料を読むが、落後して殴られるという悲惨な情景を目にするとすぐに、心底、沈痛な思いになるのだ！」[35]という言葉は、習近平の偽らざる心境と思われる。とくに、台湾の日本植民地化を決定した一八九四～一八九五年の日清戦争とその講和条約である下関条約（中国側の呼称はそれぞれ甲午戦争、馬関条約）は、習近平の歴史認識において大きな位置を占めている。習近平のみるところ、日清戦争こそ、今日の台湾問題の起源にほかならない（後述）。

事実、最高指導者となって以降、習近平は、日清戦争のエピソードにたびたび言及している。二〇一三年十一月には、中央軍事委員会主席として、軍幹部に対し、北洋艦隊の壊滅や台湾喪失の国辱を銘記すべきことを呼びかけている。日清戦争勃発一二〇周年の二〇一四年には、敗戦の教訓の一つとして軍内の腐敗蔓延を挙げた。党、政府、軍の汚職撲滅に対する習近平の断固たる意志は、腐敗による軍の戦闘力低下という日清戦争の反省にも由来しているのかもしれない。

〔済南〕軍区が面している黄海と渤海湾では、かつて中華民族の辛酸と屈辱の歴史が生じた。近代以来、西側列強は、黄海と渤海湾から数十回にわたりわが国に侵入した。とくに一八九四年の中日甲午戦争では、北洋艦隊の全軍が壊滅し、清政府は、主権を失い国家を辱める「馬関条約」の締結を迫られた。（中略）甲午戦争は、中国の発展過程を中断させ、民族の苦難を深め、民族の覚醒も激発した。われわれは、この歴史を国民への警告と戒めとし、将兵を教育すべきである。国の恥を忘れること勿《なか》れ、と。（二〇一三年十一月、済南軍区の業務報告を聴取した際の発言。傍点引用者、以下同じ）[36]

今年〔二〇一四年〕は、甲午戦争勃発から一二〇周年である。最近、〔中国の日刊紙の〕『参考消息』に、軍の専門家と学者が甲午戦争の失敗の教訓を研究した文章が連載された。いくつかの分析には見識があるとわたしは思った。国の恥を忘れること勿れ、恥を知るは勇に近し。われわれは、必ずや血の教訓を総括しなければならない。

（中略）中華民族は、血と涙の歴史、屈辱の歴史を永遠に忘れないだろう。甲午戦争の失敗の原因は多方面に及ぶが、一つは腐敗問題、一つは人事の不適当、さらにいま一つは危機意識の不足であった。（二〇一四年三月、第一二期全人代第二回会議の解放軍代表団全体会議での発言[37]）

一方、そうした屈辱の歴史の影が濃ければ濃いほど、中国は、現代世界で光り輝く存在になる必要がある。実際、習近平によれば、新興国の間では、欧米の政治体制を範とする従来の発展モデルへの幻滅とともに、中国の提示する代替モデルへの支持が広がりつつある。二〇一七年一月の米国ドナルド・トランプ（Donald Trump）政権の誕生は、その象徴的出来事にほかならない。トランプ大統領の就任からちょうどひと月後、習近平は、米国の著名なテレビドラマシリーズで、合衆国大統領を主な登場人物とするフィクションの政治劇、「ハウス・オブ・カード」に言及して米国の政治状況を揶揄した。時期的にみて、トランプを意識しての発言であったことは疑いない。

以前から一部の西側の国は、自分たちの政治体制のモデルを世界最良と吹聴し、救世主のような偉そうな態度で、「デモクラシーの拡大」を至るところで推進し、「カラー革命」を扇動してきた。いまや一部の西側の国は、社会対立で引き裂かれ、統治者集団は暗闘を繰り広げ、党派は排斥し合い、政治スキャンダルが絶えず世間をにぎわせ、国家ガバナンスの矛盾は山積し、現実版の「ハウス・オブ・カード」を演じており、西側の統治者集団に対する民衆の失望は頂点に達している。（中略）非常に多くの発展途上国のリーダーは、わたしとの会話のなかで、西側の政治体制モデルに懸念を示し、中国の発展の道を学びたいと述べ、「東に眼を向けよ（中国語では向東看）」は、一種の時代的潮流となっている。（二〇一七年二月、中央軍事委員会拡大会議での発言[38]）

ただし、「向東看」で表現される中国的発展モデル、いわゆる「中国式現代化」への共感は、国際政治の力の次元では、本来の役割をなお十分に発揮できていない。米国と中国をそれぞれの盟主とする西方世界と東方世界について、西から東へのパワーシフト、「東昇西降」は歴史の必然だが、現状では「西強東弱」の状況が続いている。二〇二〇年代に入り、新型コロナウイルス感染症の世界的流行を経て、東西の力の角逐は激化している。勝利への長期的確信と短中期の劣勢という情勢認識、及び、トランプのような予測可能性の低い指導者への対応の二つを勘案しつつ、習近平政権は、台湾を米国との武力衝突シナリオを含むリスク管理の最重点対象とみなしている。

世界は過去百年来みられなかった大きな変化が加速度的に生じ、新型コロナ肺炎の大流行の影響は広くてかつ深く、国際情勢の不安定性と不確定性が明らかに増している。（中略）第一は、大国間の戦略ゲームの顕著なヒートアップである。パワーの国際的配分が大きく変化し、「東昇西降」は歴史の大きな趨勢である。だが、「西強東弱」の全体的態勢はなお根本的には変わっていない。主要なパワーは今まさに戦略的な格闘の渦中にあり、西側の大国同士、西側の大国と新興発展途上の大国の間、新興発展途上の大国同士の各関係には新たな変化が生じ、権力、利益、地政学をめぐる闘争は非常に激烈である。（二〇二〇年十二月、中央軍事委員会拡大会議での発言[39]）

新型コロナの感染拡大の影響を受け、グローバルな混乱要因とリスク地点が増え、不安定性と不確定性が高まっている。特定の国によるわが国への戦略的抑制と封じ込めは緩和されず、かえってひどくなっている。イチかバチかの軍事的冒険の可能性も無視できない。新型コロナを口実とした台湾当局の「独立」活動もやまず、周辺の一部の国もこれを奇貨として騒ぎをもくろんでいる。情勢が複雑になるほど、軍事の能力を鍛えておかなければならない。（二〇二〇年五月、第一三期全人代第三回会議の解放軍と武装警察部隊の代表団全体会議での発言[40]）

（2）一党支配に対する民主化リスクの震源地——一国二制度による台湾、香港の中国化

習近平にとってあらゆる政治的発想の根本は、カラー革命や和平演変と呼ばれる平和的体制転換を防止し、一党支配を中核とする既存の支配体制を維持することである。統一後の台湾統治のあり方も、むろん例外ではない。

一国二制度の先駆けである香港の場合、二〇一四年の「雨傘運動」と二〇一九〜二〇二〇年の政治危機を経て、香港の「高度な自治」はすでに無効化された。これに関する習近平の発言からは、香港情勢をカラー革命の危機と捉えたうえで、香港を中継地とする大陸本土への自由民主主義の波及阻止、これによる「香港政治の中国化」の意図がみてとれる。

> 香港で最近発生した事態は、「オキュパイ・セントラル」の違法な活動をはじめ、表面的には、反対派とそれに扇動された一部の学生、市民が行動している。だがその背後では、西側の国が介入し、香港という場所を利用して、われわれに「カラー革命」を試しにやってみようと考えているのだ。〔中略〕一部の者は、香港での「翻天」〔反逆や謀反の意味〕を望み、〔一国二制度の〕政治制度の発展にかこつけて、香港を中央の管轄から離脱させようと考えている。それは絶対に承諾できないし、絶対に思いのままにさせてはならない。（二〇一四年十月、一八期四中全会第二回会議での発言(41)）

わたしはなんども述べてきたが、「一国二制度」の方針貫徹は揺るぎなく、変わらず、動揺しない。だが同時に、全面的に正確であらねばならず、本来のあるべき姿を失ったり、形を変えたりしてはならない。「一国」は「二制度」の前提にして基礎であり、「一国」がなければ「二制度」など話にならない！　香港がどれほど特殊で

あろうが、中国の領土の一部である。「一国」の原則にかかわる重大な政治問題では、旗幟鮮明にしなければならず、ルールを破り、ボトムラインを越えた者は誰であろうと、断固として跳ね返さねばならない。（二〇一七年六月、人民解放軍駐香港部隊視察時の発言[42]）

西側の一部の国は、わが国への西洋化と分裂の戦略を強め、わが国での「カラー革命」の策動に注力している。その目的はわが党の指導とわが国の社会主義の制度を覆すことにある。香港の「条例修正騒動〔中国語では修例風波〕」は、まさにそのわかりやすい例証にほかならない。（二〇一九年十二月、中央軍事委員会拡大会議での発言[43]）

引用文中の「条例修正騒動」とは、逃亡犯条例修正案をめぐり、二〇一九年六月から二〇二〇年にかけて香港で発生した民主化運動とそれへの当局による弾圧を指す。習近平のこの言葉から半年後の二〇二〇年六月末には、香港国家安全維持法が施行された。

習近平の立場からすれば、一国二制度は、「失地回復」という民族の悲願実現と同時に、国内からの自由民主主義のイデオロギー攻勢の深刻なリスクも負うことになる。そうした獅子身中の虫、トロイの木馬との対決は、特別行政区の地域レベルにとどまらない、支配体制全体の存続を賭けた、まさしく生きるか死ぬかの闘争であり、そうであるがゆえに香港で行われたような自国民への過剰な暴力行使も正当化される。逃亡犯条例修正案をきっかけとする香港市民の大規模な異議申し立ては、習近平の眼には、まぎれもなくそうした範疇の政治闘争として映ったのである。中国による台湾統一が実現した場合、同様の政治危機の発生、あるいは、自由民主主義の政治慣行が香港以上に定着している台湾では、いっそう苛烈な抑圧が行われる可能性が高いことは、十分に予想されよう。

また、前節でみた台湾政策との直接的関連では、一国二制度下での中国軍の駐留について、習近平は、一九八〇年代の中国とイギリスの香港返還交渉を振り返りながら、「香港に軍を駐留させるべきか否かの問題をめぐり、われわれはイギリス人と尖鋭な闘争を行った。鄧小平同志は、中国の領土である以上、軍隊を駐留できないことがあろうか！　と気迫のこもった力強い言葉を発した。その後の実践の進展からみて、香港への軍の進駐というわれわれの当時の決定は非常に正確であった」(44)との認識を示している。ここから推察するに、統一後の台湾では、台湾軍の維持は認められず、中華人民共和国の主権の証しとして中国軍が駐留するだろう。

（3）シーパワー強化による覇権実現の橋頭堡――海軍力増強と海洋進出の積極化

習近平にとって台湾は、「中華民族の偉大な復興」に向けた海軍近代化の歴史的象徴にして、海洋地政学上の戦略目標の意味合いももっている。この問題を考えるカギも、やはり日清戦争の敗北、とくに北洋艦隊の全滅である。二〇一八年六月、習近平は列車と船を乗り継いで、かつて北洋艦隊司令部があった中国近代海軍発祥の地、山東省の劉公島にある「甲午戦争博物館」を訪れた。見学後、「わたしはずっとここに来たいと思っていた。来てみたらインスピレーションと教えを受けた」(45)との感想を述べた。習近平は、同年七月に開かれた「軍のある重要な会議」でも、前月に「劉公島にわざわざ行き、北洋艦隊の砲台跡と甲午戦争の史実展覧を参観した」ことに触れている(46)。

日清戦争の故地に対する習近平のこだわりは何に由来し、そこでいかなる学びを得たのか。答えは、劉公島行きの約一年前の二〇一七年五月、習近平が、大校（上級大佐または准将に相当）以上の海軍軍人を前に行った演説のなかに見出せる。ここで習近平は、①世界史に登場した「真の世界強国」が、ランドパワーとシーパワー（中国語で陸権、海権）の両方を発揮しうる国であったこと、②前近代の中華の王朝も、明朝の鄭和による南海大遠征や「海のシルクロード」の交易などに努めてきたが、近代に入って以降、列強の侵略によって両パワー発展の歩みを挫折させられたこと、③中国が今後目指すべきは「陸権海権兼備国家」の実現であり、そのために強大な海軍力をもつべきことを力説した。
とくに②と③の論点に関し、日清戦争の敗北こそが台湾問題の起源であり、日本と米国によって制約を受ける海洋地政学の難点を打ち破り、第一列島線を越えて広く太平洋に進出すべく、海軍力のさらなる強化を明確に指示している。

海洋、海権、海軍の問題について、わたしは繰り返し強調してきた。全体的にいえば、われわれが、国家を大から強へと発展させるには、海洋経営の能力と実力〔中国語では「経略海洋能力和実力」〕の強化が必要であり、それには、強大で現代化された海軍を作り上げなければならない。これは、国家と民族の前途命運にかかわる大事である。歴史が示しているのは、陸権と海権の両方を兼ね備えた強国こそ、真の世界強国ということだ。〔中略〕海権は大国の盛衰浮沈に影響を及ぼす重要な要素である。大航海時代以来、海洋は大国が奪い合う必争の地であり、大国角逐の重要な舞台でもあった。歴史に出現した世界強国は、「無敵艦隊」を擁したスペイン、「海の御者」と称されたオランダ、「砲艦植民」で「太陽の沈まない帝国」を作り上げたイギリス、「シーパワー論」に依拠して覇権を画策する米国、これらほぼすべてが海洋強国で、みな強大な海軍を有していた。一五八八年のイギリス・スペイン海戦〔アルマダ海戦のこと〕、一八〇五年のイギリス・フランスのトラファルガー海戦、一九〇五年の日本・ロシアの対馬沖海戦、一九四二年の米国と日本のミッドウェー海戦は、当該国家の発展の方向を直接に転換させ、世界史の進展に影響を与えた。海軍が強大で、海権が振興すれば、国運は隆盛となる。これは歴史がわれわれに教え伝えている重要な教えである。〔二〇一七年五月、海軍の業務報告を聴取した際の発言〕(47)

近代以来、西側列強が海からわが国に頻々と侵入し、ときには数隻の軍艦と多くの軍人が来て、好き放題に駆け回り、当時の封建統治者に不平等条約の締結を迫ることができたのだ！　わたしは甲午戦争の例になんども言及してきた。北洋艦隊の全滅で、わが国の海防の大門が破られ、侵略者が思う存分に出入りし、わが国の領土を侵略、占領した。のちに締結された「馬関条約」は、朝鮮に対する日本の統制を承認し、遼東半島、台湾省、澎湖諸島を割譲した。台湾問題は、実際にはこのときから禍根が埋め込まれたのである〔中国語では「台湾問題実際上従那個時候就埋下了禍根」〕。この歴史は心を深く傷つけるものだ！（中略）海洋強国を作り上げ、陸権国家から陸権海権兼備国家へと歩みを進めることは、重大な戦略的決定である。われわれが現代化を実現し、中華民族の偉大な復興という中国の夢を実現するには、必ずや海洋に向かい、海洋経営を進め、海権を守らねばならない。（同前。傍点引用者、以下同じ）

海洋経営のためには、国家の領海主権と海洋権益を擁護しなければならない。過去数年間、われわれは積極的に向上に励み、入念に計画を立て、東海防空識別区〔東シナ海防空識別区のこと〕を設定し、南海の島礁建設〔南シナ海の人工島建設のこと〕を進め、一連の重大な突破を獲得し、海洋経営のために有利な条件を創り出した。だが、次の点もみなければならない。わが国の海洋地政学の環境は相対的に不利であり、近海は半封鎖の状況、すなわち第一列島線で隔てられた様相を呈し、外洋への進出ルートは他者の制約を受けている〔中国語では「近海呈半封閉状、被島鏈阻隔、出海通道制於人」〕。これが、われわれが直面しなければならない現実である。海洋でわが国への戦争がひとたび発生すれば、海軍が真っ先に受けて立つのだ。準備をしっかりと行い、必要なときはいつでも戦地に赴き、戦いに勝つことを確実に保証しなければならない。（同前）

「強大な力をもって中国海軍は世界の海に勇躍せよ。海洋で武力衝突が起これば、必ずや勝利を収めよ」。居並ぶ将軍たちにこう発破をかける中央軍事委員会主席の姿を考慮すれば、少なくとも習近平時代に限っていえば、日本を含む周辺諸国の抑止力の整備を抜きにして、アジアの平和と安全、とくに台湾海峡、東シナ海、南シナ海を中心とする海洋地域秩序の安定の維持は、およそ現実的ではなかろう。

（4）習近平の「個人独裁」と重要人事の特徴

台湾政策のキーパーソンたち

二〇二二年から二〇二三年にかけて成立した第三期習近平政権において、トップの習近平を除けば、職位と経歴からみて台湾政策のキーパーソンは、王滬寧（党中央政治局常務委員、全国政協主席）、王毅（党中央政治局委員、党中央外事工作委員会弁公室主任、国務院外交部長）、宋濤（党中央台湾工作弁公室主任、国務院台湾事務弁公室主任）の三名である（肩書はすべて本書執筆時点の二〇二四年十月現在。本項以下の人名と肩書も同じ）。このうち王滬寧は、第一期政権の発足当初から、馬英九政権期に行われた習近平と台湾側要人との会談について、そのほとんどすべてに同席した(48)。

また、二〇二二年十月の二〇回党大会開催時点で、王滬寧と宋濤はともに六七歳で、公職引退の目安とされる上限年齢に達しており、六九歳の王毅に至ってはそれを超えていた。同大会を経て選出された計二四名の中央政治局委員のうち、王毅は、習近平本人（六九歳）、及び、習近平の長年の友人で中央軍事委員会副主席である張又俠（七二歳）とともに、定年の例外措置を受けた数少ない人物の一人である。六八歳以上の外交と軍事のベテラン専門家を当該部門の責任者に配したことは、この二つの政策分野に対する習近平の重視の姿勢がみてとれる(49)。

同じことは、台湾政策についてもいえる。表9-3に示した台湾政策の実務機関である国務院台湾事務弁公室（以下、国台弁と略記(50)）の場合、主任の宋濤は、二〇一五年から二〇二二年まで党中央対外連絡部長を務めたのち、二〇二三年には、六七歳で全国政協の教育科学衛生体育委員会の副主任となり、半ば引退の身であったが、半年後の同年十二

表 9-3　歴代の国務院台湾事務弁公室主任（1988 年～2024 年 10 月）

氏名（生年）	在職期間	着任時の年齢
丁関根（1929 年生）	1988～1990 年	59 歳
王兆国（1941 年生）	1990～1996 年	49 歳
陳雲林（1941 年生）	1996～2008 年	55 歳
王毅　（1953 年生）	2008～2013 年	55 歳
張志軍（1953 年生）	2013～2018 年	60 歳
劉結一（1957 年生）	2018～2022 年	61 歳
宋濤　（1955 年生）	2022 年～現在	67 歳

註：着任時の年齢は、満年齢ではなく、着任した年から生年を機械的に差し引いたもの。一つの目安として示す。
出典：各種資料に基づき筆者作成。

月に国台弁主任の要職に電撃的なカムバックを果たした。このサプライズ人事が、習近平の強い意向を受けたものであることは疑いない。宋濤は、習近平派のなかでも福建省出身またはそこでの業務経験をもつ福建グループに属し、一九八八年の国台弁創設以来、過去最高齢で主任の職に就いた。初代主任の丁関根を例外として、習近平時代の主任三名（張志軍、劉結一、宋濤）は、それ以前に比べて着任時の年齢が高くなっている。

同じく、台湾政策関連の執行機関である全人代華僑委員会と全国政協香港マカオ台湾華僑委員会についても、二〇二三年にそれらの責任者となった于偉国（華僑委員会主任委員）と劉賜貴（香港マカオ台湾華僑委員会主任）もやはり福建省で長年勤務し、習近平の福建時代以来の部下である。宋濤、于偉国、劉賜貴のいわば「福建台湾三人組」は、年齢も同じ一九五五年生まれの六七歳である（年齢は二〇二三年着任時点、本節以下の年齢も同じ）。このように台湾政策の立案と執行では、習近平は、自派のなかでもとくに、台湾と歴史、地理、社会的にかかわりの深い福建グループを中心に、年来の腹心を重用している。

側近政治の内実と「時間」重視の人事

以上の事柄は、習近平の側近政治や重要政策の実務責任者の人選をめぐる問題にも関係している。これに関する現時点（二〇二四年十月現在）での筆者の仮説的見解は、次のとおりである。

習近平と子飼いの部下たちの関係をめぐるいくつかのエピソードから判断するに、習近平は、信頼できる少数の腹心の部下の意見には、比較的よく耳を傾けている可能性が高い。換言すれば、習近平は長年連れ添った部下に対し、分掌責任を負う特定の政策分野については、それなりに実質的な裁量権を与えつつ、最終判断は自分が行うというように意思決定を行っているとみられる。(51) 例えば党中央では、経済は李強（国務院総理）、党務と治安は蔡奇（党中央弁公庁主任）が、習近平による最終決定と裁可を受ける前段階での政策選択と情報の取捨選択を行うという感じである。半面、習近平は、経歴の面で自分と同格の政治家や引退した年長者、及び、少数サークルの部下以外の新参者的幹部たちの意見はさほど重視しないのではないか。仕事上の付き合いを通じて、ビジネスライクに他人を信頼し、仕事を任せることが苦手なタイプと思われる。(52)

李強に関し、筆者がヒアリングした複数の日本政府、メディア関係者の証言によれば、二〇二三年四月の林芳正外務大臣（当時）との会談や二〇二三年六月のドイツとフランスの歴訪での高官対話の席上、李強は事前に準備された発言要領の紙にあまり拘泥せずに話していたという。それは、「自分なりの解釈と言葉で外国要人に意見を述べても、習近平は理解してくれる。自分が説明すれば、ボスの同意を得られる」との李強の自信の表れともいえる。二〇二二年十二月のゼロコロナ政策の解除に果たした李強のイニシアチブなども合わせて考慮すれば、李強と習近平の関係は相当に親密であり、経済社会政策に関して、習近平は李強の意見や提案をかなりの程度受け入れている可能性がある。

習近平はまた、演説や文章のなかで、「党中央の精神」をしっかりと把握して各自の仕事に精励せよと繰り返し述べている。ここで党中央の精神というのは、まさしく「習近平個人の思考や気持ち、発想のクセさえもよく理解せよ」という意味であり、この点でもっとも有利なのは、長年連れ添った部下や秘書である。その典型が、李強（国務院総理、浙江省時代の秘書）、蔡奇（日本の内閣官房長官にあたる党中央弁公庁主任、福建省時代から約四〇年来の付き合い）、丁薛祥（国務院筆頭副首相、上海時代以来の秘書で前職は習近平弁公室主任）の三名である。彼らは、二〇回党大会を経て中国政界のトップ・セブンにまで出世した。

以上から明らかなように、重要ポストで習近平の抜擢を受けるには、互いの人柄や性格をよく知るための「時間」がなによりも必要であり、その資格をもつとみなされた側近たちには、習近平は個人的信頼に基づき、それぞれの所管業務について、比較的大きな裁量を任せることができる。最終的な決定権と、決定主体である「看板としての習近平」を維持しつつ、「オレは聞いていない」という状況も回避できる。そうでなければ、多くの重要事項の決定権を一手に掌握している「独裁者」の習近平は忙しすぎて物理的に手が回らないであろう。

自身が重要と考える政策分野の実務責任者を選ぶに際し、「時間」、「能力」、「実績」、「肩書」（学歴を含む）、「家柄」、「派閥」などの各要素のうち、少なくとも外面的にみる限り、習近平にとっての個人的信頼は主に「時間」——地方指導者時代が長かった習近平の場合、「時間」は「出身地」にも重なる——に依拠し、ほかは本質的にすべて二義的である。

三期目の政権運営にあたり、習近平は、軍事と台湾関連では、専門家としての自負をもつ自分以外に、長年の友人や地方指導者時代以来の部下のなかから、「時間」を共有した専門家を抜擢した（張又俠と福建台湾三人組）。外交では、地方指導者時代が長かったため、二〇一二〜二〇一三年の第一期政権発足時には適当な人物が周囲に見当たらず、胡錦濤前政権からの王滬寧と王毅を留任させ、その後一〇年間で彼らの忠誠心と能力を見極めたのである。

だがこの結果、政策アドバイザーの部下たちの平均年齢が高くなる傾向は避けられない。それゆえ、ありうるかもしれない第四期政権（二〇二七〜二〇三二年）では、側近集団の若返りが図られない場合、ボスの習近平（二〇二七年時点で七四歳）ともども、指導部人事と官僚支配の硬直化や、政策イノベーションの低下がもたらされた旧ソヴィエト連邦のブレジネフ期のような状況——「大いなる停滞」といわれた長期政権化した老人政治（gerontocracy）——に陥る可能性が高いであろう。

また、少数部下による決定関与の点で、「個人独裁」の実態が「チーム習近平」の側近政治であったとしても、それは言葉の厳密な意味で個人の単独意思決定でないことを指すにすぎない。意思決定の主体の数が、習近平一人ではなく、習を中心とする数名であったとしても、元来が気配りと忖度を本務とする秘書のような人物によって提出される意見や提案の多様性、意思決定の幅はおのずと限られている。

一般に、企業統治に優れた企業では、経営判断に参画する主要なメンバーのなかに社長秘書が含まれないように、中国共産党でも従来、党中央弁公庁主任は政治局常務委員ではなかった。この点、蔡奇や丁薛祥の常務委員への昇格は、習近平以外の常務委員の実質的な格下げと同義である。習近平の側近政治は、①総書記を除く他の常務委員の地位低下、すなわち「その他大勢」化、②一部側近への個人的信頼に基づく権限移譲、③指導部人事の硬直化と高齢化のリスクによって特徴づけられるであろう。

三　台湾政策の「原風景」、認識の「古層」としての福建省時代(53)

一九八五年から二〇〇二年の約一七年間にわたり、習近平は台湾正面に位置する福建省で暮らし、党と政府の業務に励んだ。この間、アモイ市副市長（一九八五～一九八八年）に始まり、寧徳地区党委員会書記（一九八八～一九九〇年）、福州市党委員会書記（一九九〇～一九九六年）、福建省党委員会専従副書記（一九九六～一九九九年）、福建省長（一九九九～二〇〇二年、うち一九九九～二〇〇〇年は代理省長）へと出世の階段を上がっていった。三二歳から四九歳という人生の中堅期に、政治家としての手腕を磨くなかで、習は、台湾と軍事のスペシャリストとしての自覚を深めるとともに、一定の他者評価も獲得した。このときの記憶と経験が(54)、前節までにみた習近平の主張と実際の政策を下支えしている。

（1）官僚政治家としての栄達と台湾海峡危機——二人の「恩人」、李登輝と胡錦濤

習近平の福建省勤務時代には、中台関係をめぐる重大な政治的緊張状態と軍事的危機がいくどか発生した。党と政府の官僚機構において、習近平が昇進を重ねることができた主な理由として、「太子党」の門閥のほかにも、それらの危機状況への対応が挙げられる。

第三次台湾海峡危機と福建省党委員会専従副書記への就任

一九九五年七月から一九九六年三月にかけて、中国は、台湾の周辺海域で弾道ミサイルの発射実験や、台湾の軍事占領を想定した陸海空軍の合同演習など、大規模な軍事演習を複数回にわたって実施した[55]。世にいう第三次台湾海峡危機である。当時の江沢民指導部の狙いは、一九九五年六月の李登輝中華民国総統の訪米への抗議とともに、翌九六年三月末に台湾で初めて実施された、台湾住民による総統直接選挙に軍事的圧力をかけることであったとされる。同月行われた三軍合同演習では、中央軍事委員会副主席であった張万年が現場視察を行うなど、大規模かつ格の高いものとなった[56]。

福建省の海岸線とその周辺の空海域で行われた一連の軍事演習に際し、当時、福州市党委員会書記兼福州軍分区党委員会第一書記の職にあった習近平が、どのような任務や役割を負っていたのか、詳細は不明である。だが、中央の関係部門と連携して現場レベルで軍への支援業務に努めたことは、同時代の資料からも確認できる。

例えば、一九九五年七月十四日に開かれた福州市の「対台湾工作報告会」で、習近平は、「両岸関係と福州市の対台湾工作などの関係する問題」について講話を行った[57]。同年八月七日には、福州を視察訪問した陳雲林国務院台湾事

務弁公室常務副主任（当時）に対し、福州の台湾工作の状況報告を行っている[58]。前後の状況と時期からみて、中央と市の間で、軍事演習を含む中央の台湾政策の基本方針や進捗等に関する情報共有と意見調整がなされたものと推測される。このとき陳雲林は、福州在住の台湾人実業家たちとも面会し、李登輝の訪米を非難しつつも、中台の政治的対立が経済協力には影響しない旨を言明し、投資や貿易のさらなる拡大を呼びかけた[59]。同年九月初めには、「台湾同胞投資保護法」の福州での実施状況を点検した全人代関係者に対し、習近平は彼らが提出した改善意見に基づき、今後の対応策を回答するなどした[60]。

さらに、一九九六年二〜三月には、福州市の連江、平潭の両県で、「三軍連合上陸作戦」など陸海空の各部隊による「重要な軍事演習」が行われ、市の党委員会と政府は、「軍を擁護し前線を支援する活動」に協力した。同年六月、市の党委員会と市政府は、軍の任務完遂に貢献した団体や個人に対し、「一九九六年支援前線擁軍工作」の「先進単位、先進個人」の表彰を行った[61]。

また、この間の一九九六年三月末、習近平は、それまでの福州市委書記から一級上の福建省党委員会に異動し、対香港、対台湾の関連事務を所管する省党委の専従副書記となった[62]。すなわち、中国軍による大規模な演習のさなか、史上初の総統直接選挙で李登輝が当選した直後、台湾海峡ではいまだ軍事的緊張状態が続くそのタイミングで、習近平は、台湾問題を担当するポストに昇進したのである[63]。軍への支援協力など、第三次台湾海峡危機に対する市党委員会書記としての働きぶりが、栄転の理由の一つであったことは間違いなかろう。習はその後、一九九六年十一月には、省党委員会台湾工作領導小組の二名いる副組長の一人にもなった（組長と筆頭副組長はそれぞれ省党委員会書記と省長）[64]。

李登輝「二国論」と陳水扁・民進党政権の登場、福建省長への就任

一九九九年七月、ドイツのラジオ放送の取材に対し、李登輝は、中国と台湾は「特殊な国と国との関係である」と発言し、いわゆる「二国論」を提唱した。二〇〇〇年三月には、台湾独立志向の強い民進党の陳水扁が、第二回直接民選総統選挙に勝利し、同年五月に総統の職に就任した。台湾で平和裏のうちに政権交代が実現し、一九八〇年代半ば以来の民主化過程が一つの完成をみた。

台湾側のこうした動きに対し、中国側は強く反発し、中台関係はふたたび対立状況に転換した。とくに二国論に対しては、一九九九年夏にはまたも軍事演習が実施されたが、同年九月の台湾大地震の発生をきっかけとして、緊張関係は一応の収束に向かっていった。

一方、福建省では、一九九九年六月に前任の省長が転任して以来、約二カ月間、省長不在の状態が続いていたが、八月初めになってようやく習近平が代理省長に任命された(65)(これによりその後の省長就任も確定)。この間の事情について、当時の台湾紙の報道には、現地取材に基づく興味深い説明がなされている。「福建省政府役人の指摘によれば、多くの人物が勝負を競っていた福建省長と省党委員会の職位は、長期にわたって意見の相違があり、これまで最終決定ができなかった。しかし今回、両岸関係の緊張にちょうど出くわしたことで〔中国語では適逢〕、中国共産党中央は、福建の状況を熟知した当地官僚のなかから省長を選ぶのがより適切と考え、そのため福建で多年任職している習近平が〔昇進〕レースを勝ち抜いた」(傍点引用者、以下同じ)(66)。

同じ記事はまた、習近平の経歴を振り返るなかで、習が「一九七九年から一九八二年まで中国共産党中央軍事委員会秘書長であった耿飈《こうひょう》の秘書を務め、(中略)福建省委副書記を務めていた時期には、対台湾工作を分業担当し、福建省の官僚のなかでは、軍隊と福建に熟知し、また台湾の状況を理解している数少ない官僚である」と紹介している。別の記事も、「習近平が選出されたのは、おそらくは彼が福建と台湾の状況を知悉しており、両岸関係が緊張しているときにはより適当な人選であると、一般には考えられている(67)」と記している。

付言すれば、複数候補者のなかから省長を選出するにあたり、当時の中央指導者のうち、少なくとも公的に重要な役割を果たしたのは胡錦濤であった。同じく台湾紙の説明によれば、前任省長の異動後、「中共中央政治局常務委員の胡錦濤が〔北京から〕南下して福建省に赴き、人事を選定し〔中国語では選官〕、以前から福建省の省委副書記を担当していた習近平を昇進させ、代理省長に就任させることを決定した」[68]。記録によれば、当時、中央政治局常務委員兼国家副主席の要職にあった胡錦濤は、確かに一九九九年六月十八〜二十四日の間、一週間という比較的長期の日程で、福州やアモイなど福建省内だけの視察旅行を行っている[69]。この間、福建省側の業務報告を聴取した胡錦濤は、「省党委員会と省政府のメンバーが、一致団結して物事をいささかもおろそかにせずまじめに取り組むという良い伝統、良い業務態度を引き続き発揚」すべきことなどを指示した[70]。視察の表向きの目的は、市場化改革のもとでの思想政治工作強化の呼びかけと福建の取り組み状況の点検という漠然としたものであり、実際には、江沢民の名代として党中央を代表して空席となった省長職にふさわしい人物の選定、候補者の人となりの見極め、人物推薦の役目を担っていたとみられる。

これらの証拠からは、①太子党の代表格であったとはいえ、習近平の福建省長への昇任が、必ずしも既定どおりの順調なものではなかったこと、②習近平が省長の座を射止めることができたのは、幸運にも世紀末の転換期に発生した中台関係の悪化と、台湾と軍事の二つの重要政策のスペシャリストとしての評価、危機対応への期待が大きかったこと、③省長抜擢の過程では、胡錦濤の果たした役割が大きかったことがわかる。とくに②については、一九九九年当時からそうした定評を得ていたことは見逃せない。

実際、習近平は省長就任後も、ひきつづき台湾政策や軍の役職を兼務し、関係業務に注力した。二〇〇〇年六月には、省党委員会台湾工作領導小組の筆頭副組長兼外事工作領導小組組長に就任し、同年七月には、省国防動員委員会主任にもなった[71]。二〇〇一年発行の解放軍の雑誌に掲載された文章には、「省長兼職の予備役師団第一政治委員は、確かにいまでは軍全体のなかでも多くはいない。客観的にいって省長当選後、習省長の仕事はますます忙しくなっているが、習省長は決して予備役師団政治委員の職責の履行をおろそかにしていない。むしろ、予備役の業務をいっそう重視するようになっている」[72]との記述がある。追従の意図が含まれるとはいえ、軍内での評価が高かったことは事実であろう。

以上をまとめると、習近平の昇進はまさしく李登輝のおかげ、李登輝は習近平が出世競争を勝ち抜くうえでの――胡錦濤とは違った意味での――「恩人」といっても過言ではない。その「恩」を返すべく、省長として習近平は、台湾人企業家への政治的懐柔や福建省内での経営活動への安心供与に努める[73]一方、李登輝を名指しして二国論を批判したり、海峡有事への備えとして国防力の整備を呼びかけたり、陳水扁による「一つの中国」承認拒否の態度を非難したりした[74]。

二〇〇二年十月、福建省から浙江省への転出が決定した直後、前出の台湾紙は、次のような習近平の紹介記事を掲載している。習近平は、当時の遼寧省長の薄熙来、湖北省党委員会書記の兪正声とともに、「中共政界の三大プリンス」の一人であり、江沢民と胡錦濤に次ぐ中国の「第五世代後継者グループのなかでもっとも注目を集める明日のスター」である。同時に「習近平は、福建で長年勤務し、福建と台湾の間には特殊な地政学的、歴史的関係がある。それゆえ中国大陸の三一名の省長のうち、習近平と台湾の関係はもっとも密接といえる」[75]。

このように、二〇〇〇年代初め頃には、習近平は、父親の威光だけでなく、政治家としての本人の実力も一定程度認められていた。台湾問題とそれに関連した軍事のエキスパートにして、胡錦濤の有力後継候補として、福建と台湾の現地社会ではよく知られた存在だったのである。

(2) 台湾政策の原型――擬似血縁集団と台湾特別区構想

習近平の福建在任期間(一九八五～二〇〇二年)には、一九九二年の鄧小平の南巡講話、一九九五年の江沢民による台湾政策の基本方針（江八点）の発表、二〇〇一年一月の「小三通」（福建省と金門、馬祖島間の通商・通航・郵便業務の実施）の実現などを経て、社会経済分野を中心に中台関係は急速に発展した。福建と台湾の経済交流や人的往来も進んだ。省党委員会専従副書記や省長の時期には、習近平も折に触れて、台湾人企業家による福建への投資拡大や本格的な「三通」の早期実現を呼びかけた。(76) 任地と台湾の経済協力深化のため、習近平がとくに重視したのは、①地縁に基づく華僑華人ネットワークの活用、②福建省内の台湾特別区の創設であった。

「第三回世界福州十邑同郷大会」と「国際招商月」キャンペーン

①の代表例として、福州市党委員会書記時代の一九九四年十月には、習近平の強いイニシアチブのもと、福州を祖籍とし、香港、台湾、東南アジアを中心に世界各地で活躍する華僑華人のビジネスパーソンが参加した「第三回世界福州十邑同郷大会」が招致開催された。(77) またこれに合わせて約一カ月の間、「招商」と呼ばれる投資呼び込みの大規模商談イベントが初めて実施された。この「国際招商月」キャンペーンは翌一九九五年以降定例化され、その後一九九九年には、「海峡両岸経済貿易交易会」と改称して、現在（二〇二四年十月時点）まで毎年開かれている。(78) なお、福州十邑とは、清朝時代の福州府が一〇の県を管轄したことに由来する福州市の古称である。

前記の同郷大会には、有名無名の華僑華人の企業家をはじめ、国内外から約三〇〇〇人が参加し、習近平は、大会の記念品として、みずからを編者として序文を記した書籍を、香港の出版社から刊行させるという熱の入れようであった。(79) 別に作成された大会パンフレットには、「十邑一家、情系福州（十邑は一つの家族、福州への愛情という意味）」との題詞を寄せている。(80) この言葉が象徴するように、習近平は、経済交流における「探親」（離れた土地に暮らす家族や親族を訪問すること）的な心情と人間関係の動員の有効性、その交流成果の大きさを実感したと思われる。

「福州投資区」、「海峡両岸経済協力福建実験区」、「閩東南経済区」の提起

習近平は、同じく福州市党委員会書記であった当時、「福州台商投資区」の設立とその拡充を通じ、「福州と台湾の経済協力の総合実験区」へと発展させることも提案した[81]。省長就任時にも、「海峡両岸経済協力福建実験区」や「閩東南経済区」の早期設立を呼びかけている[82]。

これらの目的について、習近平は、①「面積と人口が台湾と同規模の閩東南経済区」を成立させ、それが「台湾の経済に追いつき、台湾に一国二制度を実行するためのモデル」の役割を担うこと、②「経済区が経済発展を開始すれば、台湾住民との生活水準の差が縮まり、そのときに台湾は、〔大陸との〕過大な経済格差を理由として統一を遅らせることができなくなる」と説明している[83]。台湾企業への各種優遇措置とともに、台湾人学生の福建省内での就学促進など、文化交流の拡大も謳われた[84]。

二〇〇二年に習近平が福建から離任すると、これらの計画は立ち消えとなったが、台湾統一を想定した福建の台湾特区構想に対し、習近平はその後も関心をもち続けた。台湾本島にもっとも近い中国本土の島として知られる福州市の平潭島に、「福州（平潭）総合実験区」が成立すると、二〇一〇年九月、当時、国家副主席であった習近平は、同区を「福建と台湾の交流の重要な基盤とし、両岸の共同計画、共同開発、共同管理、共同経営、共同受益の新たなモデル」として開発を推進すべきことを指示した[85]。党総書記就任後の二〇一四年十一月には、平潭の現地視察を行い、実験区が「福建と台湾の協力の窓口であり、国家の対外開放の窓口」として、「両岸の経済と産業の協力」を深めることを要求した[86]。

表9-1に示した擬似血縁集団の論理に基づく中台関係理解、恵台政策における台湾青年層の政治的取り込み、福建省を主な舞台とする両岸融合発展などの政策的要点には、以上のような福建時代の習近平自身の原体験が、部分的にであれ、反映されていることは間違いなかろう。

（3）対台湾秘密工作——辜振甫など台湾各界要人への接近

本書の第四章でみたように、習近平は、天安門事件後に着任した福建省の省都、福州の地で、「場」のナショナリストとして発現した[87]。福州ゆかりの近現代史の人物や事績に注目し、洋務運動の一環として清朝が創設した中国初の海軍学校である「船政学堂」などを称賛する一方、福州がアヘン戦争の敗戦後、一八四二年に締結された南京条約で開港させられた歴史を有することや、一八八四年の清仏戦争中、福州沖で清朝の福建艦隊が壊滅した馬江海戦の敗北を「恥辱」と記した[88]。

習近平がとくに高い関心を寄せたのは、福州出身で、船政学堂を経て英国の海軍大学留学中に西欧思想を学び、中国近代最大の啓蒙思想家——一説に中国の福沢諭吉——とも評される厳復[89]（一八五四〜一九二一年）であった。表9-4は、習近平が福州市党委員会書記、福建省党委員会専従副書記、福建省長を務めた時期に、習が関与した厳復関連の学術イベントの一覧である。このように習近平は、厳復に関する文章や演説を複数発表している（表9-4 ②④⑧⑨）。福建時代の習近平のナショナリズム信条において、厳復は大きな位置を占めている（後述）。

同時に、習近平が厳復に注目した理由には、台湾政界への政治工作という現実的な思惑もあった[90]。厳復の孫娘の厳倬雲は、台湾側の対大陸窓口機関である「海峡交流基金会」董事長の辜振甫の夫人であった。折しも一九九三年四月には、辜振甫と大陸側カウンターパートの「海峡両岸関係協会」会長の汪道涵による初の中台交流窓口のトップ会談が開かれ、中台関係発展の機運が高まっていた。

同様に、厳倬雲の実妹の厳停雲は、第二次世界大戦後の台湾で複数の新聞社の社長を務め、一九九〇年代以降は大学経営にも携わった台湾メディア界の大物、葉明勲の夫人であった。のちに葉明勲は、「二二八事件記念基金会」の理事や中華民国の総統府顧問などの公職にも就任した。厳姉妹と葉明勲はみな福建出身で、辜振甫の祖籍も福建省で

表9-4　福建時代の習近平と厳復のかかわり

年月	事項	習近平の活動
① 1993年11月	「'93厳復国際学術討論会」開催[1]	・約2年後に、成果物が刊行（→④）
② 1994年1月	「福州市厳復生誕140周年記念大会」挙行	・習近平本人の出席と講話の発表[2] ・大会では、愛国主義教育の拠点の一つとして、福州市内にある厳復の旧宅修復と記念館の開設も決定[3]（→⑦）
③ 1994年12月	「厳叔夏先生追悼記念会」挙行	・厳復の子息である厳叔夏の追悼記念会の開催に際し、題詞（「把愛国主義精神発揚光大」）を献呈[4]
④ 1995年12月	書籍『'93厳復国際学術討論会論文集』刊行	・序文の寄稿[5]
⑤ 1996年1月	福建省厳復学術研究会の発足	・祝賀状の送付[6] ・同研究会の「顧問」就任[7]
⑥ 1997年12月	「厳復と中国近代化学術シンポジウム」開催	・成果出版物（1998年5月刊行）に題詞（「厳謹治学　首倡改革　追求真理　愛国興邦」）を献呈[8]
⑦ 2001年10月	福州市内の厳復旧居の修復工事、開始[9]	
⑧ 2001年11月	「厳復逝去80周年大会、及び、『科学と愛国』出版式、学術シンポジウム」開催	・書面講話の発表[10]
⑨ 2001年11月	単行書『科学と愛国――厳復思想新探』刊行	・編者は習近平、序文も寄稿[11]

註：
1　「『'93厳復国際学術研討会』側記」『福州晩報』1993年11月10日。
2　習近平「在福州市紀念厳復誕辰一百四十周年大会上的講話（1994年1月6日）」、福州市紀念厳復誕辰一百四十周年活動籌備組編『厳復誕辰一百四十周年紀念活動専輯』（限定配布資料）奥付なし、1994年7月、1-7頁。
3　姚金泰「在厳復紀念館設計方案征求意見座談会上的講話（1994年1月8日）」、同上、10頁。
4　本書編委会編『厳叔夏紀念冊』福建教育出版社、1995年9月、頁数記載なし。
5　習近平「序言」、福建省厳復研究会編『'93厳復国際学術研討会論文集』海峡文芸出版社、1995年、1-4頁。
6　「省厳復学術研究会成立」『福州晩報』1996年1月30日。《福建精神文明建設概観》編輯委員会編『福建精神文明建設概観』福建美術出版社、1998年、75頁。
7　祝文善「厳復思想的深入研討和認知――評薦《科学与愛国・厳復思想新探》」、福建省厳復学術研究会『厳復逝世八十周年紀念活動専輯』（限定配布資料）2001年、奥付なし、21頁。
8　福建省厳復学術研究会、福州市厳復研究会編『厳復与中国近代化学術研討会論文集』海峡文芸出版社、1998年、頁数記載なし。
9　前掲、福建省厳復学術研究会編『厳復逝世八十周年紀念活動専輯』12頁。
10　習近平「在紀念厳復逝世八十周年暨《科学与愛国》首発式上的講話（2001年11月9日）」、同上、2頁。
11　習近平主編『科学与愛国――厳復思想新探』清華大学出版社、2001年。習近平「序一」、同Ⅰ-Ⅱ頁。
出典：各種資料に基づき筆者作成。

である。かくして習近平は、福建人である厳復を交流対象として、辜振甫や葉明勲に接近を図ったのである。

例えば、表9‐4のうち、習近平が顧問を務めていた⑤の「福建省厳復学術研究会」の設立目的は、「厳復を研究し、厳復の愛国精神を発揚し、中華民族の優秀な文化を発揚し、海峡両岸の交流を促進すること」[91]と規定されている。⑧のシンポジウムで閉幕の挨拶に立った同研究会の副会長は、参加者が「厳復の愛国思想を対台湾問題へと関係づけ、『台湾独立』に反対し、『一国二制度、平和統一』という中央の方針を擁護」[92]したと述べて、会議の成果を強調した。

一九九五年には、同じく研究会副会長が、台湾で辜振甫夫妻に面会した[93]。

また、表9‐4の①②③⑧のイベントでは、各主催団体は、辜振甫と葉明勲の両夫妻に福州訪問と会議の参加を招請した。なかでも③の追悼対象の厳叔夏は、厳復の息子で、倬雲、停雲姉妹の父親であった人物である。主催者側は、準備期間に招待状を三回も送付し、「叔夏先生の台湾在住の長女、厳倬雲女史」と「彼女の夫である辜振甫先生、妹の厳停雲女史とその夫の葉明勲先生らが福建を訪れ、記念会に参加するよう希望を伝えた」という[94]。だが、政治的な配慮からか、両夫婦はともに業務繁多や体調不良を理由に申し出を断り、代わりにそのつど、親族連名の祝賀電報や、招待への謝意と不参加を詫びた手紙を送っていた模様である。これらは成果出版物のなかに、一部または全文が収録公開されている[95]。

学術交流を装ったこれらの統一戦線工作が、習近平の意向を受けていたことは間違いない[96]。習近平自身、上記⑧では大会前日の晩、厳復の子孫を含む参加者一同と会見し、宴席も主宰している[97]。辜振甫ら重要人物との対面はおそらく果たせなかったが、習近平は厳一族の間では良好な評価を得ることには成功したようである。親族の一人で、当時全国政協委員であった人物は、「福建福州のふるさとの各指導者、とくに厳復研究論文集『科学与愛国』を支援し、編集を務めてくれた習近平省長に対し、衷心より謝意を表します！」[98]との言葉を残している。

なおその後、福建省政治協商会議を主催団体として、二〇〇四年二月に福州市で開催された厳復生誕一五〇周年記念大会兼学術シンポジウムには、ついに厳倬雲（のみ）が参加して開会の挨拶を行っている。[99] すでに浙江省党委員会書記に転任していた習近平であったが、この大会にもわざわざ祝賀状を送り、「厳復を顕彰して先哲の歴史的功績を追想することは、愛国主義精神の発揚、及び、民族の全面復興と祖国統一の大業の促進に重要な意義をもつ[100]」ことを記している。厳復に対する習近平の思い入れの強さがうかがわれる。

（4）厳復と日清戦争をめぐる歴史認識と領域観念——海軍、台湾、沖縄・琉球

党総書記の習近平にとって、民族主義感情の焦点の一つが、「屈辱の近代」に対する歴史の復仇、とくに日清戦争の敗北への怒りにあったことは、既述のとおりである。そして、その精神的契機は、一九九〇年から二〇〇二年まで勤務した福州という土地柄（例、アヘン戦争の講和条約である南京条約の開港地[101]、清仏戦争の馬江海戦の敗戦地、船政学堂の創立地、台湾が実効統治する馬祖列島まで直線距離で約六〇キロメートルの近さ）と、そこでの厳復——卓越した翻訳家、思想家、教育家で、なによりイギリス仕込みの海軍教官の経歴をもつ——との邂逅にあると思われる。

福建時代の習近平にとって、厳復は、愛国主義の熱情と信念の人であった。二〇〇一年、自身が編者を務めた厳復の研究書に寄せた序文では、「一八九四年の中日甲午戦争後、中国が帝国主義列強のほしいままに侵略される蚕食瓜分の対象」となった状況を目撃した厳復が、「救亡図存の闘争に身を投じた」ことを称賛した。[102]

一九九四年一月、日清戦争勃発百周年に行った演説では、①厳復の生きた時代が、中国が「亡国滅種の危機」に瀕した「中国史上もっとも暗黒で屈辱に満ちた時代」であったこと、②今日の中国人民も「愛国主義の旗のもと、一致団結して振興中華」に努めるべきことを力説した。[103] 習近平がとくに注目したのは、中国初の近代的海軍教育を受け、自分もそれを講授する立場にあった厳復が、フランスや日本との海戦の敗北、なかでも日清戦争での北洋艦隊壊滅の報に接したときの挫折と焦り、亡国への危機意識、愛国心の奮起であった。

一八七九年、彼〔厳復を指す〕が〔英国の海軍大学の〕留学から帰国したまさにそのとき、日本による琉球の併呑〔中国語では日本呑併琉球〕に出くわし、悲痛の思いで述べた。「三〇年ならずして、藩属ことごとく尽き、我を縲《からめ》て老牸《ろうし》と為《な》すのみ！〔三〇年以内に、清朝の領土と藩属国がすべて消滅し、外国に服従させられるという意味〕」。一八八四年、〔清仏戦争の〕馬江海戦の惨敗のあと、彼は李鴻章ら洋務派の「新政」に不満の意を表し始めた。一八八四年〔正しくは一八九四年〕、中日甲午海戦で北洋艦隊の全軍が壊滅したことで、彼はいっそう沈黙できなくなった。愛国の激情を発し、「身は自由を貴《とうと》しとし、国は自主を貴しとす」、ひとたび独立を失えば、「その生も死にしかず、その存するも亡《ほろ》ぶにしかず」と考えた。（中略）清政府が李鴻章を日本に派遣し、日本が提出した「講和条約」の条項を受諾するつもりであることを聞き知るや、（中略）抗戦継続を呼びかけ、売国条約〔下関条約のこと〕の調印に反対した。[104]

引用文中、習近平のいう「日本による琉球の併呑」とは、日本と清朝への琉球の「両属」を否定し、琉球藩の廃止と沖縄県の設置を断行した一八七九年の廃琉置県処分（琉球処分、琉球併合）を指している。また、「日本呑併琉球」という中国語のセリフは、習近平のこの演説の内容を比較的丁寧に紹介した当時の新聞紙面には出てこない[105]。だが、一九九八年に福州市で発行された内部刊行物に収められた複数の論文中にも、同様の表現がみられる[106]ことから、少なくとも一九九〇年代の福州の半公式的な言説空間においては、決して特異な歴史認識ではなかったと思われる。

このように一九九四年当時の習近平は、①清朝の海軍力の弱体化、②「売国条約」による台湾割譲、③廃琉置県処分の既成事実化[107]、そしておそらくは、④日清戦争時期になされた一八九五年一月の尖閣諸島（中国名、釣魚群島）の沖縄県編入について、厳復の言葉と心情を介し、百年前の厳復の悲憤慷慨の気持ちや領域版図をめぐる認識を共有したとみられる。

事実、福州市党委員会書記時期の習近平が、これらの話題に関心をもっていたことには、いくつかの傍証がある。①に関して一九九一年九月、北洋艦隊の軍艦「済遠」の艦長で、歴史的汚名を着せられた方伯謙（福州人、船政学堂卒業。日清戦争の黄海海戦の敗北の責任を問われて処刑された）について、公正な立場から学問的評価を行うとの趣旨で研究集会が開催された。これに対し習近平は、招待されたものの、事前に手配済みの別の公務により参加できない旨の陳謝を伝えた手紙をわざわざ送っている[108]。

同様に習近平は、一九九四年十月に、「中国近代海軍の揺籃で、日清戦争の海戦での多くの参戦者と犠牲者の故郷である福州」で挙行された日清戦争百周年記念大会にも、挨拶の手紙を送っている[109]。なお、この記述にみられるとおり、先の方伯謙を含め、「定遠」（艦長、劉歩蟾）や「鎮遠」（艦長、林泰曾）など、北洋艦隊の主力戦艦の艦長を務め戦いで犠牲となった者の多くは、福州人で船政学堂の出身者であった。このうち例えば劉歩蟾は、戦闘不能となった乗艦を自沈させた責任をとって劉公島で自殺した。北洋艦隊の敗北は、とりわけ福州人にとっては消えない歴史の痛みなのである。
③については、福州の姉妹都市である沖縄県那覇市の市制七〇周年と姉妹都市締結一〇周年にあたり、一九九一年五月、習近平は、那覇市内で挙行された「姉妹都市友好サミット」に参加した。席上、習近平は、福州の観光振興への意欲とともに、「福州に残る琉球館、琉球人墓を全面修復する予定」と発言した[110]。中国側の説明によれば、「福州琉球館」は、「明清両朝と琉球国（今日の日本沖縄県）との友好往来」に際し、琉球国の使者の投宿先であった[111]。那覇での約束にしたがい、建物は復元改修され、翌九二年十二月には沖縄県の関係者を招いて開館式が催された。福州で客死した琉球の使者や商人が葬られたかつての琉球人墓も整備された[112]。一方、那覇市にも、当時の習近平の言葉でいえば、明朝以来、福州と那覇の「六百年に及ぶ交流史の結晶であり縮図」として、福州側の設計と施工により中国式庭

園の「福州園」が開園した[113]。ほかにも習近平は、沖縄県や那覇市の政治家や実業家などの訪問団、明や清の時代に琉球王国に来訪した福建人の末裔（いわゆる「久米三六姓」）とされる那覇市民のグループらとも、しばしば面会の機会をもった[114]。そうした厚遇ぶりの理由としては、沖縄県と李登輝率いる当時の台湾との関係緊密化の防止という福建省側の政治的狙いもあったとみられる[115]。

琉球に対する当時の習近平の思い入れが、投資や貿易、観光を通じた沖縄県との政治経済的紐帯の強化を超えて、厳復のいう冊封・朝貢体制のもとでの藩属であった琉球王国とのつながりを「復元」しようとする試みであったとするのは、いささか深読みにすぎるであろう。

ただし、厳復と日清戦争を媒介とする海軍力増強と海洋レコンキスタの歴史認識と領域観念は、習近平が最高指導者の地位に居続ける限り、現実政治での争点化の可能性は否定できない。福建時代には、分散的で緩やかな連関にとどまっていた個々の歴史事象の位置づけと、曖昧であった自身の政治行動の意味づけが、国家のトップである現在、意思決定や政治判断の根拠としてかつての記憶が呼び起こされたり、台湾問題や海洋進出に関する現実の政策展開と知的に共鳴したりするなかで、二〇二〇年代の現状と将来目標に即した新たな解釈や目標を獲得し、それに基づいた具体的な政治実践へと発展していくことは十分にありえよう。その際、習近平が歴史的に想起する「回復すべき失地」には、台湾と尖閣だけでなく、琉球も含まれるかもしれない。そのとき台湾問題は、真に、近代以来の日本人と日本国家の政治的総括の問題となる。

ともあれ習近平の政治認識のなかで、台湾問題とは、習近平個人の過去と現在、中国の近代と現代の二重の意味において、歴史と現在の間を往還する存在である。二〇二三年六月に『人民日報』紙上で報じられ日本でも話題となった、琉球をめぐる習近平の発言（「福州で仕事をするようになって、わたしはすぐに、福州に琉球館と琉球墓があったことを知った。琉球との交流の淵源は非常に深い」云々）、あるいは、同年八月の台湾訪問時に当時の麻生太郎自由民主党副総裁が日本、台湾、米国の抑止力強化の必要を「戦う覚悟」と表現したことへの中国外交部報道官の反駁の言葉（「中国はすでに、一八九五年に「馬関条約」を締結したときの清政府ではない」）[116]などは、習近平の過去の行動と言説の蓄積に照らしてこそはじめて、その政治的含意をより正確に読み取ることができるであろう。二〇二一年三月、福建省を視察した習近平は、福州市内に整備復元された厳復の旧居を訪れ、厳復の生涯に関する記念展示を参観した[117]。かつての福建省時代の記憶が、胸中に去来したであろう。

おわりに――「東アジア近代史の総決算」の可能性

本章では、習近平の台湾認識を、①指導部の推進する台湾政策の特徴と論理、②全体的な政治構想と関連する他の政策との関連（ナショナリズムの動員、支配体制の維持、海洋進出の積極化）、③中台関係の軍事的緊張と習近平の昇進のエピソードを含む、福建時代の台湾問題への取り組みという三つの要素の複合として捉え、総合的な解明を試みた。

それらのうち、中核としての②が長期的固定的性質をもつのに対し、①は指導部の直面する課題や環境に応じて、より可変的状況適合的である。③の指導者の過去の記憶と経験は、他の二つの内容に基づき、選択的に抽出、歪曲、創造されて実際政治に応用される。そして、①②③を貫く認識の補助線が「屈辱の近代」の歴史認識であり、とくに日清戦争敗北への怒りに集約される。おそらくそれは、ソ連解体をめぐる歴史の事実と語りに対し、プーチンが抱く感情と同等のものである[118]。この歴史に対する憤懣と鬱屈こそ、現状変更を志向する習近平やプーチンが共有する政治心理にほかならない。

最後に、これまでの議論を敷衍する形で、本章の冒頭で示した問い、すなわち、習近平の主導による台湾有事の可能性に言及する。本章での考察とこれまでの研究蓄積を踏まえた筆者の率直な印象は、次のとおりである。

台湾問題をめぐる習近平の政治論、歴史認識と領土観念、台湾と軍事の専門家としての自負、キャリア形成過程での台湾とのかかわりや周囲からの期待に対する長年の自覚などを総合的に考慮すると、習近平個人と指導部をとりまく内外環境に大きな変化（例、習近平の健康不安、日本や米国による抑止態勢の強化、中国経済の長期停滞とそれに起因する深刻な社会不安）がない場合、「いつ、どのように」は不明だが、習近平が最高実力者の地位にとどまり続ける限り、いずれかの時点で、領土と主権をめぐる「現状変更のための軍事行動」を起こす可能性が高いと思われる。

もとより、ここでいう現状変更のための軍事行動の中身には、(a)グレーゾーン作戦、(b)周辺海域での小規模な武力衝突、(c)台湾が実効統治する島嶼（例、金門島、馬祖島、澎湖諸島、東沙島、太平島）への限定侵攻、(d)台湾本島への全面侵攻など、さまざまな選択肢と紛争の烈度が想定される。[119] 筆者の見方は、(d)に至らない場合でも、すでに実行されている(a)はもちろん、明確な武力攻撃事態である(b)と(c)の発生の確率もかなり高い――むろんそれが全面戦争に発展しないという保証はない――というものである。二〇一二年十一月に習近平が中央軍事委員会主席に着任してのち、中国の海軍力増強の象徴として新たに就役した二隻の航空母艦には、それぞれ、北洋艦隊全滅の地である「山東」と、習近平の第二の故郷であり台湾正面に位置する「福建」の両省の名前が冠せられた。本章の議論に照らしてみれば、それらの艦名が示すところの歴史の復仇と台湾統一という習近平の政治、軍事的意欲はよく理解できよう。

これまでみてきたように、習近平にとって台湾統一とは、「中華民族の偉大な復興」の一部にして不可欠の要素であり、民族の正史にみずからの名を残すべく、生涯をかけて追求すべき政治的テーマである。それはまた、日清戦争の敗戦に象徴される「屈辱の近代」に対する復仇をも意図し、そうであるがゆえに、近代以来の日本人と日本国家の統合の枠組み、歴史的歩みに対する理論的内省と政治的総括を迫る可能性を秘めている。「戦後政治の総決算」という日本政治史の術語に倣っていえば、それは「東アジア近代史の総決算」とでも表現できようか。ただし、習近平版の「戦後政治」は、日清戦争以来、百年以上に及ぶ「長い戦後」である。この意味において、台湾問題とは確かに

「日本」の問題なのである。

終章　習近平時代の中国政治の将来、台湾問題をめぐる日本の政治戦略

前章までにおいて、筆者は、習近平時代の中国政治について、支配体制と最高指導者のそれぞれについてさまざまな角度から分析と考察を行った。それらを踏まえて終章では、今後の中国政治の展望と若干の政策提言を行う。これまでの議論で得られた知見をピースとしてそれらをつなぎ合わせながら、同時に、多少の論理的想像力を接合のパテとして足りないピースの隙間を埋めて、ジグソーパズルのように中国政治の将来図を描く。

具体的には、習近平の第三期政権（党総書記任期二〇二二～二〇二七年予定、国家主席任期二〇二三～二〇二八年予定）を含む二〇三〇年代前半まで、すなわち、向こう五～一〇年程度の中長期的な政治発展のありようを検討する。まず、筆者自身の習近平理解について、現時点までの暫定的な総括と補足を行う。次に、「伝統への回帰」をキーワードとして、中国政治の変化の方向性を論じる。最後に、習近平主導の台湾有事の発生を未然に防ぐため、日本が講じるべき対策の要点を述べる。

一　習近平研究の暫定的な総括と補足

（1）習近平の個人集権と権力闘争勝利の要因

官僚機構の巧みな操作能力

毛沢東や鄧小平と違って、現在でもなお、カリスマなき一般的な強権指導者にすぎない習近平が、二〇一二年当初の名目的な「最高指導者」から出発して、度重なる権力闘争に勝利し、毛沢東や鄧小平と並ぶ「最高実力者」として、一〇年以上に及ぶ長期政権を樹立できた理由とはなにか。その「強さ」の秘密はどこにあるのか。

主に、本書の第七章と第八章で扱ったこの問いについて、政治家の備えるべき最重要の要素、すなわち、強運と権力への断固たる意志のほかに、ここで改めて一つだけ挙げるとすれば、党、政府、軍の官僚機構に対する習近平の操作能力の高さを指摘したい（なお以下の文章では、本書のこれまでの叙述のうち、関連する論点を扱った該当の章を適宜カッコ内に記す）。

先の問いについて、高所得国、消費社会、個人と家族の時代などの言葉で表現される政治、経済、社会の基礎的な環境変化は、むろん無視できない（第八章）。また、権力基盤の形成途上にあった第一期政権期（二〇一二〜二〇一七年）では、習近平の個人的努力もさることながら、それ以上に、一部の体制エリートの協力が大きな役割を果たした。「紅二代」や「太子党」と称される門閥と、四半世紀に及ぶ地方指導者の職歴に基づく多様な政治的人脈が、最高指導者への集権化に同意し、これを後押しした（第八章）。

しかるに習近平は、そうした政治的恩義に基づく「担がれた神輿」のリーダーに甘んじることなく、一個の自律的な政治的人格として、あくまで単独意思決定者——個人独裁のいくらか価値中立的な表現——の高みを目指した。その際、習近平の政治的能力として注目すべきは、官僚政治家にして軍人政治家、そして長期にわたる地方勤務の経験をもつという、指導者としてのマルチな経歴であり、そこでの観察と経験のなかで培われた官僚機構の操作能力である（序章）。

習近平は、三つの権力主体（党、政府、軍）、四つの地方社会（河北、福建、浙江、上海）、五つの行政級（県、地区、市、省、中央）での勤務経験をもち、その昇進の階梯を一歩ずつ上ってきた（第四章）。この間、党、政府、軍の内部的な権力の作動メカニズム、政策決定や人事、活動のさまざまな手続き、規則、慣行、さらには党、政府、軍の各組織文化の特徴、所属成員の思考と行動様式に関する共通点や相違点を学習したとみられる。加えて、政治都市の特徴が際立っている首都の北京市のほかに、複数の地方社会での生活を通じ、統治の現場により近い政治、生活感覚も身につけた。

みずからもそのなかに身を置いてつぶさに実見した、改革開放以降の官僚機構の整備発展の過程を含め、上記の各権力主体の所管業務や行使可能な権力の質の違い、統治経験の垂直的水平的な広がりのいずれの面でも、現役の指導層のなかで習近平ほど現代中国の官僚制に通暁した者はまれである。官僚集団の専門分化と機能の高度化が進んだ習近平より下の世代はもちろん、同世代の指導者のなかでも、習近平に匹敵しうる人物はほとんど見当たらない。これが、他の指導者に比べて、習近平の抜きんでた強みといえる。実際にそうであるか否かは別にして、少なくとも外部の者がそのように判断しうる、多様性に富んだ職務履歴表を習近平がもっていることは間違いない。

要するに、中華人民共和国期に限らず、古代以来、中国史全般を通じて枢要な政治的位置を占めてきた支配機構としての国家、その中核である官僚制というものに対する習近平の理解の高さが、習近平の指導力の主要な源泉であった。(1) 地方指導者時代における「地方志」への着目も、中国史における官僚制の歴史の蓄積を重視した証しといえる

（第四章）。国政のトップに就いてからの巧みな官僚操作の実例としては、汚職撲滅と綱紀粛正による官僚機構の立て直し、主要な政策分野での「領導小組」の設置、党、政府、軍の業務規則や議事運営等の制改定を通じた権限の集中、「民主生活会」でのリーダー・フォロワー関係の内面化などが挙げられよう。演説や文章のなかで、習近平が批判する詳細かつ豊富な汚職の実例は、いわゆる官僚生態学的な心理や行動を知悉している様子がうかがえる。

指導力発揮の強みと弱み

もっとも、官僚機構の統制に秀でていることは、必ずしも中国政治全体に対するリーダーシップの十全たる発揮を意味しない。これに関し、第一期政権の発足以来、習近平は、自身への集権化を進めつつ、支配体制の強化と統治の質の改善を目的としたさまざまな改革に取り組んできた。これまでのところ、政治と行政の分野で大きな進展があったのは、紀律検査と司法、軍の改革である。[2] 例えば、二〇一七年の一九回党大会で修正された党規約では、腐敗抑制を目的として、地方の各レベルの党委員会に対する紀律検査委員会の地位が相対的に上昇した。当該の紀律検査委員会と同級の党委員会、及び、それより上級の紀律検査委員会による二重指導は、従来どおり維持される一方、紀律検査部門の垂直指導の強化が定められた。党委員会委員や同常務委員への処分、違反行為の調査に際しては、同級の党委員会よりも、上級の紀律検査委員会の指揮命令と調査権限が優先的に確保されるようになった。[3] これらはまさに党、政府、軍の官僚機構を対象とするもので、とくに司法と軍は「官僚のなかの官僚」といってよい。習近平の個人集権は、上意下達の指揮命令がもっとも通用するこれらの方面で大きな成果を上げている。

しかし、こうした官僚機構を対象とする改革に比べて、社会経済分野の改革の歩みは遅い。「党」と「国家」の機構改革と異なり、「社会」を相手にする改革では、利害関係を有する多くの社会経済集団との間で、対話を通じた合意形成が必要となる。だが、官僚機構の上級から下級への指示命令とそれを通じた社会の管理統制に多くを依存する習近平の政治手法では、社会の側の創造的なエネルギーを結集するのは難しい。

また、毛沢東の指導者イメージと重ね合わせて語られることの多い習近平だが、官僚制に対する両者の認識は大きく異なる。腐敗と特権、形式主義、繁文縟礼、面従腹背、縁故主義、セクショナリズムなど、官僚制の負の側面を是正するため、毛沢東時代には、官僚主義批判のかけ声のもと、大規模な大衆運動が繰り返し発動された。毛沢東のみるところ、各種の問題状況として可視化される社会からの遊離は、官僚制の自然な性向であり、それを防ぐには民衆という体制外の力を用いて、中国語で「作風」と呼ばれる業務態度の改善を、定期的かつ不断に実施しなければならない。革命家である毛沢東の政治認識の根底には、官僚制への不信が常に存在した。

一方、習近平は、同じく官僚集団による大衆の政治的疎外を警戒しつつも、その歪みの矯正は、紀律検査の強化など、もっぱら官僚機構の内部的措置に限られている。インターネット経由での密告奨励などを除けば、大衆による監視や政治浄化の活動は歓迎されない。文革と天安門事件の恐怖を忘れない習近平は、大衆運動を忌避し、非エリートの集団的政治行動は、警戒こそすれ、信頼すべきものではない。

習近平が強調する改革と反腐敗とは、それぞれ政策的惰性と組織病理への挑戦であり、見方を変えていえば官僚制への闘いでもある。それは毛沢東の政治理念とも部分的に重なる。だが、その達成手段として、大衆運動の方法で社会の不満や抗議を利用した毛沢東と異なり、習近平はあくまで中国の官僚制に内在する正の組織原理（例、レーニン主義的組織紀律、「巡視組」などの王朝体制に由来する組織マネジメント）をもって、同じくそれに埋め込まれた、規範からの種々の逸脱の克服を目指している。問題解決の発想を官僚制の閉じられた内部諸力に限定している点で、習近平はあくまで官僚政治家であり、良くも悪くも大衆政治家であった毛沢東とは異なる。

地方指導者のキャリアが長いことも、習近平のリーダーシップにとっては、強みであると同時に弱みでもある。例えば、習近平が複数の土地で務めた地方党委員会書記のポストは、まさしく任地の「王様」であり、当該地域の党や政府の機関のなかに同格の党内序列の幹部は、原則として存在しない。畢竟、構成員の権力関係も、上司と部下というシンプルなものになりやすい。彼らは共産党の垂直的な組織系統の一員として、上級からの指示命令の履行と下級への伝達に専念する。これに対し、一時は習近平のライバルと目された李克強のように、北京の中央機関に早くから奉職した者は、所属組織の上下関係だけでなく、北京に所在する他の党機関や中央官庁に勤務する、あまたの同等の位階者を相手に、日夜、協議や折衝の経験を積む。構成員の権力関係も、所属組織を超えて水平的で複雑な性質を帯びる。

この点、若き日に中央軍事委員会で勤務した数年間を除き、五四歳で中央政治局常務委員になるまで、中央機関での業務経験がない習近平は、組織における自己と他者の関係を、上司と部下、指示命令のタテの関係として処理するのが得意な半面（例、ときには部下の反対を押し切って、上位者として迅速果断な意思決定を行う）、同輩とのビジネスライクなヨコの関係構築に慣れておらず不得手とみられる。実際、二〇二二年にスタートした三期目の政権では、七名の中央政治局常務委員から、李克強や汪洋などほぼすべての同輩指導者が排除され、集団指導体制が崩壊し、「一人の上司と六人の部下」の関係になった。[4]

（2）「アマルガム」の指導者——独自性の追求と党内民主主義の放棄

本書のこれまでの叙述を参照すれば、最高指導者としての習近平は、本人が自覚しているか否かにかかわらず、文革時期の毛沢東の政治思想や地方指導者時代に見聞した鄧小平、江沢民、胡錦濤による国政運営など、中国共産党の歴代指導者から多くのものを引き継いでいる（第四章、第六章）。各リーダーからの継承内容は、大略、表10-1のようにまとめられる。[5]

こうしてみると習近平は、「継承発展」をモットーとする保守主義の指導者であり、いわゆる経路依存性（path

表10-1　習近平と歴代の中国共産党指導者の政治的共通性

	習近平の政治論を構成する基本要素、政策内容	共有要素
毛沢東	・政治活動の基本理念、権力観、組織・イデオロギー論 ・「屈辱の近代」の復仇としての「社会主義現代化強国」の実現	・大国志向の発想 -「強い中国」の希求 -「中国の独自性」の重視
鄧小平	・発展観、近代化と改革の抽象的方法論	
江沢民	・国家の発展目標と統治技術の骨格 -ビジョン：「中華民族の偉大な復興」、「二つの百周年」 -達成手段：中国的法治（「依法治国」）、ナショナリズムの動員	
胡錦濤	・ポスト高度成長期の社会変化に対応した政策的肉づけ -「科学的発展観」、「調和のとれた社会」志向の経済社会政策	

出典：筆者作成。表4-5と同じ。

dependence）傾向の強い人物といえる。建国の父である毛沢東からは、「屈辱の近代」の歴史的復仇としての「社会主義現代化強国」の実現という長期目標を受け継いだ。実際の国政運営の面では、とくに江沢民との政策的類似性、共通性が目を引く。国家目標の「中華民族の偉大な復興」、政治的スケジュールとしての「二つの百周年」（二〇二一年の党創立百周年と二〇四九年の建国百周年）への着眼、統治におけるナショナリズムの積極動員などは、江沢民期よりもさらに大きな意味合いをもって、習近平の施政に引き継がれ実行されている。

半面、これを言い換えれば、表10-1に記されていないその他の事項、例えば、外交、安全保障政策は、現在、最高指導者の地位にある習近平にとっては、みずからの名を歴史に残すための数少ない、オリジナルな手腕が発揮できる分野であり、それゆえに譲歩しにくい部分でもある。とくに「歴史」、「海」、「軍」、「台湾」などへの強いこだわりは、本文中でみたとおりである（第四章、第八章、第九章）。

また、これまでの分析と考察によれば、習近平の政治信条の主なキーワードは、マルクス・レーニン主義と毛沢東思想、「太子党」の血統意識、中国の歴史と文化への誇りである（第四章、第六章）。ただし、習近平にとっての「主義」や「思想」は、あくまで閉じられた教養の学習対象であって、毛沢東や鄧小平のような理論体系への独創はない。これまでの生涯を通じて、体制エリートとしての〈優等生〉たらんことを渇望し続けてきたことの裏返しといえようか。

一方で、前任者の意欲と実践が放棄された事柄も多い。代表例は、鄧小平と胡錦濤を中心に推進された党内民主主義の拡充策である。毛沢東と文革の反省に基づき、鄧小平が重視した集団指導体制と個人崇拝禁止の原則は、事実上、反故にされた（第五章）。二〇〇七年の一七回党大会の開催前に、党総書記であった胡錦濤が導入し、ほかならぬ習近平その人が胡錦濤の後継候補に指名されるうえで大きく貢献した、中央政治局委員の候補者選出をめぐる意向投票（予備選挙）も廃止された（第七章、継承問題との関連で後述）。

胡錦濤については、一九九九年当時、混迷していた福建省長のポスト獲得競争に際し、習近平の昇任に力を貸した事実も見逃せない（第九章）。習近平にとって胡錦濤は、省長、党総書記、中央軍事委員会主席という政治家としてのいくつかの大きな飛躍を、公式の制度と手続きに則って支援してくれたまぎれもない恩人であった。この点に関し、党総書記を辞任したのちも、中央軍事委員会のポストに数年間居座り続けた江沢民と異なり、胡錦濤が二〇一二年の時点で「党、国家、軍の事業の発展という全局的な配慮から、中共中央総書記と中央軍事委員会主席の職務をふたたび担任しないことを主体的に提案してくれた」こと、及び、胡錦濤の「提案を経て」自分が中央軍事委員会主席に選ばれたことには、習近平もかつて感謝の意を表明していた(6)。

しかるに習近平は、みずからが最大の受益者であり、約三〇年間に及ぶ鄧小平時代の間、漸進的に積み上げられてきた党内民主主義の各種成果をあっさりと捨て去った。二〇二二年の二〇回党大会では、理由は不明だが、衆人環視のなかで胡錦濤を会場から途中退出させ、結果的に前任者のメンツと威信を傷つけた。忘恩負義といわれても仕方あるまい。

（3）指導者要因による体制不安定化のリスク

持続可能な成長への懸念、将来に対する漠然とした不安

第一章で説明した習近平時代の正統性認識の三本柱に基づき、統治の安定性を考える場合、すぐあとでみるように、「豊かさ」（経済成長による所得、生活水準の向上）の長期的持続は未知数である。「便利さ」（社会経済生活の利便性や効率性を通じた身近な暮らしの満足の充足）は、現状維持または漸進的改善が見込まれるものの、イノベーションはそう簡単には起こらない。この二つに比べて、「偉大さ」（国民の国家的自尊心の増進）は、政策による即効的効果が期待できるため、指導部は、愛国主義教育のさらなる強化に努めている。統治の安定確保におけるナショナリズムへの依存度は、今後いっそう高まるであろう。

また、前記三本柱のうち、もっとも基礎的な要素である豊かさに関し、一九八〇年代以降の中国経済の発展の軌跡に関する筆者の理解のイメージは、次のとおりである。すなわち、二〇〇〇年代までの中国では、土地の公有制や戸籍制度、国有企業など、社会主義の計画経済の残存要素や制度慣行（①）と、改革開放以降、外部の資本主義経済システムとの交流を通じて学ばれたマクロ、ミクロの経済運営のグローバル・スタンダード（②）という二つの歯車が、ときに互いの摩擦や対立を経ながらも、全体的には比較的うまくかみ合い、両輪を駆動力として世界にも類をみないほどの高度成長が実現された。だが二〇一〇年代に入ると、習近平（③）という三番目の歯車が登場して先の二つの間に割って入り、しかもそれらの上位に据えつけられた結果、二〇二〇年代には、①②③のそれぞれの間で軋みや齟齬が生じ、経済の先行きに不透明感が漂っている。

習近平の経済観念は、いまや中国経済全体にとって主要なリスクの一つとみなされている。生産に対する消費の軽視、起業家の不安心理の助長、経済テクノクラートの疎外、さらには、「代償を払ってでも米国との戦いへの備えを

表10-2　第19回、第20回の両党大会の政治報告における重要語句の使用回数

	キーワード	19回党大会（2017年）	20回党大会（2022年）
①	中華民族の偉大な復興	27	15
②	安全	55	91
③	改革	70	51
④	強国	24	37
⑤	安定	17	20
⑥	改革開放	9	11
⑦	共同富裕	6	8

出典：筆者作成。

優先するという発想」に基づき、「経済的繁栄より国家安全保障を優先するようになったこと」などが問題視されている(7)。

事実、近年では、指導部は経済発展よりも安全保障を重視する姿勢を強めている。表10-2には、二〇二二年の二〇回党大会と、二〇一七年の一九回党大会の両政治報告にみられる重要語句の登場回数を示した。前後の文脈を無視して当該語句を機械的に数え上げたにすぎないが、報告の中国語文字数は双方とも全体で約三万二〇〇〇字とほぼ同じであり、それぞれの文書の重点の所在やそれが指示する中期的な発展の方向性は理解できよう。これによれば、既定目標である「中華民族の偉大な復興」が減る一方、「安全」と「強国」が大幅に増えた。日本語での安全保障を意味する「安全」は、ほかと比べて突出して多く、回数の増え方も著しい。欧米や周辺諸国との軋轢が増すなか、自国の脆弱性に対する指導部の不安やいらだち、安全保障への危機意識が増幅している様子がみてとれる。一方、「改革」への言及は減少し、改革意欲の低下を示唆する。

だが、当然のことながら、中国の一般市民にとって、個人と家庭をとりまく主な不安は、所得、医療、介護、住宅などもっぱら経済生活にかかわる問題であり、これは習近平政権発足以来、基本的に変化していない。国民の主要な問題関心と、習近平指導部のそれとの間には少なからぬギャップがある。この点、本文中でいくどか言及してきた中国側の二つの代表的な世論調査は、やはり事

実を雄弁に伝えている。

一つめに、中国のメディア機関（CCTV・CMG）による二〇一九年と二〇二一年の調査結果では、調査対象家庭の「主要な困難」（複数回答可）について、上位五つの回答は次のとおりであった。二〇一九年では、「所得」（二七・六四パーセント）、「住宅」（一八・二八パーセント）、「子女の教育」（一四・五五パーセント）、「就職」（一〇・四七パーセント）、「なし」（八・七四パーセント）。二〇二一年は、「医療」（五七・〇五パーセント）、「介護」（五四・八三パーセント）、「所得」（五三・四三パーセント）、「住宅」（三四・一八パーセント）、「就職」（二〇・五六パーセント）。[8]

二つめに、中国社会科学院社会学研究所の世論調査（CSS）では、社会保障に関する国民の認識について、二〇二一年時点の状況をみれば、「社会保障は政府の基本的な責任であり、一般庶民は負担すべきではない」と、「現在の社会保障の水準はたいへん低く、保障の役割を果たすことができていない」との質問文について、「同意する」との回答がそれぞれ、六二・八五パーセントと四九・七六パーセントであった。[9] 両質問への同意の比率は、二〇一七年以降、経年的には減っているものの、社会主義を国是として標榜する国の住民として、新自由主義の考えになお全面的に侵食されていない、きわめてまっとうな数字が示されている。

鄧小平の警告と独裁者の陥穽

毛沢東とともに、現代中国のカリスマ的指導者である鄧小平が残した数多くの言葉のなかでも、政治家としての鄧小平の明敏さを示す二つの名言がある。一つは、有名な「白猫黒猫」論で、いま一つは、あまり知られていないが、筆者が「沈黙恐怖」論と呼ぶものである。それぞれ、経済と政治に関係する警句といえる。

白猫黒猫論は、中国を経済大国へと導いた鄧小平の実用主義的志向を象徴する言葉として知られる。大躍進政策による食糧危機を脱するため、一九六二年に述べたセリフで、一九八〇年代以降の改革開放の本格化に伴い、経済改革を後押しする標語として、もととなった言葉の猫の被毛の色を変えて巷間に流布した。それは「黄色い猫でも黒い猫でも、ねずみを捕りさえすればよい猫だ」との四川省のことわざが教えるとおり、「古いワクにとらわれず、古いやり方にこだわらず」に、人びとの自主性と創造性、社会の活力を積極的に奨励すべきことを強調した(10)。

一方、沈黙恐怖論は、改革開放への一大転換を促した一九七八年十二月の一一期三中全会の直前、一カ月余りにわたって開かれた中央工作会議での演説の一節である。この演説は、「実質的には、一一期三中全会の基調報告(中国語では主題報告)である」との高い評価を受けている(11)。会議の席上、鄧小平は、四人組の主導により、自身が事件の黒幕として非難された一九七六年四月の第一次天安門事件(四・五事件)に言及した。当初、反革命事件として鎮圧された同事件が、一九七八年十一月に反革命の公式評価が覆されたことを肯定しつつ、次のように述べた。

先頃、天安門事件〔四・五事件を指す〕について名誉回復を行ったが、全国の各民族人民は喜びに沸き立ち、人民大衆の社会主義的積極性は大いに盛り上がった。大衆による意見の提出は許されるべきだ。たとえごく少数の下心のある不満分子が、民主を利用して騒動を起こそうとしても恐れることはない。処理は適切に行うべきで、大多数の大衆には是非の分別があることを信じるべきだ。革命政党にとって、恐ろしいのは人民の声が聞こえないこと、一番恐ろしいのはしんと静まり返っていることである。現在、党の内外で真偽不明のクチコミのような情報が増えている。これは、長期にわたり政治的民主が欠如していたことの罰なのだ。(中略)人民大衆の提出する意見には、むろん正しいものもあれば、間違っているものもあり、分析を加える必要がある。党の指導とは、人民大衆の正しい意見をまとめ上げることに長じ、正しくない意見に適切な説明を行うことである。思想問題については、いかなる場合も圧伏の方法を用いてはならず、「百花斉放、百家争鳴」を真に実行しなければならない。大衆の間に少しでも議論があり、わけてもやや鋭い議論があると聞くやいなや、「政治的背景」や「政治デマ」を追及し、事件に仕立てあげ、打撃を加えて抑圧する。こうした悪質な仕事のやり方は、断固やめさせるべきだ。毛沢東同志が述べていたように、そうした状況は、実際には、軟弱の表れであり、神経衰弱の表れである。われわれの各レベルの指導者は、いかなる状況であれ、大衆と対立する局面を作り出してはならない。これは堅持すべき原則である。わが国にはまだごく少数の反革命分子がおり、当然にもそれらに対しては、警戒を失ってはならない。〔傍点引用者〕[12]

皮肉にもこの発言からおよそ一〇年後、鄧小平は、一九八九年六月の第二次天安門事件（六・四事件）に際し、みずから主導して軍による弾圧を強行した。だが、社会への沈黙の強制が「恐ろしい」結末をもたらすことを理解していた鄧小平は、民衆の自発的な政治改革の要求を力で抑え込む一方、被治者の表面的支持の裏側に潜む不満の蓄積と爆発の危険性に対し、党の主導のもとでの社会からの利益表出と政治的コミュニケーションの必要性を確かに認識していた。この結果、江沢民と胡錦濤の両執政期には、少数の反体制活動家への選択的抑圧を除けば、社会の放任的自由は拡大した。だが習近平時代に入り、放任的自由の空間は著しく縮小した（第一章）。

他方、毛沢東と同じく「闘争」の人である習近平にとっては、敵味方の識別が政治認識の出発点であり、もっとも重要な要素である（第六章）。その際、「お仲間」であるプーチン・ロシアとの関係のように、国の外部に存在する友と敵の見極めは比較的容易である（第三章）。だが問題は、習近平の認識では、中国国内のそこかしこに潜在し、常時新たに生み出される可能性のあるとされる「第五列の敵」の存在、すなわち「内部の敵」である。

一般に、いかなる組織や団体であれ、トップは基本的に孤独な存在であり、強制力の発動によって部下の恨みや反感を買ったり、裏切りを警戒したりするなかで、人間不信に陥るケースも少なくない。だが、スターリンや毛沢東、金日成など、独裁者と呼ばれる人物は、通常の国家指導者と比べてもいっそう強い猜疑心と警戒心と孤独感の持ち主であった。[13]その理由は、出自や経歴といった個人的資質のほかに、自分が指揮した革命活動や国家建設の過程で、多くの敵や犠牲者を生み出し、大量の怨嗟の声の存在を十分に自覚しているにもかかわらず、民主的な選挙や自由なマスメディアの欠如、側近集団による不都合な情報の遮断、忠誠の仮面をかぶった被治者の黙従などの結果、敵味方の識別が困難となり、自分以外のすべての他者への信頼感が低下していくためである。かくして、鄧小平のいう指導者の「軟弱」な心理、自信と余裕のなさにより、独裁者の在位期間が長期化するにつれて粛清と迫害の連鎖が続くことになる。

「内部の敵」への警戒による支配体制の緊張と停滞

すぐ前で述べた独裁者の陥穽に由来する政治状況は、中国でも二〇二二年に第三期習近平政権が成立し、習近平の独裁的権力が確立した前後の時期に、三つの事象として表れた。

一つめは、国内治安機関への習近平の統制強化、及び、それらの実力部隊の完全掌握の誇示を通じた、一部の体制エリートを含む潜在的敵対者への威嚇、その組織的な異議申し立ての抑制である。習近平自身の説明によれば、二〇一二年の一八回党大会の前後の時期、胡錦濤から総書記ポストを移譲される過程で、薄熙来や周永康らによる反胡錦濤、反習近平の政変の策謀が発生した（第七章）。当時の習近平にとって最大の脅威は、共産党の「政法委員会」と呼ばれる国内の司法、治安、インテリジェンス機関を統括する周永康の有する人的ネットワークと影響力であったと思われる。このときの苦い反省を踏まえて習近平は、二〇二二年の二〇回党大会の開催に際し、党の内外に遍在する不満分子への監視と摘発の任務を遂行する暴力装置として、政法部門のさらなる統制に努めた。

二〇一九年一月、党内法規の形式で施行された「中国共産党政法工作条例」では、①政法委員会は、「習近平同志を核心とする党中央の強固な指導のもとで業務を行う」（第五条）、②中央政法委員会とその関連機関は、「党中央に責任を負い、党中央の監督を受け、党中央と総書記に対し、業務の指示要請と報告を行う」（第一七条）ことを規定した[14]。総書記個人への指示要請と報告が明記されている点は注目されよう。二〇二〇～二〇二二年の「全国政法隊伍教育整頓」キャンペーンでは、公安部、司法部、政法委員会の複数の有力幹部が次々に逮捕拘束され、代わりに、地方指導者時代から習近平に付き従う子飼いの部下がその任に就いた[15]。

二つめは、政府の有力ポストの人事の迷走である。二〇二二～二〇二三年に相次いで発覚した外交部長（秦剛国務委員）と国防部長（李尚福中央軍事委員会委員、国務委員）の失脚劇について、自分の期待を裏切った（とされる）秦剛や李尚福に対する習近平の困惑と怒り、とりわけ外交部長の要職にありながら、国益を毀損する可能性のある不倫スキャンダルや外国政府との内通さえも噂された秦剛の振る舞いは、習近平をして「内部の敵」の識別の難しさを痛感させたであろう（秦剛と李尚福の失脚問題については後述）。

三つめは、前章で説明した「時間」を共有したサブリーダーたちの重用、政治任用の長期継続の傾向である。長い時間をともに過ごすことでしか容易に構築されない信頼関係とは、基礎的な人間不信の裏返しにほかならない。この結果、「時間」による忠誠証明が不十分な者たちの指導部内への新規参入が困難となり、旧ソヴィエト連邦のブレジネフ期のように、人事の硬直化と政策イノベーションの低下、老人政治（gerontocracy）に陥る可能性がある。これらはすでに説明した（第九章）。

最高指導者の政治的認知の歪み

中長期的にみた場合、今後の中国共産党の統治にとって、そしておそらくは中国以外の外部世界の人びとにとっても、大きなリスクの一つは、習近平の政治的認知の問題である。

二〇二二年から二〇二三年にかけて、通算で三期目となる党総書記と国家主席に就任して以降、自身の急病急逝等による国政の混乱を回避し、権力と権威の可能な限りの維持発展を図るため、おそらく習近平個人にとって、もっとも基本的かつ核心的な目標は、健康で長生きすることになったと思われる。中国の政治家にとって長命こそは、文字どおりの意味で、死活的に重要な政治的資産であり武器である。習近平だけでなく、家族や親族はもちろん、李強、蔡奇、丁薛祥など地方指導者時代以来の子飼いの部下で、いまや最高指導部の一員となった者たちも、自分の権勢の多くの部分を習近平の生物的存在に依存していることを十分に自覚し、本人以上にボスの体調の安定や体力の維持に配慮して、いささかの健康リスクを冒すことも許さないであろう。

それゆえ今後は、習近平自身の国内外における政治的表舞台への登場や出張回数の減少、及び、側近集団による公務の肩代わりの増加が予想される一方、習近平本人は中南海での滞在が長くなる。晩年の毛沢東や鄧小平と同じく外国要人との面会、とくに最高指導者が聞くことを欲しない批判的言辞を述べる「西側」の政治家たちとの会談機会も、次第に減るであろう。この結果、習近平の政治認識において客観性や多様性が失われていく。

こうした状況は、習近平とほぼ同い年の盟友で、ロシア・ウクライナ戦争の開戦を決定したプーチンの例を想起させる。巷間にいわれるところによれば、新型コロナ禍の数年間、自身の感染を恐れたプーチンは、クレムリンの執務室に引きこもり、自分に不利な意見を語らない少数の側近に取り囲まれて、外部世界との政治的コミュニケーションの質と量が著しく悪化した。この間にプーチンは、ロシアとウクライナをめぐる特異な歴史認識と領土観念を肥大化させ、各種の状況判断を誤り、ついにはウクライナへの全面侵攻を発動したとされる。

習近平がプーチンと同じ轍を踏むことのないように、毛沢東と鄧小平に次ぐ「第三の晩年」の誤りを犯すことのないように（第六章）、習近平時代が続く限り、日本を含む各国首脳は、みずからの中国訪問はもちろん、二国間と多国間のあらゆる会合の機会を捉えて、中国のよき友人の立場から、ときには耳の痛い忠告を習近平に直接伝える機会を、可能な限り多く確保しなければならない。これが、ロシア・ウクライナ戦争の反省と教訓に基づく、第四次台湾海峡危機の消極的予防策にほかならない（積極的対策は後述）。

二　権力の伝統に回帰する中国政治

二〇二二年の二〇回党大会を経て、指導部内での集団指導体制は実質的に終焉し、単独意思決定者としての習近平の存在感がひときわ大きくなった。これにより今後、習近平体制は、トップリーダーとサブリーダーの関係、サブリーダー同士の関係、トップリーダーの権力継承の三つの点で、前近代の王朝体制の政治にも似た特徴をもつ可能性がある。[16]

（1）トップリーダーとサブリーダーの関係——君臣関係

指導部内では、習近平と他の中央政治局委員、同常務委員の関係が、一種の「君臣関係」へと変質することが予想される。習近平による重要政策の排他的な意思決定により、習近平以外の常務委員と政治局委員との権力差が相対的に縮小し、「その他大勢」の横並び化が進む。[17]ここで君臣関係というのは必ずしも印象論の言葉ではない。

実際、トップリーダーとサブリーダーの関係について、中国共産党の歴史では、前近代的な政治の表現形態がしばしば現れた。例えば、毛沢東と周恩来以下の他の指導者は、〈専制君主とその従僕〉のごとき関係であった。党中央弁公庁主任として毛沢東に長らく仕えた楊尚昆の、毛沢東に対する尊称は、日本語で主人や主君を意味する「主」、「主座」、「主公」であり、[18]そこでは共産党人のあるべき「同志的関係」が、「伝統的な『君臣関係』へと置き換えられていた。[19]

集団指導体制を重視した鄧小平の場合、鄧小平と「八大長老」と呼ばれた他の有力政治家の関係について、党員歴の長さなどから鄧小平はとくに「陳雲と李先念に一目置いて[20]」、朋輩である両名の意見や立場を尊重しつつ、〈有力諸侯に対するその筆頭者〉のように、一九八九年の天安門事件前後における重要な意思決定を行った。その際鄧小平は、晩年の毛沢東の公文書決裁のやり方と同じく、武力鎮圧に至る一連の重要会議を、中央軍事委員会主席である自分の私邸で開催した[21]。これらは、毛沢東と鄧小平による公権力の私物化と老人政治を端的に象徴している。

こうした独裁者と亜独裁者の前例をみると、大規模で仮借なき暴力の発動を含む最高指導者の意思決定とそれをめぐる副官たちの関係は、一九四九年の建国以来の中華人民共和国の政治的営みや、一九二一年の創立から百年余りに及ぶ中国共産党の歴史をも超えて、前近代の王朝体制下の政治的伝統とも連続性をもつようにも思われる。

翻って習近平の第三期政権では、年齢、経歴、専門性のいずれの面でも、習近平が一目置かなければならない存在は、ほぼいなくなった。人的構造からみて、他の政治局委員や常務委員が、習近平の個人独裁化を掣肘することは以前にも増して困難である。

例えば政治局委員について、軍事と外交のそれぞれの実務を統括する張又俠（党中央軍事委員会副主席、一九五〇年生まれ）と王毅（党中央外事工作委員会弁公室主任、一九五三年生まれ）をみれば、両名は、習近平本人とともに、不文律である六八歳定年制の例外措置を受けた数少ない人物である。六八歳以上のベテラン枠に、当該の政策分野に精通した専門家を充てたことは、外交と軍事に対する習近平の重視の意図がみてとれる。制服組トップの張又俠は、習近平の中学以来の年長の友人で父親同士も戦友であり、親子二代にわたって親密な関係を維持しているとされる[22]。習近平と同い年の王毅は、「国際会議では、座っている習近平に外相の王毅が書類を届ける時、跪いて、頭を垂れて書類を渡す」ことで知られる[23]。定年延長の厚遇を受けた年長者の張と王がこうした状況であれば、将来起用される者も含め、他のサブリーダーは推して知るべしであろう。

さらに、習近平を除く計六名の政治局常務委員のうち、三名（政治序列第二位の李強国務院総理、同五位の蔡奇党中央弁公庁主任、同六位の丁薛祥国務院筆頭副総理）は、現在または過去の一時期、実際に習近平の秘書またはそれに相当する職を務め、習の身近に侍していた。忖度が服を着て歩いているようなこれらの者たちと習近平との関係も、毛沢東と楊尚昆の場合と同じく、同志というよりも、主人と従者の関係に近いであろう。

（2）サブリーダー同士の関係——宮廷政治

次に、サブリーダー同士の関係をみれば、超然的存在となった習近平の歓心を買うべく、習近平以外の最高幹部同士の競争、及び、それらの人物に連なる政治的グループの足の引っ張り合いなど、統治エリート層の内訌激化の危険性がある。

その最大の原因は、指導部内の集団指導体制の崩壊である。従前の集団指導体制のもとでは、派閥や利益集団の勢力バランスに配慮しつつ、権力と権限を分有する複数の有力指導者（bosses）の駆け引きによってポストの配分がなされていた。だが現在では、重要人事の決定権は習近平が一手に独占している。官僚政治家や軍人としての栄達を目指す下位の者にとっては、なによりもまず一人しかいない頭領（the boss）の信頼と評価を勝ち取らねばならず、「『宮廷政治』といってもよい競争[24]」が繰り広げられることになる。第三者の眼には、それは往々にして、出世争いを目的とした密告や讒言を含む泥仕合の様相を呈することとなる。

前述した秦剛と李尚福の失脚は、そうした事情をうかがわせる。二人の更迭理由については、汚職や外国のスパイ、所管部門での主導権争いなどさまざまな疑惑や説明が浮上したが、真相は不明である。ただし、習近平の政治的寵愛を受けて要職に抜擢された両名が、同僚たちの嫉妬や反感を買っていたことは間違いない。秦剛と李尚福の失脚劇は、習近平による政治的パージの性質が、二〇一二～二〇二二年の第一期、第二期の過去一〇年間とは異なる段階に移行したことを示唆する。国内にもはや政争のライバルがいなくなった以上、今後、紀律違反などの咎による粛清人事の主な矛先は、習近平グループの下位集団により多く向からであろう。

（3）トップリーダーの権力継承――門閥と世襲

権力継承の困難と薄熙来事件の教訓

本書のなかで繰り返し強調してきたように、当面の中国共産党の統治にとって、予想しうる最大のリスク、習近平体制のアキレス腱は、習近平の健康不安とそれに起因する最高指導者の権力継承（power succession）の不備である（第八章）。後継者の育成準備が十分になされないまま、習近平が執務不能となった場合、支配体制の動揺は必至である。これは多くの識者の一致した見方であり、前任の胡錦濤との総書記交代の過程で生じた一連の混乱、及び、その直接の原因となった薄熙来事件の反省を踏まえて、習近平本人も、継承問題の重要性は十分に認識していると思われる。

薄熙来事件とは何であったのか。その根底には、政治制度の近代化、とくに権力継承の制度化の問題があった。薄熙来（元・中央政治局委員、元・重慶市党委員会書記）の失脚劇は、指導者を選ぶための制度的欠陥が、センセーショナルな形で露呈したものであった。二〇一二年の一八回党大会時には、最高指導部の人事をめぐり激しい権力闘争が展開された。指導者がみずからの権威を高めようとすれば、重慶市党委員会書記時代に薄熙来が行ったように、格差是正や民生改善を謳うポピュリスティックな左派的政策（例、低所得者向けの公共住宅建設、革命歌の合唱）が有効である。薄熙来は、その成果を全国に向けて大々的に発信した。

これらは、二〇〇七年の一七回党大会前に胡錦濤が実施した、既述の意向投票（予備選挙）を意識した動きであったとみられる。投票できるのは党の高位エリートに限られ、具体的な投票方法や得票数も非公開。投票後も意見調整が繰り返され、得票数の多寡が最終決定にどの程度、影響を及ぼしたのかも不明であった。しかし得票結果は確かに、第一七期の中央政治局委員をはじめ、高級幹部の人事決定に際して有力な検討材料になったとされる。[25]

重慶における薄煕来のポピュリズムは、一八回党大会に向けて同様の投票で多数票を獲得し、その実績によって最高指導部入りを目指した一種の「選挙活動」であり、人気と知名度を高めるための「集票工作」であった。だがそれは、当時の胡錦濤指導部の眼には、党の外部に存在する社会勢力の動員によって、党の内部の権力バランスを変更しようとした点で、文革の危険な再来と映ったと思われる。結果的に薄煕来は失脚に追い込まれた。薄煕来への非難は、新規の最高指導部入りを目指した薄煕来が、大衆心理の利用という「民主」的な政治手法を採用したことに対する、他の指導者の脅威認識と政治的嫌悪感の表れであった。[26]

薄煕来事件のこうした政治的本質は、非民主主義体制における「民主」的な権力継承の難しさを改めて告げている。だが、継承ルールの制度化、決定過程の公正性と透明性の向上などの問題が解決されない限り、将来、習近平の後継の座をめぐる政争の過程で、みずからの政治的不遇と指導部内での力不足を嘆く第二、第三の薄煕来が、同じく末端の共産党員や党外の社会勢力を動員しようとする可能性は否定できないであろう。

また、歴史の「ＩＦ（もしも）」を語るとすれば、多くの専門家がその画期的意義を認めているように[27]、前記の意向投票が制度的に定着し拡充されていれば、中国政治の宿痾としての継承問題の克服に大きく裨益したことは疑いない。おそらく胡錦濤は、毛沢東や鄧小平の建国元勲のカリスマ的権威が時の流れとともにいずれは消滅すること、ほかでもなく鄧小平の指名により最高指導者となった自分自身が、二〇一二年の一八回党大会を機にトップの職を辞し、「鄧小平なき鄧小平路線」が終焉することで、それが現実のものとなることを自覚していたと思われる。こうした認識に基づき、鄧小平の属人的権威に代わりうる、最高指導者の制度的権威を創出するための公定された仕組みを整備することを決意し、その政治的地ならしとして引退予定の一回前の党大会、すなわち、二〇〇七年の一七回党大会に際してこの投票制度を試験的に実施したのである。

だが不幸にもそれは、制度の中途半端な導入による運用実態の透明性の低さから、政治的トリックスターである薄熙来をして出世の野心を膨らませるきっかけをも提供し、肝心の一八回党大会に向けて大きな混乱を惹起した。結果として習近平は、意向投票という党内民主主義の一大革新を、薄熙来その人とともに、政治史の表舞台から追放してしまった。

血統主義と政治的死生観、血統重視の継承による「毛沢東超え」の可能性

筆者のみるところ、安定した権力継承を目指すうえで、習近平がとりうる有力な選択肢の一つは、政治における血統主義の強化である。そもそも、習近平や薄熙来などは、前述した〈諸侯〉の子どもであり、習近平は「自分の父親の墓を暴くようなことはしない」との安心感を見込まれて、江沢民によってポスト胡錦濤の筆頭候補に推された[28]。政治的貴族を表象する「紅二代」や「太子党」の単語が存在すること自体、社会主義革命を経てもなお、中国政治が血統と家柄の要素を脱却していないことの明白な証左である。諸外国に比べて、「二世」や「三世」の国会議員が多いとされる日本もまた然りである。

また、「墓を暴く」云々の比喩が示すとおり、中国の政治指導者とその家族にとって、当人の死後の政治的名誉の付与、剝奪、回復は、政治の心理と行動を律する価値規範の面で無視できない力をもっている。文革期、劉少奇に浴びせられた悪罵は、「死んでも悔い改めない（中国語では死不改悔）」者であり、この表現は公式文書である党大会の政治報告にも記載されている[29]。劉少奇は、非業の死を遂げてから実に一〇年以上も経って名誉回復を果たした[30]。毛沢東も自分が死んだのち、スターリン批判と同様の仕打ちを受けることを心配していたという[31]。これが真実だとすれば、死後の名誉剝奪の恐怖は、存命中の最高指導者の政治判断を拘束しうる要素の一つである。こうした血統主義や政治的死生観は、いずれも現代中国に息づく前近代の政治的伝統や政治文化の表れといえよう。

他方、中国共産党の統治には、王朝体制の歴史的磁場からの重要な逸脱もみられる。その典型が、権力の世襲の否定である。旧ソ連も中華人民共和国も、最高指導者の血統によらない継承の伝統を確立し維持してきた。それは、ロシアと中国における皇帝支配からの大きな断絶であり、政治的近代化の成果でもある。

もっとも、継承の安定性確保の面からいえば、世襲君主制のメリットは一概には否定できない。むしろ、現代中国の周囲にある権威主義国家では、良くも悪くも実質的な世襲制の採用によって指導者交代の混乱を回避してきた。朝鮮民主主義人民共和国(北朝鮮)の「金王朝」(金日成、金正日、金正恩)をはじめ、中華民国(台湾)の蔣介石と蔣経国、シンガポールのリー・クアン・ユー(Lee Kuan Yew)とリー・シェン・ロン(Lee Hsien Loong)などが挙げられる。

これに対し毛沢東をはじめ、中華人民共和国の建国に尽力したリーダーたちは、ソ連と同様、最高指導者の世襲という政治的伝統を頑なに拒否した。半面、ソ連と中国は、指導者交代をめぐる恒常的な不安定に悩むこととなった。加えて習近平の場合、トップになって以降、上級から下級まで大量の幹部の摘発と処分を断行し、体制エリートの内部にも多くの敵を作ってきた。政治的に信頼の置ける後継候補者の数は、前任者たちと比べても確実に減っている。

これらの事情を総合すると、習近平の立場からすれば、存命中の自分と家族の身の安全だけでなく、「墓を暴かれない」こと、すなわち、スターリン批判の歴史的再演を避け、死後も自分の名誉を失墜させられないようにするためのより確実な安心感を欲するならば、「太子党」や「紅二代」などの「政治上の『血統』と『世襲』」を重視する現在の立場をさらに推し進め[32]、原義により近い血統主義の考えに基づき、習近平本人とその一蓮托生の政治的クローニー(縁故者)双方の近親者を、最高位のポストを含む次の指導部のコアメンバーに据えるのが、むしろ自然な発想ではあるまいか。ビジネスの世界でいうところの事業の親族内承継である。毛沢東の妻であった江青と同じく、習近平の妻の彭麗媛をはじめ、現在の中央政治局委員と同常務委員の親族、ならびに、習近平に近しい「紅二代」の子弟、つまり、「紅三代」や「紅四代」の者たちが、そうした候補者群のなかに含まれる。

習近平はまた、中国の国内状況のほかにも、隣国のプーチンや金正恩の指導者交代の過程も参考にしながら、そうした血統重視の継承をめぐる成否の判断を下すであろう。真偽は定かでないが、一部報道によれば、プーチンは、最側近の息子で副首相の人物を、金正恩は自分の娘を、それぞれ有力な後継候補とみなしているという[33]。いずれも本文で述べた血統主義の継承パターンに属する。これらのシナリオが実現すれば、中国、ロシア、朝鮮民主主義人民共和国（北朝鮮）は、権威主義の政治体制のみならず、権力継承の面でも同質性を高めることになる。

いずれにせよ中国の場合、こうした継承のあり方は、毛沢東もしなかった、あるいは、なしえなかったことであり、実現すれば、習近平による「毛沢東超え」を意味する。「五千年余りの中華文明の厚い基礎のうえに、中国の特色ある社会主義を切り拓き発展させるには、マルクス主義の基本原理を、中国の具体的な現実と中華の優秀な伝統文化と〔の二つ〕に結びつけることを避けて通ることはできない[34]」（傍点引用者）とする習近平の言葉からは、権力継承についても、現実的必要と政治的伝統の二つが重要な形成因になりうることを示唆している。

三　台湾海峡での紛争予防に向けた日本の政治戦略

二〇二四年一月、台湾で行われた中華民国総統選挙では、民主進歩党の頼清徳が勝利し、中華民国第八代総統（任期二〇二四年五月〜二〇二八年五月予定）に就任した。一九九五〜一九九六年の第三次台湾海峡危機に際し、中国の軍事的恫喝を目撃した頼清徳は、台湾の将来を案じ、台湾の自由と民主主義を守るため、医師から政治家へと転じた[35]。第三次台湾海峡危機は、習近平にとっても、台湾と軍事の専門家としての指導者評価を獲得する重要なきっかけとなった（第九章）。中国軍による大規模軍事演習を前に、一方は政界入りを決意し、他方は官僚政治家としての昇進をつかみ取った。およそ三〇年のときを経て、両人はそれぞれの国のトップとして、台湾海峡を挟んで相まみえることとなった(36)。

また、今後あるかもしれない第四次台湾海峡危機では、台湾での武力衝突をきっかけに、尖閣諸島(中国名、釣魚群島)、尖閣以外の沖縄県全域、日本のその他地域、朝鮮半島など、北東アジア全体への危機波及も否定できない。筆者のいう「東アジア近代史の総決算」の可能性である(第九章)。この点、一九五〇年代初めには、スターリン、毛沢東、金日成の三者の緊密な連携のもと、朝鮮戦争が戦われた。しかして二〇二〇年代の今日、ロシア、中国、朝鮮民主主義人民共和国(北朝鮮)には、プーチン、習近平、金正恩という、それぞれ、母国の独裁者の政治的DNA(ここでは先輩指導者の政治理念の尊重と統治手法の模倣の意味)、あるいは、本物の遺伝子を受け継ぐ強権指導者がそろい踏みとなった。こうした歴史的事実と政治的現実は、やはり軽視すべきではない。

本書はさらに、台湾統一/併合(以下、台湾統一と表記)の軍事的脅威に関し、意図と能力の二大要素のうち、意図の蓋然性の高さを論証した。そこでは、習近平個人と指導部をとりまく内外環境に大きな変化(例、習近平の健康不安、日本や米国による抑止態勢の強化、中国経済の長期停滞とそれに起因する深刻な社会不安)がない場合、「いつ、どのようには不明だが、習近平が最高実力者の地位に居続ける限り、いずれかの時点で、領土と主権をめぐる現状変更のための軍事行動を起こす可能性が高いことを指摘した(第九章)。地方指導者時代以来、歴史への思い入れが殊のほか強い習近平が、中国共産党歴史展覧館の建設や「第三の歴史決議」の採択によって、「屈辱の近代」に由来する歴史の不名誉と欠落感を満たすことができるとは思われない(第四章)。それらの歴史的清算の意義ももつ台湾統一の不朽の業績をもって、民族の正史にみずからの名を残すことを切望していると思われる。

それでは、東アジア全域への危機ドミノも懸念される台湾での紛争を起こさせないため、日本がとるべき対策とはなにか。外交、軍事、安全保障を専門としない筆者としては、本書でこれまでに論じてきた内容に即して、習近平時代の政治の全体的特徴と指導者のリーダーシップの二つの視点から、この問題を論じる。ただし、以下で説明する政治戦略の骨子に対する政策的肉づけは、関係する各分野の専門家に任せたい。またそこでの内容も決して目新しくもなければ、すでに実行されているものが大半であろう。ただし、政治家の決断には学知の支持が不可欠であり、実務家の扱う個別具体的な政策も、統合された大きな戦略枠組みのなかでの位置づけとその意義の自覚が必要である。この点でなにがしかの貢献ができるかもしれない。

次項以下では、台湾海峡の安全維持のための日本の政治戦略について、①前提条件、②目標と基本方針、③実行策の三つの側面から説明し、これをもって本書の締めくくりとする。

なお日本側の対策は、積極的と消極的の二つに大別できる。消極的対策は、可能な限り多くの機会を捉えて、日本の政治家が習近平と対面し、中国の良き友人としての立場から率直な意見交換を行い、ときには問題状況に対する厳しい批判や突っ込んだ改善の提案を、習近平に直接表明することである。このことはすでに述べたので繰り返さない。

（1）前提条件

前記の政治戦略を案出するにあたり、五つの前提条件（①～⑤）を設定する。それらの仮定が変化したり、事実でないことが判明したりした場合は、あとに続く目標と基本方針、実行策も、適宜、必要な見直しを図る。

①政治史としての習近平時代が、長期にわたって持続する。

「狭義の習近平時代」（習近平が党主席、党総書記、国家主席、中央軍事委員会主席などの名目上の最高職にとどまる時期）、または、「広義の習近平時代」（習近平とその路線を引き継ぐ後継者の任期を含む）のいずれの場合も、二〇一〇～二〇三〇年代の約三〇年間続く可能性がある。「広義の習近平時代」の場合、鄧小平と同じく、習近平も最高実力者として二代指名を行えば、二〇四〇年代まで延長される可能性もある（第七章、第八章、党主席については第五章）。習近平の年齢が、毛沢東の死去した八二歳を超え、また、国家目標としての「中華民族の偉大な復興」の中間スケジュールとして設定されている二〇三五～二〇三六年が、一つの重要な時間的区切りである。

②習近平の政治的意思決定が一定の合理性を備えている。具体的には、複数の政治目標を有し、それらの優先順位に基づいて政治判断が行われる。その場合、台湾統一は最優先目標ではない。

優先順位ごとに列挙すれば、(a)第一目標は、自然人であり政治家としての本能的欲求である。すなわち、習近平本人と家族の生命、財産の安全確保、及び、自身の権力と権威の維持、強化である。

(b)第二目標は、「和平演変」や「カラー革命」を阻止し、中国共産党の一党支配を中核とする中華人民共和国の既存の権威主義体制の維持、発展、永続化である。その成功の秘訣は、支配の正統性の三要素（豊かさ、便利さ、偉大さ）と「革命後継者」たるべき中国の次世代青年層の支持動向である（第一章、第六章、第八章）。習近平は、いわば創業者グループに連なる百年企業の経営責任者として、「自分の目の黒いうちに会社をつぶすわけにはいかない」のである。

(c)第三目標は、二一世紀半ばまでの「中華民族の偉大な復興」の実現。科学技術からイデオロギーまで広範な分野での競争の勝利、海洋領土の「失地回復」と海洋権益の確保によるシーパワーの強化を通じて、現在の覇権国である米国から国際政治の覇権的地位を奪取することである（第一章、第八章）。

台湾統一は、(d)第四目標として、これら三つよりも下位に位置する。それゆえ(d)を追求するあまり、(a)、(b)、(c)が破綻すれば本末転倒となる。確かに台湾問題は、習近平にとって地方指導者以来の数十年間に及ぶ政治家としてのライフワークといってよい（第四章）。ただし習近平の認識では、(a)はもちろん(b)も至上課題であり、これを前提として(c)が達成されれば、(d)の宿願もおのずと成就するとの見立てと思われる。換言すれば、(d)よりも上位の目標、とくに(b)と(c)に関する習近平のリスク評価が重要となる。

問題は、(a)、(b)、(c)と(d)が対立する場合である。例えば、二〇二二年八月のペロシ（Nancy Pelosi）米下院議長の台湾訪問時にみられたように、もともとナショナリズムの政治的素地の強い中国世論において、台湾問題をめぐり反米、反台湾感情が極端に高まるケースが想定される。

国内外の事態の収拾が困難となるなか、中国世論のうねりが、かつての五・四運動のように、大規模かつ持続的な街頭行動に転化して、武力を用いた台湾への威嚇や懲罰を指導部に迫り、それが体制の不安定化をもたらすと習近平が判断した場合、台湾への軍事力の行使——台湾本島への本格侵攻ではなく、離島の占領などのより低烈度の軍事作戦を含め——は合理的選択となる。

③少子高齢化等による人口減少の不可逆的進展により、長期的にみて、アメリカ合衆国に対する中国の経済力は相対的に低下していく。

その際、中国指導部の選択としては、米国に対する国力の相対的低下に伴い、既存の国際秩序に穏健かつ漸進的に適応していくとの意見と、一種の焦りの心情に囚われて、前記②の(c)、(d)の各目標を念頭に置いた現状変更の動きを加速させるという異なる二つの見方がある。いずれが正鵠を射ているのか、人口減少が始まったばかりの現時点では判断できない。だが、これまでの言動をみる限り、習近平の後継指導者はともかく、習近平本人については、「穏健適応」よりも「焦慮加速」とみておくほうが無難であろうと思われる。

④アメリカ合衆国と中華人民共和国の対立は、二一世紀の国際政治の覇権をめぐる争いであり、そうであるがゆえに

長期にわたって持続する。同じく、中台関係をめぐる台湾市民の現状維持志向も長期間続く。

台湾問題をはじめ、経済（生産力）と科学技術のデカップリングの進展やバリュー・チェーンの再編、自由と民主主義をめぐる国際社会の亀裂などにみられるとおり、米中対立は構造的な性質を有し、短中期の終息は見通せない。米国に対する習近平の基本方針は、「闘争」の精神を隷下の者たちに鼓舞しつつ、マルクス主義の発想に基づき、経済と科学技術の「下部構造」の優位性をめぐる争いに努力し続けることである（第一章、第六章、第九章）。

このうち科学技術については、前述の正統性認識の三本柱に対する正の効用も見逃せない。例えば、「宇宙強国」実現のスローガンのもと、二〇三五年までの月面基地完成を目指し、中国側は現在、宇宙開発に邁進している。宇宙関連の先端技術は、宇宙空間での軍事的優位性の確保はもちろん、軍民両用技術の開発（中国語では軍民融合発展）を通じた新たな富の創出や社会生活の利便性向上、月面探査や有人宇宙飛行による国威発揚など、豊かさ、便利さ、偉大さのすべての心理的要素を補強しうる可能性をもっている。それゆえ、国内統治の安定の面からも、習近平は科学技術の振興に注力せざるを得ず、それがまた米国の警戒を高めるという安全保障のジレンマに陥っている。この悪循環を抜け出す一つの有力な方策は、正統性認識を別の要素、例えば、手続き的民主主義の拡充で補完ないし代替することだが、カラー革命を恐れる習近平体制が、この選択肢をとることはほぼありえない。

この結果、「対立の激化→小康状態→緊張緩和」などの各局面を循環しつつも、両国関係は、基本的に長期低調で推移するとみられる。自由民主主義の普遍的価値を標榜する「西側」への習近平の根深い不信と和平演変への強い警戒を想い起こすならば、少なくとも狭義の習近平時代には、米中間での長期的な協調関係の維持、確立は困難である。また、二〇一九〜二〇二〇年の香港の政治危機以降、大陸中国に対する台湾住民の政治的遠心力が、以前にも増してさらに加速したことは周知のとおりである。

米中の覇権競争について、勝負のゆくえを左右する一つのカギは、中国の側は前記③の人口減少による経済力の相対的低下、米国の側は国内社会の分断とそれを主因とする国際的影響力の低下について、どちらの低下スピードのほうが相手よりも速いか、あるいは、政治的努力によって自国のそれをどれだけ遅らせることができるかであろう。この点に限っていえば、米中それぞれが直面する課題の性質からみて、同盟ネットワークの支えをもち、政策的対応が可能な米国のほうが有利と思われる。

⑤**中国の政治アクターについて、習近平、統治エリート層、一般国民を一体のものとして捉えない。**

当然のことながら、最高指導者、支配体制の中核集団の「体制エリート」、「多数派」である一般国民の各アクターの間には、互いに矛盾や確執が常に存在する（「体制エリート」と「多数派」の定義は第八章）。

三者間の力関係に基づく政治変動の代表的パターンとしては、(a)最高指導者に対する残りの二者の反目によるトップの交代、(b)多数派とそれ以外の間の対立の帰結としての既存の権威主義体制の体制転換——ただしその結果、民主主義体制が成立するとは限らない——などがある。ほかにも、(c)最高指導者と多数派の結託によって、体制エリートが弱体化する一方、ポピュリスティックな性質が強まることで、習近平の個人支配体制が強化される可能性もある。(c)の場合は、プーチン・ロシアの権威主義体制により近づく。半面、個人支配の強化は、中長期的にみれば通常は、党支配の弱体化を意味する。

（2）目標と基本方針

①目標

大目標は、狭義と広義のいずれかを問わず、政治史としての習近平時代のすべての期間を通じて、台湾本島及びその周辺地域での中国と台湾の間の戦争の発生、ならびに、これを端緒として連動可能性のある尖閣諸島の領有権をめぐる日本と中国の武力紛争、沖縄県全域を含む日本と朝鮮半島など、北東アジア全体の安全保障情勢の悪化を防ぐこと。

中目標は、狭義の習近平時代において、台湾と沖縄県周辺の東シナ海の海域を「平和の海」として維持するため、領土と主権をめぐる中国側の一方的な現状変更の試みを阻止すること。

②基本方針

中国の支配体制と政策過程全般における習近平の個人的影響力の増大、重要な意思決定を排他的に独占しうる最高実力者としての存在にかんがみ、政治戦略の検討にあたっては、習近平という属人的要素に焦点を当てる。とくに、先に述べた（1）前提条件、②の習近平の持する複数の政治目標の優先順位を踏まえて、習近平の政治認識におけるリスク評価に直接間接に働きかけることが最大の眼目となる。

同時に、中国世論のナショナリズム感情と自国をとりまく脅威認識にも配慮し、日本側の抑止能力の向上に比例して、中国の一般市民に対する安心感の増進にも注力しなければならない。

（3）実行策の要点

前述のとおり、習近平個人の政治認識、とくに、その重点目標をめぐるリスク評価の操作を狙いとし、かつ、今日すでに中国側が行っている各種施策の目的と効果を、同一または別の政策次元で相殺するように、抑止と安心供与の両方を強化する。その概要は、表10-3のとおりである。

表 10-3　台湾有事防止に向けた日本政府、国会議員の実行策の要点

	対習近平	対沖縄県民
抑止	・直接的意思疎通のチャネル確保、機会拡大 ・台湾、日本、米国をはじめ関係各国の抑止態勢の強化 →「中華民族の偉大な復興」の挫折リスクの意識づけ ・日本を含む自由民主主義社会における中国人青年層の積極的包摂 →「和平演変」の脅威リスクの意識づけ	・「台湾－尖閣－日本（主には沖縄県）－朝鮮半島」の危機連動の回避 ・習近平の歴史認識と領土観念に基づく「東アジア近代史の総決算」の留意呼びかけ →危機ドミノ防止のための日本の防衛力強化、及び、米国との安全保障協力の緊密化に対する理解促進、協力要請 ・内閣総理大臣をはじめ政府要人、国会議員の沖縄県（本島、離島）への定期訪問 →沖縄の基地負担軽減をめぐる対話と協力、信頼醸成のための粘り強い長期的努力 ・同時に、それらに限定されない国政と県政の政治的意思疎通の緊密化。政治家、官僚、研究者、市民運動などさまざまなレベルの人情と人脈の拡大
	対中国国民	
安心供与	・日本を含む自由民主主義社会における中国人青年層の積極的包摂、現実的利益拡大 →当該社会への共感と支持の獲得 ・日本政府要人や国会議員による中国への定期訪問、日中台市民の直接交流の推進 →日中の民族主義感情の先鋭化の緩和	

出典：筆者作成。

抑止能力の向上

表10-3のうち、抑止について、シーパワー強化を目指す習近平の強い意欲を考慮すれば、日本を含む関係各国の軍備強化を抜きにして、アジアの平和と安全、とくに台湾海峡、東シナ海、南シナ海を中心とする海洋地域秩序の安定の維持は、およそ現実的ではない（第八章、第九章）。

さらに、これも本書の第九章で指摘したように、習近平の歴史認識と領土観念において、今日の台湾問題の起源は日清戦争の敗北にまで遡り、同じく一九世紀の廃琉置県処分（琉球処分、琉球併合）や尖閣諸島の沖縄県への編入の史実とも密接に関係している。台湾海峡でひとたび戦端が開かれれば、尖閣諸島や沖縄県の他の島嶼部を含め、日本も無関係ではありえない。南西シフトと称される日本独自の防衛態勢の整備は、適切に実行されなければならない。

現状変更を目指す中国に対し、現状維持を掲げる台湾自身の自衛力強化の努力はもちろん、米国、日本、韓国、イギリス、オーストラリア、ニュージーランド、フィリピンなど、米国とその同盟ネットワークによるアジア太平洋地域での抑止力の強化は、習近平の政治目標のうち、台湾統一よりも上位にある

「中華民族の偉大な復興」の挫折リスクを高めるであろう。

安心供与の促進

習近平にとって最大の懸念と脅威は、「外」にはない。それは、次世代の中国を担う若者たちの共産党体制からの政治的離反、ひいては、和平演変やカラー革命の平和的体制転換の実現である。六・四天安門事件の再現を防止するため、指導部は、「新時代の中国の特色ある社会主義に関する習近平の思想」と愛国主義の二つの柱からなる思想教育を強化している(第一章、第六章、第八章)。

これに対し日本側は、中国の若者たちの日本を含む自由民主主義社会への包摂を、以前よりもさらに積極的に進めることが肝要である。例えば、中国人青年層の日本での就労就学の奨励とそのための各種支援の強化、ならびに、日本での居住資格の緩和と国内管理態勢の厳格化をセットとする法制度の整備などが挙げられる。その目的は、中国での就職難や将来不安に悩む多くの中国青年の活力を、人口減少と人手不足に悩む日本経済の持続可能な発展に役立ててもらうとともに、日本社会での実際の暮らしと現実的利益の獲得を通じて、中国当局のプロパガンダによって誘導された、日本を含む「西側」に対する彼・彼女らの脅威認識や先入観を軽減することにある。

要するにこれは、自国民への攻勢的ナショナリズムの教育と強制力への畏怖を武器にする彼方のやり方に対し、自由で民主的な、権力の監視と威圧に不必要に怯えることのない社会という此方のアピールを以て、どちらがより多くの中国人青年の賛同を得られるかという、支持獲得の競争にほかならない。同じことは、米国、韓国、オーストラリア、ニュージーランド、台湾などの自由民主主義の国と地域の対中政策についてもいえる。

こうした迂回的アプローチにより、習近平の政治目標のうち、台湾統一よりもやはり優先順位の高い和平演変の脅威リスクを高め、同時に、中国社会に存するナショナリズムの独善性と偏狭性を、多少なりとも中和、解毒して、台湾問題をめぐる国民世論の先鋭化を抑える。

「沖縄への共感と親愛の情」

最後に、台湾海峡危機の連鎖リスクに関し、沖縄の人びとへの安心供与の重要性も忘れてはならない。台湾とその周辺地域の安全維持において、沖縄県が政治地理的に重要な役割を果たすことは多言を要しない。日本本土の市民は、在沖縄米軍基地問題や台湾有事について、同胞である沖縄の市民が抱く沖縄戦の記憶と体験に由来する戦争への切実な恐怖心や不安に思いを寄せるとともに、その緩和と解消に努力し続ける歴史的、現実的義務がある。

東アジアの安全保障環境の現実が沖縄県民に要請する各種の負担について、近年では、国家の外交安全保障政策に基づき、地方に対する中央の行政命令や司法判断による紛争処理の方法にのみ依拠して、これを強要しようとする態度が、官民問わず本土の一部の人びとに見受けられる。これは、北京政府と香港当局に圧迫される香港市民に向けられる大陸本土住民の冷淡な態度、同胞意識の希薄さに相通ずるものがある。筆者個人の立場でいえば、一方を批判し他方を黙過することは、研究者としての職業倫理の面からも許されない。「沖縄への共感と親愛の情」を繰り返し説いた五百旗頭真の言葉を改めて銘記する必要があろう。

第二次大戦で沖縄は悲惨な境遇に置かれた、近年はそのことに思いを寄せ、沖縄と心を通わせる政治家が少なくなった。（中略）沖縄に支えられた安全保障ならば、政府は労を取らねばならないのに放置している。（中略）世界があれる中、日本の安全保障をいかに全うするのか。沖縄の協力なしに日本の安全はないと、足しげく訪ねるべきだ。本土の市民も、沖縄に苦労をかけているという認識があってしかるべきだ。(37)

以上の諸点が、本書のこれまでの議論を総合的に勘案した、習近平時代における台湾海峡での武力紛争の発生を防ぐための日本の政治戦略のエッセンスである。本書のこれまでの論証に比べれば、最後に示された政策提言はきわめて素朴である。だが、政策実行の諸条件や想定される政治的得失をはじめ、当該政策をめぐるあらゆる可能性の吟味は、結局は補佐役の仕事であり、トップは最終的には「やるかやらないか」の二項対立のなかで、重大な決断をしなければならない。時機にかなった意思決定にとって、必要な情報は必ずしも多ければよいというわけではなかろう。また、「現在」は常に可塑的であり、一瞬ののちには「過去」となって、人知の及ばない不可知の要素とともに「未来」を拘束する。中国と台湾の関係についても、将来どのような変化が起ころうとも、畢竟それは双方の市民の主体的な選択の結果であり、日本人としては基本的にはそれを所与として、政治戦略の不断の吟味と再検討を続けていくしかない。

習近平時代及びポスト習近平時代の中国が今後いかに発展するにせよ、中国への拒絶や欧米への反発といった悪感情に囚われて、短兵急に結論を急ぐのではなく、論理と実証、粘り強さと将来への楽観、そして寛容の徳に基づいてアプローチする必要がある。これこそ、ユーラシア大陸の辺境に位置する海洋島嶼国家に住むわれわれにとっての古代以来の地政学的宿命であり、同時にまた、中国、台湾、香港、マカオなど近接中国語圏の市民を含む、世界の人びとの中国理解に対する重要な知的貢献、学問的醍醐味のカギである。

註

序章

（1）「今年の一〇大リスク『ならず者国家ロシア』首位」『日本経済新聞』二〇二三年一月四日。"Top Risks 2023," Eurasia Group website, 3 January 2023（https://www.eurasiagroup.net/issues/top-risks-2023）、二〇二四年五月五日閲覧。以下のウェブサイトの閲覧日もすべて同じ。本文、次の段落の引用も同じ。

（2）「Top Risks 2023：日本への影響」、同右（https://www.eurasiagroup.net/siteFiles/Media/files/TR%202023%20addendum%20%E6%97%A5%E6%9C%AC%E8%AA%9E%E8%A8%B3.pdf）。

（3）「準終身制」の言葉は、呉国光に拠る（呉国光著、加茂具樹監訳『権力の劇場――中国共産党大会の制度と運用』中央公論新社、二〇二三年、四四〇頁）。

（4）「中国、出生数が七年連続減少へ『出産奨励』響かず」『日本経済新聞』（電子版）、二〇二四年一月十一日（https://www.nikkei.com/article/DGXZQOGM232FH0T21C23A2000000/）。本段落、人口問題に関する統計動向について同じ。

（5）張麗萍、王広州「二〇二一年中国城郷居民生育意願和生育行為調査報告」、李培林、陳光金、王春光主編『二〇二二年中国社会形勢分析与予測』社会科学出版社、二〇二一年、二五二頁。

（6）高坂正堯「宰相吉田茂論」、高坂正堯『宰相　吉田茂』中央公論新社、二〇〇六年、九頁。

（7）習近平「把培育和弘揚社会主義核心価値観、作為凝魂聚気、強基固本的基礎工程（二〇一四年二月二四日）」、中共中央宣伝部編『習近平論党的宣伝思想工作』（内部発行）人民出版社、二〇一九年、一八四頁。

（8）習近平「改革不停頓、開放不止歩（二〇一二年十二月七日～十一日）」、習近平『論堅持全面深化改革』中央文献出版社、二〇一八年、一頁。習近平「不辱使命　不負重托　努力為党和人民再立新功（二〇一二年十二月八日）」、中央軍委政治工作部編『習近平論強軍興軍』（軍内発行）解放軍出版社、二〇一七年、二二頁。「習近平在広東考察時強調　做到改革不停頓開放不止歩」『新華網』二〇一二年十二月十一日（www.xinhuanet.com/politics/2012-12/11/c_113991112.htm）。

（9）習近平「在中央軍委専題民主生活会上的講話（節選）（二〇一三年七月十八日）」、前掲、中央軍委政治工作部編『習近平論強軍興軍』一〇五頁。引用文中、〔　〕は引用者の補註、以下同じ。

（10）本書、第四章を参照。

（11）習近平「堅持党的新聞輿論工作的正確政治方向（二〇一六年二月十九日）」、習近平『論党的宣伝思想工作』中央文献出版社、二〇二〇年、一八一頁。習近平「在中央農村工作会議上的講話（二〇一三年十二月二十三日）」、中共中央文献研究室編『十八大以来重要文献選編（上）』中央文献出版社、二〇一四年、六七五頁。

（12）地方指導者としての長年の勤務経験に由来する習近平の指導力の強みと弱みについては、本書の終章を参照。

（13）本書、第九章を参照。

（14）梁剣『習近平新伝』明鏡出版社、二〇一二年。李濤華、胡麗麗『習近平大伝』明鏡出版社、二〇一三年。柯里茲『影響習近平的人』明鏡出版社、二〇一三年。矢板明夫『習近平――共産中国最弱の帝王』文藝春秋、二〇一二年。朝日新聞中国総局『紅の党　完全版』朝日新聞出版、二〇一三年。

（15）Susan L. Shirk, "China in Xi's 'New Era': The Return to Personalistic Rule," *Journal of Democracy*, vol. 29, issue 2 (April 2018), pp. 23-36.

（16）大西康雄編『習近平「新時代」の中国』日本貿易振興機構アジア経済研究所、二〇一九年（鈴木隆「第一章　政治構想、リーダーシップ、指導部人事の特徴」を収載）。美根慶樹編著『習近平政権の言論統制』蒼蒼社、二〇一四年。林望『習近平の中国――百年の夢と現実』岩波書店、二〇一七年。Elizabeth C. Economy, *The Third Revolution: Xi Jinping and the New Chinese State*, New York: Oxford University Press, 2018.

（17）董立文「習近平的集権之路」、施正鋒主編『十八大以来的習近平』台湾国際研究学会（台湾）、二〇一六年、五一―七五頁。中澤克二『習近平の権力闘争』日本経済新聞出版、二〇一五年。峯村健司『十三億分の一の男――中国皇帝を巡る人類最大の権力闘争』小学館、二〇一五年。朝日新聞中国総局『核心の中国――習近平はいかに権力掌握を進めたか』朝日新聞出版、二〇一八年。

（18）Willy Wo-Lap Lam, *Chinese Politics in the Era of Xi Jinping: Renaissance, Reform, or Retrogression?*, London and New York: Routledge, 2015, p. 65.

（19）宮本雄二『二〇三五年の中国――習近平路線は生き残るか』新潮社、二〇二三年。中澤克二『極権・習近平――中国全盛三〇年の終わり』日本経済新聞出版、二〇二二年。桃井裕理、日本経済新聞社データビジュアルセンター『習近平政権の権力構造――一人が一四億人を統べる理由』日本経済新聞出版、二〇二三年。日本のジャーナリストの著作物のなかには、英語圏のそれとは異なり、註記や参考文献リストを十全に示していない例が散見される。筆者を含む研究者の先行業績との内容の重複、分析の着眼点や解釈の踏襲などが認められるにもかかわらず、当該の研究成果を明示しない状況には、研究者として遺憾の思いが強い。学問研究の成果公開とは、最終成果物の記述はもちろん、資料の発掘と蒐集、問題設定と分析方法の選択など、結論の導出に至るすべての過程で原著者の新規性の保証を前提として行われる。実際、英語圏のジャーナリストはこの原則を遵守し、著書ではほぼ例外なく、註と参考文献が記されている。

(20) Willy Wo-Lap Lam, *Xi Jinping: The Hidden Agendas of China's Ruler for Life*, London and New York: Routledge, 2024, pp. 129, 191.

(21) 呉玉山「習近平現象」、呉玉山、寇健文、王信賢主編『一個人或一個時代　習近平執政十周年的検視』五南図書出版（台湾）、二〇二二年、一頁。

(22) 同右、一三頁。

(23) 川島真、小嶋華津子編『習近平の中国』東京大学出版会、二〇二二年（鈴木隆「第六章『中華民族の父』を目指す習近平、あるいは『第二のブレジネフ』か『第二のプーチン』か――権力、理念、リーダーシップ、将来動向」を収載）。遊川和郎、湯浅健司、日本経済研究センター編著『点検　習近平政権――長期政権が直面する課題と展望』文眞堂、二〇二三年（佐々木智弘「第三章　第三期習近平政権発足の政治分析――権力基盤の維持強化と不安定要素」を収載）。浅野亮、土屋貴裕『習近平の軍事戦略――「強軍の夢」は実現するか』芙蓉書房出版、二〇二三年（「第一一章『最高統帥』としての習近平――『大元帥』になる日は訪れるか」を収載）。

(24) Kerry Brown, *Xi: A Study in Power*, London: Icon Books, 2022, p. 211.

(25) ブラウンの次の言葉をみよ。「彼〔習近平〕は党によって書かれた役割を演じているのかもしれないが、うまく演じている」、「わたしは、習近平を党が書いたドラマの役者と表現したが、これは習近平もその一員である党との重要で複雑な関係を伝えるためである」(*Ibid*., pp. 218, 222)。

(26) *Ibid*., pp. 166-167.

(27) Lam, *Xi Jinping*, pp. 14, 189.

(28) *Ibid*., pp. 146, 154.

(29) 鄧聿文『不合時宜的人民領袖――習近平研究』独立作家出版（台湾）、二〇二三年、一〇三―一一三頁。Joseph Torigian, "Historical Legacies and Leader's Worldviews: Communist Party History and Xi's Learned (and Unlearned) Lessons," *China Perspectives*, 2018 (1-2), pp. 7-15; Tony C. Lee, "Can Xi Jinping Be the Next Mao Zedong?: Using the Big Five Model to Study Political Leadership," *Journal of Chinese Political Science*, vol. 23, no. 4, pp. 473-497.

(30) 寇健文「政治領袖眼中的政治――習近平和他的中国」、前掲、呉、寇、王主編『一個人或一個時代　習近平執政十周年的検視』六一頁。

（31）同右、七九頁。

（32）Steve Tsang and Olivia Cheung, *The Political Thought of Xi Jinping*, New York: Oxford University Press, 2024, p. 33.

（33）*Ibid.*, p. 60.

（34）*Ibid.*, p. 143.

（35）*Ibid.*, p. 191.

（36）*Ibid.*, p. 193.

（37）毛沢東「関於建立報告制度（一九四八年一月七日）」、中共中央文献編輯委員会編『毛沢東選集（第二版）第四巻』人民出版社、一九九一年、一二六四―一二六六頁。毛沢東「関於健全党委制（一九四八年九月二十日）」、同一三四〇―一三四一頁。毛沢東「党委会的工作方法（一九四九年三月十三日）」、同一四四〇―一四四四頁。

（38）ケビン・ラッド著、藤原朝子訳『避けられる戦争――米中危機が招く破滅的な未来』東京堂出版、二〇二四年、一一頁、八八頁、一七一頁（原著 Kevin Rudd, *The Avoidable War: The Dangers of a Catastrophic Conflict between the US and Xi Jinping's China*, New York: Public Affairs, 2022）。

（39）前掲、ラッド『避けられる戦争』四四二頁。

（40）柴田哲雄『習近平の政治思想形成』彩流社、二〇一六年。鈴木隆「〈はじまり〉の反腐敗――県党委員会書記時代の習近平」『東亜』（霞山会）第五九三号、二〇一六年十一月、三〇―三九頁。鈴木隆「〈スタート地点〉の習近平――県党委書記時代の政治認識とリーダーシップ」『国際情勢　紀要』（世界政経調査会国際情勢研究所）第八七号、二〇一七年三月、四五―六二頁。鈴木隆「六・四天安門事件前後の習近平――『擺脱貧困』に見る地区党委員会書記時代の政治論」『問題と研究（日本語版）』（国立政治大学、台湾）第四六巻第二号、二〇一七年六月、五五―八五頁。Brown, *Xi*, chap. 3; Torigian, "Historical Legacies and Leader's Worldviews."

（41）鈴木隆「習近平とはどのようなリーダーか？――地方指導者時代の著作にみる政治認識、リーダーシップ、政治家像」、二一世紀政策研究所（研究主幹、川島真）『中国の政策動向とその持続可能性――中国をめぐる三つの視点』二一世紀政策研究所、二〇二〇年一〇月、一二七―一五五頁。Lam, *Chinese Politics in the Era of Xi Jinping*, chap. 2.

（42）Alfred L. Chan, *Xi Jinping: Political Carrer, Governance, and Leadership, 1953–2018*, New York: Oxford University Press, 2022.

（43）*Ibid.*, p. 14.

（44）*Ibid.*, p. 168.

（45）*Ibid.*, pp. 101–102, 218.

(46) Tsang and Cheung, *The Political Thought of Xi Jinping*, p. 201.

(47) 前掲、ラッド『避けられる戦争』三五二頁。

(48) 同右、二頁。

(49) Lam, *Xi Jinping*, pp. 160–161; Shirk, "China in Xi's 'New Era'," p. 34.

(50) もっともその前提は、本書が後世なお読むに値する価値をもつ場合に限られる。これに関連して、本書の叙述では、今日の政治社会状況や政策概念に由来する単語や文章表現、とくにカタカナ語はできる限り使用しないように心がけた。そのため、文面からはいくらか生硬な印象を受けるかもしれない。だがそのほうが、時間の流れに耐えられない流行りの言葉を使うよりも、日本語を母語としない者や、あとの時代の人びとにとっては、文意を理解しやすいであろう。

(51) 例えば、中国共産党北京市委員会宣伝部が発行した、中共北京市委宣伝部理論宣伝処編『習近平総書記重要講話選編』（奥付なし、表紙に印刷された発行年月は二〇一三年十二月、同じく表紙には「内部資料　注意保存」との記載あり）の場合、そこに収められた計七〇篇の文章は、いずれも二〇一三年中に『人民日報』紙上に発表された習近平の講話や演説の再録である。

(52) 園田茂人『アジアの国民感情――データが明かす人々の対外認識』中公新書、二〇二〇年、一五六―一五七頁、二四七―二四八頁。

(53) 以下の四冊は、いずれも奥付の印刷がなく、裏表紙に「内部資料僅供参考」（内部資料、参考としてのみ提供するという意味）の記載がある。中国中央電視台、国家統計局、中国郵政集団公司共同制作『ＣＣＴＶ　中国経済生活大調査（二〇一三―二〇一四）年度数据分析報告』。中国中央電視台『ＣＣＴＶ　中国経済生活大調査二〇一七―二〇一八　美好生活指数報告』。中国中央電視台『ＣＣＴＶ　中国経済生活大調査二〇一九―二〇二〇　美好生活指数報告』。中央広播電視総台『ＣＭＧ　中央広播電視総台　美好生活指数報告　中国美好生活大調査二〇二一―二〇二二』。

(54) 同『中国美好生活大調査二〇二一―二〇二二』、まえがき部分、頁数記載なし。

(55) 前掲、中国中央電視台『ＣＣＴＶ　中国経済生活大調査二〇一七―二〇一八』一頁、一八三―一八七頁。

(56) 註（54）に同じ。

第一章

(1) 旧ソヴィエト連邦や中華人民共和国のように、特定の政党が国家機構と構造的に癒着している政治のありかたを、政治学の用語では「政党国家体制（party-state system）」

と呼ぶ。

（2）「第一九回日中共同世論調査　日中世論比較結果」『非営利シンクタンク　言論NPO』ウェブサイト、二〇二三年十月十日（https://www.genron-npo.net/world/archives/16585-2.html）、二〇二四年三月二十五日閲覧。本文すぐ後の二〇二二年の調査結果も同じ。とくに断りのない限り、以下のウェブサイトの閲覧日もすべて同じ。

（3）ガバナンスは多義的な概念であるが、本章では、人権や民主主義の要素を重視するグッド・ガバナンスの議論に即して分析を進める（吉川元「民主主義による平和」、広島市立大学広島平和研究所編『アジアの平和と核――国際関係の中の核開発とガバナンス』共同通信社、二〇一九年、一三五―一四〇頁）。以下の文中、単にガバナンスと呼ぶ場合も同じ。

（4）「世界の民主主義、冷戦期並みに後退　南アジアや東欧顕著」『日本経済新聞』（電子版）二〇二四年三月七日（https://www.nikkei.com/article/DGXZQOCD050SY0V00C24A3000000/）。

（5）内閣府政策統括官室編『世界経済の潮流　二〇一一年I　二〇一一年上半期世界経済報告　歴史的転換期にある世界経済――「全球一体化」と新興国のプレゼンス拡大』日経印刷、二〇一一年六月、九四頁。

（6）本章以下の香港政治に関する記述は、とくに断りのない限り、倉田徹『香港政治危機――圧力と抵抗の二〇一〇年代』東京大学出版会、二〇二一年を参照。

（7）「外交部副部長劉振民出席《中国堅持通過談判解決中国与菲律賓在南海的有関争議》白皮書発布会并回答記者提問実録」『中華人民共和国外交部』ウェブサイト、二〇一六年七月十三日（http://new.fmprc.gov.cn/wjb_673085/zzjg_673183/bjhysws_674671/xgxw_674673/201607/t20160713_7671482.shtml）。「非法仲裁改変不了南海諸島是中国固有領土的事実」『人民日報』二〇一六年七月十四日。

（8）帰永濤「裁判で争う問題ではない」『朝日新聞』二〇一六年七月十三日。引用文中、〔　〕は引用者の補註、以下同じ。

（9）本書、第八章を参照。

（10）ここでの「路線」の意味は、中国共産党の用語法を踏襲する。それは、政治、経済、外交など個々の政策分野の基本的な方向性を規定し、かつ、それらの政策群を統合するための国家の戦略方針と基底的な国際認識のことをいう。

（11）鈴木隆「『党の指導』をめぐる歴史的連続と変容――政党組織、リーダーシップ、ナショナリズム」、国分良成、小嶋華津子編『現代中国政治外交の原点』慶應義塾大学出版会、二〇一三年、一一頁。

(12) 国分良成「中国共産党の政策構想――政治・経済・外交の相互連関」、国分良成編『現代東アジアと日本　二　中国政治と東アジア』慶應義塾大学出版会、二〇〇四年、一〇頁。

(13) 習近平による「闘争」の強調については、本書、第六章を参照。

(14) Sebastian Heilmann, "Leninism Upgraded: Xi Jinping's Authoritarian Innovations," *China Economic Quarterly*, vol. 20, no. 4, 2016, pp. 15–22; "Creating a Digital Totalitarian State," *The Economist*, 17 December 2016, pp. 20–22.

(15) Samuel P. Huntington, "Democracy's Third Wave," in Larry Diamond and Marc F. Plattner eds., *The Global Resurgence of Democracy*, Baltimore: The Johns Hopkins University Press, 1993, p. 11.

(16) 中国中央電視台『CCTV　中国経済生活大調査二〇一七―二〇一八　美好生活指数報告』（内部資料）奥付なし、八三頁、九四頁。本文の同じ段落、各項目の点数も同じ。

(17) 同右、八六頁。実際の得点状況は以下のとおり。一〇点六・六四パーセント、九点九・五二パーセント、八点一六・〇三パーセント、七点一七・八九パーセント、六点一四・一八パーセント、五点一四・七七パーセント、四点五・九二パーセント、三点五・一九パーセント、二点四・五〇パーセント、一点五・三七パーセント。

(18) 同右、八五―八六頁。

(19) 中央広播電視総台『CMG　中央広播電視総台　美好生活指数報告　中国美好生活大調査二〇二一―二〇二二』（内部資料）奥付なし、一三頁。

(20) 同右、一六頁、二三頁。「健康コードの普及」、「ワクチン接種の便利」、「PCR検査の便利」のそれぞれの満足度は、四八・三二パーセント、四五・〇六パーセント、四四・九八パーセントであった（同一六頁）。

(21) 劉珍玉「中美戦略競争背景下中国大学生対美国国家形象的認知研究――基于対河南省五所高校的調査」『北京青年研究』二〇二二年第三期、二〇二二年七月、九九頁。

(22) 前掲、中央広播電視総台『中国美好生活大調査二〇二一―二〇二二』一〇六―一〇七頁。二〇二一年の回答状況は、多い順に、「普通」（三九・二八パーセント）、「比較的幸福」（三四・六五パーセント）、「非常に幸福」（一三・五九パーセント）、「比較的不幸」（七・七七パーセント）、「非常に不幸」（四・七一パーセント）であった。本文中、二〇一七～二〇二一年の平均値は、同じ資料一〇七頁に記載されているデータに基づき、筆者計算。

(23) 同右、一一一頁、一二七頁。二〇二一年の調査結果について、「幸福」の回答割合をみると、他世代の平均値は四八・二四パーセントであるのに対し、六〇歳以上は五二・六六パーセントを占める。もっとも「不幸」も他世代の平均値よりいくらか高い（他世代一二・四八パーセントに対し一二・九二パーセント）。新型コロナが猛威を振るっていた二〇二〇年には、六〇歳以上の「幸福」感情は、四七・三一パーセントと低かった。これは、コロナ感染への「恐慌」心理と解釈されている（同一二八頁）。

(24) 価値観をめぐる世代間のズレについては、本書、第六章、註（75）を参照。

(25) 前掲、中央広播電視総台『中国美好生活調査二〇二一―二〇二二』一〇六―一〇七頁。中国中央電視台『CCTV　中国経済生活大調査二〇一九―二〇二〇　美好生活指数報告』（内部資料）奥付なし、九八頁。前掲、中国中央電視台『中国経済生活大調査二〇一七―二〇一八』一一四頁。中国中央電視台、国家統計局、中国郵政集団公司『CCTV　中国経済生活大調査（二〇一三―二〇一四）年度数据分析報告』（内部資料）奥付なし、二四頁。本文中、次の段落の百分比も同じ。

(26) 崔岩「新時代中国社会発展質量調査報告」、李培林、陳光金、張翼主編『二〇一八年中国社会形勢分析与預測』社会科学出版社、二〇一八年、一四二頁。

(27) 田志鵬「二〇二一年中国社会発展質量調査報告」、李培林、陳光金、張翼主編『二〇二二年中国社会形勢分析与預測』社会科学出版社、二〇二二年、一七三―一七四頁。

(28) 鈴木隆「権力の伝統に回帰する中国政治――中国共産党第二〇回党大会の成果と第三期習近平政権の展望」『IDEスクエア――世界を見る目』（日本貿易振興機構アジア経済研究所）二〇二二年十二月、五頁。

(29) 本書、第六章と第八章の関連部分を参照。

(30) 「中華人民共和国憲法」『中華人民共和国中央人民政府』ウェブサイト、二〇一八年三月二十二日（https://www.gov.cn/guoqing/2018-03/22/content_5276318.htm）。

(31) 毛沢東「在拡大的中央工作会議上的講話（一九六二年一月三十日）」、中共中央文献研究室編『建国以来重要文献選編（第一五冊）』中央文献出版社、一九九七年、一三一―一三二頁。中共中央文献研究室編『毛沢東思想年編（一九二一～一九七五年）』中央文献出版社、二〇一一年、九四九頁。

(32) Susan L. Shirk, "China in Xi's 'New Era': The Return to Personalistic Rule," *Journal of Democracy*, vol. 29, issue 2 (April 2018), p. 25.

(33) 「許章潤教授（中国清華大学法学院・法哲学）の職務停止の撤回を求める声明」、『明治大学　現代中国研究所』ウェブサイト、二〇一九年五月二十一日（https://www.isc.meiji.ac.jp/~china/report/2019/images/20190521_j.pdf）。

「請求恢復許章潤教授（中国清華大学法学院、法理学）的職務及工作的声明」、同前（https://www.isc.meiji.ac.jp/~china/report/2019/images/20190521_C.pdf）。

（34）鄧小平「解放思想、実事求是、団結一致向前看（一九七八年十二月十三日）」、鄧小平『鄧小平文選　第二巻』（第二版）人民出版社、一九九四年、一四四―一四五頁。習近平時代の今日、鄧小平のこの言葉のもつ政治的意味については、本書の終章でも論じている。なお筆者は、「革命政党にとってもっとも恐ろしいのは〔民衆が〕静まりかえっていることだ」というこの一文を、前著の序章の冒頭でも紹介している（鈴木隆『中国共産党の支配と権力――党と新興の社会経済エリート』慶應義塾大学出版会、二〇一二年、一頁）。

（35）例えば、統一戦線政策の拡充を通じた社会諸集団との政治的関係の緊密化など（鈴木、同右書、第四章）。

（36）中国の個人情報保護法制については、松尾剛行「中国の個人情報保護法とデータ運用に関する法制度の論点」『情報通信政策研究』第五巻第二号、二〇二二年三月、I‐二九―五〇頁。

（37）日本国外務省経済局国際経済課「主要経済指標（二〇二四年二月）」『日本国外務省』ウェブサイト、二〇二四年三月八日（https://www.mofa.go.jp/mofaj/files/100405131.pdf）。

（38）「香港情勢について（外務報道官談話）」、同右、二〇二四年三月二十日（https://www.mofa.go.jp/mofaj/press/danwa/pageit_000001_00435.html）。

（39）廣瀬淳子「アメリカの二〇一九年香港人権民主主義法」『外国の立法』第二八四号、二〇二〇年六月、六―七頁。

（40）『日本経済新聞』二〇二〇年七月十六日。

（41）甲斐野裕之「施行二年目の米ウイグル強制労働防止法――輸入差し止めは幅広い産業に拡大」『日本貿易振興機構（ジェトロ）』ウェブサイト、二〇二四年一月十二日（https://www.jetro.go.jp/biz/areareports/special/2023/0904/53812a91e0ffce6.html）。

（42）Office of the United Nations High Commissioner for Human Rights, *OHCHR Assessment of human rights concerns in the Xinjiang Uyghur Autonomous Region, People's Republic of China*, 31 August 2022, p. 43.

（43）Ambassador OKANIWA Ken, "Explanation of Vote on Promoting Mutually Beneficial Cooperation in the Field of Human Rights（22 June 2020）," *The Permanent Mission of Japan to the International Organization in Geneva*, 31 July 2020（https://www.geneve-mission.emb-japan.go.jp/itpr_en/statements_rights_20200622_1_00001.html）.

（44）Ambassador HONSEI Kozo, "UPR of the People's Republic of China: Statement of Japan（23 January 2024），” *ibid.*, 23 January 2024（https://www.geneve-mission.emb-japan.go.jp/itprtop_en/statements_rights_20240123.html）.

（45）習近平「高挙中国特色社会主義偉大旗幟　為全面建設社会主義現代化国家而団結奮闘——在中国共産党第二十次全国代表大会上的講話」『共産党員網』二〇二二年十月二十五日（https://www.12371.cn/2022/10/25/ARTI1666705047474465.shtml）。本段落、次の引用も同じ。

（46）R. Evan Ellis, “The Trouble with China’s Global Civilization Initiative,” *The Diplomat*, 1 June 2023（https://thediplomat.com/2023/06/the-trouble-with-chinas-global-civilization-initiative/）.

（47）Huntington, “Democracy’s Third Wave,” pp. 10–11.

（48）「総統聴取国安会香港情勢専案小組簡報（二〇一九年九月二日）」、大陸委員会編『政府両岸政策重要文件（第三版）』大陸委員会（台湾）、二〇二一年一月、八頁。

（49）「総統接受『美国有線電視新聞網』（CNN）専訪（二〇二一年十月二十八日）」、同右、八頁。

（50）「総統召開国家安全会議　確立中国『一国両制台湾方案』因應方針与機制（二〇一九年三月十一日）」、同右、六二頁。

（51）王信賢「鑲嵌在中国両個大局的両岸関係——習近平時期中共対台政策解析」、呉玉山、寇健文、王信賢主編『一個人或一個時代　習近平執政十周年的検視』五南図書出版（台湾）、二〇二二年、三五七頁。

第二章

（1）中共中央組織部「中国共産党党内統計公報」『人民日報』二〇二三年七月一日。本文中、総人口に占める党員の比率は、すべて筆者の計算による。二〇二二年の中国の総人口は、約一四億一一七五万人であった（国家統計局編『中国統計年鑑二〇二三』中国統計出版社、二〇二三年、三一頁）。

（2）矢野恒太記念会編『世界国勢図会　二〇二二／二三年版』矢野恒太記念会発行、二〇二二年、三八—四〇頁。

（3）二〇二一年十月時点の日本の総人口は、約一億二五五〇万二〇〇〇人。日本国総務省統計局「人口推計　二〇二一年（令和三年）十月一日現在」『総務省統計局』ウェブサイト、二〇二二年四月十五日（https://www.stat.go.jp/data/jinsui/2021np/pdf/2021np.pdf）、二〇二四年三月十四日閲覧。とくに断りのない限り、以下のウェブサイトの閲覧日もすべて同じ。

（4）「自民党員数三万三六〇〇人減、二三年末で一〇九万人に」『日本経済新聞』二〇二四年三月十二日。日本の総人口は、二〇二三年九月時点で、約一億二四三四万八〇〇〇人である（総務省統計局「人口推計　二〇二四年

（令和六年）二月報」、前掲『総務省統計局』ウェブサイト、二〇二四年二月二十日（https://www.stat.go.jp/data/jinsui/pdf/202402.pdf)）。

（5）鈴木隆『中国共産党の支配と権力――党と新興の社会経済エリート』慶應義塾大学出版会、二〇一二年、第三章。鈴木隆「習近平時代における中国共産党の党員リクルート政策――労働者の疎外と労農同盟喪失の組織実態」『国際問題』第六七三号、二〇一八年七月、一五―二八頁。鈴木隆「中国共産党、『労働者』と訣別する前衛――習近平時代の党員リクルートと党員集団」『問題と研究（日本語版）』第五〇巻第三号、二〇二一年九月、一―三三頁。ほかに、筆者の提供したデータと知見に基づくジャーナリストによる言及として、羽田野主『中国共産党　支配の原理――巨大組織の未来と不安』日本経済新聞出版、二〇二三年、一二四―一二九頁。

（6）「習近平同志主持召開中央政治局会議研究部署加強新形勢下党員発展和管理工作」『党建研究』二〇一三年第三期、二〇一三年三月、四頁。

（7）習近平「扎実做好保持党的純潔性各項工作（二〇一二年三月一日）」、中共中央党校校務委員会編『習近平党校十九講』（内部使用）中共中央党校出版社、発行年不明、二七〇頁。

（8）羅宇凡、崔静「全面従厳治党向基層延伸――以習近平同志為核心的党中央抓基層強基礎紀実」『人民日報』二〇一七年六月二十九日。

（9）習近平「在全国組織工作会議上的講話（二〇一三年六月二十八日）」、中共中央文献研究室編『十八大以来重要文献選編（上）』中央文献出版社、二〇一四年、三五一頁。

（10）趙楽際「求真務実　開拓創新　在落実十八大精神中推進組織工作」『党建研究』二〇一三年第二期、二〇一三年二月、一九頁。

（11）江沢民「加快改革開放和現代化建設歩伐、奪取有中国特色社会主義事業的更大勝利（一九九二年十月十二日）」、中共中央文献研究室編『十四大以来重要文献選編（上）』人民出版社、一九九六年、四三頁。江沢民「全面建設小康社会、開創中国特色社会主義事業新局面（二〇〇二年十一月八日）」、中共中央文献研究室編『十六大以来重要文献選編（上）』中央文献出版社、二〇〇五年、四一頁。胡錦濤「堅定不移沿着中国特色社会主義道路前進、為全面建成小康社会而奮闘（二〇一二年十一月八日）」、前掲、中共中央文献研究室編『十八大以来重要文献選編（上）』四二頁。

（12）習近平「決勝全面建成小康社会、奪取新時代中国特色社会主義偉大勝利（二〇一七年十月十八日）」、中共中央党史和文献研究院編『十九大以来重要文献選編（上）』中央文献出版社、二〇一九年、四六頁。習近平「高挙中国特色社会主義偉大旗幟　為全面建設社会主義現代化国家而団結奮闘——在中国共産党第二十次全国代表大会上的講話」『共産党員網』二〇二二年十月二十五日（https://www.12371.cn/2022/10/25/ARTI1666705047474465.shtml）。

（13）毛里和子『現代中国政治（第三版）——グローバル・パワーの肖像』名古屋大学出版会、二〇一二年、一七〇—一七二頁。宮本雄二『習近平の中国』新潮社、二〇一五年、一三八頁。習近平時代の入党活動を論じた研究のうち、註（5）に挙げた拙稿や以下の本文中で言及したもの以外に、代表的な論考として以下のものがある。劉学申「従重数量到重質量——中国共産党建党規模理念的調適」『湖湘論壇』二〇一六年第二期、二〇一六年三月、三一—三七頁。胡小君「中国共産党党員規模問題——〝膨張〟与〝虚化〟」『江漢論壇』二〇一四年第一期、二〇一四年一月、四五—五〇頁。ほかに関連する研究群として、中国家計所得調査（Chinese Household Income Project: CHIP）などを利用した、党員資格に付随する各種の経済、社会的利得に関する統計学的検証などもある。馬欣欣、岩崎一郎「中国共産党員資格と賃金プレミアム——メタ分析」『アジア経済』（日本貿易振興機構アジア経済研究所）第六〇巻第三号、二〇一九年九月、二—三八頁。Joanne Song McLaughlin, “Does Communist Party Membership Pay?: Estimating the Economic Returns to Party Membership in the Labor Market in China,” *Journal of Comparative Economics*, vol. 45, issue 4 (December 2017), pp. 963-983.

（14）註（5）の拙稿に同じ。

（15）前掲、中共中央組織部「中国共産党党内統計公報」。

（16）「事業単位」については、註（23）も参照のこと。

（17）周英峰「截至二〇一二年年底　中共党員共有八五一二・七万名　基層党組織四二〇・一万個」『人民網』二〇一三年七月一日（http://politics.people.com.cn/n/2013/0701/c1001-22024024.html）、二〇二一年四月二十八日閲覧。

（18）「新疆党内統計公報発布　全区共有一四五・六四万名」『中国新疆』二〇一五年七月一日（http://www.chinaxinjiang.cn/zixun/xjxw/201507/t20150701_495092.htm）、二〇二一年四月二十八日閲覧。

（19）許暁楠「全市党員五〇・六三万名　基層党組織二・六八万個」『大連新聞網』二〇一九年七月一日（http://www.dlxww.com/news/content/2019-07/01/content_2306875.htm）、二〇二一年四月二十八日閲覧。

（20）内蒙古自治区党委組織部「二〇一八年全区党内統計公報」『内蒙古日報（漢）』（呼和浩特）二〇一九年七月一日。内蒙古自治区党委組織部「二〇一九年全区党内統計公報」、同二〇二〇年七月二日。

（21）中共西蔵自治区委員会組織部「二〇一七年中国共産党西蔵自治区党内統計公報」『中国共産党新聞網』二〇一八

年七月三日（http://cpc.people.com.cn/n1/2018/0703/c64387-30113160.html)、二〇二一年四月二十八日閲覧。

(22)「関於加強新形勢下発展党員和党員管理工作的意見（中弁発［二〇一三］四号）」『荊州党建網』二〇一三年十一月十四日（http://www.jzdjw.gov.cn/article/zhengcewenjian/13877.html)、二〇二一年四月二十八日閲覧。

(23) 胡錦濤から習近平に総書記ポストが移譲された二〇一二年まで、党員統計の「労働者」表記は、中国語で単に「工人」であった。習近平時代に入り、二〇一四年に発表された資料では、在籍党員と入党実績の説明部分で、それぞれ、「工人（含工勤技能人員、営業員、服務員等）」、「工人〇〇名（其中農民工××名）」（〇×は具体的な数字）と記載されるようになった。その後、二〇一六年から二〇一九年までは、在籍党員の項目は「工人（工勤技能人員）」、新規入党者のそれは「工人（工勤技能人員）〇〇名（其中農民工××名）」の表記が続いた。二〇二〇年以降、新規入党者の「農民工」の内訳が消え、在籍者と新規入党者はともに、「工人（工勤技能人員）」で統一されている。中共中央組織部「二〇一五年中国共産党党内統計公報」『人民日報』二〇一六年七月一日。中共中央組織部「二〇一八年中国共産党党内統計公報」、同二〇一九年七月一日。中共中央組織部「二〇一九年中国共産党党内統計公報」、同二〇二〇年七月一日。中共中央組織部「二〇一三年中国共産党党内統計公報」『共産党員網』二〇一四年六月三十日（http://news.12371.cn/2014/06/30/ARTI1404097880744683.shtml)、二〇二一年四月二十八日閲覧。

ここでいう「工勤技能人員」の名称は、二〇〇六年十一月に国務院の人事部（当時）が頒布した「事業単位崗位設置管理施行弁法」に基づくとみられる。行政法規である同弁法は、「事業単位」（例えば、国立の大学、病院、研究機関など、公的財政支出に経営を依存し、公益事業に従事する団体）の被用者を、「管理人員」、「専業技術人員」、「工勤技能人員」の三種類に分類し、各ポストの等級や任用の仕組みを定めている。それぞれ、「指導的職責または管理任務」、「専門的な技術業務」、「技能的な操作と保全整備、〔総務部門などの〕後方勤務、サービスなど」を担当する者と定義される（李建「《事業単位崗位設置管理施行弁法》関鍵詞解読」『北京人才市場報』二〇〇六年十一月二十二日）。

(24) 前掲「関於加強新形勢下発展党員和党員管理工作的意見」。

(25) 李国喜「第八講　発展党員的重点工作——厳格調控党員隊伍規模」『全国党員幹部現代遠程教育』(http://xuexi.12371.cn/2015/10/10/VIDE1444658079114463.shtml)、二〇二一年四月二十八日閲覧。

(26) 劉琪「深刻理解准確把握発展党員和党員管理工作的総要求——学習《関於加強新形勢下軍隊発展党員和党員管理工作的意見》」『軍隊政工理論研究』第一四巻第六期、二〇一三年十二月、三三頁。

(27) 当局の発表によれば、二〇二一年の前半期、具体的には、同年一月一日から六月五日までの約五ヵ月余りの間、この期間だけで入党者数は二三一万二〇〇〇人に達した。これは、二〇一四年から二〇一八年までのいずれの年度の通年実績よりも多く、二〇一九年度のそれに匹敵する人数であった（中共中央組織部「中国共産党党内統計公報」『人民日報』二〇二一年七月一日）。

(28) 地方によっては、「その他の職業人員」の一部に、軍や武装警察に所属する党員が含まれる（前掲、内蒙古自治区党委組織部「二〇一八年全区党内統計公報」）。

(29) 二〇一二年の総人口は、一三億五九二二万人（前掲、国家統計局編『中国統計年鑑二〇二三』三一頁）。

(30) 表2-4のうち、二〇二一年のプラス三・六八パーセントは、註（27）に記した同年の入党者の大幅増に起因する。表2-2の記載のとおり、党創設百周年のこの年の入党者数は、前年の二〇二〇年比でプラス八〇・五九パーセントを記録し、一言でいえば例外的な年であった。

(31) 前掲、国家統計局編『中国統計年鑑二〇二三』三三頁。

(32) 次の二つの資料から筆者計算。前掲、中共中央組織部「二〇一五年中国共産党党内統計公報」。同「二〇一六年中国共産党党内統計公報」『人民日報』二〇一七年七月三日。

(33) 前掲、国家統計局編『中国統計年鑑二〇二三』三一頁。

(34) 国連の世界人口推計によれば、二〇五〇年の中国の総人口は一三億一二六四万人になる見込みである。宗金建志「中国の人口が減少、二〇二三年にはインドが世界首位——国連予測」『日本貿易振興機構（ジェトロ）』ウェブサイト、二〇二二年九月二十七日（https://www.jetro.go.jp/biz/areareports/2022/db12433a352ecc90.html）。

(35) 筆者は既発表論文のなかで、試算に基づいてこのことに指摘していたが、予測のとおりに現実化した（前掲、鈴木「中国共産党、『労働者』と訣別する前衛」二七頁、三三頁）。同じ予想は、二〇二一年七月十八日に開かれた、一般社団法人現代中国研究所主催のシンポジウム「中国共産党の『百年』を考える」でのパネリスト報告でも言及した（鈴木隆「報告Ⅳ　習近平政権」『中国研究月報』第七五巻第一〇号、二〇二一年十月、一六頁）。

(36) なお、二〇二二年の第二次産業、第三次産業の各就労人口は、それぞれ二八・八パーセント、四七・一パーセントである（前掲、国家統計局編『中国統計年鑑二〇二三』一一二頁）。

(37) それゆえ、「労働者」や「企業、事業単位と社会組織の管理人員」、同「専業技術人員」などの現有の公式カテゴリの名称変更など、党員統計における分類項目や表記の仕方は、今後も必要に応じて見直されるであろう。

(38) 毛沢東主義と習近平の政治的連関については、本書、第六章を参照。

(39) 「中国共産党章程（中国共産党第二〇次全国代表大会部分修改、二〇二二年十月二十二日）」『共産党員網』二〇二二年十月二十六日（https://www.12371.cn/2022/10/26/ARTI1666788342244946.shtml）。「中国共産党是中国工人階級的先鋒隊、同時是中国人民和中華民族的先鋒隊」の文言は、二〇〇二年に開かれた一六回党大会での党規約の修正によって盛り込まれた。これは同規約で、江沢民が提唱した「三つの代表」論が、毛沢東思想や鄧小平理論とともに、党の指導思想に位置づけられたことに伴う措置であった。「三つの代表」導入の政治的背景とそれに基づく新興エリート層への党員リクルートの詳細については、前掲、鈴木『中国共産党の支配と権力』第三章参照。

(40) 「中華人民共和国憲法（二〇一八年三月十一日修正採択）」『共産党員網』二〇一八年三月二十二日（https://news.12371.cn/2018/03/22/ARTI1521673331685307.shtml）。

(41) 「日本共産党規約（日本共産党第二二回大会、二〇〇〇年十一月二十四日改定）」『日本共産党』ウェブサイト（https://www.jcp.or.jp/web_jcp/html/Kiyaku/index.html）。「労働者階級の党であり国民の党」の表現について、日本共産党は、「人間解放」という歴史的意義と政治目標の点で正当化されるとし、「党の構成としては、日本共産党の門戸は、日本社会の進歩をめざすすべてのひとびとに開かれています」と説明している。「『労働者階級の党であり国民の党』だとは?」、同二〇一〇年二月三日（https://www.jcp.or.jp/akahata/aik09/2010-02-03/2010203faq_12_01_0/html）。

(42) 鈴木隆「習近平政権『内向的グローバルパワー』への道（上）——一九期五中全会で既定路線が固められる」『外交』第六四号、二〇二〇年十一月、一〇六—一一一頁。

第三章

(1) ケビン・ラッド著、藤原朝子訳『避けられる戦争——米中危機が招く破滅的な未来』東京堂出版、二〇二四年、二一四頁。

(2) ロシア・ウクライナ戦争以前の中ロ関係、及び、それらとモンゴル、北朝鮮との外交関係や安全保障協力については、Gilbert Rozman and Sergey Radchenko eds., *International Relations and Asia's Northern Tier: Sino-Russia Relations, North Korea, and Mongolia*, Singapore: Pal-

grave Macmillan, 2018.

（3） 本章の註では特別に、記者などの一部を除き、文中で言及する中国側研究者について、判明している範囲内で、当該の文献資料発表当時の所属先や職位の肩書も記している。その理由は次のとおりである。権威主義体制の国家、とりわけ中国のように情報の管理と統制を重視する国では、個人と組織のいずれのレベルについても、質と量の両面において情報格差の問題はやはり無視できないものがある。このことは研究者についても例外ではない。したがって本章では、当該人物の学問的政治的影響力や各種情報の確度などに関し、読者による確認の利便性を考慮して所属単位と肩書を明記する。中国におけるロシア政治研究の歴史と学問潮流等については、関連のレビュー論文を参照のこと。費海汀（北京大学中国政治学研究中心助理教授）「中国四〇年来的俄羅斯政治研究」『俄羅斯東欧中亜研究』二〇一九年第一期、二〇一九年二月、一―三〇頁。趙可金（清華大学社会科学学院副院長、教授）「当代俄羅斯研究的核心問題、範式演変与発展趨勢」『俄羅斯研究』二〇二二年第二期、二〇二二年四月、二〇―三七頁。中国における人文科学分野のロシア研究の動向については、Liu Juan, Ma Liang, and Zhou Di Chen, "Russian Language, Teaching, Literature and Cultural Studies in China: The Current Situation, Issues and Prospects," *Slavic and East European Journal*, vol. 64, no. 1 (Spring 2000), pp. 21-30. また、ロシアの対外政策、軍事、インテリジェンスを論じた近年の中国における代表的な成果については、本章の趣旨と分析対象の範囲にかんがみ、言及できなかった。別稿で論じるが、表題だけを掲げれば次のようなものがある。謝暁光（遼寧大学国際関係学院教授）『俄羅斯対外戦略研究（二〇〇〇～二〇一六）』社会科学文献出版社、二〇一八年。畢洪業（上海外国語大学俄羅斯東欧中亜学院教授）『俄羅斯外交戦略与対外関係』時事出版社、二〇二一年。曹永勝（国防大学国家安全学院軍事戦略教研室副教授）『俄羅斯強軍興国之道』時事出版社、二〇二〇年。彭亜平『俄羅斯対外情報分析力量発展研究（軍事情報学博士文庫）』軍事科学出版社、二〇一四年。

（4） 二〇二二年の研究業績は、ロ・ウ戦争に関するものを中心に本章第二節で扱った。二〇二一年後半期のそれは、時間の都合上、十分な資料収集と検討を加えることができなかった。他日の課題としたい。

（5） 馬強（中国社会科学院俄羅斯東欧中亜研究所副研究員、中国社会科学院俄羅斯研究中心副秘書長）「俄羅斯《外国代理人法》及其法律和政治実践」『俄羅斯研究』二〇二一年第一期、二〇二一年二月、一三七―一七〇頁。

（6） 張昊琦（中国社会科学院俄羅斯東欧中亜研究所副研究

員）「加強政治控制抑或重啓改革？――二〇一八年総統大選之後的俄羅斯政治発展」『俄羅斯東欧中亜研究』二〇一八年第一期、二〇一八年二月、二一頁。

(7) 龐大鵬（中国社会科学院俄羅斯東欧中亜研究所研究員、中国社会科学院俄羅斯中心主任）「俄羅斯保守主義的政治邏輯」『国外理論動態』二〇二〇年第一期、二〇二〇年二月、一三三頁。

(8) 龐大鵬（中国社会科学院俄羅斯東欧中亜研究所研究員、中国社会科学院俄羅斯研究中心主任）「従〝主権民主〟到〝普京主義〟――普京的治国理念」『世界知識』二〇一九年第六期、二〇一九年三月、四四頁。

(9) 李永全（中国社会科学院俄羅斯東欧中亜研究所研究員）「普京之治与俄羅斯之路」『俄羅斯学刊』二〇一八年第二期、二〇一八年四月、六頁、一五頁。

(10) 左鳳栄（中国共産党中央党校国際戦略研究院教授）「普京――強人治理大国的邏輯」『中国領導科学』二〇一八年第一期、二〇一八年一月、一一四頁。

(11) 同右、一一五頁。

(12) 龐大鵬（中国社会科学院俄羅斯東欧中亜研究所研究員、副所長）「普京修憲的政治分析」『俄羅斯東欧中亜研究』二〇二〇年第四期、二〇二〇年八月、六頁。

(13) 薛福岐（中国社会科学院俄羅斯東欧中亜研究所研究員）「二〇二〇年修憲与政治発展進程」『人民論壇』二〇二〇年八月・上、二〇二〇年八月、三六頁。引用文中、〔　〕は引用者の補註、以下同じ。

(14) 前掲、費「中国四〇年来的俄羅斯政治研究」二八―二九頁。

(15) ロシアからみた中ロ協調の利益、とくに対米牽制と国際政治の多極化推進に関する明快な説明は、Alexander Lukin, "Russia, China, and the Emerging Greater Eurasia," in Rozman and Radchenko eds., *International Relations and Asia's Northern Tier*, pp. 75-91.

(16) 劉軍梅（復旦大学経済学院副院長、世界経済研究所副教授）「俄烏衝突背景下極限制裁的作用機制与俄羅斯反制的対衝邏輯」『俄羅斯研究』二〇二二年第二期、二〇二二年四月、六三頁。

(17) 李巍（中国人民大学国際関係学院教授）、穆睿彤（同前、博士研究生）「俄烏衝突下的西方対俄経済制裁」『現代国際関係』二〇二二年第四期、二〇二二年四月、九頁。

(18) 同右、一頁。

(19) 同右、二五頁。

(20) 喩国明（北京師範大学新聞伝播学院教授）、楊雅（同前、副教授）、顔世健（同前、博士研究生）「世論戦的数字孿生：国際伝播格局的新模式、新特征与新策略――以俄烏衝突的世論戦為例」『対外伝播』二〇二二年第七期、二〇二二年七月、八頁。

(21) 任孟山（中国伝媒大学教授、国際伝播研究中心主任）、李呈野（同前、博士研究生）「俄烏衝突与戦時宣伝範式迭代——従〝影像新聞〟到〝事実核査世論戦〟」『対外伝播』二〇二二年六期、二〇二二年六月、三九頁。

(22) 同右、四一頁。

(23) 李小歴「警惕〝星鏈〟的野蛮拡張和軍事化応用」『国防科技工業』二〇二二年第五期、二〇二二年五月、五五頁。

(24) 斉旭「全国政協委員、北京航空航天大学教授張濤——尽早尽快布局中国版〝星鏈〟衛星互聯網」『中国電子報』二〇二二年三月十一日。

(25) 兪潤澤（復旦大学国際関係与公共事務学院博士研究生）、江天驕（復旦大学発展研究院副研究員）「〝星鏈〟対太空軍控的影響」『現代国際関係』二〇二二年第六期、二〇二二年六月、三五頁。

(26) 晗昆「俄烏衝突対能源市場的衝撃与影響」『能源』二〇二二年第三期、二〇二二年三月、五五頁。

(27) 李富兵（国務院自然資源部油気資源戦略研究中心）、申雪（同前）、李飛劉（同前）、李耕宇（中山大学）「俄烏衝突対中俄油気合作的影響」『中国鉱業』インターネット発表版、二〇二二年七月二十一日、六頁。

(28) 李鋒（中国農業発展銀行政策研究室）、孔明忠（同前）、劉甜（同前）「俄烏衝突対我国糧食安全的影響及農発行應対措施建議」『農業発展与金融』二〇二二年第四期、二〇二二年四月、六二頁。

(29) 蘆千文（中国社会科学院農村発展研究所）「俄烏衝突、国際農業合作与中国糧食安全保障——中国国外農業経済研究会俄烏変局下的全球農業与糧食安全研討会綜述」『世界農業』二〇二二年第五期、二〇二二年五月、一三〇頁。

(30) 「独バイエル、ロシアへの農業製品の供給継続を決定」Reutersウェブサイト、二〇二二年八月十六日（https://jp.reuters.com/article/ukraine-crisis-bayer-idJPKBN2PM01X）、二〇二二年十二月十九日閲覧。

(31) 韓冬（河南工学院副教授）、鐘鈺（中国農業科学院農業経済与発展研究所研究員）「俄烏衝突対全球糧食市場的影響及中国保障糧食安全的政策響應」『俄羅斯研究』二〇二二年第三期、二〇二二年六月、七七頁。

(32) 「習近平——下決心把民族種業搞上去」『海外網』二〇二二年六月二十日（https://baijiahao.baidu.com/s?id=1736134666475313636&wfr=spider&for=pc）、二〇二二年十二月十九日閲覧。

(33) 習近平「我的人才観」『党員特刊』（党内刊行物）一九九一年第九期、一九九一年九月、一一―一二頁。『党員特刊』と称するこの月刊誌の発行元は、中国共産党遼寧省委員会である。一九九一年当時の発行部数は計一〇八万部で、同年初め時点で福建省でも約四万部が流通していたという（田傑、楊鶴華「特殊環境中的特殊工作――中共福建省委常委、組織部長、本刊顧問王建双同志談〝三資〞企業党的建設」『党員特刊』一九九一年第三期、一九九一年三月、一四頁）。毎号の目次頁に「党内刊行物注意保存」の太字印刷があり、同じ頁の定期購読の案内にも、「本刊は党内刊行物であり、非党員の大衆の閲覧は断る」の一文がある。

(34)「反〝和平演変〞問題馬虎不得」『党員特刊』一九九一年第九期、一九九一年九月、六―七頁、一二頁。

(35) 同右、六頁。

第四章

(1) 毛沢東時代や「広義の鄧小平時代」など、筆者の想定する中華人民共和国の政治史の時期区分については、本書、第一章と第八章を参照。

(2) 序章で説明した本書の趣旨にかんがみ、本書の以下の記述では、「史料」と「資料」の言葉の使い分けをせず、より一般的な言葉遣いである「資料」の語で統一する。

(3) 中央党校採訪実録編輯室『習近平的七年知青歳月』中共中央党校出版社、二〇一七年。中央党校採訪実録編輯室『習近平在正定』中共中央党校出版社、二〇一九年。中央党校採訪実録編輯室『習近平在厦門』中共中央党校出版社、二〇二〇年。中央党校採訪実録編輯室『習近平在寧徳』中共中央党校出版社、二〇二〇年。中央党校採訪実録編輯室『習近平在福州』中共中央党校出版社、二〇二〇年。中央党校採訪実録編輯室『習近平在福建』（上、下冊）中共中央党校出版社、二〇二一年。中央党校採訪実録編輯室『習近平在浙江』（上、下冊）中共中央党校出版社、二〇二一年。中央党校採訪実録編輯室『習近平在上海』中共中央党校出版社、二〇二二年。《梁家河》編写組『梁家河』陝西人民出版社、二〇一八年。本書編写組編著『譲群衆過上好日子――習近平正定足跡』河北人民出版社・人民出版社、二〇二二年。本書編写組編著『閩山閩水物華新――習近平福建足跡』（上、下冊）福建人民出版社・人民出版社、二〇二二年。本書編写組編著『幹在実処　勇立潮頭――習近平浙江足跡』浙江人民出版社・人民出版社、二〇二二年。本書編写組編著『当改革開放的排頭兵――習近平上海足跡』上海人民出版社・人民出版社、二〇二二年。

(4)「一貫性の神話」、「独自性の神話」、「無謬性の神話」、「言語の神話」などの言葉は、スキナー（Quentin Skinner）の古典的著作に、直接ないし間接的に示唆を受けている。クェンティン・スキナー著、半澤孝麿、加藤節編訳『思想史とはなにか――意味とコンテクスト』岩波書店、一九九九年。James Tully ed., *Meaning and Context: Quentin Skinner and His Critics*, Princeton: Princeton University Press, 1988.

（5）「内部資料」については、本書、序章の説明を参照。

（6）習近平の政治的パーソナリティに関する代表的な先行業績とそれへの筆者の批評は、本書、序章を参照。先行研究を含め、習近平の人柄や政治家としての気質を記した数多くの文章のうち、研究活動を通じて筆者の個人的感覚として腑に落ちる、「しっくりくる」部分が多いのは、管見の限り、次の二篇の文章である。面談の対象と時期は異なるものの、いずれも中国出身でアメリカ合衆国在住の二名の学者（うち一名は匿名）の証言に基づく。程映虹、（聞き手）古谷浩一「習氏は毛沢東になるのか　在米の中国人歴史学者が解説」『朝日新聞 DIGITAL』二〇二一年十一月十三日（https://digital.asahi.com/articles/ASPCD4RS3PC8USPT00P.html?iref=pc_ss_date_article）、二〇二四年八月四日閲覧。Political Minister Counselor Aubery Carlson, "Portrait of Vice President Xi Jinping: 'Ambitious Survivor' of the Cultural Revolution," 16 November 2009, WikiLeaks (https://wikileaks.org/plusd/cables/09BEIJING3128_a.html). Accessed 4 August 2024.

（7）Alfred L. Chan, *Xi Jinping: Political Carrer, Governance, and Leadership, 1953–2018*, New York: Oxford University Press, 2022, p. 2.

（8）東方「習近平談従政之路」『紫光閣』第五期、二〇〇四年五月、二〇頁。

（9）習近平『擺脱貧困（第二版）』福建人民出版社、二〇一四年（初版一九九二年）。習近平『幹在実処　走在前列——推進浙江新発展的思考与実践（第二版）』浙江人民出版社、二〇一四年（初版二〇〇六年）。習近平『知之深　愛之切』河北人民出版社、二〇一五年。習近平『之江新語（第二版）』浙江人民出版社、二〇一五年（初版二〇〇七年）。

（10）本節の一部は、筆者の既発表論文の内容に基づく。鈴木隆「〈はじまり〉の反腐敗——県党委員会書記時代の習近平」『東亜』（霞山会）第五九三号、二〇一六年十一月、三〇—三九頁。鈴木隆「〈スタート地点〉の習近平——県党委書記時代の政治認識とリーダーシップ」『国際情勢　紀要』（世界政経調査会国際情勢研究所）第八七号、二〇一七年三月、四五—六二頁。鈴木隆「六・四天安門事件前後の習近平——『擺脱貧困』に見る地区党委員会書記時代の政治論」『問題と研究』（国立政治大学、台湾）第四六巻第二号、二〇一七年六月、五五—八五頁。

（11）習近平「把握新聞工作的基点（一九八九年五月）」、前掲、習『擺脱貧困』八一—八二頁。引用文中、〔　〕は引用者の補註、以下同じ。

（12）前掲、習『幹在実処　走在前列』三六一頁。

（13）同右、三八二—三八三頁。

(14) 習近平「做焦裕禄式的県委書記（二〇一五年一月十二日）」、習近平『做焦裕禄式的県委書記』中央文献出版社、二〇一五年、七頁。

(15) 前掲、習『幹在実処　走在前列』五三六頁。毛沢東「湖南農民運動考察報告（一九二七年三月）」、中共中央文献編輯委員会編『毛沢東選集（第二版）第一巻』人民出版社、一九九一年、一二—四四頁。

(16) 習近平「在河南省蘭考県委常委拡大会議上的講話（二〇一四年三月十八日）」、前掲、習『做焦裕禄式的県委書記』四〇頁。

(17) 前掲、習『幹在実処　走在前列』二九九—三〇〇頁。

(18) 同右、三一二頁。

(19) 本書、第六章を参照。

(20) 前掲、習『幹在実処　走在前列』三〇八頁。

(21) 前掲、習「把握新聞工作的基点」八二頁。

(22) 習近平「廉政建設是共産党人的歴史使命（一九九〇年二月）」、前掲、習『擺脱貧困』二六—二七頁。

(23) 黄炎培『八十年来　附《延安帰来》』文史資料出版社、一九八二年、一四八—一四九頁。

(24) 習近平「幹部的基本効——密接連繫人民群衆（一九八九年一月）」、前掲、習『擺脱貧困』一五頁。

(25) 習近平「着力構建懲治和預防腐敗体系　不断提高反腐敗倡廉能力——習近平在中共浙江省紀律検査委員会第七次全体会議上的講話（二〇〇五年二月一日）」、中共浙江省紀律検査委員会、浙江省監察庁編『浙江省構建懲治和預防腐敗体系工作文集（綜合篇）』（内部発行）浙江人民出版社、二〇〇七年、六一頁。習近平「激濁揚清正字当頭（二〇〇六年二月二十日）」、前掲、習『之江新語』一七六頁。

(26) 中共中央紀律検査委員会、中共中央文献研究室編『習近平関於党風廉政建設和反腐敗闘争論述摘編』中央文献出版社・中国方正出版社、二〇一五年、六頁。中共中央文献研究室編『習近平関於全面従厳治党論述摘編』中央文献出版社、二〇一六年、二一四頁。

(27) 前掲、中共中央文献研究室編『習近平関於全面従厳治党論述摘編』二〇四頁。

(28) 習近平「決勝全面建成小康社会、奪取新時代中国特色社会主義偉大勝利（二〇一七年十月十八日）」、中共中央党史和文献研究院編『十九大以来重要文献選編（上）』中央文献出版社、二〇一九年、四七頁。

(29) 沈書忠「憶諍友——賈大山（代序）」、中国人民政治協商会議正定県委員会文史資料委員会編『正定文史資料（第三輯）大山在我心中』（内部資料）中国人民政治協商会議正定県委員会文史資料委員会、一九九八年七月、二頁。

(30) 習近平「不要引導領導幹部当〝満票幹部〟（二〇〇三年七月二十一日）」、前掲、習『之江新語』一〇頁。本書、

第六章、図6-2も参照。

(31) 習近平「閩東之光——閩東文化建設随想（一九九〇年一月）」、前掲、習『擺脱貧困』二一一頁。文革時期の政治宣伝で、毛沢東主義の理想的人間像として描かれた王進喜については、本書、第六章を参照。

(32) 前掲、習『幹在実処　走在前列』五二四頁。

(33) 前掲、東方「習近平談従政之路」二〇頁。

(34) 習近平の異動先や各任地の滞在期間について、カッコ内の年齢は満年齢で記す。本節以下、同じ。

(35) 小説「劉志丹」事件発生前後の習仲勲と家族の様子については、習仲勲の秘書の回想を参照。張志功「我在習老身辺二十年（二）——習仲勲〝《劉志丹》小説案〟平反前後」『紅広角』二〇一三年第七期、二〇一三年七月、四—一二頁。

(36) 聶衛平、王瑞陽『囲棋人生』中国文聯出版社、一九九九年、一二四—一二五頁。のちに中国囲碁界で「棋聖」の称号を得た聶衛平は、文革の一時期、習近平と同じ中学の級友であった。

(37) 習近平「我是黄土的児子」『全国新書目』第一二期、二〇〇二年十二月、二六頁。習遠平「父親往事——憶我的父親習仲勲」『百年潮』二〇一三年第一一期、二〇一三年十一月、二〇頁。

(38) 呉志菲「習近平——従黄土高坡到上海灘」『党史縦横』二〇〇七年第五期、二〇〇七年五月、一八頁。文革中の習近平一家の様子については、斉心口述、葉匡政記録「我与習仲勲」『招商周刊』二〇〇八年第七期、二〇〇八年三月、七四—七五頁。斉心口述、虹霓記録「我与習仲勲相伴五十八年」『決策与信息』二〇一二年第七期、二〇一二年七月、四六—四七頁。

(39) 盧鷹、周偉思「〝而立〟之年」『河北青年』一九八四年第七期、一九八四年七月、八頁。

(40) 同右、八—九頁。

(41) 前掲、習「我是黄土的児子」二六頁。

(42) 前掲、東方「習近平談従政之路」二一頁。斉橋橋「俯首甘為孺子牛——紀念我最敬愛的父親習仲勲誕辰一〇〇周年」『百年潮』二〇一三年第一一期、二〇一三年十一月、九頁。

(43) 同右。

(44) 楊筱懐「習近平——我是如何跨入政界的」『中華児女（国内版）』二〇〇〇年第七期、二〇〇〇年十一月、四四頁。前掲、呉「習近平」一九頁。

(45) 前掲、楊「習近平」四三頁。

(46) 前掲、東方「習近平談従政之路」二一頁。

(47) 前掲、楊「習近平」四三頁。

(48) 比較的早い時期のものとして、前掲、盧、周「〝而立〟之年」。蔣豊「他耕耘在正定的原野上」『中国青年』一九

八五年第一期、一九八五年一月、二七―三一頁。「他願意接受考験――訪市委書記習近平」『福州晩報』一九九〇年八月十八日。

(49) 前掲、楊「習近平」四四頁。

(50) Carlson, "Portrait of Vice President Xi Jinping: 'Ambitious Survivor' of the Cultural Revolution."

(51) 周海濱、郭佳「耿飈：留守抗日根拠地――耿瑩耿焱講述父親生平」『中国経済周刊』二〇一〇年第二九期、二〇一〇年七月、五四―五五頁。

(52) 習近平「在中央軍委専題民主生活会上的講話（節選）（二〇一三年七月八日）」、中央軍委政治工作部編『習近平論強軍興軍』（軍内発行）解放軍出版社、二〇一七年、一〇二頁。

(53) 習近平「関於戦争指導問題（二〇一三年七月十五日）」、同右、一二四頁。

(54) 陸樹群「習近平在正」、陸樹群著、中国子龍武術研究会編『正定名人風采録』中国子龍武術研究会、奥付なし、二頁。序文の執筆日付から推定される刊行年月は、二〇一五年末から二〇一六年初めと思われる。著者の陸樹群は、一九八二年に習近平が正定県党委員会の副書記に異動してきた際、県党委員会政法委員会で秘書業務を担当していた人物で、当時の習近平とは日常的な付き合いがあった。一九九七年に正定県史志弁公室副主任兼『党史資料』主編に就任して以降、習近平をたびたび取材している。本書のなかには、一九九七年と二〇〇五年に、習近平本人、及び、習近平・彭麗媛夫婦と著者が一緒に撮影した写真が掲載されている（同四頁、九頁）。

(55) 正定県史弁公室編『中国共産党正定県歴史大事記（一九六六～二〇一〇）』中国文史出版社、二〇一二年、五八頁、六九頁。

(56) 同右、五九頁。

(57) 習近平「憶大山（代序）」、前掲、中国人民政治協商会議正定県委員会文史資料委員会編『正定文史資料（第三輯）大山在我心中』一―五頁（原載『当代人』一九九八年第七期）。

(58) 前掲、楊「習近平」四一―四二頁。

(59) 同右。

(60) 「正定県翻身記」『人民日報』一九八四年六月十七日。前掲、蔣「他耕耘在正定的原野上」二七―三一頁。郭素芝「習近平的〝人才経〟」（原載『河北日報』一九八五年一月十九日）、郭素芝『走自己的路――郭素芝新聞作品選』華北人民出版社、一九九〇年、六一頁。前掲、盧、周「〝而立〟之年」四―九頁。

(61) 前掲、正定県史弁公室編『中国共産党正定県歴史大事記（一九六六～二〇一〇）』六五頁。

(62) 同右、六六頁、七一頁、七六頁。「県領導関懐負笈者　大学生不忘故郷情——中共正定県委書記与本県籍大学生的通信」『中国青年報』一九八四年三月十三日。
(63) 趙徳潤口述「在正定採訪習近平」『領導文萃』二〇一五年第八期・上、二〇一五年八月、八五頁。
(64) 習近平『中国農村市場化建設研究』人民出版社、二〇〇一年、著者紹介、頁数記載なし。
(65) 前掲、盧、周「〝而立〟之年」六頁。
(66) 前掲、正定県史弁公室編『中国共産党正定県歴史大事記(一九六六〜二〇一〇)』六七頁。
(67) 前掲、蔣「他耕耘在正定的原野上」二八頁。
(68) 前掲、盧、周「〝而立〟之年」八頁。
(69) 習近平「序(一九八五年一月一日)」、河北省正定県档案館編『正定県大事記　一九四九〜一九八三』河北省正定県印刷廠、一九八五年、二頁。
(70) 習近平「序(一九八七年五月)」、中共正定県委員会、正定人民政府『正定古今』河北人民出版社、一九八七年、一頁。
(71) 前掲、陸「習近平在正」一〇頁。
(72) 同右、一〇頁。
(73) 習近平「中青年幹部要『尊老』」『人民日報』一九八四年十二月七日。本段落、次の引用も同じ。
(74) 前掲、蔣「他耕耘在正定的原野上」二七頁。
(75) 呉巧平、王琰「〝願特区新一輪跨越又好又快〟——訪浙江省委書記習近平」『厦門日報』二〇〇六年十二月十二日。
(76) 明紅「幸福婚姻譲歌声更甜美——彭麗媛談与習近平的婚姻生活」『支部建設』二〇〇三年第五期、二〇〇三年五月、五五—五六頁。
(77) 前掲、呉、王「〝願特区新一輪跨越又好又快〟」。
(78) 一九八〇年代の政治改革の実践と中国政治学の動向については、国分良成『中国政治と民主化——改革・開放政策の実証分析』サイマル出版会、一九九二年、第六章。
(79) 「我市税収財務大検査取得大進展」『厦門日報』一九八五年十二月十八日。
(80) 「本市開展税収財務大検査」『厦門日報』一九八五年九月二十六日。
(81) 各回の実施時期は次のとおり。第一回一九八五年九月〜一九八六年四月、第二回一九八六年十一月〜一九八七年一月、第三回一九八七年十月〜同年十二月。「開展税収財務大検査」『厦門日報』一九八五年十月十七日。「市府決定開展税収財務物価大検査」、同一九八六年十一月十二日。「市府全面部署今年税収大検査工作」、同一九八七年九月七日。
(82) 「市府召開税収財務大検査総結表彰大会」『厦門日報』一九八六年四月四日。「我市部署今年財務物価大検査工作」、同一九八七年十月十日。
(83) 同右。前掲「市府決定開展税収財務物価大検査」。「強化以法治税的重要措施」『厦門日報』一九八七年六月十日。

(84) 「揚長避短 形式多様 互恵互利 共同発展」『厦門日報』一九八六年四月二十四日。「搞好内聯要樹立三個観点」、同一九八七年五月七日。「進一歩開展外引内聯和出口創匯工作」、同一九八七年十二月十二日。

(85) 次はすべて、『厦門日報』紙の掲載記事。「横向経済技術聯合的新突破」一九八六年五月七日。「我市与寧徳地区簽訂聯合意向書」一九八六年八月五日。「横向経済聯合黒竜江省邀請会開幕」一九八六年八月二十七日。「架起横向経済聯合万里長橋」一九八六年九月十二日。「市府与江西吉安行署簽訂経済技術友好合作協議書」一九八六年九月二十七日。「署訂長期有効経済技術友好合作協議書」一九八六年九月三十日。「厦門宜賓決定在八個方面加強合作」一九八六年十月七日。「甘粛与我市達成経済聯合協議」一九八六年十月二十日。「厦門瀋陽達成十一個合作協議」一九八七年十一月二十六日。「鉄嶺厦門両市昨簽署経済技術協作意向書」一九八八年三月十日。「我市与漢中地区達成経済技術協作協議」一九八八年三月三十日。

(86) 次はすべて、『厦門日報』紙の掲載記事。「世界銀行国際金融公官員比勒先生一行抵厦」一九八五年十二月七日。「日本安田信託銀行集団訪華団来厦訪問」一九八六年八月三日。「法国尼斯工商代表団抵厦参観訪問」一九八六年十月二十八日。「八国駐滬領事官員訪厦」一九八七年二月十七日。「日本長崎県中日親善団来厦参観訪問」一九八七年二月二十一日。「法国墨西哥駐華大使訪厦」一九八八年三月十一日。「法国企業家代表団訪問我市」一九八八年三月二十三日。「新西蘭駐華大使訪厦」一九八八年三月二十七日。

(87) 会談内容に関する本文の記述と引用はすべて、「岡崎嘉平太先生来我市訪問——習近平副市長在悦華酒店会見日本友人」『厦門日報』一九八七年十一月十七日による。習近平と岡崎嘉平太のアモイ対面は、二〇二二年三月に発表した筆者の小文で初めて確認された史実と思われる。鈴木隆「(資料紹介) 一九八七年十一月の習近平・岡崎嘉平太の会談について」『国際情勢 紀要』(世界政経調査会国際情勢研究所) 第九二号、二〇二二年三月、二三—三一頁。二〇一五年五月、北京の人民大会堂で開かれた「日中友好交流大会」で、演説を行った習近平は、田中角栄や大平正芳とともに、「廖承志氏と高碕達之介氏、岡崎嘉平太氏ら有識者は積極的に奔走し、多くの活動をしました」と述べて、両国関係に対する岡崎の貢献を称えた。ただしこのとき習近平は、自身がかつて岡崎と直接に言葉を交わしたことに言及しなかった。四半世紀以上も前の出来事を、習近平本人も忘れている可能性が高い。習近平「在中日友好交流大会上的講話(二〇一五年五月二十三日）」『新華網』二〇一五年五月二十三日（http://www.xinhuanet.com//politics/2015-05/23/c_1115384379.htm）。引用文は、下記のウェブサイトに掲載された日本語の訳文を参照した。「習近平主席の中日友好大会での演説全文」『中華人民共和国駐日本国大使館』ウェブサイト、二〇一五年五月二十五日（http://www.china-embassy.or.jp/jpn/zrdt_1/201505/t20150525_10433681.htm）。ウェブサイトの閲覧日はいずれも、二〇二二年一月十九日。

(88) 「中共厦門市委、市人民政府決定組織力量　研究社会経済発展戦略　経済体制改革総体方案　探索行政体制改革方向」『厦門日報』一九八六年八月一日。

(89) 「市委市府邀請有関専家学者和民主党派、群衆団体代表座談　共商厦門経済特区建設大計」『厦門日報』一九八六年十月十二日。「我市経済社会発展戦略研究取得可喜進展」、同一九八七年五月十日。「『出口加工区和自由港』厦門国際研討会閉幕」、同一九八七年七月十七日。「市委市府召開市経済社会発展戦略論証会」、同一九八八年三月二十七日。

(90) 厦門市経済社会発展戦略研究弁公室、厦門市計画委員会、《厦門経済社会発展戦略》編輯委員会『一九八五年—二〇〇〇年　厦門経済社会発展戦略』鷺江出版社、一九八九年。同書の概要は、厦門市計画委員会、厦門市戦略弁公室編「厦門市二〇〇〇年経済社会発展戦略」『計画経済研究』一九八八年第九期、一九八八年二月、二七—三七頁。

(91) 「市委市府召開領導幹部会議部署制定三個方案　探索発展特区建設推進改革有効途径」『厦門日報』一九八六年八月十四日。

(92) 前掲「中共厦門市委、市人民政府決定組織力量　研究社会経済発展戦略　経済体制改革総体方案　探索行政体制改革方向」。「増強改革意識　加快改革歩伐　推進特区建設」『厦門日報』一九八七年九月二十一日。

(93) 「以十三大精神為指導加快特区建設歩伐」『厦門日報』一九八七年十一月六日。

(94) 習近平「認真学習十三大文件　加快厦門特区改革歩伐」『厦門日報』一九八七年十一月二十三日。この文章は約一九〇〇華字の分量があり、当時の『厦門日報』紙に掲載された記事としては、かなりの長文である。

(95) 同右。以下の本段落の引用、すべて同じ。

(96) 趙紫陽「沿着有中国特色社会主義道路前進（一九八七年十月二十五日）」、本書編写組編『十一届三中全会以来歴次党代会、中央全会報告　公報　決議　決定』中国方正出版社、二〇〇八年、二八六頁。

(97) 前掲、国分『中国政治と民主化』一五二頁。

(98) 註（96）に同じ。

(99) 寧徳市地方志編纂委員会編『寧徳市情手冊』海風出版社、二〇一五年、一七頁。

(100) 福建省寧徳地区地方志編纂委員会編『寧徳地区志』方志出版社、一九九八年、二一八頁。

(101) 「習近平在福建——一歩一歩一七年」『第一財経日報』二〇〇七年四月五日。

(102) 「地委召開副処級以上幹部会議伝達省委決定　習近平任福州市委書記　陳増光任寧徳地委書記」、寧徳市档案局（館）編『不忘初心——習近平同志在寧徳工作期間報道集《閩東報》一九八九—一九九〇』（内部資料）奥付なし、（寧）新出内書第二〇一六〇三三号、九七頁（原載『閩東報』第五九期、一九九〇年五月一日）。

(103) 習近平「滴水可穿石」、同右、三五頁（原載『閩東報』第一〇期、一九九〇年一月四日）。

(104) 「服務農業　発展農業——我区召開農業生産電話広播大会」、同右、六一頁（原載『閩東報』第三四期、一九九〇年三月三日）。「地委、行署召開春耕生産電話会議　掀起春耕生産高潮　再奪農業全面豊収」、同八三—八四頁（原載『閩東報』第四九期、一九九〇年四月七日）。

(105) 陳承茂、黎昕「対閩東経済発展的思考——中共寧徳地委書記習近平同志采訪録」『福建論壇（経済社会版）』一九八九年第二期、一九八九年三月、四六頁。習近平「正確処理閩東経済発展的六個関係」『福建論壇（経済社会版）』一九八九年第五期、一九八九年五月、三三頁。

(106) 習近平「深化認識　明確目標　発展壮大郷村両級集体経済（一九八九年四月）」、寧徳地委政策研究室編『閩東之路探索』（内部資料）奥付なし、一九九〇年、七七頁。

(107) 習近平「歳豊遥謝海外郷親　猶望来日共展宏図」『閩東郷訊』第一二期、一九八九年二月五日。

(108) 「銭偉長副主席在寧徳」『閩東郷訊』第二〇期、一九八九年七月十五日。

(109) 「継続鼓勁　抓緊落実　加強協調——習近平同志談当前工業生産」、前掲、寧徳市档案局（館）編『不忘初心』九四頁（原載『閩東報』第五三期、一九九〇年四月十七日）。

(110) 福建師範大学『福建師範大学大事記（一九〇七—一九九一年）徴求意見稿』福建師大印刷廠、奥付なし、一四九—一五〇頁。

(111) 黄金陵「個人思想小結（一九九〇年六月）」、福州大学編『八年実習生』福州大学校長弁公室、奥付なし、一九九二年、一〇二頁。黄金陵「経過暗礁、乗勝前進（福州大学一九八九年工作総結）」、同一三一頁。黄金陵「堅持社会主義弁学方向　在治理整頓中穏歩前進——在福州大学第二届教職工代表大会第三次会議上的報告（一九八九年十二月二十六日）」、福州大学校長弁公室、福州大学高等教育研究所『福州大学年鑑一九八九』福州大学印刷廠、

一九九〇年九月、一一一―一一二頁。作者の黄金陵は、一九八四年から一九九二年まで福州大学の校長職を務めた人物である。

(112) 中共福建省委弁公庁編『中共福建省委大事記（一九七九―一九九〇年）』（内部使用）、閩新出（九九）内書第（刊）第一八号、中共福建省委弁公庁文印中心、一九九九年、四四四頁。本段落以下の記述も、同四四〇―四五六頁。

(113) 前掲、福建省寧徳地区地方志編纂委員会編『寧徳地区志』五八頁。

(114) 中共寧徳市委党史研究室編『中国共産党寧徳歴史大事記（一九二六・十一―一九九五・十二）』中央文献出版社、一九九七年、一三八頁。

(115) 「"習近平同志一直要求公安機関当好人民群衆的「保護神」"――《習近平在福建》（二一）」『学習時報』二〇二〇年八月三日。比嘉清太「習氏証言集『天安門』削る」『読売新聞』二〇二一年八月一日。

(116) 許一鳴「把握好新聞工作的基点――福建寧徳地委書記習近平談新聞工作」『中国記者』一九八九年第七期、一九八九年七月、一三―一四頁。

(117) 習近平「論文芸与政治的関係」『采貝（閩東文叢）』総第三〇期、一九八九年十月、四頁。

(118) 「継承老伝統　弘揚正気歌　閩東報復刊慶祝大会隆重挙行」、前掲、寧徳市档案局（館）編『不忘初心』一一頁（原載『閩東報』第二期、一九八九年十一月八日）。閩東日報社編『閩東日報社志一九八九―二〇一四』新視野文芸出版社（香港）、二〇一五年、一四八頁。"《閩東日報》復刊十周年記念冊"編委会『閩東日報復刊十周年記念冊一九八九・十一―一九九〇・十一』奥付なし、七六頁。

(119) 習近平「堅定方向　弘揚正気　振興閩東――為《閩東報》復刊而作」、前掲、寧徳市档案局（館）編『不忘初心』二頁（原載『閩東報』第一期、一九八九年十一月一日）。

(120) 「習近平在宣伝、新聞工作座談会上指出　要理直気総壮地宣伝閩東譲閩東人民樹立起信心」、前掲、閩東日報社編『閩東日報社志一九八九―二〇一四』六三頁（原載『閩東報』一九九〇年五月五日）。

(121) 「歴史政策」の術語、及び、最高指導者に就任して以降の当該分野の政策展開については、川島真「習近平政権の歴史政策――馬工程と四史」『日本国際問題研究所　歴史系検討会論文集』二〇二二年三月、『日本国際問題研究所』ウェブサイト、一―八頁（https://www.jiia.or.jp/JIC/pdf/2-1.pdf）、二〇二四年七月二十二日確認。

(122) 地委弁公室「習近平同志関於党史工作的講話（摘録）」『閩東党史資料与研究』（内部刊行物）一九八九年第一期、一九八九年八月、三―四頁。前掲、福建省寧徳地区地方志編纂委員会編『寧徳地区志』五九頁。前掲、寧徳市地方志編纂委員会編『寧徳市情手冊』二二六頁。

(123) 習近平「序言」、《閩東四十年》編写組『閩東四十年 一九四九―一九八九』寧徳地区教師進修学院印刷廠、奥付なし、頁数記載なし。「習近平同志談修志工作」『広西地方志』二〇〇九年第三期、二〇〇九年六月、三頁（原載、福建省地方志編纂委員会編『修志簡訊』二〇〇八年第一七期）。

(124) 「連繫実際　深化認識　分析形勢　研究対策――地委中心学習組継続学習貫徹五中全会精神」、前掲、寧徳市档案局（館）編『不忘初心』二九頁（原載『閩東報』第七期、一九八九年十二月十三日）。

(125) 「団結一致　同心同徳　継続前進――習近平同志在全区副処級以上領導幹部会議上的講話摘要（一九九〇年四月二十八日）」、同右、一〇五―一〇六頁（原載『閩東報』第五九期、一九九〇年五月一日）。

(126) 同右。「辺調査研究　辺宣伝貫徹　辺解決問題　習近平深入基層、宣講江沢民国慶講話」、同九頁（原載『閩東報』第二期、一九八九年十一月八日）。

(127) 「心系万家苦楽情――地区領導深入霞浦、福鼎接訪群衆」、同右、八〇―八一頁（原載『閩東報』第四八期、一九九〇年四月五日）。「把五中全会精神落到実処――全区〝五冬〟工作現場会在福安召開」、同一四頁（原載『閩東報』第三期、一九八九年十一月十五日）。「為冬修水利出力流汗――地直機関幹部参加義務労働紀実」、同一九―二〇頁（原載『閩東報』第六期、一九八九年十二月六日）。「馬尾山上春来早」、同三三頁（原載『閩東報』第九期、一九九〇年一月二日）。「領導做榜様　群衆斉心干――地委、行署領導和軍警民一道治理護城河」、同七三頁（原載『閩東報』第三七期、一九九〇年三月十日）。「地委書記習近平談老区工作（一九八九年七月十六日）」、福建省寧徳地区老区弁公室編『奮進篇――寧徳地区老区工作典型材料選編』奥付なし、一九八九年十一月、一―二頁。

(128) 「中共寧徳地委工作会議隆重召開　総決経験　発揚成績　放胆開拓　鋭意進取」、前掲、寧徳市档案局（館）編『不忘初心』三九頁（原載『閩東報』第一三期、一九九〇年一月十一日）。「習近平同志在地委工作会議場作重要講話　堅定方向艱苦奮闘満懐信心再創寧徳地区工作新業績」、同四〇―四一頁（原載『閩東報』第一三期、一九九〇年一月十一日）。

(129) 「提高認識搞好幹部理論教育――習近平談理論学習」、同右、九〇頁（原載『閩東報』第五二期、一九九〇年四月十四日）。前掲、「団結一致　同心同徳　継続前進」一〇五―一〇六頁。

(130) 「用整風精神落実中央《決定》　以実際行動密接党群関係――地委召開伝達貫徹党的十三届六中全会、省委四届十三次全会精神大会」、前掲、寧徳市档案局（館）編『不忘初心』七七頁（原載『閩東報』第四四期、一九九〇年三月二十七日）。

(131) 「用整風精神落実中央《決定》以実際行動密接党群関係——地委召開伝達貫徹党的十三届六中全会、省委四届十三次全会精神大会」、前掲、七七—七八頁（原載『閩東報』第四四期、一九九〇年三月二十七日）。「地区召開会議伝達七届全国人大三次会議精神　認真学習深刻領会結合実際抓好落実」同八七頁（原載『閩東報』第五一期、一九九〇年四月十二日）。

(132) 「弁好一件事、贏得万人心——福建寧徳地区査処幹部違紀建私房紀実」『人民日報』一九九〇年五月二十一日。「鍥而不舍　無堅不摧」、同前。「習近平同志在福建寧徳工作時反腐倡廉的生動実践——回憶一九九〇年我的一次採訪」『人民日報』二〇一八年三月二日。

(133) 前掲、東方「習近平談従政之路」二〇頁。前掲、呉「習近平」二〇—二一頁。前掲、黄「為官一任　造福一方　福建省長習近平」一〇頁。

(134) 前掲「弁好一件事、贏得万人心」。

(135) 同右。中共寧徳市委宣伝部編『奮進的足跡——〝開発三都澳　建設新寧徳〟新聞報道匯編』（内部資料）二〇一七年、（寧）新出内書第二〇一七〇〇五八号、閩東日報社印刷廠、三八頁。

(136) 「中共福建省委決定　習近平同志任福州市委書記」『福州晩報』一九九〇年四月三十日。

(137) 「趙学敏任福州市委書記」『福州晩報』一九九六年四月十日。中共福建省委弁公庁編『中共福建省委大事記（一九九一—二〇〇〇）』（内部資料）、（閩）新出（二〇〇三）内書第二三八号、中共福建省委弁公庁文印中心、二〇〇三年、二九八頁。

(138) 習近平「努力弁出特色　再創輝煌業績——賀閩江大学十年校慶」『閩江大学学報』一九九四年第二期、一九九四年十月、三頁。中共寧徳市委党史研究室編『中共寧徳党史人物（社会主義時期）第一巻』中央文献出版社、二〇〇三年、一頁。

(139) 習近平「《福州投資実務指南》序」、習近平主編、福州市委政策研究室編輯『福州投資実務指南』香港経済導報社、一九九二年、頁数記載なし。習近平「群星璀璨　大地増輝（代序）（一九九二年五月一日）」、習近平主編『企業魂』海潮撮影出版社、一九九二年、二頁。

(140) 林旭東「福州市委書記習近平強調指出福州的希望在于江海」『中国水産』一九九一年第八期、一九九一年五月、一八頁。習近平「把握時機加速福州江海開発的歩伐——全市水産工作会議上的講話（一九九一年五月十六日）」、中共福州市委党校、福州市行政学院、福州市社会主義学院編『福州市情教材　建設〝海上福州〟』奥付なし、二〇一七年一二月、三頁からの再引用。

(141) 「習近平在建設〝海上福州〟研討会上提出　強化海洋経済意識　加快建設海上福州」『福州晩報』一九九四年五月二十八日。習近平「在跨世紀征程中譜写福州発展新篇章」、呉呂和主編『加快建設海峡西岸繁栄帯――閩東南開放開発研究専集』一九九五年、八六頁。

(142) 習近平「在市九届人大六次会議上的講話（一九九二年三月四日）」、福州市人民代表大会常務委員会弁公庁編『福州市第九届人民代表大会第六次会議文件』奥付なし、一九九二年三月、一三六頁。

(143) 習近平「建設閩江口金三角経済圏的構想」、《福州経済年鑑》編輯委員会編『福州経済年鑑一九九三年』中国統計出版社、一九九三年、五頁。董瑞生「福州市委書記習近平談――閩江口金三角経済圏発展戦略」『瞭望週刊』一九九三年第一六期、一九九三年四月、一八頁。習近平「建設閩江口金三角経済圏的構想（代序）」、《中国城市綜合実力五十強叢書・福州市》編委会編『中国城市綜合実力五十強叢書　福州市』中国城市出版社、一九九五年、一―四頁。

(144) 習近平「深化改革　促進経済持続高速発展」『人民日報』一九九三年三月二十九日。

(145) 習近平「序　再創新的輝煌」、習近平主編『福州市二〇年経済社会発展戦略設想』福建美術出版社、一九九三年、二頁。

(146) 習近平「進一歩解放思想　推動我市経済超常規跳躍式発展――在市政府一九九二年第三次成員会議上的講話（一九九二年七月三十日）」『福州晩報』一九九二年八月五日。

(147) 習近平「福州已進入一個新的発展時期」『福州晩報』一九九二年十二月十八日。習近平「堅持改革開放　実現福州経済発展新跨躍」、同一九九五年八月十七日。

(148) 習近平「《福州'91工作思路》序」、中共福州市委弁公庁、中共福州市委政研室編『福州'91工作思路調研文集』（内部資料）奥付なし、頁数記載なし。習近平「序言」、中共福州市委弁公庁、政研室編『福州'92工作思路――調研文集』（内部資料）奥付なし、一―二頁。習近平「序言」、中共福州市委弁公庁、政研室編『福州'93工作思路――調研文集』（内部資料）奥付なし、一―二頁。習近平「《福州'94思路》序」、中共福州市委弁公庁、政研室編『福州'94思路――調研文集』（内部資料）奥付なし、一―二頁。習近平「増創福州新優勢　力争更上一層楼（代序）」、中共福州市委弁公庁、政研室編『福州'95思路　調研文集』（内部資料）奥付なし、頁数記載なし。

(149) 習近平「在市九届人大五次会議上的講話（一九九一年二月二十八日）」、福州市人民代表大会常務委員会弁公庁編『福州市第九届人民代表大会第五次会議文件』奥付なし、一九九一年三月、一二五頁。

(150) 前掲、習「在市九届人大六次会議上的講話」一三四頁。

(151) 同右、一三五―一三六頁。
(152) 習近平「堅持解放思想、実事求是」『偉大的理論　光輝的実践――福建省省、庁級幹部学習《鄧小平文選》第三巻　論文選編之二』福建人民出版社、一九九五年、九頁。
(153) 習近平「跨世紀領導幹部的歴史重任及必備素質」『理論学習月刊』一九九一年第一一期、一九九一年十一月、三二―三三頁。
(154) 習近平「序」、趙汝棋主編『福州奇観』海潮撮影芸術出版社、一九九六年、頁数記載なし。習近平は、福建省長時代にも同様の文章を発表している。習近平「《福州古厝》序」『福建日報』二〇〇二年五月二十四日。
(155) 習近平「前言（一九九一年五月十七日）」、《今日福州》編委会編『今日福州』生活・読書・新知三聯書店上海分店、一九九一年、頁数記載なし。習近平「《今日福州》前言」『福州晩報』一九九一年五月二十二日。
(156) 習近平「学労模　再鼓勁　勇〝爬坡〟促穏定――習近平同志在福州市労模座談会上的講話（一九九〇年四月三十日）」『福州晩報』一九九〇年五月一日。
(157) 「福州市要支持建好福建革命歴史紀念館――中共福州市委書記習近平関於選址的意見」『福建党史月刊』一九九四年第一一期、一九九四年十一月、四頁。中共福建省委組織部、中共福建省委党史研究室「関於開展為福建省革命歴史紀念館建設做貢献活動的請示（一九九四年八月二十四日）」、中共福建省委組織部、中共福建省委党史研究室編『福建省革命歴史紀念館建設捐資紀念冊』奥付なし、一九九六年四月、四頁。「福建省貫徹《愛国主義教育実施綱要》総体規劃」『福州晩報』一九九四年十二月十四日。林開欣『五十春秋紀事』福建人民出版社、二〇〇三年、一七五頁。
(158) 前掲、中共福建省委弁公庁編『中共福建省委大事記（一九九一―二〇〇〇）』二二八頁。
(159) 習近平「在福州市紀念厳復誕辰一百四十周年大会上的講話（一九九四年一月六日）」、福州市紀念厳復誕辰一百四十周年活動籌備組編『厳復誕辰一百四十周年紀念活動専輯』（内部使用）一九九四年、一―二頁、七頁。
(160) 厳復に対する習近平の関心と、厳復の顕彰活動を利用した対台湾工作については、本書の第九章で詳述している。
(161) 「抓住生命線　建設大福州――省委常委、市委書記習近平談対外開放工作」『福州晩報』一九九五年四月六日。
(162) 習近平「在福州市政協八届四次会議閉幕式上的講話（一九九六年三月二十八日）」、同一九九六年三月二十九日。
(163) 前掲、習「跨世紀領導幹部的歴史重任及必備素質」三三頁。
(164) 習近平「関於加強党的基層組織建設的思考」『理論学習月刊』一九九一年第六・七期、一九九一年六月、四九頁。
(164) 本文中、①については本書の第六章を、②については第三章を、それぞれ参照。

(165) 前掲、習「跨世紀領導幹部的歴史重任及必備素質」三二―三三頁。引用文の改行は、読み易さに配慮して筆者が挿入した。

(166) 第三次台湾海峡危機への習近平の関与についても、詳しくは、本書、第九章を参照。

(167) 習近平「建設新的偉大工程 描絵新的発展藍図 為福州各項建設事業更上一層楼而奮闘――在中国共産党福州市第七次代表大会上的報告（一九九五年八月二十八日）」『福州晩報』一九九五年九月六日。「発揮福州人文地縁優勢 為推進祖国統一多作貢献」、同一九九六年二月一日。

(168) 前掲、中共福建省委弁公庁編『中共福建省委大事記（一九九一―二〇〇〇）』四頁。

(169) 習近平「加強軍政軍民団結 不断譜写軍民魚水情時代新篇（二〇一四年七月三十日）」、中国人民解放軍総政治部編『習近平国防和軍隊建設重要論述選編（二）』（軍内発行）解放軍出版社、二〇一五年、六五頁。

(170) 習近平「軍民情 七律（一九九一年一月九日）」『福州晩報』一九九一年一月十日。

(171) 「献給長城的摯愛――福建人民愛国擁軍紀実」『福州晩報』一九九六年七月二十三日。《福建精神文明建設概観》編輯委員会編『福建精神文明建設概観』福建美術出版社、一九九八年、二一二頁。

(172) 「〝擁軍書記〟――習近平」、李宝庫、靳爾剛、李国君主編『情系長城――全国百名擁軍優属模範風采録』人民日報出版社、一九九二年、三一八頁。

(173) 雪真「名城緑海唱大風――記福建省委常委、福州市委書記習近平」『福建文学』一九九四年第四期、一九九四年四月、六三頁。本文すぐ次の引用も、同じ文章、六四―六五頁。

(174) 李小林、老巴、宏文、藍鉄軍「八閩大地〝民族風〟――訪中共福建省委副書記習近平」『民族団結』一九九八年第一期、一九九八年一月、八頁。「福建省代省長習近平談 貫徹中央民族工作会議精神 加快民族地区発展」『民族団結』一九九九年第一二期、一九九九年十二月、二九頁。習近平「在致公党福建省第五次代表大会上的講話（一九九七年五月二十六日）」『福建致公 中国致公党福建省第五次代表大会（専輯）』一九九七年第二期、一九九七年七月、三頁。郭建軍「歴史性的跨越――訪福建省委副書記習近平」『中国貧困地区』一九九八年第五期、一九九八年五月、四頁。習近平「政協工作是党的事業的重要組成部分（一九九八年八月）」、福建省政協学習宣伝委員会編『八閩大地民主風』海峡文芸出版社、一九九九年、三〇―四〇頁。

(175) 本書、第九章を参照。

(176) 主な役職と任期は次のとおり。カッコ内の疑問符は離任

時期不明の意味。（農政）省農村工作領導小組組長（一九九六年六月～二〇〇〇年六月）、省農村奔小康工作領導小組組長（一九九六年六月～二〇〇〇年六月）。（台湾）省台湾工作領導小組副組長（二〇〇〇年六月～？）、省外事工作領導小組組長（二〇〇〇年六月～？）。（軍）省双擁工作領導小組組長（一九九六年七月～二〇〇〇年七月）、省国防動員委員会主任（二〇〇〇年七月～？）。（反腐敗）省落実党風廉政建設責任工作性領導小組副組長（二〇〇〇年四月～？）。前掲、中共福建省委弁公庁編『中共福建省委大事記（一九九一―二〇〇〇）』三一二頁、三二〇頁、三四二頁、五九一頁、五九八―五九九頁、六〇六頁。

（177）習近平「序」、福建省宗教研究会編『宗教――世紀之交的多視角思惟　福建省宗教研究会論文集三』厦門大学出版社、二〇〇〇年、一―三頁。福建省民族与宗教事務庁「習近平省長到省民族宗教庁視察、調研民族、宗教工作」『福建民族』二〇〇一年第六期、二〇〇一年十一月、一頁。閩新索「聴習近平省長　談民族工作」『中国民族』二〇〇二年第二期、二〇〇二年二月、二九―三〇頁。

（178）習近平「政府工作報告――二〇〇〇年一月二十一日在福建省第九届人民代表大会第三次会議上」『福建政報』二〇〇〇年第二期、二〇〇〇年二月、八頁。当時の福建省で、法輪功問題は、宣伝イデオロギー担当の別の省党委員会副書記が対策を担当し、同じ頃、習近平はキリスト教を管理する領導小組の組長に就任した（前掲、中共福建省委弁公庁編『中共福建省委大事記（一九九一―二〇〇〇）』五二七頁、五三四頁）。

（179）習近平「堅定信心　奮発有為　把福建的現代化建設事業継続推向前進――二〇〇二年一月二十三日在福建省第九届人民代表大会第五次会議上的報告」『福建日報』二〇〇二年二月六日。習近平「団結奮進　務実創新　為実現我省国民経済和社会発展第十個五年計劃而奮闘（二〇〇一年二月七日在福建省第九届人民代表大会第四次会議上的報告）」、《福建年鑑》編纂委員会編『福建年鑑二〇〇一』福建人民出版社、二〇〇一年、三五頁。Kerry Brown, *Xi: A Study in Power*, London: Icon Books, 2022, p. 57.

（180）「習近平」、《福建博士風采》叢書編委会編『福建博士風采　第一巻』海潮撮影芸術出版社、二〇〇三年、一―三頁。

（181）「福建将建成海峡西岸繁栄帯――福建省省長習近平」『科技日報』二〇〇一年一月一日。「加快建設海峡西岸繁栄帯――訪福建省省長習近平」『新華毎日電訊』二〇〇一年一月四日。

（182）王運才「福建省長習近平談　調整経済結構提高綜合競争力」『瞭望新聞周刊』二〇〇〇年第三九期、二〇〇〇年九月二十九日、二六頁。習近平「加快出口結構調整促進対外貿易発展」『中国対外貿易』二〇〇〇年第一〇期、二〇〇〇年十月、一一頁。習近平「関於制定福建省国民経済和社会発展第十個五年計劃建議的説明（二〇〇〇年十月二十三日）」、中共福建省委弁公庁編『中国共産党福建省第六届委員会歴次全会文件匯編』（内部資料）二〇〇一年、（閩）新出（二〇〇一）内書第八八号、七六六頁。習近平「関於制定福建省国民経済和社会発展第十個五年計劃建議的説明」『福建日報』二〇〇〇年十一月七日。習近平「当前福建経済形勢和主要任務」『発展研究』二〇〇一年第一期、二〇〇一年一月、一二―一四頁。習近平「以調整優化産業結構為重点　加快経済結構的戦略性調整」『中国改革』二〇〇一年第三期、二〇〇一年三月、三一頁。習近平「福建省産業結構調整優化研究」『管理世界（双月刊）』二〇〇一年第五期、二〇〇一年十月、五―一二頁。習近平「以〝入世〟為契機加大産業結構調整力度」『中国経貿導刊』二〇〇二年第三期、二〇〇二年二月、八頁。

（183）「福建省省長習近平要求　加快建設〝数字福建〟　年内獲階段性成果」『通信信息報』二〇〇一年三月二十八日。習近平「縮小数字鴻溝　服務経済建設」『福建日報』二〇〇二年五月十七日。福建省数字福建建設領導小組弁公室編『数字福建――省域信息化建設探索与実践』福建人民出版社、二〇一八年、一頁。

（184）習近平「増強競争力　争創新業績　開創二一世紀福建経済社会発展新局面――在省委政府専題会議上的講話（二〇〇〇年四月二十八日）」、中共福建省委弁公庁、福建省人民政府弁公庁編『増強改革与建設新優勢　贏得福建跨世紀新発展――〔二〇〇〇・四〕省委省政府専題会議材料匯編』奥付なし、二〇〇〇年五月、三四頁。習近平「突出重点　把握関鍵　努力提昇福建経済綜合競争力」『発展研究』二〇〇〇年第五期、二〇〇〇年五月、八頁。

（185）劉鶴「当前経済形勢与非公有制経済発展――在福建省非公有制経済発展論壇上的演講」、陳少和主編『二一世紀与非公有制経済――福建省非公有制経済発展論壇文集』厦門大学出版社、二〇〇二年、二二―三三頁。習近平「在全省非公有制経済発展論壇上的講話」、同九―一一頁。このときの劉鶴の肩書は、国家信息中心常務副主任、中国信息協会代理会長、福建省人民政府顧問である。

（186）「国家信息専家論壇杭州開講　習近平推銷数字浙江」『中華工商時報』二〇〇三年四月十六日。「浙江省委書記習近平在信息化専家論壇上致辞」『新浪科技』ウェブサイト、二〇〇三年四月十五日（https://tech.sina.com.cn/roll/2003-04-05/1408178143.shtml）、二〇二四年五月三十一日確認。すぐ次のウェブサイトの閲覧日も同じ。「劉鶴在国家信息化専家論壇上的報告（全文）」、同二〇〇三年五月二日（https://tech.sina.com.cn/roll/2003-05-02/211

6182970.shtml)。とくに断りのない限り、以下のウェブサイトの閲覧日もすべて同じ。

(187) 前掲、習『中国農村市場化建設研究』著者紹介、頁数記載なし。

(188) 習近平「中国農村市場化研究」、習近平『関於社会主義市場経済的理論思考』福建人民出版社、二〇〇三年、三二三—五五六頁。前掲、習『中国農村市場化建設研究』。

(189) 習近平主編『現代農業理論与実践』福建教育出版社、一九九九年。習近平主編『新世紀的選択——福建省発達地区率先基本実現農業現代化的研究』福建教育出版社、二〇〇一年。習近平主編『福建農村市場化発展探索』福建教育出版社、二〇〇二年。

(190) 習近平「加快農業産業化進程　全面発展農村経済（代序）」、中共福建省委政策研究室編『加快農業産業化進程研究』奥付なし、一九九七年、二頁。習近平「立足当前着眼未来　扎実推進農村経済的新一輪創業——在全省経済形勢分析会上的発言（一九九七年六月十三日）」、中共福建省委政策研究室、福建省人民政府発展研究中心編『斉心協力推進福建新一輪創業——九七・六経済形勢分析会思路与対策』福建人民出版社、一九九七年、七九頁。習近平「論農村改革発展進程中的市場化建設」『中共福建省委党校学報』一九九九年第七期、一九九九年七月、四—一〇頁。習近平「加入WTO与農村市場化建設」『中共福建省委党校学報』二〇〇一年第一期、二〇〇一年二月、三—一三頁。習近平「農村市場化建設与中国加入WTO」『清華大学学報（哲学社会科学版）』二〇〇一年第四期、二〇〇一年八月、五〇—五六頁、六六頁。習近平「論中国農村市場化進程測度」『経済学動態』二〇〇一年第一一期、二〇〇一年十一月、一一—一七頁。

(191) 習近平「加快社会主義市場経済条件下的農業現代化建設」、前掲、習『新世紀的選択』一—二頁。

(192) 習近平ら著『展山海宏図　創世紀輝煌——福建山海聯動発展研究』福建人民出版社、二〇〇〇年。習近平「在中共福建省委六届九次全体（拡大）会議上的発言（一九九八年十月二十九日）」、前掲、中共福建省委弁公庁編『中国共産党福建省第六届委員会歴次全会文件匯編』四七五—四七七頁、四九三頁。習近平「加快建設〝三条戦略通道〟　推動福建経済実現新跨越」『福建日報』二〇〇二年九月二日。

(193) 習近平「抓示範帯全局　加快農村小康建設進程（一九九六年六月二十日）」、中共福建省委農村小康工作領導小組弁公室編『攬世紀風雲　絵宏偉藍図——福建農村小康建設専輯』（内部使用）、閩新出（九六）内書（刊）第一四〇号、奥付なし、六七—七四頁。習近平「抓住機遇　分類指導　合理規劃　建好新村——習近平副書記在全省村鎮規劃建設管理工作会議上的講話（一九九七年十一月四日)」、福建省人民政府弁公庁、福建省建設委員会編『阡陌的春天――福建省村鎮規劃建設管理』福建人民出版社、一九九八年、四三頁。習近平「総結経験再接再歴　開創農村扶貧開発和小康建設新局面」『中国農村小康科技』一九九八年第一〇期、一九九八年十月、四―五頁。陳国良「継続推進農村小康建設――訪福建省代省長習近平」『農村工作通訊』一九九九年第一〇期、一九九九年十月、一四頁。習近平「序」、福建省脱貧致富弁公室、中共福建省委党史研究室『福建扶貧史』中央文献出版社、二〇〇一年、一―三頁。

（194）習近平「代序二　福建経済跨世紀発展構想」、福建省人民政府発展研究中心編『福建跨世紀発展戦略選択――建設海峡西岸繁栄帯』厦門大学出版社、二〇〇〇年、一六頁。習近平「正確把握発展大勢　加快福建経済発展」『中共福建省委党校学報』二〇〇二年第五期、二〇〇二年五月、九頁。習近平「加快建設三条戦略通道　推動福建経済実現新跨越」、荊福生主編『奮起之道　繁栄之道――福建構建〝三条戦略通道〟研究専題匯編』福建教育出版社、二〇〇二年、一五―一六頁。

（195）「〝五年実現治理餐卓汚染目標〟――専訪福建省長習近平（二〇〇一年八月二十二日）」、『中国中央電視台』ウェブサイト（https://www.cctv.com/financial/jingji/sanji/toutiao_new/20010823/90.html）。習近平「在二〇〇二年省人民政府第一次全体会議上的講話（二〇〇二年一月二十九日）」『福建省人民政府公報』二〇〇二年第四期、二〇〇二年二月、一三頁。

（196）習近平「在中共福建省委六届九次全体（拡大）会議上的発言（一九九八年十月二十九日）」、前掲、中共福建省委弁公庁編『中国共産党福建省第六届委員会歴次全会文件匯編』四七四頁。

（197）習近平「実施分類経営　建設生態強省」『福建日報』二〇〇二年五月十四日。

（198）習近平「関於制定福建省国民経済和社会発展第十個五年計劃建議的説明」『福建日報』二〇〇〇年十一月七日。

（199）習近平「面向未来　開拓創新　把福建的城市建設和発展提高到一個新水平（代序）」、林堅飛主編『必然抉擇――福建城市化発展研究』海潮撮影芸術出版社、二〇〇一年、四頁。習近平「加快福建城市化建設的若干思考」『中国軟科学』二〇〇一年第一一期、二〇〇一年十一月、三―四頁。習近平「二〇〇二年福建経済工作的重点和任務」『発展研究』二〇〇二年第一期、二〇〇二年一月、七頁。

（200）Willy Wo-Lap Lam, *Xi Jinping: The Hidden Agendas of China's Ruler for Life*, London and New York: Routledge, 2024, 22.

（201）習近平「論《〈政治経済学批判〉序言》的時代意義」『福建論壇（経済社会版）』一九九七年第一期、一九九七年一月、一―七頁。習近平「社会主義市場経済和馬克思主義経済学的発展与完善」『経済学動態』一九九八年第七期、一九九八年七月、三―六頁。習近平「正確処理社会主義市場経済的両個弁証関係」『内部文稿』一九九八年第一一期、一九九八年六月、一―五頁。習近平「解放思想、実事求是要一以貫之――重読鄧小平同志《解放思想、実事求是、団結一致向前看》」『求是』一九九九年第一期、一九九九年一月、二一―二四頁。習近平「対発展社会主義市場経済的再認識」『東南学術』二〇〇一年第四期、二〇〇一年七月、二六―三八頁。習近平「発展経済学与発展中国家的経済発展――兼論発展社会主義市場経済対発展経済学的理論借鑑」『福建論壇（経済社会版）』二〇〇一年第九期、二〇〇一年九月、四―九頁。習近平「略論《関於費爾巴哈的提綱》的時代意義」『中共福建省委党校学報』二〇〇一年第九期、二〇〇一年十月、三―一〇頁。

(202) 習近平「領導幹部要全心全意為人民謀利益」、求是雑誌編輯部編『党政高級幹部〝三講〟文選　下冊』紅旗出版社、二〇〇〇年、六三七頁。本文、すぐ後の引用も同じ。

(203) 同右、六三八頁。

(204) 習近平「緒論」、前掲、習ら『展山海宏図　創世紀輝煌』四頁。

(205) 習近平「進一歩関心海洋認識海洋経略海洋推動海洋強国建設不断取得新成就（二〇一三年七月三十日）」、中国人民解放軍総政治部編『習近平関於国防和軍隊建設重要論述選編』（軍内発行）解放軍出版社、二〇一四年、一六三頁。

(206) 姜華宣、張蔚萍、肖甡編『中国共産党重要会議紀事（増訂本）（一九二一―二〇〇六）』中央文献出版社、二〇〇六年、六〇頁。

(207) 趙雲「紅土地上永恒的精神――福建省隆重紀念古田会議七〇周年」『福建党史月刊』二〇〇〇年第一期、二〇〇〇年一月、八頁。前掲、中共福建省委弁公庁編『中共福建省委大事記（一九九一―二〇〇〇）』五六二―五六三頁。本段落、曾慶紅に関する記述も同じ。

(208) 「中共中央政治局候補委員中央書記処書記中組部部長曾慶紅在福建視察」、《福建年鑑》編纂委員会編撰『福建年鑑（二〇〇〇）』福建人民出版社、二〇〇〇年、七頁（原載『福建日報』）。

(209) 福建省精神文明建設指導委員会編『八閩新風――福建省精神文明建設巡礼』福建美術出版社、二〇〇二年、五〇頁。前掲、林『五十春秋紀事』所収の写真、頁数記載なし。

(210) 習近平「做好今冬徴兵工作　貫徹五中全会精神」『福建日報』二〇〇〇年十月二十五日。習近平「加強領導厳格依法徴兵　円満完成今冬征兵任務」同二〇〇一年十一月六日。

(211) 鄢行龍、郭生教「支持国防建設就是支持経済発展――記福建予備役高炮師第一政委習近平」『中国国防報』二〇〇〇年十一月二十七日。鄢行龍、尤華、郭生教「支持国防建設就是支持経済発展――記福建予備役高炮師第一政委、福建省省長習近平」『国防』二〇〇一年第三期、二〇〇一年三月、三八頁。

(212) 前掲、鄢、尤、郭「支持国防建設就是支持経済発展」三七頁。前掲、中共福建省委弁公庁編『中共福建省委大事記（一九九一―二〇〇〇）』六〇八頁、六三六頁。

(213) 「充分発揮区位優勢　積極推動閩台合作――習近平趙学敏等調研我市対台経貿工作」『福州晩報』一九九六年十一月二十三日。

(214) 習近平「加快建設海峡西岸繁栄帯」『中国投資』二〇〇〇年第三期、二〇〇〇年三月、四四頁。習近平「加強両岸交流　促進祖国統一」『国防』二〇〇〇年第三期、二〇〇〇年三月、一〇頁。厳華、張海昌「争創新優勢　更上一層楼――訪福建省省長習近平」『台声雑誌』二〇〇〇年第七期、二〇〇〇年七月、一三頁。「習近平在接受国内外媒体採訪時説　〝三通〟対台湾最有利」『福建工商時報』二〇〇〇年九月十二日。「福建省習近平代表説　閩台経貿合作潜力大」『新華毎日電訊』二〇〇一年三月九日。「福建省長習近平在会見〝台胞祖地福建行〟採訪団時表示　建設四大基地発展閩台合作」『国際商報』二〇〇二年七月二十九日。王運才「福建省長習近平談――山海協作、対内聯接、対外開放　構建対外開放的戦略通道」『瞭望新聞周刊』二〇〇二年第四一期、二〇〇二年十月十一日、四五頁。

(215) 習近平「在省委六届十次全会上的講話（一九九九年九月二日）」、前掲、中共福建省委弁公庁編『中国共産党福建省第六届委員会歴次全会文件匯編』五六四頁。呂青「習近平代省長在台商代表座談会上一再重申、不論両岸関係発生什麼状況　政府都将確実依法維護台商的一切正当権益」『特刊　福州市台胞投資企業協会　第三届会員大会暨紀念台湾九・二一地震』福州市台胞投資企業協会、一九九九年第二期、刊行年月記載なし、九頁。

(216) 前掲、鄢、尤、郭「支持国防建設就是支持経済発展」三八頁。

(217) 習近平「序――発揚伝統　再接再励　争取福建双擁更大光栄」、福建省双擁領導小組弁公室主弁、江華先主編『八閩涌動双擁潮』新華社福建分社、二〇〇二年、二頁。

(218) 習近平「序」、楊学濳主編『改革開放与福建華僑華人――東南亜与華人研究叢書　福建省華僑歴史学会研究専輯之一』厦門大学出版社、一九九九年、一―二頁。習近平「学習貫徹〝三個代表〟重在深化、貴在実践」、前掲、習『関於社会主義市場経済的理論思考』一〇六頁（原載

『福建党建』二〇〇〇年第八期)。陳紅星、田悦陽「努力做好新世紀初的福建宗教工作——訪福建省長習近平」『中国宗教』二〇〇二年第四期、二〇〇二年七月、一九頁。前掲、習「序——発揚伝統　再接再励　争取福建双擁更大光栄」二頁。

(219) 江沢民「加快改革開放和現代化建設歩伐、奪取有中国特色社会主義事業的更大勝利(一九九二年十月十二日)」、中共中央文献研究室編『十四大以来重要文献選編(上)』人民出版社、一九九六年、四七頁。江沢民「高挙鄧小平理論偉大旗幟、把建設有中国特色社会主義事業全面推向二十一世紀(一九九七年九月十二日)」、中共中央文献研究室編『十五大以来重要文献選編(上)』人民出版社、二〇〇〇年、四頁。

(220) 前掲、習「加快福建城市化建設的若干思考」二頁。

(221) 習近平「基本国策　従自力更生到対外開放——兼論鄧小平対毛沢東独立自主思想的重大発展」『理論学習月刊』一九九六年第一一期、一九九六年十一月、一一頁。習近平が典拠とした毛沢東の文章は、毛沢東「把我国建設成為社会主義的現代化的強国(一九六三年九月、一九六四年十二月)」、中共中央文献編輯委員会編『毛沢東著作選読　下冊』人民出版社、一九八六年、八四九頁。本書、第六章、図6-1にも文革期の『人民日報』紙上に掲載された毛沢東の同じ言葉の写真を掲げた。

(222) 前掲、習「基本国策　従自力更生到対外開放」一五頁。

(223) 福建省の次の浙江省時代の数少ない言及として、例えば、習近平「興起学習貫徹〝三個代表〞重要思想新高潮」『今日浙江』二〇〇三年第一二期、二〇〇三年六月、六頁。

(224) 矢野恒太記念会編『世界国勢図会二〇〇四/〇五年版』矢野恒太記念会、二〇〇四年、五六—六二頁。浙江省統計局編『浙江統計年鑑二〇〇五』中国統計出版社、二〇〇五年、四三頁。

(225) 習近平「認真学習貫徹十六届五中全会精神　切実推動我省経済社会又快又好発展」、中共中央党校科研部、中共中央党校研究室、中共浙江省委宣伝部編『落実科学発展観与構建和諧社会——〝認真学習党的十六届五中全会精神　全面貫徹落実科学発展観〞理論研討会論文集』中共中央党校出版社、二〇〇五年、六二頁。

(226) 周景洛、梁玉驥「推動浙江民営経済新飛躍——浙江省委書記習近平訪談録」『中国報道』二〇〇五年第七期、二〇〇五年七月、二一頁。

(227) 外部に漏洩したアメリカ合衆国国務省の秘密通信によれば、二〇〇七年三月の北京発本国宛ての公電で、当時の駐中国米国大使は、浙江省党委員会書記であった習近平について、「大使館の多くの情報提供者」からは、胡錦濤の後継の地位を争う「三名の有力な競争者の一人」とみなされていることを記している。その三名とは、当時各地の省党委員会書記を務めていた習近平（浙江省）、李克強（遼寧省）、李源潮（江蘇省）を指す。Ambassador Clark T. Randt, Jr., "Zhejiang Party Secretary Touts Economic Successes and Work towards Rule of Law at Ambassador's Dinner," 19 March 2007, WikiLeaks (http://wikileaks.org/plusd/cables/07BEIJING1840_a.html).

(228) 習近平「以科学発展観指導浙江新発展」『経済管理』二〇〇四年第一期、二〇〇四年一月、六―七頁。孫小静「専訪浙江省委書記習近平　以科学発展観提昇浙江経済」『台声』二〇〇四年第四期、二〇〇四年四月、六九―七〇頁。習近平「大興求真務実之風狠抓各項工作落実――在省十届人大二次会議結束時的講話（二〇〇四年二月十五日）」『浙江日報』二〇〇四年二月十六日。習近平「大力弘揚求真務実精神　努力做好浙江各項工作」、《懲防体系建設在浙江的探索与実践》編委会編『懲防体系建設在浙江的探索与実践』文史出版社、二〇〇六年、一頁。習近平「学習貫徹党章――実施〝十一五〞規劃的堅強保証」『人民日報』二〇〇六年二月十七日。習近平「認真学習貫徹六中全会精神　大力構建社会主義和諧社会」『今日浙江』二〇〇六年第二〇期、二〇〇六年十月、六―七頁。習近平「深入貫徹落実科学発展観　保持経済平穏快発展」『今日浙江』二〇〇六年第二四期、二〇〇六年十二月、七頁。

(229) 郝婕、黄興橋「発揮八個優勢　推進八項挙措――訪浙江省委書記習近平」『人民論壇』二〇〇三年第一一期、二〇〇三年十一月、一二―一四頁。習近平「抓住根本加強党的建設」『今日浙江』二〇〇三年第一三期、二〇〇三年七月、四―五頁。習近平「用〝三個代表〞重要思想指導新実践」『人民日報』二〇〇三年八月二十五日。習近平「求客観規律之真　務執政為民之実」『人民日報』二〇〇四年三月一日。

(230) 習近平「用科学発展観統領発展和改革工作――在省発展和改革委党員領導幹部民主生活会上的講話（摘要）」『浙江経済』二〇〇五年第二期、二〇〇五年一月、五頁。習近平「全面貫徹科学発展観努力構建社会主義和諧社会――在省委十届人大三次会議閉幕時的講話（二〇〇五年三月三日）」『浙江日報』二〇〇五年三月四日。

(231) 習近平「民営経済是浙江活力之所在」『政策瞭望』二〇〇三年第三期、二〇〇三年三月、九頁。習近平「民営経済要再創新優勢実現新飛躍」『今日浙江』二〇〇四年第三期、二〇〇四年二月、八頁。陳東升、郭宏鵬「優化法制環境　推動民営経済発展――訪浙江省委書記、省人大常委会主任習近平代表」『法制日報』二〇〇四年三月十日。

(232) 習近平「充分発揮〝八個優勢〞深入実施〝八個挙措〞扎

実推進浙江全面、協調、可持続発展——在省委十一届五次全体（拡大）会議上的講話（二〇〇三年十二月二十二日）」『今日浙江』二〇〇四年第一期、二〇〇四年一月、九頁。習近平「堅持〝両個不動揺〟推動民営経済発展実現新飛躍」『中国経済時報』二〇〇四年九月二十八日。

(233) 習近平「認真貫徹落実党的十六大精神　全面建設小康社会　加快推進社会主義現代化事業——在省委十一届二次全体（拡大）会議上的報告（二〇〇二年十二月十八日）」『今日浙江』二〇〇三年第一期、二〇〇三年一月、一〇—一一頁。習近平「政府工作報告——二〇〇三年一月十六日浙江省第十届人民代表大会第一次会議上」『浙江政報』総第六四八期、二〇〇三年二月、一三頁。「習近平——民営経済要靠〝五個転変〟実現新飛躍」『中国民営科技与経済』二〇〇四年第三期、二〇〇四年三月、二三頁。

(234) 「習近平在会見中央新聞単位義烏采訪団時強調　深入学習推広義烏発展経験」『浙江日報』二〇〇六年七月四日。習近平「加強地方立法工作　推進和諧社会建設」『中国人大』二〇〇六年十二月十日、八頁。習近平「代序二　全面浙江社会主義新農村建設」、趙興泉、黄祖輝、陸立軍主編『中国新農村建設理論与実践——基于浙江新農村建設的実証研究』中国経済出版社、二〇〇六年、二頁。

(235) 習近平「発揮優勢　突出重点　加快建設先進製造業基地」『今日浙江』二〇〇三年第八期、二〇〇三年四月、五頁。「習近平書記、呂祖善省長希望浙江移動　発揮信息化優勢建好〝数字浙江〟」『人民郵電』二〇〇六年一月二十五日。前掲、孟、木「国家信息専家論壇杭州開講　習近平推銷数字浙江」。

(236) 「浙江省委書記習近平強調汚染不治百姓難安社会不穏　生態省建設一類目標一票否決」『中国環境報』二〇〇六年三月二十九日。習近平「序」、《循環経済知識読本》編委会編『循環経済知識読本』浙江人民出版社、二〇〇六年、二頁。

(237) 習近平「建設経済繁栄、山川秀美、社会文明的生態省」『今日浙江』二〇〇三年第七期、二〇〇三年四月、四—七頁。習近平「生態興則文明興——推進生態建設　打造〝緑色浙江〟」『求是』二〇〇三年第一三期、二〇〇三年七月、四二—四四頁。習近平「大力発展循環経済積極探索科学発展的新路子」『政策瞭望』二〇〇五年第七期、二〇〇五年七月、六頁。習近平「加快推進節約型社会建設」『経済日報』二〇〇六年二月二十日。習近平「発展循環型経済　建設節約型社会」『今日浙江』二〇〇六年第一五期、二〇〇六年八月、六—七頁。習近平「在発展中保護生態　在保護中促進発展——習近平在生態省建設領導小組全体会議上的講話」、浙江生態省建設工作領導小組弁公室編、戴備軍主編『生態建設在浙江』浙江人民出版社、二〇〇六年、一—三頁。

(238) 習近平「建設新農村林業肩負重要使命」『中国緑色時報』二〇〇六年九月二十七日。習近平「与時倶進的浙江精神」『哲学研究』二〇〇六年第四期、二〇〇六年四月、七頁。

(239) 習近平「以科学発展観統領全局　推進『八八戦略』的深入実施——在全省経済工作会議上的講話（二〇〇四年十二月二十日）」『政策瞭望』二〇〇五年第一期、二〇〇五年一月、一〇頁。習近平「大力推進山海協作工程　努力実現区域協調発展——浙江省委書記習近平在二〇〇三年浙江省山海協作工程情況匯報会上的講話」、浙江省人民政府経済技術協作弁公室編『山呼海應新跨越——浙江省山海協作工程紀実』浙江人民出版社、二〇〇五年、一四—一六頁。習近平「進一歩加大山海協作工作力度走出一条具有浙江特色的統籌区域発展路子——浙江省委書記習近平在二〇〇四年浙江省山海協作工程情況匯報会上的講話」、同二六頁。

(240) 習近平「把握〝両個趨向〟提高解決〝三農〟問題的能力」『人民日報』二〇〇五年二月四日。習近平「推進城郷一体重在統籌発展」『経済日報』二〇〇五年二月二十二日。三人、丁江「牢牢把握〝両個趨向〟　扎実推進〝三農〟工作——訪浙江省委書記習近平」『今日中国論壇』二〇〇五年第二・三期、二〇〇五年三月、三七頁。習近平「大力実施統籌城郷発展方略　加快浙江全面建設小康社会進程」『今日浙江』二〇〇五年第一八期、二〇〇五年九月、七頁。習近平「以建設社会主義新農村為主題　深入開展農村先進性教育活動」『求是』二〇〇六年第八期、二〇〇六年四月、三八頁。

(241) 習近平「正確処理事関〝十一五〟経済　社会発展全局的幾個重大関係」『政策瞭望』二〇〇五年第一二期、二〇〇五年十二月、六頁。習近平「在全省経済工作会議上的講話（二〇〇五年十二月十九日）」『政策瞭望』二〇〇六年第一期、一一頁。習近平「全面落実科学発展観　堅定不移地走新型城市化道路」『政策瞭望』二〇〇六年第九期、二〇〇六年九月、五頁。習近平「堅定不移地新型城市化道路」『今日浙江』二〇〇六年第一七期、二〇〇六年九月、六頁。

(242) 習近平「堅持和完善人民代表大会制度　進一歩加強和改進党対人大工作的領導——習近平同志在全省人大工作会議上的講話（二〇〇四年五月十一日）」『浙江人大（公報版）』二〇〇四年第四期、二〇〇四年六月、八八頁。習近平「深刻理解〝走在前列〟」『今日浙江』二〇〇五年第一〇期、二〇〇五年五月、五頁。

(243) 習近平「全面貫徹実施憲法　促進社会主義政治文明建設——習近平在浙江省暨杭州市紀念現行憲法頒布実施二〇周年大会上的講話」『浙江日報』二〇〇二年十二月四日。習近平「強化審判職能　推進依法治国」『人民法院報』二〇〇三年三月十八日。「維護司法公正　建設法治浙江——訪浙江省委書記、省人大常委会主任習近平」『人民法院報』二〇〇六年三月五日。「譲法治成為銘刻在公民心中的信条——浙江省委書記省人大常委会主任習近平代表談〝法治浙江〟」『法制日報』二〇〇六年三月七日。習近平「以社会主義法治理念指導〝法治浙江〟建設」同二〇〇六年六月十八日。習近平「弘揚法治文化　建設〝法治浙江〟——写在〝五五〟普法啓動之際」『浙江日報』二〇〇六年七月二十四日。

(244) 習近平「創新〝楓橋経験〟　建設〝平安浙江〟——在全国社会治安綜理工作会議上的講話（節選）」『今日浙江』二〇〇四年第一二期、二〇〇四年六月、四—五頁。「創新〝楓橋経験〟維護社会穩定」『法制日報』二〇〇四年二月八日。習近平「妥善化解社会矛盾　全力維護社会穩定」『求是』二〇〇四年第三期、二〇〇四年三月、二〇—二一頁。習近平「建設〝平安浙江〟促進社会和諧穩定——在省委十一届六次全体（拡大）会議上出的報告（節選）」『今日浙江』二〇〇四年第九期、二〇〇四年五月、四—八頁。

(245) 習近平「与時俱進　求真務実　不断推進反腐敗治本抓源工作」『中国監察』二〇〇四年第一〇期、二〇〇四年五月、四—六頁。習近平「厳格遵紀守法　自覚接受監督（二〇〇四年七月十五日）」、前掲、中共浙江省紀律検査委員会、浙江省監察庁編『浙江省構建懲治和預防腐敗体系工作文集（綜合篇）』一四三—一四八頁。習近平「領導幹部要切実管好自己」『今日浙江』二〇〇五年第四期、二〇〇五年二月、四—五頁。習近平「認真学習貫徹党章　做好反腐倡廉工作　為順利実施〝十一五〟規劃提供堅強保証——習近平在中共浙江省紀律検査委員会第九次全体会議上的講話（二〇〇六年一月十三日）」、前掲、中共浙江省紀律検査委員会、浙江省監察庁編『浙江省構建懲治和預防腐敗体系工作文集（綜合篇）』六八—七二頁。習近平「大力推進廉政文化建設」、中央紀委宣教室、中共浙江省紀委、中共浙江省委宣伝部編『廉政文化在中国系列叢書　浙江巻』中国方正出版社、浙江人民出版社、二〇〇七年、二九頁。

(246) 習近平「進一歩増強歴史使命感与社会責任感　努力開創我省哲学社会科学工作新局面——在省社科聯第五次代表大会上的講話（二〇〇四年十二月二十三日）」『浙江社会科学』二〇〇五年第一期、二〇〇五年一月、四—五頁。

(247) 習近平「鞏固執政基礎　増強執政本領」『党建研究』二〇〇五年第二期、二〇〇五年二月、一七頁。習近平「深刻認識加快建設文化大省的戦略意義」『政策瞭望』二〇〇五年第九期、二〇〇五年九月、五頁。

(248) 浙江時代の同時代資料に名前が登場するものとして、例えば以下のとおり。習近平はその多くで組長を務めた。

財経領導工作小組、海洋経済工作領導小組、生態省建設工作領導小組、山海協作工程領導小組、省旅遊発展領導小組、発展循環経済建設節約型社会工作領導小組、維護穏定領導小組、省機関効能建設領導小組、省哲学社会科学発展規劃領導小組、保持共産党員先進性教育活動工作領導小組など。

(249) 丁文「執政能力建設是党的一項根本性建設――訪中共浙江省委書記習近平」『今日浙江』二〇〇四年第一七期、二〇〇四年九月、七頁。

(250) 習近平「狠抓党風廉政建設責任制的落実　切実推進浙江反腐倡廉工作深入啓開展（二〇〇四年十一月二十二日）」、前掲、中共浙江省紀律検査委員会、浙江省監察庁編『浙江省構建懲治和預防腐敗体系工作文集（綜合篇）』一四二頁。習近平「弘揚新風正気　抵制歪風邪気　全面加強領導幹部作風建設――習近平在中共浙江省紀律検査委員会第十次全体会議上的講話（二〇〇七年一月二十五日）」、同七九頁。

(251) 前掲、習「着力構建懲治和預防腐敗体系　不断提高反腐敗倡廉能力」六四頁。本段落、次の引用は、同じ文章、六四―六五頁。

(252) 常光民、王伝志「如何做好新形勢下的群衆工作――訪中共浙江省委書記習近平」『求是』二〇〇五年第一七期、二〇〇五年九月、三一頁。「中共浙江省委書記習近平在後陳村座談会上的講話（根拠録音整理、未経本人審閲）」、施嵩、陳振声主編『足跡――浙江省武義県基層民主政治建設的実践与探索』中国文史出版社、二〇〇六年、二一三頁。孫雪蕾、康培「農村基層民主――〝四個民主〟創新　権利落実到民」『人民論壇』二〇〇五年第九期、二〇〇五年九月、二一頁。習近平「堅持以人為本的科学理論　推進社会主義和諧社会在浙江的実践」『今日浙江』二〇〇六年第二一期、二〇〇六年十一月、一〇頁。習近平「建設〝平安浙江〟　構建和諧社会」『領導科学』二〇〇七年第六期、二〇〇七年三月、五頁。

(253) 習近平「以執政能力建設為重点　全面推進党的建設」『政策瞭望』二〇〇四年第八期、二〇〇四年八月、七頁。

(254) 習近平「堅持協調発展方針積極関心支持国防和軍隊現代化建設」『浙江日報』二〇〇三年七月三十日。

(255) 潘家瑋、毛光烈、夏阿国主編『海洋　浙江的未来――加快海洋経済発展戦略研究』浙江科学技術出版社、二〇〇三年、五〇四―五〇六頁。費強「向実践学習　向群衆学習――浙江省委書記習近平調研紀実」『瞭望新聞週刊』二〇〇三年第一一期、二〇〇三年三月、四八―四九頁。「維護海洋権益　促進経済発展――習近平勉励浙江辺防総隊海警部隊積極作為」『辺防警察報』二〇〇五年五月二十四日。一銘「浙江省委書記習近平強調――舟山要在推進海洋経済強省建設中唱主角打頭陣」『中国港口』二〇〇五年第七期、二〇〇五年七月、八頁。前掲、習『幹在実処　走在前列』二八七頁。

(256) 「中共浙江省委書記習近平在舟山調研時指出　発展海洋経済要有〝舍我其誰〟的気概――要求舟山在建設海洋経済強省中打頭陣」『中国海洋報』二〇〇六年一月六日。

(257) 前掲、潘、毛、夏編『海洋　浙江的未来』五〇四―五一一頁。

(258) 習近平「発揮海洋資源優勢　建設海洋経済強省――在全省海洋経済工作会議上的講話」『浙江経済』二〇〇三年第一六期、二〇〇三年八月、一一頁。

(259) 王曙光「開創浙江海洋経済新局面――在全省海洋経済工作会議上的講話」、同右、一六―一七頁。

(260) 前掲、習「政府工作報告」一三頁。

(261) 習近平「積極参与長江三角洲地区合作与交流　進一歩提高我省対内対外開放水平――在省委工作会議上的講話（摘要）（二〇〇三年三月二十七日）」『浙江日報』二〇〇三年三月二十九日。

(262) 「浙江省委書記習近平視察海洋二所指出――積極開発海洋経済、向海洋要潜力、空間」『中国海洋報』二〇〇三年四月二十九日。

(263) 前掲、習「発揮海洋資源優勢　建設海洋経済強省」七頁。

(264) 習近平「序言（二〇〇三年七月一日）」、前掲、潘、毛、夏主編『海洋　浙江的未来』一頁、三―四頁。

(265) 習近平「進一歩加快我省海洋経済発展」『今日浙江』二〇〇三年第一六期、二〇〇三年八月、六頁。

(266) 前掲、習「発揮海洋資源優勢　建設海洋経済強省」八頁。本文すぐ後の引用も同じ。

(267) 国政レベルの問題意識は、二〇〇六年三月の演説にも反映されている。そこで習近平は、テクノナショナリズムの観点から、国家安全保障と国力競争における科学技術イノベーションの自主自立の重要性を指摘した（習近平「推動経済社会転入科学発展軌道　加快建設創新型省份」『政策瞭望』二〇〇六年第四期、二〇〇六年四月、五頁）。

(268) 「習近平的上海〝使命〟」『二一世紀経済報道』二〇〇七年三月二十八日。

(269) 胡錦濤「胡錦濤同志在中央紀委第七次全体会議上的講話（二〇〇七年一月九日）」、中共上海市紀律検査委員会、上海市委組織部、中共上海市委宣伝部『上海市党員幹部警示教育学習材料』（内部資料）奥付なし、二〇〇七年七月、三六頁。

(270) 習近平「習近平同志在中共上海市委九届一次全会結束時的講話（二〇〇七年五月二十八日）」、同右、八三頁。

(271) Brown, *Xi*, p. 95.

(272) 習近平「善学善思　善作善成」『求是』二〇〇七年第九期、二〇〇七年五月、二七頁。習近平「堅定科学発展之路　加快推進〝四個率先〟努力開創〝四個中心〟和社会主義現代化国際大都市建設的新局面――在中国共産党上海市第九次代表大会上的報告（二〇〇七年五月二十四日）」『解放日報』二〇〇七年五月三十日。

(273)「共享世博機遇　推動科学発展――訪上海市委書記習近平」『光明日報』二〇〇七年八月六日。「抓住世博機遇　携手打造未来――訪上海市委書記習近平」『経済日報』二〇〇七年八月六日。

(274)「習近平帯隊下訪現場接待群衆時強調要牢固樹立執政為民思想　堅持重心下移推動基層基礎工作」『文匯報』二〇〇七年九月二十日。

(275) 前掲、中央党校採訪実録編輯室『習近平在上海』二頁、三三八頁。

(276) 初回の訪問は二〇〇七年三月三十日、二回目は五月十日、三回目は九月二十一日（中共一大址紀念館編『中共一大会址紀念館六〇年大事記（一九五二～二〇一二年）』上海辞書出版社、二〇一三年、一九二―一九三頁、一九八頁）。

(277) 同右、一九三頁。習近平が曾慶紅に付き従っている写真も掲載されている。

(278) 童科「初心・本源・展望――中共四大紀念館打造紅色品牌」『文化月刊』二〇二〇年第一二期、二〇二〇年十二月、一〇四頁。童科「中共四大紀念館――数字賦能、講好党史故事」『文化月刊』二〇二四年第一期、二〇二四年一月、七〇頁。作者の童科は中共四大記念館の館長である。

(279) 前掲、習「習近平同志在中共上海市委九届一次全会結束時的講話」七八頁。

(280) 習近平「弘揚〝紅船精神〟　走在時代前列」『光明日報』二〇〇五年六月二十一日。前掲、費「向実践学習　向群衆学習」四八頁。

(281) 習近平「八十五年来加強党的先進性建設的実践与啓示」『今日浙江』二〇〇六年第一六期、二〇〇六年八月、六頁。

(282) 習近平「高級幹部要為党分憂為国幹事為民謀利（二〇一四年八月二十九日）」、前掲、中央軍委政治工作部編『習近平論強軍興軍』二五八頁。

(283) 習近平「在全軍政治工作会議上的講話（節選）（二〇一四年十月三十一日）」、同右、二六一―二六二頁。引用文の改行は、読み易さに配慮して筆者が挿入した。

(284) 習近平「把我党我軍優良伝統一代代伝下去（二〇一四年十月三十一日）」、前掲、中国人民解放軍総政治部編『習近平国防和軍隊建設重要論述選編（二）』一一七頁。

(285)「記習近平総書記帯領中共中央政治局常委赴上海瞻仰中共一大会城址、赴浙江嘉興瞻仰南湖紅船」『人民日報』二〇〇七年十一月一日。

(286)「習近平在瞻仰延安革命紀念地時強調　弘揚偉大建党精

神和延安精神為実現党的二十大提出的目標任務而団結奮闘」『人民日報』二〇二二年十月二十八日。

(287) 習近平「深入学習中国特色社会主義理論体系、努力掌握馬克思主義立場観点方法（二〇一〇年三月一日）」、中共中央党校校務委員会編『習近平党校十九講』（内部使用）中共中央党校出版社、発行年不明、一七五頁。この資料の書誌情報は、本書、序章を参照。

(288) 例えば、習近平「在学習楊善洲精神、做人民満意的好党員好幹部座談会上的講話（二〇一一年四月十三日）」、中央創先争優活動領導小組弁公室編『深入開展創先争優活動文件選編（二）』（内部発行）党建読物出版社、二〇一二年、二二一―二二八頁、など。

(289) 中国共産党の用語法で「党建設」という場合、建設という日本語のニュアンスとは異なり、思想、組織、制度、業務態度、紀律検査などの各方面における党組織の総合的な改善の取り組みを意味する。

(290) 習近平「談談調査研究（二〇一一年十一月十六日）」、前掲、中共中央党校校務委員会編『習近平党校十九講』二五八頁。「習近平――談談調査研究」『伝承』二〇一二年第一期、二〇一二年一月、四六頁。

(291) 習近平「領導幹部要認認真真学習老老実実做人　干干浄浄干事（二〇〇八年五月十三日）」、前掲、中共中央党校校務委員会編『習近平党校十九講』三九頁。

(292) 習近平「扎実做好保持党的純潔性各項工作（二〇一二年三月一日）」、同右、二七一頁。

(293) 前掲、習「深入学習中国特色社会主義理論体系、努力掌握馬克思主義立場観点方法」一九五頁。

(294) 習近平「領導幹部要読点歴史（二〇一一年九月一日）」、前掲、中共中央党校校務委員会編『習近平党校十九講』二四七頁。

(295) 習近平「把党校姓党原則貫徹和体現到党校全部工作之中（二〇〇八年十一月十二日）」、同右、九七―九八頁。

(296) 習近平「改革開放三〇年党的建設回顧与思考（二〇〇八年九月一日）」、同右、八三頁。習近平「改革開放三〇年党的建設回顧与思考」『学習時報』二〇〇八年九月八日。

(297) 本項の註で挙げたもののほかに、習近平「関於中国特色社会主義理論体系的幾点学習体会和知識（二〇〇八年三月一日）」、前掲、中共中央党校校務委員会編『習近平党校十九講』五頁。習近平「関於新中国六十年党的建設的幾点思考（二〇〇九年九月一日）」、同一三六頁、一四七頁、一五一頁。習近平「関於建設馬克思主義学習型政党（二〇〇九年十一月十二日）」、同一五七頁、一六二頁、一六七頁。習近平「領導幹部要樹立正確的世界観権力観事業観（二〇一〇年九月一日）」、同二一三頁。

(298) 前掲、習「領導幹部要読点歴史」二五〇頁。本段落、すぐ後の引用も同じ。

(299) 同右、二五二頁。
(300) 同右、二五一頁。
(301) 習近平「加強軍委班子自身建設(二〇一二年十一月十五日)」、前掲、中国人民解放軍総政治部編『習近平関於国防和軍隊建設重要論述選編』七頁。
(302) 習近平「在中央党校建校八〇周年慶祝大会暨二〇一三年春季学期開学典礼上的講話(二〇一三年三月一日)」、前掲、中共中央党校校務委員会編『習近平党校十九講』二九九頁。
(303) 習近平「在中央軍委拡大会議上的講話(節選)(二〇一三年十二月二十七日)」、前掲、中央軍委政治工作部編『習近平論強軍興軍』一九一頁。
(304) 江沢民「全面建設小康社会、開創中国特色社会主義事業新局面(二〇〇二年十一月八日)」、中共中央文献研究室編『十六大以来重要文献選編(上)』中央文献出版社、二〇〇五年、一五頁。胡錦濤「堅定不移沿着中国特色社会主義道路前進、為全面建成小康社会而奮闘(二〇一二年十一月八日)」、中共中央文献研究室編『十八大以来重要文献選編(上)』中央文献出版社、二〇一四年、一三頁。
(305) 表4-5に関する記述は、本書、終章の表10-1の説明と一部重複している。
(306) 習近平「在文化伝承発展座談会上的講話(二〇二三年六月二日)」『中共中央弁公庁通訊』(党内刊行物)二〇二三年第八期、二〇二三年八月、一八頁。「青史如鑑耀千秋——以習近平同志為核心的党中央領導中国共産党歴史展覧館建設紀実」『人民日報』二〇二一年六月二十日。
(307) 中国語の「現代化」は、社会科学の一般的用語でいうところの modernization、「近代化」を意味する。二〇回党大会での「中国式現代化」の提起に関しては、本書、第一章も参照のこと。
(308) 習近平「中国式現代化是強国建設、民族復興的康庄大道(二〇二三年二月七日)」『中共中央弁公庁通訊』(党内刊行物)二〇二三年第八期、二〇二三年八月、八頁、一〇頁。
(309) 前掲、習「在文化伝承発展座談会上的講話」一八—二一頁。
(310) 中国出身で、米国の大学に所属するある研究者によれば、中国共産党の創設者集団に対する習近平の態度は、「父権制血縁社会の祖先に対する態度と似ている」という(前掲、程、古谷「習氏は毛沢東になるのか 在米の中国人歴史学者が解説」)。筆者もこの意見に同意する。
(311) このときの意向投票の実施概要と、それに関連する権力継承の問題については、本書、第七章と終章を参照。
(312) Willy Wo-Lap Lam, *Xi Jinping*, p. 23. ラムによれば、胡錦濤の後継候補として習近平はダークホース的存在であったが、江沢民や曾慶紅らが習近平を支持したという。主な理由として、妻の彭麗媛と曾慶紅との交友関係や、胡錦濤率いる共青団派の李克強に対する江沢民の反発心が挙げられている。さらに浙江省党委員会書記であった習近平が、半ば引退状態で同省に滞在していた江沢民の生活の面倒をみたともいう。「習近平はその老人のご機嫌の取れそうなことはなんでもやった。（中略）江沢民はたいへん満足して、その若者を一七回党大会で胡錦濤の後任に指名することを決定した」（Willy Wo-Lap Lam, *Chinese Politics in the Era of Xi Jinping: Renaissance, Reform, or Retrogression?*, London and New York: Routledge, 2015, p. 58）。いずれも真偽不明で、憶測の域を出ない。

(313) 二〇〇七年六月の意向投票（予備選挙）における習近平の多数支持獲得の「カギとなった決定要因」について、チャンは、①確固たるレーニン主義者との他者評価、②地方指導者としての豊富な経験、③習仲勲の息子という血統、④出世の意欲に燃える薄熙来とは対照的な控えめな態度への共感を指摘している（Chan, *Xi Jinping*, p. 153）。だが本文中にも記したように、③④は投票権者によって賛否の評価が分かれよう。①は証拠が示されていない。またチャンによれば、江沢民派の内部でも、曾慶紅は習近平と薄熙来を同等に遇する一方、江沢民は元来、習近平よりも薄熙来のほうを好ましく思っていたという（Chan, *Xi Jinping*, p. 174）。前註の指摘とともに、結局のところ、こうした政治的人間関係や人柄などへの他者心情だけでは、習近平の多数票獲得の理由は説明できない。

(314) これまでの註で挙げたもののほかに、例えば以下のものがある。習近平「序言」、中共福州市委政策研究室編『福州弁事指南』海潮撮影芸術出版社、一九九一年、一—二頁。習近平「序言」、中共福州市委政策研究室編『福州市民弁事指南』海潮撮影芸術出版社、一九九一年、一—二頁。習近平主編『福州改革開放十四年』海峡文芸出版社、一九九三年。習近平「三山朝陽早　榕城春意濃（代序）」、習近平主編『福州改革開放十四年』海峡文芸出版社、一九九三年、頁数記載なし。習近平「福州房地産業充満希望（代序）」、中共福州市委政策研究室、福州市房地産管理局編『福州房地産実務指南』海潮撮影芸術出版社、一九九四年、一—二頁。習近平「増創福州新優勢　建設国際大都市（代序）」、福州国際招商月組委会、福州市人民政府経済研究中心編『福州国際招商月文集』（内部資料）奥付なし、一九九五年、一—五頁。習近平「序——揚起新一輪発展的風帆」、高名祥、荘仁想主編『閩江口経済圏跨世紀発展宏図——邁向二一世紀的閩江口経済圏開放開発企劃』中国経済出版社、一九九六年、四六頁。習近平「加快福建現代農業発展步伐（代序）」、習近平主編『現代農業理論与実践』福建教育出版社、一九九九年、一―一三頁。習近平主編『科学与愛国――厳復思想新探』清華大学出版社、二〇〇一年。習近平「序一」、習近平主編『科学与愛国――厳復思想新探』清華大学出版社、二〇〇一年、I―II頁。習近平「深入研究農村市場化　大力推進農村市場化（代序）」、習近平主編『福建農村市場化発展探索』福建教育出版社、二〇〇二年、一―二一頁。習近平「序」、浙江省人民政府研究室『走近農民――農村蹲点調査報告匯編』奥付なし、二〇〇二年、一―二頁。習近平「与時俱進的浙江精神（代序）」、中共浙江省宣伝部編『与時俱進的浙江精神』浙江人民出版社、二〇〇五年、一―八頁。習近平「序」、中共浙江省委保持共産党員先進性教育活動領導小組弁公室編『中流砥柱――浙江省基層党組織和党員抗撃台風〝海棠〟、〝麦莎〟事跡』奥付なし、二〇〇五年、一―三頁。習近平「幹在実処　走在前列（代序）」、王駿、歴佛灯ら編著『執政之魂――浙江党建新探索』浙江人民出版社、二〇〇六年、一―六頁。

(315) 習近平「序一」、郭化若著、福州市政協主編『郭化若詩詞選』一九九三年、頁数記載なし。習近平「序」、繆慈潮『奮進集』福建人民出版社、二〇〇一年、序文一―二頁。習近平「序」、張明俊『泉州八年紀事』中央文献出版社、二〇〇二年、序一―二頁。習近平「序（二〇〇二年十二月二十八日）」、李秀記『従政二十春』鷺江出版社、二〇〇三年、一―二頁。習近平「序一」、鄭金沐『厦門特区発展的理論与実践』厦門大学出版社、二〇〇五年、頁数記載なし。習近平「序」、中共浙江省委党史研究室、浙江省毛沢東思想研究中心編『陳雲与浙江』中央文献出版社、二〇〇五年、一―三頁。前掲、習「序」『正定古今』一―三頁。前掲、習近平「憶大山（代序）」『正定文史資料』一―五頁。

(316) 雍正奇「習近平回正定」『領導文萃』二〇〇九年第二一期、二〇〇九年十一月、六三―六八頁。前掲、周、郭「耿飈」五五頁。

(317) 中共福州市委弁公庁綜合科「中共福州市委一九九〇年要事記（上）」『福州党史通訊』（内部発行）一九九一年第一期、一九九一年三月、一〇頁。中共福州市委弁公庁綜合科「中共福州市委要事記（一九九一年一～六月）」『福州党史通訊』（内部発行）一九九一年第三期、一九九一年九月、四頁、一一頁。中共福州市委弁公庁綜合科「中共福州市委要事記（一九九一年七～十二月）」『福州党史通訊』（内部発行）一九九二年第一期、一九九二年三月、五二頁、六二頁。中共福州市委綜合科「中共福州市委要事記（一九九二年一～六月）」『福州党史通訊』（内部発行）一九九三年第二期、一九九三年六月、二五頁、二八頁、三〇頁。中共福州市委弁公庁綜合科「中共福州市委要事記（一九九三年五～六月）」『福州党史通訊』（内部発行）一九九四年第二期、一九九四年六月、二八頁。中共福州市委弁公庁綜合科「中共福州市委要事記（一九九三年七～九月）」『福州党史通訊』（内部発行）一九九四年第三期、一九九四年九月、二八頁。中共福州市委弁公庁綜合科「中共福州市委要事記（一九九三年十～十二月）」『福州党史通訊』（内部発行）一九九四年第四期、一九九四年十一月、二五頁。中共福州市委弁公庁綜合科「中共福州市委大事記（一九九四年一月）」『福州党史通訊』（内部発行）一九九五年第二期、一九九五年五月、三七頁。中共福州市委弁公庁綜合科「中共福州市委大事記（一九九四年五月～七月）」『福州党史通訊』（内部発行）一九九五年第四期、一九九五年十二月、三二頁。中共福州市委弁公庁綜合処「中共福州市委大事記（一九九五年十月～十二月）」『福州党史通訊』（内部発行）一九九八年年第一期、一九九八年三月、三九頁。

（318）「我省在京挙行経済社会発展情況匯報会」『浙江在線』ウェブサイト、二〇〇五年二月二十一日（http://zjnews.zjol.com.cn/system/2005/02/21/006060877.shtml www.zj）。「共同商大計　浙江経済社会発展情況匯報会在京挙行」、同二〇〇六年二月二十一日（https://zjnews.zjol.com.cn/system/2006/02/21/006483195.shtml）。「省委、省政府在北京挙行経済社会発展情況匯報会」、同二〇〇七年二月九日（https://zjnews.zjol.com.cn/system/2007/02/09/008166866.shtml）。「我省在京挙行経済社会発展情況匯報会」『浙江日報』ウェブサイト、二〇〇七年二月九日（https://zjrb.zjol.com.cn/html/2007-02/09/content_71789.htm）。

（319）習近平『在浙江経済社会発展状況匯報会上的講話提綱（二〇〇七年二月八日）』奥付なし、一頁。筆者が所有するこの小冊子は、会議当日に各出席者に配布された習近平による演説の読み上げ資料の現物である。

（320）前掲「省委、省政府在北京挙行経済社会発展情況匯告会」。前掲「我省在京挙行経済社会発展情況匯報会」。

（321）前掲、習『在浙江経済社会発展状況匯報会上的講話提綱』七―八頁。

（322）同右、八頁。本段落、すぐ次の引用も同じ。

第五章

（1）本章の内容に関連する研究として、胡鞍鋼、楊竺松『創新中国集体領導体制』中信出版社、二〇一七年、序論及び第一―二章。そこでは、中国共産党史における「核心」の語の使用状況、「核心」の言葉が含意する最高指導者と集団指導体制の関係性などを概観している。

（2）鄧小平「関於修改党的章程的報告（一九五六年九月十六日）」、《中国共産党章程匯編：（従一大―十七大）》選編組『中国共産党章程匯編：（従一大―十七大）』（内部発

行）中共中央党校出版社、二〇〇七年、二六三頁。鄧小平『鄧小平文選　第一巻』（第二版）人民出版社、一九九四年、二一六頁。日本語の訳出にあたっては、次の文献の該当箇所も参照した。中共中央文献編集委員会編、中共中央ML著作編訳局訳『鄧小平文選（一九三八―一九六五年）』外文出版社、一九九二年、三〇五―三六四頁。引用文中、〔　〕は引用者の補註、以下同じ。

(3) 林彪「在中国共産党第九次全国代表大会上的報告（一九六九年四月一日）」『中国共産党第九次全国代表大会文件匯編』人民出版社、一九六九年、七頁、四〇頁。

(4) 二〇一三年三月に開かれた全人代の記者会見の席上、習近平に次いで党内序列第二位であった李克強は、「習近平同志を総書記とする中共中央」という言葉づかいで、みずからもその一員である最高指導部を表現していた（「李克強総理等会見採訪両会的中外記者并回答提問」『人民日報』二〇一三年三月十八日）。

(5) 鈴木隆「権力の伝統に回帰する中国政治――中国共産党第二〇回党大会の成果と第三期習近平政権の展望」『IDEスクエア――世界を見る眼』（日本貿易振興機構アジア経済研究所）二〇二二年十二月、五頁（http://doi.org/10.20561/00053531）、二〇二三年九月六日閲覧。

(6) 中澤克二「習近平氏、毛沢東に並ぶ領袖へ　北戴河で大逆転」『日本経済新聞』二〇一九年八月二十七日。

(7) 「中共中央政治局召開専題民主生活会強調帯頭把不忘初心牢記使命作為終身課題　始終保持共産党員本色　中共中央総書記習近平主持会議并発表重要講話」『新華網』二〇一九年十二月二十七日（http://www.xinhuanet.com/politics/2019-12/27/c_1125397179.htm）、二〇二〇年一月二十六日閲覧。以下のウェブサイトの閲覧日もすべて同じ。

(8) 艾米「習近平首次獲対〝人民領袖〟称号」『RFI』二〇一九年十二月二十九日（http://www.rfi.fr/tw/中國/20191229-習近平首次獲封人民領袖-稱號）。「習主席は『人民の領袖』　中国共産党、権威付け進む」『東京新聞』二〇一九年十二月三十日（https://www.tokyo-np.co.jp/s/article/2019123001001578.html）。

(9) 前掲、鈴木「権力の伝統に回帰する中国政治」四頁。

(10) 習近平「在慶祝中華人民共和国成立七十周年大会上的講話（二〇一九年十月一日）」、中共中央党史和文献研究院編『十九大以来重要文献選編（中）』中央文献出版社、二〇二一年、二二三頁。江沢民「在慶祝中華人民共和国成立五十周年大会上的講話（一九九九年十月一日）」、江沢民『江沢民文選　第二巻』人民出版社、二〇〇六年、四一八頁。胡錦濤「在慶祝中華人民共和国成立六十周年大会上的講話」、胡錦濤『胡錦濤文選　第三巻』人民出版社、二〇一六年、二七〇頁。

（11）高橋伸夫『中国共産党の歴史』慶應義塾大学出版会、二〇二一年、二五六頁。

（12）組織原則である「民主集中制」のもとでのトップの指導責任と集団指導体制の関係について、七千人大会における鄧小平の意見は、鄧小平「在拡大的中央工作会議上的講話（一九六二年二月六日）」、前掲、鄧『鄧小平文選　第一巻』三一〇―三一二頁。

（13）鄧小平は、毛沢東の存命中にも、毛沢東を「核心」と呼んだことがあったが、数少ない言及にとどまった。例えば、同右、三一〇頁。ほかに、鄧小平「建設一個成熟的有戦闘力的党（一九六五年六月、十二月）」、同三四四頁など。

（14）鄧小平「第三代領導集体的当務之急（一九八九年六月十六日）」、鄧小平『鄧小平文選　第三巻』人民出版社、一九九三年、三〇九―三一一頁。日本語の訳出にあたっては、次の文献も参照した。中共中央文献編集委員会編、中共中央編訳局、外文出版社訳『鄧小平文選　一九八二―一九九二』テン・ブックス、一九九五年、三一三―三一四頁。

（15）一六回党大会で、党規約と政治報告のいずれにも「核心」の語が使われなかった理由は、おそらく党大会開催時点で、江沢民の後継として次期総書記への就任が内定していた胡錦濤に対し、「核心」の指導者称号が適用されなかったことと関係している。胡錦濤本人が辞退したか、党大会の政治報告の読み上げを担当した江沢民が、胡錦濤にそれを与えないという嫌がらせの決定をしたのかはさだかではない。

（16）Zheng Yongnian, *The Chinese Communist Party as Organizational Emperor: Culture, Reproduction and Transformation*, London and New York: Routledge, 2010, p. 77; Xuezhi Guo, *The Politics of the Core Leader in China: Culture, Institution, Legitimacy, and Power*, Cambridge: Cambridge University Press, 2019, p. 307.

（17）前掲、胡、楊『創新中国集体領導体制』二六―二九頁。

（18）一九九九年七月に刊行した著書のなかで、小島朋之は、その時点までに公式報道で一度だけ、江沢民が、「江沢民同志を首《リーダー》とする新しい世代の指導核心」と呼ばれたことを指摘している。これは、一九九五年九月に、フランスメディアの幹部と会見した際の李鵬の発言とされる（小島朋之『中国現代史――建国50年、検証と展望』中公新書、一九九九年、一一三―一一四頁）。

（19）中華人民共和国の政治史について、時期区分と各時代の特徴に関するより詳しい説明は、本書、第一章を参照。

（20）鈴木隆「政治構想、リーダーシップ、指導部人事の特徴」、大西康雄編『習近平「新時代」の中国』日本貿易振興機構アジア経済研究所、二〇一九年、一七―一八頁。

(21)「中共中央関於党的百年奮闘重大成就和歴史経験的決議(二〇二一年十一月十一日)」『人民日報』二〇二一年十一月十七日。

(22)「関於建国以来党的若干歴史問題的決議(一九八一年六月二十七日)」、本書編写組編『十一届三中全会以来歴次党代会、中央全会報告　公報　決議　決定』中国方正出版社、二〇〇八年、一〇一頁、一〇四頁、一〇六頁、一一〇頁、一一三頁、一二四頁。

(23)「関於若干歴史問題的決議(一九四五年四月二十日)」、中共中央文献研究室、中央档案館編『建党以来重要文献選編(一九二一—一九四九)(第二二冊)』中央文献出版社、二〇一一年、八七頁、一一〇—一一一頁。このうち初出の箇所は、一九三五年一月の遵義会議に関する以下の叙述である。「この会議〔遵義会議を指す〕で、毛沢東同志をリーダーとする中央の新たな指導が開始されたことは、中国の党内でもっとも大きな歴史的意義をもつ転換であった」(同八七頁)。「毛沢東同志をリーダーとする党中央」のフレーズは、「第二の歴史決議」でも計二回(毛沢東の名前ではなく代名詞の彼を含めると三回)登場する(前掲「関於建国以来党的若干歴史問題的決議」九四頁、九六頁、一〇四頁)。ただし、「鄧小平をリーダーとする」云々はない。指導者の神格化を嫌悪した鄧小平は、自身への適用を意識的に避けたとみられる。

(24)本章の下敷きとなった筆者の既発表論文(二〇二〇年一月二十六日脱稿、二〇二〇年三月刊行)では、一連の論証に基づく予測として、「習近平の『逆コース』の最終目標」が、毛沢東と鄧小平の主導のもとに作成された「一九四五年と一九八一年の二つの『歴史決議』に続く、三つめの新たな『歴史決議』の採択——いわば《歴史の上書き》にあるのではないか」との見方を述べていた。この指摘からおよそ一年九ヵ月後、二〇二一年十一月に「第三の歴史決議」は現実のものとなった。ただし同論文では、決議の採択よりも党主席の復活が先行すると予想しており、この点は実際の展開とは異なった(鈴木隆「中国共産党『領袖』考——政治文書の用例にみる政治・イデオロギー史的考察」『国際情勢　紀要』第九〇号、二〇二〇年三月、一二頁、二〇—二一頁)。「第三の歴史決議」の採択の可能性については、二〇二一年七月に開かれた、一般社団法人現代中国研究所主催のシンポジウム「中国共産党の『百年』を考える」でのパネリスト報告のなかでも言及していた(鈴木隆「報告Ⅳ　習近平政権」『中国研究月報』第七五巻第一〇号、二〇二一年十月、一八頁)。

第六章

(1)本書、第七章と第八章を参照。

(2) こうした意見には、むろん賛否両論ある。程映虹、（聞き手）古谷浩一「習氏は毛沢東になるのか　在米の中国人歴史学者が解説」『朝日新聞DIGITAL』二〇二一年十一月十三日（https://digital.asahi.com/articles/ASPCD4RS3PC8USPT00P.html?iref=pc_ss_date_article）、二〇二四年八月四日閲覧。"Xi Jinping is not another Mao," *The Economist*, 8 April 2023, p. 25.

(3) 本章でいう文革世代とは、中国で「老三届」と称される世代を指す。これらの人びとは、文革が開始された一九六六年に中学または高校に在籍し、一九六六～一九六八年の各年度（中国語で届）にそれぞれの学校を卒業したが、一九六八年十二月の毛沢東の下放政策の指示により農村に下放された。その数およそ四〇〇万人といわれる（杉谷幸太「『青春に悔いなし』の声はなぜ生まれたか――『老三届』の世代意識から見た『上山下郷』運動」『中国研究月報』第六六巻第一〇期、二〇一二年十月、二〇頁、三五頁）。一九五三年生まれの習近平は、一九六六～一九七六年の文革時期には、ちょうど中学、高校、大学の就学年齢にあたり、陝西省での下放経験を含め、基本的にはこの老三届世代に属する。下放当時はまだ中学在学中の一五歳で、最年少グループの一人であった（何毅亭「〝年齢最小、去的地方最苦、挿隊時間最長的知青〟」、中央党校採訪実録編輯室『習近平的七年知青歳月』中共中央党校出版社、二〇一七年、四三四頁）。

(4) 習近平「在紀念毛沢東同志誕辰一百二十周年座談会上的講話（二〇一三年十二月二十六日）」、中共中央文献研究室編『十八大以来重要文献選編（上）』中央文献出版社、二〇一四年、六八七―七〇一頁。習近平「在紀念毛沢東同志誕辰一百三十周年座談会上的講話（二〇二三年十二月二十六日）」『中国政府網』二〇二三年十二月二十六日（https://www.gov.cn/yaowen/liebiao/202312/content_6922523.htm）、二〇二四年三月七日閲覧。以下のウェブサイトの閲覧日もすべて同じ。

(5) 江沢民「在毛沢東同志誕辰一百周年紀念大会上的講話（一九九三年十二月二十六日）」、中共中央文献研究室編『十四大以来重要文献選編（上）』人民出版社、一九九六年、六〇五―六二七頁。胡錦濤「在紀念毛沢東同志誕辰一百一十周年座談会上的講話（二〇〇三年十二月二十六日）」、胡錦濤『胡錦濤文選　第二巻』人民出版社、二〇一六年、一三二―一五〇頁。

(6) 毛沢東「湖南農民運動考察報告（一九二七年三月）」、中共中央文献編輯委員会編『毛沢東選集（第二版）第一巻』人民出版社、一九九一年、一二―四四頁。

(7) 「関於建国以来党的若干歴史問題的決議（一九八一年六月二十七日）」、本書編写組編『十一届三中全会以来歴次党代会、中央全会報告　公報　決議　決定』中国方正出版社、二〇〇八年、一一四頁。

（8）文革については、本書の第四章でも、習近平の個人体験に一部言及している。

（9）楊筱懐「習近平——我是如何跨入政界的」『中華児女（国内版）』二〇〇〇年第七期、二〇〇〇年十一月、四三頁。

（10）唐亜明「『毛沢東語録』研究（下）」『中国研究月報』第六一九号、一九九九年九月、一二頁。「語録歌」については、朱鵬「文革歌曲の分類とその時期——その一、毛沢東の語録歌について」『中国文化研究』（天理大学）第二八号、二〇一二年三月、四五—五三頁。Andrew F. Jones, "Quotation Songs: Portable Media and the Maoist Pop Song," in Alexander C. Cook ed., *Mao's Little Red Book: A Global History*, Cambridge: Cambridge University Press, 2014, pp. 43-60.

（11）Daniel Leese, "A Single Spark: Origins and Spread of the Little Red Book in China," in Cook ed., *Mao's Little Red Book*, p. 23; Jones, "Quotation Songs," p. 54.

（12）本節以下の『語録』に関する記述は、とくに断りのない限り、次のいくつかの文献に依拠している。唐亜明「『毛沢東語録』研究（上）」『中国研究月報』第六一八号、一九九九年八月、一—一八頁。前掲、唐「『毛沢東語録』研究（下）」一—二〇頁。韋梅雅著、唐亜明、関野喜久子解説・抄訳「『毛主席語録』誕生秘話（上）」『東亜』（霞山会）一九九四年二月号、八—一七頁。韋梅雅著、唐亜明、関野喜久子抄訳「『毛主席語録』誕生秘話（下）」『東亜』（霞山会）一九九四年三月号、八二—九五頁。竹内実「訳者まえがき」、毛沢東著、竹内実訳『毛沢東語録』平凡社、一九九五年、一一—二四頁。「毛主席語録趣談」『中国共産党新聞網』二〇一四年一月十七日（dangshi.people.com.cn/n/2014/0117/c85037-24148014.html）。Leese, "A Single Spark," pp. 23-42.

（13）総政治部「まえがき（一九六五年八月一日）」、前掲、毛著、竹内訳『毛沢東語録』三〇—三一頁。

（14）前掲、唐「『毛沢東語録』研究（上）」一一頁。本段落、総人口と海外での流通状況も、同じ文章、一一—一三頁。

（15）津村喬「解説——毛沢東語録訳」、前掲、毛著、竹内訳『毛沢東語録』二九八頁。このときの訪中体験について、当時撮影した写真を投影しつつ、津村自身が往時を回顧、説明した映像資料として、「津村喬物語　その一（part 2）」『YouTube』二〇一七年五月二十八日（https://www.youtube.com/watch?v=IFiYjrUZvvc）。周恩来面会時の写真では、津村も、自分の所有していた『語録』を手にしている。

（16）林彪「再版前言（一九六六年十二月十六日）」、中国人民解放軍総政治部編印『毛主席語録』新華書店、一九六八年、二—三頁。日本語の訳出にあたっては、前掲、毛著、竹内訳『毛沢東語録』二七頁の訳文を参照しつつ、一部改訳した。

(17) 前掲、竹内「訳者まえがき」一九頁。ただし、原文の改行を省略。

(18) Guobin Yang, "Mao Quotations in Factional Battles and Their Afterlives: Episodes from Chongqing," in Cook ed., *Mao's Little Red Book*, p. 74. ほかに、古谷浩一「革命歌をもう一度　毛沢東時代懐古のキャンペーン、中国・重慶で」『朝日新聞』二〇一一年一月六日。

(19) 香坂順一「このテキストの意味するもの——まえがきにかえて（一九七〇年十二月五日）」、毛沢東著作言語研究会編『毛沢東語録テキスト版』満江紅、一九七一年、一頁。

(20) 同右、四頁、六頁。

(21) 前掲、中国人民解放軍総政治部『毛主席語録』七〇頁。

(22) 同右、七五頁。

(23) 前掲、韋「『毛主席語録』誕生秘話（上）」一四頁。

(24) 安子文「培養革命接班人是党的一項戦略任務」、中国青年出版社編『談培養和造就革命接班人』中国青年出版社、一九六五年、九頁（原載『紅旗』一九六四年第一七、一八期）。一九六五年三月に北京市で印刷出版された同書の奥付によれば、初版本だけで二二万部が発行されている。

(25) 前掲、中国人民解放軍総政治部『毛主席語録』二三九—二四二頁（原載、人民日報編輯部、紅旗雑誌編輯部「関於赫魯暁夫的假共産主義及其在世界歴史上的教訓——九評蘇共中央的公開信」『人民日報』一九六四年七月十四日）。日本語の訳出にあたっては、前掲、毛著、竹内訳『毛沢東語録』二五四—二五六頁、の該当箇所も参照した。

(26) 「十一大党章　中国共産党章程（一九七七年八月十八日）」、夏利彪編『中国共産党党章及歴次修正案文本匯編　一九二一—二〇一二』法律出版社、二〇一六年、二一五頁。

(27) 同右、二一四頁。

(28) 毛沢東時代と「広義の鄧小平時代」の時期区分については、本書、第一章を参照。

(29) 「中国共産党第十一届中央委員会第三次全体会議公報（一九七八年十二月二十二日）」、本書編写組編『十一届三中全会以来歴次党代会、中央全会報告　公報　決議決定』中国方正出版社、二〇〇八年、一九頁。三中全会コミュニケで、強国の表現が使われている別の箇所は次のとおり。「全会は、全党、全軍、全国の各民族人民が一心同体となって、（中略）今世紀〔二〇世紀を指す〕のうちに、わが国を社会主義の現代化された強国へと作り上げるために、新たな長征を推し進めることを要求する」（同前、一四頁）。

(30) 本書、第四章を参照。

(31) 習近平の政権運営における「闘争」重視の姿勢については、ケビン・ラッド著、藤原朝子訳『避けられる戦争――米中危機が招く破滅的な未来』東京堂出版、二〇二四年、一四三頁、三〇九頁、三四八頁。また、ツァンとチュンによれば、「習近平思想の全力を挙げた宣伝奨励は、疑いもなく毛沢東思想のそれを見習っている」という(Steve Tsang and Olivia Cheung, *The Political Thought of Xi Jinping*, New York: Oxford University Press, 2024, p. 215)。

(32) 本文で挙げた『習近平談治国理政』以外に、代表的なものは次のとおり。著者はすべて習近平名義。煩瑣を避けるため、詳しい書誌情報は省略する。以下の同様の註記も同じ。『做焦裕禄式的県委書記』(二〇一五年刊)、『論堅持全面深化改革』(二〇一八年刊)、『論堅持推動構建人類命運共同体』(二〇一八年刊)、『習近平談〃一帯一路〃』(二〇一八年刊)、『論堅持党対一切工作的領導』(二〇一九年刊)、『論堅持全面依法治国』(二〇二〇年刊)、『論党的宣伝思想工作』(二〇二〇年刊)、『論堅持人民当家作主』(二〇二一年刊)、『論中国共産党歴史』(二〇二一年刊)、『論把握新発展階段、貫徹新発展理念、構建新発展格局』(二〇二一年刊)、『論堅持人与自然和諧共生』(二〇二二年刊)、『論党的青年工作』(二〇二二年刊)、『論〃三農〃工作』(二〇二二年刊)、『習近平外交演講集』(全二巻、二〇二二年刊)、『習近平書信選集第一巻』(二〇二二年刊)、『論党的自我革命』(二〇二三年刊)、『論科技自強』(二〇二三年刊)、『習近平談〃一帯一路〃』(二〇二三年版)』(二〇二三年刊)。

(33) 主なものは次のとおり。『習近平関於実現中華民族偉大復興的中国夢論述摘編』(二〇一三年刊)、『習近平関於党的群衆路線教育実践活動述摘編』(二〇一四年刊)、『習近平関於全面深化改革論述摘編』(二〇一四年刊)、『習近平関於党風廉政建設和反腐敗闘争論述摘編』(二〇一五年刊)、『習近平関於全面依法治国論述摘編』(二〇一五年刊)、『習近平関於協調推進〃四個全面〃戦略布局論述摘編』(二〇一五年刊)、『習近平関於全面建成小康社会論述摘編』(二〇一六年刊)、『習近平関於厳明党的紀律和規矩論述摘編』(二〇一六年刊)、『習近平関於全面従厳治党論述摘編』(二〇一六年刊)、『習近平関於科技創新論述摘編』(二〇一六年刊)、『習近平関於青少年和共青団工作論述摘編』(二〇一七年刊)、『習近平関於社会主義政治建設述摘編』(二〇一七年刊)、『習近平関於社会主義経済建設論述摘編』(二〇一七年刊)、『習近平関於社会主義社会建設論述摘編』(二〇一七年刊)、『習近平関於社会主義文化建設論述摘編』(二〇一七年刊)、『習近平関於社会主義生態文明建設論述摘編』(二〇一七年刊)、『習近平関於総体国家安全観論述摘編』(二〇一八年刊)、『習近平扶貧論述摘編』(二〇一八年刊)、『習近平関於〝不忘初心、牢記使命〟論述摘編』(二〇一九年刊)、『習近平関於〝三農〟工作論述摘編』(二〇一九年刊)、『習近平関於防範風険挑戦、應対突発事件論述摘編』(二〇二〇年刊)、『習近平関於中国特色大国外交論述摘編』(二〇二〇年刊)、『習近平関於力戒形式主義官僚主義重要論述摘編』(二〇二〇年刊)、『習近平関於網絡強国論述摘編』(二〇二一年刊)、『習近平関於全面従厳治党論述摘編 (二〇二一年版)』(二〇二一年刊)、『習近平関於尊重和保障人権論述摘編』(二〇二一年刊)、『習近平関於注重家庭家教家風建設論述摘編』(二〇二一年刊)、『習近平関於堅持和完善党和国家監督体系論述摘編』(二〇二二年刊)、『習近平関於社会主義精神文明建設論述摘編』(二〇二二年刊)、『習近平関於依規治党論述摘編』(二〇二二年刊)、『習近平関於調査研究論述摘編』(二〇二三年刊)、『習近平関於国家糧食安全論述摘編』(二〇二三年刊)、『習近平関於城市工作論述摘編』(二〇二三年刊)、『習近平関於基層治理論述摘編』(二〇二三年刊)、『習近平関於工人階級和工会工作論述摘編』(二〇二三年刊)、『習近平関於婦女児童和婦聯工作論述摘編』(二〇二三年刊)、『習近平関於中国式現代化論述摘編』(二〇二三年刊)、『習近平新時代中国特色社会主義思想的世界観和方法論専題摘編』(二〇二三年刊)。

(34) 中共中央党史和文献研究院、中央学習貫徹習近平新時代中国特色社会主義思想主題教育領導小組弁公室編『習近平新時代中国特色社会主義思想専題摘編』中央文献出版社・党建読物出版社、二〇二三年。

(35) 『毛沢東著作専題摘編』(二〇〇三年刊)、『江沢民論有中国特色社会主義(専題摘編)』(二〇〇二年)、『鄧小平関於建設有中国特色社会主義的論述専題摘編』(一九九二年刊)、『鄧小平建設有中国特色社会主義論述専題摘編(新編本)』(一九九五年刊)、『鄧小平新時期執政党建設論述(専題摘編)』(一九九五年刊、内部発行)、『鄧小平哲学思想(摘編)』(第二版増訂本、一九九五年刊)、『鄧小平経済理論(摘編)』(一九九七年刊)。

(36) 前註との異同について、鄧小平は『執政党建設』、『哲学思想』、『経済理論』がなく、『鄧小平理論専題摘編』(一九九八年刊)、『鄧小平経済思想摘編』(一九九八年刊)の二冊が入る。江沢民は『有中国特色社会主義』に加えて、『江沢民論加強和改進執政党建設 専題摘編』(二〇〇四年刊)がある。本註の三冊はいずれも筆者未見。

(37) 之江は、浙江省内を流れる河川である銭塘江の別称。

(38) 『毛沢東著作選読』には多くの版がある。代表的なものは次のとおり。毛沢東著作選読編輯委員会『毛沢東著作

選読（甲種本）』（上、下冊）人民出版社、一九六四年。毛沢東著作選読編輯委員会『毛沢東著作選読（乙種本）』中国青年出版社、一九六四年初版、一九六五年第二版。毛沢東著作選読編輯委員会『毛沢東著作選読（甲種本）』人民出版社、一九六九年。毛沢東著作選読編輯委員会『毛沢東著作選読（乙種本）』中国青年出版社、一九六九年。中国人民解放軍総政治部宣伝部編印『毛沢東著作選読（供士兵学習用）』中国人民解放軍総政治部宣伝部、一九六一年八月初版。中国人民解放軍総政治部編印『毛沢東著作選読』中国人民解放軍総政治部、一九六一年初版、一九六五年第二版、一九六六年第三版。

(39) 中共中央文献編輯委員会『毛沢東著作選読』（上、下冊）人民出版社、一九八六年。中国人民解放軍総政治部宣伝部編『毛沢東著作選読　戦士読本』中国人民解放軍戦士出版社、一九八三年。

(40) 中共中央文献編輯委員会編『周恩来　劉少奇　朱徳　鄧小平　陳雲　著作選読』人民出版社、一九八七年。

(41) 中国人民解放軍総政治部編印『毛沢東鄧小平著作選読士兵読本』解放軍出版社、一九九〇年初版。中国人民解放軍総政治部編印『毛沢東鄧小平著作選読　士兵読本』解放軍出版社、一九九三年第二版。

(42) 本書、第八章を参照。

(43) 習近平「培養徳智体美労全面発展的社会主義建設者和接班人（二〇一八年九月十日）」、習近平『論党的宣伝思想工作』中央文献出版社、二〇二〇年、三四四頁。

(44) 林彪「在中国共産党第九次全国代表大会上的報告（一九六九年四月一日）」『中国共産党第九次全国代表大会文件匯編』人民出版社、一九六九年、七頁、四〇頁。江沢民「加快改革開放和現代化建設歩伐、奪取有中国特色社会主義事業的更大勝利（一九九二年十月十二日）」、前掲、中共中央文献研究室編『十四大以来重要文献選編（上）』一五頁、四一頁。

(45) 習近平「関於新中国六十年党的建設的幾点思考（二〇〇九年九月一日）」、中共中央党校校務委員会編『習近平党校十九講』（内部使用）中共中央党校出版社、発行年不明、一四一頁。

(46) 習近平「思政課是落実立徳樹人根本任務的関鍵課程（二〇一九年三月十八日）」、前掲、習『論党的宣伝思想工作』三七五―三七六頁。

(47) 同右、三七三頁。

(48) 同右、三八〇頁。

(49) 中学政治教材編輯組『中学政治課本　做革命的接班人（試用教材）』人民教育出版社、一九六四年。江蘇人民出版社の委託出版本の奥付によれば、一九六四年に初版が刊行され、六五年六月までに五回増刷し、累計で五八万冊が発行された。全国で広く頒布されたことがうかがえる。

(50)「第四章　熱愛生産労働、艱苦奮闘、用自己的双手建設富強的社会主義祖国」、同右書、七二―一〇三頁。「第六章　立雄心壮志、做革命的接班人」、同一二五―一四七頁。

(51)「培養和造就千百万無産階級革命事業的接班人」、同右書、一二七―一二九頁（原載「関於赫魯暁夫的假共産主義及其在世界歴史上的教訓」『人民日報』一九六四年七月十四日の抄録）。「第三章　千万不要忘記階級闘争」、同五一―七一頁。

(52)穆青、馮健、周原「蘭考県の大自然とたたかう焦裕禄」、都築一夫編訳『新中国の人間像――献身の英雄・焦裕禄の記録』太平選書、一九六六年、二五―七一頁（原載『人民日報』一九六六年二月八日）。都築一夫「解説（一九六六年六月）」、同二三〇頁。

(53)習近平「在党的新聞輿論工作座談会上的講話（二〇一六年二月十九日）」、中共中央文献研究室編『習近平総書記重要講話文章選編』（内部発行）党建読物出版社・中央文献出版社、二〇一六年、四三四頁。

(54)習近平「念奴嬌　追思焦裕禄（一九九〇年七月十五日）」『福州晩報』一九九〇年七月十六日。

(55)習近平「結合新的実際大力焦裕禄精神」『求是』二〇〇九年第一〇期、二〇〇九年五月、三頁。本段落、次の引用も同じ。

(56)習近平「做焦裕禄式的県委書記（二〇一五年一月十二日）」、習近平『做焦裕禄式的県委書記』中央文献出版社、二〇一五年、一―一二頁。

(57)同右書。

(58)習近平「加快建設一支空天一体攻防兼備的強大人民空軍（二〇一四年四月十四日）」、中央軍委政治工作部編『習近平論強軍興軍』（軍内発行）解放軍出版社、二〇一七年、二二九―二三〇頁。

(59)「毛主席的好学生――焦裕禄」、共青団上海市委紅小兵工作組編集印刷『培養革命接班人（革命英雄譜）』一九七五年、四〇三―四二五頁。「毛主席的好戦士――雷鋒」、同三〇九―三七二頁。『培養革命接班人』は全三巻の叢書で、「革命英雄譜」はそのうちの第二巻。

(60)例えば雷鋒については、習近平「開展〝学習雷鋒月〟活動　譲雷鋒精神扎根城」『福州晩報』一九九一年三月五日。

(61)王進喜は、本書の第四章を参照。方志敏は、鈴木隆「『内部文献』にみる習近平の保守・愛国・強国」『国際情勢紀要』（世界政経調査会国際情勢研究所）第九三号、二〇二三年三月、二九―三八頁。

(62)習近平「関於堅持和発展中国特色社会主義的幾個問題」、前掲、中共中央文献研究室編『十八大以来重要文献選編

（上）』一一二頁。

(63) 同右、一一三頁。

(64) 習近平「決勝全面建成小康社会、奪取新時代中国特色社会主義偉大勝利（二〇一七年十月十八日）」、中共中央党史和文献研究院編『十九大以来重要文献選編（上）』中央文献出版社、二〇一九年、一一頁。

(65) 習近平「高挙中国特色社会主義偉大旗幟　為全面建設社会主義現代化国家而団結奮闘——在中国共産党第二十次全国代表大会上的講話」『中国共産党員網』二〇二二年十月二十五日（https://www.12371.cn/2022/10/25/ARTI1666705047474465.shtml）。

(66) 「中国共産党章程（中国共産党第二〇次全国代表大会部分修改、二〇二二年十月二十二日）」『中国共産党党員網』二〇二二年十月二十六日（https://www.12371.cn/2022/10/26/ARTI1666788342244946.shtml）。

(67) 習近平「在慶祝中国共産党成立一百周年大会上的講話（二〇二一年七月一日）」、中共中央党史和文献研究院編『十九大以来重要文献選編（下）』中央文献出版社、二〇二三年、三八一頁。

(68) 「中共中央関於党的百年奮闘重大成就和歴史経験的決議（二〇二一年十一月十一日）」、同右書、五三六頁。

(69) 胡錦濤「統籌国内国際両個台局、提高外交工作能力水平（二〇〇九年七月十七日）」、胡錦濤『胡錦濤文選　第三巻』人民出版社、二〇一六年、二三六—二四五頁。

(70) 習近平「在学習貫徹習近平新時代中国特色社会主義思想主題教育工作会議上的講話（二〇二三年四月三日）」『求知』二〇二三年第五期、二〇二三年五月、四—一〇頁。

(71) 丁小渓、王琦、高蕾「領航掌舵謀全局　思想引領向復興——以習近平同志為核心的党中央領導開展学習貫徹習近平新時代中国特色社会主義思想主題教育紀実」『人民日報』二〇二四年二月二日。本文、次の引用も同じ。

(72) 「触及人們霊魂的大革命」『人民日報』一九六六年六月二日。「人びとの魂にふれる大革命」、東方書店出版部編『中国プロレタリア文化大革命資料集成　第一巻』東方書店、一九七〇年、三一三頁（原載『人民日報』社説、一九六六年六月二日）。

(73) 蔡奇「在学習貫徹習近平新時代中国特色社会主義思想主題教育第一批総結暨第二批部署会議上的講話（二〇二三年九月五日）」『党建研究』二〇二三年第一〇期、二〇二三年十月、四—一一頁。「学習貫徹習近平新時代中国特色社会主義思想主題教育総結会議在京召開」『中国政府網』二〇二四年二月四日（https://www.gov.cn/yaowen/liebiao/202402/content_6930217.htm）。

(74) 本章、第二節第三項の引用を参照のこと。

(75) 価値観をめぐる世代間ギャップに関し、いくらか古い調査だが、中国社会科学院が二〇一三年に行った社会調査

（「中国社会状況総合調査」）によれば、「よい社会」が実現すべき諸価値について、一九五〇年代と六〇年代生まれの年長者（習近平は一九五三年生まれ）ほど、「富強」や「愛国」を重視し、中国社会の現状を肯定する傾向が強いのに対し、一九七〇、八〇、九〇年代生まれの人びとは、「民主」、「人権の尊重」、「自由」などをより重視し、現状への批判心理が強い（李煒「社会公衆的〝好社会〟価値標準調査報告」、李培林、陳光毅、張翼主編『二〇一五年中国社会形勢分析報告与預測』社会科学文献出版社、二〇一四年、一二五頁、一二九―一三一頁）。

第七章

（1）ニッコロ・マキアヴェッリ著、佐々木毅全訳注『君主論』講談社、二〇〇四年。

（2）リチャード・ニクソン著、徳岡孝夫訳『指導者とは』文藝春秋、二〇〇一三年、四三三―四三四頁。

（3）江沢民『江沢民文選　第二巻』人民出版社、二〇〇六年、五七六頁。

（4）本文中、総書記、中央政治局常務委員、中央政治局委員の各人数は、いずれも二〇二二年十月に選出された第二〇期の人数。

（5）杉野文俊「リスクマネジメントとコーポレートガバナンスに関する一考察――『経営者リスク』のリスクマネジメントについて」『専修大学商学研究所報』第三七巻第二号、二〇〇五年十月、一七頁。

（6）谷口真美「コンテクストと経営者のリーダーシップスタイル」『早稲田商学』第四一一・四一二号、二〇〇七年六月、五五頁。

（7）山下勝「リーダーシップ開発に関する一考察――リーダーシップ現象が起こる条件」『青山経営論集』第五〇巻第二号、二〇一五年九月。

（8）同右、二五三頁。

（9）同右、二五四―二五五頁。

（10）筆者はかつて、パーネビアンコの定義と分析に基づき、一九四九年の中華人民共和国建国から一九七六年に死去するまでの毛沢東を「純粋なカリスマ」に、一九七八年の中国共産党第一一期三中全会前後の党内指導権の獲得状況とその後のリーダーシップの様相に基づき、鄧小平を「状況的カリスマ」にそれぞれ比定した。A．パーネビアンコ著、村上信一郎訳『政党――組織と権力』ミネルヴァ書房、二〇〇五年、五九―六〇頁。菱田雅晴、鈴木隆『超大国・中国のゆくえ3　共産党とガバナンス』東京大学出版会、二〇一六年、一八六―一八七頁。

（11）このときの意向投票の画期的意義は、多くの識者の認めるところである。佐々木智弘「前途多難な胡錦濤の政治運営――誤算の人事と『科学的発展観』の限界」、大西

康雄編『中国調和社会への模索――胡錦濤政権二期目の課題』日本貿易振興機構アジア経済研究所、二〇〇八年、二四頁。諏訪一幸「党内民主から指導者面談へ――習近平時代の幹部選抜任用制と中央指導部選出制度」『中国21』（愛知大学）第五七号、二〇二二年十一月、七四―七六頁。Alice Miller, "The Case of Xi Jinping and the Mysterious Succession," *China Leadership Monitor*, no. 30, 19 November 2009, pp. 8-9.

(12) Zheng Yongnian, *The Chinese Communist Party as Organizational Emperor: Culture, Reproduction and Transformation*, London and New York: Routledge, 2010, pp. 81-82. 加茂具樹「『民主推薦』された新しい『中央の領導集団』」『東亜』（霞山会）第四八六号、二〇〇七年十二月、三六―四〇頁。例えば、当時、江西省党委員会書記を務めていた孟建柱は、推薦の「得票が多かったため、のちに国務委員兼公安部長に抜擢された」といわれる（唐亮『現代中国の政治――「開発独裁」とそのゆくえ』岩波書店、二〇一二年、一六三頁）。

(13) 矢板明夫『習近平　共産中国最弱の帝王』文藝春秋、二〇一二年。

(14) 呉国光著、加茂具樹監訳『権力の劇場――中国共産党大会の制度と運用』中央公論新社、二〇二三年、四三五―四三八頁。

(15) 西之坊穂「フォロワーシップ論の展開と今後の研究」『経営情報研究』（摂南大学）第二七巻第一・二号、二〇二〇年二月、五〇頁。

(16) 一九九〇年と二〇一六年の各「規定」の中国語名称は、それぞれ、「関於県以上党和国家機関党員領導幹部民主生活会的若干規定」、「県以上党和国家機関党員領導幹部民主生活会若干規定」である。

(17) 石川禎浩『中国共産党、その百年』筑摩書房、二〇二一年、三〇〇―三〇一頁。引用文中、〔　〕は引用者の補註、以下同じ。

(18) 新華社「中共中央弁公庁印発《関於在県処級以上領導幹部中開展〝三厳三実〟専題教育方案》」『党員幹部之友』二〇一五年第五期、二〇一五年五月、五頁。

(19) 習近平「在中央政治局〝三厳三実〟専題民主生活会上的講話（二〇一五年十二月二十八日、二十九日）」、中共中央文献研究室編『習近平総書記重要講話文章選編』（内部発行）党建読物出版社・中央文献出版社、二〇一六年、三二八頁。

(20) 中国当局の意図する政治教育、思想宣伝の観点から、近年の政治局生活会の成果を論じた代表的研究として、陳小林の一連の研究がある。陳小林「論中央政治局二〇一九年専題民主生活会的重大成果」『中国井崗山幹部学院学報』第一三巻第二期、二〇二〇年三月、九二―九八頁。

陳小林「論中央政治局二〇二〇年民主生活会的重大成果」『井崗山大学学報（社会科学版）』第四二巻第五期、二〇二一年九月、四〇—四八頁。陳小林「中央政治局二〇二一年専題民主生活会成果研究」『井崗山大学学報（社会科学版）』第四三巻第三期、二〇二二年五月、五三—六二頁。

(21) 習近平「牢固樹立〝四個意識〟、維護党中央権威（二〇一六年十二月二十六日、二十七日）」、中共中央党史和文献研究室、中央〝不忘初心、牢記使命〟主題教育領導小組弁公室編『習近平関於〝不忘初心、牢記使命〟重要選編』（内部発行）党建読物出版社・中央文献出版社、二〇一九年、二七二—二七五頁。鄭新華は、二〇一六年の政治局生活会の概要を紹介している（鄭新華「中央政治局民主生活会怎麼開？」『党的生活（黒龍江）』二〇一七年第一期、二〇一七年一月、一二—一四頁）。

(22) 前掲、習「在中央政治局〝三厳三実〟専題民主生活会上的講話」三三七—三五七頁。

(23) 習近平「在中央軍委〝三厳三実〟専題民主生活会上的講話（節選）（二〇一六年一月二十七日）」、中央軍委政治工作部『習近平論強軍興軍』（軍内発行）解放軍出版社、二〇一七年、四一一—四二四頁。習近平「在中央軍委民主生活会上的講話（節選）（二〇一七年二月四日）」、同五四四—五六三頁。

(24) 前掲、習「在中央政治局〝三厳三実〟専題民主生活会上的講話」三二七—三二八頁。

(25) 同右、三五三頁。

(26) 峯村健司『十三億分の一の男——中国皇帝を巡る人類最大の権力闘争』小学館、二〇一五年、第八章。加藤隆則『習近平暗殺計画——スクープはなぜ潰されたか』文藝春秋、二〇一六年、第三章。

(27) Alfred Chan, *Xi Jinping: Political Carrer, Governance, and Leadership, 1953-2018*, New York: Oxford University Press, 2022, pp. 442-443; Wendy Wu and Choi Chi-yuk, "Coup plotters foiled: Xi Jinping fended off threat to 'save Communist Party'," *South China Morning Post*, 19 October 2017 (https://www.scmp.com/news/china/policies-politics/article/2116176/coup-plotters-foiled-xi-jinping-fended-threat-save); "Top Chinese officials 'plotted to overthrow Xi Jinping'," BBC News, 20 October 2017 (https://www.bbc.com/news/world-asia-china-41691917). いずれも二〇二四年七月三十一日閲覧。

(28) 古谷浩一「革命歌をもう一度　毛沢東時代懐古のキャンペーン、中国・重慶で」『朝日新聞』二〇一一年一月六日。Willy Wo-Lap Lam, "Xi Jinping's Chongqing Tour: Gang of Princelings Gains Clout," *China Brief*, vol. 10, issue 25, 17 December 2010, p. 3.

(29) 前掲、習「在中央政治局〝三厳三実〟専題民主生活会上的講話」三四二―三四三頁。
(30) 同右、三四三頁。
(31) 同右、三四四頁。
(32) 同右、三四六頁。
(33) 同右、三四五頁。
(34) 毛沢東「中国共産党第七次全国代表大会的工作方針（一九四五年四月二十一日）」、中共中央文献研究室編『毛沢東文集　第三巻』人民出版社、一九九六年、二九七―二九八頁。
(35) 習近平「在全国党校工作会議上的講話（二〇一五年十二月十一日）」、中共中央宣伝部編『習近平論党的宣伝思想工作』（内部発行）、人民出版社、二〇一九年、五二頁。習近平『論党的宣伝思想工作』中央文献出版社、二〇二〇年、一五〇―一五一頁にも所収。
(36) 本報評論員「敢於叫響　向我看斉――三談認真学習貫徹習総書記在中央政治局専題民主生活会上重要講話精神」『解放軍報』二〇一六年一月三日。
(37) 前掲、習「在中央軍委〝三厳三実〟専題民主生活会上的講話（節選）」四一六頁。
(38) 前掲、習「在中央軍委民主生活会上的講話（節選）」五五五頁。
(39) 前掲、習「在中央軍委〝三厳三実〟専題民主生活会上的講話（節選）」四一八頁。
(40) 前掲、習「在中央軍委民主生活会上的講話（節選）」五五一頁。
(41) 習近平「認真貫徹民主集中制原則　切実発揮〝一把手〟的班長作用（二〇〇三年十一月）」、中共浙江省紀律検査委員会、浙江省監察庁編『浙江省構建懲治和預防腐敗体系工作文集（理論与実践篇）』（内部発行）浙江人民出版社、二〇〇七年、一六頁。
(42) 前掲、習「在中央軍委民主生活会上的講話（節選）」五五〇頁。
(43) 同右、五五三頁。鄧小平「関於修改党的章程的報告（一九五六年九月十六日）」、鄧小平『鄧小平文選　第一巻』（第二版）人民出版社、一九九四年、二三四頁。本書、第五章の関連記述も参照のこと。
(44) 前掲、習「在中央軍委民主生活会上的講話（節選）」五五三頁。
(45) 江沢民「我的心永遠同人民軍隊在一起（二〇〇四年九月二十日）」、江沢民『江沢民文選　第三巻』人民出版社、二〇〇六年、六〇四頁。
(46) 前掲、呉『権力の劇場』四四〇頁。
(47) 習近平「加強党的政治建設（二〇一八年六月二十九日）」、前掲、中共中央党史和文献研究室、中央〝不忘初心、牢記使命〟主題教育領導小組弁公室編『習近平関於〝不忘初心、牢記使命〟重要選編』三五六―三五七頁。

(48) 習近平「在全国組織工作会議上的講話（二〇一八年七月三日）」『当代党員』二〇一八年第一九期、二〇一八年十月、七頁。

(49) 安倍晋三『安倍晋三回顧録』中央公論新社、二〇二三年、一八六頁。

(50) ただし、中央軍事委員会の民主生活会は、開催の有無を明らかにしない場合も多いと思われる。本文中の表7-5に記した以外にも、軍委生活会が開かれている可能性は否定できない。

(51)「領袖」などの指導者称号について、詳しくは、本書、第五章を参照。

第八章

(1) Susan L. Shirk, "China in Xi's 'New Era': The Return to Personalistic Rule," *Journal of Democracy*, vol. 29, issue 2 (April 2018), p. 23.

(2) Steve Tsang and Olivia Cheung, *The Political Thought of Xi Jinping*, New York: Oxford University Press, 2024, p. 45.

(3) 胡鞍鋼、楊竺松『創新中国集体領導体制』中信出版集団、二〇一七年、三一―三二頁。

(4) オレーク・V・フレヴニューク著、石井規衛訳『スターリン――独裁者の新たなる伝記』白水社、二〇二一年、一一七頁。

(5)「中国共産党中央委員会工作条例」『人民日報』二〇二〇年十月十三日。

(6) Xuezhi Guo, *The Politics of the Core Leader in China: Culture, Institution, Legitimacy, and Power*, Cambridge: Cambridge University Press, 2019, p. 319.

(7) 柯隆『中国が普通の大国になる日』日本実業出版社、二〇一二年、二七頁。

(8)『朝日新聞』二〇二二年六月六日。

(9) 習近平「在中央軍委専題民主生活会上的講話（節選）（二〇一三年七月十八日）」、中央軍委政治工作部編『習近平論強軍興軍』（軍内発行）解放軍出版社、一〇五頁。

(10) 金子秀敏「第一八回中国共産党大会と習近平体制」『アジア時報』第四八二号、二〇一二年十二月号、一二頁。

(11) 中澤克二『習近平の権力闘争』日本経済新聞出版社、二〇一五年、七二―七八頁。

(12) 習近平による周永康・薄熙来事件の評価とそれを契機とする個人集権については、本書、第七章を参照。

(13) 松田康博「中国――中央政治局と中央軍事委員会」、松田康博編著『NSC国家安全保障会議――危機管理・安保政策統合メカニズムの比較研究』彩流社、二〇〇九年、二〇〇―二〇一頁。

(14) ポール・ウェブ、トーマス・ポグントケ著、中井遼訳「現代民主政治の大統領制化——証拠、原因、結果」、T. ポグントケ、P. ウェブ編、岩崎正洋監訳『民主政治はなぜ「大統領制化」するのか——現代民主主義国家の比較研究』ミネルヴァ書房、二〇一四年、四八一頁。
(15) 同右、四九五—四九九頁。
(16) 同右、四八三頁。
(17) 本段落に関する詳しい議論は、本書、第五章を参照。
(18) 本書、第七章を参照。
(19) 引用文中、〔 〕は引用者の補註、以下同じ。本段落に関する詳しい議論は、本書、第七章を参照。
(20) 第一次五カ年計画とそれへの毛沢東のかかわりに対する習近平の認識については、習近平「認真学習貫徹十六届五中全会精神　切実推動我省経済社会又快又好発展」、中共中央党校科研部、中共中央党校研究室、中共浙江省委宣伝部編『落実科学発展観与構建和諧社会——〝認真学習党的十六届五中全会精神　全面貫徹落実科学発展観〟理論研討会論文集』中共中央党校出版社、二〇〇五年、六二—六三頁、八四頁。
(21) 習近平「在中央軍委拡大会議上的講話（節選）（二〇一二年十二月二十六日）」、前掲、中央軍委政治工作部編『習近平論強軍興軍』四一頁。
(22) 毛沢東「増強党的団結、継承党的伝統（一九五六年八月三十日）」、中共中央文献研究室編『毛沢東文集　第七巻』人民出版社、一九九九年、八九頁。
(23) 習近平「増強憂患意識、防範風険挑戦要一以貫之（二〇一八年一月五日）」、中共中央党史和文献研究院、中央〝不忘初心、牢記使命〟主題教育領導小組弁公室編『習近平関於〝不忘初心、牢記使命〟重要選編』（内部発行）党建読物出版社・中央文献出版社、二〇一九年、三三〇—三三三頁。
(24) 前掲、習「在中央軍委拡大会議上的講話（節選）」四二—四三頁。
(25) 習近平「在中央軍委専題民主生活会上的講話（節選）（二〇一三年七月八日）」、前掲、中央軍委政治工作部編『習近平論強軍興軍』一〇九頁。
(26) 習近平「当前工作中需要注意的幾個問題（二〇一四年十月二十三日）」、中共中央文献研究室編『習近平総書記重要講話文章選編』（内部発行）党建読物出版社・中央文献出版社、二〇一六年、二二〇—二二一頁。
(27) 習近平「在中央軍委拡大会議上的講話（節選）（二〇一九年十二月二十四日）」、中央軍委政治工作部編『習近平論強軍興軍（三）』（軍内発行）解放軍出版社、二〇二二年、三四—三五頁。
(28) 習近平「緊緊圍繞実現党在新形勢下的強軍目標　全面加強部隊建設（二〇一三年七月二十九日）」、前掲、中央軍

委政治工作部編『習近平論強軍興軍』一三一―一三二頁。なお、同名の文章を収録した別の内部資料では、引用文中の「他のことはひとまず措くとして」で始まる軍への恫喝めいた習近平のセリフは削除されている。習近平「緊緊圍繞実現党在新形勢下的強軍目標　全面加強部隊建設（二〇一三年七月二十九日）」、中国人民解放軍総政治部編『習近平関於国防和軍隊建設重要論述選編』（軍内発行）解放軍出版社、二〇一四年、一五六―一五七頁。

(29) 習近平「進一歩関心海洋認識海洋経略海洋推動海洋強国建設不断取得新成就（二〇一三年七月三十日）」、同右、一六七頁。

(30) 習近平「牢記強軍目標　献身強軍実践（二〇一三年四月九日）」、同右、一〇八頁。同名の文章を収録した別の内部資料では、習近平が中国海軍の戦闘の様子を説明した箇所は削除されている。習近平「牢記強軍目標　献身強軍実践（二〇一三年四月九日）」、前掲、中央軍委政治工作部編『習近平論強軍興軍』八五頁。

(31) 習近平「努力建設一支聴党指揮能打勝仗作風優良的人民軍隊（二〇一三年三月十一日）」、同右、七四―七五頁。

(32) 前掲、習「当前工作中需要注意的幾個問題」二二〇頁。

(33) 習近平「在中央軍委拡大会議上的講話（節選）（二〇一六年二月二十四日）」、前掲、中央軍委政治工作部編『習近平論強軍興軍』四二九―四三〇頁。

(34) 習近平「在中央軍委拡大会議上的講話（節選）（二〇一七年二月二十日）」、同右、五六六頁。

(35) 父親に対する習近平の愛情と尊敬心は、張志功「我在習老身辺二十年（一）――習仲勲廉潔自律風貌」『紅広角』二〇一三年第五期、二〇一三年五月、四―五頁。周恩来、葉剣英、王震らと習近平の家族の交流については、以下の資料を参照。斉心口述、葉匡政記録「我与習仲勲」『招商周刊』二〇〇八年第七期、二〇〇八年三月、七四―七五頁。斉心口述、虹霓記録「我与習仲勲相伴五十八年」『決策与信息』二〇一二年第七期、二〇一二年七月、四六―四七頁。斉橋橋「俯首甘為孺子牛――紀念我最敬愛的父親習仲勲誕辰一〇〇周年」『百年潮』二〇一三年第一一期、二〇一三年十一月、五頁、八頁。中央軍事委員会在籍時期の習近平と葉剣英の交流については、本書、第四章を参照。

(36) 本書、第一章を参照。

(37) 「［一九］八〇年、山口百恵は三浦友和と結婚して、芸能界を去る。彼女にとって芸能界よりも、たしかな家族をもつことがずっと重要だったからだろう。そして『家族の時代』とも言える八〇年代が幕を開けた」（小阪修平『思想としての全共闘世代』筑摩書房、二〇〇六年、一五二頁）。『豊かな社会』が登場したあと、六〇年代までの革命から豊かな生活までの『大きな物語』は解体し、日常的な、あるいはカルト的なさまざまな『小さな物語』が流通しはじめる。人びとの行動の目標、あるいは行動を他人に説明するときの論理は、ひどく個人的なものとして語られるようになったのである」(同一六一頁)。

(38)「中国一人当たりGDP、あとわずかで『高所得国』入り」、日本貿易振興機構(ジェトロ)「ビジネス短信」二〇二二年三月十六日(https://www.jetro.go.jp/biznews/2022/03/fffd92345a0edd9.html)、二〇二三年十月十七日閲覧。以下のウェブサイトの閲覧日もすべて同じ。

(39)中央広播電視総台『CMG中央広播電視総台　美好生活指数報告　中国美好生活大調査二〇二一―二〇二二』(内部資料)奥付なし、八〇頁。

(40)二〇一九年調査の結果は、計八つの回答項目(複数回答可)のうち、回答数の多い順に、①「生活の基本的なニーズの充足」(六一・〇八パーセント)、②「子どもの養育」(五八・七七パーセント)、③「父母の扶養」(四三・七六パーセント)、④「重大な疾病や突発事態への対応」(三六・二二パーセント)、⑤「より高い質の生活の追求」(二五・二二パーセント)、⑥「自分の老後の備え」(二三・六八パーセント)、⑦「自己実現」(一八・二九パーセント)、⑧「他者への支援、社会への恩返し」(一〇・六七パーセント)であった。二〇一七年調査では、計九つの回答項目(複数回答可)のうち、回答数の多い順に、①「より高い質の生活の追求」(五三・〇パーセント)、②「生活の基本的なニーズの充足」(三九・五二パーセント)、③「自己実現」(三九・一八パーセント)、④「自分の老後の備え」(三二・六五パーセント)、⑤「父母の扶養」(三一・六三パーセント)、⑥「他者への支援、社会への恩返し」(二六・〇六パーセント)、⑦「重大な疾病や突発事態への対応」(二一・五七パーセント)、⑧「子女により多くの財産を残す」(二一・五六パーセント)、⑨「国家の富強、民族の振興」(一九・〇一パーセント)であった(二回の調査のいずれも、中国中央電視台『CCTV　中国経済生活大調査二〇一九―二〇二〇　美好生活指数報告』(内部資料)奥付なし、三八頁)。むろん調査によっては、それとは異なる見方もある。序章で言及した中国社会科学院社会学研究所の「中国社会状況総合調査」(China Social Survey, CSS)によれば、二〇一五年と二〇一七年の調査結果では、「社会の利益よりも個人の利益がより重要」と答えた者は、回答者の約四割にとどまった(崔岩「新時代中国社会発展質量調査報告」、李培林、陳光金、張翼主編『二〇一八年中国社会形勢分析与預測』社会科学出版社、二〇一八年、一三七頁)。ただし、CSSに比べると、CCTV・CMGの調査のほうが、より具体的で実際の生活に即した質問の仕方となっている。

(41) 習近平「在慶祝中国共産党成立百周年大会上的講話（二〇二一年七月一日）」『人民日報』二〇二一年七月二日。

(42) 習近平「扎実推動共同富裕」『中国共産党新聞網』二〇二一年十月十五日（原載『求是』二〇二一年第二〇期）(http://jhsjk.people.cn/article/32255147)。

(43) 任莉頴「中国居民対当前主要社会問題関注度的研究報告」、李培林、陳光金、王春光主編『二〇二〇年中国社会形勢分析与預測』社会科学出版社、二〇二〇年、一九九―二〇〇頁。

(44) 劉保中、郭亜平「中国大学卒業生工作、生活与心理状況調査報告――基於〝中国大学生追踪調査〟（PSCUS）数据的分析」、李培林、陳光金、王春光主編『二〇二二年中国社会形勢分析与預測』社会科学出版社、二〇二二年、二四四―二四五頁。

(45) 『日本経済新聞』二〇二一年十二月二日。

(46) 『日本経済新聞』二〇二一年十月二十四日。

(47) 「中共中央関於全面深化改革若干重大問題的決定（二〇一三年十一月十二日）」、中共中央文献研究室編『十八大以来重要文献選編（上）』中央文献出版社、二〇一四年、五二二頁。

(48) 江沢民「高挙鄧小平理論偉大旗幟、把建設有中国特色社会主義事業全面推向二十一世紀（一九九七年九月十二日）」、中共中央文献研究室編『十五大以来重要文献選編（上）』人民出版社、二〇〇〇年、二四頁。

(49) 『人民日報』二〇二三年十月二十五日。

(50) 前掲、中央広播電視総台『中国美好生活大調査二〇二一―二〇二二』一二〇頁。人口数と経済規模をはじめ、政治、行政、文化、社会インフラなど、都市機能の発展レベルを総合的に勘案して区分される「一線都市」、「二線都市」、「三線都市」の区分でみた場合、一線都市の一人当たりの養育費用は三万元を超えている（同前）。

(51) 習近平「培養徳智体美労全面発展的社会主義建設者和接班人（二〇一八年九月十日）」、習近平『論党的宣伝思想工作』中央文献出版社、二〇二〇年、三四三頁。本文中次の引用も、同三四四頁。

(52) 「習近平チルドレン」、すなわち革命後継者、「革命接班人」の育成に対する習近平の思い入れについては、本書、第六章を参照。

(53) 本文と同趣旨の主張を筆者が初めて記したのは、二〇二二年二月に発表した論文であった（鈴木隆「〈中華民族の父〉を目指す習近平――重点政策と指導スタイルの変化にみる政治発展のゆくえ」『国際問題』第七〇五号、二〇二二年二月、六―一八頁）。本章はこの論考の内容を下敷きとしている。同じ時期、英文著書を公刊したラッド（Kevin Rudd）も、中国の若者たちの生活、行動様式に不満を抱く習近平が、近年では、「家父長的な道徳観と儒教とレーニン主義」の総動員による「愛国主義的男らしさ」の回復に努めていることを指摘した（ケビン・ラッド著、藤原朝子訳『避けられる戦争――米中危機が招く破滅的な未来』東京堂出版、二〇二四年、一四八頁）。

(54) 前掲、習「培養徳智体美労全面発展的社会主義建設者和接班人」、三四九頁。

(55) 文秀「習仲勲的家風」『学習時報』二〇二一年十月十五日。

(56) 鄧小平「答美国記者邁克・華莱士問（一九八六年九月二日）」、鄧小平『鄧小平文選　第三巻』人民出版社、一九九三年、一七五頁。

(57) 習近平の後継者問題については、本書終章を参照。

(58) 同様の名称変更の前例は、ほかならぬ「鄧小平理論」である。それは、登場当初の一九九二年の一四回党大会では、「中国の特色ある社会主義建設に関する鄧小平同志の理論」と呼ばれていたが、鄧の死後に開かれた一九九七年の一五回大会で、「鄧小平理論」に短縮された。江沢民「加快改革開放和現代化建設歩伐　奪取有中国特色社会主義事業的更大勝利――在中国共産党第十四次全国代表大会上的報告（一九九二年十月十二日）」、中共中央文献研究室編『十四大以来重要文献選編（上）』人民出版社、一九九六年、一頁。前掲、江「高挙鄧小平理論偉大旗幟、把建設有中国特色社会主義事業全面推向二十一世紀」一頁。

(59) 一九五六年九月の八期一中全会で選出された指導部は、中央委員会主席（毛沢東）、中央委員会副主席（劉少奇、周恩来、朱徳、陳雲）、中央書記処総書記（鄧小平）で、中央政治局常務委員もこの六名であった。姜華宣、張蔚萍、肖甡編『中国共産党重要会議紀事（一九二一―二〇〇六）（増訂本）』中央文献出版社、二〇〇六年、二六〇頁。

(60) 本書、第一章を参照。

(61) 本書、第一章を参照。

(62) 中国における介護保険制度の試験的取り組みについては、包敏「中国版介護保険制度構築の政策課題――パイロット運用の実態からみる制度設計の重要性」『東京医科歯科大学教養部研究紀要』第五四号、二〇二四年三月、一五―二八頁。

(63) 「医療」が最多となった理由として、調査実施時点でのコロナ禍の影響が指摘されている。こうした特殊な事情を踏まえると、介護問題への関心の高さがいっそう理解できよう（前掲、中央広播電視総台『中国美好生活大調査二〇二一―二〇二二』一一五頁、一三二頁）。

(64) 張麗萍、王広州「二〇二一年中国城郷居民生育意願和生育行為調査報告」、李培林、陳光金、王春光主編『二〇二二年中国社会形勢分析与予測』社会科学出版社、二〇二二年、二六五—二六六頁。

(65) 前掲、中央広播電視総台『中国美好生活大調査二〇二一—二〇二二』一六五頁。

(66) 同右、一六六頁。なお、子どもの有無と幸福感情については、女性の年齢がさらに高くなるにつれて相関関係が明らかとなる。「三六～五九歳」の年齢層では、子ども「あり」が「なし」を若干上回る（あり四九・五七パーセント、なし四七・四八パーセント）。「六〇歳以上」では、「あり」の五六・六〇パーセントに対し、「なし」は四四・三三パーセントで、一二ポイント以上も差がつく。これは、高齢者の抱く孤独感や寂寥の気持ちに対する子や孫の存在感の大きさ、心理的慰めの役割が大きいことを示している（同前）。

(67) 習近平「在紀念辛亥革命百十周年大会上的講話（二〇二一年十月九日）」『人民日報』二〇二一年十月十日。台湾問題に関する習近平の政治論については、本書、第九章を参照。

(68) 鄧小平「結束過去、開辟未来（一九八九年五月十六日）」、前掲、鄧『鄧小平文選　第三巻』二九五頁。

(69) 人口に膾炙する真偽不明のエピソードとして、二〇〇七年八月の北戴河会議の席上、江沢民が述べたとされる次の言葉が、習近平をして胡錦濤の後継候補に選ばれることに大きく貢献したという。江沢民いわく、「接班人（後継者）を選ぶとき、先輩たちが残してくれたこの赤い政権の色を変えない人が絶対条件だ。ソ連のゴルバチョフと台湾の李登輝の例を忘れてはいけない。私は習近平を推薦する。彼なら自分の父親の墓を暴くようなことはしないだろう」（矢板明夫『習近平　共産中国最弱の帝王』文藝春秋、二〇一二年、六三頁）。この発言の意図するところは、「江沢民はゴルバチョフと李登輝が進めた政治改革の結果、長年の独裁が続いたソ連共産党と台湾の国民党が政権を失ったことを例に、〔ポスト胡錦濤の有力候補であった〕李克強が後継者になることへの不安を口にした。中国の伝統的な価値観から『子供が自分の父親を否定しないこと』を強調し、習近平を推薦した」（同六四頁）。

(70) 習近平の心身の健康と権力継承の問題については、本書の終章でふたたび論じる。

第九章

(1) 押切智義、清水摩椰「前米軍司令官、台湾有事『二七年までに』現実味」『日本経済新聞』デジタル版、二〇二三年一月五日（https://www.nikkei.com/article/DGXZQOCB20CO20Q3A120C2000000/）、二〇二三年九月二十三日閲覧。以下のウェブサイトの閲覧日もすべて同じ。「岸田総理大臣対面インタビュー二〇二三年一月十一日付ワシントン・ポスト紙（米国）『日本の首相は、今日のウクライナは明日のアジアになりうると警告』」『日本国外務省』ウェブサイト、二〇二三年一月二十四日（https://www.mofa.go.jp/mofaj/p_pd/ip/page6_000560_00027.html）。岸田文雄「G7広島サミット『法の支配』に基づく国際秩序を守り抜く」『外交』第七八号、二〇二三年三・四月号、二〇二三年三月、六頁。

（2）王信賢「鑲嵌在中国両個大局的両岸関係——習近平時期中共対台政策解析」、呉玉山、寇健文、王信賢主編『一個人或一個時代　習近平執政十周年的検視』五南図書出版（台湾）、二〇二二年、三五六頁。ほかに、習近平政権の台湾政策を概観したものとして、柳金財「『二十大』後中共対台政策——持続与変遷」、陳徳昇主編『中共『二十大』政治菁英甄補』INK印刻文学生活雑誌出版（台湾）、二〇二四年、二七一—二九三頁。

（3）これら著作物の多くは、中国共産党の関係機関のウェブサイトで公開されており、オンラインでの閲読も可能である（https://www.dswxyjy.org.cn/GB/427196/423771/428227/index1.html; https://www.xuexi.cn/xxqg.html?id=13er4dra67f13er4dra67f13er4dra67）。

（4）本章のもととなった筆者の既発表論文の執筆にあたり、小笠原欣幸氏（東京外国語大学名誉教授）と松本充豊氏（京都女子大学教授）には、公開資料の収集の面で多大なる協力を賜った。小笠原氏には台湾側要人と会談した際の習近平の発言要領を、松本氏には台湾発行の新聞記事をそれぞれご提供いただいた。特記して深謝する。

（5）江沢民と胡錦濤の台湾政策の基本方針は、それぞれ一九九五年一月と二〇〇八年十二月に提出された「江八点」と「胡六点」である。台湾白書は、現在（二〇二四年十月時点）までに、江沢民、胡錦濤、習近平の各時期にそれぞれ一回、計三回発表されている。それらの正式名称と発表年月は、「台湾問題と中国の統一」（一九九三年八月）、「一つの中国原則と台湾問題」（二〇〇〇年二月）、「台湾問題と新時代の中国の統一事業」（二〇二二年八月）である。習近平政権の台湾白書は、前回以来二〇年以上ぶりに発表された。

（6）「習近平総書記会見連戦一行」『中国共産党新聞網』二〇一三年二月二十五日（http://cpc.people.com.cn/n/2013/0225/c64094-20594087.html）。習近平「在紀念辛亥革命百十周年大会上的講話（二〇二一年十月九日）」『新華網』二〇二一年十月九日（http://www.xinhuanet.com/politics/leaders/2021-10/09/c_1127941568.htm?eqid=abede1f30013464b0000000664354d47）。

（7）習近平「為実現民族偉大復興　推進祖国和平統一而共同奮闘（二〇一九年一月二日）」、中共中央党史和文献研究院編『十九大以来重要文献選編（上）』中央文献出版社、二〇一九年、七四四頁。

（8）中華人民共和国国務院台湾事務弁公室、国務院新聞弁公室「台湾問題与新時代中国統一事業（二〇二二年八月）」二〇二二年八月十日（https://www.gov.cn/xinwen/2022-08/10/content_5704839.htm）。以下の註では、「台湾問題与新時代中国統一事業」と略記。

（9）同右。

（10）習近平「共圓中華民族偉大復興的中国夢（二〇一四年二月十八日）」、中共中央文献研究院編『十八大以来重要文献選編（上）』中央文献出版社、二〇一四年、七七五頁。

（11）小笠原欣幸「習近平の台湾認識――統一促進政策の行き詰まりの背景を探る」、アジア政経学会春季大会「習近平政権十年の対台湾政策」研究報告論文、二〇二二年六月、八頁（http://www.tufs.ac.jp/ts/personal/ogasawara/analysis/xijinping's_understanding_of_taiwan.pdf）。

（12）「中共中央総書記会見中国国民党栄誉主席呉伯雄」『新華網』二〇一三年六月十三日（http://www.xinhuanet.com/politics/2013-06/13/c_116137343.htm）。「習近平同馬英九会面」『中国政府網』二〇一五年十一月七日（https://www.gov.cn/xinwen/2015-11/07/content_2962394.htm?gov）。習近平「在紀念孫中山先生誕辰百五十周年大会上的講話（二〇一六年十一月十一日）」『新華網』二〇一六年十一月十一日（http://www.xinhuanet.com//politics/2016-11/11/c_1119897047.htm）。

（13）「習近平総書記会見台湾和平統一団体聯合参訪団」『新華網』二〇一四年九月二十六日（http://www.xinhuanet.com/politics/2014-09/26/c_1112641354.htm?_sm_au_=ijhsmr5ft0j62355）。「習近平総書記会見中国国民党主席朱立倫」『中国政府網』二〇一五年五月十四日（https://www.gov.cn/xinwen/2015-05/04/content_2856616.htm）。

（14）習近平「決勝全面建成小康社会、奪取新時代中国特色社会主義偉大勝利（二〇一七年十月十八日）」、前掲、中共中央党史和文献研究院編『十九大以来重要文献選編（上）』四〇頁。習近平「高挙中国特色社会主義偉大旗幟　為全面建設社会主義現代化国家而奮闘――在中国共産党第二十全国代表大会上的報告（二〇二二年十月十六日）」『新華網』二〇二二年十月二十五日（https://baijiahao.baidu.com/s?id=1747666968337407608&wfr=spider&for=pc）。

（15）前掲、習「為実現民族偉大復興　推進祖国和平統一而共同奮闘」七四三頁。前掲「習近平総書記会見連戦一行」。

（16）習近平の父親主義的リーダーシップについては、本書、第八章を参照。

（17）孫文著、山口一郎訳「三民主義」、伊地智善継、山口一郎監修『孫文選集　第一巻』社会思想社、一九八五年、二一頁。秦孝儀主編、国父全集編輯委員会編『国父全集第一冊』近代中国出版社（台湾）、一九八九年、四頁。

(18)「習近平強調――堅持両岸関係和平発展道路　促進挙動発展造福両岸同胞」『中国政府網』二〇一五年三月四日（https://www.gov.cn/govweb/xinwen/2015-03/04/content_2826174.htm）。

(19) 松本充豊「エコノミック・ステイトクラフトとしての『恵台政策』――『海峡両岸青年就業創業基地』の事例の一考察」『問題と研究（日本語版）』（国立政治大学、台湾）第五二巻二号、二〇二三年六月、九一頁。

(20) 陳欽進「習近平対台湾政策――兼論一国両制台湾方案」国立金門大学国際暨大陸事務系、碩士論文、二〇二二年七月、九一頁。本文、次の引用も同じ。

(21) 前掲「台湾問題与新時代中国統一事業」。

(22) 前掲「習近平強調――堅持両岸関係和平発展道路　促進挙動発展造福両岸同胞」。

(23) 恵台政策の変遷については、川上桃子「習近平政権の経済を通じた台湾統一政策――行きづまりの背景」、アジア政経学会春季大会「習近平政権十年の対台湾政策」研究報告論文、二〇二二年六月、二―四頁。

(24) 前掲、陳「習近平対台湾政策」五三―五七頁、六〇頁。

(25) 前掲「台湾問題与新時代中国統一事業」。

(26)「習近平参加福建代表団審議」『中国人民政治協商会議全国委員会』ウェブサイト、二〇一九年三月十一日（http://www.cppcc.gov.cn/zxww/2019/03/11/ARTI155226264388103.shtml?from=groupmessage）。

(27)「習近平在福建考察時強調　在服務和融入新発展格局上展現更大作為　奮力譜写全面建設社会主義現代化国家福建篇章」『新華網』二〇二一年三月二十五日（https://baijiahao.baidu.com/s?id=1695214047027481385&wfr=spider&for=pc）。

(28)「中共中央国務院関於支持福建探索海峡両岸融合発展新路　建設両岸融合発展示範区的意見」『新華網』二〇二三年九月十二日（http://www.news.cn/tw/2023-09/12/c_1129859215.htm）。

(29) 前掲、陳「習近平対台湾政策」四二―四三頁。

(30) 前掲、習「為実現民族偉大復興　推進祖国和平統一而共同奮闘」。

(31) 前掲「台湾問題与新時代中国統一事業」。

(32) 鄧小平「中国大陸和台湾和平統一的設想（一九八三年六月二十六日）」、鄧小平『鄧小平文選　第三巻』人民出版社、一九九三年、三〇頁。江沢民「解決台湾問題的原則和立場（一九九八年六月二十七日）」、江沢民『江沢民文選　第二巻』人民出版社、二〇〇六年、一五三頁。

(33) 前掲「習近平同馬英九会面」。引用文中、〔　〕は引用者の補註、以下同じ。

（34）習近平の政治認識における台湾問題の政治的優先順位については、本書、終章を参照のこと。

（35）習近平「在中央軍委拡大会議上的講話（節選）（二〇一三年十二月二十七日）」、中央軍委政治工作部編『習近平論強軍興軍』（軍内発行）解放軍出版社、二〇一七年、一九一頁。以下の註では、初出時を除き、同名シリーズの各巻はすべて、『習近平論強軍興軍』の形式で略記。

（36）習近平「努力建設全面過硬戦略預備力量（二〇一三年十一月二十八日）」、同右、一六七―一六八頁。

（37）習近平「以改革創新精神開拓国防和軍隊建設新局面　為実現党在新形勢下的強軍目標而努力奮闘（二〇一四年三月十一日）」、同右、二〇六頁。

（38）習近平「在中央軍委拡大会議上的講話（節選）（二〇一七年二月二十日）」、同右、五七一頁。

（39）習近平「在中央軍委拡大会議上的講話（節選）（二〇二〇年十二月二十一日）」、中央軍委政治工作部編『習近平論強軍興軍（三）』（軍内発行）解放軍出版社、二〇二二年、一一八頁。

（40）習近平「在常態化疫情防控前提下扎実推進軍隊各項工作、堅実実現国防和軍隊建設二〇二〇目標任務（二〇二〇年五月二十六日）」、同右、四七頁。

（41）習近平「当前工作中需要注意的幾個問題（二〇一四年十月二十三日）」、中共中央文献研究室編『習近平総書記重要講話文章選編』（内部発行）党建読物出版社・中央文献出版社、二〇一六年、二二〇―二二一頁。

（42）習近平「在新的起点上全面加強駐香港部隊工作（二〇一七年六月三十日）」、中央軍委政治工作部編『習近平論強軍興軍（二）』（軍内発行）解放軍出版社、二〇一九年、二八頁。

（43）習近平「在中央軍委拡大会議上的講話（節選）（二〇一九年十二月二十四日）」『習近平論強軍興軍（三）』三四―三五頁。

（44）前掲、習「在新的起点上全面加強駐香港部隊工作」二九頁。鄧小平の言葉については、鄧小平「保持香港的繁栄和穏定（一九八四年十月三日）」、前掲、鄧『鄧小平文選第三巻』七五頁。

（45）「習近平――建設海洋強国、我一直有這様一個信念」『新華網』二〇一八年六月十二日（https://baijiahao.baidu.com/s?id=1603082280433804687&wfr=spider&for=pc）。

（46）習近平「必須把国防科技創新擺在更加突出的位置（二〇一八年七月九日）」『習近平論強軍興軍（二）』一六四頁。

（47）習近平「努力建設一支強大的現代化海軍（二〇一七年五月二十四日）」、同右、九頁。本項以下の引用も、同一〇―一一頁。

（48）前掲「習近平総書記会見連戦一行」。前掲「中共中央総書記会見中国国民党栄誉主席呉伯雄」。前掲「習近平総書記会見中国国民党主席朱立倫」。前掲「習近平同馬英九会面」。「習近平総書記会見蕭万長一行」『共産党員網』二〇一三年十月六日（https://news.12371.cn/2013/10/06/VIDE1381059306556519.shtml）。「習近平総書記会見宋楚瑜一行」『共産党員網』二〇一四年五月七日（https://news.12371.cn/2014/05/07/VIDE1399461002550728.shtml）。「習近平総書記会見中国国民党主席洪秀柱」『新華網』二〇一六年十一月一日（http://www.xinhuanet.com//politics/2016-11/01/c_1119830924.htm）。

(49) こうした幹部人事の意味については、本書、終章も参照。

(50) 一九九一年三月の党中央台湾工作弁公室（中台弁）成立以降、中台弁と国台弁は、同一実態でありながら、党と政府の組織系統で異なる名称を使い分けるようになっている。

(51) 筆者は、二〇二三年七月に開かれた日本経済団体連合会の公開シンポジウムでの研究報告で、この見方を説明した（鈴木隆「講演一　経営学的知見と『内部資料』に基づく習近平のリーダーシップ試論」、一般社団法人日本経済団体連合会二一世紀政策研究所編『中国シンポジウム「強国」建設に向けた中国の戦略』二〇二三年十一月、二一―二三頁）。最近では、『サウス・チャイナ・モーニング・ポスト』紙にも同様の見解が掲載された。Vanessa Cai, "Signs of Chinese President Xi Jinping Delegating More to Hand-Picked Deputies at Start of Third Term," *South China Morning Post*, 21 August 2023 (https://www.scmp.com/news/china/politics/article/3231699/signs-chinese-president-xi-jinping-delegating-more-hand-picked-deputies-start-third-term). Accessed 23 September 2023.

(52) 習近平のリーダーシップにおけるそうした特徴については、本書、終章も参照。

(53) とくに断りのない限り、本節以下の中台関係に関する記述は、松田康博「中国の対台湾政策と台湾総統選挙――一九九六～二〇二〇年」『日本台湾学会報』第二三号、二〇二一年六月、五三―七〇頁による。

(54) 福建省時代の習近平については、本書、第四章も参照のこと。

(55) 「新華社授権公告　中国人民解放軍将向東海公海上進行導弾発射訓練」『福州晩報』一九九五年七月十九日。「交通部通告　中国人民解放軍将在東海海域和海域上空進行導弾火炮実弾演習」、同一九九五年八月十一日。「新華社公告　中国人民解放軍将在東海和南海進行海空実弾演習」、同一九九六年三月十日。「新華社公告　中国人民解放軍将在台湾海峡進行陸海空聯合演習」、同一九九六年三月十六日。

(56) 「我軍在台湾海峡成功挙行三軍聯合作戦演習」『福州晩

報』一九九六年三月二十六日。

(57) 中共福州市委弁公庁綜合処「中共福州市委大事記（一九九五年五月〜七月）」『福州党史通訊』（内部発行）一九九七年第三期、一九九七年九月、三六頁。

(58) 中共福州市委弁公庁綜合処「中共福州市委大事記（一九九五年八月〜九月）」、同右、一九九七年第四期、一九九七年十二月、三三頁。「市領導会見陳雲林一行」『福州晩報』一九九五年八月八日。

(59) 「国台弁常務副主任陳雲林在福州強調　両岸経貿合作交流不受政治分岐影響」、同右。

(60) 福州市人民代表大会常務委員会弁公庁編『福州市人民代表大会及其常務委員会三〇年（一九七九〜二〇〇九）』（内部資料）、（榕）新出（二〇〇九）内書第〇五九号、人民日報社福州印務中心、二〇〇九年、一四四頁。

(61) 《福建精神文明建設概観》編輯委員会編『福建精神文明建設概観』福建美術出版社、一九九八年、二一三頁、二二二頁。

(62) 「習近平免兼福州市委書記　將由趙学敏接任」『工商時報』（台湾）一九九六年四月三日。習近平が福州市党委員会書記の任を正式に免じられて、福建省党委員会専従副書記になったのは一九九六年三月二十九日である。中共福建省委弁公庁編『中共福建省委大事記（一九九一―二〇〇〇）』（内部資料）、（閩）新出（二〇〇三）内書第二三八号、中共福建省委弁公庁文印中心、二〇〇三年、二九八頁。

(63) 当時の福建社会の緊迫した雰囲気については、例えば、「福建政協対台工作開倒車」『工商時報』（台湾）一九九六年四月三日。

(64) 前掲、中共福建省委弁公庁編『中共福建省委大事記（一九九一―二〇〇〇）』三四二頁。

(65) 同右、五三六頁。

(66) 「習近平將任福建省長」『工商時報』（台湾）一九九九年八月六日。

(67) 「福建省人大通過　習近平代理省長」、同一九九九年八月十日。

(68) 「福建省代省長習近平　台商権益　不受両岸政治紛岐影響」、同一九九九年十月二十五日。

(69) 前掲、中共福建省委弁公庁編『中共福建省委大事記（一九九一―二〇〇〇）』五二八頁。

(70) 「中共中央政治局常委国家副主席胡錦濤在福建考察」、《福建年鑑》編纂委員会編撰『福建年鑑（二〇〇〇）』福建人民出版社、二〇〇〇年、四頁（原載『福建日報』）。前任省長の異動の事実が明らかにされた一九九九年六月十一日から、習近平が省長代理に任命された同年八月九日までの間、胡錦濤は、福建省を訪れた唯一の中央政治局委員以上の人物であった（「一九九九年全省大事記」、同四三五―四三六頁)。

(71) 前掲、中共福建省委弁公庁編『中共福建省委大事記(一九九一―二〇〇〇)』五九八頁、六〇六頁。

(72) 鄢行龍、尤華、郭生教「支持国防建設就是支持経済発展――記福建予備役高炮師第一政委、福建省省長習近平」『国防』二〇〇一年第三期、二〇〇一年三月、三七頁。

(73) 「福建官員積極安撫台商」『工商時報』(台湾)一九九九年八月十三日。「福建省代省長習近平　台商権益　不受両岸政治紛岐影響」、同一九九九年十月二十五日。呂青「習近平代省長在台商代表座談会上一再重申、不論両岸関係発生什麼状況　政府都將確実依法維護台商的一切正当権益」、『特刊　福州市台胞投資企業協会　第三届会員大会暨紀念台湾九・二一地震』福州市台胞投資企業協会、一九九九年第二期、刊行年月記載なし、九頁。

(74) 習近平「在省委六届十次全会上的講話(一九九九年九月二日)」、中共福建省委弁公庁編『中国共産党福建省第六届委員会歴次全会文件匯編』(内部資料)、(閩)新出(二〇〇一)内書第八八号、二〇〇一年、五六四頁。習近平「加強両岸交流　促進祖国統一」『国防』二〇〇〇年第三期、二〇〇〇年三月、一〇頁。「福建省長習近平　両岸不三通　台湾民衆受害最大」『工商時報』(台湾)二〇〇〇年九月十一日。

(75) 「習近平出任浙江省代省長」『工商時報』(台湾)二〇〇二年十月十四日。

(76) 「中共福建省委副書記習近平表示　要進一歩発展閩台経貿合作」『工商時報』(台湾)一九九七年四月十三日。前掲「福建省長習近平　両岸不三通　台湾民衆受害最大」。

(77) 「第三届世界福州十邑同郷大会隆重開幕」『福州晩報』一九九四年十月三十日。「第三届世界福州十邑同郷大会勝利閉幕」、同一九九四年十月三十一日。

(78) 「'94中国福州国際招商月隆重開幕」『福州晩報』一九九四年十月五日。「'95中国福州国際招商月隆重開幕」、同一九九五年四月九日。福州国際招商月組委会、福州市人民政府経済研究中心編『福州国際招月文集』(内部資料)出版社不明、一九九五年十月。中共福州市委員会、福州市人民政府『宏偉的戦略　跨越的足跡――福州市〝三八二〇〟工程二十周年成就』出版社不明、二〇一二年十月、七四―七五頁。

(79) 「敞開胸懐迎郷親」『福州晩報』一九九四年十月三十日。当該の書籍は、習近平主編『世界福州十邑郷人創業史』香港経済導報社、一九九四年。

(80) 第三届世界福州十邑同郷大会会刊編輯委員会編『第三届世界福州十邑同郷大会』福建省青葵広告公司制作、一九九四年十月、一六頁。

(81) 習近平「閩東南開放開発大思路」『人民論壇』一九九六年三月号、一九頁。

(82) 前掲、習「加強両岸交流　促進祖国統一」一〇頁。厳華、張海昌「争創新優勢　更上一層楼――訪福建省長習近平」『台声雑誌』二〇〇〇年第七期、二〇〇〇年七月、一二―一三頁。梁宝華「習近平擬将全省建成台商投資優恵特区」『工商時報』(台湾)一九九九年十月二十五日。

(83) 「習近平　福建将成立閩東南経済区」『工商時報』(台湾)一九九九年九月九日。

(84) 「習近平擬将全省建成台商投資優恵特区」『工商時報』(台湾)一九九九年十月二十五日。

(85) 平潭綜合実験区党史方志研究中心「平潭改革開放四十年大事記」、中共福建省委党史研究室編『変革福建――《福建党史月刊》一九八二―二〇一八　精選』奥付なし、四五四頁。

(86) 同右、四五六頁。

(87) 本書、第四章を参照。

(88) 習近平「前言(一九九一年五月十七日)」、《今日福州》編委会編『今日福州』生活・読書・新知三聯書店上海分店、一九九一年、頁数記載なし。習近平「《今日福州》前言」『福州晩報』一九九一年五月二十二日。

(89) 厳復は福建省福州生まれ。左宗棠が福州で創設した船政学堂に一八六七年に入学し、一八七一年に同校を首席で卒業した。一八七四年の日本の台湾出兵後、台湾で港の測量や軍事情勢の調査を担当し、一八七七年には中国初の留学生としてイギリスのグリニッジ海軍大学に留学した。イギリス滞在中、J・S・ミル、T・ハクスリー、モンテスキューらの著作を読み、西洋思想を学んだ。一八七九年の帰国後、船政学堂の教員となり、一八八〇年には李鴻章が天津に設立した北洋水師学堂の教員職に就き、のち同校校長も務めた。日清戦争後、西洋思想の翻訳書を次々に発表し、欧米の学問と科学を学ぶことで清朝の救国自強を提唱した。訳書として、Huxley, *Evolution and Ethics*(『天演論』)、Mill, *On Liberty*(『群己権界論』)、Adam Smith, *Wealth of Nations*(『原富』)、Herbert Spencer, *Study of Sociology*(『群学肄言』)などがある。一九〇〇年代以降は、主に教育界に転じ、現在の復旦大学の前身である復旦公学の校長や北京大学の初代校長などを歴任した(児野道子「厳復」、近代中国人名辞典修訂版編集委員会編『近代中国人名辞典』霞山会、二〇一八年、七一八頁など)。

(90) 最近では中国でも、厳復と習近平とのかかわりに関心が寄せられるようになっている。ただし中国側の論考では、その台湾工作の意義について言及されることはない。例えば、王嵐峰「習近平同志論厳復精神」『紀念厳復誕辰一七〇周年〝厳復思想与中国式現代化〟学術研討会　論文匯編』政協福建省委員会、奥付なし、二〇一四年一月、三―一五頁。

(91)前掲、《福建精神文明建設概観》編輯委員会編『福建精神文明建設概観』七五頁。

(92)林天柱「求之初地而後得其真——紀念大会、学術研討会小結(二〇〇一年十一月十日)」、福建省厳復学術研究会『厳復逝世八十周年紀念活動専輯』(限定配布資料)二〇〇一年、奥付なし、二七頁。

(93)会見時の様子を撮影した写真が、書籍に収められている。福建省厳復学術研究会、福州市厳復研究会編『厳復与中国近代化学術研討会論文集』海峡文芸出版社、一九九八年五月、頁数記載なし。

(94)陳培昭「為了永恒的紀念——記厳叔夏先生紀念会」、本書編委会編『厳叔夏紀念冊』福建教育出版社、一九九五年九月、二〇頁。林濂森「経霜更知秋水明——厳叔夏先生紀念会側記」、同二七頁。

(95)「附録三　賀信、賀電摘録(部分)」、福建省厳復研究会編『'93厳復国際学術研討会論文集』海峡文芸出版社、一九九五年、六〇八頁。「在台厳復後人給市政協的函」、福州市紀念厳復誕辰一百四十周年活動籌備組編『厳復誕辰一百四十周年紀念活動専輯』(内部使用)一九九四年、頁数記載なし。「賀信」、前掲、福建省厳復学術研究会編『厳復逝世八十周年紀念活動専輯』二八頁。

(96)例えば、「厳叔夏先生追悼紀念会」が統一戦線工作の一環であったことは、次の文章に明記されている。金能籌「加強民間交往　促進祖国和平統一——各民主党派、有関人民団体開展閩台交往的調研報告」『閩台交往研究』(内部参閲)第四二期、一九九五年十月十九日、七頁。この文章の発表当時、著者の金能籌は、福建省政協副主席で省党委員会統一戦線工作部長であった。同人は、福州市党委員会書記であった習近平のもと、一九九三年二月から一九九五年五月まで福州の市党委員会副書記兼市長の職を務めた。

(97)前掲、林「求之初地而後得其真」二六頁。

(98)厳孝潜「太平已有象、莫忘告重泉——紀念厳公幾道逝世八十周年」、前掲、厳復学術研究会編『厳復逝世八十周年紀念活動選輯』一五頁。

(99)「厳倬雲女士在紀念厳復誕辰一五〇周年大会上的講話」、紀念厳復誕辰一百五十周年大会組委会、政協福建省委員会主弁、北京大学、清華大学聯弁『紀念厳復誕辰一百五十周年　特刊』奥付なし、三〇頁、四五—四六頁。

(100)「四、浙江省委書記習近平的賀信(二〇〇四年二月四日)」、同右、三五頁。

(101)南京条約で開港した五港(広州、福州、アモイ、寧波、上海)のうち、習近平は、約四半世紀に及ぶ地方指導者時代(一九八二〜二〇〇七年)に、広州を除く他の四つすべてに直接、間接に赴任した。習は、現地の史跡参観や歴史記念行事への出席などを通じて、中国の近代史に刻まれた屈辱と怒りを否応なしに感得したと思われる。なお、広州も父親の旧任地であった。

(102) 習近平「序一」、習近平主編『科学与愛国――厳復思想新探』清華大学出版社、二〇〇一年、I頁。

(103) 習近平「在福州市紀念厳復誕辰一百四十周年大会上的講話（一九九四年一月六日）」、前掲、福州市紀念厳復誕辰一百四十周年活動籌備組編『厳復誕辰一百四十周年紀念活動専輯』二頁、七頁。

(104) 同右、二頁。

(105) 「我市挙行紀念厳復誕辰一百四十周年大会　弘揚中華民族優秀文化　発揚先輩愛国主義精神」『福州晩報』一九九四年一月七日。

(106) 例えば、「清光緒五年（一八七九年）日本呑併了琉球、置沖縄県」、「光緒五年（一八七九年）琉球為日本所呑併、改置沖縄県」など。林精華「福州与琉球的通商史跡――〝柔遠驛〟」中国人民政治協商会議福州市台江区委員会文史資料委員会編『台江文史資料（紀念福州建城二二〇〇年専輯）』第一四輯（内部資料）、閩新出（九八）榕内書第〇四七六号、福州市僑福彩刷廠承印一九九八年九月、四七頁。徐天胎、鄭華麗「有関〝琉球館〟的幾則史事」、同五八頁。

(107) 岡本隆司「琉球から見る東アジア秩序の『内在論理』」、川島真、鈴木絢女、小泉悠編『ユーラシアの自画像――「米中対立／新冷戦」論の死角』ＰＨＰ研究所、二〇二三年、六五頁。

(108) 「函電集錦　中共福州市委書記習近平　無題（一九九一年九月十三日）」、林偉功、黄国盛主編『中日甲午海戦中方伯謙問題研討集』知識出版社、一九九三年、一頁。

(109) 「不忘国殤緬懐英烈　同心協力振興中華　甲午戦争一〇〇周年記念大会在榕挙行」『福州晩報』一九九四年十月二十八日。

(110) 『沖縄タイムス』一九九一年五月二十二日。本記事の所在情報を含む他の関連資料の把握と入手については、筆者が二〇二〇年七月に沖縄県那覇市に対して行った公文書公開請求制度が裨益した。同年九月と十月にはそれぞれ長崎県と長崎市からも同様の開示資料が提供された。各地方自治体には特記して深謝する。

(111) 「福州対外友好関係史館」、《福州百科全書》編輯委員会編著『福州百科全書』中国大百科全書出版社、一九九四年、一五〇頁。「福州市との交流の歩み」、『日本国沖縄県那覇市』ウェブサイト (https://www.city.naha.okinawa.jp/admin/kokusai/fukusyuayumi.html)。前掲、徐、鄭「有関〝琉球館〟的幾則史事」五八頁。

(112) 「琉球墓群」、前掲、《福州百科全書》編輯委員会編著『福州百科全書』三八九頁。安田峰俊「習近平『日本料亭の夜』――日本人八人が証言する独裁者の素顔」『文藝春秋』二〇二一年十一月号、二四二―二四三頁。

(113) 福州市友好訪問団「訪日紀行」『福州晩報』一九九一年六月六日。「那覇“福州園”竣工座談会在榕挙行」、同一九九二年十二月十一日。

(114)「那覇市日中友好之翼訪問団抵榕」『福州晩報』一九九三年五月二十九日。「市領導会見大田昌秀」、同一九九五年十月二十日。「市領導会見那覇市久米崇聖会福州史跡調査研修団」、同一九九五年十二月八日。中共福州市委弁公庁綜合処「中共福州市委大事記(一九九五年十月~十二月)」、『福州党史通訊』(内部発行)一九九八年第一期、一九九八年三月、三九頁。

(115) 一九九八年から二〇〇六年まで沖縄県知事を務め、福建省長時代の習近平とも面談した稲嶺惠一によれば、前任の大田昌秀県政期(一九九〇~一九九八年)には、知事、副知事、出納長のいわゆる県三役が台湾を訪問しないとの密約が中国との間に交わされていたという。「[時代の証言者]苦悩の島　和を求めて　稲嶺惠一(二六)　習氏の琉球知識に驚き」『読売新聞』二〇二四年六月二十八日。「[時代の証言者]苦悩の島　和を求めて　稲嶺惠一(二七)　親中感情に外交の波」『読売新聞』二〇二四年七月一日。前註に示したとおり、習近平は、一九九五年十月に太田とも対面している。

(116)「外交部発言人就日本政客麻生太郎竄台妄言答記者問」『中華人民共和国外交部』ウェブサイト、二〇二三年八月九日(https://www.mfa.gov.cn/fyrbt_673021/202308/t20230809_11124305.shtml)。

(117)「習近平在福建考察」『中国政府網』二〇二一年三月二十五日(https://www.gov.cn/xinwen/2021-03/25/content_5595687.htm)。

(118) 習近平・中国とプーチン・ロシアに共有される政治認識については、本書、第三章を参照。

(119) Yoshiyuki Ogasawara, "The Pratas Islands: A New Flashpoint in the South China Sea," *The Diplomat*, 10 December 2020 (https://thediplomat.com/2020/12/the-pratas-islands-a-new-flashpoint-in-the-south-china-sea/). Accessed 23 September 2023. 小笠原欣幸、森永輔「中国が東沙諸島を狙う理由――『一つの中国』をめぐる中国と台湾の攻防(四)」『日経ビジネス』二〇二一年九月二十七日(https://business.nikkei.com/atcl/gen/19/00179/092400078/)。

終章

(1) 古代中国における統治機構としての国家とそこでの官僚制、及び、中華人民共和国の官僚制のそれぞれの歴史的発展については、フランシス・フクヤマ著、会田弘継訳『政治の起源――人類以前からフランス革命まで』(上、下）講談社、二〇一三年、とくに第六—九章。

（2）習近平政権下の軍改革については、浅野亮、土屋貴裕『習近平の軍事戦略——「強軍の夢」は実現するか』芙蓉書房出版、二〇二三年。

（3）鈴木隆「政治構想、リーダーシップ、指導部人事の特徴」、大西康雄編『習近平「新時代」の中国』日本貿易振興機構アジア経済研究所、二〇一九年、二三頁。この規定は、二〇二二年の二〇回党大会で採択された現行党規約（第四六条）でも維持されている。

（4）「『日中　個別案件解決を』　垂氏インタビュー　習政権は『一人支配体制』」『読売新聞』二〇二三年十二月二十九日。

（5）表10-1の内容説明に関する記述は、本書、第四章の結論部分のそれと一部重複している。

（6）習近平「在中央軍委拡大会議上的講話（二〇一二年十一月十六日）」、中国人民解放軍総政治部編『習近平関於国防和軍隊建設重要論述選編』（軍内発行）解放軍出版社、二〇一四年、八頁、一一頁。

（7）「習氏の経済対策、三つの誤り」『日本経済新聞』二〇二四年四月九日。"China's Risky Reboot," *The Economist*, 6 April 2024, p. 9.

（8）第一期習近平政権が成立して間もない二〇一三年の結果は、「所得」（五五・一パーセント）、「介護」（四二・二パーセント）、「医療」（四一・八パーセント）、「住宅」（三七・六パーセント）、「子女の教育」（二八・六パーセント）であった。中央広播電視総台『CMG中央広播電視総台　美好生活指数報告　中国美好生活大調査二〇二一—二〇二二』（内部資料）奥付なし、一一五頁。中国中央電視台『CCTV　中国経済生活大調査二〇一九—二〇二〇　美好生活指数報告』（内部資料）奥付なし、一一五頁。中国中央電視台、国家統計局、中国郵政集団公司『CCTV　中国経済生活大調査（二〇一三—二〇一四）年度数据分析報告』（内部資料）奥付なし、一九頁。

（9）田志鵬「二〇二一年中国社会発展質量調査報告」、李培林、陳光金、張翼主編『二〇二二年中国社会形勢分析与預測』社会科学出版社、二〇二二年、一六六頁。「社会保障は政府の基本的な責任であり、一般庶民は負担すべきではない」について、二〇一七年と二〇一九年の同意割合は、七三・九一パーセント、六三・七六パーセントであった。「現在の社会保障の水準はたいへん低く、保障の役割を果たすことができていない」は、それぞれ、六二・二三パーセントと五七・六〇パーセントである（同前）。

（10）鄧小平「怎様恢復農業生産（一九六二年七月七日）」、鄧小平『鄧小平文選　第一巻』（第二版）人民出版社、一

九九四年、三二三—三二四頁。日本語の訳出にあたっては、次の文献の該当箇所も参照した。中共中央文献編集委員会編、中共中央ML著作編訳局訳『鄧小平文選（一九三八年—一九六五年）』外文出版社、一九九二年、四五六—四五八頁。

(11) 鄧小平「解放思想、実事求是、団結一致向前看（一九七八年十二月十三日）」、鄧小平『鄧小平文選　第二巻』（第二版）人民出版社、一九九四年、一四〇頁。

(12) 同右、一四四—一四五頁。日本語の訳出にあたっては、次の文献の該当箇所も参照した。鄧小平『鄧小平文選』外文出版社、一九八四年、二〇九—二一一頁。引用文中、〔　〕は引用者の補註、以下同じ。

(13) 安倍晋三『安倍晋三回顧録』中央公論新社、二〇二三年、一八七—一八八頁。

(14) 「中共中央印発《中国共産党政法工作条例》」『人民日報』二〇一九年一月十九日。

(15) 「二〇二二年鞏固全国政法隊伍教育整頓成果　推進全面従厳管党治警一〇項重点工作」『中国長安網』（中国共産党中央政法委員会ウェブサイト）、二〇二二年五月五日（http://www.chinapeace.gov.cn/chinapeace/c100007/2022-05/05/content_12623199.shtml）、二〇二四年四月十二日閲覧。以下のウェブサイトの閲覧日もすべて同じ。

(16) ここで「前近代の王朝体制」との類似に言及するのは、鄭永年（Zheng Yongnian）の「組織的皇帝制（organizational emperorship）」の議論を念頭に置いている（Zheng Yongnian, *The Chinese Communist Party as Organizational Emperor: Culture, Reproduction and Transformation*, London and New York: Routledge, 2010, p. 176.）。鄭永年によれば、制度化が進展した鄧小平時代の中国政治では、伝統的皇帝制（traditional emperorship）の性質を受け継いでいた毛沢東の個人支配から、支配政党による寡頭支配へと変化した。これを逆にいえば、習近平時代が毛沢東型人治への部分的回帰を経験しつつあるとすれば、組織的皇帝制から伝統的なそれへの揺り戻し現象がみられても不思議ではなかろう。

(17) 鈴木隆「考論　粛清経て習氏と『君臣関係』成立」『朝日新聞』二〇二二年十月二十四日。

(18) 石川禎浩『中国共産党、その百年』筑摩書房、二〇二一年、一九五頁。

(19) 高橋伸夫『中国共産党の歴史』慶應義塾大学出版会、二〇二一年、五頁。

(20) アンドリュー・J．ネイサン「まえがき『天安門文書』とその価値」、張良編、アンドリュー・J．ネイサン、ペリー・リンク監修、山田耕介、高岡正展訳『天安門文書』文藝春秋、二〇〇一年、二四頁。

(21) 同右。鄧小平の居宅で開かれた政治局会議の様子を撮影した写真は、前掲、石川『中国共産党、その百年』三〇六頁、に掲載されている。

（22）寇健文、蔡文軒『瞄準十八大――中共第五代領導精鋭』博雅書屋（台湾）、二〇一二年、四四八―四五〇頁。

（23）安倍晋三の証言に拠る。安倍は、本文中の引用に続けて次のように述べている。「私に対してそんなことまでする政治家や官僚は一人もいません。権威主義の国は違うなあと思ったことがあります」（前掲、安倍『安倍晋三回顧録』三二一頁）。

（24）山口信治「秦剛更迭にみる習近平一強体制下の中国政治と外交」『公益財団法人　ニッポンドットコム』ウェブサイト、二〇二三年十月五日（https://www.nippon.com/ja/in-depth/d00938/）。

（25）詳しくは、本書、第七章の関連記述を参照。

（26）鈴木隆「薄熙来事件　露呈した権力継承の欠陥」『朝日新聞』二〇一三年九月二十八日。

（27）Susan L. Shirk, "China in Xi's 'New Era': The Return to Personalistic Rule," *Journal of Democracy*, vol. 29, issue 2 (April 2018), p. 28; Yongnian, *The Chinese Communist Party as Organizational Emperor*, pp. 81-82.

（28）「墓を暴かれる」ことの不安については、本書、第八章を参照。

（29）林彪「在中国共産党第九次全国代表大会上的報告（一九六九年四月一日）」『中国共産党第九次全国代表大会文件匯編』人民出版社、一九六九年、三頁、四〇頁。華国鋒『在中国共産党第十一次全国代表大会上的政治報告』人民出版社、一九七七年、二五頁。

（30）「中国共産党第十一届中央委員会第五次全体会議関於劉少奇同志平反的決議（一九八〇年二月二十九日）」、本書編写組編『十一届三中全会以来歴次党代会、中央全会報告　公報　決議　決定』中国方正出版社、二〇〇八年、七六頁。

（31）前掲、高橋『中国共産党の歴史』一六五頁。

（32）程映虹、（聞き手）古谷浩一「習氏は毛沢東になるのか　在米の中国人歴史学者が解説」『朝日新聞 DIGITAL』二〇二一年十一月十三日（https://digital.asahi.com/articles/ASPCD4RS3PC8USPT00P.html?iref=pc_ss_date_article）、二〇二四年八月四日閲覧。

（33）山衛守剛「ロシア　経済・産業重視シフト　プーチン氏五期目始動」『毎日新聞』二〇二四年五月十六日。小池和樹「正恩氏の娘『後継者教育受けている』　韓国国情院分析」『読売新聞』二〇二四年七月三十一日。

（34）習近平「在文化伝承発展座談会上的講話（二〇二三年六月二日）」『中共中央弁公庁通訊』（党内刊行物）二〇二三年第八期、二〇二三年八月、一八頁。

（35）Lai Ching-te, "My Plan to Preserve Peace in the Taiwan

Strait," *The Wall Street Journal* (*Online*), 4 July 2023 (https://www.proquest.com/newspapers/my-plan-preserve-peace-taiwan-strait-as-beijing/docview/2832847978/se-2?accountid=53383)。小笠原欣幸「台湾新政権・頼清徳の研究」『VOICE』二〇二四年六月号、PHP研究所、一一六頁。

(36) 福田円「二〇二四年台湾総統選挙の結果と中台関係への影響」『東亜』（霞山会）第六八一号、二〇二四年三月、八〇頁。

(37)「沖縄の協力なしに、安全はない　元防衛大学校長・五百旗頭真氏」『朝日新聞』二〇一三年十二月二十九日。

参考文献

参考文献一覧（日本語五十音順、英語アルファベット順、中国語ピンイン順配列）

（日本語）

浅野亮、土屋貴裕『習近平の軍事戦略――「強軍の夢」は実現するか』芙蓉書房出版、二〇二三年。

朝日新聞中国総局『紅の党　完全版』朝日新聞出版、二〇一三年。

朝日新聞中国総局『核心の中国――習近平はいかに権力掌握を進めたか』朝日新聞出版、二〇一八年。

安倍晋三『安倍晋三回顧録』中央公論新社、二〇二三年。

アンドリュー・J．ネイサン「まえがき『天安門文書』とその価値」、張良編、アンドリュー・J．ネイサン、ペリー・リンク監修、山田耕介、高岡正展訳『天安門文書』文藝春秋、二〇〇一年、一一―三六頁。

石川禎浩『中国共産党、その百年』筑摩書房、二〇二一年。

伊地智善継、山口一郎監修『孫文選集　第一巻』社会思想社、一九八五年。

韋梅雅著、唐亜明、関野喜久子解説・抄訳「『毛主席語録』誕生秘話（上）」『東亜』（霞山会）一九九四年二月号、八―一七頁。

韋梅雅著、唐亜明、関野喜久子抄訳「『毛主席語録』誕生秘話（下）」『東亜』（霞山会）一九九四年三月号、八二―九五頁。

大西康雄編『習近平「新時代」の中国』日本貿易振興機構アジア経済研究所、二〇一九年。

岡本隆司「琉球から見る東アジア秩序の『内在論理』」、川島真、鈴木絢女、小泉悠編『ユーラシアの自画像――「米中対立／新冷戦」論の死角』PHP研究所、二〇二三年、四五―六八頁。

オレーク・V・フレヴニューク著、石井規衛訳『スターリン――独裁者の新たなる伝記』白水社、二〇二一年。

小笠原欣幸「習近平の台湾認識――統一促進政策の行き詰まりの背景を探る」、アジア政経学会春季大会「習近平政権十年の対台湾政策」研究報告論文、二〇二二年六月、一―二〇頁（http://www.tufs.ac.jp/ts/personal/ogasawara/analysis/xijinping's_understanding_of_taiwan.pdf）、二〇二三年九月二十三日閲覧。

小笠原欣幸「台湾新政権・頼清徳の研究」『VOICE』二〇二四年六月号、PHP研究所、一一四―一二五頁。

小笠原欣幸、森永輔「中国が東沙諸島を狙う理由――『一つの中国』をめぐる中国と台湾の攻防（四）」『日経ビジネス』二〇二一年九月二十七日（https://business.nikkei.com/atcl/gen/19/00179/092400078/）、二〇二三年九月二十三日閲覧。

甲斐野裕之「施行二年目の米ウイグル強制労働防止法――輸入差し止めは幅広い産業に拡大」『日本貿易振興機構（ジェトロ）』ウェブサイト、二〇二四年一月十二日（https://www.jetro.go.jp/biz/areareports/special/2023/0904/531812a91e0ffce6.html）、二〇二四年三月二十五日閲覧。

加藤隆則『習近平暗殺計画――スクープはなぜ潰されたか』文藝春秋、二〇一六年。

金子秀敏「第一八回中国共産党大会と習近平体制」『アジア時報』第四八二号、二〇一二年十二月号、一一―四〇頁。

加茂具樹「『民主推薦』された新しい『中央の領導集団』」『東亜』（霞山会）第四八六号、二〇〇七年十二月、三四―四三頁。

柯隆『中国が普通の大国になる日』日本実業出版社、二〇一二年。

川上桃子「習近平政権の経済を通じた台湾統一政策――行きづまりの背景」、アジア政経学会春季大会「習近平政権十年の対台湾政策」研究報告論文、二〇二二年六月、一―一三頁。

川島真「習近平政権の歴史政策――馬工程と四史」『日本国際問題研究所　歴史系検討会論文集』二〇二二年三月、『日本国際問題研究所』ウェブサイト、一―八頁（https://www.jiia.or.jp/JIC/pdf/2-1.pdf）、二〇二四年七月二十二日閲覧。

川島真、小嶋華津子編『習近平の中国』東京大学出版会、二〇二二年。

岸田文雄「G7広島サミット『法の支配』に基づく国際秩序を守り抜く」『外交』第七八号、二〇二三年三・四月号、二〇二三年三月、六―七頁。

吉川元「民主主義による平和」、広島市立大学広島平和研究所編『アジアの平和と核――国際関係の中の核開発とガバナンス』共同通信社、二〇一九年、一三三―一四七頁。

クェンティン・スキナー著、半澤孝麿、加藤節編訳『思想史とはなにか――意味とコンテクスト』岩波書店、一九九九年。

倉田徹『香港政治危機――圧力と抵抗の二〇一〇年代』東京大学出版会、二〇二一年。

ケビン・ラッド著、藤原朝子訳『避けられる戦争――米中危機が招く破滅的な未来』東京堂出版、二〇二四年。

高坂正堯『宰相　吉田茂』中央公論新社、二〇〇六年。

国分良成『中国政治と民主化――改革・開放政策の実証分析』サイマル出版会、一九九二年。

国分良成「中国共産党の政策構想――政治・経済・外交の相互連関」、国分良成編『現代東アジアと日本　二　中国政治と東アジア』慶應義塾大学出版会、二〇〇四年、九―三一頁。

小阪修平『思想としての全共闘世代』筑摩書房、二〇〇六年。

小島朋之『中国現代史——建国50年、検証と展望』中公新書、一九九九年。

呉国光著、加茂具樹監訳『権力の劇場——中国共産党大会の制度と運用』中央公論新社、二〇二三年。

佐々木智弘「前途多難な胡錦濤の政治運営——誤算の人事と『科学的発展観』の限界」、大西康雄編『中国調和社会への模索——胡錦濤政権二期目の課題』日本貿易振興機構アジア経済研究所、二〇〇八年、一五—三六頁。

佐々木智弘「第三期習近平政権発足の政治分析——権力基盤の維持強化と不安定要素」、遊川和郎、湯浅健司、日本経済研究センター編著『点検　習近平政権——長期政権が直面する課題と展望』文眞堂、二〇二三年、四一—五七頁。

柴田哲雄『習近平の政治思想形成』彩流社、二〇一六年。

朱鵬「文革歌曲の分類とその時期——その一、毛沢東の語録歌について」『中国文化研究』（天理大学）第二八号、二〇一二年三月、四五—五三頁。

諏訪一幸「党内民主から指導者面談へ——習近平時代の幹部選抜任用制と中央指導部選出制度」『中国21』（愛知大学）第五七号、二〇二二年十一月、六五—九二頁。

杉谷幸太「『青春に悔いなし』の声はなぜ生まれたか——『老三届』の世代意識から見た『上山下郷』運動」『中国研究月報』第六六巻第一〇期、二〇一二年十月、二〇—三八頁。

杉野文俊「リスクマネジメントとコーポレートガバナンスに関する一考察——『経営者リスク』のリスクマネジメントについて」『専修大学商学研究所報』第三七巻第二号、二〇〇五年十月、一—三六頁。

鈴木隆『中国共産党の支配と権力——党と新興の社会経済エリート』慶應義塾大学出版会、二〇一二年。

鈴木隆「『党の指導』をめぐる歴史的連続と変容——政党組織、リーダーシップ、ナショナリズム」、国分良成、小嶋華津子編『現代中国政治外交の原点』慶應義塾大学出版会、二〇一三年、三—二五頁。

鈴木隆「薄熙来事件　露呈した権力継承の欠陥」『朝日新聞』二〇一三年九月二十八日。

鈴木隆「〈はじまり〉の反腐敗——県党委員会書記時代の習近平」『東亜』（霞山会）第五九三号、二〇一六年十一月、三〇—三九頁。

鈴木隆「〈スタート地点〉の習近平——県党委書記時代の政治認識とリーダーシップ」『国際情勢　紀要』（世界政経調査会国際情勢研究所）第八七号、二〇一七年三月、四五—六二頁。

鈴木隆「六・四天安門事件前後の習近平——『擺脱貧困』に見る地区党委員会書記時代の政治論」『問題と研究（日本語版）』（国立政治大学、台湾）第四六巻第二号、二〇一七年六月、五五—八五頁。

鈴木隆「習近平時代における中国共産党の党員リクルート政策——労働者の疎外と労農同盟喪失の組織実態」『国際問題』第六七三号、二〇一八年七月、一五—二八頁。

鈴木隆「政治構想、リーダーシップ、指導部人事の特徴」、大西康雄編『習近平「新時代」の中国』日本貿易振興機構アジア経済研究所、二〇一九年、一五—五五頁。

鈴木隆「中国共産党『領袖』考——政治文書の用例にみる政治・イデオロギー史的考察」『国際情勢　紀要』（世界政経調査会国際情勢研究所）第九〇号、二〇二〇年三月、一一—三二頁。

鈴木隆「習近平とはどのようなリーダーか？——地方指導者時代の著作にみる政治認識、リーダーシップ、政治家像」、一般社団法人日本経済団体連合会二一世紀政策研究所（研究主幹、川島真）『中国の政策動向とその持続可能性——中国をめぐる三つの視点』二一世紀政策研究所、二〇二〇年十月、一二七—一五五頁。

鈴木隆「習近平政権『内向的グローバルパワー』への道（上）——一九期五中全会で既定路線が固められる」『外交』第六四号、二〇二〇年十一月、一〇六—一一一頁。

鈴木隆「中国共産党、『労働者』と訣別する前衛——習近平時代の党員リクルートと党員集団」『問題と研究（日本語版）』（国立政治大学、台湾）第五〇巻第三号、二〇二一年九月、一—三三頁。

鈴木隆「報告Ⅳ　習近平政権」『中国研究月報』第七五巻第一〇号、二〇二一年十月、一六—一九頁。

鈴木隆「『中華民族の父』を目指す習近平、あるいは『第二のブレジネフ』か『第二のプーチン』か——権力、理念、リーダーシップ、将来動向」、川島真、小嶋華津子編『習近平の中国』東京大学出版会、二〇二二年、八七—一〇四頁。

鈴木隆「（資料紹介）一九八七年十一月の習近平・岡崎嘉平太の会談について」『国際情勢　紀要』（世界政経調査会国際情勢研究所）第九二号、二〇二二年三月、二三—三一頁。

鈴木隆「考論　粛清経て習氏と『君臣関係』成立」『朝日新聞』二〇二二年十月二十四日。

鈴木隆「権力の伝統に回帰する中国政治——中国共産党第二〇回党大会の成果と第三期習近平政権の展望」『ＩＤＥスクエア——世界を見る目』（日本貿易振興機構アジア経済研究所）二〇二二年十二月、一—一一頁（http://doi.org/10.20561/00053531）、二〇二三年九月六日閲覧。

鈴木隆「『内部文献』にみる習近平の保守・愛国・強国」『国際情勢　紀要』（世界政経調査会国際情勢研究所）第九三号、二〇二三年三月、二九—三八頁。

鈴木隆「講演一　経営学的知見と『内部資料』に基づく習近平

のリーダーシップ試論」、一般社団法人日本経済団体連合会二一世紀政策研究所編『中国シンポジウム 「強国」建設に向けた中国の戦略』二一世紀政策研究所、二〇二三年十一月、七―二四頁。

園田茂人『アジアの国民感情――データが明かす人々の対外認識』中公新書、二〇二〇年。

高橋伸夫『中国共産党の歴史』慶應義塾大学出版会、二〇二一年。

谷口真美「コンテクストと経営者のリーダーシップスタイル」『早稲田商学』第四一一・四一二号、二〇〇七年六月、四七―一一七頁。

児野道子「厳復」、近代中国人名辞典修訂版編集委員会編『近代中国人名辞典 修訂版』霞山会、二〇一八年、七一八―七一九頁。

中共中央文献編集委員会編、中共中央ML著作編訳局訳『鄧小平文選（一九三八―一九六五年）』外文出版社、一九九二年。

中共中央文献編集委員会編、中共中央編訳局、外文出版社訳『鄧小平文選 一九八二―一九九二』テン・ブックス、一九九五年。

都築一夫編訳『新中国の人間像――献身の英雄・焦裕禄の記録』太平選書、一九六六年。

程映虹、（聞き手）古谷浩一「習氏は毛沢東になるのか 在米の中国人歴史学者が解説」『朝日新聞 DIGITAL』二〇二一年十一月十三日（https://digital.asahi.com/articles/ASPCD4RS3PC8USPT00P.html?iref=pc_ss_date_article）、二〇二四年八月四日閲覧。

唐亜明「『毛沢東語録』研究（上）」『中国研究月報』第六一八号、一九九九年八月、一―一八頁。

唐亜明「『毛沢東語録』研究（下）」『中国研究月報』第六一九号、一九九九年九月、一―二〇頁。

鄧小平『鄧小平文選』外文出版社、一九八四年。

東方書店出版部編『中国プロレタリア文化大革命資料集成 第一巻』東方書店、一九七〇年。

唐亮『現代中国の政治――「開発独裁」とそのゆくえ』岩波書店、二〇一二年。

内閣府政策統括官室編『世界経済の潮流 二〇一一年Ⅰ 二〇一一年上半期世界経済報告 歴史的転換期にある世界経済――「全球一体化」と新興国のプレゼンス拡大』日経印刷、二〇一一年六月。

中澤克二『習近平の権力闘争』日本経済新聞出版、二〇一五年。

中澤克二『極権・習近平――中国全盛三〇年の終わり』日本経済新聞出版、二〇二二年。

西之坊穂「フォロワーシップ論の展開と今後の研究」『経営情報研究』（摂南大学）第二七巻第一・二号、二〇二〇年二月、四一―五四頁。

ニッコロ・マキアヴェッリ著、佐々木毅全訳注『君主論』講談社、二〇〇四年。

羽田野主『中国共産党　支配の原理——巨大組織の未来と不安』日本経済新聞出版、二〇二三年。

林望『習近平の中国——百年の夢と現実』岩波書店、二〇一七年。

A.パーネビアンコ著、村上信一郎訳『政党——組織と権力』ミネルヴァ書房、二〇〇五年。

菱田雅晴、鈴木隆『超大国・中国のゆくえ3　共産党とガバナンス』東京大学出版会、二〇一六年。

廣瀬淳子「アメリカの二〇一九年香港人権民主主義法」『外国の立法』第二八四号、二〇二〇年六月、一—七頁。

比嘉清太「習氏証言集『天安門』削る」『読売新聞』二〇二一年八月一日。

福田円「二〇二四年台湾総統選挙の結果と中台関係への影響」『東亜』（霞山会）第六八一号、二〇二四年三月、七四—八一頁。

フランシス・フクヤマ著、会田弘継訳『政治の起源——人類以前からフランス革命まで』（上、下）講談社、二〇一三年。

古谷浩一「革命歌をもう一度　毛沢東時代懐古のキャンペーン、中国・重慶で」『朝日新聞』二〇一一年一月六日。

包敏「中国版介護保険制度構築の政策課題——パイロット運用の実態からみる制度設計の重要性」『東京医科歯科大学教養部研究紀要』第五四号、二〇二四年三月、一五—二八頁。

ポール・ウェブ、トーマス・ポグントケ著、中井遼訳「現代民主政治の大統領制化——証拠、原因、結果」、T.ポグントケ、P.ウェブ編、岩崎正洋監訳『民主政治はなぜ「大統領制化」するのか——現代民主主義国家の比較研究』ミネルヴァ書房、二〇一四年、四八〇—五〇六頁。

馬欣欣、岩崎一郎「中国共産党員資格と賃金プレミアム——メタ分析」『アジア経済』日本貿易振興機構アジア経済研究所、第六〇巻第三号、二〇一九年九月、二—三八頁。

松尾剛行「中国の個人情報保護法とデータ運用に関する法制度の論点」『情報通信政策研究』第五巻第二号、二〇二二年三月、I-二九—五〇頁。

松本充豊「エコノミック・ステイトクラフトとしての『恵台政策』——『海峡両岸青年就業創業基地』の事例の一考察」『問題と研究（日本語版）』（国立政治大学、台湾）第五二巻二号、二〇二三年六月、七九—一一〇頁。

松田康博「中国——中央政治局と中央軍事委員会」、松田康博編著『NSC国家安全保障会議——危機管理・安保政策統合メカニズムの比較研究』彩流社、二〇〇九年、一七三—二〇一頁。

松田康博「中国の対台湾政策と台湾総統選挙——一九九六〜二

○二〇年」『日本台湾学会報』第二三号、二〇二一年六月、五三—七〇頁。
峯村健司『十三億分の一の男——中国皇帝を巡る人類最大の権力闘争』小学館、二〇一五年。

美根慶樹編著『習近平政権の言論統制』蒼蒼社、二〇一四年。

宮本雄二『習近平の中国』新潮社、二〇一五年。

宮本雄二『二〇三五年の中国——習近平路線は生き残るか』新潮社、二〇二三年。

毛沢東著、竹内実訳『毛沢東語録』平凡社、一九九五年。

毛沢東著作言語研究会編『毛沢東語録テキスト版』満江紅、一九七一年。

毛里和子『現代中国政治（第三版）——グローバル・パワーの肖像』名古屋大学出版会、二〇一二年。

桃井裕理、日本経済新聞社データビジュアルセンター『習近平政権の権力構造——一人が一四億人を統べる理由』日本経済新聞出版、二〇二三年。

矢板明夫『習近平——共産中国最弱の帝王』文藝春秋、二〇一二年。

安田峰俊「習近平『日本料亭の夜』——日本人八人が証言する独裁者の素顔」『文藝春秋』二〇二一年十一月号、二四〇—二四七頁。

矢野恒太記念会編『世界国勢図会二〇〇四／〇五年版』矢野恒太記念会発行、二〇〇四年。

矢野恒太記念会編『世界国勢図会　二〇二二／二三年版』矢野恒太記念会発行、二〇二二年。

山下勝「リーダーシップ開発に関する一考察——リーダーシップ現象が起こる条件」『青山経営論集』第五〇巻第二号、二〇一五年九月、二四五—二六三頁。

山口信治「秦剛更迭にみる習近平一強体制下の中国政治と外交」『公益財団法人　ニッポンドットコム』ウェブサイト、二〇二三年十月五日（https://www.nippon.com/ja/in-depth/d00938/）、二〇二四年四月十二日閲覧。

遊川和郎、湯浅健司、日本経済研究センター編著『点検　習近平政権——長期政権が直面する課題と展望』文眞堂、二〇二三年。

リチャード・ニクソン著、徳岡孝夫訳『指導者とは』文藝春秋、二〇一三年。


（英語）

Brown, Kerry. *Xi: A Study in Power*, London: Icon Books, 2022.
Chan, Alfred L. *Xi Jinping: Political Carrer, Governance, and Leadership, 1953-2018*, New York: Oxford University Press, 2022.
Ching-te, Lai. "My Plan to Preserve Peace in the Taiwan Strait,"

The Wall Street Journal, 4 July 2023 (https://www.proquest.com/newspapers/my-plan-preserve-peace-taiwan-strait-as-beijing/docview/2832847978/se-2?accountid=53383). Accessed 12 April 2024.

Economy, Elizabeth C. *The Third Revolution: Xi Jinping and the New Chinese State*, New York: Oxford University Press, 2018.

Ellis, R. Evan. "The Trouble with China's Global Civilization Initiative," *The Diplomat*, 1 June 2023 (https://thediplomat.com/2023/06/the-trouble-with-chinas-global-civilization-initiative/). Accessed 10 December 2023.

Guo, Xuezhi. *The Politics of the Core Leader in China: Culture, Institution, Legitimacy, and Power*, Cambridge: Cambridge University Press, 2019.

Heilmann, Sebastian. "Leninism Upgraded: Xi Jinping's Authoritarian Innovations," *China Economic Quarterly*, Vol. 20, No. 4, 2016, pp. 15–22.

Huntington, Samuel P. "Democracy's Third Wave" in Diamond, Larry and Plattner, Marc F. eds. *The Global Resurgence of Democracy*, Baltimore: The Johns Hopkins University Press, 1993, pp. 3–25.

Jones, Andrew F. "Quotation Songs: Portable Media and the Maoist Pop Song," in Cook, Alexander C. ed. *Mao's Little Red Book: A Global History*, Cambridge: Cambridge University Press, 2014, pp. 43–60.

Juan, Liu, Liang, Ma and Chen, Zhou Di. "Russian Language, Teaching, Literature and Cultural Studies in China: The Current Situation, Issues and Prospects," *Slavic and East European Journal*, Vol. 64, No. 1 (Spring 2000), pp. 21–30.

Lam, Willy Wo-Lap. "Xi Jinping's Chongqing Tour: Gang of Princelings Gains Clout," *China Brief*, Vol. 10, Issue 25, 17 December 2010, pp. 2–4.

Lam, Willy Wo-Lap. *Chinese Politics in the Era of Xi Jinping: Renaissance, Reform, or Retrogression?*, London and New York: Routledge, 2015.

Lam, Willy Wo-Lap. *Xi Jinping: The Hidden Agendas of China's Ruler for Life*, London and New York: Routledge, 2024.

Lee, Tony C. "Can Xi Jinping Be the Next Mao Zedong?: Using the Big Five Model to Study Political Leadership," *Journal of Chinese Political Science*, Vol. 23, No. 4, pp. 473–497.

Leese, Daniel. "A Single Spark: Origins and Spread of the Little Red Book in China," in Cook, Alexander C. ed. *Mao's Little Red Book: A Global History*, Cambridge: Cambridge University Press, 2014, pp. 23–42.

Lukin, Alexander. "Russia, China, and the Emerging Greater

Eurasia," in Rozman, Gilbert and Radchenko, Sergey eds. *International Relations and Asia's Northern Tier: Sino-Russia Relations, North Korea, and Mongolia*, Singapore: Palgrave Macmillan, 2018, pp. 75–91.

McLaughlin, Joanne Song. "Does Communist Party Membership Pay?: Estimating the Economic Returns to Party Membership in the Labor Market in China," *Journal of Comparative Economics*, Vol. 45, Issue 4 (December 2017), pp. 963–983.

Miller, Alice. "The Case of Xi Jinping and the Mysterious Succession," *China Leadership Monitor*, No. 30, 19 November 2009, pp. 1–9.

Office of the United Nations High Commissioner for Human Rights. *OHCHR Assessment of Human Rights Concerns in the Xinjiang Uyghur Autonomous Region, People's Republic of China*, 31 August 2022.

Rozman, Gilbert and Radchenko, Sergey eds. *International Relations and Asia's Northern Tier: Sino-Russia Relations, North Korea, and Mongolia*, Singapore: Palgrave Macmillan, 2018.

Shirk, Susan L. "China in Xi's 'New Era': The Return to Personalistic Rule," *Journal of Democracy*, Vol. 29, Issue 2 (April 2018), pp. 23–36.

Torigian, Joseph. "Historical Legacies and Leader's Worldviews: Communist Party History and Xi's Learned (and Unlearned) Lessons," *China Perspectives*, 2018 (1–2), pp. 7–15.

Tsang, Steve and Cheung, Olivia. *The Political Thought of Xi Jinping*, New York: Oxford University Press, 2024.

Tully, James ed. *Meaning and Context: Quentin Skinner and His Critics*, Princeton: Princeton University Press, 1988.

Yang, Guobin. "Mao Quotations in Factional Battles and Their Afterlives: Episodes from Chongqing," in Cook, Alexander C. ed. *Mao's Little Red Book: A Global History*, Cambridge: Cambridge University Press, 2014, pp. 61–75.

Yongnian, Zheng. *The Chinese Communist Party as Organizational Emperor: Culture, Reproduction and Transformation*, London and New York: Routledge, 2010.

Yoshiyuki, Ogasawara（小笠原欣幸）. "The Pratas Islands: A New Flashpoint in the South China Sea," *The Diplomat*, 10 December 2020（https://thediplomat.com/2020/12/the-pratas-islands-a-new-flashpoint-in-the-south-china-sea/）. Accessed 23 September 2023.

（中国語）
本書編写組編『十一届三中全会以来歴次党代会、中央全会報告 公報 決議 決定』中国方正出版社、二〇〇八年。
本書編写組編著『譲群衆過上好日子――習近平正定足跡』河北人民出版社・人民出版社、二〇二二年。
本書編写組編著『閩山閩水物華新――習近平福建足跡』（上、下冊）福建人民出版社・人民出版社、二〇二二年。
本書編写組編著『幹在実処 勇立潮頭――習近平浙江足跡』浙江人民出版社・人民出版社、二〇二二年。
本書編写組編著『当改革開放的排頭兵――習近平上海足跡』上海人民出版社・人民出版社、二〇二二年。
畢洪業『俄羅斯外交戦略与対外関係』時事出版社、二〇二一年。
蔡奇「在学習貫徹習近平新時代中国特色社会主義思想主題教育第一批総結暨第二批部署会議上的講話（二〇二三年九月五日）」『党建研究』二〇二三年第一〇期、二〇二三年十月、四―一一頁。
曹永勝『俄羅斯 強軍興国之道』時事出版社、二〇二〇年。
常光民、王伝志「如何做好新形勢下的群衆工作――訪中共浙江省委書記習近平」『求是』二〇〇五年第一七期、二〇〇五年九月、二九―三二頁。
陳承茂、黎昕「対閩東経済発展的思考――中共寧徳地委書記習近平同志采訪録」『福建論壇（経済社会版）』一九八九年第二期、一九八九年三月、四六―四七頁。
陳東升、郭宏鵬「優化法制環境 推動民営経済発展――訪浙江省委書記、省人大常委会主任習近平代表」『法制日報』二〇〇四年三月十日。
陳国良「継続推進農村小康建設――訪福建省代省長習近平」『農村工作通訊』一九九九年第一〇期、一九九九年十月、一四頁。
陳紅星、田悦陽「努力做好新世紀初的福建宗教工作――訪福建省省長習近平」『中国宗教』二〇〇二年第四期、二〇〇二年七月、一八―二〇頁。
陳培昭「為了永恒的紀念――記厳叔夏先生紀念会」、本書編委会編『厳叔夏紀念冊』福建教育出版社、一九九五年九月、二〇―二三頁。
陳小林「論中央政治局二〇一九年専題民主生活会的重大成果」『中国井崗山幹部学院学報』第一三巻第二期、二〇二〇年三月、九二―九八頁。
陳小林「論中央政治局二〇二〇年民主生活会的重大成果」『井崗山大学学報（社会科学版）』第四二巻第五期、二〇二一年九月、四〇―四八頁。
陳小林「中央政治局二〇二一年専題民主生活会成果研究」『井崗山大学学報（社会科学版）』第四三巻第三期、二〇二二年五月、五三―六二頁。
崔岩「新時代中国社会発展質量調査報告」、李培林、陳光金、張翼主編『二〇一八年中国社会形勢分析与預測』社会科学出版社、二〇一八年、一三〇―一五〇頁。

大陸委員会編『政府両岸政策重要文件（第三版）』大陸委員会（台湾）、二〇二一年一月。

鄧小平『鄧小平文選　第三巻』人民出版社、一九九三年。

鄧小平『鄧小平文選　第一巻』（第二版）人民出版社、一九九四年。

鄧小平『鄧小平文選　第二巻』（第二版）人民出版社、一九九四年。

鄧聿文『不合時宜的人民領袖――習近平研究』独立作家出版（台湾）、二〇二三年。

第三届世界福州十邑同郷大会会刊編輯委員会編『第三届世界福州十邑同郷大会』福建省青葵広告公司制作、一九九四年十月。

地委弁公室「習近平同志関於党史工作的講話（摘録）」『閩東党史資料与研究』（内部刊行物）一九八九年第一期、一九八九年八月、三―四頁。

丁文「執政能力建設是党的一項根本性建設――訪中共浙江省委書記習近平」『今日浙江』二〇〇四年第一七期、二〇〇四年九月、四―七頁。

東方「習近平談従政之路」『紫光閣』二〇〇四年第五期、二〇〇四年五月、二〇―二一頁。

董立文「習近平的集権之路」、施正鋒主編『十八大以来的習近平』台湾国際研究学会（台湾）、二〇一六年、五一―七五頁。

董瑞生「福州市委書記習近平談――閩江口金三角経済圏発展戦略」『瞭望週刊』一九九三年第一六期、一九九三年四月、一七―一八頁。

費海汀「中国四〇年来的俄羅斯政治研究」『俄羅斯東欧中亜研究』二〇一九年第一期、二〇一九年二月、一―三〇頁。

費強「向実践学習　向群衆学習――浙江省委書記習近平調研紀実」『瞭望新聞週刊』二〇〇三年第一一期、二〇〇三年三月、四八―五〇頁。

《福建精神文明建設概観》編輯委員会編『福建精神文明建設概観』福建美術出版社、一九九八年。

《福建年鑑》編纂委員会編撰『福建年鑑（二〇〇〇）』福建人民出版社、二〇〇〇年。

福建省精神文明建設指導委員会編『八閩新風――福建省精神文明建設巡礼』福建美術出版社、二〇〇二年。

福建省民族与宗教事務庁「習近平省長到省民族宗教庁視察、調研民族、宗教工作」『福建民族』二〇〇一年年第六期、二〇〇一年十一月、一頁。

福建省寧徳地区地方志編纂委員会編『寧徳地区志』方志出版社、一九九八年。

福建省寧徳地区老区弁公室編『奮進篇――寧徳地区老区工作典型材料選編』奥付なし、一九八九年十一月。

福建省数字福建建設領導小組弁公室編『数字福建――省域信息

化建設探索与実践』福建人民出版社、二〇一八年。

福建省厳復学術研究会、福州市厳復研究会編『厳復与中国近代化学術研討会論文集』海峡文芸出版社、一九九八年五月。

福建省厳復研究会編『'93厳復国際学術研討会論文集』海峡文芸出版社、一九九五年。

福建師範大学『福建師範大学大事記(一九〇七—一九九一年)徵求意見稿』福建師大印刷廠、奥付なし。

《福州百科全書》編輯委員会編著『福州百科全書』中国大百科全書出版社、一九九四年。

福州大学編『八年実習生』福州大学校長弁公室、奥付なし、一九九二年。

福州国際招商月組委会、福州市人民政府経済研究中心編『福州国際招月文集』(内部資料)出版社不明、一九九五年十月。

福州市紀念厳復誕辰一百四十周年活動籌備組編『厳復誕辰一百四十周年紀念活動専輯』(内部使用)一九九四年。

福州市人民代表大会常務委員会弁公庁編『福州市人民代表大会及其常務委員会三〇年(一九七九—二〇〇九)』(内部資料)、(榕)新出(二〇〇九)内書第〇五九号、人民日報社福州印務中心、二〇〇九年。

共青団上海市委紅小兵工作組編集印刷『培養革命接班人(革命英雄譜)』一九七五年。

国家統計局編『中国統計年鑑二〇二三』中国統計出版社、二〇二三年。

郭建軍「歴史性的跨越——訪福建省委副書記習近平」『中国貧困地区』一九九八年第五期、一九九八年五月、四—七頁。

郭素芝『走自己的路——郭素芝新聞作品選』華北人民出版社、一九九〇年。

晗昱「俄烏衝突対能源市場的衝撃与影響」『能源』二〇二二年第三期、二〇二二年三月、五一—五五頁。

韓冬、鐘鈺「俄烏衝突対全球糧食市場的影響及中国保障糧食安全的政策響應」『俄羅斯研究』二〇二二年第三期、二〇二二年六月、五五—七八頁。

郝婕、黄興橋「発揮八個優勢 推進八項挙措——訪浙江省委書記習近平」『人民論壇』二〇〇三年第一一期、二〇〇三年十一月、一二—一四頁。

胡鞍鋼、楊竺松『創新中国集体領導体制』中信出版社、二〇一七年。

胡錦濤「胡錦濤同志在中央紀委第七次全体会議上的講話(二〇〇七年一月九日)」、中共上海市紀律検査委員会、上海市委組織部、中共上海市委宣伝部『上海市党員幹部警示教育学習材料』(内部資料)奥付なし、二〇〇七年七月、三三—五四頁。

胡錦濤「堅定不移沿着中国特色社会主義道路前進、為全面建成小康社会而奮闘(二〇一二年十一月八日)」、中共中央文献研究室編『十八大以来重要文献選編(上)』中央文献出版社、二〇一四年、一―四四頁。

胡錦濤『胡錦濤文選　第二巻』人民出版社、二〇一六年。

胡錦濤『胡錦濤文選　第三巻』人民出版社、二〇一六年。

胡小君「中国共産党党員規模問題――〝膨張〟与〝虚化〟」『江漢論壇』二〇一四年第一期、二〇一四年一月、四五―五〇頁。

華国鋒『在中国共産党第十一次全国代表大会上的政治報告』人民出版社、一九七七年。

華中科技大学国際伝播戦略研究院「中国公衆的世界観念調査報告（二〇一七〜二〇一八）」『学術前沿』二〇一九年第九期、二〇一九年六月、八―二五頁。

黄金陵「堅持社会主義弁学方向　在治理整頓中穏歩前進――在福州大学第二届教職工代表大会第三次会議上的報告（一九八九年十二月二十六日）」、福州大学校長弁公室、福州大学高等教育研究所『福州大学年鑑一九八九』福州大学印刷廠、一九九〇年九月、一〇七―一一九頁。

黄炎培『八十年来　附《延安帰来》』文史資料出版社、一九八二年。

紀念厳復誕辰一百五十周年大会組委会、政協福建省委員会主弁、北京大学、清華大学聯弁『紀念厳復誕辰一百五十周年特刊』奥付なし。

蔣豊「他耕耘在正定的原野上」『中国青年』一九八五年第一期、一九八五年一月、二七―三一頁。

姜華宣、張蔚萍、肖甡編『中国共産党重要会議紀事（一九二一―二〇〇六）（増訂本）』中央文献出版社、二〇〇六年。

江沢民「加快改革開放和現代化建設歩伐、奪取有中国特色社会主義事業的更大勝利（一九九二年十月十二日）」、中共中央文献研究室編『十四大以来重要文献選編（上）』人民出版社、一九九六年、一―四七頁。

江沢民「高挙鄧小平理論偉大旗幟、把建設有中国特色社会主義事業全面推向二十一世紀（一九九七年九月十二日）」、中共中央文献研究室編『十五大以来重要文献選編（上）』人民出版社、二〇〇〇年、一―五一頁。

江沢民「全面建設小康社会、開創中国特色社会主義事業新局面（二〇〇二年十一月八日）」、中共中央文献研究室編『十六大以来重要文献選編（上）』中央文献出版社、二〇〇五年、一―四四頁。

江沢民『江沢民文選　第二巻』人民出版社、二〇〇六年。

江沢民『江沢民文選　第三巻』人民出版社、二〇〇六年。

金能籌「加強民間交往　促進祖国和平統一――各民主党派、有関人民団体開展閩台交往的調研報告」『閩台交往研究』（内部参閲）第四二期、一九九五年十月十九日、一―一二頁。

柯里兹『影響習近平的人』明鏡出版社、二〇一三年。

寇健文「政治領袖眼中的政治――習近平和他的中国」、呉玉山、寇健文、王信賢主編『一個人或一個時代　習近平執政十周年的検視』五南図書出版（台湾）、二〇二二年、五九―八七頁。

寇健文、蔡文軒『瞄準十八大――中共第五代領導精鋭』博雅書屋（台湾）、二〇一二年。

李宝庫、靳爾剛、李国君主編『情系長城――全国百名擁軍優属模範風采録』人民日報出版社、一九九二年。

李鋒、孔明忠、劉甜「俄烏衝突対我国糧食安全的影響及農発行應対措施建議」『農業発展与金融』二〇二二年第四期、二〇二二年四月、六一―六二頁。

李富兵、申雪、李飛劉、李耕宇「俄烏衝突対中俄油気合作的影響」『中国鉱業』インターネット発表版、二〇二二年七月二十一日、一―八頁。

李建「《事業単位崗位設置管理施行弁法》関鍵詞解読」『北京人才市場報』二〇〇六年十一月二十二日。

李濤華、胡麗麗『習近平大伝』明鏡出版社、二〇一三年。

李煒「社会公衆的〝好社会〟価値標準調査報告」、李培林、陳光毅、張翼主編『二〇一五年中国社会形勢分析報告与預測』社会科学文献出版社、二〇一四年、一一七―一三一頁。

李巍、穆睿彤「俄烏衝突下的西方対俄経済制裁」『現代国際関係』二〇二二年第四期、二〇二二年四月、一―二五頁。

李小歴「警惕〝星鏈〟的野蛮拡張和軍事化応用」『国防科技工業』二〇二二年第五期、二〇二二年五月、五四―五五頁。

李小林、老巴、宏文、藍鉄軍「八閩大地〝民族風〟――訪中共福建省委副書記習近平」『民族団結』一九九八年第一期、一九九八年一月、八頁。

李永全「普京之治与俄羅斯之路」『俄羅斯学刊』二〇一八年第二期、二〇一八年四月、五―二〇頁。

《梁家河》編写組『梁家河』陝西人民出版社、二〇一八年。

梁剣『習近平新伝』明鏡出版社、二〇一二年。

林精華「福州与琉球的通商史跡――〝柔遠驛〟」、中国人民政治協商会議福州市台江区委員会文史資料委員会編『台江文史資料（紀念福州建城二二〇〇年専輯）』第一四輯（内部資料）、閩新出（九八）榕内書第〇四七六号、福州市僑福彩刷廠承印一九九八年九月、四四―四八頁。

林開欣『五十春秋紀事』福建人民出版社、二〇〇三年。

林濂森「経霜更知秋水明――厳叔夏先生紀念会側記」、本書編委会編『厳叔夏紀念冊』福建教育出版社、一九九五年九月、二四―二九頁。

林天柱「求之初地而後得其真――紀念大会、学術研討会小結（二〇〇一年十一月十日）」、福建省厳復学術研究会『厳復逝世八十周年紀念活動専輯』（限定配布資料）奥付なし、二〇〇一年、二六―二七頁。

林旭東「福州市委書記習近平強調指出福州的希望在于江海」『中国水産』一九九一年第八期、一九九一年五月、一八頁。

林偉功、黄国盛主編『中日甲午海戦中方伯謙問題研討集』知識出版社、一九九三年。

柳金財「『二十大』後中共対台政策――持続与変遷」、陳徳昇主編『中共『二十大』政治菁英甄補』INK印刻文学生活雑誌出版（台湾）、二〇二四年、二七一―二九三頁。

劉保中、郭亜平「中国大学卒業生工作、生活与心理状況調査報告――基於〝中国大学生追踪調査〟（PSCUS）数据的分析」、李培林、陳光金、王春光主編『二〇二二年中国社会形勢分析与預測』社会科学出版社、二〇二二年、二三三―二五〇頁。

劉鶴「当前経済形勢与非公有制経済発展――在福建省非公有制経済発展論壇上的演講」、陳少和主編『二一世紀与非公有制経済――福建省非公有制経済発展論壇文集』厦門大学出版社、二〇〇二年、二二―三三頁。

劉軍梅「俄烏衝突背景下極限制裁的作用機制与俄羅斯反制的対衝邏輯」『俄羅斯研究』二〇二二年第二期、二〇二二年四月、六二―八七頁。

劉琪「深刻理解准確把握発展党員和党員管理工作的総要求――学習《関於加強新形勢下軍隊発展党員和党員管理工作的意見》」『軍隊政工理論研究』第一四巻第六期、二〇一三年十二月、三三―三四頁、四七頁。

劉少奇『中国共産党中央委員会向八次全国代表大会的報告』人民出版社、一九五六年。

劉学申「従重数量到重質量――中国共産党建党規模理念的調適」『湖湘論壇』二〇一六年第二期、二〇一六年三月、三一―三七頁。

劉珍玉「中美戦略競争背景下中国大学生対美国国家形象的認知研究――基于対河南省五所高校的調査」『北京青年研究』二〇二一年第三期、二〇二一年七月、九四―一〇〇頁。

蘆千文「俄烏衝突、国際農業合作与中国糧食安全保障――中国国外農業経済研究会俄烏変局下的全球農業与糧食安全研討会綜述」『世界農業』二〇二二年第五期、二〇二二年五月、一二八―一三二頁。

陸樹群著、中国子龍武術研究会編『正定名人風采録』中国子龍武術研究会、奥付なし。

盧鷹、周偉思「〝而立〟之年」『河北青年』一九八四年第七期、一九八四年七月、四―九頁。

呂青「習近平代省長在台商代表座談会上一再重申、不論両岸関係発生什麼状況　政府都將確実依法維護台商的一切正当権益」『特刊　福州市台胞投資企業協会　第三届会員大会暨紀念台湾九・二一地震』福州市台胞投資企業協会、一九九九年第二期、刊行年月記載なし、九頁。

羅宇凡、崔静「全面従厳治党向基層延伸――以習近平同志為核心的党中央抓基層強基礎紀実」『人民日報』二〇一七年六月二十九日。

馬強「俄羅斯《外国代理人法》及其法律和政治実践」『俄羅斯

研究』二〇二一年第一期、二〇二一年二月、一三七―一七〇頁。

毛沢東著作選読編輯委員会『毛沢東著作選読（甲種本）』（上、下冊）人民出版社、一九六四年。

毛沢東著作選読編輯委員会『毛沢東著作選読（甲種本）』人民出版社、一九六九年。

毛沢東著作選読編輯委員会『毛沢東著作選読（乙種本）』中国青年出版社、一九六四年初版、一九六五年第二版。

毛沢東著作選読編輯委員会『毛沢東著作選読（乙種本）』中国青年出版社、一九六九年。

〝《閩東日報》復刊十周年記念冊〟編委会『閩東日報復刊十周年記念冊一九八九・十一―一九九〇・十一』奥付なし。

閩東日報社編『閩東日報社志一九八九―二〇一四』新視野文芸出版社（香港）、二〇一五年。

閩新索「聴習近平省長　談民族工作」『中国民族』二〇〇二年第二期、二〇〇二年二月、二九―三〇頁。

明紅「幸福婚姻譲歌声更甜美――彭麗媛談与習近平的婚姻生活」『支部建設』二〇〇三年第五期、二〇〇三年五月、五四―五六頁。

聶衛平、王瑞陽『囲棋人生』中国文聯出版社、一九九九年。

寧徳市档案局（館）編『不忘初心――習近平同志在寧徳工作期間報道集《閩東報》一九八九―一九九〇』（内部資料）、（寧）新出内書第二〇一六〇三三号、奥付なし。

寧徳市地方志編纂委員会編『寧徳市情手冊』海風出版社、二〇一五年。

平潭綜合実験区党史方志研究中心「平潭改革開放四十年大事記」、中共福建省委党史研究室編『変革福建――《福建党史月刊》一九八二―二〇一八　精選』奥付なし、四五〇―四五七頁。

潘家瑋、毛光烈、夏阿国主編『海洋　浙江的未来――加快海洋経済発展戦略研究』浙江科学技術出版社、二〇〇三年。

龐大鵬「従〝主権民主〟到〝普京主義〟――普京的治国理念」『世界知識』二〇一九年第六期、二〇一九年三月、四二―四四頁。

龐大鵬「俄羅斯保守主義的政治邏輯」『国外理論動態』二〇二〇年第一期、二〇二〇年二月、一三三―一四二頁。

龐大鵬「普京修憲的政治分析」『俄羅斯東欧中亜研究』二〇二〇年第四期、二〇二〇年八月、一―一八頁。

彭亜平『俄羅斯対外情報分析力量発展研究（軍事情報学博士文庫）』軍事科学出版社、二〇一四年。

斉橋橋「俯首甘為孺子牛――紀念我最敬愛的父親習仲勲誕辰一〇〇周年」『百年潮』二〇一三年第一一期、二〇一三年十一月、四―一〇頁。

斉心口述、葉匡政記録「我与習仲勲」『招商周刊』二〇〇八年第七期、二〇〇八年三月、七四―七五頁。

斉心口述、虹霓記録「我与習仲勲相伴五十八年」『決策与信息』

二〇一二年第七期、二〇一二年七月、四三―四八頁。

斉旭「全国政協委員、北京航空航天大学教授張濤――尽早尽快布局中国版〝星鏈〟衛星互聯網」『中国電子報』二〇二二年三月十一日。

欽進「習近平対台湾政策――兼論一国両制台湾方案」国立金門大学国際暨大陸事務系、碩士論文、二〇二二年七月。

秦孝儀主編、国父全集編輯委員会編『国父全集　第一冊』近代中国出版社（台湾）、一九八九年。

任莉穎「中国居民対当前主要社会問題関注度的研究報告」、李培林、陳光金、王春光主編『二〇二〇年中国社会形勢分析与預測』社会科学出版社、二〇二〇年、一七八―二〇一頁。

任孟山、李呈野「俄烏衝突与戦時宣伝範式迭代――従〝影像新聞〟到〝事実核査世論戦〟」『対外伝播』二〇二二年六期、二〇二二年六月、三八―四二頁。

三人、丁江「牢牢把握〝両個趨向〟扎実推進〝三農〟工作――訪浙江省委書記習近平」『今日中国論壇』二〇〇五年第二・三期、二〇〇五年三月、三六―三九頁。

沈書忠「憶諍友――賈大山（代序）」、中国人民政治協商会議正定県委員会文史資料委員会編『正定文史資料（第三輯）大山在我心中』（内部資料）中国人民政治協商会議正定県委員会文史資料委員会、一九九八年七月、一―四頁。

孫小静「専訪浙江省委書記習近平　以科学発展観提昇浙江経済」『台声』二〇〇四年第四期、二〇〇四年四月、六八―七〇頁。

孫雪蕾、康培「農村基層民主――〝四個民主〟創新　権利落実到民」『人民論壇』二〇〇五年第九期、二〇〇五年九月、一九―二一頁。

田傑、楊鶴華「特殊環境中的特殊工作――中共福建省委常委、組織部長、本刊顧問王建双同志談〝三資〟企業党的建設」『党員特刊』（党内刊行物）中国共産党遼寧省委員会、一九九一年第三期、一九九一年三月、一一―一四頁。

田志鵬「二〇二一年中国社会発展質量調査報告」、李培林、陳光金、張翼主編『二〇二二年中国社会形勢分析与預測』社会科学出版社、二〇二二年、一六一―一八三頁。

童科「初心・本源・展望――中共四大紀念館打造紅色品牌」『文化月刊』二〇二〇年第一二期、二〇二〇年十二月、一〇四―一〇五頁。

童科「中共四大紀念館――数字賦能、講好党史故事」『文化月刊』二〇二四年第一期、二〇二四年一月、七〇―七一頁。

王崗峰「習近平同志論厳復精神」『紀念厳復誕辰一七〇周年〝厳復思想与中国式現代化〟学術研討会　論文匯編』政協福建省委員会、奥付なし、二〇一四年一月、三―一五頁。

王曙光「開創浙江海洋経済新局面――在全省海洋経済工作会議上的講話」『浙江経済』二〇〇三年第一六期、二〇〇三年八月、一六―一七頁。

王信賢「鑲嵌在中国両個大局的両岸関係――習近平時期中共対台政策解析」、呉玉山、寇健文、王信賢主編『一個人或一個時代　習近平執政十周年的検視』五南図書出版（台湾）、二〇二二年、三三三―三六〇頁。

王運才「福建省省長習近平談　調整経済結構提高綜合競争力」『瞭望新聞周刊』二〇〇〇年第三九期、二〇〇〇年九月二十九日、二五―二七頁。

王運才「福建省省長習近平談――山海協作、対内聯接、対外開放　構建対外開放的戦略通道」『瞭望新聞周刊』二〇〇二年第四一期、二〇〇二年十月十一日、四三―四五頁。

文秀「習仲勲的家風」『学習時報』二〇二一年十月十五日。

呉巧平、王琰「〝願特区新一輪跨越又好又快〟――訪浙江省委書記習近平」『厦門日報』二〇〇六年十二月十二日。

呉玉山「習近平現象」、呉玉山、寇健文、王信賢主編『一個人或一個時代　習近平執政十周年的検視』五南図書出版（台湾）、二〇二二年、一―一五頁。

呉志菲「習近平――従黄土高坡到上海灘」『党史縦横』二〇〇七年第五期、二〇〇七年五月、一六―二一頁。

習近平「中青年幹部要『尊老』」『人民日報』一九八四年十二月七日。

習近平「序（一九八五年一月一日）」、河北省正定県档案館編『正定県大事記　一九四九～一九八三』河北省正定県印刷廠、一九八五年、一―二頁。

習近平「序（一九八七年五月）」、中共正定県委員会、正定人民政府『正定古今』河北人民出版社、一九八七年、一―三頁。

習近平「認真学習十三大文件　加快厦門特区改革步伐」『厦門日報』一九八七年十一月二十三日。

習近平「歳豊遥謝海外郷親　猶望来日共展宏図」『閩東郷訊』第一二期、一九八九年二月五日。

習近平「深化認識　明確目標　発展壮大郷村両級集体経済（一九八九年四月）」、寧徳地委政策研究室編『閩東之路探索』（内部資料）奥付なし、一九九〇年、七五―八五頁。

習近平「正確処理閩東経済発展的六個関係」『福建論壇（経済社会版）』一九八九年第五期、一九八九年五月、三三―三六頁。

習近平「序言」、《閩東四十年》編写組『閩東四十年　一九四九―一九八九』寧徳地区教師進修学院印刷廠、奥付なし、頁数記載なし。

習近平「論文芸与政治的関係」『采貝（閩東文叢）』総第三〇期、一九八九年十月、三―五頁。

習近平「学労模　再鼓勁　勇〝爬坡〟　促穏定――習近平同志在福州市労模座談会上的講話（一九九〇年四月三十日）」『福州晩報』一九九〇年五月一日。

習近平「念奴嬌　追思焦裕禄（一九九〇年七月十五日）」『福州

晩報』一九九〇年七月十六日。

習近平「《福州'91工作思路》序」、中共福州市委弁公庁、中共福州市委政研室編『福州'91工作思路調研文集』（内部資料）奥付なし、頁数記載なし。

習近平「序言」、中共福州市委政策研究室編『福州弁事指南』海潮撮影芸術出版社、一九九一年、一―二頁。

習近平「序言」、中共福州市委政策研究室編『福州市民弁事指南』海潮撮影芸術出版社、一九九一年、一―二頁。

習近平「軍民情　七律（一九九一年一月九日）」『福州晩報』一九九一年一月十日。

習近平「在市九届人大五次会議上的講話（一九九一年二月二十八日）」、福州市人民代表大会常務委員会弁公庁編『福州市第九届人民代表大会第五次会議文件』奥付なし、一九九一年三月、一二四―一三四頁。

習近平「開展〝学習雷鋒月〞活動　譲雷鋒精神扎根城」『福州晩報』一九九一年三月五日。

習近平「前言（一九九一年五月十七日）」、《今日福州》編委会編『今日福州』生活・読書・新知三聯書店上海分店、一九九一年、頁数記載なし。

習近平「《今日福州》前言」『福州晩報』一九九一年五月二十二日。

習近平「関於加強党的基層組織建設的思考」『理論学習月刊』一九九一年第六・七期、一九九一年六月、四八―四九頁。

習近平「我的人才観」『党員特刊』（党内刊行物）中国共産党遼寧省委員会、一九九一年第九期、一九九一年九月、一一―一二頁。

習近平「跨世紀領導幹部的歴史重任及必備素質」『理論学習月刊』一九九一年第一一期、一九九一年十一月、三二―三六頁。

習近平主編『企業魂』海潮撮影出版社、一九九二年。

習近平主編、福州市委政策研究室編輯『福州投資実務指南』香港経済導報社、一九九二年。

習近平「《福州投資実務指南》序」、習近平主編、福州市委政策研究室編輯『福州投資実務指南』香港経済導報社、一九九二年、頁数記載なし。

習近平「序言」、中共福州市委弁公庁、政研室編『福州'92工作思路――調研文集』（内部資料）奥付なし、一―二頁。

習近平「在市九届人大六次会議上的講話（一九九二年三月四日）」、福州市人民代表大会常務委員会弁公庁編『福州市第九届人民代表大会第六次会議文件』奥付なし、一九九二年三月、一三三―一四二頁。

習近平「群星璀璨　大地増輝（代序）（一九九二年五月一日）」、習近平主編『企業魂』海潮撮影出版社、一九九二年、一―二頁。

習近平「進一歩解放思想　推動我市経済超常規跳躍式発展――在市政府一九九二年第三次成員会議上的講話（一九九二

年七月三十日）」『福州晩報』一九九二年八月五日。

習近平「福州已進入一個新的発展時期」『福州晩報』一九九二年十二月十八日。

習近平主編『福州改革開放十四年』海峡文芸出版社、一九九三年。

習近平主編『福州市二〇年経済社会発展戦略設想』福建美術出版社、一九九三年。

習近平「三山朝陽早　榕城春意濃（代序）」、習近平主編『福州改革開放十四年』海峡文芸出版社、一九九三年、頁数記載なし。

習近平「序　再創新的輝煌」、習近平主編『福州市二〇年経済社会発展戦略設想』福建美術出版社、一九九三年、一―二頁。

習近平「序言」、中共福州市委弁公庁、政研室編『福州'93工作思路――調研文集』（内部資料）奥付なし、一―二頁。

習近平「序一」、郭化若著、福州市政協主編『郭化若詩詞選』一九九三年、頁数記載なし。

習近平「建設閩江口金三角経済圏的構想」、《福州経済年鑑》編輯委員会編『福州経済年鑑一九九三年』中国統計出版社、一九九三年、五―七頁。

習近平「深化改革　促進経済持続高速発展」『人民日報』一九九三年三月二十九日。

習近平主編『世界福州十邑郷人創業史』香港経済導報社、一九九四年。

習近平「福州房地産業充満希望（代序）」、中共福州市委政策研究室、福州市房地産管理局編『福州房地産実務指南』海潮撮影芸術出版社、一九九四年、一―二頁。

習近平「《福州'94思路》序」、中共福州市委弁公庁、政研室編『福州'94思路――調研文集』（内部資料）奥付なし、一―二頁。

習近平「在福州市紀念厳復誕辰一百四十周年大会上的講話（一九九四年一月六日）」、福州市紀念厳復誕辰一百四十周年活動籌備組編『厳復誕辰一百四十周年紀念活動専輯』（内部使用）一九九四年、一―七頁。

習近平「努力弁出特色　再創輝煌業績――賀閩江大学十年校慶」『閩江大学学報』一九九四年第二期、一九九四年十月、三頁。

習近平「堅持解放思想、実事求是」『偉大的理論　光輝的実践――福建省、庁級幹部学習《鄧小平文選》第三巻　論文選編之二』福建人民出版社、一九九五年、九―一六頁。

習近平「建設閩江口金三角経済圏的構想（代序）」、《中国城市綜合実力五十強叢書・福州市》編委会編『中国城市綜合実力五十強叢書　福州市』中国城市出版社、一九九五年、一―四頁。

習近平「在跨世紀征程中譜写福州発展新篇章」、呉呂和主編『加快建設海峡西岸繁栄帯――閩東南開放開発研究専集』

一九九五年、八三―八九頁。

習近平「増創福州新優勢　建設国際大都市（代序）」、福州国際招商月組委会、福州市人民政府経済研究中心編『福州国際招商月文集』（内部資料）奥付なし、一九九五年、一―五頁。

習近平「増創福州新優勢　力争更上一層楼（代序）」、中共福州市委弁公庁、政研室編『福州'95思路　調研文集』（内部資料）奥付なし、頁数記載なし。

習近平「堅持改革開放　実現福州経済発展新跨躍」『福州晩報』一九九五年八月十七日。

習近平「建設新的偉大工程　描絵新的発展藍図　為福州各項建設事業更上一層楼而奮闘――在中国共産党福州市第七次代表大会上的報告（一九九五年八月二十八日）」『福州晩報』一九九五年九月六日。

習近平「序」、趙汝棋主編『福州奇観』海潮撮影芸術出版社、一九九六年、頁数記載なし。

習近平「序――揚起新一輪発展的風帆」、高名祥、荘仁想主編『閩江口経済圏跨世紀発展宏図――邁向二一世紀的閩江口経済圏開放開発企劃』中国経済出版社、一九九六年、四六頁。

習近平「閩東南開放開発大思路」『人民論壇』一九九六年三月号、一九頁。

習近平「在福州市政協八届四次会議閉幕式上的講話（一九九六年三月二十八日）」『福州晩報』一九九六年三月二十九日。

習近平「抓示範帯全局　加快農村小康建設進程（一九九六年六月二十日）」、中共福建省委農村小康工作領導小組弁公室編『攬世紀風雲　絵宏偉藍図――福建農村小康建設専輯』（内部使用）、閩新出（九六）内書（刊）第一四〇号、奥付なし、六七―七四頁。

習近平「基本国策　従自力更生到対外開放――兼論鄧小平対毛沢東独立自主思想的重大発展」『理論学習月刊』一九九六年第一一期、一九九六年十一月、一一―一八頁。

習近平「加快農業産業化進程　全面発展農村経済（代序）」、中共福建省委政策研究室編『加快農業産業化進程研究』奥付なし、一九九七年、一―一一頁。

習近平「論《〈政治経済学批判〉序言》的時代意義」『福建論壇（経済社会版）』一九九七年第一期、一九九七年一月、一―七頁。

習近平「在致公党福建省第五次代表大会上的講話（一九九七年五月二十六日）」『福建致公　中国致公党福建省第五次代表大会（専輯）』一九九七年第二期、一九九七年七月、三―六頁。

習近平「立足当前　着眼未来　扎実推進農村経済的新一輪創業――在全省経済形勢分析会上的発言（一九九七年六月十三日）」、中共福建省委政策研究室、福建省人民政府発展研究中心編『斉心協力推進福建新一輪創業――九七・六経済形勢分析会思路与対策』福建人民出版社、一九九七年、七七―八七頁。

習近平「抓住機遇　分類指導　合理規劃　建好新村――習近平副書記在全省村鎮規劃建設管理工作会議上的講話（一九九七年十一月四日）」、福建省人民政府弁公庁、福建省建設委員会編『阡陌的春天――福建省村鎮規劃建設管理』福建人民出版社、一九九八年、三八―四八頁。

習近平「正確処理社会主義市場経済的両個弁証関係」『内部文稿』一九九八年第一一期、一九九八年六月、一―五頁。

習近平「憶大山（代序）」、中国人民政治協商会議正定県委員会文史資料委員会編『正定文史資料（第三輯）大山在我心中』（内部資料）中国人民政治協商会議正定県委員会文史資料委員会、一九九八年七月、一―五頁（原載『当代人』一九九八年第七期）。

習近平「社会主義市場経済和馬克思主義経済学的発展与完善」『経済学動態』一九九八年第七期、一九九八年七月、三―六頁。

習近平「政協工作是党的事業的重要組成部分（一九九八年八月）」、福建省政協学習宣伝委員会編『八閩大地民主風』海峡文芸出版社、一九九九年、三〇―四〇頁。

習近平「総結経験再接再歴　開創農村扶貧開発和小康建設新局面」『中国農村小康科技』一九九八年第一〇期、一九九八年十月、四―五頁。

習近平「在中共福建省委六届九次全体（拡大）会議上的発言（一九九八年十月二十九日）」、中共福建省委弁公庁編『中国共産党福建省第六届委員会歴次全会文件匯編』（内部資料）、（閩）新出（二〇〇一）内書第八八号、二〇〇一年、四七三―四九四頁。

習近平主編『現代農業理論与実践』福建教育出版社、一九九九年。

習近平「序」、楊学潾主編『改革開放与福建華僑華人――東南亜与華人研究叢書　福建省華僑歴史学会研究専輯之一』厦門大学出版社、一九九九年、一―二頁。

習近平「加快福建現代農業発展歩伐（代序）」、習近平主編『現代農業理論与実践』福建教育出版社、一九九九年、一―一三頁。

習近平「解放思想、実事求是要一以貫之――重読鄧小平同志《解放思想、実事求是、団結一致向前看》」『求是』一九九九年第一期、一九九九年一月、二一―二四頁。

習近平「論農村改革発展進程中的市場化建設」『中共福建省委党校学報』一九九九年第七期、一九九九年七月、四―一〇頁。

習近平「在省委六届十次全会上的講話（一九九九年九月二日）」、中共福建省委弁公庁編『中国共産党福建省第六届委員会歴次全会文件匯編』（内部資料）、（閩）新出（二〇〇一）内書第八八号、二〇〇一年、五六一―五七五頁。

習近平ら著『展山海宏図　創世紀輝煌――福建山海聯動発展研究』福建人民出版社、二〇〇〇年。

習近平「代序二　福建経済跨世紀発展構想」、福建省人民政府発展研究中心編『福建跨世紀発展戦略選択――建設海峡西岸繁栄帯』厦門大学出版社、二〇〇〇年、一―一七頁。

習近平「領導幹部要全心全意為人民謀利益」、求是雑誌編輯部編『党政高級幹部〝三講〟文選　下冊』紅旗出版社、二〇〇〇年、六三〇―六四四頁。

習近平「序」、福建省宗教研究会編『宗教――世紀之交的多視角思惟　福建省宗教研究会論文集三』厦門大学出版社、二〇〇〇年、一―三頁。

習近平「緒論」、習近平ら著『展山海宏図　創世紀輝煌――福建山海聯動発展研究』福建人民出版社、二〇〇〇年、一―二二頁。

習近平「政府工作報告――二〇〇〇年一月二十一日在福建省第九届人民代表大会第三次会議上」『福建政報』二〇〇〇年第二期、二〇〇〇年二月、四―七頁。

習近平「加快建設海峡西岸繁栄帯」『中国投資』二〇〇〇年第三期、二〇〇〇年三月、四一―四四頁。

習近平「加強両岸交流　促進祖国統一」『国防』二〇〇〇年第三期、二〇〇〇年三月、一〇頁。

習近平「増強競争力　争創新業績　開創二一世紀福建経済社会発展新局面――在省委政府専題会議上的講話（二〇〇〇年四月二十八日）」、中共福建省委弁公庁、福建省人民政府弁公庁編『増強改革与建設新優勢　贏得福建跨世紀新発展――（二〇〇〇・四）省委省政府専題会議材料匯編』奥付なし、二〇〇〇年五月、二六―四七頁。

習近平「突出重点　把握関鍵　努力提昇福建経済綜合競争力」『発展研究』二〇〇〇年第五期、二〇〇〇年五月、八―一一頁。

習近平「加快出口結構調整　促進対外貿易発展」『中国対外貿易』二〇〇〇年第一〇期、二〇〇〇年十月、一〇―一二頁。

習近平「関於制定福建省国民経済和社会発展第十個五年計劃建議的説明（二〇〇〇年十月二十三日）」、中共福建省委弁公庁編『中国共産党福建省第六届委員会歴次全会文件匯編』（内部資料）、（閩）新出（二〇〇一）内書第八八号、二〇〇一年、七五七―七七七頁。

習近平「做好今冬徴兵工作　貫徹五中全会精神」『福建日報』二〇〇〇年十月二十五日。

習近平「関於制定福建省国民経済和社会発展第十個五年計劃建議的説明」『福建日報』二〇〇〇年十一月七日。

習近平『中国農村市場化建設研究』人民出版社、二〇〇一年。

習近平主編『科学与愛国――厳復思想新探』清華大学出版社、二〇〇一年。

習近平主編『新世紀的選択――福建省発達地区率先基本実現農

業現代化的研究』福建教育出版社、二〇〇一年。

習近平「面向未来　開拓創新　把福建的城市建設和発展提高到一個新水平（代序）」、林堅飛主編『必然抉擇——福建城市化発展研究』海潮撮影芸術出版社、二〇〇一年、一—一八頁。

習近平「序」、福建省脱貧致富弁公室、中共福建省委党史研究室『福建扶貧史』中央文献出版社、二〇〇一年、一—三頁。

習近平「序」、繆慈潮『奮進集』福建人民出版社、二〇〇一年、序文一—二頁。

習近平「序一」、習近平主編『科学与愛国——厳復思想新探』清華大学出版社、二〇〇一年、Ⅰ—Ⅱ頁。

習近平「加入ＷＴＯ与農村市場化建設」『中共福建省委党校学報』二〇〇一年第一期、二〇〇一年二月、三—一三頁。

習近平「当前福建経済形勢和主要任務」『発展研究』二〇〇一年第一期、二〇〇一年一月、五—一六頁。

習近平「団結奮進　務実創新　為実現我省国民経済和社会発展第十個五年計劃而奮闘（二〇〇一年二月七日在福建省第九届人民代表大会第四次会議上的報告）」、《福建年鑑》編纂委員会編『福建年鑑二〇〇一』福建人民出版社、二〇〇一年、二九—三六頁。

習近平「以調整優化産業結構為重点　加快経済結構的戦略性調整」『中国改革』二〇〇一年第三期、二〇〇一年三月、三〇—三二頁。

習近平「農村市場化建設与中国加入ＷＴＯ」『清華大学学報（哲学社会科学版）』二〇〇一年第四期、二〇〇一年八月、五〇—五六頁、六六頁。

習近平「対発展社会主義市場経済的再認識」『東南学術』二〇〇一年第四期、二〇〇一年七月、二六—三八頁。

習近平「発展経済学与発展中国家的経済発展——兼論発展社会主義市場経済対発展経済学的理論借鑑」『福建論壇（経済社会版）』二〇〇一年第九期、二〇〇一年九月、四—九頁。

習近平「加強領導厳格依法徴兵　円満完成今冬征兵任務」『福建日報』二〇〇一年十一月六日。

習近平「在紀念厳復逝世八十周年暨《科学与愛国》首発式上的講話（二〇〇一年十一月九日）」、福建省厳復学術研究会『厳復逝世八十周年紀念活動専輯』（限定配布資料）二〇〇一年、二頁。

習近平「福建省産業結構調整優化研究」『管理世界（双月刊）』二〇〇一年第五期、二〇〇一年十月、五—一二頁。

習近平「略論《関於費爾巴哈的提綱》的時代意義」『中共福建省委党校学報』二〇〇一年第九期、二〇〇一年十月、三—一〇頁。

習近平「加快福建城市化建設的若干思考」『中国軟科学』二〇〇一年第一一期、二〇〇一年十一月、一—四頁。

習近平「論中国農村市場化進程測度」『経済学動態』二〇〇一年第一一期、二〇〇一年十一月、一一—一七頁。

習近平主編『福建農村市場化発展探索』福建教育出版社、二〇〇二年。

習近平「加快建設三条戦略通道　推動福建経済実現新跨越」、荊福生主編『奮起之道　繁栄之道——福建構建〝三条戦略通道〟研究専題匯編』福建教育出版社、二〇〇二年、八—一九頁。

習近平「深入研究農村市場化　大力推進農村市場化（代序）」、習近平主編『福建農村市場化発展探索』福建教育出版社、二〇〇二年、一—一二頁。

習近平「序」、張明俊『泉州八年紀事』中央文献出版社、二〇〇二年、序一—二頁。

習近平「序」、浙江省人民政府研究室『走近農民——農村蹲点調査報告匯編』奥付なし、二〇〇二年、一—二頁。

習近平「序——発揚伝統　再接再励　争取福建双擁更大光栄」、福建省双擁領導小組弁公室主弁、江華先主編『八閩涌動双擁潮』新華社福建分社、二〇〇二年、二頁。

習近平「在全省非公有制経済発展論壇上的講話」、陳少和主編『二一世紀与非公有制経済——福建省非公有制経済発展論壇文集』厦門大学出版社、二〇〇二年、五—一一頁。

習近平「二〇〇二年福建経済工作的重点和任務」『発展研究』二〇〇二年第一期、二〇〇二年一月、五—一〇頁。

習近平「堅定信心　奮発有為　把福建的現代化建設事業継続推向前進——二〇〇二年一月二十三日在福建省第九届人民代表大会第五次会議上的報告」『福建日報』二〇〇二年二月六日。

習近平「在二〇〇二年省人民政府第一次全体会議上的講話（二〇〇二年一月二十九日）」『福建省人民政府公報』二〇〇二年第四期、二〇〇二年二月、一三—一八頁。

習近平「以〝入世〟為契機加大産業結構調整力度」『中国経貿導刊』二〇〇二年第三期、二〇〇二年二月、八頁。

習近平「正確把握発展大勢　加快福建経済発展」『中共福建省委党校学報』二〇〇二年第五期、二〇〇二年五月、二—一〇頁。

習近平「実施分類経営　建設生態強省」『福建日報』二〇〇二年五月十四日。

習近平「縮小数字鴻溝　服務経済建設」『福建日報』二〇〇二年五月十七日。

習近平「《福州古厝》序」『福建日報』二〇〇二年五月二十四日。

習近平「加快建設〝三条戦略通道〟　推動福建経済実現新跨越」『福建日報』二〇〇二年九月二日。

習近平「関於制定福建省国民経済和社会発展第十個五年計劃建議的説明」『福建日報』二〇〇〇年十一月七日。

習近平「我是黄土的児子」『全国新書目』第一二期、二〇〇二年十二月、二六頁。

習近平「全面貫徹実施憲法　促進社会主義政治文明建設——習近平在浙江省暨杭州市紀念現行憲法頒布実施二〇周年大会上的講話」『浙江日報』二〇〇二年十二月四日。

習近平「認真貫徹落実党的十六大精神　全面建設小康社会　加快推進社会主義現代化事業——在省委十一届二次全体（拡大）会議上的報告（二〇〇二年十二月十八日）」『今日浙江』二〇〇三年第一期、二〇〇三年一月、四—一六頁。

習近平「序（二〇〇二年十二月二十八日）」、李秀記『従政二十春』鷺江出版社、二〇〇三年、一—二頁。

習近平『関於社会主義市場経済的理論思考』福建人民出版社、二〇〇三年。

習近平「大力推進山海協作工程　努力実現区域協調発展——浙江省委書記習近平在二〇〇三年浙江省山海協作工程情況匯報会上的講話」、浙江省人民政府経済技術協作弁公室編『山呼海應新跨越——浙江省山海協作工程紀実』浙江人民出版社、二〇〇五年、一一—二一頁。

習近平「政府工作報告——二〇〇三年一月十六日浙江省第十届人民代表大会第一次会議上」『浙江政報』総第六四八期、二〇〇三年二月、四—一六頁。

習近平「民営経済是浙江活力之所在」『政策瞭望』二〇〇三年第三期、二〇〇三年三月、九—一〇頁。

習近平「強化審判職能　推進依法治国」『人民法院報』二〇〇三年三月十八日。

習近平「積極参与長江三角洲地区合作与交流　進一歩提高我省対内対外開放水平——在省委工作会議上的講話（摘要）（二〇〇三年三月二十七日）」『浙江日報』二〇〇三年三月二十九日。

習近平「建設経済繁栄、山川秀美、社会文明的生態省」『今日浙江』二〇〇三年第七期、二〇〇三年四月、四—七頁。

習近平「発揮優勢　突出重点　加快建設先進製造業基地」『今日浙江』二〇〇三年第八期、二〇〇三年四月、四—七頁。

習近平「興起学習貫徹〝三個代表〟重要思想新高潮」『今日浙江』二〇〇三年第一二期、二〇〇三年六月、四—八頁。

習近平「生態興則文明興——推進生態建設　打造〝緑色浙江〟」『求是』二〇〇三年第一三期、二〇〇三年七月、四二—四四頁。

習近平「抓住根本加強党的建設」『今日浙江』二〇〇三年第一三期、二〇〇三年七月、四—六頁。

習近平「序言（二〇〇三年七月一日）」、潘家瑋、毛光烈、夏阿国主編『海洋　浙江的未来——加快海洋経済発展戦略研究』浙江科学技術出版社、二〇〇三年、一—四頁。

習近平「堅持協調発展方針積極関心支持国防和軍隊現代化建設」『浙江日報』二〇〇三年七月三十日。

習近平「発揮海洋資源優勢　建設海洋経済強省——在全省海洋経済工作会議上的講話」『浙江経済』二〇〇三年第一六

期、二〇〇三年八月、六―一一頁。

習近平「進一歩加快我省海洋経済発展」『今日浙江』二〇〇三年第一六期、二〇〇三年八月、四―八頁。

習近平「用〝三個代表〟重要思想指導新実践」『人民日報』二〇〇三年八月二十五日。

習近平「認真貫徹民主集中制原則 切実発揮〝一把手〟的班長作用（二〇〇三年十一月）」、中共浙江省紀律検査委員会、浙江省監察庁編『浙江省構建懲治和預防腐敗体系工作文集（理論与実践篇）』（内部発行）浙江人民出版社、二〇〇七年、一五―一八頁。

習近平「充分発揮〝八個優勢〟 深入実施〝八個挙措〟 扎実推進浙江全面、協調、可持続発展――在省委十一届五次全体（拡大）会議上的講話（二〇〇三年十二月二十二日）」『今日浙江』二〇〇四年第一期、二〇〇四年一月、四―一四頁。

習近平「進一歩加大山海協作工作力度走出一条具有浙江特色的統籌区域発展路子――浙江省委書記習近平在二〇〇四年浙江省山海協作工程情況匯報会上的講話」、浙江省人民政府経済技術協作弁公室編『山呼海應新跨越――浙江省山海協作工程紀実』浙江人民出版社、二〇〇五年、二四―二九頁。

習近平「以科学発展観指導浙江新発展」『経済管理』二〇〇四年第一期、二〇〇四年一月、六―九頁。

習近平「民営経済要再創新優勢実現新飛躍」『今日浙江』二〇〇四年第三期、二〇〇四年二月、八―一一頁。

習近平「大興求真務実之風狠抓各項工作落実――在省十届人大二次会議結束時的講話（二〇〇四年二月十五日）」『浙江日報』二〇〇四年二月十六日。

習近平「習近平――民営経済要靠〝五個転変〟実現新飛躍」『中国民営科技与経済』二〇〇四年第三期、二〇〇四年三月、二三頁。

習近平「妥善化解社会矛盾 全力維護社会穏定」『求是』二〇〇四年第三期、二〇〇四年三月、二〇―二二頁、五四頁。

習近平「求客観規律之真 務執政為民之実」『人民日報』二〇〇四年三月一日。

習近平「建設〝平安浙江〟促進社会和諧穏定――在省委十一届六次全体（拡大）会議上出的報告（節選）」『今日浙江』二〇〇四年第九期、二〇〇四年五月、四―八頁。

習近平「与時倶進 求真務実 不断推進反腐敗治本抓源工作」『中国監察』二〇〇四年第一〇期、二〇〇四年五月、四―六頁。

習近平「堅持和完善人民代表大会制度 進一歩加強和改進党対人大工作的領導――習近平同志在全省人大工作会議上的講話（二〇〇四年五月十一日）」『浙江人大（公報版）』二〇〇四年第四期、二〇〇四年六月、八二―八九頁。

習近平「創新〝楓橋経験〟 建設〝平安浙江〟――在全国社会治

安綜理工作会議上的講話（節選）」『今日浙江』二〇〇四年第一二期、二〇〇四年六月、四—五頁。

習近平「厳格遵紀守法　自覚接受監督（二〇〇四年七月十五日）」、中共浙江省紀律検査委員会、浙江省監察庁編『浙江省構建懲治和預防腐敗体系工作文集（綜合篇）』（内部発行）浙江人民出版社、二〇〇七年、一四三—一四八頁。

習近平「以執政能力建設為重点　全面推進党的建設」『政策瞭望』二〇〇四年第八期、二〇〇四年八月、四—七頁。

習近平「堅持〝両個不動揺〟推動民営経済発展実現新飛躍」『中国経済時報』二〇〇四年九月二十八日。

習近平「狠抓党風廉政建設責任制的落実　切実推進浙江反腐倡廉工作深入啓開展（二〇〇四年十一月二十二日）」、中共浙江省紀律検査委員会、浙江省監察庁編『浙江省構建懲治和預防腐敗体系工作文集（綜合篇）』（内部発行）浙江人民出版社、二〇〇七年、一四一—一四二頁。

習近平「以科学発展観統領全局　推進『八八戦略』的深入実施——在全省経済工作会議上的講話（二〇〇四年十二月二十日）」『政策瞭望』二〇〇五年第一期、二〇〇五年一月、四—一四頁。

習近平「進一歩増強歴史使命感与社会責任感　努力開創我省哲学社会科学工作新局面——在省社科聯第五次代表大会上的講話（二〇〇四年十二月二十三日）」『浙江社会科学』二〇〇五年第一期、二〇〇五年一月、三—八頁。

習近平「認真学習貫徹十六届五中全会精神　切実推動我省経済社会又快又好発展」、中共中央党校科研部、中共中央党校研究室、中共浙江省委宣伝部編『落実科学発展観与構建和諧社会——〝認真学習党的十六届五中全会精神　全面貫徹落実科学発展観〟理論研討会論文集』中共中央党校出版社、二〇〇五年、六一—八四頁。

習近平「序」、中共浙江省委保持共産党員先進性教育活動領導小組弁公室編『中流砥柱——浙江省基層党組織和党員抗撃台風〝海棠〟、〝麦莎〟事跡』奥付なし、二〇〇五年、一—三頁。

習近平「序」、中共浙江省委党史研究室、浙江省毛沢東思想研究中心編『陳雲与浙江』中央文献出版社、二〇〇五年、一—三頁。

習近平「序一」、鄭金沐『厦門特区発展的理論与実践』厦門大学出版社、二〇〇五年、頁数記載なし。

習近平「与時俱進的浙江精神（代序）」、中共浙江省宣伝部編『与時俱進的浙江精神』浙江人民出版社、二〇〇五年、一—八頁。

習近平「用科学発展観統領発展和改革工作——在省発展和改革委党員領導幹部民主生活会上的講話（摘要）」『浙江経済』二〇〇五年第二期、二〇〇五年一月、四—六頁。

習近平「鞏固執政基礎　増強執政本領」『党建研究』二〇〇五年第二期、二〇〇五年二月、一七—二〇頁。

習近平「領導幹部要切実管好自己」『今日浙江』二〇〇五年第四期、二〇〇五年二月、四―五頁。

習近平「着力構建懲治和預防腐敗体系　不断提高反腐敗倡廉能力――習近平在中共浙江省紀律検査委員会第七次全体会議上的講話（二〇〇五年二月一日）」、中共浙江省紀律検査委員会、浙江省監察庁編『浙江省構建懲治和預防腐敗体系工作文集（綜合篇）』（内部発行）浙江人民出版社、二〇〇七年、六一―六七頁。

習近平「把握〝両個趨向〟提高解決〝三農〟問題的能力」『人民日報』二〇〇五年二月四日。

習近平「推進城郷一体重在統籌発展」『経済日報』二〇〇五年二月二十二日。

習近平「全面貫徹科学発展観努力構建社会主義和諧社会――在省委十届人大三次会議閉幕時的講話（二〇〇五年三月三日）」『浙江日報』二〇〇五年三月四日。

習近平「深刻理解〝走在前列〟」『今日浙江』二〇〇五年第一〇期、二〇〇五年五月、四―五頁。

習近平「弘揚〝紅船精神〟　走在時代前列」『光明日報』二〇〇五年六月二十一日。

習近平「大力発展循環経済積極探索科学発展的新路子」『政策瞭望』二〇〇五年第七期、二〇〇五年七月、四―九頁。

習近平「大力実施統籌城郷発展方略　加快浙江全面建設小康社会進程」『今日浙江』二〇〇五年第一八期、二〇〇五年九月、四―七頁。

習近平「深刻認識加快建設文化大省的戦略意義」『政策瞭望』二〇〇五年第九期、二〇〇五年九月、四―五頁。

習近平「正確処理事関〝十一五〟経済　社会発展全局的幾個重大関係」『政策瞭望』二〇〇五年第一二期、二〇〇五年十二月、四―九頁。

習近平「在全省経済工作会議上的講話（二〇〇五年十二月十九日）」『政策瞭望』二〇〇六年第一期、四―一四頁。

習近平「大力弘揚求真務実精神　努力做好浙江各項工作」《懲防体系建設在浙江的探索与実践》編委会編『懲防体系建設在浙江的探索与実践』文史出版社、二〇〇六年、一―七頁。

習近平「幹在実処　走在前列（代序）」、王駿、歴佛灯ら編著『執政之魂――浙江党建新探索』浙江人民出版社、二〇〇六年、一―六頁。

習近平「代序二　全面浙江社会主義新農村建設」、趙興泉、黄祖輝、陸立軍主編『中国新農村建設理論与実践――基于浙江新農村建設的実証研究』中国経済出版社、二〇〇六年、二―三頁。

習近平「序」、《循環経済知識読本》編委会編『循環経済知識読本』浙江人民出版社、二〇〇六年、二頁。

習近平「在発展中保護生態　在保護中促進発展――習近平在生態省建設領導小組全体会議上的講話」、浙江生態省建設工作領導小組弁公室編、戴備軍主編『生態建設在浙江』浙江人民出版社、二〇〇六年、一—三頁。

習近平「認真学習貫徹党章　做好反腐倡廉工作　為順利実施〝十一五〟規劃提供堅強保証——習近平在中共浙江省紀律検査委員会第九次全体会議上的講話（二〇〇六年一月十三日）」、中共浙江省紀律検査委員会、浙江省監察庁編『浙江省構建懲治和預防腐敗体系工作文集（綜合篇）』（内部発行）浙江人民出版社、二〇〇七年、六八—七二頁。

習近平「学習貫徹党章——実施〝十一五〟規劃的堅強保証」『人民日報』二〇〇六年二月十七日。

習近平「加快推進節約型社会建設」『経済日報』二〇〇六年二月二十日。

習近平「推動経済社会転入科学発展軌道　加快建設創新型省份」『政策瞭望』二〇〇六年第四期、二〇〇六年四月、四—九頁。

習近平「以建設社会主義新農村為主題　深入開展農村先進性教育活動」『求是』二〇〇六年第八期、二〇〇六年四月、三七—三八頁。

習近平「与時俱進的浙江精神」『哲学研究』二〇〇六年第四期、二〇〇六年四月、三—八頁。

習近平「以社会主義法治理念指導〝法治浙江〟建設」『法制日報』二〇〇六年六月十八日。

習近平「弘揚法治文化　建設〝法治浙江〟——写在〝五五〟普法啓動之際」『浙江日報』二〇〇六年七月二十四日。

習近平「発展循環型経済　建設節約型社会」『今日浙江』二〇〇六年第一五期、二〇〇六年八月、六—七頁。

習近平「八十五年来加強党的先進性建設的実践与啓示」『今日浙江』二〇〇六年第一六期、二〇〇六年八月、六—七頁。

習近平「全面落実科学発展観　堅定不移地走新型城市化道路」『政策瞭望』二〇〇六年第九期、二〇〇六年九月、四—七頁。

習近平「堅定不移地新型城市化道路」『今日浙江』二〇〇六年第一七期、二〇〇六年九月、六—七頁。

習近平「建設新農村林業肩負重要使命」『中国緑色時報』二〇〇六年九月二十七日。

習近平「認真学習貫徹六中全会精神　大力構建社会主義和諧社会」『今日浙江』二〇〇六年第二〇期、二〇〇六年十月、六—七頁。

習近平「堅持以人為本的科学理論　推進社会主義和諧社会在浙江的実践」『今日浙江』二〇〇六年第二一期、二〇〇六年十一月、六—一〇頁。

習近平「深入貫徹落実科学発展観　保持経済平穏快発展」『今日浙江』二〇〇六年第二四期、二〇〇六年十二月、六—七頁。

習近平「加強地方立法工作　推進和諧社会建設」『中国人大』

二〇〇六年十二月十日、八―九頁。

習近平「大力推進廉政文化建設」、中央紀委宣教室、中共浙江省紀委、中共浙江省委宣伝部編『廉政文化在中国系列叢書　浙江巻』中国方正出版社、浙江人民出版社、二〇〇七年、二九頁。

習近平「弘揚新風正気　抵制歪風邪気　全面加強領導幹部作風建設――習近平在中共浙江省紀律検査委員会第十次全体会議上的講話（二〇〇七年一月二十五日）」、中共浙江省紀律検査委員会、浙江省監察庁編『浙江省構建懲治和預防腐敗体系工作文集（綜合篇）』（内部発行）浙江人民出版社、二〇〇七年、七三―七九頁。

習近平『在浙江経済社会発展状況匯報会上的講話提綱（二〇〇七年二月八日）』奥付なし。

習近平「建設〝平安浙江〟　構建和諧社会」『領導科学』二〇〇七年第六期、二〇〇七年三月、四―六頁。

習近平「善学善思　善作善成」『求是』二〇〇七年第九期、二〇〇七年五月、二七―二八頁。

習近平「堅定科学発展之路　加快推進〝四個率先〟　努力開創〝四個中心〟和社会主義現代化国際大都市建設的新局面――在中国共産党上海市第九次代表大会上的報告（二〇〇七年五月二十四日）」『解放日報』二〇〇七年五月三十日。

習近平「習近平同志在中共上海市委九届一次全会結束時的講話（二〇〇七年五月二十八日）」、中共上海市紀律検査委員会、上海市委組織部、中共上海市委宣伝部『上海市党員幹部警示教育学習材料』（内部資料）奥付なし、二〇〇七年七月、七八―八八頁。

習近平「改革開放三〇年党的建設回顧与思考」『学習時報』二〇〇八年九月八日。

習近平「結合新的実際大力焦裕禄精神」『求是』二〇〇九年第一〇期、二〇〇九年五月、三―六頁。

習近平「在学習楊善洲精神、做人民満意的好党員好幹部座談会上的講話（二〇一一年四月十三日）」、中央創先争優活動領導小組弁公室編『深入開展創先争優活動文件選編（二）』（内部発行）党建読物出版社、二〇一二年、二二一―二二八頁。

習近平『擺脱貧困（第二版）』福建人民出版社、二〇一四年（初版一九九二年）。

習近平『幹在実処　走在前列――推進浙江新発展的思考与実践（第二版）』浙江人民出版社、二〇一四年（初版二〇〇六年）。

習近平『之江新語（第二版）』浙江人民出版社、二〇一五年（初版二〇〇七年）。

習近平『知之深　愛之切』河北人民出版社、二〇一五年。

習近平『做焦裕禄式的県委書記』中央文献出版社、二〇一五年。

習近平「在中日友好交流大会上的講話（二〇一五年五月二十三

日）」『新華網』二〇一五年五月二十三日（http://www.xinhuanet.com/politics/2015-05/23/c_1115384379.htm）、二〇二二年一月十九日閲覧。
習近平「決勝全面建成小康社会、奪取新時代中国特色社会主義偉大勝利（二〇一七年十月十八日）」、中共中央党史和文献研究院編『十九大以来重要文献選編（上）』中央文献出版社、二〇一九年、一―五〇頁。
習近平『論堅持全面深化改革』中央文献出版社、二〇一八年。
習近平「在全国組織工作会議上的講話（二〇一八年七月三日）」『当代党員』二〇一八年第一九期、二〇一八年十月、四―一一頁。
習近平『論党的宣伝思想工作』中央文献出版社、二〇二〇年。
習近平「在紀念辛亥革命百十周年大会上的講話（二〇二一年十月九日）」『人民日報』二〇二一年十月十日。
習近平「高挙中国特色社会主義偉大旗幟　為全面建設社会主義現代化国家而団結奮闘――在中国共産党第二十次全国代表大会上的講話」『共産党員網』二〇二二年十月二十五日（https://www.12371.cn/2022/10/25/ARTI1666705047474465.shtml）、二〇二四年三月二十五日閲覧。
習近平「中国式現代化是強国建設、民族復興的康庄大道（二〇二三年二月七日）」『中共中央弁公庁通訊』（党内刊行物）二〇二三年第八期、二〇二三年八月、八―一〇頁。
習近平「在学習貫徹習近平新時代中国特色社会主義思想主題教育工作会議上的講話（二〇二三年四月三日）」『求知』二〇二三年第五期、二〇二三年五月、四―一〇頁。
習近平「在文化伝承発展座談会上的講話（二〇二三年六月二日）」『中共中央弁公庁通訊』（党内刊行物）二〇二三年第八期、二〇二三年八月、一八―二三頁。
習遠平「父親往事――憶我的父親習仲勳」『百年潮』二〇一三年第一一期、二〇一三年十一月、一六―二一頁。
夏利彪編『中国共産党党章及歴次修正案文本匯編　一九二一～二〇一二』法律出版社、二〇一六年。
厦門市計画委員会、厦門市戦略弁公室編「厦門市二〇〇〇年経済社会発展戦略」『計画経済研究』一九八八年第九期、一九八八年二月、二七―三七頁。
厦門市経済社会発展戦略研究弁公室、厦門市計画委員会、《厦門経済社会発展戦略》編輯委員会『一九八五年―二〇〇〇年　厦門経済社会発展戦略』鷺江出版社、一九八九年。
謝暁光『俄羅斯対外戦略研究（二〇〇〇～二〇一六）』社会科学文献出版社、二〇一八年。
新華社「中共中央弁公庁印発《関於在県処級以上領導幹部中開展〝三厳三実〟専題教育方案》」『党員幹部之友』二〇一五年第五期、二〇一五年五月、五頁。
徐天胎、鄭華麗「有関〝琉球館〟的幾則史事」、中国人民政治協商会議福州市台江区委員会文史資料委員会編『台江文史資料（紀念福州建城二二〇〇年専輯）』第一四輯（内部資料)、閩新出(九八)榕内書第〇四七六号、福州市僑福彩刷廠承印、一九九八年九月、五八—六六頁。

許一鳴「把握好新聞工作的基点——福建寧徳地委書記習近平談新聞工作」『中国記者』一九八九年第七期、一九八九年七月、一三—一四頁。

薛福岐「二〇二〇年修憲与政治発展進程」『人民論壇』二〇二〇年八月・上、二〇二〇年八月、三五—三七頁。

雪真「名城緑海唱大風——記福建省委常委、福州市委書記習近平」『福建文学』一九九四年第四期、一九九四年四月、五八—六五頁。

厳華、張海昌「争創新優勢　更上一層楼——訪福建省長習近平」『台声雑誌』二〇〇〇年第七期、二〇〇〇年七月、一一二—一一三頁。

厳孝潜「太平已有象、莫忘告重泉——紀念厳公幾道逝世八十周年」、福建省厳復学術研究会『厳復逝世八十周年紀念活動専輯』(限定配布資料)奥付なし、二〇〇一年、一五頁。

鄢行龍、郭生教「支持国防建設就是支持経済発展——記福建予備役高炮師第一政委習近平」『中国国防報』二〇〇〇年十一月二十七日。

鄢行龍、尤華、郭生教「支持国防建設就是支持経済発展——記福建予備役高炮師第一政委、福建省長習近平」『国防』二〇〇一年第三期、二〇〇一年三月、三七—三八頁。

楊筱懐「習近平——我是如何跨入政界的」『中華児女(国内版)』二〇〇〇年第七期、二〇〇〇年十一月、三九—四四頁。

一銘「浙江省委書記習近平強調——舟山要在推進海洋経済強省建設中唱主角打頭陣」『中国港口』二〇〇五年第七期、二〇〇五年七月、八頁。

喩国明、楊雅、顔世健「世論戦的数字孿生:国際伝播格局的新模式、新特征与新策略——以俄烏衝突的世論戦為例」『対外伝播』二〇二二年第七期、二〇二二年七月、八—一二頁。

兪潤澤、江天驕「〝星鏈〟対太空軍控的影響」『現代国際関係』二〇二二年第六期、二〇二二年六月、三五—四一頁。

雍正奇「習近平回正定」『領導文萃』二〇〇九年第二一期、二〇〇九年十一月、六三—六八頁。

張昊琦「加強政治控制抑或重啓改革?——二〇一八年総統大選之後的俄羅斯政治発展」『俄羅斯東欧中亜研究』二〇一八年第一期、二〇一八年二月、一六—二七頁。

張麗萍、王広州「二〇二一年中国城郷居民生育意願和生育行為調査報告」、李培林、陳光金、王春光主編『二〇二二年中国社会形勢分析与予測』社会科学出版社、二〇二一年、二五一—二六七頁。

張志功「我在習老身辺二十年(一)——習仲勲廉潔自律風貌」『紅広角』二〇一三年第五期、二〇一三年五月、四—八頁。

張志功「我在習老身辺二十年（二）——習仲勲〝《劉志丹》小説案〟平反前後」『紅広角』二〇一三年第七期、二〇一三年七月、四—一二頁。

趙徳潤口述「在正定採訪習近平」『領導文萃』二〇一五年第八期・上、二〇一五年八月、八四—八七頁。

趙可金「当代俄羅斯研究的核心問題、範式演変与発展趨勢」『俄羅斯研究』二〇二二年第二期、二〇二二年四月、二〇—三七頁。

趙楽際「求真務実　開拓創新　在落実十八大精神中推進組織工作」『党建研究』二〇一三年第二期、二〇一三年二月、一三—二〇頁。

趙雲「紅土地上永恒的精神——福建省隆重紀念古田会議七〇周年」『福建党史月刊』二〇〇〇年第一期、二〇〇〇年一月、七—九頁。

趙紫陽「沿着有中国特色社会主義道路前進（一九八七年十月二十五日）」、本書編写組編『十一届三中全会以来歴次党代会、中央全会報告　公報　決議　決定』中国方正出版社、二〇〇八年、二八三—三一五頁。

正定県史弁公室編『中国共産党正定県歴史大事記（一九六六〜二〇一〇）』中国文史出版社、二〇一二年。

鄭新華「中央政治局民主生活会怎麼開?」『党的生活（黒龍江）』二〇一七年第一期、二〇一七年一月、一二—一四頁。

中共北京市委宣伝部理論宣伝処編『習近平総書記重要講話選編』（内部資料）奥付なし、二〇一三年。

中共福建省委弁公庁編『中共福建省委大事記（一九七九—一九九〇年）』（内部使用）、閩新出（九九）内書第（刊）第一八号、中共福建省委弁公庁文印中心、一九九九年。

中共福建省委弁公庁編『中共福建省委大事記（一九九一—二〇〇〇）』（内部資料）、（閩）新出（二〇〇三）内書第二三八号、中共福建省委弁公庁文印中心、二〇〇三年。

中共福建省委弁公庁編『中国共産党福建省第六届委員会歴次全会文件匯編』（内部資料）、（閩）新出（二〇〇一）内書第八八号、二〇〇一年。

中共福建省委組織部、中共福建省委党史研究室「関於開展為福建省革命歴史紀念館建設做貢献活動的請示（一九九四年八月二十四日）」、中共福建省委組織部、中共福建省委党史研究室編『福建省革命歴史紀念館建設捐資紀念冊』奥付なし、一九九六年四月、四—五頁。

中共福州市委弁公庁綜合科「中共福州市委一九九〇年要事記（上）」『福州党史通訊』（内部発行）一九九一年第一期、一九九一年三月、一—一一頁。

中共福州市委弁公庁綜合科「中共福州市委要事記（一九九一年一〜六月）」『福州党史通訊』（内部発行）一九九一年第三期、一九九一年九月、一—一四頁。

中共福州市委弁公庁綜合科「中共福州市委要事記（一九九一年七〜十二月）」『福州党史通訊』（内部発行）一九九二年

第一期、一九九二年三月、四九―六三頁。

中共福州市委綜合科「中共福州市委要事記（一九九二年一～六月）」『福州党史通訊』（内部発行）一九九三年第二期、一九九三年六月、二三―二九頁。

中共福州市委弁公庁綜合科「中共福州市委要事記（一九九三年五～六月）」『福州党史通訊』（内部発行）一九九四年第二期、一九九四年六月、二八―三一頁。

中共福州市委弁公庁綜合科「中共福州市委要事記（一九九三年七～九月）」『福州党史通訊』（内部発行）一九九四年第三期、一九九四年九月、二七―三二頁。

中共福州市委弁公庁綜合科「中共福州市委要事記（一九九三年十～十二月）」『福州党史通訊』（内部発行）一九九四年第四期、一九九四年十一月、二五―二九頁。

中共福州市委弁公庁綜合科「中共福州市委大事記（一九九四年一月）」『福州党史通訊』（内部発行）一九九五年第二期、一九九五年五月、三七―四一頁。

中共福州市委弁公庁綜合科「中共福州市委大事記（一九九四年五月～七月）」『福州党史通訊』（内部発行）一九九五年第四期、一九九五年十二月、三〇―三五頁。

中共福州市委弁公庁綜合処「中共福州市委大事記（一九九五年五月～七月）」『福州党史通訊』（内部発行）一九九七年第三期、一九九七年九月、三〇―三六頁。

中共福州市委弁公庁綜合処「中共福州市委大事記（一九九五年八月～九月）」『福州党史通訊』（内部発行）一九九七年第四期、一九九七年十二月、三三―三七頁。

中共福州市委弁公庁綜合処「中共福州市委大事記（一九九五年十月～十二月）」『福州党史通訊』（内部発行）一九九八年年第一期、一九九八年三月、三五―四一頁。

中共福州市委党校、福州市行政学院、福州市社会主義学院編『福州市情教材　建設"海上福州"』奥付なし、二〇一七年十二月。

中共福州市委員会、福州市人民政府『宏偉的戦略　跨越的足跡――福州市"三八二〇"工程二十周年成就』出版社不明、二〇一二年十月。

中共寧徳市委党史研究室編『中共寧徳党史人物（社会主義時期）第一巻』中央文献出版社、二〇〇三年。

中共寧徳市委党史研究室編『中国共産党寧徳歴史大事記（一九二六・十一―一九九五・十二）』中央文献出版社、一九九七年。

中共寧徳市委宣伝部編『奮進的足跡――"開発三都澳　建設新寧徳"新聞報道匯編』（内部資料）二〇一七年（寧）新出内書第二〇一七〇〇五八号、閩東日報社印刷廠。

中共一大址紀念館編『中共一大会址紀念館六〇年大事記（一九五二～二〇一二年）』上海辞書出版社、二〇一三年。

中共中央党史和文献研究院編『十九大以来重要文献選編（上）』中央文献出版社、二〇一九年。

中共中央党史和文献研究院編『十九大以来重要文献選編（中）』中央文献出版社、二〇二一年。

中共中央党史和文献研究院編『十九大以来重要文献選編（下）』中央文献出版社、二〇二三年。

中共中央党史和文献研究院、中央〃不忘初心、牢記使命〃主題教育領導小組弁公室編『習近平関於〃不忘初心、牢記使命〃重要選編』（内部発行）党建読物出版社・中央文献出版社、二〇一九年。

中共中央党史和文献研究院、中央学習貫徹習近平新時代中国特色社会主義思想主題教育領導小組弁公室編『習近平新時代中国特色社会主義思想専題摘編』中央文献出版社・党建読物出版社、二〇二三年。

中共中央党校科研部、中共中央党校研究室、中共浙江省委宣伝部編『落実科学発展観与構建和諧社会——〃認真学習党的十六届五中全会精神　全面貫徹落実科学発展観〃理論研討会論文集』中共中央党校出版社、二〇〇五年。

中共中央党校校務委員会編『習近平党校十九講』（内部使用）中共中央党校出版社、発行年不明。

中共中央紀律検査委員会、中共中央文献研究室編『習近平関於党風廉政建設和反腐敗闘争論述摘編』中央文献出版社・中国方正出版社、二〇一五年。

中共中央文献編輯委員会『毛沢東著作選読』（上、下冊）人民出版社、一九八六年。

中共中央文献編輯委員会編『毛沢東選集（第二版）』第一巻、人民出版社、一九九一年。

中共中央文献編輯委員会編『毛沢東選集（第二版）』第四巻、人民出版社、一九九一年。

中共中央文献編輯委員会編『周恩来　劉少奇　朱徳　鄧小平　陳雲　著作選読』人民出版社、一九八七年。

中共中央文献研究室編『建国以来重要文献選編（第一五冊）』中央文献出版社、一九九七年。

中共中央文献研究室編『毛沢東思想年編（一九二一～一九七五年）』中央文献出版社、二〇一一年。

中共中央文献研究室編『毛沢東文集　第三巻』人民出版社、一九九六年。

中共中央文献研究室編『毛沢東文集　第七巻』人民出版社、一九九九年。

中共中央文献研究室編『十四大以来重要文献選編（上）』人民出版社、一九九六年。

中共中央文献研究室編『十六大以来重要文献選編（上）』中央文献出版社、二〇〇五年。

中共中央文献研究室編『十八大以来重要文献選編（上）』中央文献出版社、二〇一四年。

中共中央文献研究室編『習近平関於全面従厳治党論述摘編』中央文献出版社、二〇一六年。

中共中央文献研究室編『習近平総書記重要講話文章選編』（内

部発行）党建読物出版社・中央文献出版社、二〇一六年。

中共中央文献研究室、中央档案館編『建党以来重要文献選編（一九二一―一九四九）（第二三冊）』中央文献出版社、二〇一一年。

中共中央宣伝部編『習近平論党的宣伝思想工作』（内部発行）人民出版社、二〇一九年。

《中国共産党歴次党章匯編》編委会編『中国共産党歴次党章匯編（一九二一―二〇〇二）』（内部発行）中国方正出版社、二〇〇六年。

《中国共産党章程匯編――（従一大―十七大）》選編組『中国共産党章程匯編――（従一大―十七大）』（内部発行）中共中央党校出版社、二〇〇七年。

中国青年出版社編『談培養和造就革命接班人』中国青年出版社、一九六五年。

中国人民解放軍総政治部編『習近平関於国防和軍隊建設重要論述選編』（軍内発行）解放軍出版社、二〇一四年。

中国人民解放軍総政治部編『習近平国防和軍隊建設重要論述選編（二）』（軍内発行）解放軍出版社、二〇一五年。

中国人民解放軍総政治部編印『毛沢東鄧小平著作選読　士兵読本（初版）』解放軍出版社、一九九〇年。

中国人民解放軍総政治部編印『毛沢東鄧小平著作選読――士兵読本（第二版）』解放軍出版社、一九九三年。

中国人民解放軍総政治部編印『毛主席語録』新華書店、一九六八年。

中国中央電視台『CCTV　中国経済生活大調査二〇一七―二〇一八　美好生活指数報告』（内部資料）奥付なし。

中国中央電視台『CCTV　中国経済生活大調査二〇一九―二〇二〇　美好生活指数報告』（内部資料）奥付なし。

中国中央電視台、国家統計局、中国郵政集団公司『CCTV　中国経済生活大調査（二〇一三―二〇一四）年度数据分析報告』（内部資料）奥付なし。

中学政治教材編輯組『中学政治課本　做革命的接班人（試用教材）』人民教育出版社、一九六四年。

中央党校採訪実録編輯室『習近平的七年知青歳月』中共中央党校出版社、二〇一七年。

中央党校採訪実録編輯室『習近平在正定』中共中央党校出版社、二〇一九年。

中央党校採訪実録編輯室『習近平在厦門』中共中央党校出版社、二〇二〇年。

中央党校採訪実録編輯室『習近平在寧徳』中共中央党校出版社、二〇二〇年。

中央党校採訪実録編輯室『習近平在福州』中共中央党校出版社、二〇二〇年。

中央党校採訪実録編輯室『習近平在福建』（上、下冊）中共中央党校出版社、二〇二一年。

中央党校採訪実録編輯室『習近平在浙江』（上、下冊）中共中央党校出版社、二〇二一年。

中央党校採訪実録編輯室『習近平在上海』中共中央党校出版社、二〇二二年。

中央広播電視総台『CMG　中央広播電視総台　美好生活指数報告　中国美好生活大調査二〇二一—二〇二二』（内部資料）奥付なし。

中央軍委政治工作部編『習近平論強軍興軍』（軍内発行）解放軍出版社、二〇一七年。

中央軍委政治工作部編『習近平論強軍興軍（二）』（軍内発行）解放軍出版社、二〇一九年。

中央軍委政治工作部編『習近平論強軍興軍（三）』（軍内発行）解放軍出版社、二〇二二年。

周海濱、郭佳「耿飈：留守抗日根拠地——耿瑩耿焱講述父親生平」『中国経済周刊』二〇一〇年第二九期、二〇一〇年七月、五三—五五頁。

周景洛、梁玉驥「推動浙江民営経済新飛躍——浙江省委書記習近平訪談録」『中国報道』二〇〇五年第七期、二〇〇五年七月、一八—二一頁。

祝文善「厳復思想的深入研討和認知——評薦《科学与愛国・厳復思想新探》」、福建省厳復学術研究会『厳復逝世八十周年紀念活動専輯』（限定配布資料）奥付なし、二〇〇一年、二一—二三頁。

左鳳栄「普京——強人治理大国的邏輯」『中国領導科学』二〇一八年第一期、二〇一八年一月、一一一—一一六頁。

（無署名記事、冊子）
"China's Risky Reboot," *The Economist*, 6 April 2024, p. 9.
"Creating a Digital Totalitarian State," *The Economist*, 17 December 2016, pp. 20–22.
"Xi Jinping is not another Mao," *The Economist*, 8 April 2023, p. 25.
「地委書記習近平談老区工作（一九八九年七月十六日）」、福建省寧徳地区老区弁公室編『奮進篇——寧徳地区老区工作典型材料選編』奥付なし、一九八九年十一月、一—二頁。
「反〝和平演変〟問題馬虎不得」『党員特刊』（党内刊行物）中国共産党遼寧省委員会、一九九一年第九期、一九九一年九月、六—七頁、一二頁。
「福建省代省長習近平談　貫徹中央民族工作会議精神　加快民族地区発展」『民族団結』一九九九年第一二期、一九九九年十二月、二九頁。
「福州市要支持建好福建革命歴史紀念館——中共福州市委書記習近平関於選址的意見」『福建党史月刊』一九九四年第一一期、一九九四年十一月、四頁。
「習近平」、《福建博士風采》叢書編委会編『福建博士風采』第一巻、海潮撮影芸術出版社、二〇〇三年、二一三頁。

「習近平——談談調査研究」『伝承』二〇一二年第一期、二〇一二年一月、四六—四八頁。

「習近平——下決心把民族種業搞上去」『海外網』二〇二二年六月二十日（https://baijiahao.baidu.com/s?id=17361346664753136 3&wfr=spider&for=pc）、二〇二二年十二月十九日閲覧。

「習近平同志談修志工作」『広西地方志』二〇〇九年第三期、二〇〇九年六月、三頁（原載、福建省地方志編纂委員会編『修志簡訊』二〇〇八年第一七期）。

「習近平同志主持召開中央政治局会議研究部署加強新形勢下党員発展和管理工作」『党建研究』二〇一三年第三期、二〇一三年三月、四頁。

「中共浙江省委書記習近平在後陳村座談会上的講話（根拠録音整理、未経本人審閲）」、施嵩、陳振声主編『足跡——浙江省武義県基層民主政治建設的実践与探索』中国文史出版社、二〇〇六年、二一三頁。

『中国共産党第九次全国代表大会文件匯編』人民出版社、一九六九年。

『中国共産党第十次全国代表大会大会文件匯編』人民出版社、一九七三年。

（新聞）
『朝日新聞』『沖縄タイムス』『東京新聞』『日本経済新聞』『毎日新聞』『読売新聞』
The South China Morning Post
『辺防警察報』『第一財経日報』『二一世紀経済報道』『法制日報』『福建工商時報』『福建日報』『福州晩報』『工商時報』（台湾）『光明日報』『国際商報』『解放軍報』『解放日報』『経済日報』『科技日報』『内蒙古日報（漢）』『閩東報』『閩東郷訊』『人民法院報』『人民日報』『人民郵電』『通信信息報』『文匯報』『厦門日報』『新華毎日電訊』『学習時報』『浙江日報』『中国海洋報』『中国環境報』『中国緑色時報』『中国青年報』『中華工商時報』

（インターネットサイト）
言論NPO　日本国外務省　日本共産党　日本国総務省統計局　日本国沖縄県那覇市　日本貿易振興機構（ジェトロ）　中華人民共和国駐日本国大使館　明治大学現代中国研究所　ユー・チューブ（YouTube）　ユーラシア・グループ（Eurasia Group）
BBC News　Reuters　WikiLeaks
大連新聞網　共産党員網　海外網　荊州党建網　全国党員幹部

現代遠程教育　人民網　新華網　新浪科技　浙江在線
中国長安網　中国共産党党員網　中国共産党歴次全国代表大会数据庫　中国共産党新聞網　中国人民政治協商会議全国委員会　中国新疆　中国政府網　中国中央電視台
中華人民共和国外交部　中華人民共和国中央人民政府

あとがき

本文で書くべきことは、もはやすべて書いたと思う。あとはただ、この本を書き上げるために費やしたおよそ一〇年の月日を思い返しながら、執筆に集中的に取り組んだ過去一年半の間に、自分自身が放出した精神と肉体のエネルギー――睡眠中に突然着想を得て目が覚めメモを記録した経験も少なからずあった――の残り火を消すだけとなった。

本書は、現在も進行中（二〇二四年十二月三日の「あとがき」執筆時点）の「政治史としての習近平時代」について、筆者が二〇一三年以来発表してきた学術論文や雑誌記事、新聞コメントなどを中心に、新たに執筆した文章も加えて、内容的に統合された一冊の研究書として編集公刊したものである。書籍化にあたっては、初出時のすべての文章について、統計数値の更新をはじめ、構成の見直しや大幅な加筆修正を行った。字句のわずかな修正にとどまった第三章を例外として、原文転載はほとんどない。それゆえ筆者自身の認識では、形式と内容の両面において、実質的には書き下ろしの単行書と位置づけられる。

ただし前記のような出版経緯のため、各章の叙述には重複した箇所が複数ある。これについては序章でも述べたとおり、読者が各人の興味関心に基づき読みたい章から読むことができるように、章ごとに相対的に完結した内容を保つことを重視し、あえて修正を行わなかった。読者のご理解を希望したい。各章の下敷きとなった主な既発表原稿は、以下に挙げるとおりである。ほかにも筆者が言ったり書いたりしてきた多くの事柄を、本文中に直接間接に反映させたが、それらは註に記載した。

序章　書き下ろし

第一章

「『習近平時代』の政治とは何か？　理解の見取り図と将来動向の論点――支配体制と指導者像の歴史的定位に基づき」『東亜』（霞山会）第六五二号、二〇二一年十月、七六―八三頁。

「中国のガバナンス」、広島市立大学広島平和研究所編『アジアの平和とガバナンス』有信堂高文社、二〇二二年三月、一四二―一五二頁。

「政治――一党支配の歴史と統治のメカニズム、将来の課題」、川島真編『シリーズ地域研究のすすめ③　ようこそ中華世界へ』昭和堂、二〇二二年八月、三〇―四六頁。

第二章

「習近平時代における中国共産党の党員リクルート政策――労働者の疎外と労農同盟喪失の組織実態」『国際問題』（日本国際問題研究所）第六七三号、二〇一八年七月、一五―二八頁。

「中国共産党、『労働者』と訣別する前衛――習近平時代の党員リクルートと党員集団」『問題と研究（日本語版）』（国立政治大学、台湾）第五〇巻第三号、二〇二一年九月、一―四一頁。

第三章

「『お仲間』の政治学――中国のロシア政治研究とロシア・ウクライナ戦争の『教訓』」、川島真、鈴木絢女、小泉悠編、池内恵監修『ユーラシアの自画像――「米中対立／新冷戦」論の視角』ＰＨＰ研究所、二〇二三年三月、二四七―二七四頁。

第四章

「習近平とはどのようなリーダーか？――地方指導者時代の著作にみる政治認識、リーダーシップ、政治家像」、二一世紀政策研究所研究プロジェクト（研究主幹：川島真）『中国の政策動向とその持続可能性――中国をめぐる三つの視点』日本経済団体連合会二一世紀政策研究所、二〇二〇年十月、一二七―一五五頁。

「〈資料紹介〉一九八七年十一月の習近平・岡崎嘉平太の会談について」『国際情勢　紀要』（世界政経調査会国際情勢研究所）第九二号、二〇二二年三月、二三―三一頁。

第五章

「中国共産党『領袖』考――政治文書の用例にみる政治・イデオロギー史的考察」『国際情勢　紀要』（世界政経調査会国際情勢研究所）第九〇号、二〇二〇年三月、一一―三二頁。

第六章　書き下ろし

第七章

「〈最高指導者〉から〈最高実力者〉へ、二〇一五～二〇一八年――経営学的知見と『内部資料』に基づく習近平のリーダーシップ試論」、二一世紀政策研究所研究プロジェクト（研究主幹：川島真）『習近平政権三期目の目標と課題――強さと脆さ』日本経済団体連合会二一世紀政策研究所、二〇二四年五月、六五―九〇頁。

第八章

「〈中華民族の父〉を目指す習近平――重点政策と指導スタイルの変化にみる政治発展のゆくえ」『国際問題』（日本国際問題研究所）第七〇五号、二〇二二年二月、六―一八頁。

『『中華民族の父』を目指す習近平、あるいは『第二のブレジネフ』か『第二のプーチン』か――権力、理念、リーダーシップ、将来動向」、川島真、小嶋華津子編『習近平の中国』東京大学出版会、二〇二二年十月、八七―一〇四頁。

第九章
「台湾統一をめぐる習近平の政治論——台湾政策、政治構想、歴史認識」『東亜』（霞山会）第六七七号、二〇二三年十一月、六八—七七頁。
終章　書き下ろし

学生時代からわたくしは、学者の筆になる政治家の伝記類を読むのが好きだった。猪木正道や高坂正堯が描き出した吉田茂像はもちろん、ソヴィエト連邦や中華人民共和国の指導者たち、すなわちレーニン、トロツキー、スターリン、毛沢東、鄧小平らについても、ロバート・サーヴィス、アイザック・ドイッチャー、オレーク・フレヴニューク、スチュワート・シュラム、ロデリック・マックファーカー、エズラ・ヴォーゲルなどの英文原著や邦訳書を愛読してきた。本書の執筆にあたっては、少しでもそれらの研究群に近づくことを目指した。

同時に筆者は、欧州とくにスラヴ民族の歴史と政治文化を受け継いだソ連指導者の内在的理解はともかく、同じ北東アジアに生きた毛沢東や鄧小平について、日本人の研究者がなぜそうした評伝を書かないのか、あるいは、ごく少数の例外を除いて後世に読み継がれる作品としてなぜほとんど残っていないのか、中国とは文化体系が大きく異なる欧米の学者がなしうることがなぜ日本の学者にできないのかと思い続けてきた。本書執筆の動機のなかには、ごく小さな部分とはいえ、そうした学問上のナショナリスティックな反発心が含まれることをわたくしは否定しない（なおこれとは別の次元で、本書作成の過程で筆者が感得したある種の限界については、次の短文を参照のこと。鈴木隆「芸術と学術のあいだ——伝記的人物研究と『ジョジョの奇妙な冒険』」『大東文化大学東洋研究所所報』第八一号、二〇二四年七月、一頁）。

本文中にも記したように、本書の主な狙いの一つは、習近平という同時代人をモデルとした「現代中国の君主論」を書くことであった。加えて「政治権力にとって、何が好ましくないといって己れ自身の裸像を客観的に描かれるほど嫌悪すべき、恐怖すべきことはなかろう」という丸山眞男の言葉を、自分なりに学問的に昇華したいとの意欲も常に頭の片隅にあった（丸山眞男「科学としての政治学――その回顧と展望」、松本礼二編注『政治の世界　他十篇』岩波書店、二〇一四年、一七頁）。作者のそうした思いが結実しているか否かは、読者の判断に委ねるほかない。

また、本年（二〇二四年）十月には、序章でもその名前に言及した元オーストラリア首相で、中国政治と習近平の個人研究では世界有数の専門家でもあるケヴィン・ラッドが、『習近平について』と題する研究書を新たに発表した（Kevin Rudd, *On Xi Jinping: How Xi's Marxist Nationalism is Shaping China and the World*, New York: Oxford University Press, 2024）。ラッドの新著が筆者の手元に届いたのは、二〇二四年十一月末の本書の校正作業の終了段階であり、残念ながら先行業績としてそれを参照することはできなかった。本書の読者と同じく、筆者も自著との読み比べを楽しみたいと思う。みずからの思索が一国のトップを務めた人物のそれと学識の面で交錯する機会などめったにない。これも研究という営為の面白さ、奥深さといえようか。

個人と国家の二重の歴史の重なりにおいて、過去、現在、未来を往還するような政治的時間感覚の持ち主――これが、本書が提示した習近平像の一つの側面であった。他方で、本書が十分な学問的手続きに則って論じえたのは「昨日までの習近平」、あるいはせいぜいのところ「今日までの習近平」であって、「明日からの習近平」ではない。もっとも、本書全体の叙述に示唆されるとおり、筆者にとって研究活動の基本は、「収集→分析→理解→構築→自己の行動変容」の循環運動であり、予測や提言はさほど重視されない。研究者は、予言者でもなければ評論家でもない。

だが、将来予測という語の意味を「起こりそうなこと」よりも「起こりにくそうなこと」に重点を置いて理解すれば、すなわち、最高指導者の政治判断と政治行動の選択可能性に対する過去の多数事例の分析と緩やかなパターン認識に基づく消去法的限定化と捉えるならば、本書も一定の貢献をなしうるかもしれない。従前の意志決定と行動様式のあり方からみて、蓋然性の低い決定が未来の習近平によってなされたとき、例えば前述の丸山のセリフを想起すれば、本書の翻訳が中国で出版される（！）——むろん著者としては一日も早い実現を期待するが——などした場合には、中南海の奥の院で、最高指導者の心身の健康や権力状況などに重大な変化が起きている可能性がある。本書はそうした判断の手がかりを読者に提供するであろう。

本書は、筆者にとっては二冊目の単著である。前著（鈴木隆『中国共産党の支配と権力——党と新興の社会経済エリート』慶應義塾大学出版会、二〇一二年。日本貿易振興機構アジア経済研究所より第三四回発展途上国研究奨励賞を受賞）の出版から、およそ一二年半もの歳月を要したのは、ひとえに筆者の怠惰による。前作と本作を以てようやく、筆者が想定するところの中国政治の三つの重要な行為主体——①支配政党、②最高指導者、③国民集団のうち、前二者の討究が終わった。自分の人生の三〇代と四〇代の仕事が結晶化して、この世に本の形で残ることは素直にうれしい。③についても出版計画がすでに始動しており、そう遠くない将来のうちに、わたくしなりの「中国政治三部作」を完成させたいと願っている。

前著については、新聞の長文書評で、五百旗頭真先生から過分なお褒めの言葉を頂戴したという良き思い出もある（『毎日新聞』二〇一二年十二月二日）。併せて、猪口孝先生とのエピソードも記しておきたい。もう一〇年以上も前の話だが、書籍の共編著（猪口孝、袴田茂樹、浅羽祐樹、鈴木隆共編著『環日本海国際政治経済論』ミネルヴァ書房、二〇一三年）をご一緒させていただいたのをきっかけに、光栄にも猪口先生が当時トップを務められていた大学への転職もお誘いくださった。周知のように本年、両先生はともに突然、不帰の客となられた。お二人は、年下で浅学非才の筆者に対しても知的敬意をもって、さらなる研究の高みを目指すよう励ましてくれた。筆者の怠慢のために当初の計画より出版が遅れ、両先生に本書をご高覧いただけなくなったのは痛恨の極みである。お二人よりたまわったご厚情をわたくしは生涯忘れないであろう。五百旗頭先生と猪口先生が安らかに眠られますようお祈りいたします。

前著と同じく本書もまた、多くの人びとの支援と協力の賜物である。日頃より親しくお付き合いさせていただいている研究者、実務家、メディア関係者、職場の同僚の皆さんには改めて厚くお礼を申し上げる。

そうした方々のなかでも第一に指を屈するべきは、恩師の國分良成先生（慶應義塾大学名誉教授、前防衛大学校校長）である。國分ゼミの第一〇期生として、先生には学部学生のとき以来一貫して学恩をたまわり、就職後も折にふれて研究、社会活動の指針をご教示いただいている。本書の刊行に際しては、我ながら厚かましいとは思いつつも、拙著の販売宣伝用の推薦文のご寄稿をお願いしたところ、ありがたくもご快諾いただいた。不肖の弟子としては深甚なる感謝を申し上げるほかない。

山田辰雄先生（慶應義塾大学名誉教授）、毛里和子先生（早稲田大学名誉教授）、天児慧先生（早稲田大学名誉教授）、菱田雅晴先生（法政大学名誉教授）、小笠原欣幸先生（東京外国語大学名誉教授、台湾・国立清華大学栄誉講座教授）、諏訪一幸先生（元静岡県立大学教授）、高橋伸夫先生（慶應義塾大学教授）には、その卓越した研究業績はもとより、日本人のアジア地域研究者としてのあるべき心構えや、日本と他のアジア各国・地域との良好な関係構築に向けた社会実践についても、長年にわたって多くの教えを受けてきた。

内藤二郎先生（大東文化大学教授）、川島真先生（東京大学教授）、小嶋華津子先生（慶應義塾大学教授）には、さまざまな研究プロジェクトにご招待いただき、筆者の研究活動とその成果発信を支援してくれている。川島先生にお声がけいただいた仕事が、本書の成立にとっていかに大きな役割を果たしたかについては、前述した本書所収論文の初出一覧から一目瞭然である。松田康博先生（東京大学教授）も、筆者にとっては研究者としての師表である。やはり一〇年以上前、台湾での会食の席上、筆者の研究発展のためにいただいた激励の言葉を、わたくしはいまでもはっきりと覚えている。

松本充豊氏（京都女子大学教授）、阿南友亮氏（東北大学教授）、柿澤未知氏（日本台湾交流協会台北事務所総務部長）、鈴木宏尚氏（静岡大学教授）、西野純也氏（慶應義塾大学教授）、石塚迅氏（山梨大学教授）、加治宏基氏（愛知大学教授）は、学部、大学院、就職後とそれぞれ出会いのタイミングは異なるものの、同世代の友人、研究者仲間として長年変わらずにお付き合いをいただいている。すぐれた研究者でもあるこれらの人びとから受けた啓発と友情を思うとき、尊敬と感謝の念しかない。

また、本書が世に出る直接のきっかけを与えてくれた最大の恩人は、阿部俊一氏（東京大学出版会編集局第一編集部長）である。二〇二三年七月に本書の出版企画を頂戴してからこれまでの間、辛抱強くお待ちいただくとともに、折にふれて的確なご助言をたまわった。ほかにも、筆者の前任校である愛知県立大学、及び、現在の所属先である大東文化大学東洋研究所の同僚と担当授業の履修学生の諸氏にも、良質な研究教育環境を与えてくれた／くれていることに感謝の意を表したい。

最後に、慈愛をもって筆者を生み育て、研究者への道を応援してくれた父の鈴木雄久（故人）と母の多恵子、及び、良き伴侶である妻のえり子には、心からありがとうの気持ちを伝えたい。筆者の研究活動に対して献身的な支えと無条件の理解を与えてくれる人生の伴走者がいなければ、本書は間違いなく完成しなかったであろう。その意味では、この作品はわれわれ二人の協働成果でもある。

二〇二四年十二月

三鷹の寓居にて

鈴木　隆

人名索引

あ 行

麻生太郎　451
安倍晋三　369
五百旗頭真　489
于偉国（Yu Weiguo）　434
エリツィン，ボリス（Ельцин, Борис）　143, 144
袁世凱（Yuan Shikai）　49
王毅（Wang Yi）　433, 434, 436, 473
王岐山（Wang Qishan）　177, 180, 182
王滬寧（Wang Huning）　433, 434, 436, 473, 436
王震（Wang Zhen）　391
王進喜（Wang Jinxi）　171, 316
汪道涵（Wang Daohan）　205, 445
汪洋（Wang Yang）　461
岡崎嘉平太　188, 189
温家宝（Wen Jiabao）　227

か 行

郭伯雄（Guo Boxiong）　351, 354, 358, 359, 363-365, 378
賈大山（Jia Dashan）　170, 179
何立峰（He Lifeng）　187
韓正（Han Zheng）　227
岸田文雄　414
金日成　468, 478
金正日　478
金正恩　478-480
厳叔夏（Yan Shuxia）　446, 447
厳倬雲（辜厳倬雲）（Yan Zhuoyun（Koo Yen Cho-yun）　445, 447, 448
厳停雲（Yan Tingyun）　445, 447
厳復（Yan Fu）　205, 214, 445-449, 451, 452
黄炎培（Huang Yanpei）　169, 170, 175
黄菊（Huang Ju）　227
高坂正堯　7
江青（Jiang Qing）　478
康生（Kang Sheng）　269, 292
江沢民（Jiang Zemin）　6, 9, 11, 20, 23, 25, 48, 58, 60, 61, 77, 84, 98, 127, 151, 163, 204, 210, 213, 214, 216, 225-227, 238, 239, 250, 254, 256, 258, 261-263, 265, 267, 289, 291, 306, 307, 310, 319-321, 339, 345, 346, 365, 367, 368, 375-377, 397, 403, 405, 410, 415, 416, 423, 438, 441, 442, 461-463, 468, 477
耿飈（Geng Biao）　180
胡錦濤（Hu Jintao）　6, 8, 9, 11-13, 20, 23, 25, 48, 58-61, 77, 84, 98, 99, 102, 106, 108, 111-116, 120, 123, 124, 150-153, 211, 217, 219-221, 224, 226-229, 232, 238, 239, 246, 247, 254, 256, 258, 265-267, 291, 306, 307, 310, 319-321, 345, 346, 351, 357, 368, 375-378, 403, 405, 410, 415, 416, 438, 441, 442, 461-463, 468, 469, 475-477
辜振甫（Koo Chen-Fu）　205, 445, 447
呉邦国（Wu Bangguo）　227

さ 行

蔡英文（Tsai Ing-wen）　79, 80, 420, 421
蔡奇（Cai Qi）　324, 435, 437, 471
周永康（Zhou Yongkang）　351, 353-359, 363, 378, 469
周恩来（Zhou Enlai）　189, 235, 297, 310, 391, 472
習近平（Xi Jinping）　4-41, 46, 48, 50, 51, 53, 54, 61-65, 71, 73, 75, 77, 81-84, 89-91, 96-100, 102, 105, 106, 108, 110-116, 118-121, 123-127, 130, 131, 135, 142, 146, 150-154, 156-229, 231-250, 252-260, 262, 264, 265, 267-269, 288, 290-295, 298, 302, 304-325, 339, 340, 343, 345-348, 350-371, 374-384, 386, 388, 389, 391, 394-411, 414-426, 428-430,

433–453，456–464，468–488，490
習仲勲（Xi Zhongxun）　7，383，401
聶栄臻（Nie Rongzhen）　143
蔣介石（Chiang Kai-shek）　300，319，478
蔣経国（Chiang Ching-kuo）　478
焦裕禄（Jiao Yulu）　313–316
朱徳（Zhu De）　310
朱鎔基（Zhu Rongji）　227
徐才厚（Xu Caihou）　351，358，359，363–365，378
徐麟（Xu Lin）　227
秦剛（Qin Gang）　470，474
スターリン，ヨシフ（Сталин, Иосиф）　133，259，376，468，480
曾慶紅（Zeng Qinghong）　214，228
宋濤（Song Tao）　433，434
孫文（Sun Wen）　418

た　行

趙紫陽（Zhao Ziyang）　190–193，260，262，269，410
張万年（Zhang Wannian）　438
張又俠（Zhang Youxia）　433，436，473
陳雲（Chen Yun）　143，310，473
陳雲林（Chen Yunlin）　438，439
陳水扁（Chen Shui-bian）　215，439，440，442
陳敏爾（Chen Min'er）　308
陳良宇（Chen Liangyu）　225–227
丁薛祥（Ding Xuexiang）　227，436，437，471，474
鄭和（Zheng He）　214，430
鄧小平（Deng Xiaoping）　6，8，9–11，18，21，23，25，48，54，58–62，64–66，81，82，84，143，151，152，167，178，185，193，195，197，200–203，213，216，239，254，256，258–260，262，263，265–267，269，289–291，304–307，310，317，319，320，325，339，345，346，355，364，366，367，370，374–376，381，384，385，394，401–404，406，409，410，415，423，430，442，457，461–463，466–469，471–473，476，481
唐登傑（Tang Dengjie）　227
トランプ，ドナルド（Trump, Donald）　87，426，427

な・は　行

ニクソン，リチャード（Nixon, Richard）　338，339
バイデン，ジョー（Biden, Joe）　88，378
馬英九（Ma Ying-jeou）　79，80，419–421，423，433
薄熙来（Bo Xilai）　40，246，249，298，351，354，357–360，363，442，469，475–477
林芳正　435
ハンティントン，サミュエル（Huntington, Samuel）　66
プーチン，ウラジーミル（Путин, Владимир）　38，40，71，130–135，137，146，404，411，414，452，479，480，485
フルシチョフ，ニキータ（Хрущёв, Никита）　303，312，324
ブレジネフ，レオニード（Брежнев, Леонид）　40，300，312，411
ペロシ，ナンシー（Pelosi, Nancy）　483
方志敏（Fang Zhimin）　316
方伯謙（Fang Boqian）　450
彭麗媛（Peng Liyuan）　12，186，208，217，247，478

ま・や　行

毛沢東（Mao Zedong）　6，8–11，14–18，20–23，25，37，39，48，54–57，60，61，81–83，98，124–126，134，145，151，152，166，168–170，173，174，185，203，206，211，212，214，216，217，229，235–239，242，252，254–260，262–269，288–302，304–308，310–312，314，316，317，319–325，343，345，346，350，355，359，361，362，366，369，370，374，376，381，383–385，398，401，402，404–406，409，410，457，460–462，466，468，471–473，476，478–480，482
兪正声（Yu Zhengsheng）　442
葉剣英（Ye Jianying）　178，179，258，391
楊尚昆（Yang Shangkun）　196，263，472，474
葉明勲（Yeh Ming-hsun）　445，447

ら・わ 行

頼清徳（Lai Ching-te） 479
雷鋒（Lei Feng） 316
ラッド，ケヴィン（Rudd, Kevin） 18, 20, 21, 130, 400
李強（Li Qiang） 248, 435, 471, 473
リー・クアン・ユー（Lee Kuan Yew） 478
李克強（Li Keqiang） 461
リー・シェン・ロン（Lee Hsien Loong） 478
李尚福（Li Shangfu） 470, 474
李先念（Li Xiannian） 143, 473
李登輝（Lee Teng-hui） 205, 207, 438, 439, 442, 451
劉鶴（Liu He） 210
劉源（Liu Yuan） 180
劉賜貴（Liu Cigui） 434
劉少奇（Liu Shaoqi） 17, 259, 262, 263, 310, 312, 324, 477
劉歩蟾（Liu Buchan） 450
林則徐（Lin Zexu） 204, 214
林彪（Lin Biao） 269, 295, 296, 312, 320, 323, 324
令計画（Ling Jihua） 351, 354, 358, 359, 363, 378

事 項 索 引

た 行

な 行

は 行

ま 行

著者略歴
1973年静岡県生まれ。
大東文化大学東洋研究所教授
専門は政治学・中国政治、博士（法学、慶應義塾大学）

慶應義塾大学法学部政治学科卒業。慶應義塾大学大学院法学研究科政治学専攻博士課程中退。
日本国際問題研究所研究員、愛知県立大学外国語学部准教授などを経て、2023年4月より現職。この間、ロシア国立サンクトペテルブルグ大学訪問研究員などを歴任。

著書に『中国共産党の支配と権力』（慶應義塾大学出版会、2012年、日本貿易振興機構アジア経済研究所より第34回発展途上国研究奨励賞を受賞）。共著に『ユーラシアの自画像』（分担執筆、PHP研究所、2023年）。『習近平の中国』（分担執筆、東京大学出版会、2022年）。『アジアの平和とガバナンス』有信堂高文社、2022年）。『ようこそ中華世界へ』（分担執筆、昭和堂、2022年）。ほかに著書、論文など多数。

習近平研究——支配体制と指導者の実像

2025年 1 月26日　初　版
2025年 4 月10日　第3刷

［検印廃止］

著　者　鈴木《すずき》 隆《たかし》

発行所　一般財団法人　東京大学出版会
代表者　中島隆博
153-0041 東京都目黒区駒場4-5-29
https://www.utp.or.jp/
電話 03-6407-1069　Fax 03-6407-1991
振替 00160-6-59964

装　幀　水戸部 功
組　版　有限会社プログレス
印刷所　株式会社ヒライ
製本所　牧製本印刷株式会社

ISBN 978-4-13-030194-7　Printed in Japan

川島真他編　UP plus　習近平の中国　A5　二四〇〇円

東大社研現代中国拠点編　現代中国ゼミナール　東大駒場連続講義　A5　二七〇〇円

倉田徹著　香港政治危機　圧力と抵抗の2010年代　A6　三二〇〇円

沈志華編　中ソ関係史　上　一九一七―一九六〇　A5　五四〇〇円

沈志華編　中ソ関係史　下　一九六〇―一九九一　A5　五四〇〇円

高原明生他編　日中関係　二〇〇一―二〇二二　A5　三五〇〇円

大里浩秋編　中国文化大革命ポスターを読む　B5　六二〇〇円

ここに表示された価格は本体価格です。ご購入の際には消費税が加算されますので御了承ください。